Obra Completa de C.G. Jung
Volume 14/3

Mysterium Coniunctionis

Comissão responsável pela organização do lançamento da
Obra Completa de C.G. Jung em português:
Dr. Léon Bonaventure
Dr. Leonardo Boff
Dora Mariana Ribeiro Ferreira da Silva
Dra. Jette Bonaventure

A Comissão responsável pela tradução da Obra Completa de C.G. Jung sente-se honrada em expressar seu agradecimento à Fundação Pro Helvetia, de Zurique, pelo apoio recebido.

**Dados Internacionais de Catalogação na Publicação (CIP)
(Câmara Brasileira do Livro, SP, Brasil)**

Jung, Carl Gustav, 1875-1961.
  Mysterium coniunctionis 3: investigação acerca da separação e da reunião dos opostos anímicos na alquimia/C.G. Jung; tradução de DoraMariana Ferreira da Silva. – 3. ed. – Petrópolis,RJ:Vozes, 2012.

  Título original: Mysterium coniunctionis (Ergänzungsband)
  Bibliografia.

  16ª reimpressão, 2024.

  ISBN 978-85-326-1772-9
  1. Alquimia I. Título. II. Série.

96-5469   CDD-540.112

Índices para catálogo sistemático:
1. Alquimia 540.112

C.G. Jung

Mysterium Coniunctionis

Epílogo; Aurora Consurgens

14/3

Volume complementar
AURORA CONSURGENS

Petrópolis

© 1971, Walter-Verlag AG, Ölten

Tradução do original em alemão intitulado
Mysterium Coniunctionis – Untersuchung über die Trennung und Zusammensetzung der seelischen Gegensätze in der Alchemie – Ergänzungsband "Aurora Consurgens" – ein dem Thomas von Aquin zugeschriebenes Dokument der Alchemistischen Gegensatzproblematik von Dr. M.-L. von Franz (Band 14/3)

Editores da edição suíça:
Marianne Niehus-Jung
Dra. Lena Hurwitz-Eisner
Dr. Med. Franz Riklin
Lilly Jung-Merker
Dra. Fil. Elisabeth Rüf

Direitos exclusivos de publicação em língua portuguesa:
1997, Editora Vozes Ltda.
Rua Frei Luís, 100
25689-900 Petrópolis. RJ
www.vozes.com.br
Brasil

Todos os direitos reservados. Nenhuma parte desta obra poderá ser reproduzida ou transmitida por qualquer forma e/ou quaisquer meios (eletrônico ou mecânico, incluindo fotocópia e gravação) ou arquivada em qualquer sistema ou banco de dados sem permissão escrita da editora.

CONSELHO EDITORIAL

Diretor
Volney J. Berkenbrock

Editores
Aline dos Santos Carneiro
Edrian Josué Pasini
Marilac Loraine Oleniki
Welder Lancieri Marchini

Conselheiros
Elói Dionísio Piva
Francisco Morás
Gilberto Gonçalves Garcia
Ludovico Garmus
Teobaldo Heidemann

Secretário executivo
Leonardo A.R.T. dos Santos

PRODUÇÃO EDITORIAL

Aline L.R. de Barros
Marcelo Telles
Mirela de Oliveira
Otaviano M. Cunha
Rafael de Oliveira
Samuel Rezende
Vanessa Luz
Verônica M. Guedes

Conselho de projetos editoriais
Isabelle Theodora R.S. Martins
Luísa Ramos M. Lorenzi
Natália França
Priscila A.F. Alves

Tradução: Dora Mariana Ribeiro Ferreira da Silva
Editoração: Orlando dos Reis e Edgar Orth
Diagramação: AG.SR Desenv. Gráfico
Capa: 2 estúdio gráfico

A edição desta obra em alemão contou com o apoio do Fundo Nacional Suíço para a promoção da investigação CIENTÍFICA.

ISBN 978-85-326-2424-6 (Obra Completa C.G. Jung)

ISBN 978-85-326-1772-9 (Brasil)
ISBN ISBN 3-530-40799-2 (Suíça)

Este livro foi composto e impresso pela Editora Vozes Ltda.

Sumário

Prefácio dos editores suíços, 7

Prefácio, 9

I. Classificação do texto, 11
  1. Introdução, 11
  2. A tradição, 13
  3. As fontes, 14
  4. O problema da datação, 33
  5. Os manuscritos, 37
  6. A configuração do texto, 40

II. Aurora Consurgens / O texto, 45
  I. Início do Tratado do Beato Tomás de Aquino: "O surgir da aurora", 47
  II. O que é a sabedoria, 55
  III. Dos que ignoram e negam esta ciência, 57
  IV. Do nome e do título deste livro, 61
  V. Da estimulação dos insensatos, 63
  VI. Primeira Parábola: da Terra negra, na qual sete planetas criaram raízes, 65
  VII. Segunda Parábola: do dilúvio das águas e da morte que a mulher introduziu e expulsou, 73
  VIII. Terceira Parábola: da porta de aço e do ferrolho de ferro do cativeiro da Babilônia, 77

IX. Quarta Parábola: da fé filosófica, que consiste no número três, 83

X. Quinta Parábola: da casa dos tesouros que a Sabedoria construiu sobre a pedra, 101

XI. Sexta Parábola: do céu e do mundo e do lugar dos elementos, 119

XII. Sétima Parábola: do diálogo do Amado com a Amada, 131

III. Comentário, 147
Generalidades, 147
Comentário ao primeiro capítulo, 148
Comentário ao segundo capítulo, 203
Comentário ao terceiro capítulo, 209
Comentário ao quarto capítulo, 212
Comentário ao quinto capítulo, 219
Comentário à primeira parábola (sexto capítulo), 228
Comentário à segunda parábola (sétimo capítulo), 260
Comentário à terceira parábola (oitavo capítulo), 280
Comentário à quarta parábola (nono capítulo), 300
Comentário à quinta parábola (décimo capítulo), 343
Comentário à sexta parábola (décimo primeiro capítulo), 371
Comentário à sétima parábola (décimo segundo capítulo), 397

IV. Será Tomás de Aquino o autor de "Aurora Consurgens"?, 451
Complemento ao aparato crítico, 483

Índice onomástico, 495

Índice analítico, 509

Prefácio dos editores suíços

Na produção volumosa de C.G. Jung representa o *Mysterium Coniunctionis* a obra de maior importância de seus últimos anos. Manifestou ele, certa vez, que sempre lhe foi penoso o fato de a gente, em psicologia profunda, ter de ocupar-se, por necessidade interna, com tantos domínios da cultura do espírito que nunca se consegue chegar a ser completo em um ramo da ciência. Na alquimia, porém, tinha ele achado um campo que valia a pena penetrar até o fundo. A tradição alquímica lhe possibilitava concatenar com um material de existência objetiva as vivências e intuições diretas e subjetivas, adquiridas pela "descida ao inconsciente", bem como a maneira de representá-las. Desse modo se lhe tornou possível a concatenação de seu pensamento com as origens históricas da evolução do pensamento europeu.

Mas a alquimia não representa apenas uma etapa histórica que precedeu à psicologia profunda. Não foi por acaso que Jung empregou os sonhos de um cientista moderno como introdução de sua obra *Psychologie und Alchemie* (Psicologia e alquimia). A razão é que na simbólica da alquimia certamente se acha antecipada também aquela união entre a psicologia do inconsciente e os resultados da microfísica, tarefa que ainda nos resta explorar. Como Jung suspeitava, seria possível imaginar que a matéria constituísse o aspecto concreto da psique, não da psique individual mas do inconsciente coletivo. Nesse caso, os arquétipos não seriam apenas dominantes estruturais da psique, mas simplesmente um fator que poderia dar forma ao Universo. De qualquer modo apontam nesse sentido os fenômenos da sincronicidade.

O leitor não acostumado à linguagem da alquimia poderá, de início, sentir-se confuso diante da abundância dos símbolos, cujos significados se sobrepõem de maneira perturbadora. No entanto, se lhe fosse dado manusear alguns escritos originais dos alquimistas, chegaria a pensar de outra maneira e reconhecer que Jung realizou um trabalho imenso ao criar clareza neste setor por meio de seu processo de síntese, realizando uma verdadeira "extractio animae" (extração da alma) do caos reinante nesse campo.

Excetuada a obra introdutória *Psychologie und Alchemie* (Psicologia e alquimia), todos os outros escritos que versam sobre a alquimia se encontravam no manuscrito original do *Mysterium Coniunctionis* (Mistério da união). Na presente edição alguns foram separados, sobretudo o tratado *Die Psychologie der Übertragung* (Psicologia da transferência).

Para não atrasar em demasia a edição em andamento das obras de Jung, chegou o grupo editorial a um acordo com a editora e decidiram empregar folhas de impressão idênticas às da primeira edição. Por isso esta edição não sai semelhante à edição anglo-americana *(The Collected Works of C.G. Jung,* vol. XIV). Cuidou-se, porém, de preparar a bibliografia completa, bem como de acrescentar, em apêndice, a tradução alemã das passagens latinas e gregas que ainda não estavam traduzidas; o leitor que tiver interesse especial nisso poderá consultá-las aí.

Verão de 1968

Pelos editores suíços

Marie-Louise von Franz

Prefácio

O Professor C.G. Jung descobriu e trouxe novamente à luz o tratado alquímico "Aurora consurgens", aqui apresentado. Por instância do Prof. Jung aceitei a incumbência de tratar da presente edição, com a ajuda das fotocópias dos manuscritos que ele me forneceu, além de uma farta documentação sobre a alquimia, de difícil acesso mesmo nas bibliotecas. Desejo exprimir-lhe aqui meu agradecimento cordial por essa ajuda e por seu amplo concurso neste trabalho. Como o texto levanta a hipótese de que poderia tratar-se das últimas palavras de Santo Tomás de Aquino, quero ressaltar que meu primeiro intento visa à classificação do texto na história da alquimia e da psicologia. A esse critério acrescento o fato de que tenho a consciência de não possuir os conhecimentos profundos para a abordagem da hagiografia. No entanto, o próprio texto impõe essa incursão através de domínios alheios. O capítulo final do livro representa, pois, a simples discussão de uma *hipótese* que levantei na esperança de que o problema fosse esclarecido através dos resultados de uma pesquisa ulterior.

O mais importante é que este texto tão significativo, qualquer que seja seu autor, seja levado ao conhecimento de um público mais amplo.

Deixo aqui, enfim, o meu cordial agradecimento à senhorita Dr[a] Melanie Staerk por seu auxílio na preparação do Índice.

Março de 1957

Dr. M.L.v. Franz

I
Classificação do texto

1. Introdução

Como C.G. Jung expôs em *Psicologia e alquimia*[1], os antigos textos latinos do Ocidente e as obras alquímicas ainda mais antigas, tanto árabes como gregas, foram escritos num estado de espírito em que o alquimista, procurando o segredo divino da matéria, projeta[2] seu próprio inconsciente na essência desta última, essência esta que lhe é desconhecida. Esses primeiros textos são para nós documentos extremamente valiosos sobre a formação dos símbolos em geral e sobre o processo de individuação[3], em particular, ao passo que seu conteúdo químico só conserva um significado histórico. Já nestes primeiros textos, escritos antes da cisão da alquimia e do hermetismo, alguns acentuam mais o aspecto físico (τα φυσικα) e, outros, o aspecto místico (μυστικα[4]); em outras palavras, esses textos dão importância maior ou à "química", ou então à "psicologia". Pertence a estes últimos, quase só psicologicamente significativos, o Tratado que apresentamos a seguir: *Aurora consurgens*. Quer por seu conteúdo como por seu estilo, ele representa algo de único na literatura alquímica de sua época. Jung descobriu a importância deste Tratado e dele falou brevemente em seu livro *Psicologia e alquimia*[5]. Enquanto outros textos citam ocasionalmente passagens convencionais da Sagrada

---

1. Zurique: Rascher, 1944.
2. Cf. ibid., p. 337s. e 349s.
3. Cf. ibid., p. 349s.
4. Cf. ibid., p. 334.
5. Cf. ibid., p. 510-516.

Escritura, este Tratado é composto quase que totalmente de citações bíblicas, cujo sentido "alquímico" é mencionado através de citações de alquimistas clássicos e entretecidas às primeiras. É possível então admitir que, qualquer que seja o sentido atribuído pelo autor à "sua Alquimia", ele buscou sem dúvida dar forma a uma *experiência religiosa* ou, numa formulação psicológica, procurou *descrever uma experiência direta do inconsciente*. A obra foi julgada "blasfema" pelos séculos "esclarecidos"[6] que se seguiram à Idade Média. Parece-me no entanto indubitável que o autor era sério, emocional e que desejou exprimir um *mysterium ineffabile*.

Não é por acaso que os escritos e passagens do Antigo Testamento citados com mais frequência são aqueles em que a misteriosa forma feminina da *Sapientia Dei* (Sabedoria de Deus) desempenha um papel central. Esta figura gnóstica é identificada com Maria e com a "alma na matéria" e deslocada, portanto, para o ponto médio. A *anima* como mediadora das vivências do inconsciente é o primeiro conteúdo a ultrapassar o limiar e a transmitir as imagens do inconsciente que compensam[7] as representações cristão-eclesiais, as quais dominam a nossa consciência. Diante da atual *Declaratio sollemnis* (do dogma da Assunção da Virgem), impossível não ver esta glorificação de uma figura feminina de caráter divino como uma intuição profética de um desenvolvimento futuro. No entanto, atrás desta forma feminina na *Aurora* se abre compreensivelmente o abismo da *nigredo* (negrume), isto é, da sombra e do homem ctônico, cuja integração começa a inquietar a ética contemporânea. De qualquer modo, como o texto e o Comentário provarão, o problema da escuridão é abordado na *Aurora*, mas não solucionado.

A tradição atribui a Tomás de Aquino a autoria desta obra. Essa atribuição[8], tão surpreendente e aparentemente improvável, até agora não foi levada a sério. Tal situação se deve entre outras coisas ao fato de até agora não se ter compreendido o significado do escrito. O pró e o contra desta atribuição não serão discutidos aqui, mas somen-

---

6. Cf. ibid., p. 510.
7. Cf. ibid. Introdução.
8. Cf. ibid., p. 511.

te depois do comentário e da classificação histórica do texto. Qualquer que tenha sido o autor, certamente se trata de um homem que se confrontou com um conteúdo poderosíssimo do inconsciente, o qual ele procurou circunscrever, não no estilo eclesial corrente, mas com a ajuda do mundo simbólico da Alquimia. O escrito permaneceu envolto numa atmosfera de estranheza e de "solidão" que bem pode ter sido a mesma que tocou e isolou o próprio autor.

2. A tradição

Uma nova publicação de *Aurora Consurgens*, também intitulada *De Alchemia*, ou ainda *Liber Trinitatis*, pode ser justificada pela obscuridade em que permaneceu esta obra notável, embora quase desconhecida, pois até agora só era acessível através de uma edição única e rara da coletânea de Johannes Rhenanus: *Harmoniae imperscrutabilis Chymico-Philosophicae sive Philosophorum Antiquorum Consentientium Decades duae*, Francf. 1625 (apud C. Eifridum), e de manuscritos esparsos. [4]

A segunda parte da *Aurora* foi mais bem conservada para a posteridade, tendo sido amplamente difundida na obra coletiva *Artis Auriferae, quam Chemiam vocant, Volumina duo*, Basileia, 1593 e 1610, e em outras edições. Mas esta segunda parte, ao que me parece, *é um comentário da primeira, e escrita por outra mão*. A prova que temos é seu estilo totalmente diverso e a repetição de citações tiradas da primeira parte[1], além da menção do nome de Alberto Magno[2], ausente na primeira parte, e também por estas palavras de introdução, típicas de um comentário: "In praelibatis ostensum est [...]"[3]. (Foi mostrado no que precede [...]). O *Rosariam Philosophorum* também cita[4] somente a primeira parte. Ao contrário do estilo profundamente original, [5]

---

1. Por exemplo, a sentença: "Irrisio scientiae est causa ignorantiae" (Zombar da ciência é causa da ignorância). E uma citação de AVICENA. *Artis Auriferae*. I. Basileia: [s.e.], 1610, p. 147; de ALPHIDIUS. Ibid., p. 140 e de outros.
2. Ibid., p. 153.
3. Foi mostrado no que precede...
4. Rosarium Philosophorum. In: *Artis Auriferae*. Basileia: [s.e.], 1610, II. J. Ruska conheceu o Rosarium possivelmente no século XVI e, no mais tardar, no fim do século XV.

poético-retórico e confessional da primeira parte, a segunda mantém o caráter prosaicamente didático dos tratados alquímicos da mesma época. O fato de que nesta segunda parte compareça uma *Mater Alchemia* personificada, que o nome de Geber seja citado muitas vezes e que as considerações médicas se reforcem no primeiro plano, indicam a época da composição do texto, por volta dos séculos XIV ou XV. Este comentário, ainda que aparecendo depois da primeira parte nos manuscritos do século XV, foi publicado separadamente pelo editor de *Artis Auriferae* etc., Conrad Waldkirch, que, dizia ele[5], considerava a primeira parte uma profanação dos mistérios cristãos em sua aplicação alquímica. De modo semelhante, o texto já escandalizara anteriormente e fora posto de lado[6], apesar de ser sem dúvida um documento significativo da Alquimia medieval.

3. As fontes

A maioria das citações dos alquimistas da *Aurora*, e cuja fonte é quase sempre indicada pelo autor, podem ser identificadas. Só não foram localizadas uma frase de sentido muito geral atribuída a um certo "Alphonsus" e uma fonte indicada na edição impressa como *Liber quintae essentiae*, além de algumas citações de Morienus e Calid. No que concerne às fontes passíveis de verificação, trata-se de *antigas obras latinas* e em grande parte de traduções latinas de tratados árabes. A estas pertence primeiramente a obra *Lumen luminum* que mais tarde circulou sob o título: Aristóteles *De perfecto Magistério*, também atribuído ao árabe Razi[1]. Esta obra já fora considerada por

---

5. Ibid., p. 118.

6. Não há qualquer indicação das fontes da última obra, citada frequentemente.

1. Foi impresso um certo "De perfecto Magisterio" no vol. III do *Theatrum Chemicum* de 1659, p. 128, e do mesmo modo em MANGETUS, J.J. (org.). *Bibliotheca chemica curiosa*. Vol. I, p. 650s. Lá, cita o autor seu Lumen luminum (!), portanto não se trata de forma alguma da verdadeira identidade; parece muito mais que o autor do *De perfecto Magisterio* tenha assumido certas partes do *Lumen luminum*. No *Consilium Coniugii*, MANGETUS, J.J. (org.). *Bibliotheca chemica curiosa*. II, p. 235, a mesma sentença é também citada com as mesmas palavras do capítulo final da *Aurora*. Cf. a nota do texto. – Cf. mais adiante BERTHELOT, M. *La Chimie au Moyen-Âge*. Vol. I, p.

Tomás de Chantimpré como sendo da autoria de Aristóteles; Chantimpré é citado por Vicente de Beauvais[2], uma vez que a referida obra já fora divulgada sob uma forma latina[3] antes da metade do século XIII. Na *Aurora* só algumas sentenças muito gerais dessa obra são citadas[4]. Por outro lado, algumas citações da *Tabula Smaragdina* também não parecem provir de um original, mas do já referido *Lumen luminum*, pois as sentenças comparecem exatamente com as mesmas palavras da introdução[5]. Portanto, o problema da tradição e das datas da *Tabula Smaragdina* não são importantes para o fim que aqui nos propomos[6]. Do mesmo modo, a última frase do terceiro capítulo que na *Aurora* é atribuída a Morienus provém provavelmente deste texto e não diretamente de um tratado de Morienus[7].

145, 269, 234, 312 e Vol. II, p. 311s. e 273. LIPPMANN, E. von. *Entstehung und Ausbreitung der Alchemie*. Berlim/Weinheim/Bergstr. 1919, 1923 e 1954 (3 vols.), p. 489. – STEINSCHNEIDER, M. *Die europäischen Übersetzungen aus dem Arabischen bis Mitte des 17. Jahrh*. Sitzungsberichte der k. und k. Akademie der Wissenchaften, Phil.-hist. Classe. Vol. 149. Viena: [s.e.], 1904. Cf. mais adiante RUSKA, J. *Tabula smaragdina*: ein Beitrag zur Geschichte der hermeneutischen Literatur. Heidelberg: [s.e.], 1926, p. 192, nota 5: ele duvida sem razão que este escrito remonte a um original árabe: "Este livro frequentemente citado deve ter sido traduzido por Gerardo de Cremona. F. Wuestenfeld também supõe (Abh. der Göttinger Gesellsch. d. Wissensch. Vol. XXII. 1877, p. 75), que não há nenhum original árabe anterior..." Mas as coisas não são assim tão simples; há fontes árabes. Cf. THORNDIKE, L. *History of Magic and Experimental Science*. Vol. II. Nova York: [s.e.], 1929, p. 252s.

2. Cf. CHRISTOPH FERCKEL, T. von. Chantimpré über die Metalle. In: *Studien zur Geschichte der Chemie*. Festgabe E. von Lippmann. Berlim: [s.e.], 1927, p. 76 [RUSKA, J. (org.)].

3. Cf. THORNDIKE, L. Op. cit. Vol. II, p. 458s. Segundo PELSTER, F. *Krit. Studien zum Leben und zu den Schriften Alberts des Grossen*. Freiburg im Breisgau: [s.e.], 1920, p. 98s., o *Speculum* surgiu entre 1241-1264 e foi continuamente ampliado nesse ínterim. A primeira edição fora concluída em 1241. Em 1264 morreu Vicente de Beauvais. O *Speculum naturale* foi escrito antes de 1241 (ibid., p. 99).

4. *Theatrum Chemicum*. Vol. III. [s.l.]: [s.e.], 1659, p. 79.

5. Assim como as palavras "et hoc innuit Hermes in suo secreto" (e Hermes diz isto no seu segredo). Cf. *Theatrum Chemicum*. Vol. III, [s.l.]: [s.e.], 1659. p. 80.

6. Cf. RUSKA, J. *Tabula smaragdina*: ein Beitrag zur Geschichte der hermeneutischen Literatur. Heidelberg: [s.e.], 1926, p. 186s.

7. Cf. Nota ao texto, fim do cap. 3.

7 A *Turba philosophorum*[8], que é citada algumas vezes na *Aurora*, também já era universalmente conhecida desde o início do século XII por sua reconhecida autoridade e ampla divulgação[9]. No tocante à História deste interessante tratado, remeto o leitor ao trabalho do J. Ruska. Entre as várias citações de Aristóteles, há uma que provém da obra autêntica: *De anima* II, *lectio* 8. Mesmo antes de 1215 existia uma tradução parcial greco-latina que foi utilizada nas obras de Alfredo de Sareshel[10]. Uma tradução arábico-latina foi elaborada (depois de 1217) por Michael Scotus[11]. A citação da *Aurora* obedece às traduções mais antigas – ela é bem próxima da versão usada *antes* de Guilherme de Moerbeke[12], isto é, semelhante àquela que era segui-

---

8. Cf. RUSKA, J. *Turba philosophorum*: Ein Beitrag zur Geschichte der Alchemie. (Quellen und Studien zur Geschichte der Naturwissenschaften und der Medizin, 1). Berlim: [s.e.], 1931, particularmente p. 13 e 46.

9. Cf. LIPPMANN, E. von. *Alchemie*. Vol. I. [s.l.]: [s.e.], [s.d.], p. 484.

10. Cf. HASKINS, C.H. List of Textbooks from the close of the Twelfth Century. *Harvard Studies in Class. Phil.* Vol. XX, 1909, p. 86.

11. Cf. QUERFELD, A.H. *Michael Scotus und seine Schrift De secretis naturae*. Diss. Leipzig: [s.e.], 1919, p. 7. Cf. SARTON, G. *Introduction to the History of Science*. Vol. II. Washington: [s.e.], 1950, p. 561 e 579s. e a bibliografia indicada. Cf. depois HASKINS, C.H. The Sicilian translators of the 12 Cent. etc. *Harvard Studies in Class. Phil.* Vol. XXI, 1910, particularmente p. 85.

12. A *vetus translatio* (antiga tradução) da Bibl. Mazarinea 3462 Paris, século XIII, fol. 21ᵛ s. assim diz: "Ignis autem augmentum in infinitum est, quousque est combustibile, natura autem constantium omnium terminus est ratio magnitudinis et augmenti. Haec autem animae sunt et non ignis et rationis magis quam materiae sunt" (O aumento do fogo tende para o infinito enquanto houver combustível. Mas há limites para todas as coisas que existem naturalmente e um princípio definido governa suas dimensões e seu crescimento. E isso pertence à alma e não ao fogo, e a um princípio específico mais do que à matéria.) A nova tradução de MOERBEKE, G. de. Bibl. Nat. 6296, Paris, século XIII, fol. 247 v., diz nesta passagem: "Ignis vero augmentum in infinitum est quousque fuit combustibile. Natura autem constantium omnium terminus ratio est et ratio et magnitudinis et augmenti. Haec autem animae sunt, non ignis et id rationis magis quam materiae." (O aumento do fogo verdadeiro tende para o infinito enquanto há combustível. Mas a natureza estabelece limites para todas as coisas e uma razão governa suas dimensões e seu crescimento. E isso pertence à alma e não ao fogo e a uma razão mais do que à matéria.). Cf., para as versões, LACOMBE, G. *Corpus Philosophorum Medii Aevi*, *Aristoteles Latinus Codd*. Pars I, Roma: [s.e.], 1939, p. 50s. Uma nova tradução substitui ainda a palavra *augmenti* (aumento) por *actionis* (ação) ou *accretionis* (acréscimo) (Sophianus).

da[13] por Tomás de Aquino, o qual, em seu comentário *De anima*, utiliza, como Alberto Magno, uma tradução mais antiga[14]. Este fato fala decisivamente a favor de uma datação anterior da *Aurora*, uma vez que estas antigas traduções caíram em desuso[15] pouco depois do ano 1280. A sentença final do capítulo décimo primeiro provém dos *Secreta secretorun*[16], atribuído a um pseudoaristotélico, tradução em latim

8

---

13. Cf. por exemplo TOMÁS DE AQUINO. *De anima*. Lib. II. lect. 8. S. Thomae A. Opera. Vol. III. Paris: [s.e], 1660, p. 60: "Illud igitur quod est causa determinationis magnitudinis et augmenti est principalis causa augmenti. Hoc autem non est ignis. Manifestum est enim quod ignis augmentum non est usque ad determinatam quantitatem sed in infinitum extenditur si in infinitum materia combustibilis inveniatur. Manifestum est igitur quod ignis non est principale agens in augmento et alimento sed magis anima. Et hoc rationabiliter accidit quia determinatio quantitatis in rebus naturalibus est ex forma quae est principium speciei, magis quam ex materia. *Anima autem cooperatur ad elemento quae sunt* in corpore vivente sicut forma ad materiam. Magis igitur terminus et *ratio magnitudinis et augmenti* est ab anima quam ab igne". (Pois o que é a causa da determinação da grandeza e do aumento é causa principal do aumento. Mas não se trata do fogo. É claro com efeito que o aumento do fogo não se restringe a uma quantidade determinada, mas se estende ao infinito se houver ao infinito uma matéria combustível. É claro, consequentemente, que no aumento e no alimento o fogo não é o agente principal, e sim a alma. E isso se produz de um modo racional porque a determinação da quantidade nas coisas naturais provém da forma, que é o princípio da espécie, mais do que da matéria. A alma coopera com os elementos que estão no corpo vivo como a forma com a matéria. O termo e a razão da grandeza e do aumento se encontram, por conseguinte, mais na alma do que no fogo.)

14. Cf. PELSTER, F. *Kritische Studien zum Leben und zu den Schriften Alberts des Grossen*. Freiburg im Breisgau: [s.e.], 1920, p. 150 e 133s.; SARTON, G. Op. cit. II, p. 829s.

15. PELSTER. Op. cit. p. 106.

16. Eu utilizei a edição de 1528 sem a indicação do lugar da impressão (provavelmente Lugduni), *De proprietatibus originalium et lapidum*. Cf. tb. Nova York: [s.e.], 1929, THORNDIKE, L. *History* etc. Vol. II. p. 267; FOERSTER, R. *De Aristotelis quae feruntur secreta secretorun*, Commentatio. Kiliae: [s.e.], 1888; sobre os manuscritos e as edições dos escritos pseudoaristotélicos, cf. BAEUMKER, C. *Der Platonismus im Mittelalter*. Munique: [s.e.], 1916, p. 42; *Centralblatt für Bibliothekswesen*. VI, 1889, p. 1-22 e p. 57-76, e STEINSCHNEIDER, M. *Die hebt*: Übersetzungen des Mittelalters und die Juden als Dolmetscher. Berlin: [s.e.], 1893, p. 245s. e 248-250, e o mesmo: *Die europ.*: Übersetzung. ibid., vol. 151 e 149. Viena: [s.e.], p. 41-42 e do mesmo: *Die pseudoepigraph. Lit. des Mittelalters*. p. 83-84. RUSKA, J. *Tabula smaragdina*: ein Beitrag zur Geschichte der hermetischen Literatur. Heidelberg: [s.e.], 1926, p. 186 e WUESTEN-

antigo do tratado árabe do mesmo nome (*Sirr-al-asrâr*). A parte médica deste escrito foi traduzida por Johanes Hispalensis, já na primeira metade do século XII[17]. Seguiu-se a ela, no fim do século XII ou no começo do XIII, a tradução de um certo Filipe (de Tripoli ou Salerno)[18], cuja identidade exata ainda é controvertida. De qualquer modo, a data da versão latina deve ser situada entre 1150-1220. Roger Bacon compôs um comentário especial desta obra que ele considerava autêntica[19]. Alberto Magno cita a obra, atribuindo-a a Aristóteles.

9   Uma outra citação de Aristóteles que também não consegui encontrar literalmente é a seguinte: "Não é bom lutar com esta pedra". Pode tratar-se eventualmente de uma versão livre dos *Secreta* acerca da pedra Alchahat: "E um homem não pode lutar com alguém que tenha esta pedra na mão". O texto dos *Secreta* apresenta variantes numerosas e importantes nos manuscritos e nas edições impressas. A sentença também atribuída a Aristóteles: "a Terra glorificada se chama Coagulum", provém provavelmente do escrito de Senior (cf. adiante), onde aparece como uma citação de Maria a Judia[20]. Trata-se de uma sentença difundida e amada no contexto da literatura árabe. Como prova a frase final da *Aurora*, atribuída a Calid., os nomes dos autores não são dignos de toda a confiança, uma vez que nessa época os manuscritos circulavam sob diversos nomes.

10 A citação de Hermes sobre a "semeadura do ouro na terra branca folhada (= terra de prata)" é um dito difundido e se encontra entre

---

FELD, F. *Die Übersetzung. Arab. Werke ins Lateinische seit dem 11. Jahrh.* 1877, p. 81. Cf. ainda GRABMANN, M. Forschungen über die lateinischen Aristotelesübersetzungen des 13. Jahrh. In: *Beiträge zur Gesch. der Philos. des Mittelalters.* Vol. 17. [s.l.]: [s.e.], 1916, Cad. 5-6, p. 246s., 143-144, p. 175-176, p. 186-187. Cf. mais adiante UEBERWEG-BAUMGARTNER. *Grundrisse der Geschichte der Philosophie der patristischen und scholastischen Zeit.* 10. ed., p. 369. O escrito também se intitulava "Theologie des Aristoteles" ou "De secretiori Aegyptiorum philosophia". Cf. mais adiante JOURDAIN. *Recherches critiques sur l'âge et l'origine des traductions latines d'Aristote.* Paris: [s.e.], 1643; ROSE, V. *De Aristotelis libronim ordine et auctoritate.* Berlim: [s.e.], 1854, p. 183-185.

17. Cf. THORNDIKE. *History.* Ibid., II, p. 269.
18. Cf. THORNDIKE. Op. cit., II, p. 270.
19. STEELE, J., apud THORNDIKE. Ibid., II, p. 268.
20. *De Chemia.* Estrasburgo: [s.e.], 1566, p. 34-35.

outras coisas em Senior[21] (= Mohamed Ibn Umail At-Tamimi). Em dois outros casos, encontrei as citações sob um nome de outro autor. Pode-se relacionar isto com erros da tradição ou com as atribuições a autores muitas vezes vagas destes tratados latinos antigos. Há uma citação de Hermes que não consegui encontrar diretamente, em especial a frase que diz ser a pedra um alimento eterno e poderia nutrir os homens por milhares de anos[22]. A mesma frase se encontra no *Consilium Coniugii*[23] e no *Rosarium philosophorum*[24], mas neste último ela é provavelmente tirada da *Aurora*. Uma ideia semelhante se encontra no "Livro do alúmen e dos sais"[25], isto é, a de que o Mercurius faz o homem alcançar uma longevidade imensa.

Os tratados alquímicos de Avicena (Ibn Sena 980-1037) "De Mineralibus" e "De re recta ad Hasen regem Epistola" e a "Declaratio Lapidis Physici Filio suo Aboali"[26] não são geralmente considerados como obras autênticas de Ibn Sina[27], mas de qualquer modo conhecidas e divulgadas em latim, por serem mencionadas no *Speculum* de Vicente De Beauvais e no *De Mineralibus* de Alberto Magno[28].

---

21. *De Chemia*. Ibid.
22. Texto, 1º Capítulo, Começo.
23. *Ars Chemica*. [s.l.]: [s.e.], 1566, p. 116. MANGETUS, J.J. (org.). *Bibliotheca chemica curiosa seu rerum ad alchemiam pertinentium thésaurus instructissimus*. 2 vols. Genebra: [s.e.], 1702, p. 244-245: "[...] prout dicit Hermes sufficiet homini per mille millia annorum et si quotidie duo millia hominum pasceres non egeres; tingit enim in infinitum" ([...] segundo o que disse Hermes (a palavra) será suficiente para os homens durante um milhão de anos e se tu nutrisses todos os dias dois mil homens (ela) não faltaria; com efeito ela tinge infinitamente). Cf. ibid., col. 2: Assiduus: "Nisi hic vapor ascendet nihil habes ex eo quia ipse est opus et absque quo nihil" (Assiduus: Se esse vapor não se eleva, nada obterás, pois ele é a própria obra e sem ele nada haverá).
24. MANGETUS, J.J. (org.). *Bibliotheca chemica curiosa seu rerum ad alchemiam pertinentium thésaurus instructissimus*. 2 vols. Genebra: [s.e.], 1702, p. 92, *Theatrum Chemicum*. Vol. IV. 1659, p. 866.
25. RUSKA, J. Berlim: [s.e.], 1935, p. 92.
26. *Theatrum Chemicum*. Vol. IV. [s.l]: [s.e.], 1659, p. 875.
27. Cf. LIPPMANN, E. von. *Alchemie*. Vol. I. [s.l]: [s.e.], [s.d.], p. 405s. e II, p. 15 e 28, e Vol. III, "Avicenna". RUSKA, J. *Die Alchemie des Avicenna*. *Isis*. Vol. XXI. [s.l.]: [s.e.], 1934, p. 14s., particularmente p. 45.
28. Cf. os tratados em *Artis Auriferae*. Basileia: [s.e.], 1610, parte I, p. 240s. *Theatrum Chemicum*. Vol. IV. [s.l]: [s.e.], 1659, p. 875 e 866. Cf. tb. BERTHELOT, M. *La chimie au moeyen âge*. 3 vols. Paris: [s.e.], 1893, p. 293. A Epistola ad Hasen será também mencionada por MAGNO, A. (?). *De rebus metallicis*. Lib. III, c. 4. Colônia: [s.e.], 1569, p. 201.

12 Calid (que segundo se diz foi o célebre príncipe omíada Khalid Ibn Yazid (século VIII)[29], de acordo com a lenda, fez traduzir para o árabe os tratados alquímicos gregos[30], e já é mencionado como fonte na obra de Senior (século XI). A *Aurora* menciona uma de suas obras, frequentemente considerada uma falsificação latina[31]; trata-se do *Liber trium verborum*, do qual é tomada a frase final da *Aurora*[32]. Outra citação de Calid: "Aquecei o frio de um com o calor de outro" pode ser encontrada, se bem que não literalmente, em minha edição impressa e desta se distancia fortemente em Manget[33]. O conteúdo da citação é no entanto de tal modo abrangente que poderia provir de qualquer parte[34]. Uma outra citação de Calid na *Aurora* sobre o desenvolvimento do embrião no ventre materno através dos elementos e planetas é citada por Mohammed Ibn Umail[35], sendo sem dúvida uma contribuição árabe. Outra citação também de Calid na *Aurora*: "Três coisas são necessárias, a saber, a paciência, a reflexão e a habilidade no manejo dos instrumentos" não se encontra nos dois tratados impressos e conservados de Calid, mas é considerada uma citação de Avicena que aparece no "Secreta Alchimiae" (*Theatr. Chem.* 1659, vol. III, p. 278), escrito este atribuído a Tomás de Aquino: "Quomodo tandem fit substantia una, ut dicit Avicenna, habere oportet patientiam moram et instrumentum" (Mas para que venha à existência a substância una, como diz Avicena, deveis ter paciência, reflexão e o instrumento. Na *Aurora*, *instrumentum* (instrumento) é substituído

---

29. Cf. LIPPMANN, E. von. *Alchemie*. [s.l]: [s.e.], [s.d.], I, p. 357-359 e II, p. 122. RUSKA, J. *Die Arab. Alchemisten*. I, p. 11-12 (Atas de Heidelberg, n° 6) e a *Tabula Smaragdina*. Ibid., p. 49.
30. RUSKA, J. *Arab. Alchemisten*. II, mostrou que provavelmente se trata de pura lenda.
31. LIPPMANN, E. von. *Alchemie*. Vol. I, [s.l]: [s.e.], [s.d.], p. 357, nota 6.
32. *Artis Auriferae*,... Basileia: [s.e.], 1610, I, p. 228s. Cf. LIPPMANN, E. von. *Alchemie*. Ibid., II, p. 148-149. HOLMYARD, J. *Soz. Chem. Ind.* XLIV 75 , [s.l.]: [s.e.], 1925.
33. Vol. II, p. 189.
34. Talvez ela provenha do Tratado: Khalid Rex et Morienus Romanus. II, versão indicada por SINGER, D.W. *Catalogue*... Op. cit. Vol. I. p. 64, n. 67. Infelizmente não pude consultar essa versão.
35. *De Chemia*. Estrasburgo: [s.e.], 1566, p. 88.

por *aptitudo instrumentorum* (habilidade no manejo dos instrumentos), que lembra uma expressão de determinada obra impressa autêntica de Avicena, o *Liber sextus naturalium*[36]. O autor do *Secreta Alchimiae* parece ter conhecido a *Aurora*.[37]
Ruska deve ter razão ao afirmar que as obras impressas de Calid são compilações posteriores. O que o autor da *Aurora* tinha à sua disposição provavelmente não passava de tratados esparsos que circulavam sob vários nomes.

Algo semelhante também ocorre com esta citação da *Aurora*: "Qui patientiam non habet manum ab opere suspendat" (Quem não tiver paciência, retire a mão da obra) posta na boca de Morienus. Ela se encontra na continuação do já mencionado *Secreta Alchimiae*, como sendo um dito de Geber: "Patientiam, quia secundum Gebrum festinantia a Diabolo est: Ideo qui patientiam non habet ab operatione manum suspendat". (Paciência, porque, segundo Geber, a pressa vem do diabo. Por isso, quem não tiver paciência deve afastar a mão da obra.) A expressão "festinatio enin ex parte Diaboli est" significa em Morienus[38] uma exortação à paciência e à esperança dirigida por este último a Calid[39], de modo que na *Aurora* dá-se uma confusão,

13

14

---

36. *Avicenne perhypatetici...* Opera. Veneza: [s.e.], 1508, fol. 3: "ergo ipsa vis animae habet alias vires... quae omnes operantur ad hoc ut perveniat aptitudo instrumentorum ad perfectiones secundas ipsius animae [...]" (Esta força da alma tem pois outros poderes [...] que todos trabalhem com a meta de que a adaptação dos instrumentos atinja as perfeições da própria alma [...]).
37. *Theatrum Chemicum.* Vol. III. [s.l.]: [s.e.], 1659, p. 279: ele toma emprestado um trecho do último capítulo da *Aurora*, que não tem sentido neste contexto: "Inprimis etiam diebus oportet mane surgere et videre si vinea floruit [...]" (Nos primeiros dias é preciso que te levantes cedo para ver se a vinha floresceu [...]).
38. MANGETUS. I. p. 512. Como Ruska sublinha (*Arab. Alchemisten.* I, p. 41, nota 2), este ditado árabe, propagado exageradamente, pode também ser encontrado por toda parte.
39. Ibid. "Et maxime sapientem timere aliquid non decet. Nam si timuerit cito desperabit. Quod si desperaverit eius animus vacillabit [...] Ad haec subrisit Rex (scil. Calid) et ait: Nunc vere seio quod nisi homini praestat Deus patientiam crudeliter confunditur. Festinatio enim ex parte Diaboli est etc." (E principalmente o sábio nada deve temer. Pois se ele teme, logo entrará em desespero. E se desesperar, seu espírito vacilará [...] A isso o rei (Calid) sorri e diz: Agora eu sei que se Deus não dá paciência ao homem, ele será cruelmente confundido. Pois a pressa é diabólica).

porquanto nesta passagem do diálogo é Calid quem fala[40]. Segundo o tratado *Secreta Alchimiae*, esta palavra também se encontra de fato na *Summa perfectionis* de Geber[41], escrito este que E. Darmstaedter[42] suspeita ter aparecido no sul da Itália ou na Espanha nos séculos XII ou XIII. Vicente de Beauvais, Alberto Magno e Roger Bacon não parecem tê-lo conhecido sob o nome de Geber[43]. Eu acredito que partes desta obra circulavam antes anonimamente, ou então eram atribuídas a Avicena e Calid, e só mais tarde apareceram sob o nome de Geber. Darmstaedter suspeitou que se tratava de um autor que, para proteger-se da Igreja, queria conservar-se anônimo. No caso da citação da *Aurora* ter provindo da *Summa perfectionis*, o autor da *Aurora* devia saber desse anonimato; no entanto, é mais provável que o autor da *Aurora* não conhecesse Geber e recolhesse essas expressões dos tratados em circulação sob os nomes de Avicena e Morienus.

Outra sentença, que é o fecho do terceiro capítulo e que na *Aurora* é atribuída a Morienus, não se encontra no escrito que conhecemos deste último, mas é conservada por Petrus Bonus[44] e por vários outros autores (por exemplo, no *Consilium Coniugii*) como uma citação do *Lumen luminum*[45].

---

40. Talvez esta opinião de Ruska seja confirmada pelo fato de os escritos terem aparecido principalmente sob o nome de Calid, e só no século XIII-XIV terem sido associados ao nome de Morienus. A bibliografia no tocante a este complexo de perguntas se encontra em SINGER, D.W. *Catalogue*... Vol. I. [s.l.]: [s.e.], [s.d.], p. 62-63.

41. Cf. cap. 12 em *De Alchemia*. [s.l.]: [s.d.],1541, p. 17 e MANGETUS. I, p. 562: "Qui patientiam non habet manus ab opere suspendat quia impediet eum festinantem credulitas [...] Ad hanc tria necessaria sunt: patientia mora et instrumentorum aptatio" (Quem não tiver paciência, retire a mão da obra, pois sua credulidade o atrapalhará em sua pressa [...] Pois três coisas são necessárias: a paciência, a reflexão e a aptidão relativamente aos instrumentos.)

42. *Die Alchemie des ceber*. J. Springer Verl. Berlim: [s.e.], 1922, p. 5.

43. Ibid., p. 6-7 e 134, nota.

44. *Pretiosa margarita novella de thesauro ae pretiosissimo philosophorum lapide*... Veneza: [s.e.], 1546, p. 42 [LACINIUS (org.)]. Talvez se encontre no tratado de MORIENUS, *Secretun maximum ad Flodium*, ao qual não tive acesso e é mencionado por STEINSCHNEIDER, M. I. [s.l.]: [s.e.], 1904, p. 40-41.

45. Não mencionada na versão *De perfecto Magisterio*.

A frase de Morienus: "Espera e espera, alcançarás a meta" e: "Aquele que elevar a alma, verá suas cores" não foram passíveis de verificação por minha parte[46].

Por outro lado, a palavra "Já afastamos o negrume etc.", nós a encontramos efetivamente na terceira seção do tratado que conservamos de Morienus[47], isto é, na parte que remonta à edição árabe[48]. J. Ruska[49] considera a obra em seu todo como uma falsificação latina, embora acredite que a terceira seção remonte a seus fundamentos árabes. Certas citações também se encontram em Abu'l Qasim, que no século XIII contava certamente com fontes semelhantes[50]. Que a terceira seção seja de outra origem em relação às duas primeiras parece prová-lo o fato de que ela comparece separadamente nos manuscritos, concordando apenas em parte com o texto impresso[51].

J. Ruska supõe que a versão impressa tenha sido da autoria de um monge do século XIII ou XIV[52]. Por isso é muito significativo o fato de

---

46. Mas no *Liber Alphidii*. Cod. Ashmole 1420, fol. 1s. e no *Consilium coniugii* encontra-se a seguinte citação de Alphidius e correspondentemente de Assiduus (MANGETUS. II, 245, item *Ars Chemica*, [s.l.]: [s.e.], 1566, p. 108s.): "Nisi hic vapor ascendet, nihil habes ex eo quia ipse est opus et absque eo nihil. Et sicut anima corpori ita est ipse qui fit Quelles". (Se este vapor não se eleva, nada obterás, pois ele é a própria obra e sem ele nada haverá. Tal como a alma é para o corpo, assim é aquele que se torna Quelles). A alma também é descrita como vapor em Senior e na *Turba*. Cf. também "Clangor Buccinae". In: *Artis Auriferae*, 1610, parte I, p. 317. Além disso, é preciso ressaltar que este tratado impresso de Morienus difere profundamente de certas versões manuscritas, tal como por exemplo do Cod. Ashmole 1450, fol. 49, Oxford Bodleian Libr. *Quaestiones Calid Regis ad Morienum Romanun*.

47. *Artis Auriferae*. [s.l.]: [s.e.], 1610, parte II. p. 22.

48. Cf. depois LIPPMANN, E. von. *Alchemie*. Vol. II, p. 148-149. Cf. mais adiante HOLMYARD, J. *Soc. Chem. Ind.* XLIV, 75, 1925 e REITZENSTEIN, R. Alchemistische Lehrschriften und Märchen bei den Arabern, *Religionsgeschichtliche Versuche und Vorarbeiten*. Vol. XIX, cad. 2, versão [s.l.]: [s.e.], 1923, p. 63s.

49. *Arabische Alchemisten*. Heidelberg: [s.e.], 1924, parte I, p. 35s.

50. Cf. LIPPMANN, E. von. *Alchemie*. Op. cit. II, p. 149.

51. Assim, por exemplo, no Ms. Ashmole 1450, fol. 49, in Oxford Bodleian Library, Incipit: Questiones Calid Regis ad Morienum Romanum. Tive à disposição uma fotocópia deste manuscrito. Cf. também no tocante a esta questão SINGER, D.W. *Catalogue*, etc. Vol. I, p. 62s.

52. Ruska também acredita que o prefácio de Roberto de Chester, de 1144, é falso, não pertencendo, em todo caso, a *esta* compilação.

que as obras atribuídas pelo autor da *Aurora* a Morienus *não correspondam à versão que hoje conhecemos, mas a um modelo anterior da compilação. Assim sendo, a Aurora deveria datar de um período anterior ao que Ruska supõe ser o da compilação (séculos XIII a XIV)*. As duas frases de Morienus que não consegui situar[53] devem fazer parte dos escritos que não se encontram no texto atualmente conhecido.

Quanto ao autor Alphidius, trata-se certamente de uma fonte árabe, cujas sentenças alcançaram fama universal na literatura dos inícios da Idade Média. Tive acesso à sua obra não impressa numa versão do Codex Ashmole 1420 (Bodleian library, fol 1s.). É esta mesma obra que L. Thorndike cita também no "Speculum", *Journal of Medieval Studies*, July 1936, n. 3, p. 378, assinalada[54] no Codex Riccard, 1165, fol 163a – 166b, em Florença. Nesta última versão faltam numerosas passagens que figuram no Codex Ashmole 1420. Este último contém igualmente todas as passagens citadas na *Aurora*. Infelizmente, ao que eu saiba, até hoje não foi publicado nenhum original deste interessante tratado[55].

---

53. "Spera et spera et sie consequeris" (Espera e espera e alcançarás) e "Qui animam (suam) ascenderit, eius colores videbit" (Quem elevar (sua) alma verá suas cores). Isto lembra a citação da seção III: "Quicumque animam dealbaverit et eam rursum ascendere fecerit et corpus bene custodierit et ab eo omnem obscuritatem abstulerit etc. ipsam in corpore infundere poterit. Et in hora coniunctionis maxima miracula apparebunt". (Quem quer que alveje sua alma e faça elevar-se de novo, e cuide bem de seu corpo, afastando-o de toda obscuridade, poderá infundi-la no corpo. E na hora da conjunção, grandes milagres se manifestarão.) (*Artis Auriferae*. Op. cit., 1610, p. 24). Na versão do Cod. Ashmole 1450, fol. 53, consta: "Quicumque animam dealbaverit et eam sursum ascendere fecerit et corpus a combustione bene custodierit etc... animam poterit a corpore extrahere et ipsum corpus obscurum relinquitur et in hora coniunctionis maximus apparebit miraculum". (Quem alvejar sua alma e fizer com que ela ascenda para o alto e guardar bem o corpo da combustão etc. poderá extrair a alma do corpo enquanto este corpo permanece no escuro e na hora da conjunção aparecerá o maior milagre).
54. O mesmo Incipit: Scito fili... Gostaria de exprimir aqui meus agradecimentos cordiais a P.A. Albareda, prefeito da Biblioteca do Vaticano, por sua informação acerca deste ponto. Cf. tb. THORNDIKE, L. *Hist. of Exp. Science* etc. Vol. III. Nova York: [s.e.], 1929, p. 43.
55. Cf. também SINGER, D.W. *Catalogue of Latin and Vernacular Alch. Manuscripts*. 3 vols. Bruxelas, Lamertin, 1928-1930, p. 127; RUSKA. *Turba philosophorum*: Ein Beitrag zur Geschichte der Alchemie. (Quellen und Studien zur Geschichte der Naturwissenschaften und der Medizin, 1.) Berlim: [s.e.], 1931, p. 339.

J. Ferguson[56] situa Alphidius no século XII, mas esta data deveria valer somente para a tradução latina de sua obra. Em qualquer caso, Alberto Magno já o conhecia. É provável que Alphidius, citado por Senior (século X), não seja outro senão Alcides ou Assiduus[57]. Em outros lugares ele aparece sob o nome de Asphidus, que M. Berthelot interpreta como sendo um Asclépio originário[58].

---

56. FERGUSON, J. *Bibliotheca Chemica*, Catalogue of the Alchemistic Books in the Collection of James Young. Vol. I. Glasgow: [s.e.] 1906, p. 27.

57. *De Chemia*. Estrasburgo: [s.e.], 1566, p. 111.

58. *La chimie au moeyen âge*. 3 vols. Paris: [s.e.], 1893. Conserva-se um "Liber Methaurorum" ou "De Lapide philosophico" em um Ms. Bodl. Digby 164[13]. Cf. STEINSCHNEIDER, M. *Die europ. Übers.* etc. [s.l.]: [s.e.], 1905, p. 4 e CARINI. *Rivista Sic.* VII, 176, linha 4. Uma passagem mais extensa sobre a casa do tesouro da alquimia, a qual pode ser aberta com quatro chaves, o que é mencionado na frase final do cap. 10 da *Aurora*, é citada no Consilium coniugii seu de Massa Solis et Lunae (cf. sobre este texto em BERTHELOT, M. *La chimie au moeyen âge*. 3 vols. Paris: [s.e.], 1893, 249; RUSKA, *Turba*. Ibid., p. 343) sob o nome Assiduus (impresso em *Ars Chemica*. 1566, p. 55s., particularmente p. 108-109): "Nota de domo thesaurorum de qua dixit author in primo. Assiduus loquitur de ea sic: ergo fili locum huius lapidis tibi ostendam..." (Observa a respeito da casa dos tesouros, da qual o autor fala no primeiro. Assiduus fala sobre ela do seguinte modo: Por isso, filho, mostrar-te-ei o lugar desta pedra).

Do mesmo modo, HOGHELANDE, T. de. *De Alchimiae Difficultatibus*. In: MANGET. I, p. 340, diz o seguinte: "Unde Alphidius in Clav. Phil. Hanc scientiam habere non potes quousque mentem tuam Deo purifices et sciat Deus te habere mentem contritam" (E Alphidius na *Clav. Phil.*: Tu não podes ter esta ciência a não ser que purifiques teu espírito para Deus e que Deus saiba que tens um coração contrito...) E depois, acrescenta Alphidius ainda na *Clav. Phil.*:" Si humilis fueris eius Sophia et Sapientia perficietur" (Se tu és humilde tua sabedoria e tua sapiência serão perfeitas.) – Como estas versões não concordam com *a Aurora*, nem com o *Consilium coniugii*, nem com o Rosarium e T. de Hoghelande intitula o escrito Ouvis Philosophorum, deveria ter sob os olhos o texto sobre o qual se basearam essas passagens da *Aurora*. Ali encontra-se também uma parte da citação de Alphidius, p. 30: "Et Alph. (in *Clav. Phil.*). Cum dicit lapis noster ex vilis re est in oculis hominum pretio carente fastidita quam homines pedibus conculcant in viis." (E Alph. [in *Clav. Phil.*] diz: Nossa pedra, que provém de uma coisa vil, é desprezada e destituída de valor aos olhos dos homens; os homens a pisoteiam pelos caminhos.) – É possível que a versão de Oxford seja idêntica ao tratado que citamos como *Clavis philosophorum*.

21   A ideia de que o *lapis* (pedra) é uma casa de quatro paredes parece encontrar-se já em Senior e remete à visão de Zósimo no que concerne ao templo de mármore feito de uma *única* pedra branca[59].

22   Temos uma ideia mais clara do autor[60] citado sob o nome de Senior do que sobre Alphidius. Trata-se do árabe Muhammed Ibn Umail At-Tamimi (cerca de 900-960), cuja obra original: *Água de prata e terra de estrelas* (em latim. *De Chemia*) seria organizado por E. Stapleton e M. Hidayat Husain Shams Al-'Ulamar no volume XII das *Memoirs of the Asiatic Society of Bengal*, Calcutá 1933[61]. Stapleton assinala nesse livro a existência de outras obras do mesmo autor[62]. No Ocidente ele é conhecido apenas através de *uma* obra[63], cujas cópias impressas remontam a uma edição única, o mesmo acontecendo provavelmente com os manuscritos[64]. Consequentemente, as citações de Senior na *Aurora* se aproximam da versão original. Como a tradução cita Ibn Roschd (Averróis, morto em 1098), ela deveria ser datada

---

59. Cf. BERTHELOT, M. *Collection des anciens alchimistes grecs*. Paris: [s.e.], 1887/88, 3.

60. Eu utilizei uma edição sem data do *De Chemia*, que J. Ruska julga provir de Berna, Basileia, 1560-1570 (cf. Isis, *Quarterly Review of History of Science* etc. Vol. 24, n° 67, p. 320s. [SARTON, G. (org.)]). O tratado foi impresso novamente em J.J. Mangetus e in *Theatr. Chem.*, de 1622 e 1660.

61. Cf. também os comentários de RUSKA, J. "Isis". Op. cit.. 24. Cf. tb. SINGER, D.W. *Catalogue*. Ibid., Vol. I. p. 122, n. 136.

62. STAPLETON. Op. cit., p. 126-127 e, entre outras, *União dos espíritos, Esclarecimento do mistério guardado e do saber oculto, O livro da lâmpada, Livro das chaves (ou da chave) da grande sabedoria, O livro oculto, Solução de enigmas, A pérola escolhida, Livro dos capítulos*, etc. e vários poemas rimando com Dal, Ra, Mim, Nun, Lam etc. Talvez haja uma segunda obra de Senior que foi traduzida com o seguinte título: *Clavis maioris Sapientiae* (MANGETUS, J.J. (org.). *Bibliotheca chemica curiosa seu rerum ad alchemiam pertinentium thésaurus instructissimus*. 2 vols. Genebra: [s.e.], 1702. I, 503-507), no caso deste tratado ser idêntico ao *Livro das chaves da grande sabedoria* árabe: Kitâb Mafâtih al-Hikmat al-'Uzmâ, o que infelizmente até agora não foi investigado (cf. STAPLETON. *Memoirs*. Op. cit., p. 126, nota 1).

63. Eventualmente o *Clavis maioris Sapientiae* também deriva dele, cf. acima, n. 62. É citado no entanto como sendo obra de um certo Artefius.

64. Cf. SINGER, D.W. *Catalogue*. Op. cit. I, p. 122.

por volta do século XII ou começo do XIII[65]. Senior, isto é, Muhammed Ibn Umail é o autor de algumas observações na *Turba* e parece ter se aproximado da seita xiita; um de seus amigos, Abulhasan Ali Ibn Abdulla[66], foi (segundo o Fihrist) queimado em Bagdá por causa de sua fé[67]. Muhammed Ibn Umail vivia muito retirado e era um místico famoso. Exerceu por isso uma influência visível no autor da *Aurora* e é muitas vezes por ele citado.

Não pude localizar a citação de Alphonsus: "Só é um verdadeiro amigo aquele que não te abandona na hora da aflição". De qualquer modo, nada encontrei de semelhante nas obras conservadas de Alphonsus, *Rex Castiliae*[68], além da afirmação de que os tratados a ele atribuídos são inautênticos[69] e tardios.

Foi-me impossível também encontrar as citações que, segundo a versão impressa, parecem provir de um certo *Liber quintae essentiae*[70]; nos manuscritos a mesma obra é designada como *Liber sextus* $\sigma\chi^{ee}$ e

---

65. Cf. STAPLETON. Op. cit. p. 126.
66. Cf. STAPLETON. Op. cit. p. 123.
67. Ibid., p. 124.
68. Cf. sobre este ponto LIPPMANN, E. von. *Alchemie*. Op. cit. p. 498; FERGUSON. I, p. 24.
69. Cf. LIPPMANN, E. von. Op. cit., segundo o qual Alfonso, rei de Castela, era contrário à alquimia.
70. Trata-se das seguintes passagens: em primeiro lugar, aquela em que o fogo, através de seu calor, penetra e refina todas as partes terrestres; e consome o elemento material no fato de que, enquanto este tiver matéria, busca cunhar sua forma à coisa passiva. Texto, p. 87. Adiante, diz-se que o ar abre a terra para que ela acolha a força do fogo e da água (texto, p. 89). Em seguida vem o dito: Vês na escuridão uma luz maravilhosa (texto, p. 91). Talvez seja uma citação livre de MAGNO, A. *De mineral*. Lib. I, tract. 2: "qui vere dicitur carbunculus et ideo ille qui vere speciem suam attingit lucet in tenebris sicut noctiluca". (O que é verdadeiramente chamado carbúnculo e aquele que atinge sua aparência real brilha como uma lâmpada nas trevas.) E mais adiante: Eu não me cansava de admirar a grande força eficaz desta coisa, posta e infundida nela pelo céu. E finalmente: Quando a pedra da vitória for produzida, eu mostrarei como se faz a esmeralda etc., cujas cores superam as das pedras naturais (texto, p. 107).

σcχ⁰, no manuscrito de Viena como Liber sexagesimae[71] e na segunda parte da *Aurora* como *liber sextarius*[72].

A citação que figura nos manuscritos como dito de um certo Speculator levanta problemas difíceis. Excetuando a primeira frase: "Derisio scientiae est causa ignorantiae" (O desprezo [que se tem] pela ciencia é causa da ignorância), uma parte do texto aflora em três obras de Roger Bacon (1214 até cerca de 1292), no *Opus maius*, parte I, capítulo IV, no *Compendium Studii*[73], cap. 3, e na *Epistola de secretis artis et naturae et de nullitate magiae*, cap. VIII[74], obra esta cuja autenticidade é discutida, mas que Lynn Thorndike considera uma compilação de escritos autênticos[75]. A.G. Little a menciona como uma obra autêntica[76]. Bacon cita o provérbio segundo o qual não se

---

71. No Cod. Rhenovac, também designado por oñh σo s?. Um *Liber sacerdotum* é mencionado na segunda parte da *Aurora*. Cf. a este respeito BERTHELOT, M. *La chimie au moeyen âge*. 3 vols. Paris: [s.e.], 1893, p. 179s. Ou se trata do *Liber de septuaginta* citado por BEAUVAIS, V. de. *Lib 7*. c. 96)?
72. *Artis Auriferae*. Basileia: [s.e.], 1610, I, p. 156-157: "De tertio scribitur quod lapides in geminas pretiosas transmutat, ut superius allegatum est in libro sextario ubi dicitur quod lapides Jacinti, Coralli rubei et albi, Smaragdi, Chrysoliti, Saphyri ex ipsa materia formari possunt. Et in charta sacerdotum traditur quod ex christallo carbunculus sive rubinus aut topazius peream fieri potest qui in colore et substantia excellunt naturales".
(Do terceiro, está escrito que ele muda as pedras em gemas preciosas, como se declarou mais acima, no sexto livro, onde é dito que as pedras jacintos, os corais vermelhos e brancos, as esmeraldas, os crisólitos e as safiras podem ser transformadas desta matéria. E na carta dos sacerdotes está escrito que, do cristal, pode ser feito por seu intermédio o carbúnculo, ou o rubi, ou o topázio, que excedem as pedras naturais em cor e em substância.)
73. 1750, p. 5 [VENET, J. (org.)].
74. Tom. I, p. 543 [BREWER (org.)].
75. Op. cit. Vol. II, p. 630.
76. LITTLE, A.G. *Roger Bacon Essays*. Oxford Clarendon Press, 1914, p. 395. A obra consta de dez ou onze capítulos, sendo que os cinco últimos são considerados duvidosos por Charles (nota de rodapé: Aparentemente apenas porque são "enigmáticos". Veja, porém, a explicação engenhosa de HIME, L.C. *Gunpowder and Ammunition*. [s.l.]: [s.e.],1904, p. 141-142). Esses capítulos são dirigidos talvez a Guilherme de Auvergne (morto em 1248) ou a João de Londres, a quem Charles identifica com João de Basingstoke (morto em 1252). – Em "Sanioris medicinae magistri D. Rogerii Baconis Angli de arte chymica scripta etc." Franc. 1603, nada pude encontrar no tocante à *Aurora*. Mas é interessante notar à p. 7: "Excerpta de libro Avicennae de anima I" e p. 36: "Explicit exempla cum laude Deo et exempla dico Abhuali Principis cognomine Avicennae ad Hasen Regem patrem suum de re tecla". (Termina os exemplos com o louvor de Deus e os exemplos, digo, do príncipe Abu-Ali, cognominado Avicena, ao rei Hasen, seu pai, sobre a coisa oculta).

deve dar alface ao asno se os cardos já o satisfazem, como sendo de Aulus Gellius nas *Noctes Atticae* (Noites Áticas), mas ele (o provérbio) não se encontra na obra mencionada[77]. Ninguém, até agora, o encontrou em parte alguma[78]; no entanto, esse provérbio figura num relato da Inquisição sobre os valdenses e parece, portanto, ter sido um ditado popular muito difundido[79].

Entre os escritos alquímicos de Roger Bacon figura um tratado intitulado *De Alchemia*, e que se chama *Speculum Alchimiae* na edição de Mangetus[80]. A citação da *Aurora* não se encontra lá, mas o *Speculator* poderia ser o *Speculi autor*, apontando veladamente o próprio Bacon. Os tratados menores de Bacon pertencem quase todos à sua juventude[81], mas infelizmente até agora não foram examinados sob o ponto de vista de sua autenticidade e da época provável de sua redação[82]. Se a dedicatória da *Epistola de secretis naturae* é autêntica, esta obra já teria sido composta antes de 1249. Além disso é preciso observar neste contexto que Bacon ao citar toda a passagem dá como fontes os *Secreta secretorum* de Aristóteles (obra que Bacon considerava autêntica[83]) e A. Gellius, ainda que esta última indicação não seja correta. Ele deve talvez ter escrito esta citação, sem o origi-

---

77. Cf. a edição de Martin Hertz, de Gellius, Berlim: [s.e.], 1885, introdução ao vol. II, p. XXXVIII. e também p. XXXIX.

78. C.E. Georges (HERTZ. Op. cit. p. XXXVIII, nota de rodapé) se refere a Lucilius, CXLI, p. 157. L.M. ex Hieronymi ad Chromatium, (carta) onde se diz: "secundum illud quoque de quo semel in Vita Crassum ait risisse Lucilius 'similem habere labra lactucam (de asino Fr.) carduos comedente'", (Segundo esta sentença, igualmente, em que Lucílio diz que ela fez Crassus rir uma só vez em sua vida: "comendo cardos [o asno] parece ter alface nos lábios".)

79. Cf. HAHN, C. *Ketzergeschichte des Mittelalters*. [s.l.]: [s.e.], [s.d.], col. II, p. 257, um relato do inquisidor MAPEUS, W. *De nugis Curialium etc. de secta Waldensium* XXXI. Ms. Bibl. Bodl. 851, onde Mapeus diz: "igitur proposui levissima, quae nemini licet ignorare sciens quod asino, cardones edente dignam habent labra lactucam". (Novamente propus a máxima que ninguém pode ignorar, que, quando um asno come cardos, seus lábios têm a alface que lhes convém).

80. Tom. I, p. 613.

81. Cf. THORNDIKE, L. Ibid., vol. II, p. 630s.

82. Cf. o artigo na Enciclopédia Britânica, de R. Adamson.

83. Cf. THORNDIKE, L. *History*. Ibid., vol. II, p. 633.

nal diante dos olhos; aliás, ele era conhecido por suas citações incorretas (o que o levava a criticar os outros no tocante a isto, inclusive Alberto Magno e Tomás de Aquino!)[84]. O autor da *Aurora* evita errar, inconscientemente, ou graças a um conhecimento superior. Na *Aurora* há, porém, uma mistura de duas passagens de Bacon. Assim, no *opus maius* 1, 4: "in quo etiam dicit (Gellius) stultum est asino praebere lactucas cum ei sufficiant cardui etc." (na qual ele (Gellius) diz que é estúpido oferecer alface ao asno, se este se satisfaz com cardos); na *Epistola de Secretis*, cap. 8, porém[85]: "Atque ipsemet Aristoteles enim dicit in libro secretorum quod esset fractor sigilli coelestis qui communicaret secreta naturae et artis [...] Caeterum in hoc casu dicit A. Gellius in lib. Noctium Atticarum de collatione Sapientium quod stultum est asino praebere lactucas cum ei sufficiant cardui". (E o próprio Aristóteles diz no livro dos segredos que infringiria o segredo dos céus aquele que revelasse os segredos da natureza e da arte [...] Além disso neste caso diz A. Gellius no livro *Noites Áticas* a propósito de uma reunião de sábios, que seria estúpido oferecer alface a um asno que se satisfaz com cardos.) Finalmente diz Bacon no *Compendium Studii*: "Assim como não se deve jogar aos porcos as pérolas da Sabedoria – segundo Mateus 7,6 – é estúpido dar alface a um asno que se satisfaz com cardos, tal como escreve Aulus Gellius no Livro das *Noites Áticas etc*. Na *Aurora* todas essas citações aparecem combinadas: a citação de Aristóteles com o provérbio do asno e com Mateus 7,6. Podemos então concluir que Bacon e o autor da *Aurora* citavam a partir de uma fonte comum (o *Speculi auctor?*), de onde Roger Bacon citava intencionalmente ora esta, ora aquela combinação. Uma outra possibilidade seria a de que o autor da *Aurora* conhecesse *todas* as passagens dos escritos de Bacon e as combinasse. Ou que tivesse em mente a *Epistola de secretis* etc., ou que também houvesse corrigido a atribuição a Gellius, ampliando-a com a passagem de Mateus 7,6, de acordo com seu estilo que é uma mistura de citações bíblicas e de sentenças alquímicas.

---

84. PELSTER, F. *Kritische Studien zum Leben und zu den Schriften Alberts des Grossen*. Freiburg im Breisgau: [s.e.], 1920, p. 50; THORNDIKE, L. Ibid., vol. II, p. 642-643.
85. Cf. também as variantes do *Theatrum Chemicum*. Vol.V. [s.l.]: [s.e.], 1622, p. 956.

Outra questão intrincada é constelada por uma passagem do texto que infelizmente repousa sobre uma tradição incerta dos manuscritos. Trata-se de uma citação de Senior, segundo capítulo, onde se afirma: a Sapientia Dei só é conhecida por aqueles "dotados de discernimento penetrante, sábio e engenhoso, *cujo espírito foi esclarecido graças ao Liber aggregationum*"[86]. Numa edição posterior e no manuscrito igualmente posterior de Leyden lê-se em lugar de *aggregationum*: *ex libris agnitionum* – isto é, "a partir dos livros de conhecimentos". A passagem original de Senior diz por outro lado: "A partir dos livros transmitidos, que os filósofos ocultaram". É provável que a versão ulterior da impressão do Codex de Leyden seja uma correção, no sentido de tentar ajustar-se à citação de Senior, tendo sido por isso adotada, uma vez que não se compreendia mais a palavra *Liber aggregationum*. Mas existe efetivamente um *Liber aggregationis seu Secretorum* " entre os escritos de Alberto Magno, que contém explicações de toda espécie de magia de plantas, talismãs etc. e também da alquimia. Este escrito pertence a um grupo de três ensaios: *Experimenta Alberti* (ou também *Secreta Alberti*, ou *Liber aggregationis*), *De mirabilibus mundi* e *De secretis mulierum*, considerados inautênticos por causa de seu conteúdo oculto ou "obsceno", se bem que pertençam às suas obras mais difundidas[87]. Do *Liber aggregationis* há manuscritos do século XIII; o *De mirabilibus mundi* no entanto só aparece no século XIV, mas ambos foram reunidos nas obras impressas mais antigas[88]. A recusa de considerar especialmente estes escritos

27

---

86. Cf. texto, p. 49.

87. Cf. também THORNDIKE, L. *History*. Op. cit. Vol. II, p. 720.

88. Cf. o catálogo completo do incunábulo de Leipzig, Vol. I. 1925, n. 617s. Já nas primeiras impressões de Ferrara 1471, Estrasburgo 1478, Bolonha 1478, Reutlingen 1483, Speyer 1483, Colônia 1485, estes escritos são reunidos sob aquele título (*Liber Aggregationis*).

Rodolfo de Nymwegen, um biógrafo de Alberto, do século XV (*Legenda litteralis Beati Alberti Magni*. Colônia: [s.e.], 1490, Parte 3, c. 7), observa: "Frater Hermannus de Mynda Saxo genere [...] in libro historiarum, qui De mirabilibus mundi inscribitur, libro quarto de vita domini Alberti sub brevi, verborum compendio multa comprehendit, quae suis in locis nostro opusculo inserta sunt" (Irmão Hermann de Mynda, de origem saxônica, em seu livro de histórias intitulado *De mirabilibus mundi*, no livro quarto, que contém a vida de Alberto Magno, abarca muitas coisas com poucas pala-

como autênticos provém do fato que até agora seu conteúdo era tido como "nada sério" e mesmo de má qualidade. Mas Lynn Thorndike sublinhou com razão que as concepções neles presentes de forma alguma estão em contradição com as obras de Alberto Magno consideradas autênticas[89]. Ele sublinhou também que nós *não temos nenhum fundamento no que concerne ao estilo ou à crítica das fontes para contestar que Alberto é o autor dessas obras*[90]. Finalmente Thorndike deixa a questão em aberto[91]. Ele observa no entanto que *De mirabilibus mundi* "se aproxima ainda mais do estilo habitual das obras de Alberto". Este último escrito contém uma discussão teórica tão significativa acerca da essência da magia, que deveremos retomá-la mais minuciosamente no Comentário.

28 Devemos reter o fato de que os manuscritos mais antigos e conhecidos da *Aurora* provêm da passagem em que Senior fala dos "livros que os filósofos ocultaram"; parece então claro que o autor considera o *Liber aggregationum* um desses livros essenciais a serem mantidos em segredo. As opiniões expostas nesta série acerca da alquimia parecem, ao que se me afigura, conformes com a concatenação de pensamentos da *Aurora*, de modo que me inclinarei no sentido de conservar a leitura de *aggregationum* ou aggregationis. Este livro deve, segundo a *Aurora*, servir para um esclarecimento e uma ampliação preparatória do espírito a fim de torná-lo capaz de fazer distinções sutis. Como foi dito, o tratado *De mirabilibus mundi*, que está sempre relacionado com o *Liber aggregationis* nos incunábulos, contém *uma discussão de princípio acerca da essência de toda a ma-*

---

vras, as quais são inseridas nos respectivos lugares em nosso opúsculo). PELSTER, F. *Kritische Studien zum Leben und zu den Schriften Alberts des Grossen*. Freiburg im Breisgau: [s.e.], 1920, p. 33, pensa que esse escrito foi perdido, isto é, não é idêntico àquele que existe. Ele levanta a hipótese que o autor deste *De mirabilibus mundi* se chama Hermann von Lerbecke. Não me parece claro como este último tratado poderia ligar-se aos *Secreta Alberti*.
89. THORNDIKE, L. *History*, II. Nova York: [s.e.], 1929, p. 724s.
90. Cf. ibid., p. 725s.
91. Cf. toda a questão e a literatura pró e contra Alberto Magno como autor em: PARTINGTON, J.R. Albertus Magnus on Alchemy, *"Ambix" Journal of the Soc. for the Study of Alchemy and Early Chemistry*. Vol. I, 1 (1937).

gia, incluindo a alquimia, e preenche assim realmente o papel que a *Aurora* dele reclama[92].

Resumindo: As fontes da *Aurora* se apresentam do seguinte modo: todas as citações documentadas (além das passagens da Bíblia), tais como as citações de Senior, Alphidius, da *Turba, De perfecto magisterio, Secreta secretorum* de Aristóteles, Gregório Magno, são mencionadas corretamente. Se as citações de Morienus e Calid não coincidem com os textos conservados até hoje, isto se deve provavelmente ao fato de aquelas obras só terem recebido sua forma atual após a composição da *Aurora*. Espero que outros investigadores consigam localizar os documentos que faltam, situando as passagens e completando assim o quadro das fontes utilizadas pelo autor da *Aurora*.

4. O problema da datação

Como não pude comprovar *todas* as fontes (especialmente as do *Liber quintae essentiae*), não é possível avaliar decisivamente a época do nascimento da *Aurora*. Todas as fontes *documentadas* são antigos tratados latinos ou traduções de escritos árabes, que não devem ser situados em data posterior à metade do século XIII. Isto testemunha a favor de uma relativa antiguidade da *Aurora*, além do que autores como Arnaldo de Villanova (1235 até 1311) e Raimundo Lullo (1235-1315), que figuram em quase todos os tratados da época posterior, não são citados na *Aurora*.

---

92. Continua difícil conciliar o fato de que o tratado *Secreta Alberti* e *De mirabilibus* etc. até hoje só aparecem juntos enquanto *Liber aggregationis*, também denominado *Speculum secretorum* e *Practica*, nos manuscritos tardios e nos incunábulos impressos, ao passo que nos manuscritos anteriores que conhecemos aparecem separadamente, (cf. THORNDIKE. Vol. II. Nova York: [s.e.], 1929, p. 569-570). Portanto, eles devem ter sido reunidos antes sob esse título único, uma vez que os incunábulos anteriores de um dos diversos lugares de impressão os reuniram consequentemente sob o título de *liber aggregationis* (cf. o depoimento de Thorndike II, p. 721). Thorndike menciona como "obras corretamente citadas" (p. 569-570) uma *Semita recta* e um *Speculum secretorum Alberti*, Ms. 138, século XV, Bolonha.

31   Lynn Thorndike, em sua *History of Magic and Experimental Science*, estabelece no entanto que a *Aurora* remonta ao século XV[1]. Na minha opinião esta data é válida apenas para a segunda parte. Esta última menciona Alberto Magno (1193-1280) e Geber, que não são citados na primeira parte[2]. A citação de Aristóteles, *De anima II*, 8, que aparece nas velhas traduções, indica uma idade mais remota. A relação da citação do *Speculator-Gellius* com passagens semelhantes nos escritos de Roger Bacon só poderá ser levada em conta quando o problema da autenticidade e da datação dos escritos menores de Bacon for esclarecido. Em todo caso, o parentesco das citações remete à época de Bacon, isto é, ao século XIII.

32   O *Rosarium philosophorum* poderia oferecer um *terminus ante quem* para a datação da *Aurora* se este último escrito estivesse rigorosamente datado. O *Rosarium* cita efetivamente *apenas a primeira parte* da *Aurora*[3]. Quanto à data do *Rosarium*, é controvertida: M. Berthelot

---

1. Vol. IV, 1934, p. 335: "Some anonymous works, distinguishable by their titles, may also probably be assigned to the fifteenth century, such as the *Soliloquy of Philosophy* or *The Burst of Dawn* 25 [...] The latter treatise gives four reasons for its title and then seven parables of which the last is a confabulation of the lover with his beloved. Its second part is in 3 chapters on astronomy, arithmetic and the natural process of first doctrine. Note 25 Vienna 5230, 1565 AD fols. 239ʳ-249ᵛ Incipit Aurora consurgens: Venerunt mihi [...] sanguine menstruali percursum eius. (S. Marco, IV, 25) Valentinelli, XVI, 4, 1475 AD fols 65ʳ-161ʳ. With the same title and incipit: The latter part of the work was printed in Artis Auriferae I 185". (Algumas obras anônimas que se distinguem por seus títulos devem também provavelmente ser atribuídas ao século XV, tais como o *Solilóquio da Filosofia*, ou *O surgir da Aurora* 25 [...] Este último tratado oferece quatro razões de seu título, depois sete parábolas, sendo que a última é uma conversação entre o "Amado e a Amada". A segunda parte consta de três capítulos sobre a astronomia, a aritmética e o processo natural da primeira doutrina... Com o mesmo título e o mesmo começo. A última parte da obra foi impressa na *Artis Auriferae*, I, 185.)

2. Cf. no tocante a este e outros autores, RUSKA, J. *Tabula smaragdina: ein Beitrag zur Geschichte der hermetischen Literatur*. Heidelberg: [s.e.], 1926, p. 186s.

3. *Artis Auriferae*. Basileia: [s.e.], 1610, II, p. 149. MANGETUS, J.J. (org.). *Bibliotheca chemica curiosa seu rerum ad alchemiam pertinentium thésaurus instructissimus*. 2 vols. Genebra: [s.e.], 1702, p. 87s. Ainda que não seja uma *prova*, trata-se de uma evidência suplementar pelo fato de que a primeira parte é de outra autoria e anterior à segunda.

a situa em meados do século XIV⁴; J. Ruska inicialmente concordou⁵, mas inclinou-se mais tarde a situar essa data em meados do século XV⁶, sem apresentar, no entanto, qualquer argumento decisivo⁷.

Há uma alusão ao início da *Aurora* no tratado impresso sob o título de *Compositum de Compositis*, atribuído a Alberto Magno⁸. Na medida em que a utilização de citações bíblicas pertence ao estilo corrente da *Aurora*, já que aqui isto só ocorre no prefácio⁹, o texto passando depois para um tom prosaico de ciências naturais, é mister admitir que esta parte do tratado de Alberto depende da *Aurora* e não inversamente.

Depois, a *Aurora* é citada¹⁰ no *Aureum Vellus sive Sacra Vatum Philosophia* de J. de Mennens (impresso em Autuérpia, 1604), ao passo que J. Grasseus em seu *Arca Arcani* (século XVII)¹¹ só dispunha de um conhecimento indireto do título¹², ignorando o texto¹³; este,

---

4. *La chimie au moyen-âge.* I, p. 234.
5. *Tabula Smaragdina.* ibid., p. 193.
6. *Turba*, p. 342, assim como THORNDIKE. Op. cit. Vol. IV, p. 56.
7. A citação da *Aurora* em MAJER, M. *Symbola aureae mensae duodecim nationum.* Frankfurt a M.: [s.e.], 1617, p. 65, concorda com o *Rosarium*, do qual provavelmente proveio.
8. *Theatrum Chemicum.* Vol. IV [s.l.]: [s.e.], 1659, p. 825s.
9. Lê-se nessa passagem: "Et ideo scientiam quam sine fitione didici sine invidia communico qua invidia latescente [sic] deficit, quoniam talis homo non erit particeps amicitiae Dei. Omnis sapientia et scientia a Domino Deo est, sed hoc quocumque modo semper a Spiritu Sancto est... Itaque qui habet aures audiendi: tantam gratiam Deificam audiat secretum, quod mihi desponsatum gratia Dei et indignis nullatenus revelat..." (Por isso o conhecimento que recebi sem engano, eu o comunico sem inveja, e se esta inveja está oculta (o conhecimento) falta, pois tal homem não terá parte na amizade de Deus. Toda sabedoria e toda ciência são do Senhor Deus, mas qualquer que seja o modo pelo qual isto se exprime, elas sempre são do Espírito Santo... É por isso que aquele que tem ouvidos para ouvir uma tal graça deificante que ouça um segredo a mim confiado pela graça de Deus, e que ele não o revele de modo algum àqueles que são indignos dele.
10. *Theatrum Chemicum.* Vol. V. [s.l.]: [s.e.], 1622, p. 267.
11. *Theatrum Chemicum.* Vol. VI. [s.l]: [s.e.], 1661, p. 314.
12. MANGETUS. II, p. 594: 19 *Aurora consurgens* in *Turba* (I) Ecce etc. Não há citação da *Aurora*.
13. Seus ecos podem ter sido transmitidos pelo *Clangor Buccinae*, cujo autor conhecia a *Aurora*: *Artis Auriferae*. 1610, parte I, p. 148, a mesma citação de *Sextarius*! Cf. tb. p. 309, 311, 325.

no entanto, era provavelmente conhecido[14] pelo monge agostiniano Degenhardus, fonte que inspira o primeiro autor (Joh. Grasseus). O tratado *Splendor Solis*, atribuído a Salomon Trismosin (cerca de 1490), está repleto de partes tiradas da *Aurora*, sem que no entanto seja mencionado o título desta última obra[15].

Além disso, acho quase indubitável que George Ripley conhecia a *Aurora*. É verdade que ele não menciona seu título, mas seu *Liber duodecim portarum* contém demasiadas citações iguais e combinadas de Senior e da Bíblia, para ser independente[16].

O caso de *Aquarium Sapientum*[17] é menos inequívoco, mas acho possível que seu autor tenha conhecido a *Aurora*. A *Aurora* de Jacó Boehme também não me parece independente da *Aurora consurgens*,

---

14. MANGETUS. II, p. 593. "Magister Degenhardus Augustini Ordinis Monachus: verus lapidis possessor in suo libro de Via Universali ait [...] Est donum Spiritus Sancti. In ipso latet mysterium veniendi ad thesaurum sapientum. Et hoc est plumbum Philosophorum, quod plumbum aeris appelant, in quo splendida columba alba inest, quae sal metallorum vocatur, in quo magisterium operis consistit. Haec est casta sapiens et dives illa regina ex Saba velo alba induta, quae nulli nisi Regi Salomoni se subicere volebat. Nullius hominis cor haec omnia satis scrutari potest". (Mestre Degenhardus, monge da Ordem agostiniana, que verdadeiramente possui a pedra, diz em seu livro de *Via Universali* [...] É um dom do Espírito Santo. Nela está oculto o mistério da aproximação do tesouro dos sábios. E é o chumbo dos filósofos, também chamado o chumbo do ar, no qual se encontra uma esplêndida pomba branca, chamada o sal dos metais, na qual consiste o magistério da obra. É esta casta, sábia e rica rainha de Sabá, vestida de um véu branco, que não queria submeter-se a ninguém senão ao rei Salomão. Nenhum coração humano é capaz de escrutar profundamente estas coisas).

15. Org. J.K. London. Kegan Paul. A Aurora não consta na lista das fontes do editor anônimo.

16. MANGETUS. II, p. 280, col. 2. Ou *Opera Omnia Chemica*. Cassel: [s.e.], 1649 [KÖHLERS (org.)], por exemplo, verso 3: "Efficias ut sapientia sit tua soror et ut Prudentia sit tua amica" (Faze da sabedoria tua irmã e da prudência tua amiga); item vers 3, 6, 8 (*lapis triunus*) partic. 9, p. 159: "quousque exsiccata fluminibus (hac enim operatione abierunt flumina in siccum iuxta Psalmistam...)" (até que ela tenha secado nas ondas [pois por esta operação as ondas atravessaram a terra seca, como diz o salmista]); p. 259 a mesma citação de Senior, p. 300: "Scriptum enim est: constituisti terminos qui praeteriri non possunt" (Pois está escrito: tu estabeleceste os limites que eles não ultrapassarão), o que se refere à duração da vida humana, como na Aurora!

17. *Musaeum Hermeticum*. Frankfurt: [s.e.], 1678, p. 83.

se bem que, como sempre, aquele autor tenha reformulado livremente o conteúdo a fim de amplificar suas próprias vivências interiores.

Em seu todo, a *Aurora*, na medida em que pude constatá-lo, quase não é conhecida na literatura posterior, porquanto se afasta claramente do estilo usual das obras alquímicas, e não era então compreendida. Resumindo, pode-se dizer que a *Aurora* foi composta entre 1230 e meados do século XV (*Rosarium*, RIPLEY). Eu me inclinaria a datá-la pelos meados ou na segunda metade do século XIII.

5. Os manuscritos

Um manuscrito completo do Tratado se encontra na Bibliothèque Nationale de Paris, Lat. n. 14006: fol. 1v-12v: "Incipit tractatus *Aurora consurgens* Intitulatus" (Começa o tratado intitulado *Aurora consurgens*); o fol. 12v segue à segunda parte do tratado[1]. O manuscrito, cuja fotocópia utilizei, pertence ao século XV e provém da *Bibliotheca Manuscriptorum Coisliniana* (antes *Seguenona*), que Henri du Campout, Duque de Coislin, Par de França, havia legado à abadia *Saint-Germain-des-Près*, em 1732[2]. O manuscrito é nítido e perfeitamente legível e contém, à margem das duas primeiras páginas, a repetição dos nomes próprios citados e um resumo do conteúdo. No aparato ele é designado pela letra P e suas correções, por P2.

2. O manuscrito que mais se aparenta a P é um manuscrito de Viena, da Biblioteca Nacional Austríaca, Cod. n. 5230. Nosso tratado começa no fol. 239^r: *Incipit aurora consurgens* (Começa o surgir da aurora) até fol. 248^v, onde principia a segunda parte, reproduzida

---

1. Seguem-se outros tratados alquímicos, os mais importantes dos quais são o *Liber secretorum*, de Calid, *Correctio fatuorum*, de Bernardus Magnus, *Rotatio elementorum*, de Alano, *Collectio ex nobili libro Margaritae pretiosae Novellae*, de Petrus Bonus, o livro *Flos regis*, as *Propositiones Maximae in Arte Alchimiae*, de Alberto Magno, a *Epistola Avicennae ad Hazen philosophum*, o *Liber intitulatus Lilium evulsum e spinis*, o *Problema*, de J. Thonensis, um *Colloquium magistri cum discipulo*, a *Herba incognita ortalona*, de J. Thonensis, assim como receitas e tratados de menor importância.
2. Cf. a descrição e a pesquisa do manuscrito, em DELISLE, L. *Inventaire des Ms. de St. Germain des Près*. [s.l.: s.e.], [s.d.], p. 124s., e em CORBETT. *Catalogue des Ms. Alchimiques latins*. Vol. I. Bruxelas: [s.e.], 1939, p. 178-179.

abreviadamente até fol. 249ᵛ. Seguem-se receitas. O tratado precedente termina: "Explicit lapidarius Raymundi Magici 1467, 16 Junii" (Termina o lapidário de Raimundo Mágico 1467, 16 de junho). O manuscrito é citado em Lynn Thorndike: "A History of Magic and Experimental Science" 1923, 1934, Vol. IV, p. 335[3]. Este manuscrito é indicado no aparato pela letra V (*Vindobonensis*) e suas correções à margem, por V2.

3. Ao mesmo grupo de manuscritos também pertence (embora não seja possível estabelecer uma árvore genealógica) o manuscrito na *Marciana*, em Veneza[4], que figura no aparato como M, e nas correções como M2. Trata-se do Cod. 4 membr. 215 (J. Valentinelli, Bibliotheca Manuscripta ad S. Marci Venetiarum 1872, Vol. V, Seção XVI 4, p. 555) do ano de 1475. O tratado vai da fol. 65ʳ-161ʳ: "Incipit tractatus Aurora consurgens tract. Duo"; ele é escrito de um modo extraordinariamente legível e meticuloso.

4. De boa qualidade também, mas infelizmente incompleto, é o manuscrito da Biblioteca central de Zurique, o Codex Rhenoviensis 172, que provém do Mosteiro de Rheinau, datado do século XV pelo prof. C. Molberg[5]. Ele é designado no aparato como Rh, e nas corre-

---

3. Codex 5230. É uma coleção de Ms. de papel, 222x159mm, em couro de bezerro castanho, com capas de madeira. Além das valiosas dissertações químicas, o Ms. contém muitos desenhos que se referem ao texto (símbolos químicos, representações de experiências químicas). As diversas partes do Ms. datam de diversos períodos dos séculos XV e XVI. Os anos de 1465, 1467, 1481 e 1516 são nele mencionados. Cf. Tabulae Codicum Manuscriptorum... in *Bibl. Palat. Vindobonensi asservatorum ed. Acad. Caes. Vindob.* Vol. IV. Viena 1870, p. 67. Cf. tb. THORNDIKE, L. & KIBRE, P. *Catalogue of Incipits of Medieval scientific writings in Latin*. Cambridge: [s.e.], 1937, sob "Venerunt mihi..." Prosseguimentos desta publicação encontram-se em *"Speculum" A Journal of Medieval Studie*. Vol. XIV, jan. 1939, n. 1: THORNDIKE, L. Additional Incipits of Medieval Scientific Writings; e no vol. XVII, julho 1942, n. 3: More Incipits etc. Thorndike data o Ms. como sendo de 1505 (*History* etc. Vol. IV, nota de rodapé 25).

4. Mencionado em THORNDIKE, L. *History... Vol. 4*. Nova York: [s.e.], 1929, p. 335, nota 25. Sou grata ao Prof. A.M. Albareda da Biblioteca do Vaticano, o qual amigavelmente chamou a minha atenção para este Ms. Em LITTLE, A.G. *Initia operum Lat. quae saeculis XIII, XIV, XV, atribuntur*. Manchester: [s.e.], 1904, não é mencionado nenhum manuscrito da Aurora.

5. Cf. o catálogo do Ms. da Biblioteca Central de Zurique, parte I: Idade Média, manuscrito de MOLBERG, L.C. [s.l.]: [s.e.], 1951, p. 246.

ções como Rh2, e começa com o fim do capítulo 9 da *Aurora*, pelas palavras: "tenebrositates tollit de corpore..." (tira as trevas do corpo). O manuscrito contém outros tratados alquímicos[6]. Eles provêm da mesma mão, seu título é em letra vermelha e as iniciais são em azul e ouro. Além disso, ele é *ilustrado com belíssimas imagens simbólicas*. As relações entre imagens e texto, porém, são relativamente desarticuladas.

    5. O Codex Vossianus Chemicus n. 29 (520) da Biblioteca da Universidade de Leyden (designado por L.) contém as mesmas imagens em reprodução de qualidade inferior e deve pertencer ao século XVI. Sua redação é relativamente negligente. O título é: "Tractatus qui dicitur *Thomae Aquinatis* de Alchimia modus extrahendi quintam essentiam Liber Alchimiae, qui a nonnullis dicitur Aurora consurgens latine scriptus cum figuris". (Tratado de Alquimia atribuído a *Tomás de Aquino*, livro da Alquimia que expõe o modo de extrair a quintessência, denominado por alguns *Aurora Consurgens*, escrito em latim, e ilustrado). Seguem-se outros tratados alquímicos[7]. Sua versão segue de perto a impressão mais tardia e é de pouca importância para o estabelecimento do texto.

    6. O manuscrito da universidade de Bologna Ms. 747 (ano 1492), cujo conhecimento e informação eu agradeço ao Dr. G. Goldschmidt é pouco seguro e além disso cheio de grandes lacunas. Utilizei uma fotocópia que figura como B no aparato. Nosso tratado aí se encontra na fol. 97ʳʳ-120ʳ com o título: "Incipit aurea mora quae dicitur Aurora Consurgens vel liber trinitatis compositus a Sancto Thoma de Aquino". (Começa o áureo lapso de tempo que é chamado *Aurora Consurgens* ou *Livro da Trindade*, composto por Santo Tomás de Aquino.) Particularmente em sua parte final esse tratado, escrito com negligência, contém tantas omissões, que desisti de anotá-las integralmente no aparato. Por questão de integridade, elas podem ser encontradas na p. 435.

---

6. Alberto Magno: Kallisthenus unus de antiquioribus... dicit. 2. Quaestio curiosa de natura solis et lunae, ZOLENTO, P. de. *Secreta Hermetis*. GARLANDIA, J. de. *Clavis sap. maioris*. Excertos dos escritos de Geber; Aurea massa, Visio Arislei e outros tratados. Maiores detalhes cf. MOLBERG, C. Op. cit.

7. Tal como um tratado alemão de Alberto Magno, o "Schemata" de Grato, um tratado "De lapide", receitas, o "Elucidarium testamenti" de Raimundo Lullo, notícias enciclopédicas etc.

7. Finalmente, a letra D designa a edição do aparato segundo uma fotocópia dos exemplares, no British Museum, das "Harmoniae imperscrutabilis Chymico-Philosophicae sive Philosophorum Antiquorum Consentientium Decades duae" apud Conr. Eifridum, Francofurti 1625, p. 175s. *Incipit* (Começa): "Beati Thomae de Aquino Aurora sive Aurea Hora" (aurora ou Hora Áurea do beato Tomás de Aquino). Faltam os títulos dos capítulos. Esta versão indica os traços de um trabalho meticuloso de erudito (bem antes da impressão) no sentido de uma correção humanista do latim e um ajustamento às citações da *Vulgata*, que são muito mais livres nos manuscritos[8]. O texto contém igualmente repetições que denotam a inserção no texto de glosas à margem[9]. Ocorre o mesmo com o *Marcianus* e às vezes também com P e Rh.

6. A configuração do texto

Como os manuscritos P, M, V são sensivelmente equivalentes e ora um, ora outro contém a melhor leitura[1], eu não poderia apoiar-me apenas num deles, devendo levar os três em consideração. O Rh que aparece na segunda parte é tão importante como os demais manuscritos. As citações da *Vulgata* nem sempre foram decisivas no tocante ao texto bíblico, uma vez que o autor as citava livremente ou com variantes intencionais. Muitas passagens provêm da liturgia da Missa, pois não raro estas mesmas citações bíblicas aparecem igualmente combinadas. Uma vez que o autor joga conscientemente com o sentido das citações bíblicas, pode ser estimulante para o leitor

---

8. Exemplos: à p. 30, linha 10, *ut intelligat* em lugar do dificilmente inteligível, *et intelligit*, à p. 38, linha 5, onde *vacabit* corrompido em *vocabit* com o adjunto *te*, p. 38, linhas 8-9, onde a descrição da alquimia como *sacramentum*, chocante para as sensibilidades religiosas, foi mudada para *sanctuarium*, p. 46. linha 11, onde através de *volens* se torna mais leve e leitura do infinitivo *videre*, p. 68, linhas 6-7, a glosa *quod philosophus vult esse*, porque a equiparação da tríade alquímica à Trindade evidentemente chocaria etc.
9. Por exemplo, p. 64, linha 11, *salvabitur et salvus vocabitur*.
1. M é, por exemplo, melhor: p. 42; linha 13, p. 44; linha 14, p. 46; linha 2. P é melhor p. 40, linha 12 e 13. V é exato unicamente p. 32, linha 8, p. 38, linha 5 *vacabit*.

comparar as passagens originais com as notas de rodapé. Outras versões posteriores, por exemplo, a longa citação da *Aurora* no *Rosarium philosophorum* (v. pormenores adiante), só foram consultadas quando uma conjetura parecia impor-se[2].

O aparato não indica as omissões maiores em B, mas as variantes na redação dos nomes próprios e alguns erros ortográficos insignificantes são citados a bem da exatidão antes do índice.

Uma dificuldade da tradução consistia na escolha do texto bíblico alemão porque, por um lado, o emprego de traduções modernas da *Vulgata* relativamente desconhecidas não parecia indicado e, por outro lado, era desejável que o leitor conservasse a lembrança das passagens bíblicas conhecidas, como acontece com o latim. Infelizmente a Bíblia de Lutero e a de Zurique se afastam tantas vezes da *Vulgata* (na medida em que retrocedem ao texto hebraico), que as alusões alquimísticas baseadas no texto literal da *Vulgata* se perderiam. Por isso, em princípio, segui a tradução da Bíblia de Lutero, embora traduzindo às vezes diretamente a *Vulgata* e citando em notas de rodapé o texto de Lutero e, entre parênteses, a versão literal.

Como o meu manuscrito foi entregue à editora em outubro de 1955, a literatura posterior a essa época não poderia obviamente ter sido levada em consideração.

---

2. Assim, p. 32, linha 10 *operationes* por *comparatione*.

Aurora Consurgens

EXPLICAÇÃO DE SINAIS E ABREVIATURAS

P – Codex Parisinus, Bibl. Nat. Latin. n. 14006.
P2 – Correções de P, de segunda mão.
V – Codex Vindobonensis, Bibl. Nac. da Áustria n. 5230.
V2 – Correções de V, de segunda mão.
M – Codex Marcianus Venetiarum (Valentinelli, V, 555).
M2 – Correções de M, de segunda mão.
Rh – Codex Rhenoviensis 172, Bibl. Central de Zurique.
Rh2 – Correções de Rh, de segunda mão.
B – Codex da Bibl. Universitária de Bolonha n. 747.
L – Codex Vossianus, Chem. 520 Leyden, Bibl. Univ. n. 29.
L2 – Correções de L, de segunda mão.
D – Versão impressa em: *Harmoniae Imperscrutabilis* etc., Frankfurt, 1625.
[ ] – suprimido pelo editor.
< > – completado pelo editor.
( ) – Variantes encontradas em alguns códices, demasiado importantes para serem apenas consignadas no aparato crítico.
∞ – passagem relativamente longa, omitida de – até.
coni. – Conjetura.
om. – Omissão.
add. – Acréscimo.
codd. – Em *todos* os manuscritos.

II
O texto

I. Incipt tractatus Aurora consurgens intitulatus.

II. Quid sit sapientia.

III. De ignorantibus et negantibus hanc scientiam.

IV. De nomine et titulo huius libri.

V. De irritatione insipientum.

VI. Parabola prima de terra nigra in quam septem planetae radicaverunt.

VII. Parabola secunda de diluvio aquarum et morte quam femina intulit et fugavit.

VIII. Parabola tertia de porta aerea et vecte ferreo captivitatis Babylonicae.

IX. Parabola quarta de fide philosophica quae numero ternario consistit.

X. Parabola quinta de domo thesauraria quam sapientia tundavit supra petram.

XI. Parabola sexta de coelo et mundo et sitibus elementorum.

XII. Parabola septima de confabulatione dilecti cum dilecta.

I. Beati Thomae de Aquino aurora sive aurea hora. Incipit tractatus Aurora Consurgens intitulatus

5   Venerunt mihi omnia bona pariter cum illa[1] sapientia austri[2], quae foris praedicat, in plateis dat vocem suam, in capite turbarum clamitat, in foribus portarum urbis profert verba sua dicens[3]: Accedite ad me et illuminamini et operationes vestrae non confundentur[4]; omnes qui concupiscitis me divitiis meis adimpiemini[5]. Venite (ergo)
10 filii, audite me, scientiam Dei docebo vos[6]. Quis sapiens et intelligit hanc[7], quam Alphidius dicit homines et pueros in viis et plateis praeterire et cottidie a iumentis et pecoribus in sterquilinio conculcari[8].

---

7. orbis – PVM / 10. «ergo» add. D / 10. ut intelligat D, et intelligens B, intelliget V

---

1. Sap. 7,11: Venerunt autem mihi omnia bona pariter cum illa et inumerabilis honestas per manus illius... Cf. *Ordo missae*. Freiburg, 19. Aufl. p. 554 [SCHOTT, P.A. (org.)].
2. Cf. Matth. 12,42: Regina austri surget in iudicio... Cf. *Ordo missae*. Op. cit., p. 165. Cf. Zach. 9,14: Deus in tuba canet et vadet in turbine austri...
3. Prov. 1,20-22: Sapientia foris praedicat, in plateis dat vocem suam, in capite turbarum clamitat, in foribus portarum urbis profert verba sua dicens: Usque quo parvuli diligitis infantiam?
4. Ps. 33,6: Accedite ad eum (sc. Dominum) et illuminamini et facies vestrae non confundentur. Cf. Ordo missae. Op. cit., p. 425.
5. Eccli. 24,26-30: Transite ad me omnes qui concupiscitis me et a generationibus meis implemini... Qui audit me non confundetur. Cf.*Ordo missae*. Op. cit., p. 727.
6. Ps. 33,12: Venite filii, audite me, timorem Domini docebo vos. Cf. Ordo missae. Op. cit., p. 425.
7. Hos. 14,10: Quis sapiens et intelliget ista intelligens et sciet haec? Quia rectae viae Domini... Cf. *Ordo missae*. Op. cit., p. 458.
8. Liber Alphidii. Ms. Ashmole 1420. Oxford, fol. 18: homines pedibus conculcant in viis et aqua prolongant cuius Dei vilissime gratia. fol. 21: Thezaurizatum est in viam ejectus vileque et carum... quae homines ac pueri in viis praetereunt. Vgl. auch das Consilium Conjugii, *Ars Chemica*. Op. cit. 1566, p. 88: Assiduus: Et scito fili quod hunc lapidem de quo hoc archanum extrahitur Deus non emendum praecio posuit quoniam in viis ejectus invenitur ut a paupere et divite haberi possit.

Et ibidem p. 62-63: Quidam (dixerunt lapidem) vile et carum et stercore tectum ad quod vix poterit perveniri quod homines ac pueri in plateis et viis praetereunt. Cf. item *Rosarium Philosophorum*. MANGET. *Bibliotheca Chemica*. Lib. III, p. 88b-89a: Scito quod hunc lapidem, de quo hoc arcanum agitur, Deus non posuit magno pretio

I. Início do Tratado do Beato Tomás de Aquino.

"O surgir da aurora" (*Aurora Consurgens*) como se chama o livro na arte, semelhante a uma iminente "hora de ouro" (Aurea Hora)

Todos os bens vieram a mim juntamente com ela[1], essa sabedoria do vento sul[2], que clama lá fora, faz ouvir sua voz nas ruas, exorta a multidão, pronunciando suas palavras à entrada das portas da cidade[3]: Vinde a mim, iluminai-vos e vossas operações não vos causarão vergonha[4]; todos vós que me desejais, sede cumulados com minhas riquezas[5]. Vinde, pois, filhos, escutai-me, eu vos ensinarei a ciência de Deus[6]. Quem é sábio e a compreende[7], e dela diz Alphidius que homens e crianças passam a seu lado pelos caminhos e ruas, e todos os dias é pisoteada nos excrementos pelos animais de carga e pelo gado[8].

---

1. Sb 7,11: Todos os bens vieram a mim juntamente com ela e inúmeras riquezas (vieram) por suas mãos... Cf. *Missal*. 19. ed. Freiburg im Breisgau: [s.e.], [s.d.], p. 554 [SCHOTT, P.A. (org.)].

2. Cf. Mt 12,42: A Rainha do Sul (ou do vento Sul) erguer-se-á no julgamento final... *Missal*. Ibid., p. 165.
Cf. Zc 9,14: O Senhor tocará a trombeta e avançará num turbilhão do Sul (literalmente: num turbilhão do vento Sul).

3. Pr 1, 20–22: A Sabedoria clama lá fora e se faz ouvir nas ruas, chama junto às portas de entrada diante da multidão, profere suas palavras na cidade: Até quando, criancinhas, amareis a irreflexão?...

4. Sl 34, 6: Àqueles que o virem e acharem refrigério em sua presença não serão confundidos. *Missal*. Ibid., p. 425.

5. Eclo 24,26.30: Vinde a mim todos vós que me desejais com ardor e saciai-vos com meus frutos. Aquele que me ouvir não será confundido. *Missal*. Ibid., p. 727.

6. Sl 34,12: Vinde, filhos, ouvi-me, eu vos ensinarei o temor de Deus. Cf. *Missal*. Ibid., p. 425.

7. Os 14,10: Quem é sábio e compreenderá estas coisas? Quem é inteligente e as perceberá? Porque as vias do Senhor são retas... Cf. *Missal*. Ibid., p. 458.

8. Cf. *Liber do filósofo Alphidius*, etc. cod. Ashmole, 1420. fl. 18 e 21. Cf. Rosarium Philosophorum, in: MANGETUS, J.J. (org.). *Bibliotheca chemica curiosa seu rerum ad alchemiam pertinentium thésaurus instructissimus*. 2 vols. Genebra: [s.e.], lib. III, p. 88b-89a: Sabei que Deus é esta pedra, de cujo segredo aqui se trata, que parece de pouco valor, a ponto dos homens a encontrarem jogada nas ruas, de modo que pobres e ricos a podem obter. Cf. ibid., II, p. 594b. Cf. adiante

1   Et Senior: Nihil ea aspectu vilius et nihil ea in natura pretiosius, et Deus
    etiam eam pretio emendam non posuit[9]. Hanc Salomon pro luce habe-
    re proposuit et super omnem pulchritudinem et salutem; in comparatio-
    ne illius lapidis pretiosi virtutem illi non comparavit[10]. Quoniam omne
5   aurum tamquam arena exigua et velut lutum aestimabitur argentum in
    conspectu illius, et sine causa non est. Melior est enim acquisitio eius nego-
    ciatione argenti et auri purissimi. Et fructus illius est pretiosior cunc-
    tis opibus huius mundi et omnia, quae desiderantur, huic non valent
    comparari. Longitudo dierum et sanitas in dextera illius, in sinistra
10 vero eius gloria et divitiae infinitae. Viae eius operationes pulchrae et
    laudabiles non despectae neque deformes et semitae illius moderatae
    et non festinae, sed cum laboris diuturni instantia[11]. Lignum vitae est
    his, qui apprehenderint eam et lumen indeficiens, si tenuerint beati[12],

---

1. «et» nihil – om. BDLV / «nihil» om. MP / 2. composuit B / 3. operatione B, compositione M, operationibus L / 4. «virtutem» om. MPBL / 5. arenam et exiguum VPM, arena etiam exigua D / 6. causa non melior est enim DB, sine causa non est melior. Est M / 7. 'Et' om. VMP. / 8. operibus DLMP / 9. valeant MP / 9. illius: eius DL om. B / 10. 'operationes' conieci e Rosario, comparatione codd. om. B, comparatione eius V / 12. diurni VMP /13. apprehendunt MPV, apprehenderunt L /

---

emendum, quoniam in via eiectus invenitur, quatenus tam a paupere quam a divite haberi possit... (ibid. II, p. 594b: Nam Alphidius dicit hoc secretum pretio non comparari sed inveniri proiectum in via...) Cf. item ROSINUS ad Sarratantam. *Artis Auriferae*. Basileia: [s.e.], 1610 a. a. O. I, p. 188, MORIENUS ROMANUS. *De transmutatione metallorum ebda.* II, [s.l.]: [s.e.], [s.d.], p. 25, AVICENNA. Declaratio Lapidis Physici Filio suo Aboali, *Theatrum Chemicum*. Vol. IV. [s.l.]: [s.e.], 1659, p. 875. Vgl. zu dieser ganzen ersten Partie JUNG, C.G. *Psychologie und Alchemie*. Zurique: Rascher, 1944, p. 412-414.
9. Cf. SENIOR. *De Chemia libellus antiquissimus...* Estrasburgo: [s.e.], 1566, p. 117: ... Philosophus filius Hamuel Zadith extraxit a fundo eorum margaritas praetiosas et ostendit tibi manifeste et aperte hoc secretum caelatum quod appropriavit dominus gloriosus huic lapidi vili et inpraeciabili et est praeciosius in mundo et vilius. Cf. Ros. Phil. Op. cit., p. 102. Cf. ibid., p. 106: ... de quo dixit Viemon: Proiicitur in sterquiliniis hoc est, est vile in oculis omnis ignorantis.
10. Cf. *Ros. Phil.*, p. 100.
Cf. Sap. 7,7: ...venit in me spiritus sapientiae et praeposui illam regnis et sedibus et divitias nihil esse duxi in comparatione illius nec non comparavi illi lapidem pretiosum, quoniam omne aurum in comparatione illius arena exígua et tamquam lutum aestimabitur argentum in conspectu illius ... Cf. *Ordo missae*. Op. cit., p. 554.
11. Cf. BONUS, P. *Pretiosa margarita novella...* Veneza: [s.e.], 1546, p. 45 [LACINIUS (org.)]: ... et tu quidem exerciteris ad illud cum laboris instantia máxima et cum diuturnitate meditationis immensae, cum illa enim invenies et sine illa non.
12. Prov. 3,13-18: Melior est acquisitio eius negociatione argenti et auri primi et purissimi fructus eius. Pretiosior est cunctis opibus et omnia quae desiderantur huic non valent comparari. Longitudo dierum in dextera eius et sinistra illius divitiae

E Senior diz: Nada há na natureza de mais insignificante e de mais precioso do que ela, e Deus não a criou para ser comprada com dinheiro[9]. Salomão escolheu-a como luz necessária, acima de toda beleza e de toda saúde, não achando que o valor das pedras preciosas pudesse comparar-se ao seu[10]. Pois todo o ouro comparado com ela é como um pouco de areia e a prata como lama, e isto não sem motivo, porquanto adquiri-la é melhor do que o rendimento do ouro e da prata mais puros. E seu fruto é mais precioso que todas as riquezas deste mundo e tudo o que desejares não poderá ser comparado com ela. Vida longa e saúde estão em sua mão direita e na esquerda, glória e bens infinitos. Belos são seus caminhos, e suas obras dignas de louvor; estas não são desprezíveis nem feias e suas sendas são moderadas e sem precipitação, ligando-se à persistência de um labor prolongado[11]. É uma árvore de vida para todos que a tocam e uma luz que nunca se extingue. Bem-aventurados são os que a compreendem[12];

Consilium Coniugii, in: *Ars Chemica*. [s.l.]: [s.e.], 1566, ibid., p. 88 = as mesmas passagens do autor Assiduus. Cf. também ROSINUS ad Sarratantam. *Artis Auriferae*. Basileia: [s.e.], 1610, p. 188. MORIENUS ROMANUS. *De transmutatione metallorum*. Ibid., II, p. 25. Também AVICENNA. Declaratio Lapidis Physici Filio suo Aboali, *Theatrum Chemicum*. Vol. IV. [s.l.]: [s.e.], 1659, p. 875. Cf. para toda esta primeira parte JUNG, C.G. *Psicologia e alquimia*. Zurique: Rascher, 1944, p. 412-414.

9. Cf. SENIOR. *De Chemia antiquissimus libellus...* Estrasburgo: [s.e.], 1566, p. 117:... o filósofo Zadith, filho de Hamuel, extraiu pérolas preciosas daquele fundo e te mostrou clara e abertamente este segredo oculto, que o Deus de todo louvor deu a esta pedra carente de valor e ela é no mundo ao mesmo tempo extremamente valiosa e de preço extremamente baixo. – E *Ros. Phil*. Op. cit., p. 106: Por isso Viemon diz: Ela é jogada no esterco, isto é, como algo sem valor aos olhos de todos os ignorantes.

10. Cf. *Ros. Phil*. p. 100.

Cf. tb. Sb 7,7:...e veio a mim o espírito da Sabedoria. E eu a considero mais preciosa do que os domínios dos reis e os parques principescos, e a riqueza para mim nada é diante dela. Não a comparo a nenhuma pedra preciosa, pois diante dela todo o ouro do mundo vale um pouco de areia, e a seu lado a prata deve ser considerada lama. Cf. *Missal*. Op. cit., p. 554.

11. Cf. BONUS, P. *Pretiosa margarita novella...* Veneza: [s.e.], 1546, p. 45 [LACINIUS (org.)]: Tu, porém, trabalha nisto com o máximo esforço, com persistência, com meditações longas e infindáveis; assim a encontrarás, em caso contrário, não.

12. Pr 3,13-18: Feliz do homem que encontra a Sabedoria e obtém o entendimento! Pois adquiri-los vale mais do que a prata, e seu rendimento é maior do que o do ouro. Ela (a Sabedoria) é mais nobre do que as pérolas e tudo o que puderes desejar não pode comparar-se com ela. A vida longa está em sua mão direita e na esquerda, riqueza e honra. Seus caminhos são amenos e todas as suas veredas são de paz. Ela é uma árvore de vida para aqueles que a agarram e são

quia scientia Dei numquam peribit, ut Alphidius testatur, ait enim: Qui hanc scientiam invenerit, cibus erit eius legitimus et sempiternus[13]. Et Hermes atque ceteri (philosophi) inquiunt, quod si viveret homo habens hanc scientiam milibus annis, omnique die deberet septem milia hominum pascere, numquam egeret[14]. Hoc affirmat Senior dicens; quia esset ita dives, sicut ille, qui habet lapidem[15], de quo elicitur ignis, qui potest dare ignem cui vult et inquantum vult et quando vult sine suo defectu[16]. Hoc idem vult Aristoteles in libro secundo de anima, cum dicit: Omnium natura constantium positus est terminus magnitudinis et augmenti[17] ignis vero appositione combustibilium crescit in infinitum[18]. Beatus homo, qui invenerit hanc scientiam et cui affluit prudentia haec [Saturni][19]; in omnibus viis tuis cogita illam et ipsa ducet gressus tuos[20].

---

1. testatur: dicit BD, om. L / 2. legitimus: longaevus VP, longus M / 3. ceteri: alii B *Geber*, Ros. / «inquiunt» om. B / «philosophi» add. DL / 4. deberet pascere: pasceret BDL / 5. numquam: non BDL / confirmat BDL / 6. Quia esset: Est enim hic BDL / 7. ‚sui' BDL / 10. appositionem D, compositione P / 11. «cui» om. MP / prudentia haec MPVB, «haec» om. L, providentia Saturni D / 12. ducit MPV /

---

et gloria. Viae eus viae pulchrae et omnes semitae illius pacificae. Lignum vitae est his, qui apprehenderint eam et qui tenuerit eam beatus.
13. Liber Alphidii op. cit. Scito fili quod qui hanc invenit scientiam et victum inde habuerit cibus eius legitimus erit. Und: quod thesaurus Dei numquam perit nec deficit. Item citatur in *Rosario Philosophorum*, MANGET. Lib. III, p. 100b-101a: Qui hanc scientiam invenerit cibus erit eius legitimus et sempiternus (item MAJER, M. *Symbola aureae mensae duodecim nationum*. Frankfurt a. M.: [s.e.], 1617 p. 65).
14. Cf. *Consilium Coniugii, Ars Chemica*. [s.l.]: [s.e.], 1566, p. 116: ...nec est necesse ut reiteretur, prout dicit Hermes: Sufficiet homini per mille millia annorum et si quotidie duo milia hominum pasceres non egeres, tingit enim in infinitum. Cf. item RUSKA. *De Aluminibus et Salibus*. Berlim: [s.e.], 1935, p. 59: (Mercurius) Et si quis junxerit me fratri meo vel sorori meae vivet et gaudebit et ero sufficiens ei usque in aeternum et si viveret millies millenos.
15. Rosarium Phil. MANGET. Lib. III, p. 92a: Hermes et Geber: Qui hanc artem semel perfecerit, si deberet vivere mille millibus annis et singulis diebus nutrire quatuor millia hominum non egeret. Hoc confirmat Senior dicens: Est ita dives habens lapidem, de quo Elixir fit, sicut qui habet ignem potest dare ignem cui vult et quando vult et quantum vult sine suo defectu et periculo.
16. Ros. Phil. MANGET. Lib. III, p. 92a.
17. Anonymus in *Rosario*, ibidem, p. 102a, positus est certus terminus...
18. *De Anima* B 4. 416a: ἡ μὲν τοῦ πυρὸς αὔξησις εἰς ἄπειρον, ἕως ἂν ᾖ τὸ καυστόν, τῶν δὲ φύσει συνισταμένων πάντων ἐστὶ πέρας καὶ λόγου μᾶλλον ἢ ὕλης.
19. Prov. 3,13: Beatus homo qui invenit sapientiam et cui affluit prudentia.
20. Prov. 3,5-6: Habe fiduciam in Dominum... In omnibus viis tuis cogita illum et ipse diriget gressus tuos...

pois a sabedoria de Deus jamais passará, como testemunha Alphidius ao dizer: Se alguém encontrar esta sabedoria, ela será para ele alimento legítimo e eterno[13]. E Hermes e os demais filósofos dizem[14] que se um homem, possuindo este saber, vivesse 1.000 anos e precisasse alimentar diariamente 7.000 homens, jamais passaria necessidade. É o que confirma Senior ao dizer: Ele seria tão rico como aquele que possui a pedra[15] da qual se extrai fogo, e assim ele pode dar fogo a quem quiser, quanto quiser e quando quiser, sem qualquer perda pessoal[16]. Aristóteles pensa o mesmo no livro segundo *Da Alma*, ao escrever: A todas as coisas naturais é imposto um termo de grandeza e de crescimento[17]. No entanto, o fogo aplicado aos combustíveis cresce infinitamente[18]. Feliz o homem que encontra esta sabedoria e ao qual aflui esta prudência (de Saturno)[19] Que teu pensamento não a abandone em todos os teus caminhos, e ela mesma guiará teus passos[20].

---

bem-aventurados os que a seguram (mantêm). Cf. tb. BISPO CIRILO. *Speculum Sapientiae*. Tübingen: [s.e.], 1880, p. 5-7 [GRAESSE, J.G. (org.)].
13. Cod. Ashmole, 1420. Cf. tb. o *Rosarium Philosophorum*, in: MANGET. Lib. III, p. 100b-101a; MAJER, M. *Symbola aureae mensae duodecim nationum*. Frankfurt aM.: [s.e.], 1617, p. 65.
14. Consilium Coniugii, in: *Ars Chemica*. [s.l.]: [s.e.], 1566, p. 116: E não é preciso repetir o dito de Hermes: ele se torna um homem ao qual bastariam mil milhões de anos; e se alimentasses diariamente dois mil homens, não sofrerias perda alguma; pois ele "tinge" por toda a eternidade.
15. *Rosarium Phil.*, in: MANGET. III, p. 92a: Hermes e Geber: Quem completar uma vez esta arte, se acaso tiver que viver um milhão de anos, alimentando diariamente 4.000 homens, não sofrerá perda alguma. Isto é confirmado por Senior, quando diz: Quem tiver a pedra da qual se faz o elixir é tão rico como quem tem o fogo que pode ser dado a quem quiser, quando quiser e como e quanto quiser, sem perda ou perigo.
16. *Ros. Phil.*, in: MANGET. III, p. 92a.
17. Ibid., p. 120a.
18. *De Anima*. B 4, 416a.
19. Pr 3,13: Feliz o homem que encontra a Sabedoria e que obtém o entendimento... (literalmente: a quem é outorgado o entendimento).
20. Pr 3,5-6: Confia no Senhor... pensa nele em todos os teus caminhos e ele te conduzirá retamente (literalmente: e mesmo guiará teus passos).

1   Ut Senior dicit: Intelligit eam autem sapiens et subtilis et ingeniosus arbitrando, quando clarificati fuerint animi ex libro aggregationis[21]. Tunc omnis fluens animus sequitur concupiscentiam suam[22], beatus qui cogitat in eloquio meo[23]. Et Salomon: Fili, circumda eam gutturi
5   tuo[24] et scribe in tabulis cordis tui et invenies; dic Sapientiae: soror mea es et prudentiam voca amicam tuam[25]; cogitare namque de illa sensus est valde naturalis et subtilis eam perficiens[26]. Et qui vigilaverint constanter propter eam, cito erunt securi[27]. Clara est illis intellectum habentibus et numquam marcescet nec deficiet; facilis videtur
10 his, qui eam sapiunt[28], quoniam dignos se ipsa circuit et in viis ostendit se hilariter et in omni providentia occurrit; initium namque ipsius verissima est natura, cui non fit fraus.

---

1. Intelliget BDL / 2. animum P, cum M, om. B / «aggregationis» conieci, aggregationum MP, congregationum V, ex libris agnitionum BDL / 4. Et: etc. D om. BL / «tuo» om. MPV / 9. marcescit MPVBD / 11. prudentia MP scientia L / occurret MPV / verissima est cui natura PVB / 12. sit B /

---

21. Cf. *De Chemia*. Senioris antiquissimi libellus, Estrasburgo: [s.e.], 1566, p. 11: ...intelliget ipsam ingeniosus, subtiliter arbitrando quando fuerint clarificati animi ex libris relictis, quos occultaverunt philosophi... Cf. item PS. ARISTOTELES. *Secreta Secretorum*. [s.l.] : [s.e.], 1528: Quoniam illi qui fuerent velocis apprehensionis et intellect eorum fuerunt clarificati ad suscipiendam scientiam investigaverunt. Cf. liber aggregationis seu secretorum, H. Quentell, Köln ca. 1485 (Incunabel).
22. SENIOR. *De Chemia*. Op. cit., p. 12: Facta ignota (scil. praeparatio) propter hoc ne cognoscat omnis animus concupiscentiam suam. Fluit quod videntes dicant.
23. Ibid., p. 9: Beatus qui cogitat in eloquio meo, nec dignitas mea ipsi negabitur nec vilescet per ca[r]nem infirmatus Leo.
24. Prov. 3,3-4: Misericordia et veritas te non deserant, circumda eas gutturi tuo et describe in tabulis cordis tui et invenies gratiam et disciplinam bonam coram Deo...
25. Prov. 7,3-4 : ... scribe illam (scil. sapientiam) in tabulis cordis tui. Dic sapientiae: soror mea es, et prudentiam voca amicam tuam ut custodiat te a muliere extranea...
26. Cf. BONUS, P. *Pretiosa margarita novella*. Op. cit., p. 53: Et quia veritas nihil aliud est, quam adaequatio intellectus ad res ipsas, et p. 100: Et ars eodem modo ut natura operatur.
27. Sap. 6,16-18: Cogitare ergo de illa sensus est consummatus et qui vigilaverit propter illam (scil. sapientiam) cito securus erit. Quoniam dignos se ipsa circuit quaerens et in viis ostendit se illis hilariter et in omni providentia occurrit illis. Initium enim illius veríssima est disciplinae concupiscentia...
28. Sap. 6,13: Clara est et quae numquam marcescit sapientia et facile videtur ab his, qui diligunt eam et invenitur ab his, qui quaerunt eam...

Como diz Senior: Mas só a compreenderá quem for sábio, sutil e engenhoso em suas reflexões, quem possuir um espírito esclarecido pelo *Liber aggregationis*[21]. Então todo o espírito que flui segue sua concupiscência[22] – bem-aventurado aquele que refletir sobre minhas palavras![23] E Salomão: Meu filho, coloca-a em torno de teu pescoço, escreve-a nas tábuas de teu coração, e a encontrarás[24]. Dize à sabedoria: Tua és minha irmã! e à prudência chama de amiga[25]. Pois refletir sobre ela é uma percepção natural, extremamente fina (sutil), que a leva (a sabedoria) à sua perfeição[26]. E aqueles que tiverem perseverado na vigília por causa dela, logo estarão em segurança[27]. Ela é clara para aqueles que possuem inteligência, e não murcha e jamais desaparece. Parece fácil para os que a conhecem[28], pois ela mesma vai ao encontro e cerca os que são dignos dela; e ela lhes aparece cheia de alegria pelos caminhos, e se apressa a acudi-los em todas as ocasiões. Pois seu começo é a natureza mais verdadeira, que não induz ao engano.

---

21. Cf. SENIOR, *De Chemia*. Estrasburgo: [s.e.], 1566, p. 11: Ele a compreende, o engenhoso, através de uma reflexão sutil, quando o espírito é esclarecido através de livros tradicionais, que os filósofos ocultaram... Cf. PS.-ARISTÓTELES. *Secreta secretorum*. [s.l.]: [s.e.], 1528, cap. De Hora eligendi... Trata-se de MAGNO, A. *Liber Aggregationum*. Colônia: [s.e.], 1485 [QUENTELL, H. (org.)]. Cf. Comentário.

22. Cf. SENIOR. *De Chemia*. Op. cit., p. 12: Ela (a tintura) é escondida, para que cada espírito conheça em sua alma a sua concupiscência. Ela "flui", como dizem os videntes.

23. Cf. ibid., p. 9: Feliz quem pensar em minhas palavras, pois minha dignidade não lhe será negada e o leão não se arruinará pela carne.

24. Pr 7,3-4: Graça e fidelidade (literalmente: compaixão e verdade) não te abandonarão. Pendura-as em teu pescoço, escreve-as na tábua do teu coração; assim encontrarás graça e boa reputação que agradam a Deus e aos homens.

25. Pr 7,3-4: Dize à Sabedoria: Tu és a minha irmã! E chama a prudência tua amiga...

26. Cf. BONUS, P. *Pretiosa margarita novella de thesauro ae pretiosissimo philosophorum lapide*... Veneza: [s.e.], 1546, p. 53: A verdade não é mais do que a adequação do intelecto às próprias coisas, e p. 100: A arte opera do mesmo modo que a natureza.

27. Sb 6,15-17: Quem pensar segundo ela, eis a verdadeira inteligência (literalmente: cogitar de acordo com ela, eis o pleno sentido) e quem vigiar por amor dela (seu amor) não se preocupará por muito tempo (literalmente: será salvo). Sim, ela encontra e se dá a conhecer àqueles que a estimam. Quem a estimar não se cansará muito, pois a encontrará à sua espera diante da própria porta... pois ela anda em torno e busca quem lhe dá valor e se manifesta a ele de bom grado no caminho e cuida dele, uma vez que o encontra (literalmente: e se apressa a favor de todos os seus propósitos). Pois seu início é o verdadeiro desejo da disciplina.

28. Sb 6,12: Pois a Sabedoria é bela e incorruptível e permite que aqueles que a amam a vejam e encontrem, uma vez que a buscam.

II. Quid sit sapientia

Si ergo nunc delectamini sedibus et sceptris regalibus, ut in perpetuum regnetis, diligite lumen scientiae[1] omnes et perquirite, qui literis naturae estis insigniti, vobis enim sapientiam omnium antiquorum exquir<e>t sapiens et in prophetis vacabit et in versutias parabolarum si<mul> introibit occulta proverbiorum exquiret et in absconditis parabolarum conversabitur[2]. Quid scientia sit et quemadmodum facta sit referam et non abscondam a vobis. Est namque donum et sacramentum Dei atque res divina, quae maxime et diversimode a sapientum sermonibus typicis est occultata. Quare pono in lucem scientiam eius et non praeteribo (veritatem) neque cum invidia tabescente[3] iter habebo, quoniam ab initio nativitatis hanc investigavi et ignoravi quoniam mater omnium scientiarum esset illa, quae me antecedebat. Et innumerabiles honestates mihi condonavit, quam sine fictione didici et absque invidia communicabo et non abscondendo honestatem illius[4]. Est enim thesau-

---

5. «exquiret» conieci, «exquirit» D, exquerit L, requiris P, requirit MV / vocabit MPL, vocabit te D, versutiis vocabit L / 6. «simul» conieci, sinum MP, suarum DLVB / 8. reseram DL / 8.-9. sanctuarium Deitatis res divina est maxime D, sanctuarium Dei atque res divina quia maxime L / 10. semitam MPB / 11. «veritatem» addidi / 14.-15. invidia non abscondendo honestatem illius communicabo L / 15. communico V, communicando BMV / abscondo V / illius «praeservando» add. VP, «praesumendo» add.M /

---

1. Sap. 6,22-23: Si ergo delectamini sedibus et sceptris, o reges populi, diligite sapientiam, ut in perpetuum regnetis. Diligite lumen sapientiae omnes qui praeestis populis.
2. Eccli. 39,1-3: Sapientiam omnium antiquorum exquiret sapiens et in prophetis vacabit... et in versutias parabolarum simul introibit. Occulta proverbiorum exquiret et in absconditis parabolarum conversabitur.
3. Sap. 6,24-25: Quid est autem sapientia et quemadmodum facta sit referam et non abscondam a vobis sacramenta Dei, sed ab initio nativitatis investigabo et ponam in lucem scientiam illius et non praeteribo veritatem neque cum invidia tabescente iter habebo.
4. Cf. ALBERTI MAGNI. Compositum de Compositis, *Theatrum Chemicum*. Vol. IV. [s.l.]: [s.e.], 1659, p. 825: Et ideo scientiam quam sine fictione didici sine invidia communico, qua invidia labescente (!) deficit, quoniam talis homo non erit particeps amicitiae Dei. Omnis sapientia et scientia a Domino Deo est, sed hoc quocumque modo semper a Spiritu Sancto est... Itaque qui habet aures audiendi tantam gratiam Deificam audiat secretum mihi desponsatum gratia Dei et indignis nullatenus revelat.

II. O que é a sabedoria

Se vosso deleite estiver também no trono e cetro dos reis, amai (de preferência) a luz da ciência, para reinardes eternamente[1], e todos vós perscrutai-a, agraciados que sois por ela com os ensinamentos da natureza. O sábio investigará para vós todo o saber dos antigos e dedicará seu tempo ao estudo dos profetas e penetrará contigo nos meandros das parábolas; ele investigará os segredos dos provérbios e não se apressará nas passagens obscuras das parábolas[2]. Eu vos anunciarei e não ocultarei o que é a ciência e como foi estabelecida. Pois ela é uma dádiva e um sacramento de Deus, uma coisa divina que os sábios escondem cuidadosamente e de diversos modos em imagens simbólicas. Por isso trarei sua ciência à luz e não deixarei (a verdade) de lado, pois nada tenho a ver com a inveja venenosa[3]; porquanto desde o começo, desde meu nascimento procurei-a, não sabendo que ela era mãe de todas as ciências e que andava à minha frente. Ela presenteou-me com valores infinitos e eu a aprendi sem embuste e a partilharei sem inveja, sem ocultar o seu valor[4]. Pois ela é um tesouro

---

1. Sb 6,21: Se vós vos deleitais com tronos e cetros, ó reis dos povos, honrai a Sabedoria, a fim de reinardes eternamente...
2. Eclo 39,1-3: O sábio, que aprenda a lei do mais alto; ele deve escutar a sabedoria de todos os antigos e dos Profetas. Ele deve tomar nota das histórias dos personagens célebres e meditar sobre o que elas significam e ensinam. Ele deve aprender os provérbios espirituais e exercitar-se nos discursos profundos (literalmente: A sabedoria de todos os antigos deve ser estudada pelo sábio, assim como este deverá consagrar-se aos Profetas de seu tempo... e ele entrará ao mesmo tempo nas profundezas das parábolas, estudará os segredos dos provérbios e se demorará naquilo que há de oculto nas parábolas).
3. Sb 6,22-23: Mas o que é a Sabedoria e de onde provém (literalmente: como ela apareceu), eu vo-lo direi e não ocultarei os segredos de Deus (literalmente: os sacramentos de Deus), mas eu a estudarei desde o início de seu nascimento e trarei à luz sua ciência e não calarei sua verdade. Não caminharei com os que se consomem de inveja, pois eles nada têm a ver com a Sabedoria.
4. Cf. MAGNO, A. Compositum de Compositis, *Theatrum Chemicum*. Vol. IV. [s.l.]: [s.e.], 1659, p. 825.

rus infinitus omnibus[5], quem, qui homo invenit, abscondit et prae gaudio illius dicit[6]: Laetare Jerusalem et conventum facite omnes qui diligitis me, gaudete cum laetitia, quia Dominus [Deus] pauperum suorum miseritus est[7]. Etiam Senior dicit: Est enim lapis, quem qui cognoscit ponit super oculos suos qui vero non, in sterquilinium proicit illum[8], et est medicina, quae fugat inopiam, et post Deum homo non habet meliorem[9].

III. De ignorantibus et negantibus hanc scientiam

Hanc gloriosam scientiam Dei et doctrinam sanctorum et secretum philosophorum ac medicinam medicorum despiciunt stulti[1] cum ignorent quid sit. Hi nolunt benedictionem et elongabitur ab eis[2] nec decet imperitum scientia talis quia omnis, qui est eam ignorans, est eius

---

3. «Deus» add. DL / 4. Etiam: Et MBDL / 6. et mediam quam (V: quae) fugat inopia MPV illum mediamque fugat B / 13. scientiam talem MP, sapientia talis BD /

---

5. Sap. 7,12-14: ...et laetatus sum in omnibus quoniam antecedebat me ista sapientia et ignorabam quoniam horum omnium mater est. Quam sine fictione didici et sine invidia communico et honestatem illius non abscondo. Infinitus enim thesaurus est hominibus, quo qui usi sunt participes facti sunt amicitiae Dei. Cf. *Ordo missae.* Op. cit., p. 554.
6. Math. 13,44: Simile est regnum caelorum thesauro abscondito in agro: quem qui invenit homo abscondit et prae gaudio illius vadit et vendit universa quae habet et emit agrum illum. Cf. *Ordo missae.* Op. cit., p. (68).
7. *Ordo missae.* Op. cit., p. 195: Laetare Jerusalem et conventum facite omnes, qui diligitis eam: gaudete cum laetitia, qui in tristitia fueritis...
Cf. Jes. 66,10: Laetamini cum Jerusalem et exsultate in ea omnes, qui diligitis eam, gaudete cum ea gaudio universi, qui lugetis super eam.
8. Cf. SENIOR. *De Chemia.* Op. cit., p. 63: ...lapidem, quem qui cognoscit ponit illum super oculos suos et qui non cognoscit proiicit illum.
9. Cf. Consilium Conjugii, *Ars. Chemica.* Op. cit. 1566, p. 119: Et alibi dicit (Senior): et post Deum non habes aliam medicinam. Ipsa est enim aurum sapientum, quod fugat paupertatem. Cf. item AVICENNA. Declaratio Lapidis Physici Filio suo Aboali, *Theatr. Chem.* Vol. IV. [s.l.]: [s.e.], 1659, p. 879: Et haec est vera hominum et metallorum medicina laetificans ac transformans nec paupertas nec post Deum est alia, quae fugat paupertatem.
1. Prov. I, 7: Sapientiam et doctrinam stulti despiciunt...
2. Ps. 108,18: Et dilexit maledictionem et veniet ei, et noluit benedictionem et elongabitur ab eo.

inesgotável para todos[5], e quando um homem o encontra, busca escondê-lo e diz em sua alegria[6]: Alegra-te, Jerusalém, reuni-vos vós todos que me amais, sede felizes na alegria, pois o Senhor Deus teve piedade de seus pobres[7]. E Senior também diz: Há uma certa pedra, e o homem que a conhece coloca-a sobre os olhos, mas aquele que não a conhece atira-a ao esterco[8]; ela é um remédio que expulsa a indigência, o melhor que o homem possui, depois de Deus[9].

III. Dos que ignoram e negam esta ciência

Esta gloriosa ciência de Deus e doutrina dos santos, este segredo dos filósofos e remédio dos médicos é desprezada(o) pelos insensatos[1], porque eles desconhecem o que ela é. Eles desprezam a bênção e assim ela permanece longe deles[2]; tal sabedoria não convém a ignorantes; aquele que não a conhece é seu inimigo e não sem razão. Assim é que

---

5. Sb 7,12-14: (Todos os bens me vieram com ela...) E eu me rejubilei em todas as coisas, pois a Sabedoria vinha à minha frente; eu porém não sabia que tudo provinha dela (literalmente: que ela era a mãe de todos esses bens). Com simplicidade (literalmente: sem falsidade) aprendi com ela e a compartilho suavemente (literalmente: sem inveja) e não escondo suas riquezas. Pois ela é um tesouro infinito e aqueles que usarem (desse tesouro) se tornarão amigos de Deus (literalmente: partícipes da amizade de Deus). *Missal*. Ibid., p. 554.

6. Mt 13,44: O Reino dos Céus é semelhante a um tesouro oculto num campo; o homem que o encontra o esconde e, pela alegria que isto lhe causa, vai e vende tudo o que tem, e compra esse campo. *Missal*. Ibid., p. (68).

7. *Missal*. Ibid., p. 195: Alegra-te, Jerusalém, e todos vós que a amais, reuni-vos; rejubilai-vos alegremente, vós que estáveis entregues à tristeza...

Cf. Is 66,10: Alegrai-vos com Jerusalém, exultai nela, vós todos que a amais, associai-vos ao seu júbilo, todos vós que guardastes luto por ela...

8. Cf. SENIOR. *De Chemia*. Estrasburgo: [s.e.], 1566, p. 63: ...a pedra que é colocada acima de seus olhos por aqueles que a conhecem, e é jogada fora por aqueles que não a conhecem.

9. *Consilium Coniugii*, in: *Ars Chemica*. [s.l.]: [s.e.], 1566, ibid., p. 119: E ele (Senior) diz em outro lugar: E, depois de Deus, não possuis outro remédio. Ele é de fato o ouro dos sábios, que expulsa a pobreza. Cf. tb. AVICENA. Declaratio Lapidis Physici Filio suo Aboali, *Theatrum Chemicum*. Vol. IV. [s.l.]: [s.e.], 1659, p. 879.

1. Pr 1,7: Os estultos (literalmente: tolos) desprezam a Sabedoria e a doutrina.
2. Sl 109,17: Ele não quis a bênção, e então ela afastou-se dele.

inimicus et non sine causa. Ait enim Speculator: Derisio scientiae est causa ignorantiae, nec sunt asinis dandae lactucae, cum eis sufficiant <cardui>[3] neque panis filiorum mittendus est canibus ad manducandum neque margaritae inter porcos sunt seminandae[4], nec tales derisores sunt participes [inclytae] huius scientiae: hic enim fractor esset sigilli coelestis qui arcana huius scientiae revelaret indignis[5]; neque in grossum corpus introibit spiritus sapientiae huius nec insipiens potest eam percipere propter rationis suae perversitatem; quia non sunt sapientes locuti insipientibus, qui enim cum insipiente loquitur cum dormiente loquitur[6]. Morienus (enim) ait: Si omnia vellem enodare prout se habent, nullus umquam ultra prudentiae locus esset, cum insipiens sapienti aequaretur; neque sub globo lunari aliquis mortalium paupertate noverca <inediarum> angustias defleret[7], quia stultorum numerus est infinitas in hac scientia[8].

---

1. «Et non sine causa ait» VD / 3. «cardui» coni. carabe MVP caribe B caules DL / 2. sufficiunt MP / 5. «inclytae» add. DL / 8. parvitatem BDL / 10. «enim» add. L / enudare MPV /13. «inediarum» conieci, medias et angustias B medias PVMBD, modicis L /

---

3. Cf. Fratris ROGERII BACHONIS Anglici. De Mirabili potestate artis et naturae Libellus, *Artis Auriferae*. Basileia: [s.e.], 1610, II, p. 327 sq. et p. 340. Item Epistula ROGERII BACHONIS. *Theatr. Chem.* Vol. V. [s.l.]: [s.e.], 1622, p. 956: Ipsemet enim dicit in secreto secretorum, quod esset fractor sigilli coelestis qui communicaret secreta naturae et artis adjungens quod multa mala sequuntur eum, qui occulta detegit et arcana revelat. Caeterum in hoc casu dicit Aulus Gellius in libro *Noctium Atticarum* de collatione sapientum, quod stultum est asino praebare lactucas cum ei sufficiant cardui.

4. Math. 7,6: Nolite dare sanctum canibus: neque mittatis margaritas vestras ante porcos... Cf. *Ordo missae.* p. 400.

Math. 15,26: Non est bonum sumere panem filiorum et mittere canibus. Cf. *Ordo missae,* p. 166, 400.

5. ARISTOTELES. *Secreta secretorum.* [s.l.]: [s.e.], 1528, fol. V, 2: Ego sane transgressor essem divinae gratiae et fractor coelestis secreti occultae revelationis, quapropter tibi sub attestatione divini judicii illud detego sacramentum eo modo quo mihi revelatum...

6. Eccli. 22,9: Cum dormiente loquitur, qui enarrat stulto sapientiam...

7. Cf. BONUS, P. *Pretiosa Margarita Novella.* Op. cit., p. 42: Idem (scil. Rasis) in lumine luminum: Si enim omnia prout se habent, vellem enodare, nullus ultro prudentiae esset locus, cum insipiens sapienti aequaretur. Neque sub lunari circulo quisquam mortalium paupertate noverca inediarum ulterius defleret angustias. Cf. item *Consilium Conjugii, Ars Chem.* Op. cit., 1566, p. 50. Item De Arte Chemica, *Artis Auriferae.* 1610, I. p. 374. Identisch mit dem marsilio ficino zugeschriebenen Tractat in Manget op. cit. II. p. 172. cap. VII. Cf. THEOBALDUS DE HOGHELANDE. *De Alchimiae Difficultatibus.* MANGET. Op. cit., I p. 347.

8. quod stultorum est infinitus numerus. Cf. BISCHOF CYRILLUS. *Speculum Sapientiae.* Titel s.a. Seite [GRÄSSE (org.)].

diz Speculator[2a]: Zombar da ciência é a causa da ignorância, e não se deve alimentar os asnos com alface se eles se satisfazem com cardos[3]; e não se deve jogar aos cães o pão das crianças nem lançar pérolas aos porcos[4]. Tais zombadores não partilharão desta ciência, pois quem revelasse a indignos os segredos desta ciência gloriosa romperia o selo do céu[5]; e também o espírito desta sabedoria não poderia entrar num corpo grosseiro, nem um insensato compreendê-la por causa da loucura de seu entendimento. Os sábios de fato não falaram com os insensatos, pois quem fala com um insensato fala com um adormecido[6].

Morienus diz: Se eu quisesse decifrar as coisas como elas realmente se comportam, não haveria mais lugar para a prudência, pois o insensato seria igualado ao sábio e nenhum mortal sob o círculo da lua choraria[7] por causa do tormento da fome causada por sua madrasta, a pobreza, pois o número dos insensatos nesta ciência é infinito[8].

2a. Autor acerca do qual não há comprovação.

3. Cf. BACON, R. De mirabili potestate artis et naturae, *Artis Auriferae.* Op. cit., II, p. 340 e BACONIS, R. Epistula, *Theatrum Chemicum.* Vol. V. [s.l.]: [s.e.], 1622, p. 956.

4. Mt 7,6: Não deveis dar as coisas sagradas aos cães e atirar vossas pérolas aos porcos. Cf. *Missal.* p. 400.

Mt 15,26: Não convém tirar o pão das crianças e atirá-lo aos cães. *Missal,* p. 166. 400.

5. Cf. ARISTÓTELES. *Secreta secretorum.* [s.l.]: [s.e.], 1528, fol. V (2).

6. Eclo 22,10: Quem conversa com um bobo (literalmente: tolo) conversa com um adormecido.

7. Cf. o mesmo dito de RASIS. *Lumem luminum,* apud BONUS, P. *Pretiosa margarita novella de thesauro ae pretiosissimo philosophorum lapide...* Veneza: [s.e.], 1546, p. 42, e do mesmo modo: *Consilium Coniugii,* in: *Ars Chemica.* [s.l.]: [s.e.], 1566, p. 50, também como citação de Rasis. Do mesmo modo: De Arte Chimica, in: *Artis Auriferae.* Basileia: [s.e.], 1610, 1, p. 374 (como citação de Rasis).

8. Cf. GRAESSE, J.G. Os dois fabulários mais antigos da Idade Média; do BISPO CIRILO. *Speculum Sapientiae*; e de PERGAMENUS, N. *Dialogas Creaturarum.* Tübingen: [s.e.], 1880, p. 27.

IV. De nomine et titulo huius libri

Huius autem voluminis titulus Aurora consurgens baptizatur, et hoc quatuor de causis: Primo aurora dicitur quasi aurea hora, sic haec scientia habet horam in finem aureum recte operantibus. Secundo aurora est medium inter noctem et diem rutilans in colore duplici, scil. rubeo et citrino, sic haec scientia dat colores citrinos et rubeos, qui sunt medii inter nigrum et album. Tertio quia in aurora ab omnibus infirmitatibus nocturnalibus patientes allevantur et quiescunt, sic in aurora huius scientiae omnes odores et vapores mali mentem laborantis inficientes deficiunt et senescunt, ut Psalmus ait: Ad vesperum demorabitur fletus et ad matutinum laetitia[1]. Quarto et ultimo aurora dicitur finis noctis et principium diei vel mater solis, sic nostra aurora in rubedine summa est finis totius tenebrositatis et fugatio noctis, longiturnitatis hiemalis illius, qui in ea ambulat, si non caverit, offendetur[2]. De illa namque scriptum est: Et nox nocti indicat scientiam, dies diei eructat verbum[3] et nox sicut dies illuminabitur in deliciis suis[4].

---

3. et scientia haec V / horas et finem MPV horam finem L / 7.-8. omnes infirmitates nocturnales (M naturales) patientis (M parientes) BVPM / 10. vesperam DL / 14. cavet P caveat M, cavit V / 16. «in deliciis suis» om. MPV etc. B /

---

1. Ps. 29,6: Ad vesperum demorabitur fletus et ad matutinum laetitia.
2. Joh. 11,9-10: Respondit Jesus: Nonne duodecim sunt horae diei? Si quis ambulaverit in die, non offendit, quia lucem huius mundi videt, si autem ambulaverit in nocte offendit, quia lux non est in eo. Cf. *Ordo missae*. p. 205.
3. Ps. 18,3: Dies diei eructat verbum et nox nocti indicat scientiam.
4. Ps. 139,12: ... et nox sicut dies illuminabitur in deliciis meis. Cf. *Ordo missae*. p. 295: O vere beata nox, quae sola meruit scire tempus et horam, in qua Christus ab inferis resurrexit! Haec nox est, de qua scriptum est: Et nox sicut dies illuminabitur: ex nox illuminatio mea in deliciis suis.

IV. Do nome e do título deste livro

Este volume foi batizado com o nome de *Aurora consurgens* (o surgir da aurora) e isso por quatro motivos: Primeiro, aurora é quase o mesmo que "hora de ouro" (áurea hora); e assim esta ciência tem uma hora (propícia) que leva a um fim ou meta de ouro a todos aqueles que trabalham corretamente no *opus* (obra). O segundo motivo é ser a aurora o meio entre a noite e o dia, brilhando com duas cores: o amarelo e o vermelho: esta ciência produz, portanto, as cores amarela e vermelha, intermediárias entre o preto e o branco. O terceiro motivo (do nome deste livro) é que com a aurora os doentes sentem-se aliviados das dores noturnas e adormecem, assim também na aurora desta ciência desaparecem e se evolam todos os maus odores e vapores que infectam o espírito do operador, tal como diz o salmo: O pranto permanece durante a noite, mas de manhã, a alegria[1]. Em quarto e último lugar, a aurora significa o fim da noite e o princípio do dia, ou a mãe do sol, e assim nossa aurora, no auge do rubor, é o fim de toda treva e a expulsão da noite, dessa duração invernal durante a qual aquele que caminha poderá tropeçar se não estiver atento[2]. Sobre ela está escrito: E uma noite anuncia a ciência à outra e um dia diz a palavra ao outro dia[3], e a noite se tornará clara como o dia em suas delícias[4].

---

1. Sl 30,6: À tarde, o pranto se prolonga, mas a manhã traz a alegria.
2. Jo 11,9-10: Jesus respondeu: O dia não tem doze horas? Quem caminha durante o dia não tropeça porque vê a luz deste mundo; mas se ele caminha durante a noite tropeça, porque não tem a luz em si. *Missal* - p. 205.
3. Sl 19,3: Um dia diz (literalmente: a palavra) ao outro e uma noite indica (literalmente: a notícia) à outra.
4. Sl 139,12: ... E a noite ilumina como dia (em minhas delícias). *Missal*, p. 295: Ó noite verdadeiramente bem-aventurada, que foste a única a saber o tempo e a hora em que Cristo ressuscitou do reino dos mortos! Esta é a noite da qual foi escrito: A noite será luminosa como o dia, e a noite é minha luz em meio às suas delícias!

V. De irritatione insipientum

Numquid sapientia non clamitat in plateis et prudentia dat vocem in libris sapientum dicens: O viri, ad vos clamito et vox mea ad filios intelligentiae[1]: Intelligite insipientes et animadvertite parabolam et interpretationem verba sapientum et aenigmata eorum[2]; sapientes enim usi sunt diversis locutionibus in assimilatione de omni re[3], quae est supra terram, et sub globo lunari multiplicaverunt parabolas in hac scientia. Audiens autem sapiens [sapientes] sapientior erit et intelliget, intelligens sapientiam hanc possidebit illam. Haec est sapientia, regina scilicet austri, quae ab Oriente dicitur venisse, ut *aurora consurgens*[4], audire intelligere nec non videre [volens] sapientiam Salomonis[5] et data est in manu eius potestas honor virtus et imperium[6], ferens regni coro-

---

2. «non» om. PVBLD / 5. verborum MPBV / 8. «sapientes» add. D, «sapientem» add. L, «sapientum» M / 9.–10. quae regina austri ... dicitur venisse MPV, scilicet quae ... B / 11. volens» add. DL /

---

1. Prov. 8,1-6: Numquid non sapientia clamitat et prudentia dat vocem suam... in mediis semitis stans iuxta portis civitatis... dicens: O viri ad vos clamito et vox mea ad filios hominum, intelligite parvuli astutiam et insipientes animadvertite: Audite, quoniam de rebus magnis locutura sum...

2. Prov. 1,5-7: Audiens sapiens sapientior erit et intelligens gubernacula possidebit. Animadvertet parabolam et interpretationem verba sapientum et aenigmata eorum. Timor Dei principium sapientiae. Sapientiam atque doctrinam stulti despiciunt.

3. Cf. BONUS, P. *Pretiosa margarita novella*. Op. cit., p. 54: Lilium: Nostri lapidis tot sunt nomina, quot sunt res vel rerum vocabula. Et Alphidius: In hoc opere est parabolarum diversitas et nominum... ut ab imperitis celent...

4. Cant. 6,9: Quae est ista, quae progreditur quasi aurora consurgens pulchra ut luna, electa ut sol..? Cf. *Ordo missae*, p. 720, 751, 789.

5. Math. 12,42: Regina austri surget in iudicio cum generatione ista et condemnabit eam, quia venit a finibus terrae audire sapientiam Salomonis et ecce plus quam Salomon hic. Cf. Luc. 11, 31, et *Ordo missae*, p. 165.

6. *Ordo missae*, p. 108: Ecce advenit Dominator Dominus: et regnum in manu eius et potestas et imperium. Cf. Maleach. 3.

V. Da estimulação dos insensatos

A sabedoria porventura não clama abertamente pelos caminhos e a prudência não se faz ouvir nos livros dos sábios, dizendo: Homens, eu grito para que possais ouvir, e minha voz se dirige aos filhos da inteligência[1]: Compreendei, insensatos, e guardai em vosso coração a parábola e sua interpretação, as palavras dos sábios e seus enigmas?[2] Os sábios usaram diversas expressões e fizeram comparações, recorrendo a todas as coisas da terra[3] e multiplicaram sob o círculo da lua as parábolas referentes a esta ciência. Se um sábio ouve outro sábio torna-se ainda mais sábio e compreenderá; compreendendo esta ciência, ele a possuirá. Trata-se da sabedoria, isto é, da Rainha do vento sul que, segundo dizem, veio do Oriente, como o *"surgir da aurora"*[4] (*aurora consurgens*), para ouvir, compreender e também ver[5] a sabedoria de Salomão, e em sua mão permaneciam poder, honra, força e domínio[6].

---

1. Pr 8,1-6: Acaso a sabedoria não clama e a prudência não faz ouvir sua voz? [...] Ela está postada abertamente nos caminhos e nas ruas. Junto às portas da cidade ela grita: Ó homens, eu vos conclamo e chamo os filhos dos homens; vós, ó insensatos, aprendei a sagacidade, adquiri juízo, ó tolos. Escutai, pois falarei de coisas grandiosas...
2. Pr 1,5-6: Quem é sábio, ouve e tornar-se-á melhor (literalmente: tornar-se-á mais sábio) e quem é inteligente ouvirá o conselho, pois ele compreende a parábola e seu significado, as palavras dos sábios e seus exemplos (literalmente: enigmas).
3. Cf. BONUS, P. *Pretiosa margarita novella de thesauro ae pretiosissimo philosophorum lapide...* Veneza: [s.e.], 1546, p. 54: Diz Lilium: Há tantos nomes para nossa pedra como há coisas ou designações das coisas. E Alphidius: Nesta obra há diversidade de parábolas e designações para ocultá-la dos inexperientes...
4. Ct 6,9: (*Missal*) Quem é esta que avança, semelhante ao surgir da aurora, bela como a luz, brilhante como o sol...? *Missal*, p. 720, 751, 789.
Jó 3,9: (literalmente... o nascimento da aurora que vem).
Cf. tb. o *Missal*, p. 720: A aurora rutilante no céu dos redimidos e graça de cujo regaço levanta-se o sol com seus mil raios é Maria...
5. Mt 12,42: A rainha do Sul (literalmente: do vento Sul) se erguerá no julgamento contra esta geração, e a condenará, pois ela veio do extremo da terra para escutar a sabedoria de Salomão. E vede, há aqui mais do que ouvir a sabedoria de Salomão. E vede, há aqui alguém maior do que Salomão. Cf. Lc 11,31. *Missal*, p. 165.
6. *Missal*, p. 108: Vede, chegou o Senhor dos Senhores, em sua mão está o reino do poder e o império. Cf. Ml 3.

nam in capite suo radiis duodecim stellarum rutilantem[7], tamquam sponsa ornata viro suo[8] habensque in vestimentis suis scriptum litteris aureis graecis, barbaris et latinis: Regnans regnabo et regnum meum non habebit finem[9] omnibus invenientibus me et perquirentibus subtiliter ingeniose et constanter[10].

VI. Parabola Prima de Terra nigra, in quam septem planetae radicaverunt

Aspiciens a longe vidi nebulam magnam totam terram denigrantem, quae hanc exhauserat meam animam tegentem et <quia> aquae intraverant usque ad eam, quare putruerunt et corruptae sunt a facie inferni inferioris et umbra mortis, quoniam tempestas dimersit me[1]; tunc coram me procident Aethiopes et inimici mei terram meam lingent[2]. Ideo non est sanitas in carne mea et a facie iniquitatis meae conturbata sunt omnia

---

2. sponsam ornatam MPVD / 3.–4. regni mei non est finis BDL / 4. et per alios perquirentibus facientibus D, percipientibus MPVB / salubriter MPV / 9. quae: qui PVBL, q̇ M / exhausit B, exhauserit MPLV / anima M / regentem MPV, tingentem L / "quia" coni. q̇ M, q̃ B, et quae aquae intraverint P, intraverunt MVB, aquae quae intraverant D, aquae quae intraverunt L / 10. quare: quae D, quia VL /

---

7. Apocal. 12,1: Mulier amicta sole et luna sub pedibus eius et in capite eius corona stellarum duodecim. Cf. *Ordo missae*, p. 539.

8. Ibid. 21,2: Vidi sanctam civitatem Jerusalem novam; descendentem de coelo... sicut sponsam ornatam viro suo.

9. Luc. 1,32-33: ... et regnabit in domo Jacob in aeternum et regni eius non erit finis. Cf. *Ordo missae*. p. 48.

10. Cf. *Rosarium Phil*. MANGET. Lib. III, p. 103b: Salomon Rex: Haec filia, ob quam Regina austri ab Oriente dicitur venisse ut aurora consurgens audire et intelligere et videre sapientiam Salomonis posset et data est in manu eius potestas, honor, virtus et imperium et florens regnis corona in capite suo radiis septem stellarum rutilantium, tamquam sponsa ornata a viro suo habens in vestimentis suis scriptum literis aureis Graecis et Barbaris et Latinis: Ergo sum unica filia sapientum stultis penitus ignota. Ueber die Abwandlung dieses Zitates vgl. JUNG, C.G. *Psychologie und Alchemie*. Zurique: Rascher, 1944, p. 412-414.

1. Ps. 68,2-4: Salvum me fac Deus: quoniam intraverunt aquae usque ad animam meam. Infixus sum limo profundi et non est substantia. Veni in altitudinem maris et tempestas dimersit me. Laboravi clamans raucae factae sunt fauxes meae... Cf. *Ordo missae*, p. 146.

2. Ps. 71,9: Coram illo procident Aethiopes et inimici eius terram lingent.

E ela trazia na cabeça[7] uma coroa real, cintilante por causa dos raios de suas doze estrelas, a modo de uma noiva adornada para seu noivo[8].

E sobre suas vestes há uma inscrição dourada, em grego, em língua bárbara e em latim: Dominarei como rainha e meu reino não terá fim[9] para todos os que me encontram e perscrutam com sutileza, inventividade e persistência[10].

VI. Primeira Parábola: da Terra negra, na qual sete planetas criaram raízes

Observando de longe, vi uma grande nuvem enegrecendo a terra inteira; ela cobriu e esgotou minha alma, pois as águas atingiram-na e por isso apodreceram e se corromperam à face dos abismos inferiores e da sombra da morte, e a tempestade me submergiu[1]. Então os etíopes se prosternarão diante de mim, e meus inimigos lamberão a minha terra[2]. Por isso nada há de sadio em meu corpo e à vista da minha iniquidade

---

7. Ap 12,1: (e apareceu um grande sinal nos céus): uma mulher vestida de sol, tendo a lua sob os pés e na cabeça uma coroa de doze estrelas.

8. Ibid., 21,2: E eu, João, vi a cidade santa, a nova Jerusalém... descendo (do céu) como uma esposa adornada para seu esposo (literalmente: como uma esposa que se adornou para seu esposo). *Missal*, p. 72.

9. Lc 1,33: ...e Ele reinará eternamente sobre a casa de Jacó e seu reino não terá fim. *Missal*, p. 48.

10. Cf. Rosarium Phil., in: MANGETUS, J.J. (org.). *Bibliotheca chemica curiosa seu rerum ad alchemiam pertinentium thésaurus instructissimus.* 2 vols. Genebra: [s.e.], 1702, Lib. III, p. 103b; sobre as variações desta citação cf. os pormenores em JUNG, C.G. *Psychologie und Alchemie.* Zurique: Rascher, 1944, p. 412-414.

1. Sl 69,2-4: Ajudai-me, ó Deus, porque as águas entraram até na minha alma. Estou atolado numa lama profunda e não há firmeza. Estou na água profunda e a correnteza me afogará (Literalmente: me afogou). Cansei de gritar, minha garganta enrouqueceu. *Missal*, p. 146.

2. Sl 72,9: Diante deles os etíopes se prosternarão e seus inimigos lamberão o pó (literalmente: a terra).

1   ossa mea³. Ergo laboravi per singulas noctes clamans, raucae factae sunt fauces meae: quis est homo, qui vivit sciens et intelligens, eruens animam meam de manu inferi⁴? Qui me elucidant habebunt vitam (aeternam)⁵ daboque ei edere de ligno vitae, quod est in paradiso et sedere
5   mecum in solio regni mei⁶. Qui me effoderit sicut pecuniam et acquisierit sicut thesaurum⁷ et lacrimas oculorum meorum non turbaverit vestimentumque meum non arriserit⁸, cibum et potum meum non intoxicaverit, atque cubiculum requiei meae stupro non foedaverit, necnon totum corpus meum, quod est valde delicatum non violaverit atque supra omnia
10 animam meam [sive columbam], quae est sine felle tota pulchra (et) decora, in qua macula non est⁹, qui mihi sedes et thronos non laeserit, cuius amore langueo, ardore liquesco, odore vivo, sapore convalesco, cuius lacte nutrimentum suscipio, amplexu iuvenesco, osculo spiraculum vitae recipio, cuius condormitione totum corpus meum exinanitur, illi

---

3.–4. "aeternam" add. DL / 10. "sive columbam" add. MPV / 13. amplexo MPDL, amplexus et oscula investigio spiraculum L, investigo D / osculum MPVDL / spiritum MPB, spiritui V / 14. "exinanitur" coni. exinanito DL, exitañito MP, excitamento V /

---

3. Ps. 37, 4-6: Non est sanitas in carne mea a facie irae tuae. Non est pax ossibus meis a facie peccatorum meorum... Putruerunt et corruptae sunt cicatrices meae a facie insipientiae meae...

Ps. 6, 3-4: Sana me Domine, quoniam conturbata sunt ossa mea et anima mea turbata est valde.

4. Ps. 88,49: Quis est homo qui vivet et non videbit mortem: eruet animam suam de manu inferi.

5. Eccli. 24,30-31: ...qui operantur in me non peccabunt, qui elucidant me vitam aeternam habebunt. Cf. *Ordo missae*. p. 727.

6. Apoc. 2,7: Vincenti dabo edere de ligno vitae, quod est in Paradiso Dei mei. ibidem 3,21: Qui vicerit dabo ei sedere mecum in throno meo.

7. Prov. 2,3-5: Si enim sapientiam invocaveris et inclinaveris cor tuum prudentiae, Si quaesieris eam quasi pecuniam et sicut thesauros effoderis illam, tunc intelliges timorem Domini et scientiam Dei invenies.

8. Cf. RUSKA, J. *Turba philosophorum*: Ein Beitrag zur Geschichte der Alchemie. (Quellen und Studien zur Geschichte der Naturwissenschaften und der Medizin, 1). Berlim: [s.e.], 1931, p. 132: Omnes huius scientiae investigatores operis nummi et auri arcanum est tenebrosa vestis et nemo novit, quae philosophi in libris suis narraverunt absque lectionum et tentationum frequentatione ac sapientum inquisitione.

9. Cantic. 4,7: Tota pulchra es amica mea et macula non est in te. Cf. *Ordo missae*, p. 540: Tota pulchra es, Maria: et macula originalis non est in te.

meus ossos estremeceram³. Eis por que me cansei de tanto gritar ao longo das noites, minha garganta enrouqueceu: Quem é o homem vivo que sabe e compreende, e que livrará minha alma da mão do inferno?⁴ Quem me esclarecer terá a vida (eterna)⁵ e eu o farei comer da árvore da vida, que está no paraíso e dar-lhe-ei um lugar junto a mim no trono do meu Reino⁶. Aquele que me extrair como se eu fora moeda de prata e me adquirir como a um tesouro⁷ e não turvar as lágrimas dos meus olhos e não zombar⁸ de minhas vestes e não envenenar minha comida e bebida, e não conspurcar meu leito de repouso, nem violar meu corpo tão delicado, e mais ainda, a minha alma (ou pomba) que é sem fel, inteiramente bela (e) formosa, sem mancha alguma⁹, aquele que não arruinar meus lugares de descanso e tronos – ele, cujo amor me faz enlanguescer, ardor que me dissolve, aroma que me dá vida, sabor que me restaura as forças, leite que me nutre, amplexo que me rejuvenesce, beijo que me dá o alento de vida –, ele, por quem meu corpo desfalece ao dormirmos lado a lado, para ele serei pai e ele será meu

---

3. Sl 38,4-6: Nada há de sadio na minha carne diante de vossa ira e não há paz em meus ossos diante de meus pecados. Minhas feridas são fétidas e supuram diante de minha loucura.
Sl 6,3-4: Senhor, tende misericórdia, pois sou fraco, curai-me. Senhor, pois meus ossos estremeceram e minha alma está muito perturbada (literalmente: desnorteada).
4. Sl 89,49: Quem vive e não verá a morte? Quem salvará sua alma da mão da morte? (literalmente: da mão dos ínferos).
5. Eclo 24,22: Quem me ouvir não sofrerá vergonha, e quem me segue, permanecerá sem culpa (literalmente: quem fizer em mim suas obras, não pecará, quem me iluminar terá a vida eterna). *Missal*, p. 727.
6. Ap 2,7: Quem vencer, a esse darei de comer da árvore da vida que está no paraíso do meu Deus.
Ibid., 3,21: Quem vencer, sentar-se-á comigo no meu trono...
7. Pr 2,4-5: Então, se procurares (a sabedoria) como prata e te voltares para ela (literalmente: se a desenterrares) como a um tesouro, então compreenderás o temor de Deus e encontrarás a ciência de Deus.
8. Cf. RUSKA, J. *Turba philosophorum*: Ein Beitrag zur Geschichte der Alchemie. (Quellen und Studien zur Geschichte der Naturwissenschaften und der Medizin, 1). Berlim: [s.e.], 1931, p. 207: Vós todos, investigadores desta ciência, o segredo da prata e do ouro é uma veste tenebrosa, e ninguém compreenderá o que os filósofos narraram em seus livros, sem a leitura frequente, o labor e as experiências e as inquirições dos sábios.
9. Ct 4,17: Tu és inteiramente bela, minha amiga, e não há mácula em ti. *Missal*, p. 540: Ó Maria, sois inteiramente bela, não tendes a mácula original.

1 vero ero in patrem et ipse mihi in filium[10], sapiens, qui laetificat patrem[11], hunc quem primum pono et excelsum prae regibus terrae et in aeternum servabo illi testamentum meum fidele[12]. Si autem dereliquerit legem meam[13] et in viis meis non ambulaverit et
5 mandata praedicta non custodiverit. [nil] proficiet inimicus in eo et filius iniquitatis [non] apponet nocere illi[14], si autem in viis meis ambulaverit, tunc non timebit a frigoribus nivis. Omnibus enim domesticis suis erit indumentum[15], byssus et purpura et ridebit in die illa dum satiabor et apparuerit gloria mea, quia consideravit semitas meas et panem otiosum non comedit[16]. Ideo

2. –3. terrae in aeternum. Servabo MP, «terrae et» om. V / 3. –4. «dereliquerit legem meam et» om. MPV, dereliquerunt L / 4. «et mandata ... in viis meis ambulaverit» om. MPV / ambulaverint L / 7. nivis: o nobis MP, o vobis V, nimis L, om. B / 9. quia: qui PV /

---

10. Hebr. 1,5: Ego erro illi in patrem et ipse erit mihi in filium, item I Chron, 17,13. Cf. *Ordo missae*, p. 83. Cf. item: Apoc. 21,7: Qui vicerit, possidebit haec, et erro illi Deus et erit mihi filius. Cf. ALPHIDIUS in BONUS, P. *Pretiosa Margarita novella*. Op. cit., p. 40: Adhuc etiam noverunt quod deus fieri debebat homo, quia in die novissima huius artis in qua est operis complementum generans et generatum funt omnino unum: et senex et puer et pater et filius fiunt omnimo unum. Cf. item RUSKA. *Turba Philos*. Op. cit., p. 161: Dico quod ille senex de fructibus arboris comedere non cessat... quousque senex ille iuvenis fiat... ac pater filius factus est.

11. Prov. 29,3: Vir qui amat Sapientiam laetificat patrem suum.

12. Ps. 88,27-28: Ipse invocabit me: Pater meus es tu: Deus meus et susceptor salutis meae. Et ego primogenitum ponam illum excelsum prae regibus terrae. In aeternum servabo illi misericordiam meam et testamentum meum fidele ipsi.

13. Ps. 88,31-33: Si autem dereliquerint filii eius legem meam et in iudiciis meis non ambulaverint, si iustitias meas profanaverint et mandata mea non custodiverint, visitabo in virga iniquitates eorum...

14. Ps. 88,22-23: Manus enim mea auxiliabitur ei et bracchium meum confortabit eum. Nihil proficiet inimicus in eo et filius iniquitatis non apponet nocere ei. Cf. *Ordo missae*, p. (4).

15. Prov. 31,21-22: Non timebit domui suae a frigoribus nivis, omnes enim domestici eius vestiti sunt duplicibus. Stragulatam vestem fecit sibi, byssus et purpura indumentum eius. Cf. *Ordo missae*, p. [66].

16. Prov. 31,25-27: ...et ridebit in die novissimo, os suum aperiet sapientiae et lex clementiae in lingua eius. Consideravit semitas domus suae et panem otiosa non comedit. Cf. *Ordo missae*, p. [67].

filho[10]; sábio, aquele que alegra seu pai[11]; a ele darei o primeiro lugar acima dos reis da terra, e minha aliança (com ele) será preservada pela eternidade[12]. Mas se ele abandonar a minha lei[13], apartar-se de meus caminhos, não seguir minhas ordens e não preservar meus mandamentos estabelecidos, o inimigo o subjugará e o filho da iniquidade poderá prejudicá-lo[14]. Se, pelo contrário, ele seguir minhas vias, não temerá o frio da neve, pois os de sua casa terão roupas de linho e de púrpura[15]. E nesses dias ele rirá, e eu estarei saciada, minha glória aparecerá à luz do dia, porque ele foi atento aos meus caminhos e não comeu o pão da ociosidade[16]. Por isso os céus se abriram sobre ele e uma voz ressoou

---

10. Hb 1,5: Eu serei seu Pai e ele será meu filho, igualmente, 1Cr 17,13. Cf. *Missal*. p. 83. Cf. adiante. Ap 21,7: Quem vencer, herdará tudo, e eu serei seu (literalmente: para ele) Deus e ele será meu (literalmente: para mim) filho. Cf. Alphidius, in BONUS, P. *Pretiosa margarita novella de thesauro ae pretiosissimo philosophorum lapide*... Veneza: [s.e.], 1546, p. 40: Eles (os antigos) também souberam que Deus se tornaria homem porque, no último dia desta arte, quando a obra se completar, aquele que engendra e o engendrado se tornam um; o velho e a criança, o Pai e o Filho se tornam um. – Cf. também RUSKA, J. *Turba philosophorum*: Ein Beitrag zur Geschichte der Alchemie. (Quellen und Studien zur Geschichte der Naturwissenschaften und der Medizin, 1). Berlim: [s.e.], 1931, p. 246: Eu cuido que esse "velho" não cesse de comer dos frutos dessa árvore... até que esse velho se torne jovem... e o pai se tenha tornado filho.

11. Pr 29,3: Quem ama a sabedoria, alegra seu pai...

12. Sl 89,28-29: E eu o estabelecerei como o meu primogênito, o mais alto dos reis da terra. Eternamente manterei para ele a minha misericórdia e minha aliança lhe será fiel.

13. Sl 89,31-33: Mas se seus filhos abandonam minha lei, se eles não caminham sobre meu julgamento, se violam minhas ordens justas e não guardam meus mandamentos, eu visitarei com uma chibata suas iniquidades.

14. Sl 89,22-23: Minha mão o sustentará e meu braço o fortificará. O inimigo nada poderá contra ele, e o filho da iniquidade não poderá prejudicá-lo (literalmente: nada poderá o inimigo contra ele, o filho da maldade não lhe causará dano). *Missal*, p. [4].

15. Pr 31,21-22: Ele não temerá para a sua casa, não temerá a neve (literalmente: o frio da neve), pois toda a sua casa (literalmente: todas as pessoas de sua casa), pois têm uma dupla veste... de linho fino (literalmente: branco) e de purpura, é seu vestido. *Missal*. p. [66].

16. Pr 31,25-27: Resistente e bela é sua roupa e ela ri dos dias que se aproximam (literalmente: ela rirá no último dia). Ela cuida que não seja possível comer em sua casa o pão da preguiça (literalmente: ela presta atenção na vida de sua casa e não come o pão da ociosidade). *Missal*, p. [67].

1   aperti sunt coeli super eum et vox intonuit[17] illius, qui habet septem
    stellas in manu sua[18], qui sunt septem spiritus missi in omnem terram
    praedicare et testificari. Qui crediderit et bene baptizatus fuerit salvus
    erit, qui vero non crediderit, condemnabitur. Signa autum eorum, qui
5   crediderint et bene baptizati fuerint sunt haec[19]: dum discernit coelestis
    rex super eos[19a], nive dealbabuntur in Selmon et pennae columbae dear-
    gentatae et posteriora dorsi eius in pallore auri[20]. Talis erit mihi filius di-
    lectus[21] ipsum videte, speciosum forma prae filiis hominum[22], cuius pul-
    chritudinem Sol et Luna mirantur[22a]. Ipse vero est privilegium amoris et
10 heres in quem confidunt homines[23] et sine quo nihil possunt facere.
    Qui autem aures habet audiendi audiat, quid dicat spiritus doctrinae

---

3. testificare MPL, om. B / 4. eos PL / 5. «sunt» om. L / discurit MP, cernit L / 6.
«eos» coni. eam DL, eum MPV / dealbuntur L, dealbantur M / Salomon D, Selomen
M / 7. mihi: noster D / 8. spectaculum fore M, om. B / pro D / 9. admiratur D / 9.
–10. amoris: amborum P, amborum amorum M / 10. sine quo nihil potest fieri sine
quo nihil possunt (V: potes) facere MPV /

---

17. Apoc. 4,1: ...ecce ostium apertum in caelo et a vox prima, quam audivi tamquam
tubae loquentis mecum dicens... Cf. Ps. 17,14: Intonuit de coelo Dominus et Altissi-
mus dedit vocem suam et apparuerunt fontes aquarum. Cf. *Ordo missae*, p. 376.
18. Apoc. 1,4: ...et a septem spiritibus, qui in conspectu throni eius sunt.
1,6: ...et habebat in dextera sua stellas septem...
2,1: Haec dicit, qui tenet sptem stellas in dextera sua...
3,1: Haec dicit, qui habet sptem Spiritus Dei et septem stellas...
19. Marc. 16,16-17: Qui crediderit et baptizatus fuerit salvus erit, qui vero non crediderit condemnabitur. Signa autem eos, qui crediderint haec sequentur: In nomine meo
daemonia eiicient... Cf. *Ordo missae*, p. 358.
20. Es muss sich eher um eine Mehrheit handeln, da eine solche sowohl im vorhergehenden wie nachfolgenden Satze vorausgesetzt ist. Es handelt sich wohl um dir Vorstellung
eines postmortalen, verklärten Zustandes, in welchem die Erlösten als Jungfrauen (Tau-
be) dem Lamme folge. (Vgl. Apoc. 7,14: ... et laverunt stolas suas et dealbaverunt eas in
sanguine Agni, – und Apoc. 14,4: Virgines enim sunt, Hi sequuntur Agnum...).
21. Ps 67,14-15: Si dormiatis inter medios cleros pennae columbae deargentatae et
posteriora dorsi eius in pallore auri. Dum discernit coelestis reges super eam nive dealbabuntur in Selmon Mons Dei mons pinguis... Vielleicht eine Anspielung auf die "Columba deargentata" des Hugo v. St. Victor, Migne, P.L. tom. 177 col. 17 ff. Libellus
cuiusdam ad Rainerum corde benignum qui Columba deargentata inscribitur. Incipit
de tribus columbis: Si dormiatis inter medios cleros...
Cant. 5,16: ...talis est dilectus meus...
22. Ps. 44,3: (Epithalamium christianum, sponsus Christus): Speciosus forma prae filiis
hominum. Cf. *Ordo missae*, p. 101.
22a. Cf. HONORIUS V. AUTUN. *Expos. in Cant.* In: MIGNE, J.P. *Patrologiae cursus
completus. Series latina.* Paris: [s.e.], 172 col. 380: mirantur.
23. Baruch 3,18: ... et aurum, in quo confidunt homines. Cf. *Ordo missae*, p. 363.

como o trovão[17]: a voz daquele que tem sete estrelas na mão, que são os sete espíritos[18], que foram enviados a toda a terra, a fim de pregar e dar testemunho. Quem tiver acreditado e tiver sido corretamente batizado, será salvo; mas quem não tiver acreditado, sofrerá a condenação. Os sinais que distinguem os que acreditaram e foram bem batizados são estes[19] (quando o rei celeste os governar): ficarão brancos como a neve sobre o Salmon e as plumas da pomba brilharão prateadas e a parte posterior do dorso terá o brilho radioso do ouro amarelo[20]. Assim será meu filho dileto[21], olhai como é bela sua forma entre os filhos dos homens[22], ele, cuja beleza deslumbra o sol e a lua. Ele é o privilégio do amor e o herdeiro em quem os homens confiam[23] e sem o qual nada podem fazer. Quem tiver ouvidos para ouvir, que ouça o que o espírito

---

17. Ap 4,1: Depois disso eu olhei e vi uma porta aberta no céu e a primeira voz que eu ouvira falar-me como uma trombeta disse: ... Cf. Sl 18,14: O Senhor trovejou no céu e apareceram então fontes de água. *Missal*, p. 376.

18. Ap 1,4: ...e quem vem, e dos sete espíritos que estão diante de seu trono.

1,16: ...e ele tinha sete estrelas em sua mão direita...

2,1: Isto diz aquele que tem em sua mão direita as sete estrelas...

3,1: Isto diz o que tem os sete espíritos de Deus e as sete estrelas...

19. Mc 16,16-17: Quem crer e for batizado será salvo, mas quem não crer, será condenado. Os sinais que acompanharão os que crerem são: em meu nome eles expulsarão os demônios... *Missal*, p. 693.

20. Sl 68,14-15: Quando acampardes por entre os apriscos brilhareis como as asas prateadas e douradas de uma pomba e cintilareis. Quando o Todo-poderoso dispersar os reis da terra, tornar-se-á claro o que era escuro... (Bíblia de Zurique): A plumagem da pomba coberta de prata, com as extremidades do dorso semelhantes ao ouro! Quando o Todo-poderoso dispersar (os reis) cairá neve sobre o Salmon. Uma montanha de Deus é a montanha de Basã...

Cf. Ap 7,14: ...e lavaram suas vestes e as alvejaram no sangue do Cordeiro. E 14,4: ... pois eles são virgens e seguem o Cordeiro onde quer que ele vá.

21. Ct 5,16: Tal é meu amado; assim é o meu amigo, filhas de Jerusalém!

22. Sl 45,3: És o mais belo entre os nascidos dos homens (literalmente: em aparência diante dos filhos dos homens), graciosos são seus lábios... *Missal*, p. 101.

23. Br 3,17: ...e o ouro... no qual os homens confiam. *Missal*, p. 363.

filiis disciplinae[24] de septem stellis, quibus opus divinum peragitur. Quas Senior tradit in libro suo, capitulo Solis et Lunae, dicens: Post quam feceris illa septem quae divisisti per septem stellas (et dedisti septem stellis) <et> novies purgasti donec videantur margaritae (in similitudine) haec est dealbatio[25].

VII. Parabola Secunda de diluvio aquarum et morte, quam femina intulit et fugavit

Quando conversa fuerit ad me multitudo maris[1] et torrentes inundaverunt[2] super faciem meam et sagittae pharetrae meae sanguine inebriatae fuerint[3] et torcularia mea optimo vino fragraverint[4] et horrea mea frumento tritici repleta fuerint et sponsus cum decem virginibus sapientibus in thalamum meum introierit[5] et postea venter meus a tactu dilecti

---

1. percipitur L, tradidit BV, om. MP / 3. feras illas P, feras illa M / «divisisti» coni. dividisti D, dimisisti MPVBL / et dedisti opem stellis M, et septem dedisti septem stellis D, om. B / 4. novem D (der arab. Text: novem statt septem) / purgati M, compurgasti L, purgasti eas B / in similitudinem D, om. MPV / 5. dealbo M, dealbationem D / 10. et pharetrae MP, om. L / sanguineae MPV / 11. inebriati D / «fuerint» om. MPV / fragraverunt MPL / 12. frumenti MPV, frumentis B / repletum fuerit L, repleta fuerit M / sponsum MP /13. «in» om. BDL / introiverit DL / tacta MP /

---

24. Apoc. 2,7: Qui habet aurem audiat, quid Spiritus dicat Ecclesiis: ... Cf. Math. 11,15: Qui habet aures audiendi audiat...

25. Cf. SENIOR. *De Chemia*. Op. cit., p. 10/11: Posteaquam feceris illa septem quae divisisti per septem stellas purgasti et hoc tritum minute donec videantur sicut margaritae in similitudinem, haec est dealbatio. Cf. *Memoirs of the Asiatic Society of Bengal*. Stapleton. Bd. XII, p. 149-150.

1. Jes. 60,5: Tunc videbis et afflues, mirabitur et dilatabitur cor tuum, quando conversa fuerit ad te multitudo maris fortitudo Gentium venerit tibi... Cf. *Ordo missae*, p. 109.

2. Ps. 77,20: Quoniam percussit petram et fluxerunt aquae et torrentes inundaverunt. Cf. Jona 2,3-6: ...de ventre inferi clamavi et exaudisti vocem meam. Et proiecisti me in profundum, in corde maris et flumen circumdedit me... Omnes fluctus tui super me transierunt... circumdederunt me aquae usque ad animam, abyssus vallavit me pelagus operuit caput meum...

3. Deut. 32,42: Inebriabo sagittas meas sanguine...

4. Prov. 3,10: ...et implebuntur horrea tua et vino torcularia redundabunt. Cf. *Ordo missae*, p. 437, et Joel 2,24, *Ordo missae*, p. 383.

5. Cf. Math. 25,1 et sq.

da doutrina diz aos filhos da ciência[24] a respeito das sete estrelas, através das quais se realiza a obra divina. Senior as menciona em seu livro, no capítulo do sol e da lua: Depois que estabeleceres esses sete[24a], que dividiste por meio das sete estrelas, que os tiveres agregado às sete estrelas e os purificado nove vezes até que se assemelhem a pérolas – isto é a *dealbatio* (brancura)[25].

VII. Segunda Parábola: do dilúvio das águas e da morte que a mulher introduziu e expulsou

Quando a avalanche do mar se dirigir a mim[1] e as correntes inundarem minha face[2], e as setas da minha aljava ficarem embriagadas de sangue[3], quando minhas adegas rescenderem ao mais precioso vinho e meus celeiros estiverem repletos de trigo[4], quando o esposo entrar em minha alcova com as dez virgens sábias[5], e o meu ventre intumescer ao

---

24. Ap 2,7: Quem tiver ouvidos, que ouça o que o espírito diz às comunidades... Cf. Mt 11,15 etc.

24a. A saber, os metais.

25. Cf. SENIOR. *De Chemia*. Ibid., p. 10/11; e *Memoirs of the Asiatic Society of Bengal*. Vol. XII, [s.l.]: [s.e.], [s.d.], p. 149-150: Depois que fizeres esses sete (metais), e os dividires por meio das sete estrelas, e os purgares e triturares minuciosamente até parecerem pérolas, isto é a *dealbatio* (o albedo).

1. Is 60,5: ... teu coração se admirará e se dilatará quando voltar-se para ti a riqueza do mar e a força das nações vier a ti. *Missal*, p. 109.

2. Sl 78,20: Vede, ele golpeou o rochedo, as águas fluíram e os regatos se derramaram...
Cf. Jn 2,4: Tu me atiraste ao abismo, no coração do mar, e as águas me cercaram; todas as tuas vagas e ondas passaram sobre mim.

3. Dt 32.42: Eu embeberei minhas flechas no sangue...

4. Pr 3,10: Teus celeiros estarão repletos e teus lagares transbordarão de mosto (literalmente: de vinho). *Missal*, p. 437 e Jl 2,24. *Missal*, p. 383.

5. Cf. Mt 25,1s.

mei intumuerit et pessulum ostii mei dilecto apertum fuerit[6], et postquam iratus Herodes multos pueros in Bethlehem Judaeae occiderit et Rachel omnes filios suos ploraverit[7] et lumen in tenebris exortum fuerit[8] et Sol justitiae de coelo apparuerit[9], tunc veniet plenitudo temporis, in qua Deus mittet filium suum[10], sicut locutus est, quem constituit heredem universorum, per quem fecit et saecula[11], cui dixit olim: Filius meus es tu, ego hodie genui te[12]: cui magi ab oriente tria munera pretiosa obtulerunt[13]; in die illa, quam fecit Dominus, exultemus et laetemur in ea[14], quia hodie afflictionem meam Dominus[15] respexit et redemptionem misit[16], quia regnaturus est in Israel. Hodie mortem quam foemina intulit foemina fugavit et claustra inferni fracta sunt; mors enim ultra non dominabitur[17] nec portae inferi amplius praevalebunt adversus eam[18], quia drachma decima, quae perdita fuerat est inventa et ovis decima ultra

---

1. intimuerit P / 2. iratus «fuerit» add. L / 2. Judaeae: iude MPV / occidit P / 4. tunc: dunc MP / venierit M / 5. quo DL / «quem» om. L / 6. cui: qui PDLV / 10. Hodie: Homini D / 11. confracta BD / 12. dominabitur «illi» add. L / inferni vel inferi VP, vel inferni M₂, inferni D / 13. ultra: atque MPV /

---

6. Cant. 5,6: Pessulum ostii mei aperui dilecto meo, at ille declinaverat atque transierat...
7. Cf. Math. 2,16-18 et *Ordo missae*, p. 98.
8. Ps. 111,4: Exortum est in tenebris lumen rectis... Cf. *Ordo missae*, p. 721: Felix es sacra Virgo Maria... quia ex te ortus est sol iustitiae Christus Deus.
9. Maleachi 4,2: ...et orietur vobis timentibus nomen meum Sol iustitiae.
10. Gal. 4,4: At ubi venit plenitudo temporis, misit Deus Filius suum. Cf. *Ordo missae*, p. 101.
11. Hebr. 1,2: Novissime diebus istis locutus est nobis in Filio, quem constituit heredem universorum, per quem fecit et saecula... Cf. *Ordo missae*, p. 82. Cf. AVICENNA. Declaratio Lapidis Physici Filio suo Aboali, *Theatrum Chemicum*. Vol. IV. [s.l.]: [s.e.], 1659, p. 876.
12. Hebr. 1,5: Cui enim dixit aliquando Angelorum: Filius meus es tu, ego hodie genui te. Cf. *Ordo missae*, p. 72.
13. Cf. Math. 2,11.
14. Ps. 117,24: Haec dies, quam fecit Dominus exultemus et laetemur in ea... Cf. *Ordo missae*, p. 316, 329.
15. Cf. Gen. 31,42 (Jacob): afflictionem meam... respexit Deus.
16. Ps. 110,9: Redemptionem misit populo suo... Cf. *Ordo missae*, p. 341.
17. Rom. 6,9: Scientes quod Christus resurgens ex mortuis iam non moritur, mors illi ultra non dominabitur. Cf. *Ordo missae*, p. 326, 344.
18. Math. 16,18: ... et super hanc petram aedificabo ecclesiam meam et portae inferi non praevalebunt adversus eam... Cf. *Ordo missae*, p. 510.

contato do meu amado e o ferrolho da minha porta abrir-se para meu amado[6], depois que Herodes em seu ódio assassinar muitas crianças de Belém da Judeia e Raquel tiver chorado todos os seus filhos[7], e a luz erguer-se das trevas[8] e o sol da justiça tiver aparecido no alto do céu[9], então terá chegado a plenitude dos tempos em que Deus, segundo suas palavras, enviará seu Filho[10], que Ele estabeleceu como herdeiro de todas as coisas e através do qual ele também fez o mundo[11] (e) a quem disse um dia: "Tu és meu Filho, hoje eu te gerei[12]"; a Ele os magos do Oriente também ofereceram três dons preciosos[13]. Nesse dia, feito pelo Senhor, exultemos e nos alegremos[14], porque hoje o Senhor olhou minha aflição[15] e enviou a redenção[16], pois Ele reinará em Israel. Hoje, a morte que a mulher havia trazido foi expulsa pela mulher e as portas do inferno foram quebradas; a morte não exercerá mais sua dominação[17], nem as portas do inferno prevalecerão contra ela[18]; pois a décima dracma que fora

---

6. Ct 5,6: Quando abri a porta para meu amigo, ele já se fora (literalmente: Eu tirei a tranca da porta e a abri para o meu amado, mas ele ja se fora).
7. Cf. Mt 2,16-18 e *Missal*, p. 98.
8. Sl 112,4: Ergueu-se nas trevas uma luz para os homens piedosos... Cf. *Missal*, p. 721: Ó Santa Virgem Maria, sois bem-aventurada, pois destes à luz o Sol da Justiça, Cristo nosso Deus.
9. Ml 3,20: Para vós, porém, que temeis meu nome, brilhará um sol de justiça...
10. Gl 4,4: Mas quando chegou a plenitude dos tempos, Deus enviou seu Filho, nascido de uma mulher... *Missal*, p. 101.
11. Hb 1,2: ...Ultimamente nestes dias (Deus) falou-nos através de seu Filho, estabelecido por ele como herdeiro de todas as coisas e por quem ele fez o mundo. *Missal*, p. 82. Cf. AVICENA. Declaratio Lapidis Physici Filio Aboali, *Theatrum Chemicum*. [s.l.]: [s.e.], 1659, IV, p. 876.
12. Hb 1,5: Pois a que Anjo jamais ele disse: Tu és o meu Filho, eu hoje te gerei. *Missal*, p. 72.
13. Cf. Mt 2,11.
14. Sl 118,24: Eis o dia que o Senhor fez: rejubilemo-nos nele, cheios de alegria... *Missal*, p. 316, 329.
15. Gn 31,42: Deus viu minha miséria e minha fadiga.
16. Sl 111,9: Ele enviou a redenção a seu povo... Cf. *Missal*, p. 341.
17. Rm 6,9: ... Sabei que o Cristo ressuscitado dentre os mortos não morrerá mais, a morte não terá mais domínio sobre ele. *Missal*, p. 326, 344.
18. Mt 16,18: Tu és Pedro e sobre esta pedra edificarei a minha Igreja e as portas do inferno não prevalecerão sobre ela. *Missal*, p. 510.

1   nonaginta in deserto est restaurata et numerus fratrum nostrorum de lapsu angelorum est plenarie integratus[19]. Oportet te ergo hodie fili gaudere, quia amplius non erit clamor neque ullus dolor, quoniam priora transierunt[20]. Qui habet aures audiendi audiat quid dicat spiritus doctrinae filiis disciplinae de foemina quae mortem intulit et fu-
5   gavit, quod philosophi innuunt his verbis: Aufer ei animam et redde ei animam, quia corruptio unius est generatio alterius[21] hoc est: priva ipsum humore corrumpente et augmenta humore connaturali, per quod erit ipsius perfectio et vita.

10 **VIII. Parabola Tertia De porta aerea et vecte ferreo captivitatis Babylonicae**

Qui portas aereas et vectes meos ferreos confregit[1] candelabrum quoque meum de loco suo moverit[2] nec non vincula carceris tenebro-
15 sitatis dirupuerit atque animam meam esurientem, quae cucurrit in siti oris sui adipe frumenti et <de> petra melle cibaverit[3] ac peregrina-

---

1. nonaginta: nona MPV, de qua L / 6. Infer L / 7. hoc est priva ipsum: hoc primo cum L, corr. L$_2$ / 7. –8. humorem corrumpentem MPV / 8. «cum» humore add. L / cum naturali MP / 11. ferrae L / 13. meas ferreas DL / 15. disrumpit MPB / 15. –16. in siti: in sit M / 16. «de» coni. / cibavit MPV / atque DL /

---

19. Cf. Luc. 15,1-10; Cf. item *Ordo missae*, p. 414-415.

20. Apoc. 21,4: ... et mors ultra non erit neque luctus neque clamor, neque dolor erit ultra, quia prima abierunt. Cf. *Ordo missae*, p. [73].

21. Cf. Consilium Coniugii, *Ars Chemica*. [s.l.]: [s.e.], 1566, p. 259: Quia corruptio unius est generatio alterius secundum Philosophos. Stammt aus dem arab. Tractat: Le livre de la terre et de la pierre. BERTHELOT, M. *La chimie au moeyen âge*. 3 vols. Paris: [s.e.], 1893, p. 223. Wird u. a. zitiert von THOMAS V. AQUINO. *Summa theologica*. 9 vols. Paris: [s.e.], 1868, I qu. 118 art. II, und MAGNUS, A. De lapide Philosoph, *Theatr. Chem*. Vol. IV. [s.l.]: [s.e.], 1659, p. 355.

1. Jes. 45,2-3: Ego ante te ibo et gloriosos terrae humiliabo: portas aereas conteram et vectes ferreos confringam et dabo tibi thesauros absconditos et arcana secretorum... Cf. *Ordo missae,. p. 61*.

2. Apoc. 2,5: Venio tibi et movebo candelabrum tuum de loco suo, nisi poenitentiam egeris.

3. Ps. 80,17: Et cibavit eos ex adipe frumenti et de petra melle saturavit eos.

perdida foi achada, e a centésima ovelha que se extraviara foi encontrada, e o número de nossos irmãos, diminuído após a queda dos anjos, foi plenamente restaurado[19]. Deves, portanto, alegrar-te hoje, meu filho, porque não haverá mais lamento nem dor, uma vez que as coisas anteriores passaram[20]. Quem tiver ouvidos para ouvir, que ouça o que o espírito da doutrina diz aos filhos da ciência sobre a mulher que introduziu e expulsou a morte, o que os filósofos dão a entender com estas palavras: Tira-lhe a alma e restitui-lhe a alma de novo, pois a corrupção de uma é a geração da outra[21], o que significa: priva-a de sua umidade corruptora e acrescenta-lhe a umidade conatural, mediante a qual surgirão sua vida e plenitude.

VIII. Terceira Parábola: da porta de aço e do ferrolho de ferro do cativeiro da Babilônia

Aquele que arrombou minhas portas de aço e minhas trancas de ferro[1], que deslocou também meu candelabro[2] e destruiu os vínculos de minha prisão tenebrosa, nutrindo minha alma esfaimada, que correu com sua boca sedenta, como sinal do trigo e com mel de rochedo[3]

---

19. Cf. Lc 15,1-10 e *Missal*, p. 414-415.

20. Ap 21,4: ...e não haverá mais nem morte, nem luto, nem gritos, nem dores, porque as primeiras coisas já passaram. *Missal*, p. [73].

21. Cf. Consilium Coniugii, in: *Ars Chemica*. [s.l.]: [s.e.], 1566, p. 259. A palavra provém do árabe *Livro sobre a Terra e a Pedra*. BERTHELOT, M. *La chimie au moyen âge*. 3 vols. Paris: [s.e.], 1893, p. 223.

1. Is 45,2-3 (*Missal*, p. 61): Eu irei diante de ti, humilharei os gloriosos da terra; quebrarei as portas de aço e romperei as barras de ferro. E eu te darei tesouros ocultos...

2. Ap 2,5: Logo virei a ti e se não fizeres penitência, tirarei teu candelabro do lugar.

3. Sl 81,17: ... e eu os alimentarei como melhor trigo (literalmente: como germe de trigo) e saciarei com o mel tirado do rochedo. *Missal*, p. 374.

tioni meae grande coenaculum praeparaverit[4], ut in pace dormiam et requiescant super me septem dona spiritus sancti [miseritus]. Quia congregabunt me de universis terris, ut effundant super me aquam mundam[5], et mundabor a delicto maximo et a daemonio meridiano[6], quia a planta pedis usque ad verticem [capitis] non est (inventa) sanitas[7], Ideo ab occultis et ab alienis sordibus meis me mundabunt[8], postea omnium iniquitatum mearum non recordabor, quia unxit me Deus oleo laetitiae[9] ut inhabitet in me virtus penetrationis et liquefactionis in die resurrectionis meae[10], quando (a) Deo gloriabor[11]. Quia generatio haec advenit et praeterit[12] donec veniat qui mittendus est[13] qui et aufert iugum captivitatis nostrae, in qua sedebamus septuaginta annis super flumina Baby-

---

1. praeparavit MPV / 2. quiescam MVD, quiescunt L, requiescam P / «super me septem» om. DL / «miseritus» add. D / 3. ut: et MPV / 4. emundabor MVBDL / «a» daem. om. BDL / 5. «capitis add. B / «inventa» om. MPVB / 8. –9. refectionis MPV / 9. quando: quantum MPDL, cum B / «a» add. D, cum V / Domino DL /

---

4. Luc. 22,12: (Paschamahl) Et ipse ostendet vobis coenaculum magnum stratum et ibi parate...
5. Ezech. 36,25: Congregabo vos de universis terris et adducam vos in terram vestram. Et effundam super vos aquam mundam et mundabimini ab omnibus iniquamentis vestris ... Cf. *Ordo missae*, p. 364.
6. Ps. 90,6: ...non timebis... ab incursu et daemonio meridiano... Cf. *Ordo missae*, p. 159.
7. Jes. 1,6: A planta pedis usque ad verticem non est in eo sanitas...
8. Ps. 18,13-14: Ab occultis meis munda me Domine et ab alienis parce servo tuo.
9. Ps. 44,8: Propterea unxit te Deus Dominus tuus oleo laetitiae prae consortibus tuis... Cf. *Ordo missae*, p. 679.
10. Cf. *Ordo missae*, op. cit., p. 334: Alleluja, Alleluja. Vgl. Math. 28: In die resurrectionis meae dicit Dominus, praecedam vos in Galileam. Vgl. Joh. cap. 20: Post dies octo ianuis clausis, stetit Jesus in medio discipulorum suorum et dixit: Pax vobis. Alleluja.
11. Cf. *Pretiosa Margarita novella*. Op. cit., p. 39: Unde dicit Rasis in quadam epistola: Cum hoc autem scilicet lapide rubeo magnificaverunt se philosophi super alios et vaticinati sunt futura... Ita quod cognoverunt diem iudicii et consumationis saeculi debere venire et mortuorum resurrectionem in ipsa, in qua una quaeque anima suo primo corpori coniungetur et de caetero ab invicem non separabuntur in perpetuum. Et erit tunc omne corpus glorificatum ad incorruptibilitatem translatum et ad luciditatem et subtilitatem fere incredibilem et penetrabit omne solidum, quia eius natura tunc erit natura spiritus sicut corporis.
12. Eccl. 1,4: Generatio praeterit et generatio advenit; terra autem in aeternum stat.
13. Gen. 49,10: Non auferetur sceptrum de Juda et dux de femore eius, donec veniat, qui mittendus est et ipse erit expectatio gentium...

preparou para mim, nesta peregrinação, um grande cenáculo[4], para que eu possa descansar em paz e sobre mim repousem os sete dons do Espírito Santo, aquele teve misericórdia de mim. Pois eles me reunirão de todas as terras para aspergir-me com água pura, tornando-me puro[5] da maior das transgressões e do demônio do meio-dia[6], pois das plantas de meus pés até minha cabeça nada de saudável foi encontrado em mim[7]. Por isso eles me purificarão de minhas faltas escondidas e ignoradas[8], e então não me lembrarei mais de minhas iniquidades, porque Deus me ungiu com o óleo da alegria[9], para que habite em mim uma virtude penetrante e fluente no dia da minha ressurreição[10], quando eu for glorificado em Deus[11]. Pois esta geração vem e passa[12], até que venha aquele que deve ser enviado[13], e nos liberte do jugo de nosso cativeiro, no qual permaneceremos sentados durante setenta anos junto aos rios

---

4. Lc 22,12: (ceia pascal) E ele vos mostrará uma grande sala mobiliada: fazei aí os preparativos.

5. Ez 36,24-25: E eu vos procurarei entre os gentios, e vos reunirei de todos os países e vos reconduzirei à vossa terra. E aspergirei sobre vós uma água pura, e sereis purificados de todas as vossas iniquidades. *Missal*, p. 364.

6. Sl 91,6: (e não temerás) a epidemia que ronda no escuro, nem a peste que devasta ao meio-dia (literalmente: do demônio do meio-dia)... *Missal*, p. 159.

7. Is 1,6: Da planta dos pés até o alto da cabeça nada há de sadio nele...

8. Sl 19,13-14: Perdoai (purificai-me das) minhas faltas escondidas! Preservai também vosso servo dos orgulhosos (estrangeiros)...

9. Sl 45,8: Por isso Deus, teu Deus, te ungiu com o óleo da alegria mais do que aos teus companheiros. *Missal*, p. 679.

10. Cf. *Missal*, ibid., p. 334: Mt 28: No dia da minha ressurreição, diz o Senhor, eu vos precederei na Galileia. Aleluia V. (Jo 20). Depois de oito dias, as portas estando fechadas, Jesus se pôs no meio de seus discípulos e disse: A paz esteja convosco! Aleluia!

11. Cf. *Pretiosa margarita novella*. Ibid., p. 39: Por isso Rasis diz numa epístola: Com esta... pedra vermelha, os filósofos se elevaram acima de todos os outros e profetizaram coisas futuras... por exemplo, souberam que o dia do julgamento virá, e com ele a ressurreição dos mortos, quando cada alma será unida a seu corpo original... Todo corpo será transfigurado e feito incorruptível e de uma claridade e sutileza quase inacreditáveis; ele penetrará os corpos sólidos porque sua natureza será então ao mesmo tempo a natureza do espírito e a do corpo.

12. Ecl 1,4: Uma geração passa e uma geração vem; a terra no entanto permanece eternamente.

13. Gn 49,10: O cetro não será tirado de Judá, nem o bastão da soberania (tirado) de seus pés, até que venha o herói (literalmente: até que venha aquele que será enviado) e este será o esperado das nações.

1 lonis[14], ibi flevimus et suspendimus organa nostra, pro eo, quod elevatae sunt filiae Sion et ambulaverunt extento collo et nutibus oculorum ibant et plaudebant et pedibus suis composito gradu incedebant. Decalvabit ergo Dominus verticem filiarum Sion et crines earum nudabit[15], quia de Sion exibit lex et verbum Domini de Jeru-
5 salem[16]. In die illa quando apprehenderunt septem mulieres virum unum dicentes: Panem nostrum comedimus et vestimentis nostris cooperimur[17], quare non defendis sanguinem nostrum, qui effusus est tamquam aqua in circuitu Jerusalem[18]? et divinum receperunt responsum: Adhuc sustinete modicum tempus, donec numerus
10 fratrum nostrorum impletus sit, qui scriptus est in libro hoc[19]; tunc omnis, qui relictus fuerit in Sion salvus vocabitur[20], cum abluerit Dominus sordem filiarum suarum Sion spiritu sapientiae et

2. nutibus: mittibus P, mitibus M / oculis V / 5. rex L / 6. apprehendent D / 7. comedemus MP / 9. temporis L / 12. abluit MD / «suarum» om. VDL / spiritus MPV / «et» om. P /

---

14. Ps. 136,1-3: Super flumina Babylonis, illic sedimus et flevimus cum recordaremur Sion. In salicibus in medio eius suspendimus organa nostra... Cf. *Ordo missae*, p. 471. Cf. Liber Quartorum Platonis, *Theatr. Chem.* [s.l.]: [s.e.], 1622, V, p. 144: Sedentes super flumina Eufrates sunt Caldaei... priores, qui adinvenerunt extrahere cogitationem.
15. Jes. 3,16-17: (Et dixit Dominus) pro eo quod elevatae sunt filiae Sion et ambulaverunt extento colle et nutibus oculorum ibant et plaudebant, ambulabant pedibus suis et composito gradu incedebant. Decalvabit Dominus verticem filiarum Sion et Dominus crinem earum nudabit.
16. Jes. 2,3: Quia de Sion exibit lex et verbum Domini de Jerusalem. Cf. *Ordo missae*, p. 57.
17. Jes. 4,1-2: Et apprehendent septem mulieres virum unum in die illa dicentes: Panem nostrum conedemus et vestimentis nostris operiemur... aufer opprobrium nostrum. Cf. *Ordo missae*, p. 363.
18. Ps. 78,3: Effuderunt sanguinem eorum tamquam aqua in circuitu Jerusalem. Cf. *Ordo missae*, p. 97.
19. Cf. Apoc. 6,9-11: Vidi ...animas interfectorum propter verbum Dei ...dicentes: Usque quo Domine sanctus et verus non iudicas, non vindicas sanguinem nostrum de iis, qui habitant in terra? Et datae sunt illis singulae stolae albae et dictum est illis ut requiescerent adhuc tempus modicum donec compleantur conservi eorum et fratres eorum, qui interficiendi sunt sicut et illi.
20. Jes. 4,3-4: Et erit: Omnis qui relictus fuerit in Sion et residuus in Jerusalem sanctus vocabitur omnis qui scriptus est in vita Jerusalem. Si abluerit Dominus sordes filiarum Sion et sanguinem Jerusalem laverit de medio eius in spiritu iudicii et spiritu ardoris...

da Babilônia[14]; lá nós choramos e penduramos nossas harpas, porque as filhas de Sião eram orgulhosas e passeavam de pescoço erguido, lançando olhares, e batiam as mãos e dançavam ao passar[14a]. Por isso Deus tornará calvas as filhas de Sião[15], despojando-as de sua cabeleira, pois a lei sairá de Sião e a palavra do Senhor de Jerusalém[16] Nesse dia, quando sete mulheres agarrarem *um* homem e lhe disserem: Comemos nosso pão e nos cobrimos com nossos vestidos[17], por que então não defendes nosso sangue que foi derramado como água em torno de Jerusalém[18]? E receberam a resposta divina: Esperai ainda um pouco de tempo, até que se complete o número de nossos irmãos, escrito neste livro[19]; quem tiver permanecido em Sião, será considerado salvo, quando o Senhor tiver lavado as máculas de suas filhas de Sião[20] pelo espírito da sabedoria e da

---

14. Sl 137,1-2: Junto aos rios da Babilônia, lá nos assentamos e choramos, lembrando-nos de Sião. Penduramos nossas harpas nos salgueiros que ficam no meio dela (*Missal*. p. 471). Possivelmente há também uma alusão aos "caldeus" no Liber Quartorum Platonis, *Theatrum Chemicum*. [s.l.]: [s.e.], 1622, V., p. 144: À margem do rio Eufrates moram os caldeus ...os primeiros que descobriram como se extrai o pensamento.

14a. *Vulgata: plaudebant*: bater palmas. Lutero traduz por "fazer meneios".

15. Is 3,16-17: E o Senhor falou: Porque as filhas de Sião se enalteceram e caminharam de pescoço alteado, fazendo sinais com os olhos, porque ao caminhar fizeram ruído com os pés, avançando com passos medidos, o Senhor tornará calvas as filhas de Sião e as despojará de sua cabeleira.

16. Is 2,3: ...Porque de Sião sairá a lei e a palavra do Senhor de Jerusalém. *Missal*. p. 57.

17. Is 4,1: ...E sete mulheres tomarão um só homem nesse dia, dizendo: Comeremos nosso pão e nos cobriremos com nossas vestes; deixa-nos apenas chamar-te por teu nome, para que seja tirado nosso opróbrio. *Missal*, p. 363.

18. Sl 79,3: Eles derramaram sangue como se fosse água. *Missal*, p. 97.

19. Cf. Ap 6,9-11: ...eu vi sob o altar as almas daqueles que foram mortos por causa da palavra de Deus e de seu testemunho... E elas lançavam altos gritos e diziam: Senhor... até quando não fareis justiça, vingando nosso sangue contra aqueles que habitam a terra? E foi dada a cada uma delas uma veste branca, foi-lhes dito que esperassem em paz ainda um pouco de tempo, até que se completasse o número daqueles que como elas serviam a Deus, e o de seus irmãos que seriam mortos como elas.

20. Is 4,3-4: Todo aquele que for deixado em Sião e permanecer em Jerusalém será chamado santo: todo aquele que estiver escrito como vivo, em Jerusalém. Quando o Senhor tiver purificado as máculas das filhas de Sião e tiver lavado o sangue de Jerusalém por um espírito de julgamento e um espírito de ardor.

intellectus[21]; tunc decem iugera vinearum faciunt lagunculam et triginta modii sementis faciunt modios tres[22]. Qui intelligit hoc, non commovebitur in aeternum[23]. Qui habet aures audiendi audiat, quid dicat spiritus doctrinae filiis disciplinae de captivitate Babylonica, quae septuaginta durabat annos, quam philosophi insinuant his verbis: Multiplices sunt septuaginta praeceptorum alternationes[24].

IX. Parabola Quarta de fide philosophica, quae numero ternario consistit

Qui fecerit voluntatem patris mei et iecerit hunc mundum in mundum, dabo illi sedem mecum in throno regni mei[1] super solium David et super sedes tribus Israel[2]. Haec est voluntas patris mei, ut cognoscant ipsum esse verum [Deum] et non alium, qui dat affluenter

---

1. et: sed P / tres triginta MP / 2. «faciunt» om. MP / 5. durabit M / «sunt» om. MPV / altercationes P, operationes V, om. M / 9.–10. in hunc modum D, om. L / 10. «mecum» om. MP / 12. «Deum» add. D / dat. ditat DL / effluenter PL, affirēntur M /

---

21. Eccli. 15,5: ...et adimplebit illum spiritu sapientiae et intellectus. Cf. *Ordo missae*, p. 91.
22. Jes. 5,10: Decem enim iugera vinearum facient lagunculam unam et triginta modii sementis facient modios tres. Vae, qui consurgit...
23. Ps. 124,1: Qui confidunt in Domino sicut mons Sion: non commovebitur in aeternum... Cf. *Ordo missae*, p. 80 et 197.
24. Cf. *Pretiosa Margarita novella*. Op. cit., p. 45: Rasis in libro septuaginta praeceptorum... Es gab im Mittelalter eine dem Razi zugeschriebene Schrift: Liber divinitatis oder Septuaginta, die auch unter dem Titel Liber Alternationum praeceptorum Rasis philosophi in Alkimiam etc. hiess und auf eine Schrift von Geber zurückgeht. Vgl. STEINSCHNEIDER, M. *Die europäischen Übersetzungen aus dem Arabischen bis Mitte des 17. Jahrhunderts*. Sitzgsber. der kais. Akad. der Wiss. (phil-hist. Cl.) Wien: [s.e.], 1905, p. 28, und BERTHELOT. *La chimie au moeyen âge*. 3 vols. Paris: [s.e.], 1893, p. 34.
1. Math. 12,15: Quicumque enim fecerit voluntatem Patris mei... ipse meus frater et soror et mater est. Cf. *Ordo missae*, p. 556.
Apocal. 3,31: Qui vicerit dabo ei sedere mecum in throno meo... Cf. *Ordo missae*, p. 622.
2. Jes. 9,7: Super Solium David et super Regnum eius sedebit...
Math. 19,28: Vos qui secuti estis me... Sedebitis ...super sedes duodecim iudicantes duodecim tribus Israel. Cf. *Ordo missae*, p. 545.

inteligência[21]. Então dez acres de vinha darão uma garrafa pequena e trinta medidas de sementes, três alqueires[22]. Quem compreende isto, permanecerá inamovível por toda a eternidade[23]. Quem tiver ouvidos para ouvir, que ouça o que o espírito da doutrina diz aos filhos da ciência sobre o cativeiro da Babilônia, que durou setenta anos e aos quais os filósofos aludem, dizendo: Múltiplas são as variações dos setenta preceitos[24].

IX. Quarta Parábola: da fé filosófica, que consiste no número três

Quem fizer a vontade do meu Pai e rejeitar este mundo no mundo, eu lhe darei um trono para sentar-se comigo[1] no meu reino, no sólio de Davi nos tronos das tribos de Israel[2]. Esta é a vontade do meu Pai: que o conheçam como o único Deus verdadeiro e a nenhum outro, ele que dá

---

21. Eclo 15,5: (*Vulgata*, literalmente)... e o encherá com o espírito de Sabedoria e de inteligência. *Missal*, p. 37.
22. Is 5,10: Pois dez medidas de vinha renderão apenas *uma* garrafa pequena e trinta medidas de sementes produzirão apenas *três* medidas.
23. Pr 10,30: O justo jamais vacilará (literalmente: permanecerá imperturbável eternamente). *Missal*, p. 80 e 197; segundo o SI 125,1: Aqueles que confiam no Senhor são como a montanha de Sião: Jamais vacilarão eternamente.
24. Segundo a *Pretiosa margarita novella*. Ibid., p. 45, Rasis escreveu um "Livro dos setenta preceitos". Havia na Idade Média uma obra atribuída a Rasis, o *Liber divinitatis* ou *Septuaginta*, também conhecido como *Liber Alternationum praeceptorum Rasis philosophi in Alkimiam etc*. Sua fonte era uma obra de Geber. Cf. STEINSCHNEIDER, M. *Die europaischen Übersetzung aus dem Aruabischen bis Mine des 17. Jahrhunderts*. Sitzgsber. der k. k. Akademie der Wiss. phil.-hist. Classe, Viena: [s.e.], 1905, p. 28 e BERTHELOT, M. *La chimie au moeyen âge*. 3 vols. Paris: [s.e.], 1893, p. 34.
1. Mt 12,50: Pois quem faz a vontade de meu Pai que está no céu, esse é meu irmão e minha irmã e minha mãe.
Ap 3,21: Aquele que vencer, eu o farei sentar-se comigo em meu trono.
2. Is 9,6: ...seu domínio será grande e a paz não terá fim no trono de Davi...
Mt 19,28: Vós que me seguistes, sentar-vos-ei em doze tronos e julgareis as doze tribos de Israel. Cf. *Missal*, p. 545.

et non improperat in omnibus gentibus[3] in veritate, et filium eius unigenitum, Deum de Deo, lumen de lumine, et Spiritum Sanctum ab utroque procedentem[4], qui aequalis est patri et filio in Deitate, nam in patre manet aeternitas, in filio aequalitas, in Spiritu sancto (est) aeternitatis aequalitatisque connexio; quia sicut dicitur qualis pater, talis filius, talis et Spiritus Sanctus et hi tres unum sunt[5] [quod philosophus vult esse] corpus spiritus et anima[6], quia omnis perfectio in numero ternario consistit, hoc est mensura, numero et pondere[7]. Nam pater a nullo est, filius a patre est, Spiritus Sanctus ab utroque est procedens, quoniam patri attribuitur sapientia, qua omnia regit et disponit suaviter, cuius viae investigabiles sunt et incomprehensibilia iudicia[8]. Filio attribuitur

---

1. in veritate: unitate P, om. B / 4. «est» add. M / 6. –7. «quod philosophus vult esse» add. BDL / 7. spiritum et animam BDL / trinario VP / 10. quae D /

---

3. Jac. 1,5: Si quis autem vestrum indiget sapientia postulet a Deo, qui dat omnibus affluenter et non improperat.

4. Credo: Credo in unum Deum, Patrem omnipotentem, factorem coeli et terrae visibilium omnium et invisibilium. Et in unum Dominum Jesum Christum, Filium Dei unigenitum. Et ex Patre natum ante omnia saecula. Deum de Deo, lumen de lumine, Deum verum de Deo vero. Genitum, non factum, consubstantialem Patri: per quem omnia facta sunt. Qui propter nos homines et propter nostram salutem descendit de coelis. Et incarnatus est de Spiritu Sancto ex Maria Virgine: et homo factus est. Crucifixus etiam pro nobis... Et in Spiritum Sanctum Dominum et vivificantem qui ex Patre Filioque procedit. Qui cum Patre et Filio simul adoratur et conglorificatur...

5. *Ordo missae*, p. 33-34: Domine sancte, Pater omnipotens, aeterne Deus. Qui cum unigenito Filio tuo, et Spiritu Sancto, unus es Deus, unus es Dominus: non in unius singularitate personae, sed in unius Trinitate substantiae. Quod enim de tua gloria, revelante te, credimus, hoc de Filio tuo, hoc de Spiritu Sancto, sine differentia discretionis sentimus. Ut in confessione verae sempiternaeque Deitatis et in personis proprietas, et in essentia unitas, et in maiestate adoretur aequalitas. *Ordo missae*, p. 648 / et 334: Tres sunt qui testimonium dant in coelo: Pater Verbum et Spiritus Sanctus et hi tres unum sunt. Et tres sunt qui testimonium dant in terra: Spiritus, aqua et sanguis et hi tres unum sunt.

6. SENIOR. *De Chemia*. Estrasburgo: [s.e.], 1566, p. 45: Ars nostrum est sicut homo habens spiritum, animam et corpus. Proptera dicunt sapientes: Tria et tria sunt unum. Deinde dixerunt in uno sunt tria et spiritus anima et corpus sunt unum et omnia sunt ex uno.

7. Sap. 11,21. Omnia fecit Deus in pondere et mensura et numero.

8. Rom. 11,33: O altitudo divitiarum sapientiae et scientiae Dei: quam incomprehensibilia sunt iudicia eius et investigabiles viae eius. Cf. Jes. 45,15. Cf. *Ordo missae*, p. 391.

em abundância e sem censura³ a todos os povos em verdade, e seu filho unigênito, Deus de Deus, luz da luz, e Espírito Santo que procede de ambos, igual ao Pai e ao Filho em divindade. Pois no Pai está a eternidade, no Filho, a igualdade, no Espírito Santo, o liame da eternidade e da igualdade. Diz-se mesmo que tal como é o Pai, tal é o Filho e tal é também o Espírito Santo[4], e os três são um só[5], isto é, corpo, espírito e alma[6], pois toda a perfeição consiste no número três, isto é, a medida, o número e o peso[7]. Pois o Pai não provém de ninguém, o Filho provém do Pai, e o Espírito Santo provém de ambos; ao Pai é atribuída a sabedoria, mediante a qual ele conduz e ordena as coisas com doçura, ele cujos caminhos são imperscrutáveis e os juízos incompreensíveis[8]; ao Filho é atribuída a ver-

---

3. Cf. Tg 1,5: Aquele a quem falta a sabedoria peça-a a Deus que dá a todos em abundância e não censura ninguém (literalmente: em abundância e sem hesitação) e então ele a receberá (a Sabedoria).

4. Credo de Niceia: Eu creio em um só Deus Pai Todo-poderoso... e em um Senhor Jesus Cristo, Filho único de Deus, nascido do Pai antes de todos os séculos. Deus de Deus, luz da luz, Deus verdadeiro do Deus verdadeiro, gerado, não criado, consubstancial ao Pai e por ele tudo foi feito. Ele desceu do céu para nós homens e para nossa salvação. Pelo Espírito Santo ele tomou carne da Virgem Maria e se fez homem... E ao Espírito Santo, Senhor e vivificador, que provém do Pai e do Filho, que com o Pai e o Filho juntamente é adorado e glorificado...

5. *Missal*. p. 33-34, Senhor santo, Pai Todo-poderoso, Deus eterno, vós que com o vosso Filho único e o Espírito Santo sois um só Deus, um só Senhor, não na unicidade de uma só pessoa, mas na Trindade e uma só natureza; pois o que acreditamos sobre o que revelastes acerca de vossa glória, nós o acreditamos também, sem diferença alguma, de vosso Filho e do Espírito Santo; de modo que, confessando uma verdadeira e eterna divindade, nós adoramos a propriedade das pessoas, a unidade na essência e a igualdade na majestade... *Missal*, p. 334 e 648: Pois são três os que dão testemunho no céu: O Pai, o Verbo e o Espírito Santo; e esses três são um. E três são os que dão testemunho na terra: O Espírito, a água e o sangue; e esses três são um.

6. Cf. SENIOR. *De Chemia*. Ibid., p. 45: Nosso bronze, como o homem, tem espírito, alma e corpo. Por isso os sábios dizem: Três e três são um. Dizem ainda: Em um são três, e: espírito, alma e corpo são um e tudo provém do um.

7. Cf. Sb 11,20: Mas tudo ordenaste com medida, número e peso.

8. Rm 11,33: Ó profundidade dos tesouros da sabedoria e da ciência de Deus! Como seus julgamentos são incompreensíveis e suas vias impenetráveis! Cf. Is 45,15. Cf. *Missal*, p. 391.

1 veritas[9], ipse enim apparens id quod non erat assumpsit, perfectus Deus et homo existens ex humana carne et anima rationali, qui praecepto patris cooperante Spiritu Sancto[10] mundum peccato [parentum] perditum restauravit. Spiritui Sancto datur bonitas, quo terrena fiunt coelestia et hoc tripliciter: baptizando flumine sanguine et flammis:
5 flumine vegetando et abluendo, quando squalores omnes abluit expellendo fumositates de animabus, sicut dicitur: Tu animabus vivificandis aquas foecundas[11]. Nam omnium vegetabilium nutrimentum est aqua[12], unde cum aqua de coelo descendit inebriat terram[13] et terra per eam vim
10 suscipit omni metallo imminentem[14], ob hoc postulat eam dicens: Emitte spiritum tuum, hoc est aquam et creabuntur et renovabis faciem terrae, quoniam inspirat terram quando facit eam tremere et tangit montes et fumigant[15]. Cum autem sanguine baptizat, tunc nutrit, ut dicitur: Aqua sapientiae salutaris potavit me[16], et iterum: Sanguis eius vere est

---

1. ipso DLV / «apparens» coni. enim apparente DL, om. B, omnia operante illud MPV / «non» om. PB / absumpsit M / 2. humana natura rationae subsistens B / quae VP / 3. «parentum» add. DL / 4. qua DL / 5. haec MD / flumine flaminee et sanguine MPVB, «et flammis» add. MV, flamen L / 6. expellit P / «atque» fum. MP / 7. de: ab MPB / 10. ob: ab PV, ad M / 11. «Et» quoniam PV / 13. fumigabunt DL / 14. verus D, om. P /

---

9. Cf. *Ordo missae*, p. 29: ...quo Unigenitus tuus in tua tecum Gloria coaeternus in veritate carnis nostrae visibiliter carnalis apparuit...
10. Ibid. p. 22: Domine Jesus... qui ex voluntate Patris cooperante Spiritu Sancto per mortem tuam mundum vivificasti...
11. Cf. NOTCERUS BALBULUS. *Hymnus in die Pentecostes*. (MIGNE, J.P. *Patrologiae cursus completus. Series latina*. Paris: [s.e.], CXXXI col. 1012-1013). Tu animabus Vivificandis Aquas foecundas, Tu aspirando Das spiritales Esse homines. Cf. item Benedictio fontis. *Ordo missae*, p. 300/301.
12. Cf. SENIOR. *De Chemia*. Estrasburgo: [s.e.], 1566, p. 70: ...et dixit Hermes: ...vita cuiuslibet rei est aqua et aqua suscipit nutrimentum hominum et aliorum...
13. Jes. 55,10: Et quomodo imber ...non revertitur sed inebriat terram et infundit eam... Ps. 64,10: Visitasti terram et inebriasti eam. Cf. *Ordo missae*. p. 540.
14. Cf. *Turba*. Op. cit., p. 140: ...quousque lapis fiat, quem tunc invidi nuncupant lapidem omni metallo imminentem.
15. Ps. 103,30-32: Emittes spiritum tuum et creabuntur et renovabis faciem terrae. Sit gloria Domini in saeculum, laetabitur Dominus in operibus suis. Qui respicit terram et facit eam tremere, qui tangit montes et fumigant. Cf. *Ordo missae*, p. 365.
16. Eccli. 15,3: Cibabit illum pane vitae et intellectus et aqua salutaris sapientiae potavit illum. Cf. *Ordo missae*, p. 776.

dade⁹, pois quando ele se manifestou, assumiu algo que não era, perfeito Deus e perfeito homem, existindo numa carne humana e numa alma racional; Ele que por ordem do Pai e com a cooperação do Espírito Santo[10] salvou o mundo perdido pelo pecado dos pais. Ao Espírito Santo é atribuída a bondade – ele torna celestes as coisas terrestres e isto de um tríplice modo; batizando pela água, pelo sangue e pelas chamas. Pela água, ele atua vivificando e purificando, pois ele lava toda imundície e afasta todos os vapores das almas, como está escrito: Tu fecundas as águas pela vivificação das almas[11]. Porque a água é o alimento de tudo o que vive[12]. Por isso também a água que desce do céu inebria a terra[13] e a terra dela recebe aquela força que pode dissolver todo metal[14]. Por isso ela lhe pede (essa força), dizendo: Envia teu alento espiritual, isto é, a água, e elas (as coisas) serão novamente criadas; e tu renovarás a face da terra, pois inspiras a terra quando a fazes tremer, e tocas as montanhas, fazendo-as fumegar[15]. Quando, porém, batiza com sangue, atua nutrindo, tal como é dito: Fez-me beber da água da sabedoria que me trouxe a salvação[16], e seu sangue é verdadeira be-

---

9. *Missal*, p. 29: ...teu unigênito eternamente igual a ti... manifestou-se visivelmente na realidade de nossa carne corporal.
10. *Missal*, p. 22: Senhor Jesus... que pela vontade do Pai e a cooperação do Espírito Santo destes, por vossa morte, vida ao mundo...
11. NOTCERO, O GAGO. *Hino de Pentecostes* (MIGNE, J.P. *Patrologiae cursus completus. Series latina*. Paris: [s.e.], CXXX1, col. 1012-1013): Para vivificares as almas das torrentes de água fecunda, por teu alento abrasador espiritualizas a vida do homem. Cf. também a bênção da fonte batismal. *Missal*, p. 300/301.
12. Cf. SENIOR. *De Chemia*. Estrasburgo: [s.e.], 1566, p. 70: E Hermes disse: ...A vida de todas as coisas está na água e esta recolhe o alimento dos homens...
13. Is 55,10: E assim como a chuva... embebe a terra e a torna fértil... assim deve ser a palavra.
Sl 65,10: Visitaste a terra e a regaste (literalmente: a embriagaste).
14. (Eu traduzo *imminere*: ameaçar por "poder dissolver"). Cf. *Turba*. Ibid., p. 218: Até que se torne uma pedra que então os invejosos a chamarão de pedra "que dissolve os metais".
15. Sl 104,30-32: Envias teu espírito e eles serão criados (de novo) e renovas a face da terra... Ele olha a terra e a faz tremer: ele toca as montanhas e elas fumegam. *Missal*, p. 365.
16. Eclo 15,3: (*Vulgata*, literalmente) ele o sacia com a água salvadora da sabedoria. *Missal*, p. 776.

potus[17], quia sedes animae est in sanguine, ut Senior dicit: Mansit autem ipsa anima in aqua[18], (quae [hodie] sibi similis est in caliditate et humiditate[19],) in qua consistit omnis vita[20]. Cum autem flammis baptizat, tunc infundit animam et dat perfectionem vitae[21], quia ignis dat formam et complet totum, ut dicitur: Inspiravit in faciem eius spiraculum vitae et factus est homo, qui prius erat mortuus in animam viventem[22]. De primo, secundo et tertio testantur philosophi dicentes[23]: aqua tribus mensibus foetum in matrice [conservat] fovet, aer tribus secundis nutrit, ignis tribus tertiis [et] custodit. Infanti numquam patebit ortus, donec hi menses consumantur, tunc nascitur et a sole vivificatur, quoniam ipse vivificator est omnium mortuorum. Unde praedictus spiritus propter

---

2. –3. (quae hodie ∾ humiditate) add. DL / 3. Cum: Quando MPD / flumine P, flamine MV, flumen L / 7. «et secundum» D / 8. «conservat» add. DL / 9. «et» add. DL / Infans MPV / exitus vel ortus L / 10. consumentur BDL / 11. «mortuorum» om. DL /

---

17. Joh. 6,56: Caro enim mea vere est cibus et sanguis meus vere est potus. Cf. *Ordo missae*, p. 398, 401.

18. SENIOR. *De Chemia*. Estrasburgo: [s.e.], 1566, p. 31: ...mansit ipsa (scil. anima) in aqua sibi simili quae pater est eius in praeparatione... tunc nominaverunt animam et sanguinem aeris...

19. Ibid., p. 19: Intendit quod terra suscipit animam in aqua existentem per illud quod habet ex anima in spiritu atque similis est animae, quae est aqua.

20. Ibid., p. 31: Et sicut aer est vita uniuscuiusque rei, similiter aqua eorum est caput operis ...et sicut aer est calidus et humidus similiter aqua eorum est calida et humida et est ignis lapidis...

Ibid., p. 33: Aer vero ex aqua est... et ex ambobus consistit vita uniuscuisque rei. Cf. item Consilium Coniugii, *Ars. Chem.* [s.l.]: [s.e.], 1566, p. 60.

ibidem p. 58: Anima facta calida et humida in natura sanguinis et aeris...

21. Ibid., p. 44: ...cum spiritu humido ...et ipse est reductor ad corpus suum quod vivificabit post mortem suam per hanc vitam. Postea nulla erit mors. Proptera quod vita infunditur sicut spiritus corpori.

22. Gen. 2,7: ...et inspiravit in faciem ei spiraculum vitae et factus est homo in animam viventem.

23. MANGETUS. Op. cit. Lib. III, p. 135, b: Igitur sciendum quod tribus mensibus aqua foetum in matrice conservat. Aer quoque tribus mensibus fovet ignis vero totidem custodit. Igitur infanti numquam patebit egressus, quousque aeris flatus exhauriat. Cf. item CALID. Liber trium verborum, *Artis Auriferae*. Basileia: [s.e.], 1610, p. 228/229. Cf. item Consilium Coniugii, *Ars. Chem.* 1566, op. cit., p. 203 et 233.

bida[17], pois a sede da alma está no sangue, como diz Senior: A própria alma permanece na água[18], que lhe é semelhante em calor e umidade[19] e na qual toda vida consiste[20]. Quando, porém, batiza pelas chamas ígneas, ele se infunde na alma e lhe dá a plenitude da vida[21], pois o fogo dá forma e completa o todo, como é dito: E ele soprou-lhe na face um alento de vida e então quem antes estava morto tornou-se uma alma vivente[22]. Os filósofos dão testemunho do primeiro, segundo e terceiro efeitos, dizendo[23]: A água preserva o feto durante três meses no ventre da mãe, o ar o nutre nos três meses seguintes e nos últimos três meses o fogo o protege. A criança jamais viria à luz antes da consumação desses meses; então ela nasce e é vivificada pelo sol, pois este é o vivificador de todas as coisas mortas. É por este motivo que se diz que este espírito,

---

17. Jo 6,55-56: Pois minha carne é verdadeiramente um alimento e meu sangue uma verdadeira bebida. Quem come da minha carne e bebe do meu sangue permanece em mim e eu nele. *Missal*, p. 401.
18. SENIOR. *De Chemia*. Estrasburgo: [s.e.], 1566, p. 31: Ela (a alma) fez sua morada na água que é semelhante a ela, e que é seu pai na preparação... Eles chamaram então a alma de "sangue do ar".
19. Ibid., p. 19: Isto significa que a terra toma a alma que está na água através daquilo que a alma tem de espiritual, que se assemelha à alma e que é a água.
20. Ibid., p. 31: E assim como o sopro da vida é a vida de todas as coisas, assim também a água (dos filósofos) é a cabeça da Obra... e tal como o ar é quente e úmido, assim a água é quente e úmida, além de ser o fogo da pedra.
Ibid., p. 33: mas o ar vem da água... e em ambos consiste a vida de todos os seres (cf. Consilium Coniugii, in: *Ars Chemica*. [s.l.]: [s.e.], 1566, p. 60).
Ibid., p. 58: A alma tornou-se quente e úmida a modo do sangue e do ar.
21. Ibid., p. 44: ...com o espírito úmido... e este é o que reconduz (a alma) a seu corpo e que a vivificará depois de sua morte. Depois, não haverá mais morte, porquanto a vida foi infundida como o espírito no corpo.
22. Gn 2,7: E o Senhor Deus formou o homem a partir do lodo e insuflou um alento de vida em suas narinas (literalmente: em sua face). E então o homem tornou-se uma alma vivente.
23. Cf. MANGET. Livro III, p. 135b; e CALID. Liber trium verborum. In: *Artis Auriferae*. Basileia: [s.e.], 1610, p. 228/229; e Consilium Coniugii. In: *Ars Chemica*. Ibid., [s.l.]: [s.e.], 1566, p. 203 e 233.

excellentiam sui septiformis muneris[24] dicitur habere septem virtutes operando in terram: Primo calefacit terram (ut patet in calce) frigiditate mortuam et aridam. Unde propheta: Concaluit cor meum intra me et operatione mea exardescit ignis[25]. Et in libro Quintae essentiae: Ignis suo calore penetrando et subtiliando omnes partes terrestres multum materiales et mimine formales consumit; quamdiu enim ignis materiam habet, non cessat agere volens rei passivae imprimere suam formam. Et Calet minor: Calefacite frigiditatem unius caliditate alterius[26]. Et Senior: Facite masculum super foeminam, hoc est calidum super frigidum[27]. Secundo extinguit intensum ignem impressum in adustione[28], de qua Propheta: Exarsit ignis in synagoga eorum et flamma combussit peccatores in terra[29], hunc ignem extinguit suo temperamento unde subditur: In aestu temperies[30]. Et Calet Minor: Extinguite ignem unius

---

2. ut in calce V, ut patet in tale M, om. DL / 6. –7. ignis in materiam non cessat agere DL / 7. «volens» om. LV, vultus P / passae MPV, posse L / 8. «Et» Cal. om. MPVB / «Ut» Sen. D / 9. «et» hoc DL / 10. in tersum M, intensivum D, extensum V, extensivum L / impressum: in ipsum P /

---

24. *Ordo missae,* p. [142]: Veni Creator Spiritus: Tu septiformis munere...
25. Ps. 38,4: Concaluit cor meum intra me et meditatione mea exardescet ignis. Cf. *Ordo missae.* p. 608.
26. Cf. CALID. Liber trium verborum. *Artis Auriferae.* Basilea: [s.e.], 1610. Op. cit., p. 226/ 227: Opportet ergo quod frigidum et humidum recipiant caliditatem et siccitatem quod erat in occultum et fiant una substantia. Cap. I.: Hic est liber Trium verborum, liber lapidis pretiosi, qui est corpus aereum et volatile, frigidum et humidum ... et in eo est caliditas, siccitas frigiditas et humiditas, alia virtus in occulto et alia in manifesto. Quod ut illud quod est in occulto fiat manifestum et illud quod est manifestum fiat occultum per virtutem Dei, et caliditatem ut siccitas ... caliditas et siccitas destruit frigidum et humidum aquosum et adustivum virtute divina... p. 228: ...sed virtute Dei fieri potest cum molli temperamento et moderativo termino ignis. Cf. item *Turba.* Op. cit., p. 110.
27. SENIOR. *De Chemia.* Op. cit., p. 33: Proiicite foeminam super masculum et ascendet masculus super foeminam, et p. 96: Commisce calidum cum frigido... Masculus est calidus et siccus foemina autem est frigida et humida. Cf. item *Pretiosa margarita novella.* Op. cit., p. 123; Consilium Coniugii, *Ars Chem.* [s.l.]: [s.e.], 1566, p. 86: Facite masculum super foeminam et ascendet masculus super foeminam.
28. Cf. Aurora Consurgens II. *Artis Auriferae.* Basileia: [s.e.], 1610, I, p. 148: Dicitur etiam occisio sive mortificatio ratione vitae vegetabilis et ordinatae et accidentis hoc est caloris impressi.
29. Ps. 105,17-19: Aperta est terra et deglutivit Dathan, et operuit super congregationem Abiron. Et exarsit ignis in synagoga eorum, flamma combussit peccatores. Et fecerunt vitulum in Horeb...
30. *Ordo missae,* p. 370: In labore requies, in aestu temperies, in fletu solacium.

devido à excelência de seus dons septiformes[24], atua sobre a terra mediante sete virtudes: Primeiro, ele aquece a terra que por sua frialdade é morta e árida (como por exemplo podemos ver na cal); daí a palavra do profeta: Meu coração ardeu em mim e em minha obra o fogo se inflamou[25]. E o livro da Quintessência diz: O fogo ao penetrar, tornando sutil pelo calor, consome todas as partes terrestres que têm muita matéria e pouca forma. Enquanto o fogo possui matéria, não cessa de atuar, querendo imprimir sua forma à substância passiva. E Calid Minor diz: Aqueci a frialdade de um com o calor de outro[26]; e Senior diz: Que o masculino esteja sobre o feminino, isto é, o quente sobre o frio[27]. Em segundo lugar, ele extingue o fogo intenso provocado pela combustão[28], acerca do que diz o profeta: E o fogo se inflamou em sua assembleia e a chama consumiu os pecadores sobre a terra[29]; ele apaga este fogo em suas devidas proporções, e daí esta alusão: refrigério no calor ardente[30].

---

24. *Missal*, p. [142]: "Veni Creator Spiritus: Tu septiformis munere" (Vem, Espírito Santo: Tu, doador dos sete dons)...
25. Sl 39,4: Meu coração aqueceu-se dentro de mim e em minha meditação um fogo se acendeu. (*Missal*, p. 608): Arde meu coração e um fogo queima em meus sentidos.
26. Nenhuma documentação textual. Mas se relaciona com as ideias de CALID. Liber trium verborum. In: *Artis Auriferae*. Basileia: [s.e.], 1610, p. 226/227. Convém pois que o frio e o úmido recebam o quente e o seco que estavam ocultos e devem tornar-se uma só substância... Cap. I: Este é o Liber trium verborum, o livro da pedra preciosa, que é um corpo aéreo, volátil, frio e úmido... e nele há calor, secura, frio e umidade; que são uma só qualidade no que é oculto, e outra no que é manifesto. De modo que o que era oculto deve tornar-se manifesto e o que era manifesto, oculto, mediante a força de Deus; e assim o frio (deverá ser como a secura... O quente e a secura destroem o frio e o úmido, o aquoso e o ígneo pela ação divina..., p. 228: ... mas isto pode acontecer mediante a ação de Deus com uma temperatura suave e uma quantidade moderada de fogo. Cf. tb. *Turba Philosophorum*. Ibid., p. 175.
27. SENIOR. *De Chemia*. Estrasburgo: [s.e.], 1566, p. 33; Projeta a mulher sobre o homem e o homem subirá sobre a mulher..., p. 96: Mistura o quente com o frio... O homem é quente e seco, a mulher no entanto é fria e úmida. Cf. também *Pretiosa margarita novella*. Ibid., p. 123; Consilium Coniugii. In: *Ars Chem*. Ibid., p. 86.
28. Para a formação do texto Cf. Aurora consurgens II. In: *Artis Auriferae*. Basileia: [s.e.], 1610,1, p.148.
29. Sl 106,17-19: A terra se abriu e engoliu Datã e cobriu o bando de Abiram. O fogo consumiu o bando (literalmente: assembleia), as chamas queimaram os ímpios. Eles fizeram um bezerro em Horeb...
30. *Missal*, p. 370: Sequência de Pentecostes: *Veni Sancte Spiritus*: repouso na fadiga, alívio no calor ardente, consolação nas lágrimas e na dor...

frigiditate alterius. Et Avicenna: Res, in qua est adustio, primum quod resolvitur, ex ea est virtus ignea, quae lenior et dignior est, quam virtutes aliorum elementorum[31]. Tertio mollificat, id est liquefacit duritiem terrae et resolvit partes eius condensas et multum compactas, de quo scribitur: Imber sancti spiritus liquefacit[32]. Et Propheta: Emittet verbum suum et liquefaciet eam, flabit spiritus eius et fluent aquae[33]. Et in libro Quintae essentiae scribitur, quia aer poros partium terrae adaperiet ad suscipiendam virtutem ignis et aquae. Et alibi scribitur: Mulier solvit virum et ipse figit eam, hoc est spiritus solvit corpus (et mollificat) et corpus spiritum indurat. Quarto illuminat, quando omnes tenebrositates tollit de corpore, de quo canitur: Horridas nostrae mentis purga tenebras[34], accende lumen sensibus[35], et Propheta: fuit eis dux tota nocte in illuminatione ignis[36] et tunc nox sicut dies illuminabitur. Et Senior: Et facit omne nigrum album et omne album rubeum, quia aqua dealbat et ignis illuminat[37]. Nam lucet in colore ut rubinus per animam tingentem, quam

---

2. ex: in d / 3. alterum MPV / liquescit MPV / 5. Imber: Geber P, in libro B / liquefecit me MP / Emittit DL, emitte M / 6. ea DBLV / flavit BDLV / 9. solvit: mollificat MVB / (et mollificat) add. DL / 10. – sitates: Incipit Rh / 10.–11. quod omnis tenebrositas tollitur MP / 12. ei MPV / lux D / 15. quas MPV, aquam B /

---

31. AVICENNA. De re recta ad Hasen regem epistola, *Theatr. Chem.* Vol. IV. [s.l.]: [s.e.], 1659, p. 866: Et scivimus quod res in qua est adustio, cum decoquitur primum quod de ea resolvitur est virtus ignea, quae est in ipsa, quoniam est levior et dignior vaporatione et separatione, quam virtus reliquorum elementorum.
32. Cf. Eccli. 39,9: ...et ipse tamquam imbres mittet eloquia sapientiae suae. Cf. *Ordo missae*, p. [41].
33. Ps. 147,18: Emittet verbum suum et liquefaciet ea, flabit spiritus eius et fluent aquae. Cf. *Ordo missae.* p. 365.
34. Cf. NOTCERUS BALBULUS. *Hymnus in die Pentecostes* (MIGNE, J.P. *Patrologiae cursus completus. Series latina.* Paris: [s.e.], CXXXI, col. 1012-1013): Spiritus alme, Illustrator hominum, Horridas nostrae Mentis purga tenebras. Cf. *Ordo missae.* Op. cit., p. 53 et 173.
35. *Ordo missae*, p. [143]: Veni Creator Spiritus: Accende lumen sensibus, Infunde amorem cordibus...
36. Ps. 77,14: Et deduxit eos in nube diei et tota nocte in illuminatione ignis. Cf. Sap. 10,17: ...et fuit illis in velamento diei et in luce stellarum per noctem. Cf. *Ordo missae*, p. 680.
37. SENIOR. *De Chemia.* Estrasburgo: [s.e.], 1566, p. 63: et tingit omne nigrum et facit album et tingit omne album et facit rubeum et ideo res magnificatur...

E Calid Minor: Extingui o fogo de um pelo frio do outro. E Avicena: Há uma coisa na qual existe a combustão – e a primeira coisa que dela se desprende é uma força ignea, mais suave e mais digna do que as forças dos outros elementos[31]. Em terceiro lugar ele amolece, isto é, liquefaz a dureza da terra e dissolve suas partes densas e muito compactas, acerca do que está escrito: A chuva do Espírito Santo liquefaz[32]. E o profeta: Ele envia sua palavra e a liquefaz, seu espírito sopra e as águas correm[33]. E está escrito no livro da *Quintessência* que o ar abrirá os poros de regiões da terra, a fim de que ela receba a virtude do fogo e da água. E em outra parte está escrito: A mulher dissolve o homem e este a fixa, isto é, o espírito dissolve (e amolece) o corpo, e o corpo solidifica o espírito. Em quarto lugar, o espírito ilumina, quando expulsa todas as trevas do corpo, e acerca disso diz o hino: Expulsa as trevas horríveis do nosso espírito[34], e acende uma luz para os sentidos[35]. E o profeta: Ele os guiou toda a noite à luz do fogo[36], e então a noite se tornará clara como o dia. Senior também diz: Ele torna branco tudo o que é negro e vermelho tudo o que é branco[37], pois a água branqueia e o fogo ilumina.

---

31. AVICENA. De re recta ad Hasen regem epistola, *Theatrum Chemicum*. Vol. IV. [s.l.]: [s.e.], 1659, p. 866.
32. Cf. Eclo 39,6: ... e como a chuva ele esparzirá palavras de sabedoria. *Missal*, p. [41].
33. Sl 147,18: Ele fala, e (suas palavras) as derrete, ele deixa seu vento soprar e as águas fluem (literalmente: ele enviará sua palavra e as liquefará, soprará seu alento e as águas correrão torrencialmente). *Missal*, p. 365.
34. NOTCERO, O GAGO. *Hino de Pentecostes* (MIGNE, J.P. *Patrologiae cursus completus. Series latina*. Paris: [s.e.], CXXXI. col. 1012-1013). *Missal*, p. 53 e 173.
35. *Missal*, p. [143]. *Veni Creator Spiritus*: Acende a luz dos sentidos, infunde amor nos corações.
36. Sl 78,14: Ele os conduziu durante o dia através de uma nuvem, e durante a noite à luz do fogo (literalmente: ao clarão do fogo).
Sb 10,17: ... ele foi para eles a sombra durante o dia e a luz das estrelas durante a noite. *Missal*, p. 680.
37. SENIOR. *De Chemia*. Estrasburgo: [s.e.], 1566, p. 63: ...ele tinge tudo o que é negro e o torna branco, tinge tudo o que é branco e o torna vermelho, e assim a substância é glorificada.

acquisivit ex virtute ignis; propter hoc ignis dicitur tinctor[38]. Et in libro Quintae essentiae: Vides mirabile lumen in tenebris[39]. Et in libro Turbae philosophorum scribitur, quod si nubes superficiem dealbaverint, procul dubio eorum intima dealbabuntur[40]. Et Morienus ait: Jam abstulimus nigrum et fecimus album, cum sale [et] anatron[41], id est cum spiritu. Quinto separat purum ab impuro, quando omnia accidentia animae removet, quae sunt vapores scil. odores mali sicut dicitur: quod ignis separat heterogenea et cumulat homogenea[42]. Ob hoc Propheta: Igne me examinasti, et non est inventa in me iniquitas[43], et idem: Transivimus per ignem et aquam, eduxisti nos in requiem et refrigerium[44]. Et Hermes: Separabis spissum a subtili, terram ab igne[45]. Alphidius: Terra liquefit et in aquam vertitur, aqua liquefit et in aerem vertitur, aer lique-

---

2. essentiae «dicit» add. MP / Videns PV / 3. superfaciem ML / dealbaverit MD / 4. «Et» om. MPVB / 5. «et» an. add. MPVRhLB / 7. malos MPVBD / 9. exanimasti L / 10. «in requiem et» om. MPB / 12. liquescit MPVB / aer liq. etc. om. P /

---

38. SENIOR. *De Chemia*. Estrasburgo: [s.e.], 1566, p. 66: Et quod dixit Rubinus per hoc vult Animam tingentem propter quod acquisivit virtutem ex igne... Cf. p. 35; Anima tingens latet in aqua... alba.

39. Vgl. evtl. MAGNI, A. *De rebus metall*. Cöln: [s.e.], 1569, lib. I cap. 1. p. 65: Carbunculus ...lucet in tenebris sicut noctiluca, item p. 126: Carbunculus lucet in tenebris sicut carbo et talem vidi ego.

40. *Turba*. Op. cit., p. 120: (Parmenides): ...et scitote quod si superficies dealbetur intima eius dealbabuntur. Et si (Ruska: aeris) superficiem nubes dealbaverunt procul dubio intima dealbabuntur.

41. MORIENI ROMANI. De Transmutatione metallorum, *Artis Auriferae*. II. Basileae: [s.e.], 1593, p. 31: (Datin dicit ad Euthicen...): Jam abstulimus nigredinem et cum sale [a]natron, id est sale nitri et almizadir, cuius complexio est frigida et sicca, fiximus albedinem.

42. Cf. *Pretiosa margarita novella*. Op. cit., p. 86: quia calor homogenea congregat et segregat etherogenea, et Consilium Coniugii, *Ars Chemica*. [s.l.]: [s.e.], 1566, p. 252: Ignis enim hetherogenea separat et homogenea cumulat. Cf. MAGNI, A. *De mineralibus et rebus metallicis*. Cöln: [s.e.], 1569, lib II, cap. 2, p. 98: ...calorem ignis et quod congregat homogenea et disgregat etherogenea sicut dictum est in II. metheor.

43. Ps. 16,3: Igne me examinasti et non est inventa in me iniquitas. Cf. *Ordo missae*, p. 694.

44. Ps. 65,12: Transivimus per ignem et aquam, eduxisti nos in refrigerium.

45. RUSKA, J. *Tabula smaragdina:* ein Beitrag zur Geschichte der hermetischen Literatur. Heidelberg: [s.e.], 1926, p. 2: Separabis terram ab igne, subtile a spisso, suaviter cum magno ingenio.

Ele brilha como um rubi através da alma que tinge, o que ele adquiriu pela virtude do fogo[38]; por isso o fogo é designado como aquele que tinge. E no livro da *Quintessência* é dito: Vês uma luz maravilhosa nas trevas[39]. E no livro *Turba Philosophorum* está escrito que, se as nuvens alvejam a superfície, não há dúvida que alvejarão também suas partes interiores[40]. E Morienus diz: Já eliminamos o negro e fizemos o branco, com o sal [a]natrão, isto é, com o espírito[41]. Em quinto lugar, ele separa o puro do impuro, quando remove todos os acidentes da alma, que são vapores ou odores do mal, tal como se diz: O fogo separa as partes heterogêneas e junta as homogêneas[42]. Por isso diz o Profeta: Tu me provaste pelo fogo e não se achou iniquidade em mim[43], e também: Passamos pelo fogo e pela água e tu nos conduziste ao repouso e ao refrigério[44]. E Hermes diz: Separarás o espesso do sutil, a terra do fogo[45]. E Alphidius: A terra se liquefaz e se torna água; a água se liquefaz e se torna ar, o ar se liquefaz e se torna fogo (o fogo se liquefaz

---

38. SENIOR. *De Chemia*. Estrasburgo: [s.e.], 1566, p. 66: E quando ele diz "rubi", quer com isto significar a alma que já passou pela tintura, por ter recebido sua virtude do fogo. Cf. p. 35: A alma tingida fica oculta na água branca.
39. Cf. (não literalmente) MAGNO, A. *De mineralibus et rebus metallicis*. Colônia: [s.e.], 1569, libr. I, cap. 1, p. 65 e 126.
40. Cf. *Turba*. Ibid., p. 190: E quando as nuvens alvejarem as superfícies (Ruska: do cobre), as partes internas estarão indubitavelmente alvejadas.
41. MORIENUS ROMANUS. De Transmutatione metallorum, in *Artis Auriferae*. II, Basileia: [s.e.], 1593, p. 31 (Datin diz a Eutice...): Já afastamos o negrume e com o sal [A]natrão, isto é, com o sal de nitro e almizadir, cuja natureza é fria e seca, fixamos a alvura. Anatrão = an-natrão = natrão árabe.
42. Cf. *Pretiosa margarita novella*. Ibid., p. 86, e Consilium Coniugii, in: *Ars Chemica*. Ibid., p. 252.
43. Sl 17,3: (literalmente) Tu me fizeste passar pela prova do fogo e a iniquidade não foi encontrada em mim. *Missal*, p. 694.
44. Sl 66,12: (literalmente) Nós passamos pelo fogo e pela água e nos conduziste ao lugar de refrigério.
45. RUSKA, J. *Tabula smaragdina*: ein Beitrag zur Geschichte der hermeneutischen Literatur. Heidelberg: [s.e.], 1926, p. 3.

fit et in ignem vertitur, ignis liquescit et in terram vertitur glorificatam[46]. Super hoc dicit Rasis, quod perfectae praeparationis operationem praecedit quaedam rerum purificatio, quae a quibusdam administratio vel mundificatio nuncupatur, a quibusdam rectificatio et a quibusdam ablutio vel separatio nuncupatur. Ipse enim spiritus, qui est septiformis munere[47] puriores partes separat ab impuris, ut abiectis impuris partibus opus cum puris compleatur[48]. Et hanc quintam virtutem innuit Hermes in suo secreto, cum dicit: Separabis terram ab igne, subtile a spisso suaviter (etc.)[49]. Sexto infima exaltat, quando profundam animam et occultam in visceribus terrae ad faciem ducit, de quo Propheta: Qui educit vinctos in fortitudine sua[50]. Iterum: Eduxisti animam meam ex inferno inferiori[51]. Et Jesaias: Spiritus Domini levavit me[52]. Et philosophi: Quicumque occultum fecerit manifestum[53] totum opus novit et qui novit

---

1. «–fit et in ignem vertitur» om. P, «ignis liq.∾glorificatam» om. DLRhB / 7. quartam v. MP, «virtutem» om. M / 8. cum: et MP / a grosso a spisso V /9. «etc.» add. DRh /11. Item DL, vel B /

---

46. Die eingeklammerte Version steht in P statt des vorhergehenden Satzes. Vgl. Clangor buccinae, *Artis Auriferae*. Basileia: [s.e.], 1610, I, p. 317: Dicit Assiduus philosophus: Ignis coagulatur et fit aer, aer coagulatur et fit aqua, aqua vero coagulatur et fit terra. Ecce enim in unam naturam convenerunt inimici. Cf. item Consilium Coniugii, *Ars. Chem.* [s.l.]: [s.e.], 1566, p. 288 et 29 und Excerpta ex DEMOCRITO V. NICOL. FLAMEL. *Theatr. Chem.* [s.l.]: [s.e.], 1604, I, p. 891: ...elementa transmutantur ...ignis fit terra, terra aqua, aqua aer, aer aqua, aqua terra, terra ignis etc.
47. *Ordo missae*, p. [143]: Veni creator spiritus: Tu septiformis munere, Digitus paternae dexterae...
48. Cf. ARISTOTELES. De perfecto magisterio. *Theatr. Chem.* Vol. III. [s.l.]: [s.e.], 1659, p. 79: Praecedit autem operationem perfectae operationis quaedam rerum purificatio quae a quibusdam mundificatio a quibusdam administratio a quibusdam rectificatio a quibusdam ablutio et a quibusdam separatio nuncupatur. Ipsa enim puriores rerum partes disgregat ab impuris ut gravioribus abiectis partibus cum levioribus opus compleatur. Cf. item MANGETUS. *Bibl. Chem.* III, Genebra: [s.e.], 1702, p. 134 a; *Scala philosophorum*, item partim ARISTOTELIS. Tractatulus, *Artis Auriferae*. Basileia: [s.e.], 1610, I, p. 233; *Rosarium* eod loco. II, 271; MAGNUS, A. De lapide Philos., *Theatr. Chem.* Vol. IV. [s.l.]: [s.e.], 1659, p. 847.
49. RUSKA. *Tabula Smaragdina*. Op. cit., p. 2. Cf. p. 20 Annot. 4.
50. Ps. 67,7: Qui educit vinctos in fortitudine.
51. Ps. 85,13: ...eruisti animam meam ex inferno inferiori.
52. Jes. 61,1: Spiritus Domini super me... Cf. Luc. 4,18; *Ordo missae*, p. 685. Cf. Ezechiel 3,14: Spiritus quoque levavit me...
53. Cf. AVICENNA. Declaratio Lapidis Physici Filio suo Aboali, *Theatr. Chem.* [s.l.]: [s.e.], 1659, IV, p. 878.

e se torna terra glorificada)[46]. Rasis diz a este respeito que a operação da preparação perfeita é precedida de uma certa purificação das substâncias, que alguns chamam de preparação ou limpeza, outros, de retificação e outros ainda, de ablução ou separação. Mas o próprio espírito, que atua de sete formas[47], separa as partes mais puras das impuras, a fim de que, uma vez retiradas as partes impuras, as obras se completem com as puras[48]. Hermes alude a esta quinta virtude em seu *Segredo*: Deves separar suavemente a terra do fogo, o sutil do espesso etc.[49]. Em sexto lugar, exalta as coisas inferiores, quando traz à superfície a alma profunda e escondida nas entranhas da terra, acerca do que diz o Profeta: Aquele que, em sua força, faz sair os presos[50]. E também: Fizeste minha alma sair do fundo do inferno[51]. E Isaías: O Espírito do Senhor elevou-me[52]. E os filósofos: Quem tornar o oculto manifesto[53] conhece toda a obra, e

---

46. A versão entre parênteses se encontra em P. em lugar da frase precedente. Cf. Clangor buccinae, in: *Artis Auriferae*. Ibid., 1610, p. 317; e Consilium Coniugii, in: *Ars Chemica*. Ibid., p. 228/229 e excertos de N. Flamel a partir de DEMÓCRITO. *Theatrum Chemicum*. [s.l.]: [s.e.], 1604, I, p. 891.
47. Cf. *Missal*, p. [143]: "Veni Creator Spiritus: Tu septiformis munere. Digitus paternae dexterae..." (Vem, Espírito criador/tu doador dos sete dons/Dedo da destra paterna...).
48. Cf. ARISTÓTELES. De perfecto magisterio, *Theatrum Chemicum*. Vol. III. [s.l.]: [s.e.], 1659, p. 79; MANGETUS, J.J. (org.). *Bibliotheca chemica curiosa seu rerum ad alchemiam pertinentium thésaurus instructissimus*. 2 vols. Genebra: [s.e.], 1702, III, p. 134ª; *Scala philosophorum*; do mesmo modo parte do Aristotelis Tractatulus, *Artis Auriferae*.Basileia: [s.e.], 1610,I, p. 233; e o Rosarium. Ibid., II, p. 271.
49. RUSKA. *Tabula Smaragdina*. Ibid., p. 3. Cf. p. 20, nota 4.
50. Sl 68,7: Aquele que conduz os que estão atados, no tempo certo (literalmente em sua força).
51. Sl 86,13: ... Arrancaste minha alma do mais profundo dos infernos.
52. Is 61,1: O espírito do Senhor está sobre mim...
Ez 3,14: Então um vento me ergueu (literalmente: um espírito)...
53. Cf. AVICENA. Declaratio Lapidis Physici Filio suo Aboali, *Theatrum Chemicum*. [s.l.]: [s.e.], 1659, IV, p. 878.

nostrum cambar (i. e. ignem) hic [noster] philosophus est[54]. Morienus: Qui animam [suam] sursum levaverit, eius colores videbit. Et Alphidius: Nisi hic vapor ascenderit, nil habebis eo[55], quod per ipsum et cum ipso et in ipso totum[56] opus fit. Septimo et ultimo inspirat, quando suo flatu corpus terrenum spirituale facit, de quo canitur: Tu aspirando das spiritales esse homines[57]. Salomon: Spiritus Domini replevit orbem terrarum[58]. Et Propheta: Et spiritu oris eius omnis virtus eorum[59]. Et Rasis in lumine luminum: Non possunt gravia nisi levium consortio levigari (nec levia nisi combinatione gravium ad ima detrudi)[60]. Et [in] *Turba:* Facite corpora incorporea[61] et fixum volatile; haec autem omnia nostro spiritu peraguntur et adimplentur, quia ipse solus

---

1. «i. e. ignem» add. MP / «noster» add. DRhLV / philosophus: filius DRh^2 / 2. «suam» add. D / 5. «dicitur vel» canitur add. MPV, dicitur B / 8. «Rasis in» om. MPVB, «et Rasis» om. B / 9. (nec levia∽detrudi) add. RhLD / 10. «in» add. RhLB /

---

54. *Turba.* Op. cit., p. 130: Qui ergo scit cambar philosophorum occultum, iam ei est notum arcanum. Cambar wird oft in der *Turba* erwähnt und ist die arab. Transkription für griechisch: kinnabaris = Zinnober. Vgl. RUSKA. *Turba.* Op. cit., p. 28. Cf. Consilium Coniugii, *Ars. Chem.* Op. cit., p. 198.
55. Cf. Consilium Coniugii, *Ars. Chem.* Op. cit., p. 121: als Assiduuscitat: Nisi hic vapor ascendet, nihil habes ex eo quia ipse est opus et absque quo nihil. Et sicut anima corpori ita est ipse, qui fit quelles. Cf. Rosarium phil., *Artis Aurif.* Basileia: [s.e.], 1610, II, p. 247: Albertus: Nisi anima corpus suum exierit et in coelum sursum ascenderit, nihil proficies in hac arte.
56. ALPHIDIUS. *Cod. Ashmole* 1420. Op. cit., fol. 26: Nisi hic vapor ascendat nihil habetis eo quod ipse est opus et per ipsum et in ipso absque quo nihil fit. Cf. *Ordo missae*, p. 19/20 Nobis quoque peccatoribus... Per ipsum et cum ipso et in ipso est tibi Deo Patri omnipotenti in unitate spiritus sancti omnis honor et gloria. Cf. Rom. 11,33-36: Quoniam ex ipso et per ipsum et in ipso sunt omnia. Ipsi gloria in saecula. Amen.
57. NOTCERUS BALBULUS. *Hymnus in die Pentecostes* (MIGNE, J.P. *Patrologiae cursus completus. Series latina.* Paris: [s.e.], CXXXI, col. 1012-1013): Tu animabus vivificandis aquas fecundas. Tu aspirando das spiritales esse homines.
58. Sap. 1,7: Quoniam spiritus Domini replevit orbem terrarum... Cf. *Ordo missae*, p. 366.
59. Ps. 32,6: Verbo Domini caeli firmati sunt et spiritu oris eius est omnis virtus eorum. Cf. *Ordo missae*, p. 380, (78).
60. ARISTÓTELES. De perfecto magisterio, *Theatr. Chem.* [s.l.]: [s.e.], 1659, III, p. 79: Et hoc dedit Hermes intelligere in suo secreto... dicens: Separabis terram ab igne et subtile a spisso. Quia non possunt gravia nisi levium consortio levigari nec levia nisi combinatione gravium ad ima detrudi. Cf. item AVICENNA. Declaratio Lapidis Physici Filio suo Aboali, *Theatr. Chem.* [s.l.]: [s.e.], 1569, IV, p. 880 et MANGET. *Lib. III.* p. 129 a; Rosarium phil. II, et p. 133 b.
61. Cf. *Turba.* Op. cit., p. 141, 155, 151.

quem conhece nosso cambar[54] (isto é, fogo), este é <nosso> filósofo. Morienus também diz: Quem tiver elevado (sua) alma verá suas cores. E Alphidius: Se este vapor não se elevar, não obterás nada[55], pois é por ele, com ele e nele que se realiza toda a obra[56]. Em sétimo e último lugar, ele inspira quando, por seu alento, torna espiritual o corpo terrestre, e acerca disso se canta: Soprando, tornas os homens espirituais[57]. Salomão: O espírito do Senhor enche a terra[58]. E o Profeta: Toda a força deles vem do sopro de sua boca[59]. E Rasis diz na *Lumen Luminum* (Luz das luzes): As coisas pesadas não podem ser aliviadas se não se ligarem às leves, nem as coisas leves podem ser levadas ao fundo se não se ligarem às pesadas[60]. E na *Turba*: Tornai os corpos incorporais[61] e o fixo, volátil; mas tudo isto é realizado e completado por *nosso* espírito, pois só ele

---

54. Cf. *Turba*. Ibid., p. 205: Aquele que conhece o "cambar oculto" dos filósofos, esse conhece então o segredo. O cambar é frequentemente mencionado na *Turba* e representa a transcrição árabe do *kinnabaris* grego, cinabre. Cf. RUSKA. Ibid., p. 28; Cf. tb. Consilium Coniugii, in: *Ars Chem*. Ibid., p. 198.

55. Cf. Consilium Coniugii, in: *Ars Chem*. Ibid., p. 121. Se este vapor não se elevar, nada obterás, porquanto ele é a própria obra e sem ele nada acontece. Cf. tb. Rosarium Philosophorum, in: *Artis Auriferae*. Basileia: [s.e], 1610, II, p. 247, o dito de Alberto Magno.

56. *Cod. Ashmole* 1420. Op. cit., fol. 26. Cf. as palavras do sacerdote no final do pedido à Comunhão dos Santos na missa. *Missal*, p. 20: Por ele, com ele e nele, a vós Deus Pai Todo-poderoso, na unidade do Espírito Santo, toda honra e toda glória, agora e para sempre. Amém. – Cf. Rm 11,34-36. – Pois dele e por ele e nele é tudo. A ele honra e glória por toda a eternidade. Amém.

57. NOTCERO, O GAGO. *Hino de pentecostes* (MIGNE, J.P. *Patrologiae cursus completus. Series latina*. Paris: [s.e.], CXXXI, c. 1012-1013).

58. Sb 1,7: Porque o espírito do Senhor enche a terra. *Missal*, p. 366.

59. Sl 33,6: Os céus foram feitos pela palavra do Senhor e todo o seu exército (literalmente: seu esplendor), mediante o espírito (sopro) de sua boca. *Missal*, p. 380.

60. Cf. ARISTÓTELES. De perfecto magisterio. *Theatrum Chemicum*. [s.l.]: [s.e.], 1659, III, p. 79 e MANGETUS, J.J. (org.). *Bibliotheca chemica curiosa seu rerum ad alchemiam pertinentium thésaurus instructissimus*. 2 vols. Genebra: [s.e.], 1702, p. 129a e 133b (Rosarium II).

61. *Turba*. Ibid., p. 220/221 e 236.

est, qui potest facere mundum de immundo conceptum semine[62]. Nonne dicit scriptura: Lavamini in eo et mundi estote[63]. Et ad Naaman (Syrum) dictum est: Vade et lavare septies in Jordane et mundaberis[64]. Nam ipse est unum baptisma in ablutionem peccatorum, ut frides et Propheta testantur[65]. Qui habet aures audiendi audiat, quid dicat spiritus (sanctus) doctrinae filiis disciplinae de spiritus septiformis virtute, quo omnis impletur scriptura, quod philosophi insinuant his verbis: Distilla septies et separasti ab humiditate corrumpente.

X. Parabola Quinta de domo thesauraria, quam Sapientia fundavit supra petram

Sapientia aedificavit sibi domum[1] quam quis introierit salvabitur et pascua inveniet[2] teste propheta: Inebriabuntur ab ubertate domus tuae[3], quia melior est dies una in atriis tuis super millia[4]. O quam beati,

---

2. «Syrum» add. Rh$_2$ / 4. absolutionem D / 5. «sanctus» add. D / 6. spiritu MRhL / virtutis D / 7. septies: semel Rh$_2$ / 9. thesaurizaria MP / 10. «firmam» petr. add. L, «supra petram» om. MPV / 12. testante MPV /13. tuis: eius RhDML, tuis corr. eius V /

---

62. Job. 14.4: Quis potest facere mundum de immundo conceptum semine? Nonne tu, qui solus es? Cf. *Ordo missae*: Orationes ante missam dicendae: Sed seio veraciter et credo ex toto corde... quia potes me facere dignum, qui solus potes mundum facere de immundo conceptum semine et de peccatoribus iustos facis et sanctos.
63. Jes. 1,16: Lavamini, mundi estote...
64. IV. Reg. 5,10: Vade et lavare septies in Jordane et recipiet sanitatem caro tua atque mundaberis.
65. Apost. Credo. *Ordo missae*, p. 8: ...et in unum baptisma in remissionem peccatorum... Cf. Marc. 1,4; Luc. 3,3; Acta Ap. II, 38; Eph. IV, 5.
1. Prov. 9.1-5: Sapientia aedificavit sibi domum, excidit columnas septem. Immolavit victimas suas, miscuit vinum et proposuit mensam suam. Misit ancillas suas, ut vocarent ad arcem et ad moenia civitatis: Si quis est parvulus, veniat ad me. Et insipientibus locuta est: Venite, comedite panem meum et bibite vinum, quod miscui vobis... Cf. *Ordo missae*, p. 788. Cf. SENIOR. *De Chemia*. Op. cit., p. 21: Dixit filius Hamuel author huius operis: Feci inimicos in carmine figurarum... quas praedixi fuisse in gremio sapientis... sedentis iuxta hostium thalami in domo quam sibi aedificaverat... p. 107: Lapis est sicut domus cum suis 4 parietibus et tecto...
2. Joh. 10,9: Ego sum ostium. Per me si quis introierit salvabitur et ingredietur et egredietur et pascua inveniet. Cf. *Ordo missae*, p. 379.
3. Ps. 35,9: Inebriabuntur ab ubertate domus tuae et torrente voluptatis tuae potabis eos.
4. Ps. 83,11: ...quia melior est dies una in atriis tuis super millia... Cf. *Ordo missae*, p. 444.

pode tornar puro o que foi concebido de uma semente impura[62]. A Escritura acaso não diz: Lavai-vos nele e sereis puros[63]? E foi dito a Naamã (o sírio): Vai e lava-te sete vezes no Jordão e serás purificado[64]. Pois há um batismo para a purificação dos pecados[65], como testemunham a fé e o profeta. Quem tiver ouvidos para ouvir, ouça o que o Espírito (Santo) da doutrina diz aos filhos da ciência acerca da virtude do espírito septiforme, que impregna toda a Escritura e a que os filósofos aludem com estas palavras: Destila sete vezes, e então fizeste a separação da umidade corruptora.

X. Quinta Parábola: da casa dos tesouros que a Sabedoria construiu sobre a pedra

A sabedoria construiu sua casa[1]; quem nela entrar será salvo e encontrará as pastagens[2], como atesta o Profeta ao dizer: Eles ficarão inebriados com a abundância de tua casa[3], pois é melhor um dia em teus átrios do que mil outros dias[4]! Oh, bem-aventurados são os que habitam

---

62. Jó 14,4: Quem pode tornar puro aquele que proveio de um impuro? Ninguém (literalmente: Quem pode tornar puro o que foi concebido de uma semente impura? Não sois vós, unicamente?). Cf. *Missal*: Orações antes da missa: Eu sei verdadeiramente e creio com todo o meu coração que podes tornar-me digno, que somente tu podes tornar puro o que foi concebido de uma semente impura e fazes os pecadores justos e santos.
63. Is 1,16: Lavai-vos, purificai-vos (sede puros), tirai a maldade de vossas ações de minha frente...
64. 2Rs 5,10: Vai e lava-te sete vezes no Jordão e tua carne tornar-se-á de novo pura.
65. Credo, *Missal*, p. 8: Eu confesso um só batismo para a remissão dos pecados...
1. Pr 9,1-5: A sabedoria construiu sua casa e talhou sete colunas, imolou seus animais, serviu seu vinho e preparou sua mesa. Enviou seus servidores aos lugares altos da cidade para chamar os convidados: Se alguém é ignaro, venha a mim! E aos tolos disse: Vinde, comei do meu pão e bebei o vinho que ofereço... Cf. *Missal*, p. 788. Cf. SENIOR. *De Chemia*. Estrasburgo: [s.e.], 1566, p. 21: O filho de Hamuel, autor desta obra, disse: Fiz inimigos no poema das figuras, acerca das quais afirmei que tinham estado no colo de um sábio que estava sentado na entrada do quarto de dormir, que ele construíra para si; p. 107: O *lapis* (pedra)... é como uma casa com suas quatro paredes e um teto.
2. Jo 10,9: Eu sou a porta: se alguém entra através de mim será salvo, e entrará e sairá, e encontrará pastagens. Cf. *Missal*, p. 379.
3. Sl 36,9: Eles se embriagarão com os bens preciosos (literalmente: com abundância) de tua casa e tu saciarás com torrentes de delícias.
4. Sl 84,11: ...pois é melhor um dia em vossa casa do que milhares em outra! *Missal*, p. 444.

1   qui habitant in domo hac[5]: in ea namque qui petit, accipit et qui quaerit invenit et pulsanti aperietur[6]. Nam Sapientia stat ad ostium dicens: Ecce sto ad ostium et pulso, si quis audierit vocem meam et aperuerit ianuam, introibo ad illum et ipse ad me et satiabor cum
5   illo et ipse mecum[7]. O quam magna multitudo dulcedinis tuae, quam abscondisti introeuntibus domum hanc[8], quam oculus non vidit nec auris audivit nec in cor hominis ascendit[9]. Domum hanc reserantibus erit ea quae decet sanctitudo et utique longitudo dierum[10], quia fundata est supra firmam petram[11], quae non potest scindi nisi ungatur optimo sanguine hircino[12] vel percutiatur virga
10 mosaica ter, ut aquae effluant largissimae, ita ut omnis populus virorum ac mulierum bibat[13]; et amplius non sitient neque esu-

---

2. Ecce: Ego VP / 5. «ab» introeunt. add. L / 6. quae VP, quem M / 7. «erit ea» om. MPVB /10. fluant MPVB /

---

5. Ps. 83,5: Beati qui habitant in domo tua Domine, in saecula saeculorum laudabunt te. Cf. *Ordo missae*, p. 515.

6. Math. 7,7-8: Petite et dabitur vobis, quaerite et invenietis, pulsate et aperietur vobis. Omnis enim qui petit, accipit, et qui quaerit inveniet et pulsanti aperietur... Cf. *Ordo missae*, p. 352.

7. Apoc. 3,20: (angelus Laodiceae ecclesiae): Ecce sto ad ostium et pulso, si quis audierit vocem meam et aperuerit mihi ianuam, intrabo ad illum et coenabo cum illo et ipse mecum...

8. Ps. 30,20: O quam magna multitudo dulcedinis tuae, quam abscondisti timentibus te. Cf. *Ordo missae*, p. 619.

9. I. Cor. 2,9: ...quod oculus non vidit nec auris audivit nec in cor hominum ascendit, quae praeparavit Dominus iis, qui diligunt eum.

10. Ps. 92,5: Domum tuam decet sanctitudo, Domine in longitudinem dierum. Cf. Ps. 22,7: ...ut inhabiten in domo Domini in longitudinem dierum.

11. Math. 7,24: Assimilabitur viro sapienti, qui aedificavit domum suam supra firmam petram...

12. Levit. 16,18: Cum autem exierit ad altare quod coram Domino est... sumptum sanguinem vituli atque hirci fundat super cornua eius per gryrum... Cf. SENIOR. *De Chemia*. Estrasburgo: [s.e.], 1566, p. 9: Igitur desinet lux mea quoniam capient... a pinguedine... absque sanguine hircorum et discernit verum a falso. Cf. item p. 78-79.

13. Num. 20,11: Cumque elevasset Moyses manum percutiens virga bis silicem, egressae sunt aquae largissimae...

Exod. 17,6: Percuties petram et exibit ex ea aqua, ut bibat populus...

esta casa[5]: quem nela pede, recebe; quem procura, encontra, e aquele que bate, será recebido[6]. A própria sabedoria está perto da entrada e diz: Vede, estou à porta e bato; se alguém ouvir a minha voz e abrir a porta, irei a ele e ele virá a mim e, juntos, nos saciaremos, eu com ele e ele comigo[7]. Oh, como é grande a abundância da tua doçura, que reservaste para aqueles que entram nesta casa[8]; nenhum olho a viu (a doçura), nenhum ouvido a escutou, nem ela atingiu o coração do homem[9]. Aqueles que abrem esta casa terão a santidade e a longevidade que lhes convém[10], pois ela foi construída sobre rocha firme[11], que não pode ser cindida a não ser com o melhor sangue de um bode[12], ou se ela for golpeada três vezes com a vara de Moisés, para que se escoem as águas abundantes e o povo de homens e mulheres possa beber[13], e eles não terão mais fome, nem

---

5. Sl 84,5: Bem-aventurados os que habitam em tua casa, Senhor. *Missal*, p. 515.

6. Mt 7,7-8: Pedi e ser-vos-á dado, procurai e achareis, batei (à porta) e se vos abrirá. Pois quem pede, recebe; quem procura, acha, e quem bate, a ele se abrirá (a porta). *Missal*, p. 352.

7. Ap 3,20: Vede, estou diante da porta e bato. Se alguém ouvir a minha voz abrir-me-á a porta e então entrarei e cearei com ele, e ele, comigo.

8. Sl 31,20: Oh, como é grande tua bondade (literalmente: Senhor, a quantidade de tua doçura), que ocultaste para aqueles que te temem. Cf. *Missal*, p. 619.

9. 1Cor 2,9: Aquilo que nenhum olho viu, nenhum ouvido ouviu e não chegou ao coração do homem, o que Deus preparou para aqueles que o amam.

10. Sl 93,5: A santidade é a honra de tua casa (literalmente: A tua casa convém a santidade), Senhor, eternamente (literalmente: pelos dias sem fim).

Sl 23,6: (literalmente: ...então deste a ele uma vida longa para sempre e eternamente). *Missal*, p. 731.

11. Mt 7,24: ...será comparado ao homem sábio, que construiu sua casa sobre um (forte) rochedo...

12. Lv 16,18: Literalmente: E quando ele sai para apresentar-se diante do altar do Senhor, deve tomar o sangue da vitela e do bode e aspergi-lo sobre os chifres do altar... Cf. SENIOR. *De Chemia*. Ibid., p. 9: Minha luz cessará, porque eles tomarão... da gordura... sem o sangue de bode, e ele distinguirá o verdadeiro do falso. Cf. tb. p. 78-79.

13. Nm 20,11: E quando Moisés ergueu a mão e bateu no rochedo duas vezes com a vara, jorrou água abundante, que as pessoas beberam e o gado também.

Ex 17,6: ...então deves bater (na pedra) e a água jorrará, para que o povo beba.

rient[14]. Quicumque domum hanc aperuerit sua scientia, in ea inveniet fontem vivum indeficientem et iuvenescentem[15], in quo quis baptizatus fuerit, [hic] salvus erit[16] nec amodo senescere potest. Prochdolor pauci [tamen eam] reserant, qui parvuli sunt et ut parvuli sapiunt[17]; si autem enarraverint illa qui parvuli sunt et sedilia viginti quatuor seniorum ipsis usurpaverint, procul dúbio dignitate eorum et gradu domum aperient[18] ita ut facie ad faciem[19] oculo ad oculum omnem claritatem solis et lunae speculabuntur, absque autem ipsis minime valebunt. Qui enim habent claves regni coelorum quodcumque ligaverint et solverint[20]; fiet ita. Nam

---

3. «hic» add. MPV / 4. «tamen eam» add. D / eis reseratur D / 5. quae MPVL / si autem ipsis qui parvuli sunt enarraverint illa... D / sedecim MPV, seniorem M / 6. gradus ipsius domus MPV / aperirent P, aperuerunt M / 8. absque hoc autem ipsi RhL / 9. quaecumque P, quemcumque M, quidcumque Rh /

---

14. Apoc. 7,16: ...non esurient neque sitient amplius nec cadet super illos sol. Cf. *Ordo missae*, p. 735. Cf. item Jes. 49,10 et Joh. 4,13-14: Omnis qui bibit aqua ex hac sitiet iterum, qui autem biberit ex aqua quam ego dabo ei non sitiet in aeternum. Sed aqua quam ego dabo ei fiet in eo fons aquae salientis in vitam aeternam.

15. Cf. Sach. 13,1: In die illa erit fons patens domui David ...in ablutionem peccatoris...

16. Marc. 16,16: Qui credideirit et baptizatus fuerit salvus erit.

17. Ps. 118,130: Declaratio sermonum tuorum illuminat et intellectum dat parvulis... I. Cor. 13,11: Cum essem parvulus loquebar ut parvulus, sapiebam ut parvulus...

18. Cf. Ps. 106,32: Exaltent eum... et in cathedra seniorum laudent eum. Cf. *Ordo missae*, p. 510.

Cf. Apoc. 4,4 sq.: Et in circuitu sedis sedilia vigintiquattuor: et super thronos vigintiquattuor seniores sedentes circumamicti vestimentis albis et in capitibus eorum coronae aureae... 10: procidebant vigintiquattuor seniores ante sedentem in throno et adorabant viventem... 5,6: Et vidi, et ecce in medio... seniorum agnum stantem tamquam occisum habentem cornua septem et oculos septem, qui sunt septem spiritus Dei missi in omnem terram... 5,8: seniores... habentes... phialas aureas plenas odoramentorum... Cf. *Ordo missae*, p. 787.

Cf. SENIOR. *De Chemia*. Estrasburgo: [s.e.], 1566, (Epistola Solis ad lunam crescentem) p. 8. (Luna dicit): ...exaltabimur, quando ascend(er)imus ordinem seniorum, lucerna lucis infundetur lucernae meae et (ex) te et (ex) me (fit) sicut commixtio vini et aquae dulcis... cum intraverimus domum amoris coagulabitur meum corpus... respondit Sol: ...

19. I. Cor. 13,12: Videmus nunc per speculum in aenigmate: tunc autem facie ad faciem... Cf. *Ordo missae*, p. 140.

20. Math. 16,19: Et tibi dabo claves regni coelorum. Et quodcumque ligaveris super terram, erit ligatum in coelis, et quodcumque solveris super terram, erit solutum in coelis. Cf. *Ordo missae*, p. 511.

sede[14] Aquele que por sua ciência abrir a casa, nela encontrará uma fonte viva, inexaurível e rejuvenescedora[15], quem nela for batizado será salvo[16] e jamais envelhecerá. Mas, que pena, poucos a abrem, e são como crianças, sua inteligência é a das crianças[17], mas se essas crianças narrarem tais coisas e usurparem as cadeiras dos vinte e quatro anciãos, não há dúvida de que, por sua dignidade e pelo nível a que terão chegado, poderão abrir a casa[18], a fim de contemplar face a face, olhos nos olhos, a plena magnificência do sol e da lua[19]; mas sem eles (os mais velhos), nada conseguirão. Aqueles que possuem as chaves do reino dos céus, tudo o que ligarem será ligado e o que desligarem, será desligado.[20]

---

14. Ap 7,16: Eles não terão mais fome nem sede...

Cf. além disso, Is 49,10 e Jo 4,13-14: Quem beber desta água tornará a ter sede, mas quem beber da água que eu lhe der, jamais sentirá sede de novo... pois esta água nele se tornará uma fonte, jorrando para a vida eterna.

15. Cf. Zc 13,1: Naqueles dias haverá para a casa de Davi uma fonte aberta... para lavar o pecado...

16. Mc 16,16: Quem crer e for batizado será salvo.

17. Sl 119,130: A explicação de tuas palavras ilumina e dá sabedoria e entendimento aos simples.

1Cor 13,11: Quando eu era criança, falava como criança, pensava como criança...

18. Sl 107,32: ...que o exaltem e o louvem no conselho dos anciãos.

Ap 4,4s.: E em torno do trono havia vinte e quatro tronos e neles estavam sentados vinte e quatro anciãos vestidos de branco e coroados de ouro... 4,10: E então os vinte e quatro anciãos se prosternaram diante daquele que estava sentado no trono e o adoraram... 5,8: os vinte e quatro anciãos prostraram-se diante do Cordeiro e cada um deles tinha uma taça de ouro cheia de perfumes. *Missal*, p. 787.

Cf. SENIOR. *De Chemia*. Estrasburgo: [s.e.], 1566. "Epistola Solis ad lunam crescentem", p. 8. (A Lua diz): Nós seremos exaltados pelo espírito *quando ascendermos até a ordem, dos Anciãos*, então a lâmpada de luz se derramará na minha lâmpada e de mim e de ti se fará uma mistura de vinho e de água doce...

19. 1Cor 13,12: Vemos agora como através de um espelho e em enigma; mas então veremos face a face. *Missal*, p. 140.

20. Mt 16,19: E eu te darei as chaves do Reino dos Céus; e tudo o que ligares sobre a terra, será ligado no céu e tudo o que desligares sobre a terra, também será desligado no céu. *Missal*, p. 511.

ipsi sequuntur agnum quocumque ierit[21]. Huius autem domus decor est inenarrabilis, plateae et muri eius ex auro purissimo, portae vero eius nitent margaritis atque gemmis pretiosis[22] lapides vero eius angulares sunt quatuordecim tenentes virtutes principales totius fundamenti. Primus est sanitas, de qua Propheta: Qui sanat contritos corde et alligat contritiones eorum[23], et philosophi: Qui utitur eo hominem vigoroso corpore conservat[24]. Secundus est humilitas de qua scribitur: Quia respexit humilitatem ancillae suae[25], ecce enim ex hoc beatam me dicent omnes generationes. Et Propheta: Dominus erigit elisos[26]. Et Aristoteles ad Alexandrum: Cum isto lapide non est bonum pugnare[27]. Alphidius dicit: Si humilis fuerit, eius sapientia perficietur [27a]. Tertius est sanctitas, de qua Propheta: Cum sancto sanctus eris[28]. Et iterum: sanctitas et magnificentia in sanctificatione eius[29]. Et Alphidius: Scito, quod

---

6. «hominem» om. RhLD / 7. conservatur RhLD / 10. purgare RhLDB / 12. Cum sanctis MP /

---

21. Apoc. 14,4: Hi sequuntur Agnum quocumque ierit. Cf. *Ordo missae*, p. 96.
22. Apoc. 21,10 ff: ...et ostendit mihi civitatem sanctam Jerusalem ...habentem portas duodecim ...Et murus civitatis habens fundamenta duodecim ...Et erat structura muri eius ex lapide iaspide, ipsa vero civitas aurum mundum simile vitro mundo ...Et duodecim portae duodecim margaritae sunt... et platea civitatis aurum mundum...
23. Ps. 146,3: Qui sanat contritos corde et alligat contritiones eorum. Cf. *Ordo missae, p. 136*.
24. Cf. *Aurora consurg.* II, *Artis auriferae*. Basileia: {s.e.], 1610, I, p. 141: Illa tinctura hominem laetificat et cor hominis sanat, ut Senior dicit et reddit hominem hilarem et juvenilem et vigorose corpus conservat.
25. Lucas 1,48: Quia respexit humilitatem ancillae suae; ecce enim ex hoc beatam me dicent omnes generationes. Cf. *Ordo missae*, p. 305.
26. Ps. 144,14: Allevat Dominus qui corruunt et erigit omnes elisos.
27. Cf. ARISTOTELES. *Secreta Secretorum*. [s.l.]: [s.e.], 1528, fol. XXIX. De Lapide Alchahat: et non potest homo proeliari cum habente ipsum in manu. Et fol. XXX: est alia arbor, qui istam secum portaverit, erit laetus probus et audax, cum isto non est bonum luctari vel litigare vel pugnare...
27a. Cf. THEOBALDUS DE HOGHELANDE. De Alchimiae Difficultatibus; MANGET. Op. cit., I, p. 340: Et Alphidius (in clav. Phil.) Si humilis fueris eius Sophia et Sapientia perficietur, sin autem, eius dispositio penitus te latebit.
28. Ps. 17,26: Cum sancto sanctus eris et cum viro innocente innocens eris.
29. Ps. 95,6: Confessio et pulchritudo in conspectu eius. Sanctimonia et magnificentia in sanctificatione eius. Cf. *Ordo missae*, p. 693.

Pois eles seguem o Cordeiro onde quer que ele vá[21]. A beleza desta casa é indescritível: suas paredes são de ouro puríssimo, e suas portas brilham com o fulgor das pérolas e das pedras preciosas[22]; possui quatorze pedras angulares, que contêm as virtudes principais de todo o fundamento. A primeira é a saúde, da qual diz o Profeta: (ela) cura os corações contritos e alivia suas dores[23]. E os filósofos: Quem a utiliza (a pedra) conserva um corpo vigoroso[24]. A segunda é a humildade, da qual se diz: E ele viu a humildade de sua serva[25]. Eis que desde agora todas as gerações me proclamarão bem-aventurada. E o Profeta diz: O Senhor eleva os prostrados[26] E Aristóteles escreve a Alexandre: Nao é bom lutar com esta pedra[27]. Alphidius também diz: Se alguém é humilde, sua sabedoria alcançará a perfeição. A terceira é a santidade, da qual diz o Profeta: Com o santo serás santo[28]; e também: a santidade e a magnificência (estão) em sua santificação[29]. E Alphidius: Sabe,

---

21. Ap 14,4: Estes são aqueles que não se macularam com as mulheres - pois eles são virgens - e seguem o Cordeiro onde quer que ele vá. *Missal*, p. 96.

22. Ap 21,10s.: E eu... vi a cidade santa, a nova Jerusalém de Deus descer do céu... Ela possuía um grande muro e tinha doze portões... E os muros da cidade tinha doze alicerces de pedra... E seus muros eram de jaspe e a cidade de ouro puro, semelhante ao cristal mais fino... e os alicerces de pedra do muro em torno da cidade eram adornados com todas as espécies de pedras preciosas... E os doze portões eram doze pérolas e cada portão era feito de uma pérola e as ruas da Cidade eram de ouro puríssimo...

23. Sl 147,3: Ele cura os corações despedaçados, e trata suas feridas... *Missal*, p. 136.

24. Cf. Aurora Cons., II parte, *Artis Auriferae*. Basileia: [s.e.], 1610, ibid., p. 141: Essa (tintura) alegra os homens e cura seu coração e torna, como diz Senior, o homem sereno e jovem, tornando vigoroso seu corpo.

25. Lc 1,48: ...porque ele viu a pequenez (a humildade) de sua serva. Vede, de agora em diante todas as gerações me chamarão de bem-aventurada. *Missal*, p. 305.

26. Sl 145,14: O Senhor sustém os que estão prestes a cair e levanta todos os que tombaram.

27. Cf. ARISTÓTELES. *Secreta Secretorum*. [s.l.]: [s.e.], 1528, fol. XXIX. Sobre a pedra Alchahat: E um homem não pode lutar com aquele que segura esta pedra na mão. Cf. também fol. XXX.

28. Sl 18,26: Com o santo és santo e com o inocente és inocente...

29. Sl 96,6: Majestade e esplendor em sua presença (literalmente: a santidade e a majestade em sua santificação). *Missal*, p. 693.

1   hanc scientiam habere non poteris, nisi mentem tuam Deo purifices, hoc est in corde omnem corruptionem deleas[30]. Et Turba: Voluptates reliqui et Deum exoravi, ut aquam mihi mundam ostenderet, quam novi esse merum acetum[31]. Quartus est castitas, de qua legitur: Quem
5   cum amas vero munda sum, (cum tetigero casta sum)[32]. Cuius mater virgo est et pater non concubuit, quia lacte virgineo pastus est etc.[33] Unde Avicenna in mineralibus dicit: Quidam ingeniosi utuntur aqua, quae lac virginis dicitur[34]. Quintus est virtus, de qua dicitur: Virtus ornat ani-

---

1. sanctifices D / 5. (cum tetigero casta sum) add. MPV / 5.–6. «Cuius mater ∞ pater non» om. MPV / 6. concumbit MPB /

---

30. ALPHIDIUS. *Cod. Ashmole* 1420, fol. 15: Inspice Fili in libro meo et mandatum meum respice atque monitionem meam. Et scito quod sapientiam istam habere non potes quousque mentem tuam Deo purifices et sciat te Deus habere certum animum et creatori tuo fidelitatem quod thesaurus Dei numquam perit nec deficit. Cf. item. Consilium Coniugii, *Ars. Chem.* 1566, op. cit., p. 56: Hanc enim scientiam inquirentibus necessarium est habere mentes purificatos a Deo, cum sit donum et secretum Dei. Cf. item Rosarium, MANGET. Lib. III., p. 91 b: Scito fili quod istam scientiam habere non potes, quousque mentem tuam Deo purifices et sciat Deus te habere certum animum ac rectum et tunc Mundo dominari te faciet. Cf. THEOBALDUS DE HOGHELANDE. De Alchimiae Difficultatibus; MANGET. Op. cit., I. p. 340: Unde Alphidius (in clav. Phil.): Hanc scientiam habere non potes, quousque mentem tuam Deo purifices et sciat te Deus habere mentem contritam.

31. *Turba*. Op. cit., p. 125: Floritis: Acetum est acerrimum, quod facit esse merum spiritum... Et iuro vobis per Deum, quod multo tempore in libris investigavi... et Deum oravi ut, quid est, me doceret. Exaudita autem oratione mundam aquam mihi demonstravit, quam novi merum esse acetum.

32. Cf. Math. 9,21-22.

33. ALPHIDIUS. *Cod. Ashmole* 1420. Op. cit., fol. 26: Cuius mater virgo est et pater non concubuit. Cf. das Alphidiuscitat bei BONUS, P. *Pretiosa margarita novella*. Op. cit., p. 40: Hic lapis in viis projectus, est in nubibus exaltatus, in aere habitat, in flumine pascitur et in cacumine montium quiescit, cuius mater virgo est, cuius pater foeminam nescit. Item im Liber de magni Lapidis compositione et operatione, *Theatr. Chem.* Vol. III. [s.l.]: [s.e.], 1659, p. 37 und p. 44. Item ais Assiduus citat im Consilium Conjugii. Op. cit., p. 205, 64, 150.
Cf. *Pretiosa margarita novella*. Op. cit., p. 40: ...iudicaverunt deum cum homine fieri debere unum et hoc factum fuit in Christo Jesu et virgine matre eius... Et ostendit deus hoc exemplum miraculosum philosophis in hoc lapide.

34. AVICENNAE. Mineralia, *Artis Auriferae*. Basileia: [s.e.], 1610, p. 240: Est autem res quaedam, qua utuntur quidam ingeniosi cum volunt rem siccam coagulare, quae componitur ex duabus aquis et dicitur lac virginis. Item in De Congelatione et Conglutinatione lapidis. *Theatr. Chem.* [s.l.]: [s.e.], 1659. IV, p. 883. Und ARISTOTELES. *Secreta secretorum*. [s.l.]: [s.e.], 1528, cap. De mineralibus. Item ais Assiduus citat im *Theatr. Chem.* [s.l.]: [s.e.], 1659. III, p. 37.

não poderás ter esta ciência se não purificares teu espírito para Deus, isto é, se não destruíres em teu coração toda a corrupção[30] E na *Turba* lemos: Eu abandonei os prazeres mundanos e orei a Deus para que me mostre a "água pura", que eu sei ser um vinagre puro[31]. A quarta é a castidade, sobre a qual se lê: Quando eu o amar, serei pura, quando eu o tocar, serei casta[32]; ele, cuja mãe é virgem e cujo pai não coabitou com ela, ele, que se alimentou de leite virginal[33] etc. Por isso Avicena diz em seu escrito sobre os minerais: Alguns, engenhosamente, utilizam uma água que é chamada leite de virgem[34]. A quinta é a força (atuante) da qual se diz: A

---

30. *Cod. Ashmole* 1420. Op. cit., fol. 15. Cf. Consilium Coniugii, in: *Ars Chemica*. Ibid., p. 56: Pois é preciso que aqueles que buscam esta ciência tenham o espírito purificado por Deus, pois é uma dádiva e um segredo de Deus. Cf. tb. Rosarium, MANGET. Livro III. p. 91b: Sabe, meu filho, que não podes ter esta ciência antes de purificares teu espírito diante de Deus, isto é, até que toda corrupção se extinga em teu coração.

31. *Turba*. Ibid., p. 198: Floritis (Sócrates): E eu vos juro por Deus que procurei muito tempo nos livros alcançar o conhecimento desta única coisa e que pedi a Deus que me ensinasse o que ela é. Depois que ele atendeu meu pedido, mostrou-me uma "água pura" que eu reconheci ser puro vinagre.

32. Cf. Mt 9,21-22.

33. *Cod. Ashmole* 1420. Op. cit., fol. 26. Cf. Alphidius, in BONUS, P. *Pretiosa Margarita novella*. Ibid., p. 40: Esta pedra jogada nas ruas é exaltada até às nuvens, ela vive no ar, no cume das montanhas, sua mãe é virgem e seu pai não conheceu mulher. Cf. tb. a citação de Assidius, in Consilium Coniugii, in *Ars Chemica*. [s.l.]: [s.e.], 1566, p. 205,64, 150.

Cf. *Pretiosa margarita novella*. Ibid., p. 40: ...eles julgaram que Deus devia tornar-se um com o homem, e isto aconteceu em Jesus Cristo e sua virgem mãe. E Deus ofereceu este exemplo miraculoso aos filósofos, nesta pedra.

34. AVICENA. Mineralia, in *Artis Auriferae*. Basileia: [s.e.], 1610, p. 240: Há uma coisa que certos homens engenhosos utilizam quando querem coagular algo seco: (essa coisa) é composta de duas águas, e é chamada leite de virgem. Do mesmo modo no De Congelatione et Conglutinatione Lapidis, in *Theatrum Chemicum*. Vol. IV. [s.l.]: [s.e.], 1659, p. 883 e ARISTÓTELES. *Secreta secretorum*. [s.l.]: [s.e.], 1528, cap. De Mineralibus.

mam. Et Hermes: Et recipit virtutem superiorum et inferiorum planetarum et sua virtute penetrat omnem rem solidam[35]. Et in libro Quintae essentiae dicitur: Cum non suffecissem mirari de tanta rei virtute sibi coelitus indita et infusa[36]. Sextus est victoria, de qua Hermes: Et vincet omnem rem solidam et lapidem pretiosum. Et Johannes in Apocalypsi: Vincenti subtile dabo manna absconditum et nomen novum quod os Domini nominavit[37]. Et in libro Quintae essentiae: Cum autem operatus fuerit lapis victoriae, smaragdos jaspides et veros chrysolithos cum lapide ex ea materia facere informabo, qui in colore, substantia et virtute naturales praecellunt et excedunt etc.[38]. Septimus est fides, de qua legitur: Fides salvat hominem[39], quam nisi quisque habuerit, salvus esse non poterit. Fides est intelligere, quod non vides[40]. Et Turba: Est invisibilis quemadmodum anima in humano corpore[41]. Et in eodem dicitur: Duo videntur, terra scilicet et aqua, alia vero non, scilicet aer et ignis[42].

---

1. recepit D, recipiet RhL / 3. mirari: amanti PV, om. M / sibi: soli MP / 4. induta MP / vincit MPLRh / 5. «solidam» om. MPB / pretiosum «et subtilem» add. V / 6. subtilem M, om. PVB / 8. veros: achites MPV / Crisoliton MPV / 9. «materia» coni. manante DRh, manente MPLV om. B / informabo: Rubinos MPV / 10. «etc.» om. MPL / 12. intelligentia DV / intra P, intus M / «Et» om. MPV /

---

35. Cf. RUSKA, J. *Tabula smaragdina*: ein Beitrag zur Geschichte der hermetischen Literatur. Heidelberg: [s.e.], 1926, p. 2: Ascendit a terra in coelum, iterumque descendit in terram, et recipit vim superiorum et inferiorum. Sic habebis gloriam totius mundi. Ideo fugiat (fugiet) a te omnis obscuritas. Hic est totius fortitudinis fortitudo fortis: quia vincet omnem rem subtilem, omnemque solidam penetrabit.
36. Cf. Aurora consurgens II, *Art. Aurif.* 1610, I, p. 151: Quod non sit natus neque nascitur in futurum qui hanc scientiam posset complere sine natura, natura quidem quae coelitus est indita rebus et infusa. Cf. ARISTOTELES. *Secreta secretorum*. [s.l.]: [s.e.], 1528, fol. XXVI. 2.
37. Apoc. 2,17: Vincenti dabo manna absconditum et dabo illi calculum candidum et in calculo nomen novum scriptum quod nemo scit, nisi qui accipit.
38. Cf. *Aurora consurgens* II, cap. 22, *Artis Aurif.* Basileia: [s.e..], 1610, p. 157: ut superius allegatum est in libro Sextario, ubi dicitur: quod lapides Jacinti Coralli rubei et albi Smaragdi Chrysoliti Saphyri ex ipsa materia formari possunt: Et in charta Sacerdotum traditur, quod ex chrystallo, carbunculus sive rubinus aut topazius per eam fieri potest qui in colore et substantia excellunt naturales item.
39. Cf. inter alia Math. 9,22: Fides tua te salvam fecit.
40. Joh. 20,29: Beati qui non viderunt et crediderunt. Cf. *Ordo missae,* p. 336. Cf. THOMAS AQUINATIS. *Summa theologica.* 9 vols. Paris: [s.e.], 1868, prima secundae Quaest. 72 Art. 73: quia fides est de his, quae non videntur.
41. *Turba.* Op. cit., p. 141: Hic enim spiritus, quem quaeritis, ut eo quodlibet tingatis, in corpore occultus est et absconditus, invisibilis quemadmodum anima in humano corpore. – (Hierin nicht mit dem Ms. der Vadiana übereinstimmend.)
42. *Turba.* Op. cit., p. 117: In his (scil. elementis) est arcanum absconditum, quorum duo tactum habent (et) aspectum apud visum largiuntur, quorum opus et vi[rtu]s sciuntur, quae sunt terra et aqua, alia autem duo elementa nec videntur nec tanguntur...

força orna a alma. E Hermes: Ele recebe a força dos planetas superiores e inferiores e penetra com sua força toda coisa sólida[35]. Lê-se no livro da *Quintessência*: Eu não me cansava de admirar a grande força eficaz desta coisa, posta e infundida nela pelo céu[36]. A sexta é a vitória, sobre a qual diz Hermes: E ela (a pedra) vencerá toda coisa sólida e até mesmo as pedras preciosas. E João diz no Apocalipse: Eu darei ao vencedor um maná sutil e oculto, e um novo nome que a boca de Deus designará[37]. E no livro da *Quintessência*: Quando se tiver produzido a pedra da vitória, eu ensinarei como se pode formar com uma pedra desta matéria esmeraldas, jaspes e verdadeiros crisólitos que sobrepujam e ultrapassam em cor, substância e força as naturais etc.[38] A sétima é a fé, acerca da qual lemos: A fé salva o homem[39], e se alguém não a tiver, não poderá ser salvo. A fé consiste em compreender-se o que não se vê[40] E na *Turba*: Ela é invisível como a alma no corpo humano[41]. E no mesmo livro diz-se ainda: Dois elementos são visíveis, a terra e a água, os outros não o são: o ar e o fogo[42].

---

35. Cf. RUSKA, J. *Tabula smaragdina*: ein Beitrag zur Geschichte der hermetischen Literatur. Heidelberg: [s.e.], 1926, p. 3.

36. Cf. Aurora cons., II, in *Artis Auriferae*. Basileia: [s.e.], 1610, I, p. 151 e ARISTÓTELES. *Secreta secretorum*. [s.l.]: [s.e.], 1528, fol. XXVI 2.

37. Ap 2,17: Ao vencedor darei do maná oculto para que coma; dar-lhe-ei uma pedra branca e nela estará escrito um novo nome que ninguém conhece, a não ser aquele que o recebe.

38. Cf. Aurora cons., II, cap. 22, *Artis Auriferae*. Basileia: [s.e.], 1610, I, p. 157.

39. Cf. Mt 9,22: Palavra de Jesus: Tua fé te salvou (literalmente: tornou-te salva).

40. Cf. Jo 20,19: Bem-aventurados os que não viram e acreditaram. *Missal*, p. 336.

41. *Turba*. Ibid., p. 220: E este espírito que procurais a fim de tingir o que quiserdes está escondido e oculto num corpo invisível, tal como a alma no corpo humano.

42. *Turba*. Ibid., p. 185: Neles (nos elementos) está oculto um segredo do qual dois são tangíveis e visíveis ao olhar que conhece a obra e a virtude: são eles a água e a terra. Os dois outros elementos não poderão ser vistos nem tocados...

1   Et Paulus: Qui crediderit in eum, non confundetur, nam non credentibus est lapis offensio et petra scandali[43]. Et Evangelium: Qui non crediderit, iam iudicatus est[44]. Octavus est spes, de qua dicitur: Firma spes laetifcat res, spes promittit semper finem bonum. Et Moriens: Spera
5   et spera et sic consequeris. Et Propheta: Sperate in eum omnis congregatio populi[45], in eum speraverunt patres nostri et liberati sunt[46]. Nonus est caritas, de qua Apostolus: Caritas omnia suffert. Caritas non agit perperam[47]. Et Evangelista: Ego diligentes me diligo[48]. Qui omni tempore diligit, hic amicus est[49]. Et Alphonsus (rex): Hic est vere amicus,
10 qui te non deserit, cum omne saeculum tibi déficit. Et Gregorius[50]: Probatio dilectionis est exhibitio operis. Et Job: Omnia, quae homo habet dabit pro anima sua[51], hoc est pro lapide isto. Nam qui parce seminat parce et metet[52]; et qui non fuerit socius passionis non erit consolationis[53]. Decimus est benignitas, de qua dicitur: Nescis, quod beni-

---

1. «in eum» om. PV, omnino M / «non» bis om. MP / 2. ostensio P, offensionis DV / 3. Firma fides RhDL / 9. amicus est «meus» add. D / «rex» add. M / 13. compassionis D / 14. cons. «socius» add. D / «est» om. PL /

---

43. Rom. 9,33: Ecce pono in Sion lapidem offensionis et petram scandali et omnis qui credit in eum non confundetur. Cf. *Ordo missae*, p. 331.
44. Joh. 3,18: Qui credit in eum non iudicatur, qui autem non credit, iam iudicatus est. Cf. *Ordo missae*, p. 376.
45. Ps. 61,9: Sperate in eo omnis congregatio populi, effundite coram illo corda vestra.
46. Ps. 21,5: In te speraverunt patres nostri, speraverunt et liberasti eos. Cf. *Ordo missae*, p. 229.
47. I. Cor. 13,7: Charitas ... omnia suffert, omnia credit, omnia sperat...
I. Cor. 13,4: Charitas ...non aemulatur, non agit perperam... Cf. *Ordo missae*, p. 140.
48. Joh. 14,21: Qui autem diligit me, diligetur a Patre meo, et ego diligam eum et manifestabo ei meipsum. Prov. 8,17: Ego diligentes me diligo. Cf. *Ordo missae*, p. 586.
49. Prov. 17,17: Omni tempore diligit. qui amicus est.
50. GREGORIUS MAGNUS. *In Evang*. Homilia XXX, (Opera ed. Parisiis, 1636. Tom II. col. 409 D). Probatio dilectionis est exhibitio operis.
51. Hiob 2,4: Ait Satan: Pellem pro pelle, et cuncta quae habet homo dabit pro anima sua. Cf. Math. 16,26: Aut quam dabit homo commutationem pro anima sua? Cf. *Ordo missae*, p. (9).
52. II. Cor. 9,6: Hoc autem dico, qui parce seminat, parce et metet. Cf. *Ordo missae*, p. 693. Cf. MAGNUS, A. De lapide Philos., *Theatr. Chem.* Vol. IV. [s.l.]: [s.e.], 1659, p. 845. Nam quaecumque seminaverit homo, haec et metet.
53. II. Cor. 1,7: Ut spes nostra firma sit pro vobis: scientes quod sicut socii passionis estis, sic eritis et consolationis.

E Paulo: Quem acreditar nele não será confundido, pois para os que não acreditam será pedra de tropeço e rocha de escândalo[43]. E no Evangelho lê-se: Aquele que não acreditar já está julgado[44]. A oitava é a esperança, acerca da qual se diz: A esperança firme alegra as coisas, a esperança promete sempre um bom fim. E Morienus diz: Espera e espera, e atingirás a meta. E o Profeta: Esperai nele, ó vós, toda a assembleia do povo[45], nossos pais nele esperaram e foram libertos[46] A nona é o amor, do qual o Apóstolo disse: A caridade tudo suporta, ela não se vinga[47]. E o Evangelista: Eu amo os que me amam[48]. Aquele que ama em qualquer circunstância, esse é um amigo[49]. E Alphonsus (rex) diz: Eis o verdadeiro amigo, aquele que não te abandona mesmo que o mundo inteiro te abandone. E Gregório[50]: A pedra de toque do amor é a apresentação da obra. E Jó: O homem dará tudo o que tiver por sua alma[51], isto é, por esta pedra. Pois aquele que semeia pouco, colherá pouco[52]; quem não tiver partilhado a paixão, não poderá compartilhar a consolação[53]. A décima é a benignidade, acerca da qual se diz: Tu não sabes que a benig-

---

43. Rm 9,33: Eis que eu ponho em Sião uma pedra de tropeço, uma pedra de escândalo; quem nela crer, não será confundido. *Missal*, p. 331.

44. Jo 3,18: Quem nele crê, não será julgado; mas quem não crê já está julgado, pois não crê no nome do Filho unigênito de Deus. *Missal*, p. 376.

45. Sl 62,9: Esperai sempre nele, amada gente (literalmente: todo o povo), derramai o vosso coração diante dele...

46. Sl 22,5: É em ti que esperaram nossos pais: eles esperaram, e tu os livraste. *Missal*, p. 229.

47. 1Cor 13,7: (O amor) suporta tudo, acredita em tudo... tolera tudo...
1Cor 13,4: O amor não se irrita, não é orgulhoso. *Missal*, p. 140.

48. Jo 14,21: Mas quem me amar será amado por meu Pai, e eu o amarei e me manifestarei a ele. Pr 8,17: Eu amo os que me amam. *Missal*, p. 586.

49. Pr 17,17: Quem é amigo ama todo o tempo, e como um irmão ele se comportará na necessidade.

50. GREGÓRIO MAGNO. *In Evang. Homilia*. XXX. Vol. II. Opera, Paris: [s.e.] 1636, col. 4091.

51. Jó 2,4: Satã respondeu ao Senhor e disse: pele por pele, e tudo o que o homem tem, ele o dará por sua vida (literalmente: ele o dará em troca de sua alma).

52. 2Cor 9,6: Quem semeia pouco, colherá pouco. *Missal*, p. 693.

53. 2Cor 1,7: ...e nossa esperança a vosso respeito é firme, porquanto sabemos que, como tendes parte nos sofrimentos, tereis também parte na consolação.

gnitas (Dei) te ad poenitentiam ducit. Benignus est iudex, reddere unicuique iuxta opera sua[54]. Nam benignitas reddit bonum pro malo maximum pro pauco, sed bonitas pro bono reddit bonum, parvum pro parvo. Undecimus est patientia, de qua dicitur: Si vis vincere, disce pati. Et Apostolus: Per patientiam et consolationem scripturarum spem habeamus[55]. Et Morienes: Qui patientiam non habet manum ab opere suspendat[56]. Et Caled Minor: Tria sunt necessaria, videlicet patientia, mora et aptitudo instrumentorum[57]. Et Apostolus: Patientes estote, quia adventus Domini appropinquabit etc.[58] Duodecimus est temperantia, de qua scribitur, quod omnia nutrit et fovet et in sanitate conservat. Quamdiu enim elementa sunt in temperantia, anima in corpore delectatur, cum autem discordant, anima in eo abhorret habitare. Nam temperantia est elementorum mixtio adinvicem, ut calidum cum frigido, siccum cum humido temperetur; et ne unum excedat aliud philosophi summo studio prohibuerunt dicentes: Cavete, ne arcanum fugiat[59], cavete, ne acetum in fumum vertatur[60], cavete, ne regem et uxorem suam

---

1. «Dei» add. L, Divinitatis MP / «te» om. M, Dei est quae te L / poenitentiam: praemium MPV₂ / 6. Et: etc. DRh, om. L / 7. suspendit MPVL / «videlicet» om. BPVD / 9. «etc» om. MPVL / 12. discordant in eo abhorret anima DBP / 15. «Cavete» om. MP / fugiet BLRh, fuget P, fumiget M / 16. «cavete» om. PM /

---

54. Rom. 2,4: ...ignoras, quoniam benignitas Dei ad poenitentiam te adducit? Rom. 2,6: Dei, qui reddet unicuique secundum opera eius. Cf. Ps. 61,13.
55. Rom. 15,4: Quaecumque scripta sunt. ad nostram doctrinam scripta sunt, ut per patientiam et consolationem Scripturarum spem habeamus. Cf. *Ordo missae.* p. 50.
56. Cf. Rosarium, MANGET. Lib. III, p. 114 a.
Cf. item THOMAS DE AQUINO. Thesaurus Alchemiae Secretissimus, *Theatr. Chem.* Vol. III. [s.l.]: [s.e.], 1659, p. 278: ...Quia secundum Gebrum festinantia a Diabolo est. Ideo qui patientiam non habet, ab operatione manum suspendat.
57. Rosarium, MANGET. Lib. III, p. 114 a: Ad hanc tria necessaria sunt, scilicet patientia, mora et instrumentorum aptatio.
Cf. THOMAS DE AQUINO. Thesaurus Alchemiae Secretissimus, *Theatr. Chem.* Vol. III. [s.l.]: [s.e.], 1659, p. 278: Quomodo tandem fit substantia una, ut dicit Avicenna: habere opportet patientiam, moram et instrumentum.
58. Jac. 5,8: Patientes igitur estote et vos et confirmate corda vestra quoniam adventus Domini appropinquavit.
59. RUSKA, J. *Turba phil.* Op. cit., p. 126: ...et cavete, ne arcanum fumiget... (Cod. N. Vadiana 390: fugiet). Cf. ibid., p. 128: Observate ergo vas ne compositum fugiat...
60. Ibid., p. 199 ...et cavete ne acetum in fumum vertatur et pereat.

nidade de Deus te conduz à penitência. Benigno é o juiz, para dar a cada um segundo suas obras[54]! Pois a benignidade paga o mal com o bem, dá muito por pouco (a simples bondade, ao contrário, paga o bem com o bem e o pouco com o pouco). A décima primeira é a paciência, da qual se diz: Se quiseres vencer, aprende a ter paciência. E o Apóstolo: Mediante a paciência c a consolação das Escrituras, tenhamos esperança[55]. Morienus também diz: Quem não tem paciência, retire a mão da Obra[56], e Caled Minor: Três coisas são necessárias, a saber, paciência, ponderação e a manipulação hábil dos instrumentos[57]. E o Apóstolo: Sede pacientes, pois o Advento do Senhor se aproxima etc.[58] A décima segunda é a temperança, sobre a qual está escrito que ela alimenta, fomenta e preserva a saúde de todas as coisas. Enquanto os elementos estão na temperança, a alma se alegra no corpo; quando eles discordam, a alma detesta habitar o corpo. Pois a temperança é a mistura dos elementos, uns com os outros, de modo que o quente se tempere com o frio, o úmido com o seco. Os filósofos proibiram com ênfase que qualquer um excedesse o outro, dizendo: Cuidado para que o arcano não fuja[59], cuidado para que o vinagre não se transforme em fumaça[60], cuidado para não deixardes fugir o rei e sua esposa devido a um fogo exces-

---

54. Rm 2,4-6: Então não sabes que a bondade de Deus te conduz à penitência?... de Deus que dá a cada um segundo suas obras. Cf. Sl 62,13.

55. Rm 15,4: Tudo o que foi escrito antes, foi escrito para nosso ensinamento, a fim de que pela paciência e consolação das Escrituras tenhamos esperança. *Missal*, p. 50.

56. Cf. Rosarium phil, MANGET. Livro III. p. 114a.

Cf. igualmente Provérbios de Geber, em TOMÁS DE AQUINO. Thesaurus Alchemiae Secretissimus, in *Theatrum Chemicum*. Vol. III. [s.l.]: [s.e.], 1659, p. 278.

57. Cf. Rosarium, MANGET. Livro III. p. 114a. Cf. TOMÁS DE AQUINO. Thesaurus Alchemiae Scretissimus, in *Theatrum Chemicum*. Vol. III. [s.l.]: [s.e.], 1659, p. 278 e GEBER. Summa Perfectionis. Cap. 12, in *De Alchimie*.[s.l.]: [s.e.], 1541, p. 17.

58. Tg 5,8: Sede pacientes e fortalecei vosso coração, pois a vinda do Senhor se aproxima.

59. Cf. RUSKA, J. *Turba philosophorum*. Ibid., p. 200: ...e precavei-vos para que o "segredo" não principie a tornar-se fumaça... Ibid., p. 202: Observai também o vaso, para que o composto não escape.

60. Ibid., p. 199: ...e tomai cuidado para que o vinagre não se transforme em fumaça e pereça.

fugetis nimio igne[61], cavete omne, quod est extra modum, sed super ignem putredinis hoc est temperantiae ponite quousque sponte iungantur[62]. Tredecimus est spiritualis disciplina sive intellectus, de quo Apostolus: Littera occidit, spiritus autem vivificat[63]. Renovamini spiritu mentis vestrae et induite [novum] hominem[64], hoc est intellectum subtilem[65]. Si spiritualiter intellexeritis, spiritum utique cognoscetis. Unusquisque vestrum opus suum probet[66], utrum sit perficiens an deficiens. Quae enim homo seminat eadem et metet[67]. O quam multi non intelligunt dicta sapientum, hi perierunt propter eorum insipientiam, quia caruerunt intellectu spirituali et nihil invenerunt praeter laborem. Quartusdecimus lapis est oboedientia, de qua scribitur: Oboedientes estote vestris superioribus[68] sicut Christus factus fuit oboediens patri usque ad mor-

---

1. fugietis MPVLRh / 4. spiritu: spiritus MPD / 5. «novum» add. BV / 8. «O» om. MPVD / 9. quia: qui PV / 9.–10. caruerunt: non curaverunt V / 10. intellectum spiritualem LV /

---

61. Ibid., p. 138: ...requiem eis constituite et cavete ne fugetis eos comburendo nimio igne. Veneramini regem et suam uxorem et nolite eos comburere.

62. Liber Alphidii etc. Cod. Ashmole 1420. Op. cit., fol. 10: Deinde super ignem pone putredinis quousque sponse iungantur et omne corruptum emendatur.

63. II. Cor. 3,6: Littera enim occidit, Spiritus autem vivificat. Cf. *Ordo missae*, p. 438. – Wird schon von Olympiodor zitiert (BERTHELOT. *Collection des anciens alchimistes grecs*. Paris: [s.e.], 1887/1888, vol. I. II, IV, p. 94).

64. Ephes. 4,23-24: Renovamini autem spiritu mentis vestrae et induite novum hominem... Cf. *Ordo missae*, p. 467.

65. Cf. *Pretiosa margarita novella*. Op. cit., p. 38: ...et hoc (fixio et permanentia animae et spiritus) per adiectionem lapidis occulti, qui sensu non comprehenditur, sed intellectu solum per inspirationem vel revelationem divinam aut per doctrinam scientis... et dixit Alexander: duo sunt in hac arte ordines, scilicet aspectus óculo intellectusque corde, et hic lapis occultus est qui proprie dicitur donum Dei, et hic est lapis divinus occultus sine cuius commixtione lapidi annihilatur alchemia, cum ipse sit ipsa alchemia... Et hic lapis divinus est cor et tinctura auri quaesita a philosophis.

66. Gal. 6,4: Opus autem suum probet unusquisque et sic in semetipso tantum gloriam habebit... Cf. *Ordo missae*, p. 443.

67. Gal. 6,8: Quae enim seminaverit homo, haec et metet. Cf. *Ordo missae*, p. 443. Cf. item Rosarium Phil. MANGET. III, p. 107 b. Ps. Aristoteles. Item *Pretiosa margarita novella*. Op. cit., p. 116-117.

68. Hebr. 13,17: Oboedite praepositis vestris et subiacete eis... Cf. *Ordo missae*. p. 658.

sivo[61], evitai antes de tudo o que sai da medida; mas colocai-os sobre o fogo da putrefação, isto é, da temperança, até que se unam por si mesmos[62]. A décima terceira é a disciplina espiritual ou inteligência, da qual o Apóstolo diz: A letra mata, mas o espírito vivifica[63]. Renovai-vos através do espírito de vossa mente e revesti o homem novo[64], isto é, a compreensão sutil[65]. Se compreenderdes de um modo espiritual, certamente experimentareis o espírito. Que cada um examine seu trabalho[66], para ver se ele conduz à perfeição ou à destruição. Pois o que o homem semeia, colherá[67]. Oh, como são numerosos os que não compreendem as palavras dos sábios; esses vão para a perda, devido à sua incompreensão; faltou-lhes a compreensão espiritual e eles nada encontraram apesar de seu trabalho e esforço. A décima quarta pedra é a obediência, da qual está escrito: Obedecei a vossos superiores[68],

---

61. Ibid., p. 216: ...deixai-os repousar e cuidai de não pô-los em fuga, queimando-os com fogo excessivo. Honrai o rei e sua esposa e não os queimeis.

62. ALPHIDIUS. *Cod. Ashmole.* 1420. Op. cit., fol. 10.

63. 2Cor 3,6: Pois a letra mata, mas o espírito vivifica. Cf. *Missal*, p. 438. – Apud Olimpiodoro (BERTHELOT, M. *Collection des anciens alchimistes grecs.* Paris: [s.e.], 1887/1888, p. 94).

64. Ef 4,23-24: Renovai-vos no espírito de vossa mentalidade e revesti-vos do homem novo, segundo foi criado por Deus... *Missal*, p. 467.

65. Cf. *Pretiosa margarita novella.* Ibid., p. 38: ...e isto (a fixação e permanência de alma e espírito) se faz pela adjunção da pedra secreta, que não é compreendida pelos sentidos, mas só pelo espírito através da inspiração ou revelação divinas, ou pelo ensinamento de um sábio... e Alexandre diz: Há duas ordens nesta arte, a saber, a visão através do olhar e a compreensão do coração, e esta pedra oculta é propriamente um dom de Deus e é a pedra divina sem cuja mistura a alquimia é anulada, pois ela mesma é a alquimia... E esta pedra divina é o coração e a tintura do ouro que os filósofos procuram.

66. Gl 6,4: Cada um examine sua própria conduta e então encontrará em si mesmo ocasião de se gloriar... *Missal*, p. 443.

67. Gl 6,7: Pois aquilo que o homem semeia, colherá. *Missal.* p. 443. Cf. tb. Rosarium, MANGET. III. p. 107b; e *Pretiosa margarita novella.* Ibid., p. 116-117.

68. Hb 13,17: Obedecei a vossos mestres (literalmente: superiores) e submetei-vos a eles... *Missal*, p. 658.

tem[69]. Sic oboedite praeceptis et dictis sapientum, tunc omnia promissa eorum vobis oboediunt et proveniunt Deo Domino annuente. Qui habet aures audiendi audiat, quid dicat spiritus doctrinae filiis disciplinae de domo, quam fundavit sapientia super quattuordecim lapides angulares[70], quam vigintiquattuor seniores clavibus regni coelorum reserant et quam Senior in prologo libri sui declaravit: Ubi ponit quod <est> aquila in tecto et diversarum in lateribus imagines proprietatum[71]. Et Alphidius in libro suo dicit de domo thesaurizaria, quam docet quattuor clavibus posse reserari, quae sunt quattuor elementa[72].

XI. Parabola Sexta de coelo et mundo et sitibus elementorum

Qui de terra est, de terra loquitur, qui de coelo venit super omnes est[1]. Hic iam etiam locatur terra pro principio elementorum, coeli vero pro tribus superioribus denotantur [principiis], quare libet pauca de terra et de coelo perorare, cum ipsum sit principium et mater aliorum elementorum testante Propheta: Initio tu Domine terram fundasti et opera manuum tuarum sunt coeli[2], id est aqua, aer et ignis. Nam a terra

---

5. reservant MP / 6. dicit seu ponit L / «est» coni. / 7. et «etc» Alph. MPB, «Et» om. V / 8. thesaurorum M, thesaurariorum PBV, thesaurisariaram L, thesaurarcha D / dicit BDLRh / 13. pro primum P, corr. P₂ / 14. «principiis» add. D / libent P, libentur V / 15. procreare PV, parare M / principium: primum L, om. B / 17. «et» om. LBRh /

---

69. Phil. 2,8: Humiliavit semetipsum factus oboediens usque ad mortem, mortem autem crucis... Cf. *Ordo missae*, p. 247-248.
70. *Ordo missae*, p. 445: Duodecim fructus Spiritus. (Gal. 5,16–24.)
71. Cf. SENIOR. *De Chemia*. Op. cit., p. 3 et sqq.: Intravi... in domum quandam subterraneam... et vidi in tecto imagines novem aquilarum pictas... et in pariete domus a dexteris et a sinistris intrantis imagines hominum stantium, pro ut possent esse perfectiores et pulchriores induti diversis vestimentis et coloribus... Cf. p. 109: Est enim lapis Aquilae...
72. Cod. Ashmole 1420, fol. 22-24. Grössere Fragmente der Lehre des Schatzhauses von Alphidius finden sich auch im Consilium Coniugii, *Ars. Chem.* 1566, a. a. O. p. 108 ff.
1. Joh. 3,31: Qui desursum venit super omnes est. Qui este de terra de terra este et de terra loquitur. Qui de caelo venit, super omnes est.
2. Ps. 101,26-27: Initio tu Domine terram fundasti, et opera manuum tuarum sunt coeli, ipsi peribunt, tu autem permanes. Cf. *Ordo missae*, p. 83.

tal como Cristo obedeceu a seu Pai até a morte[69]. Obedecei também aos preceitos e palavras dos sábios, e então todas as suas promessas cumprir-se-ão a vosso favor, segundo a permissão do Senhor Deus. Quem tiver ouvidos para ouvir, que ouça o que o espírito da doutrina diz aos filhos da ciência sobre a casa que a sabedoria edificou sobre quatorze pedras angulares[70], aquelas que os vinte e quatro anciãos abrem com a ajuda das chaves do reino dos céus, e acerca das quais Senior, no prólogo de seu livro, diz: Lá onde ele põe uma águia sobre o teto, e sobre os lados as imagens das diversas propriedades[71]. Alphidius também fala em seu livro de uma casa de tesouros e ensina que ela pode ser aberta com o auxílio de quatro chaves, que são os quatro elementos[72].

XI. Sexta Parábola: do céu e do mundo e do lugar dos elementos

Quem é da terra fala da terra, quem vem do céu está acima de tudo[1]. Aqui, pois, a terra é posta como princípio básico dos elementos: o céu, por seu lado, figura entre os três princípios superiores; por conseguinte, será preciso dizer algo sobre o céu e a terra, sendo esta o princípio básico e a mãe dos outros elementos, tal como o Profeta adverte: No início, ó Senhor, fundaste a terra; os céus[2] são obra de tuas mãos, feitos de água, ar e fogo. A partir da terra

---

69. Fl 2,8: ...ele humilhou-se a si mesmo e foi obediente até à morte, e morte em cruz.
70. Cf. *Missal*, p. 306 e 445: Os frutos do Espírito Santo: caridade, alegria, paz, paciência, longanimidade, bondade, benignidade, mansidão, fidelidade, modéstia, continência, castidade.
71. Cf. SENIOR. De *Chemia*. Estrasburgo: [s.e.], 1566, p. 3s. Entrei numa casa subterrânea... e vi no teatro as figuras de nove águias... e nas paredes da casa à direita e à esquerda da entrada, imagens de homens em pé... vestidos com vestes de diversas cores... p. 109: O *lapis* é a águia...
72. *Cod. Ashmole* 1420, fol. 22-24. Fragmentos do ensinamento da Casa do tesouro de Alphidius podem ser encontrados também em Consilium Coniugii, in *Ars Chemica*. Ibid., p. 108s.
1. Jo 3,31: Aquele que veio do alto, está acima de todos. Quem é da terra, é da terra e fala da terra: o que vem do céu está acima de todos.
2. Sl 102,26-27: Estabeleceste a terra desde o início, e os céus são obra de tuas mãos. Eles passarão, mas tu permaneces. *Missal*, p. 83.

elementa moriendo separantur et ad eam vivificando revertuntur[3] quia a quo res habet componi, in illud habet resolvi testante sacro eloquio: Homo cinis est et in cinerem revertetur[4]. Talem cinerem praeceperunt philosophi commisceri aqua permanente, quae est fermentum auri, et aurum eorum est corpus scilicet terra, quod vocavit Aristoteles coagulum, cum sit coagulans aquam, quae est terra sanctae promissionis[5], in quam iussit Hermes filium suum seminare aurum[6], ut pluvia viva ascenderet de eo et aqua ipsum calefaciens[7], ut Senior dicit: Cumque voluerint extrahere hanc aquam divinam, quae est ignis, calefaciunt igne suo,

---

2. compositionem P, composi M / 5. est: in M / 7. ut: et VD / 8. de eo et aqua: de ipsa aqua MPV / ut: et etc. MP, om. V / 9. quam DML, quem M_2 /

---

3. Cf. MORIENUS ROMANUS. De Transmut. met., *Artis Aurif.* Basileia: [s.e.], 1610, II, p. 19: Hermes quoque ait: Terra est mater elementorum: de terra procedunt et ad terram revertuntur.
Cf. item *Pretiosa, margarita novella*. Op. cit., p. 107: Hermes: terra est elementum et de terra omnia facta sunt et ad terram convertuntur. Moyses: terra est mater elementorum, omnia de terra procedunt et ad terram convertuntur. Sic recitat Morienus: Haec autem terra est corpus et fermentam...
4. Gen. 3,19: ...quia pulvis es, et in pulverem reverteris... Cf. *Ordo missae*, p. 146. Eccli. 17,31: ...et omnes homines terra et cinis...
Hiob 34,15: Deficiet omnis caro simul et homo in cinerem revertetur.
5. Cf. Mos. II, 13,5. Cf. *Ordo missae*, p. 328.
6. Cf. SENIOR. *De Chemia*. Op. cit., p. 34-35: Secundo quod vocat terram benedictam sitientem et cinerem, qui est fermentum. Auri aqua est fermentum et corpora sunt terra eorum et fermentum huius aquae divinae est cinis, qui est fermentum fermenti. Quod vocavit Maria sapiens in quodam loco librorum suorum Coagulum, cum sit coagulans aquam illorum, in terra eorum, quae est corpus secundum... Et de hoc cinere et de hoc corpore... dixit Hermes filio suo: Semina aurum in terra alba foliata.
p. 25: Mundus inferior est corpus et cinis combustus ad quem reducunt Animam honoratam. Et cinis combustus et anima sunt aurum sapientum, quod seminant in terra sua alba... p. 40: Nominaverunt... cinerem... et aquam mundam, quia mundata est a tenebris animae. Cf. p. 115. Cf. item Rosarium, MANGET. III, p. 102 a: Hermes: Seminate aurum vestrum in terram albam foliatam, quae per calcinationem facta est ignea, subtilis, aerea. Et ibidem p. 105 b: Seminate ergo animam in terram albam foliatam, quoniam ipsa retinet eam quoniam cum ascenderit a terra in coelum iterumque descenderit in terram recipiet vim inferiorum et superiorum...
Cf. Aristotelis tractatulus, *Artis Aurif.* Basileia: [s.e.], 1610, p. 238: Terram dealbate et igne cito sublimate quosque exeat ex ipsa spiritus, quem in ea invenies, qui dicitur avis Hermetis. Hunc cinerem ne vilipendas, quoniam ipse est diadema cordis tui et permanentium cinis, corona victoriae et coagulum lactis... Hic est ergo cinis extractus a cinere et genitum philosophorum, terra alba foliata in quam seminandum est aurum. Unde dicit Hermes: Extrahe e radio suam umbram et faecem, quae ipsum interficit, et seminate aurum in terra alba foliata...
7. Cf. SENIOR. *De Chemia*. Estrasburgo: [s.e.], 1566, p. 108: Et de illo cinere ascendit pluvia viva et vivificans, quae descendit de coelo... Cf. item p. 65-66 et p. 38.

é que os elementos se separam, morrendo e depois a ela voltando revivificados[3], pois, conforme aquilo de que uma coisa se compõe, nisso mesmo ela se resolve naturalmente, como atesta a palavra sagrada: O homem é cinza e à cinza retornará[4]. Os filósofos prescreveram que essa cinza deve ser misturada com a água eterna (*aqua permanens*). Esta é o fermento do ouro, e "seu ouro" é o corpo, isto é, a terra que Aristóteles chamou *coagulum* (coágulo), pois ela coagula a água. Esta é a terra do país prometido[5], no qual Hermes ordenou que seu filho semeasse ouro[6], a fim de que dela subam a chuva vivificante (o ouro)[7] e a água que a aquece, como diz também Senior: Quando eles (os filósofos) querem extrair esta água divina, que é fogo, eles a aquecem com seu fogo, que é água,

---

3. Cf. MORIENUS ROMANUS. De Transmutat. Metall., *Artis Auriferae*. Basileia: [s.e.], 1610, II, p. 19. Cf. igualmente *Pretiosa margarita novella*. Ibid., p. 107; Hermes: A terra é um elemento e tudo nasceu da terra e volta à terra. Moisés: a terra é a mãe dos elementos, todos saem da terra e a ela voltam.

4. Gn 3,19: Pois tu és terra (pó) e a ela retornarás (ao pó).

Eclo 17,31; Todos os homens são terra e pó (cinza).

Jó 34,15: ...e o homem se tornará de novo pó (cinza).

5. Cf. Ex 13,5; *Missal*, p. 328.

6. Cf. SENIOR. *De Chemia*. Estrasburgo: [s.e.], 1566, p. 34-35: Segundo, porque ele chama a abençoada terra sedenta também de cinza, que é o fermento. A água do ouro é o fermento e os corpos (minerais) são sua terra; e o fermento desta água divina é a cinza que é o fermento do fermento. Maria, a sábia, chamou a este último em um de seus livros também de *coagulum*, pois ele coagula a água desses corpos em sua terra, que é o corpo segundo... E desta cinza e deste corpo, disse Hermes a seu filho: semeia o ouro na terra branca de prata... Cf. ainda p. 115 e 25: O mundo subterrâneo é dos corpos e da cinza, aos quais a alma dignificada retorna e arde. As cinzas e a alma são o ouro dos sábios, que são semeados em sua terra branca. P. 40: Elas se chamam... as cinzas... também água pura, porquanto são purificadas das trevas da alma. Cf. ARISTÓTELES. Tractatulus, *Artis Auriferae*. Basileia: [s.e.], 1610, p. 238: Branqueai a terra e sublimai-a no fogo, até que um espírito que há nela saia, o assim chamado "Pássaro de Hermes". Estas cinzas não são pouco estimadas, pois elas são a díade do seu coração e as cinzas das coisas duráveis, a coroa da vitória e o coágulo do leite... Estas cinzas extraídas da cinza e o Hermes procriador dos filósofos é a terra branca na qual o ouro deve ser semeado. Razão pela qual Hermes diz: Subtrai ao raio de sua sombra e a borra que o destrói e semeia o ouro na terra branca folhada...

7. Cf. SENIOR. *De Chemia*. Estrasburgo: [s.e.], 1566, p. 108: E de cada cinza ergue-se uma chuva viva e vivificante que desce do céu... Cf. igualmente, p. 65s. e 38.

1 qui est aqua, quem mensurati sunt usque in finem et occultaverunt propter insipientiam fatuorum[8]. Et super hoc iuraverunt omnes philosophi, ne in aliquo loco scriptotenus ponerent lucide, sed attribuerunt glorioso Deo, ut revelaret cui vult et prohiberet a quo vult[9], quia in ipso
5 est magnum sophisma et obscuritas sapientum. Cumque calor illius ignis ipsi terrae advenerit, solvitur et fit aqua torrens id est vaporans, deinde revertitur ad formam suam priorem terrestrem[10]. Ideo per aquam terra mota est et coeli distillaverunt super eam[11] et melliflui facti sunt per totum mundum et enarrant gloriam eius[12]. Haec enim gloria soli intelli-
10 genti est cognita, quomodo de terra facti sunt coeli[13], pro eo terra in aeternum permanet et coeli fundantur supra eam, testante Propheta: Qui fundasti terram super stabilitatem suam, non inclinabitur in saeculum saeculi. Abyssus vestimentum eius, super ipsam stabunt aqua, aer ignis[14], nec non volucres coeli habitabunt in ea, rigantes ipsam de superioribus
15 elementis, ut de fructu operum ipsorum satiaretur, ut quia in centrum

---

2. propter insipientes MPV / 3. «in aliquo loco» om. MPV / tribuunt BDLRh / 4. revelet DLRh / voluerit... velit DLRh / prohibeat MB / 6. solvetur LRh / 9. et: ut BDLRh /10. quomodo: Qño MP, quoniam DL / 12. declinabitur MPV /13. ipsum RhL / «et» ignis add. DL / 15. ut: et BV / ipsorum: suorum DLRh / «satiaretur» coni. satiabitur Codd. / ut quia: utique B /

---

8. SENIOR. *De Chemia*. Estrasburgo: [s.e.], 1566, p. 68: Cumque volunt illa(m) extrahere calefaciunt cum igne suo, quem mensurati sunt illi et occultaverunt et cum invenit illam calor... ignis solvitur et fit aqua currens.

9. Cf. SENIOR. *De Chemia*. Estrasburgo: [s.e.], 1566, p. 92: ... et hoc est secretum super quo iuraverunt quod non indicarent in aliquo libro nec aliquis eorum declaravit hoc, et attribuerunt illud deo glorioso ut inspiraret illud cui vellet et prohibeatur a quo vellet...

Cf. item Consilium Coniugii, *Ars Chem*. Op. cit., 1566, p. 49; De Arte Chimica, *Artis Aurif*. Basileia: [s.e.], 1610, I, p. 174.

10. Cf. ibid., p. 68: ...cum invenit illam (scil. aquam congelatam) calor illius ignis solvitur et fit aqua currens. Cum autem praeparata fuerit revertitur ad formam suam priorem et congelatur...

11. Ps. 67,9: Terra mota est et enim caeli distillaverunt a facie Dei Sinai, a facie Dei Israel.

Ps. 95,4-5, ...vidit et commota est terra. Montes sicut cera fluxerunt a facie Domini... Cf. Jes. 64,1.

12. Ps. 18,2: Caeli enarrant gloriam Domini... Cf. *Ordo missae*, p. 59.

13. Cf. Prov. 8,22-35; (*Ordo missae*, p. 493.)

14. Ps. 103,5-6: Qui fundasti terram super stabilitatem suam, non inclinabitur in saeculum saeculi. Abyssus vestimentum amictus eius, super montes stabunt aquae.

fogo que eles mediram até o fim (da obra) e que mantiveram secreto devido à ignorância dos insensatos[8]. E quanto a isto, todos os filósofos juraram que não o escreveriam claramente em parte alguma, deixando ao Deus glorioso a decisão de revelá-lo a quem quiser, e escondê-lo de quem quiser[9], pois há nisso uma grande prudência e o segredo dos sábios. Quando o calor desse fogo se aproxima da terra, esta se dissolve e se torna água fervente; depois se evapora e volta à sua primeira forma terrestre[10]. Com isso, a terra é posta em movimento pela água e os céus derramam gotas sobre ela[11], e escorre algo semelhante ao mel através do mundo inteiro, narrando sua glória[12]. Mas esta glória só é conhecida por aquele que sabe como os céus foram fundados sobre a terra[13], e por isto esta permanece para sempre e os céus são fundados sobre ela, segundo o testemunho do Profeta: Tu, que fundaste a terra sobre sua firmeza, e ela não vacilará pelos séculos e séculos. O abismo é sua veste, sobre ela se manterão água, ar e fogo[14], os pássaros do céu a habitarão, eles a regam lá dos elementos superiores, para que ela (a terra) seja saciada com os frutos de suas obras,

---

8. SENIOR. *De Chemia*. Estrasburgo: [s.e.], 1566, p. 68: E quando querem extrair a água, eles a esquentam com seu fogo, que mediram e ocultaram, e quando o calor do fogo atinge (a água coagulada), ela se dissolve e se torna água corrente.

9. Cf. SENIOR. *De Chemia*. Estrasburgo: [s.e.], 1566, p. 92: ...e isto é um segredo acercado qual eles juraram que não a publicariam em nenhum livro; e nenhum deles o declarou e o atribuíram à glória de Deus para que ele inspire a quem quiser e o negue também a quem quiser. Cf. igualmente Consilium Coniugii, in *Ars Chemica*. Ibid., p. 49; De Arte Chemica, in *Artis Auriferae*. Basileia: [s.e.], 1610, I, p. 174.

10. Cf. ibid., p. 68: Quando o calor desse fogo encontra (a água congelada), esta se dissolve e se torna água corrente. Mas se ela for preparada, volta à sua forma primitiva e se congela.

11. Sl 68,9: A terra foi abalada e os céus gotejaram diante de Deus...

Sl 97,4-5:... a terra viu e estremeceu. Os montes derreteram-se como cera diante do Senhor. Cf. Is 64,1.

12. Sl 19,2: Os céus falam da glória de Deus e o firmamento proclama a obra de suas mãos. *Missal*, p. 59.

13. Cf. Pr 8,22-35: *Missal*, p. 493. A "Sabedoria" lá estava quando Deus criou a terra (A citação toda pediria muito espaço).

14. Sl 104,5-6: ...fundaste a terra sobre sua base (literalmente: estabilidade), para que ele permanecesse sempre e eternamente: com o abismo a envolveste (a terra) como num vestido e as águas se elevaram acima das montanhas (cf. Bíblia de Zurique).

terrae septem planetae radicaverunt et virtutes ibi reliquerunt, unde in terra est aqua germinans diversa genera colorum et fructuum et educens panem et vinum laetificans cor hominis nec non producens foenum iumentis et herbam servituti hominum[15]. Haec inquam terra fecit lunam[16] in tempore suo, deinde ortus est sol[17] valde mane una sabbatorum[18] post tenebras, quas posuisti ante ortum solis in ipsa et facta est <nox>. In ipsa enim pertransibunt omnes bestiae silvae[19], quia terminum posuisti eis, quem non transgredientur[20] usque ad album, sed ordinatione sua perseverant [dies] usque ad rubeum, quia omnia serviunt terrae[21] et dies annorum eius sunt septuaginta anni[22] ingredientes super ipsam, quia est portans omnia verbo divinitatis suae[23] ut in libro Turbae philosophorum scribitur: Terra, cum sit ponderosa, omnia suffert[24], quoniam est fundamentum totius coeli, pro eo quod ipsa apparuit arida in elementorum separatione. Deinde via est in mari rubro sine impedi-

---

4. In quam terram MPV / facit MPVL / 5. uno RhD / 7. «nox» coni / quia: qua MPB / 9. «dies» add. BDLRh / rubrum P, album B / 11. verba MP / 14. praeparatione PV /

---

15. Ps. 103,12-14: Super ea volucres coeli habitabunt, de medio petrarum dabunt voces. Rigans terram de superioribus suis: de fructu operum tuorum satiabitur terra, producens foenum iumentis et herbam servituti hominum. Ut educas panem de terra et vinum laetificet cor hominum. Cf. *Ordo missae*, p. 441.
16. Ps. 103,19: Fecit lunam in tempora, sol cognovit occasum suum.
17. Ps. 103,22: Ortus est sol et congregati sunt (scil. bestiae) et in cubilibus suis collocabantur.
Cf. *Pretiosa margarita novella*. Op. cit., p. 112: Ex quibus omnibus liquide patet quomodo sol et luna sunt eiusdem naturae et quod luna praecedit solem et ordinatur ad ipsum et quomodo sol est occultus in luna et quomodo de ventre lunae sol extrahitur. Ideo dixit Senior quod sol est oriens in luna crescente.
18. Marc. 16,1-2: Maria Magdalena et Maria Jacobi et Salome emerunt aromata... Et valde mane una sabbatorum veniunt ad monumentum orto iam sole. Cf. *Ordo missae*, p. 312.
19. Ps. 103,20: Posuisti tenebras et facta est nox, in ipsa pertransibunt omnes bestiae silvae...
20. Ps. 103,9: (Montes et valles)... Terminum posuisti, quem non transgredientur...
21. Ps. 118,91: Ordinatione tua perseverat dies... quoniam omnia serviunt tibi...
22. Ps. 89,10: Dies annorum nostrorum in ipsis septuaginta anni.
23. Hebr. 1,3: Filio... qui cum sit splendor gloriae, et figura substantiae eius portansque omnia verbo virtutis suae... Cf. *Ordo missae*, p. 82.
24. RUSKA. *Turba*. Op. cit., p. 112: ...terra autem cum sit ponderosa et spissa, fert omnia, quae regit ignis.

pois os sete planetas mergulharam na terra suas raízes e suas forças; por isso há na terra uma água que faz germinar diversas espécies de cores e frutos e dela tiram o pão e o vinho que alegra o coração do homem, e também faz crescer o feno para os animais e plantas úteis ao homem[15]. Esta terra fez a lua em seu tempo próprio[16], mas então o sol se ergueu[17] bem cedo, no primeiro dia da semana[18], depois da escuridão que puseste sobre a terra antes do nascer do sol e (assim) foi feita a noite. Nesta faixa de terra passarão todos os animais da floresta[19], pois tu fixaste para cada um determinado prazo de vida, que eles não ultrapassarão[20] até o branco; mas eles persistirão por sua ordem até o vermelho, pois todas as coisas servem à terra[21], e sua vida tem a duração de setenta anos[22], que passam sobre eles, porque ela tudo sustém mediante a palavra de sua divindade[23], tal como está escrito também na *Turba:* A terra sustém todas as coisas porque é pesada[24], e porquanto configura o fundamento de todo o céu, uma vez que surgiu seca, quando houve a separação dos elementos. Depois abriu-se um caminho

---

15. Sl 104,12–15: ...junto a ela pousam os pássaros do céu... Tu regas as montanhas do alto onde moras, tornas a terra cheia de frutos (literalmente: os frutos de tuas obras a terra será saciada), deixas o mato crescer para o gado, e as plantas para o proveito dos homens, tirando da terra o alimento, o vinho que alegra o coração humano... *Missal,* p. 441.
16. Sl 104,19: Fizeste a lua, para dividir o ano (literalmente: os tempos), o sol conhece seu ocaso.
17. Sl 104,22: Mas quando o sol se levanta, recolhem-se (os animais)... Cf. *Pretiosa margarita novella.* Ibid., p. 112: De tudo isto torna-se claro que sol e lua são da mesma natureza e a lua precede o sol e lhe é ordenada; e assim como o sol está escondido na lua, assim o sol é extraído do ventre da lua. Por isso Senior diz que o sol se levanta em lua crescente.
18. Mc 16,2: E elas chegaram muito cedo ao sepulcro, no primeiro dia da semana, quando o sol nascia...
19. Sl 104,20: Fazes (a) escuridão e vem a noite (literalmente: torna-se noite). Então todos os animais selvagens rondam (na floresta).
20. Sl 104,9: Tu estabeleceste um limite que elas (as águas) não ultrapassarão...
21. Sl 118,91: Segundo tua palavra o dia permanece (literalmente: o dia permanece sob tua ordem), pois tudo está a teu serviço.
22. Sl 90,10: Nossa vida dura setenta anos (literalmente: a duração de nossos anos é de setenta anos) e se se prolonga é de oitenta anos.
23. Hb 1,3: ...e sustém todas as coisas com sua palavra poderosa (literalmente: através da palavra de sua força tudo sustém). *Missal,* p. 82.
24. RUSKA. *Turba Philosophorum.* Ibid., p. 178: ...mas a terra, porque é pesada e densa, suporta tudo o que o fogo rege.

mento[25], quoniam hoc maré magnum et spatiosum[26] percussit petram et effluxerunt aquae [metallinae], deinde abierunt in sicco flumina[27], quae laetificant civitatem Dei[28]; cum hoc mortale induerit immortalitatem et corruptio vivorum incorruptelam. Tunc fiet sermo utique qui scriptus est: Absorpta est mors in victoria, ubi est o mors victoria tua[29]? Ubi abundavit delictum tuum, ibi(nunc) superabundat et gratia[30]. Nam sicut in Adam omnes moriuntur, ita et in Christo omnes [homines] vivificabuntur[31], quoniam quidem per hominem mors et per [Jesum] ipsum resurrectio mortuorum advenit[32]. Nam primus Adam et filii eius de elementis corruptibilibus exordium sumpserunt, ideo necesse fuit compositum corrumpi, secundus vero Adam, qui dicitur homo philosophicus de puris elementis in aeternitatem transmeavit. Ideo quod ex simplici

2. fluxerunt BPV / «metallinae» add. RhDL / 5. Abscondita MPV / «in» om. MPVRhDL / mortis victoria D, haec mors victoria L / «o» om. MPVD / «tua» om. MP / 6. «nunc» add. MP / abundat RhL / «et» om. MPV / 7. «et» om. PL / et in: de M / «homines» add. MP / 8. ipsum: Jesum MPVRh / 12. quod: quia D, om. M /

25. Sap. 19,7: Nam nubes castra eorum obumbrabat et ex aqua, quae antea erat, terra arida apparuit et in mari rubro via sine impedimento et campus germinans de profundis nimio.
26. Ps. 103,25: Hoc mare magnum et spatiosum manibus.
27. Ps. 104,41: Dirupit petram et fluxerunt aquae, abierunt in sicco flumina... Jes. 48,21: ...et scidit petram et fluxerunt aquae.
28. Ps. 45,5: Fluminis impetus laetificat civitatem Dei. Cf. *Ordo missae*, p. 534.
29. I. Cor. 15,53-55: Oportet enim corruptibile hoc induere incorruptionem et mortale hoc induere immortalitatem. Cum autem mortale hoc induerit immortalitatem, tunc fiet sermo, qui scriptus est: Absorpta est mors in victoria. Ubi est mors victoria tua? Cf. *Ordo missae*, p. 314.
30. Rom. 5,20: ...Ubi autem abundavit delictum, superabundavit gratia.
31. I. Cor. 15,21-22: ...quoniam quidem per hominem mors, et per hominem resurrectio mortuorum. Et sicut in Adam omnes moriuntur, ita et in Christo omnes vivificabuntur.
32. I. Cor. 15,21: Quoniam quidem per hominem mors et per hominem resurrectio mortuorum.

sem obstáculos[25], no mar Vermelho, pois este grande e amplo mar[26] abalou os rochedos e as águas metálicas escoaram. Então sobre o seco apareceram os rios[27] que alegram a cidade de Deus[28]; quando este corpo mortal revestir a imortalidade, e a corrupção dos seres vivos, a incorruptibilidade, cumprir-se-á verdadeiramente a palavra: A morte foi tragada na vitória. Ó morte, onde está a tua vitória[29]? Lá, onde teu pecado era abundante, a graça tornou-se mais abundante ainda[30]. Pois assim como em Adão todos morrem, em Cristo todos serão vivificados[31]. Por um homem a morte entrou no mundo, mas também através de um homem (Jesus) veio a ressurreição dos mortos[32]. Pois assim como o primeiro Adão e seus filhos se originaram de elementos corruptíveis, foi preciso que o composto se corrompesse e o segundo e verdadeiro Adão, chamado homem filosófico, feito de elementos puros, passasse para a eternidade. O que é feito de essência simples

---

25. Sb 19,7: onde antes havia água, apareceu uma terra árida; havia no meio do Mar Vermelho um caminho sem impedimento e um campo verde (surgiu) das vagas poderosas.
26. Sl 104,25: O mar, que é tão grande e vasto, nele formigam inúmeros animais grandes e pequenos.
27. Sl 105,41: Ele fendeu a rocha, as águas fluíram...
Is 48,21: Ele partiu a rocha, as águas saíram.
28. Sl 46,5: (literalmente) a torrente de um rio caudaloso alegra a Cidade de Deus (*Missal*, p. 534).
29. 1Cor 15,54: Mas quando este corpo corruptível vestir-se da incorruptibilidade e este corpo mortal revestir-se da imortalidade, então se cumprirá a palavra que está escrita: A morte foi absorvida na vitória. Morte, onde está tua vitória? Cf. *Missal*, p. 314.
30. Rm 5,20: ...Mas onde o pecado abundou, a misericórdia superabundou.
31. 1Cor 15,22: E como todos morrem em Adão, todos tornar-se-ão vivos em Cristo.
32. 1Cor 15,21: Pois através de um homem veio a morte e através de um homem veio a ressurreição dos mortos.

1   et pura essentia constat, in aeternum manet[33]. Ut Senior dicit: Est unum, quod numquam moritur, quoniam augmentatione perpetua perseverat[34], cum corpus glorificatum fuerit in resurrectione novissima mortuorum, unde fides testatur carnis resurrectionem et vitam ae-
5   ternam post mortem[35]. Tunc Adam secundus dicit priori et filiis suis: Venite benedicti patris mei, percipite regnum aeternum, quod vobis paratum est ab origine operationis[36], et comedite panem meum et bibite vinum, quod miscui vobis[37], quia parata sunt vobis omnia. Qui habet aures audiendi audiat, quid dicat spiritus doctrinae filiis disciplinae
10 de Adam terreno et Adam coelesti, quod philosophi insinuant his verbis: Quando habueris aquam de terra, aerem de aqua, ignem de aere, terram de igne, tunc plene habes artem (nostram) et perfecte [etc.][38].

---

1. unum: vivum RhL / 2. augmentatio MPV / 4. unde: ut RhLD / 7. reparationis VPD, temperationis M, mundi scil. operationis B / 8. «vobis» om. RhL / 9. «de» om. MPV / 10. innuunt MP / 12. «nostram» add. DLRh / «et perfecte» om. MPVDB / «etc» add. Rh. /

---

33. Cf. I. Cor. 15,45-47: Factus est primus homo Adam in animam viventem, novissimus Adam in spiritum vivificantem... Primus homo de terra, terrenus: secundus homo de coelo coelestis.
Cf. *Turba.* Op. cit., p. 115-116: Ex quatuor autem elementis pater noster Adam et filii eius, (scil.) ex igne aere aqua simul et terra creati sunt. Intelligite, omnes sapientes, quod omne, quod ex una creavit Deus essentia non moritur usque in diem iudicii. Mortis enim definitio est compositi disiunctio... ex duobus autem, tribus vel quatuor unumquodque compositum separari necesse est, quod est mors.
34. SENIOR. *De Chemia.* Estrasburgo: [s.e.], 1566, p. 71-72: Item unum quod non moritur, quamdiu fuerit mundus, et vivificat quodlibet mortuum. Cf. item Consilium Coniugii, *Ars Chemica.* [s.l.]: [s.e.], 1566, op. cit., p. 66.
35. Apost. Credo: Et exspecto resurrectionem mortuorum. Et vitam venturi saeculi. Amen. Cf. *Ordo missae,* p. 9.
36. Math. 25,34: Tunc dicet rex his, qui a dextris eius erunt: Venite benedicti Patris mei, possidete paratum vobis regnum a consdtutione mundi. Cf. *Ordo missae,* p. 161, 324, 629 etc. – Zitiert ais Schlussisatz von ARISTOTELES. De perfecto magisterio, *Theatr. Chem.* Vol. III. [s.l.]: [s.e.], 1659, p. 70 ff.
37. Prov. 9,4-5: Et insipientibus locuta est (Sapientia): Venite, comedite panem meum et bibite vinum, quod miscui vobis.
38. Cf. ARISTOTELES. *Secreta secretorum.* [s.l.]: [s.e.], 1528, fol. XXVII. De proprietatibus originalium lapidum: Quum igitur habueris aquam de aere et aerem ex igne et ignem ex terra hunc habebis plene artem.
Cf. Rosarium, MANGET. Lib. III, p. 101 b: De istis quatuor elementis dicit Aristoteles in libro de regimine principiorum: Cum habueris aquam ex aere et aerem ex igne et ignem ex terra, tunc plenam habebis artem Philosophiae: et hic est finis primae compositionis. Cf. *Art. Aurif.* Basileia: [s.e.], 1610, p.785.

e pura permanece eternamente[33]. Tal como diz também Senior: Há uma coisa que não morre jamais, porque persevera num crescimento (*augmentatione*) perpétuo[34], quando o corpo é glorificado na ressurreição dos mortos, no novo Dia; por isso a fé também atesta a crença na ressurreição da carne e a vida eterna após a morte[35]. Então o segundo Adão diz ao primeiro Adão e a seus filhos: Vinde, abençoados de meu Pai, herdai o reino eterno que foi preparado para vós desde o início da operação[36]; comei o meu pão e bebei o vinho que misturei para vós[37], pois tudo está pronto para vós. Quem tiver ouvidos para ouvir, que ouça o que o espírito da doutrina diz aos filhos da ciência acerca do Adão terrestre e do Adão celeste, que os filósofos mencionam com as seguintes palavras: Quando obtiveres água a partir da terra, ar a partir da água, fogo a partir do ar e terra a partir do fogo, então possuirás a nossa Arte, em sua plenitude e perfeição etc.[38]

---

33. Cf. 1Cor 15,45: Como está escrito: O primeiro homem, Adão, "foi feito alma vivente" e o último Adão, espírito vivificante. Cf. *Turba*. Ibid., p. 182-183: Nosso pai Adão e seus filhos foram criados a partir de quatro elementos, isto é, fogo, ar, água e terra. Compreendei todos vós, que sois sábios, que tudo o que Deus criou a partir de uma substância não morrerá até o dia do julgamento. Pois a definição de morte é "dissolução do composto".

34. SENIOR. *De Chemia*. Ibid., p. 71-72: Mas há uma coisa que não perecerá enquanto o mundo durar, e ela dá vida a tudo o que é morto. Cf. igualmente Consilium Coniugii, in *Ars Chemica*.[s.l.]: [s.e.], 1566, p. 66.

35. Credo (*Missal*, p. 9): Eu reconheço um batismo para a remissão dos pecados e espero a ressurreição dos mortos e a vida do mundo futuro. Amém.

36. Mt 25,34: Então o Rei dirá aos que estão à sua direita: Vinde, abençoados do meu Pai, herdai o Reino que vos foi preparado desde o início do mundo! *Missal*, p. 162, 324, 629, etc. Cf. a sentença final de ARISTÓTELES. De perfecto magisterio, *Theatrum Chemicum*. Vol. III. [s.l.]: [s.e.], 1659, p. 70s.

37. Pr 9,5s. (A Sabedoria disse): Vinde, comei do meu pão e bebei do meu vinho, que eu vos ofereço (literalmente: que eu misturei para vós), abandonai a insensatez...

38. Cf. ARISTÓTELES. *Secretum secretorum*. [s.l.]: [s.e.], 1528, fol. XXVII. De proprietatibus originalium lapidum, e Rosarium, MANGET. Lib. III, p. 101b: ...Aristóteles diz no livro acerca do procedimento com os elementos originários: Se obtiveres água do ar, e o ar do fogo e o fogo da terra, então terás toda a arte da filosofia e isto é o fim, etc. Cf. *Artis Auriferae*. Basileia: [s.e.], 1616, II, p. 185.

XII. Parabola Septima de confabulatione dilecti cum Dilecta

"Convertimini ad me in toto corde vestro[1] et nolite abiicere me, eo quod nigra sum et fusca, quia decoloravit me sol[2] et abyssi operuerunt faciem meam[3] et terra infecta et contaminata est in operibus meis[4]; quia tenebrae factae sunt super eam[5] pro eo, quod infixa sum in limo profundi et substantia mea non est aperta[6]. Propterea de profundis clamavi[7] et de abysso terrae voce mea ad vos omnes, qui transitis per viam. Attendite et videte me, si quis similem mihi invenerit[8], dabo in manu sua stellam matutinam[9]. Ecce enim in lectulo meo per noctem quaesivi consolantem et non inveni[10], vocavi et nemo respondit mihi." –

---

5. «in» om. MP / operationibus D / 8. vos: eos MP / 11. non: neminem MP /

---

1. Joel 2,13: Nunc ergo dicit Dominus: Convertimini ad me in toto corde vestro in ieiunio et in fletu et in planctu.

2. Cant. 1,4-5: Nigra sum sed formosa filiae Jerusalem sicut tabernacula Cedar, sicut pelles Salomonis. Nolite me considerare, quod fusca sim, quia descoloravit me Sol, filii matris meae pugnaverunt contra me...

3. Cf. Jona 2,6: Circumdederunt me aquae usque ad animam, abyssus vallavit me, pelagus operuit caput meum...

4. Ps. 105,38: Et infecta est terra in sanguinibus et contaminata est in operibus eorum...

5. Luc. 23,44: ...et tenebrae factae sunt in universam terram... Cf. Mc. 15,33.

6. Ps. 68,3: Infixus sum in limo profundi et non est substantia, veni in altitudinem maris, et tempestas dimersit me. Cf. Ordo missae, p. 249.

7. Ps. 129,1: De profundis clamavi ad te Domine, Domine exaudi vocem meam. Cf. *Ordo missae*, p. 130, 474 etc.

8. Thren. 1,12: O vos omnes qui transitis per viam, attendite et videte, si est dolor, sicut dolor meus... Cf. *Ordo missae*, p. 614, 569.

9. Apoc. 2,28: ...dabo illi stellem matutinam...

10. Ps. 68,21: Et sustinui, qui simul sontristaretur, et non fuit, qui consolaretur et non inveni... Cf. *Ordo missae*, p. 244, 615.

XII. Sétima Parábola: do diálogo do Amado com a Amada

"Voltai-vos para mim de todo o coração[1] e não me rejeiteis porque sou negra e escura, pois foi o sol que me queimou[2]; e os abismos cobriram minha face[3], e a terra foi pervertida e envenenada em minhas obras[4], pois as trevas a cobriram[5] porque fui mergulhada na lama das profundezas e minha substância não é aberta[6]. Por isso gritei do profundo[7], e do abismo da terra minha voz alcançou vossos ouvidos, de todos vós que passais pelo caminho: Prestai atenção e olhai-me; se alguém encontrar um ser semelhante a mim[8], porei em sua mão a estrela da manhã[9]. Eis que durante a noite procurei em meu leito alguém que me consolasse e não o encontrei[10], chamei e ninguém me respondeu". –

---

1. Jl 2,12: Então o Senhor disse: Convertei-vos (voltai-vos) a mim de todo o coração, no jejum, nas lágrimas e nos lamentos...
2. Ct 1,5-6: Eu sou negra, mas sou bela, ó filhas de Jerusalém, como as tendas de Cedar, como os tapetes de Salomão. Não me julgueis por minha pele escura, pois o sol me queimou...
3. Jn 2,4s.: Tu me atiraste no meio do mar profundo, as ondas me cercaram... As águas envolveram meu corpo, o abismo me rodeou... Eu mergulhei nos fundamentos das montanhas, a terra me prendeu eternamente...
4. Sl 106,38: ...e o país (literalmente: a terra) foi manchado(a) de sangue e maculado(a) por suas obras...
5. Lc 23,44: (Crucificação) E as trevas cobriram toda a terra.
6. Sl 69,3: Eu afundei numa lama profunda, sem apoio; cheguei ao mar profundo... *Missal*, p. 249.
7. Sl 130,1: Das profundezas eu clamo por ti. Senhor, escuta a minha voz... *Missal*, p. 130, 474 etc.
8. Lm 1,12: Vós todos que passais pelo caminho, olhai e vede se há uma dor como a minha dor. *Missal*, p. 614.
9. Ap 2,28:... e eu lhe darei a estrela da manhã.
10. Sl 69,21: Esperei para ver se alguém se lamentaria comigo, ninguém apareceu; (esperei) um consolador, mas não encontrei nenhum. *Missal*, p. 244, 615.

«Surgam ergo et introibo civitatem; per vicos et plateas quaerens[11] mihi unam desponsare virginem castam[12], pulchram facie, pulchriorem corpore, pulcherrimam veste, ut revolvat lapidem ab ostio monumenti mei[13] et dabit mihi pennas sicut columbae et volabo cum ea in coelo[14] et dicam tunc: Vivo ego in aeternum[15] et requiescam in ea, quia astitit [regina] a dextris meis in vestitu deaurato circumdata varietate. Audi ergo filia et vide et inclina aurem tuam ad preces meas, quia concupivi toto cordis desiderio speciem tuam[16]. O locutus sum in lingua mea, notum fac mihi finem meum et numerum dierum meorum, quis est, ut sciam quid desit mihi, quoniam mensurabiles posuisti omnes dies meos et substantia mea tamquam nihilum ante te[17]. Tu es enim ipsa, quae introibit per aurem, per regionem meam, et ero indutus stola purpurea ex te et ex me procedam tamquam sponsus de thalamo suo[18], quia circumdabis me vernantibus

---

1. –2. «facie pulchriorem corpore pulcherrimam» om. MP / 3. revolvet PVRhL / 4. dabo MPV / 5. «regina» add. BD / 10. meos: tuos RhBDL / 11. aurem: auream portam D / 13. quae circumdabit MPV. circumdas L /

---

11. Cant. 3,1-2: In lectulo meo per noctes quaesivi, quem diligit anima mea, quaesivi illum et non inveni. Surgam et circuibo civitatem per vicos et plateas quaeram quem diligit anima mea quaesivi illum, et non inveni. Cf. *Ordo missae*, p. 671.

12. II. Cor. 11,2: Despondi enim vos uni viro virginem castam exhibere Christo.

13. Marc. 16,3: Et dicebant ad invicem: Quis revolvet nobis lapidem ab ostio monumenti? ... Cf. *Ordo missae*, p. 312.

14. Ps. 54,7: Ex dixi: Quis dabit mihi pennas sicut columbae et volabo et requiescam? Cf. *Pretiosa margarita novella*. Op. cit., p. 123: Et quia foemina est alba fugiens... masculus vero est rubeus persequens foeminam et retinens... dixerunt: Foemina habet alas, masculus vero non. Cf. item SENIOR. Op. cit., p. 38.

15. Deut. 32,40: Levabo ad coelum manum meam et dicam: Vivo ego in aeternum... Cf. *Ordo missae*, p. 363.

16. Ps. 44,10-11: Astitit regina a dextris tuis in vestitu deaurato circumdata varietate. Audi filia et vide et inclina aurem tuam... et concupiscet rex decorem tuum, (quia concupivit Rex speciem tuam). Cf. *Ordo missae*, p. 567, 674.

17. Ps. 38,5-6: Locutus sum in lingua mea, notum fac mihi Domine finem meum. Et numerum dierum meorum quis est, ut sciam, quid desit mihi. Ecce mensurabiles posuisti dies meos et substantia mea tamquam nihilum est ante te.

18. Ps. 18,6: In sole posuit tabernaculum suum: et ipse tamquam sponsus procedens de thalamo suo. Cf. *Ordo missae*, p. 60.

"Por isso eu me levantarei para entrar na cidade; nas vielas e ruas procurarei[11], para desposá-la[12], uma virgem pura, bela de rosto, de corpo ainda mais belo, em belíssimas vestes, a fim de que ela remova a pedra de entrada do meu sepulcro[13], ela me dará asas como as das pombas e com ela voarei através do céu[14]. Então eu lhe direi: Eu vivo eternamente[15] e nela repousarei, pois [a rainha] está à minha direita em vestes douradas, ornada de várias cores. Ouve também, ó filha, e inclina teu ouvido às minhas preces, pois desejei tua beleza com todo o meu coração[16]. Minha língua falou: Faze-me conhecer meu fim e o número de meus dias para que eu saiba aquilo que me falta, pois limitaste todos os meus dias e minha substância é como nada diante de ti[17]. Tu és aquela que entrará pelo meu ouvido, através dos meus domínios, e eu serei revestido de uma veste púrpura (que) procede de ti e de mim, e sairei como um noivo de seu quarto nupcial[18], pois me circundas de pedras

---

11. Ct 3,1-2: Durante as noites procurei no meu leito aquele que minha alma ama. Procurei-o e não o encontrei. Levantar-me-ei e darei uma volta pela cidade e nas ruas e vielas procurarei aquele que minha alma ama. Procurei-o, mas não o encontrei. *Missal*, p. 671.

12. 2Cor 11,2: ...pois vos apresentei a Cristo como virgem pura.

13. Mc 16,3 (Mulheres junto ao sepulcro): E elas diziam umas às outras: Quem removerá a pedra da entrada do sepulcro? *Missal*, p. 312.

14. Sl 55,7: Oh, se eu tivesse asas como as das pombas, para voar e repousar (literalmente: E eu disse: Quem me dará asas como as das pombas para que eu possa voar e repousar?). Cf. *Pretiosa margarita novella*. Ibid., p. 123: E porque a mulher branca é fugidia, o homem vermelho a persegue e detém, dizem os filósofos: A mulher tem asas, mas o homem não as tem. Cf. tb. SENIOR. Ibid., p. 38.

15. Dt 32,40: Então erguerei minhas mãos ao céu e direi: Vivo eternamente... *Missal*, p. 363.

16. Sl 45,10-12: A rainha fica à tua direita suntuosamente revestida de ouro precioso (literalmente: envolta numa veste de ouro, em pompa colorida). (Cf. *Missal*. p. 615, 674). Ouve, filha, vê e inclina teu ouvido, assim o rei se alegrará com tua beleza (literalmente: então o rei ansiará por tua graça). *Missal*, p. 567.

17. Sl 39,4-5: Ensina-me, Senhor, que eu devo ter um fim etc. (literalmente: Eu falo com minha língua: Senhor, faze-me conhecer o meu fim e o número de meus dias), a fim de que eu saiba que sou efêmero, pois limitaste meus dias (tornaste mensuráveis), e minha substância é como nada diante de ti.

18. Sl 19,5-6: Ergueu-se ali uma tenda para o sol... e este sai como um esposo de sua câmara nupcial... *Missal*, p. 60.

1   atque coruscantibus gemimis et indues me vestimentis salutis et laeti-
    tiae[19] ad expugnandas gentes et omnes inimicos, nec non corona
    aurea expressa signo sanctitatis me ornabis et stola iustitiae cir-
    cumdabis me[20] atque annulo tuo subarrabis me nec non calcea-
5   mentis aureis calceabis me. Haec omnia faciet amica mea perfecta,
    pulchra nimis et decora in deliciis suis[21], quia viderunt eam filiae
    Sion et reginae atque concubinae eam laudaverunt[22]. O regina su-
    pernorum, surge propera [amica mea] sponsa mea[23], dic [dilecta]
    dilecto tuo, quae qualis vel quanta es, propter Sion non tacebis nec
    propter Jerusalem quiescas[24] loquere mihi, audit (te) enim dilectus
10 tuus: – "Audire omnes gentes, auribus percipite, qui habitatis or-
    bem[25]: dilectus meus rubicundus locutus est[26] mihi, petiit et impe-
    travit. Ego sum flos campi et lilium convallium[27], ego mater pulchrae
    dilectionis et [timoris et] agnitionis et sanctae spei[28]. Ego vitis fructi-

---

1. induens B, indueris V / vestimento Rh, D / 2. ex purgandas Rh D, pugnandas L / gentes et omnium gentium et nationum (D: hoc loco) inimicos nec non corona RhLD, om. P / «et» inimicos add. M / 3. «iustitiae» om. MPV / 3.–4. «atque annulo ∽ calceabis me» om. MPV / 6. concubinae V₂, columbinae MPV, columbae RhDL, om. B / 7. «amica mea» add. D / 8. «dilecta» add. RhL / 9. «te» add. D / loquere quae audit dilecto tuo MPV, cetera om. MP / 10. Audite «haec» add. VL /13. «timoris» add. V /

---

19. Jes. 61,10: Gaudens gaudebo in Domino... qui induit me vestimentis salutis et indumentis iustitiae circumdedit me, quasi sponsum decoratum corona et quasi sponsam ornatam monilibus suis. Cf. *Ordo missae*, p. 493, 549.

20. Eccli. 45,14: Corona aurea super mitram eius expressa signo sanctitatis et gloria honoris... Cf. *Ordo missae*, p. 549.

21. Cant. 7,6: Quam pulchra est et quam decora charissima in deliciis!

22. Cant. 6,8: ...Viderunt eam filiae Sion et beatissimam praedicaverunt reginae et concubinae et laudaverunt eam.

23. Cant. 2,10: En dilectus meus loquitur mihi: Surge, propera amica mea, columba mea... Cf. *Ordo missae*, p. 539.

24. Jes. 62,1: Propter Sion non tacebo et propter Jerusalem non quiescam, donec egrediatur ut splendor iustus eius...

25. Ps. 48,2: Audite haec omnes Gentes; auribus percipite omnes qui habitatis orbem...

26. Cant 5,10: Dilectus meus candidus et rubicundus electus ex millibus.

27. Cant. 2,1: Ego flos campi et lilium convallium, sicut lilium inter spinas...

28. Eccli. 24,24: (Sapientia loquitur): Ego mater pulchrae dilectionis et timoris et agnitionis et sanctae spei... Cf. *Ordo missae*, p. 727.

preciosas e faiscantes, me adornas de frescor primaveril e me revestes com as vestes da saúde e da alegria[19] para que eu domine todas as nações e inimigos. Tu me ornarás também com uma coroa de ouro, sinal da santidade[20], adornando-me com a estola da justiça com a qual me cingirás. Ligar-te-ás a mim com o anel de noivado e me calçarás com sandálias de ouro. Tudo isto farás, minha amiga perfeita, a mais bela e fascinante em suas delícias[21], pois as filhas de Sião a viram e as rainhas e concubinas a louvaram[22]. Ó rainha do mundo superior, levanta-te, apressa-te, minha amiga, noiva minha[23], fala, amada, ao teu amado, dize quem és, qual a tua estirpe e grandeza; por causa de Sião não calarás, e por causa de Jerusalém não cesses de falar comigo[24], pois teu amado te ouve: – "Escutai, vós, todos os povos, prestai ouvidos, habitantes da terra[25], meu amado vermelho falou-me[26], ele pediu e obteve. Eu sou a flor do campo e o lírio dos vales[27]; eu sou a mãe do belo amor, do conhecimento e da santa esperança[28]. Eu sou a videira dando

---

19. Is 61,10: Alegro-me no Senhor, pois ele me vestiu com as vestes da salvação e envolveu-me com o manto da justiça como um noivo... e como uma noiva... *Missal*, p. 549.

20. Eclo 45,12 (literalmente): Uma coroa de ouro cobria sua cabeça, marcada com o sinal da santidade e da magnificência de sua dignidade... *Missal*, p. 549.

21. Ct 7,7: Como és bela e graciosa, ó querida, plena de delícias! (em delícias).

22. Ct 6,9: As filhas (de Sião) a viram e a proclamaram ditosa, e as rainhas e concubinas a louvaram.

23. Ct 2,10: Eis que meu amado me diz: levanta-te, minha amiga, minha bela... *Missal*, p. 539.

24. Is 62,1: Por causa de Sião eu não calarei e por causa de Jerusalém eu não repousarei até que sua justiça se levante...

25. Sl 49,2: Escutai, todas as nações, prestai atenção, vós que viveis nestes tempos (literalmente: que habitais o orbe terrestre).

26. Ct 5,10: Meu amado é branco e vermelho, escolhido entre milhares.

27. Ct 2,1 (literalmente): Eu sou uma flor dos campos e um lírio dos vales.

28. Eclo 24,18 (literalmente): Eu sou a mãe do belo amor e do temor, do conhecimento e da santa esperança. *Missal*, p. 727.

ficans suavitatem odoris, et flores mei fructus honoris et honestatis[29]. Ego lectulus dilecti mei, quem sexaginta fortissimi ambierunt, omnes tenentes gladios suos super femur suum propter timores nocturnales[30]. Ego tota pulchra et absque macula[31] respiciens per fenestras prospiciens per cancellos dilecti mei[32], vulnerans cor suum in uno oculorum meorum et uno crine colli mei[33]. Ego odor unguentorum super omnia aromata aromatizans et sicut cinnamomum et balsamum et myrrha electa[34]. Ego virgo prudentissima[35] progrediens quasi aurora valde rutilans electa ut sol et pulchra ut Luna[36] absque quod intrinsecus latet[37]. Ego cedrus exaltata et cypressus in monte Sion[38], ego corona, qua coronatur dilectus meus in die desponsationis ipsius et laetitiae[39], quia unguentum effusum est nomen meum[40]. Ego funda David, cuius lapis Goliae magnum ocu-

---

2. Sexaginta: se MP, om. b / 5. uno: ictu RhDL / 6. meo MP /11. «meus» om. MP / quia «sicut» add. bd / 12. cuius lapis Goliae: quare MP, quia V /

---

29. Eccli. 24,23: Ego quasi vitis frutificans suavitatem odoris et flores mei fructus honoris et honestatis. Cf. *Ordo missae*, p. 727. cf. Joh. 15,1: Ego sum vitis vera...
30. Cant. 3,7-8: En lectum Salomonis sexaginta fortes ambierunt ex fortissimis Israel omnes tenentes gladios, uniuscuiusque ensis super femur suum propter timores nocturnos... Cf. *Ordo missae*, p. 549.
31. Cant. 4,7: Tota pulchra es amica mea et macula non est in te. Cf. *Ordo missae*, p. 540: Tota pulchra es Maria et macula originalis non est in te.
32. Cant. 2,9: ...en ipse stat post parietem nostrum respiciens per fenestras prospiciens per cancellos. Cf. *Ordo missae*, p. 650.
33. Cant. 4,9: Vulnerasti cor meum soror mea sponsa... in uno oculorum tuorum et in uno crine colli tui.
34. Eccli. 24,20: Sicut cinnamomum et balsamum aromatizans odorem dedi quasi myrrha electa dedi suavitatem odoris. Cf. *Ordo missae*, p. 699.
35. Cf. Math. 25,1-13; et *Ordo missae*, p. [58/59].
36. Cant. 6,9: Quae est ista quae progreditur, quasi aurora consurgens, pulchra ut luna, electa ut sol... Cf. *Ordo missae*, p. 789.
37. Cant. 4,1: ...Oculi tui columbarum absque eo quod intrinsecus latet. Cf. *Ordo missae*, p. 549.
38. Eccli. 24,17: Quasi cedrus exaltata sum in Libano et quasi cypressus in monte Sion. Cf. *Ordo missae*, p. 699.
39. Cant. 3,11: Egredimini et videte filiae Sion regem Salomonem in diademate quo coronavit eum mater sua ... in die desponsationis illius et in die laetitiae cordis eius... (parans crucem Salvatori suo. *Ordo missae*, p. 548).
40. Cant. 1,2: Oleum effusum nomen tuum...

frutos de aroma suave, e minhas flores são frutos de honra e dignidade[29]. Eu sou o leito onde repousa meu amado, sessenta heróis o cercam, todos mantendo sua espada sobre a coxa, por causa dos terrores da noite[30]. Bela sou por inteiro, sem defeito algum[31]; espreito através das janelas, olho por entre as grades do meu amado[32], ferindo seu coração com *um* só de meus olhos, com *um* só fio dos cabelos de minha nuca[33]. Eu sou o odor dos perfumes, impregnando de aroma além de toda fragrância, semelhante ao cinamomo, ao bálsamo e à mirra escolhida[34]. Eu sou a virgem prudentíssima[35], que avança como a aurora luminosa, brilhante como o sol e bela como a lua[36], sem falar do que se oculta no interior[37]. Eu sou um cedro esguio, o cipreste sobre a montanha de Sião[38], eu sou a coroa que cingirá a fronte do meu amado no dia de suas núpcias e de sua alegria[39]. pois meu nome é um perfume que se derrama[40]. Eu sou a funda de Davi, cuja pedra arrancou o grande olho de Golias, e finalmente tam-

---

29. Eclo 24,23-24 (literalmente): Como uma vinha produzi frutos de suave aroma e minhas flores deram frutos de honra e honestidade. *Missal*, p. 727.

30. Ct 3,7-8: Em volta do leito de Salomão havia sessenta dos mais fortes guerreiros de Israel... (literalmente: cada um deles tem a espada sobre a coxa por causa dos terrores da noite. Uma cama suntuosa pertence ao Rei Salomão... Seus pés são feitos de prata, seu espaldar de ouro, seu estofado de púrpura. *Missal*, p. 549.

31. Ct 4,7: Tu és totalmente bela, minha amiga, não há nenhum defeito em ti. Cf. *Missal*, p. 540: És inteiramente bela, Maria, e não há em ti a mácula do pecado original.

32. Ct 2,9: Ei-lo atrás de nossa parede, olhando através da janela e espreitando através das grades. *Missal*, p. 649/650.

33. Ct 4,9 (literalmente): Feriste meu coração, minha irmã, noiva amada, com um de teus olhos e com um fio de cabelo de tua nuca.

34. Eclo 24,15 (literalmente): Como o cinamomo e o bálsamo aromático espalhei um perfume. Como a mirra escolhida exalei um amável e suave aroma. *Missal*, p. 699.

35. Cf. Mt 25,1-13. *Missal*, p. [58-59].

36. Ct 6,10: Quem é esta que avança como a aurora que se levanta, bela como a lua, escolhida como o sol? *Missal*, p. 789.

37. Ct 4,1 (literalmente): teus olhos são como os olhos da pomba, sem o que dentro se esconde. *Missal*, p. 549.

38. Eclo 24,13: Como um cedro eu me ergui sobre o Líbano, e como um cipreste sobre a montanha de Sião. *Missal*, p. 699.

39. Ct 3,11: Saí e olhai... o Rei Salomão com a coroa com a qual sua mãe o coroou no dia de suas bodas e no dia da alegria de seu coração. *Missal*, p. 549.

40. Ct 1,3: ...teu nome é um óleo derramado...

lum (eruit) et caput eius demum abstulitt[41]. Ego sceptrum domus Israel et davis Jesse[42], qui aperit et nemo claudit, claudit et nemo aperit[43]. Ego sum illa vinea electa, in quam pater familias misit hora prima, secunda, tertia, sexta et nona operarios suos dicens: Ite et vos in vineam meam et quod iustum fuerit dabo vobis hora duodecima[44]. Ego sum illa terra sanctae promissionis, quae fluit lacte et melle[45] et faciens fructus suavissimos temporibus suis; quare omnes philosophi me commendaverunt et seminaverunt in me aurum eorum et argentum et granum ipsorum incombustibile. Et nisi granum illud cadens in me mortuum fuerit, ipsum solum manebit, si autem mortuum fuerit affert fructum triplicem[46]: primum quidem faciet bonum in terram bonam, scilicet margaritarum, secundum bonum quia in meliorem scilicet foliorum, tertium in millecuplum quia in terram optimam scilicet auri[47]. Ex his enim fructibus grani (huius) cibus vitae conficitur, qui de coelo descendit. Si quis ex eo manducaverit, vivet sine fame[48]. De illo namque pane edent pauperes et saturabuntur et laudabunt Dominum, qui requirunt eum et vivent

---

1. «eruit» add. D / demum: denique P, demumque M, om. V / de domo MPV / 3. qua PRhLM / 5. «duodecima» coni. secunda DRhL, nona MPV, om. B / 6. sancta RhDL / fructus «suos» add. MP / 7. quare: quia RhDL / 8. «in me» om. LV / 9. –10. «ipsum solum ∾ fuerit» om. VLB M, corr. M$_2$ / 14. «huius» add. RhB / 15. «et» sine add. MP / illa PL / 16. requirent RhL /

---

41. Cf. I. Samuel 17,49-51.
42. Cf. Jes. 11,1: Et egredietur virga de radice Jesse et flos de radice eius... Cf. Rom. 15, 4-13: *Ordo missae*, p. 51 und 58. Cf. SENIOR. *De Chemia*. Estrasburgo: [s.e.], 1566, p. 10: Sol est clavis cuiuslibet ianuae... Cf. item p. 17.
43. Apoc. 3,7: ...Qui habet clavem David, qui aperit et nemo claudit, claudit et nemo aperit.
44. Cf. Math. 20,1 sq. et *Ordo missae*, p. 132.
45. Exodus 13,5: Introduxit vos Dominus in terram fluentem lacte et melle. Cf. *Ordo missae*, p. 315, Cf. Exod. 3,8: et educam in terram, quae fluit lacte et melle... Cf. *Ordo missae*, p. 440. Cf. Mos. 26,1-11, (*Ordo missae*, p. 385).
46. Joh. 12,24-25: Amen amen dico vobis: nisi granum frumenti cadens in terram mortuum fuerit, ipsum solum manet, si autem mortuum fuerit multum fructum affert. Cf. *Ordo missae*, p. 694, 217.
47. Cf. SENIOR. *De Chemia*. Op. cit., p. 51: Quidam vero eorum nomina variant, ut hoc ex tribus terris, quarum prima est margaritarum, secunda terra foliorum, tertia terra est terra auri. Cf. item p. 106.
48. Joh. 6,33: Panis enim Dei est, qui de coelo descendit et dat vitam mundo. Joh. 6,51-52: Ego sum panis vivus qui de caelo descendi. Si quis manducaverit hoc pane vivet in aeternum. Cf. *Ordo missae*, p. 381. Cf. Ps. 78, 23-24.

bém sua cabeça[41]. Eu sou o cetro da casa de Israel e a chave de Jessé[42], que abre e ninguém pode fechar, que fecha e ninguém pode abrir[43]. Eu sou aquela vinha predileta, o senhor da casa a ela enviou os operários da primeira hora, da segunda, da terceira, da sexta e da nona, dizendo-lhes: Ide também vós para a vinha que me pertence e eu vos darei o justo salário na décima segunda hora[44]. Eu sou aquela terra da santa promessa, onde correm rios de leite e mel[45], produzindo dulcíssimos frutos em seu devido tempo; por isso todos os filósofos me recomendaram e semearam em meus campos seu ouro, sua prata e seu grão incombustível. Se este grão, caindo em mim, não morre, permanecerá só, mas se morre, produz um tríplice fruto[46]: o primeiro produzirá bom fruto numa boa terra, a das pérolas; o segundo, igualmente bom, produzirá numa terra melhor, a das folhas de prata; o terceiro produzirá mil vezes mais porque foi semeado[47] na melhor das terras, a de ouro. A partir dos frutos deste grão é que se faz o alimento da vida que vem do céu[48]. Quem o comer viverá e não terá mais fome. Deste alimento os pobres se alimentarão e serão saciados, e aqueles que buscam Deus o louvarão

---

41. Cf. 1Sm 17,49-51.
42. Cf. Is 11,1-5: Um rebento sairá da raiz de Isaías (literalmente: de Jessé). Cf. Rm 15,4-14 (*Missal*, p. 51. 58). Cf. SENIOR. Ibid., p. 101: O sol é a chave de toda porta...
43. Ap 3,7: ...quem tem a chave de Davi, que abre e ninguém fecha; fecha e ninguém abre.
44. Cf. Mt 20,1s. e *Missal*, p. 132.
45. Ex 3,8: ...e ele conduz... a uma boa e vasta terra... onde correm leite e mel. Cf. Ex 13,5 e Dt 26,1-11 (*Missal*, p. 315, 385, 440).
46. Jo 12,24: Em verdade, em verdade eu vos digo. Se o grão de trigo, caindo na terra, não morrer, ficará só: mas se morrer, dará muitos frutos (*Missal*, p. 217, 694).
47. Cf. SENIOR. *De Chemia*. Ibid., p. 51: Muitos deles empregam várias designações, como por exemplo as das três qualidades de terra: a primeira, a "terra de pérola", a segunda é a "terra de prata" e a terceira, a "terra de ouro". Cf. ibid., p. 106.
48. Jo 6,33: Porque o pão de Deus é o que desceu do céu e dá a vida ao mundo. Jo 6,51: Eu sou o pão vivo que desci do céu. Quem comer deste pão viverá eternamente. *Missal*, p. 381.
Sl 78,23-24 (literalmente): O Senhor abriu as portas do céu e fez chover sobre eles o maná e deu-lhes o pão do céu. *Missal*, p. 379.

corda eorum in saeculum[49]. Ego do et non resumo, ego pasco et non deficio, ego securo et non paveo, quid plus referam dilecto meo? Ego sum mediatrix elementorum, concordans unum alteri: illud, quod calidum est frigesco et viceversa, et illud, quod siccum est humecto et viceversa, et illud, quod est durum mollifico et viceversa. Ego finis et dilectus meus principium[50], ego totum opus et tota scientia in me occultatur[51], ego lex in sacerdote et sermo in propheta et consilium in sapiente[52]. Ego occidam et vivere faciam et non est, qui de manu mea possit eruere[53]. Ego porrigo os dilecto meo et compressit ipsius ad me[54], ego et ipse unum sumus[55], quis nos separabit a caritate[56]? Nullus et nemo, quia fortis est ut mors dilectio nostra[57]." – "O dilecta, immo perdilecta, vox tua sonuit in auribus meis, quae dulcis est[58], et odor tuus super cuncta unguenta preciosa[59]. O quam pulchra es facie[60], pulchriora ubera tua vino[60a], soror sponsa, oculi tui piscinae in Esebon[61], capilli tui aurei, genae tuae

---

1. «in saeculum» om. MPV / 2. saturo MP / 5. durum mollifico: asperum lenifico MPV / 7. ego: et MP / 9. «porrigo os» om. MPV /11. «immo» om. MPDB / 12. insonuit MP / «in» om. RhDL / 13. a facie P, in facie V / pulchriora: pulchra PVD / vino: única PV /

---

49. Ps. 21,27: Edent pauperes et saturabuntur et laudabunt Dominum, qui requirunt eum: vivent corda eorum in saeculum saeculi.
50. Apoc. 1,8: Ego sum Alpha et Omega, principium et finis, dicit Dominus Deus...
51. Cf. Mercurius in Razi. RUSKA. De alum. et salibus. Berlim: [s.e.], [s.d.], p. 59: Et ego sum totum ipsum absconditum et in me latet sapientia abscondita.
52. Jer. 18,18: ...non enim peribit lex a sacerdote neque consilium a sapiente neque sermo a propheta.
53. Deut. 32,39: Videte quod ego sim solus et non sit alius Deus praeter me: Ego occidam et ego vivere faciam, percutiam et ego sanabo et non est qui de manu mea possit eruere.
54. Cf. Cant. 1,1: Osculetur me osculo oris sui...
55. Joh. 10,30: Ego et pater unum sumus. Cf. *Ordo missae*, p. 214.
56. Rom. 8,35-39: Quis ergo nos separabit a charitate Christi? ...Certus sum quia neque mors neque vita... poterit nos separare a charitate Dei, quae est in Christo Jesu Domino nostro.
57. Cant. 8,6: ...quia fortis est ut mors dilectio, dura sicut infernus aemulatio. Cf. *Ordo missae*, p. 616, 672.
58. Cant. 2,14: ...sonet vox tua auribus meis, vox enim tua dulcis et facies tua decora. Cf. *Ordo missae*, p. 539, 650.
59. Cant. 4,10: ...odor unguentorum tuorum super omnia aromata...
60. Cant. 4,1: Quam pulchra es, amica mea, quam pulchra es!
60a. Cant. 4,10: Quam pulchra sunt mammae tuae, soror mea sponsa, pulchriora sunt ubera tua vino... odor unguentorum tuorum super omnia aromata.
61. Cant. 7,4: Oculti tui sicut piscinae in Hesebon...

e seus corações viverão eternamente[49]. Eu dou e não peço de volta, pago e não empobreço, protejo e não tenho medo – o que direi mais ao meu amado? Eu sou a mediadora dos elementos, harmonizando-os entre si: o que é quente, eu refresco; o que é seco, eu umedeço; o que é duro, eu amoleço e vice-versa. Eu sou o fim e meu amado é o princípio[50]. Eu sou a obra inteira e toda a ciência se oculta em mim. Eu sou a lei no sacerdote, a palavra no profeta e o conselho no sábio[51]. Eu posso matar e tornar vivo; não há ninguém que possa livrar-se de minhas mãos[52]. Eu ofereço minha boca a meu amado e ele beija meus lábios[53] – Ele e eu somos um só[54] – quem nos separará do amor?[55] Ninguém, é impossível! Pois nosso amor é forte como a morte"[56] – "Ó minha amada, e ainda mais, predileta, tua voz ressoou em meus ouvidos, tão docemente[57], e teu perfume ultrapassa todos os unguentos preciosos[58]. Como é bela tua face[59], teus seios são mais formosos do que o vinho[60], minha irmã, minha noiva, teus olhos são piscinas de Hesebon[61], teus cabelos se assemelham ao ouro, tuas faces

---

49. Sl 22,27 (literalmente): Os pobres comerão e serão saciados, louvarão o Senhor a quem procuram e seus corações viverão eternamente.

50. Ap 1,8: Eu sou o alfa e o ômega, o princípio e o fim, diz o Senhor Deus... Cf. RUSKA. *O Livro do alúmen e dos sais*. Berlim: [s.e.], [s.d.], p. 59.

51. Jr 18,18 (literalmente): ...então nunca faltará a lei ao sacerdote, nem o conselho ao sábio, nem a palavra ao profeta.

52. Dt 32,39: Eu posso matar e tornar vivo, eu posso ferir e curar, e não há ninguém que se esquive da mão do meu Senhor.

53. Ct 1,2: Ele me beija com o beijo de sua boca, pois seu amor é mais adorável do que o vinho.

54. Cf. Jo 10,30: Eu e o Pai somos um só. *Missal*, p. 214.

55. Rm 8,35-39: Quem nos separará do amor de Deus? Aflição ou angústia? Pois eu estou certo de que nem a morte, nem a vida... poderá separar-nos do amor de Deus, manifestado em Cristo Jesus nosso Senhor.

56. Ct 8,6: ...pois o amor é forte como a morte, e o ciúme é forte como o inferno... *Missal*, p. 616, 672.

57. Ct 2,14 (literalmente): Deixa-me olhar tua face, e tua voz ressoar em meus ouvidos, pois tua voz é doce e tua face encantadora. *Missal*, p. 539, 650.

58. Ct 4,10: ...e o cheiro dos teus perfumes ultrapassa todos os aromas.

59. Ct 4,1: Como és bela, minha amiga, como és bela!

60. Ct 4,10: Tuas carícias (literalmente: seios) são mais adoráveis do que o vinho...

61. Ct 7,5: Teus olhos são como as piscinas de Hesebon junto à Porta Maior.

eburneae, venter tuus sicut crater tornatilis non indigens poculis[62], vestes tuae candidiores nive, nitidiores lacte, rubicundiores ebore antiquo[63], totumque corpus tuum cunctis est delectabile atque desiderabile. Filiae Jerusalém, venite et videte et ea, quae vidistis narrate, dicite, quid faciemus sorori nostrae, quae parvula est et ubera non habet in die allocutionis[64]? Ponam super eam fortitudinem meam et apprehendam fructus illius et erunt eius ubera sicut botri vineae[65]. Veni mi dilecta et egrediamur in agrum tuum, moremur in villis, mane surgamus ad vineam, quia nox praecessit et dies appropinquabit[66]; videamus si floruit vinea tua[67], si flores tui fructus parturierunt. Ibi dabis ori meo ubera tua et ego omnia poma nova et vetera tibi servavi[68], fruamur ergo ipsis et utamur bonis tamquam in iuventute celeriter, vino pretioso et unguentis nos impleamus et non praetereat flos, quin ipsi nos coronemus, primo liliis, deinde rosis, antequam marcescant. Nullum pratum sit, quod non pertranseat luxuria nostra. Nemo nostrum exsors sit luxuriae nostrae, ubique relin-

---

1. crater tornatilis: tractus cortelis MP, tornalis D / 5. In die allocutionis ∞ ponam MP, ablactationis V, allocutionis V₂ / 8. surgemus MP / 10. flores fructus tui MPD /11. servam MP, servabo D / 13. praetereat nos floribus ipsis convenimus nos MP / deinde: demum DRhL / 14. marcescunt ML / Nullum: non MPV / pctum MPL, peccum Rh / 15. expers RhDL, exosus MP, exsors Rh₂ V /

---

62. Cant. 7,2: Umbilicus tuus crater tornatilis numquam indigens poculis. Venter tuus sicut acervus tritici, vallatus liliis.
63. Thren. 4,7: Candidiores Nazaraei eius nive, nitidiores lacte rubicundiores ebore antiquo saphiro pulchriores ...
64. Cant. 8,8-9: Soror nostra parva et ubera non habet: quid faciemus sorori nostrae in die quando alloquenda est? ...Si murus est aedificemus super eum...
65. Cant. 7,8: Dixi: ascendam in palmam et apprehendam fructus eius et erunt ubera tua sicut botri vineae...
66. Rom. 13,12: Nox praecessit, dies autem appropinquavit. Abiiciamus ergo opera tenebrarum et induamur arma lucis.
67. Cf. THOMAS DE AQUINO. Thesaurus Alchemiae secretissimus, *Theatr. Chem.* Vol. III. [s.l.]: [s.e.], 1659, p. 279: In primis etiam diebus oportet mane surgere et videre si vinea floruit...
68. Cant. 7,11-13: Veni, dilecte mi, egrediamur in agrum, commoremur in villis mane surgamus ad vineas, videamus si floruerit vinea, si flores fructus parturiunt, si floruerunt mala punica... Ibi dabo tibi ubera mea... In portis nostris omnia poma nova et vetera, dilecte mi, servavi tibi... Cf. *Pretiosa margarita novella.* Op. cit., p. 101: ...et terra quae dicitur mater elementorum... et haec est arbor aurea, de cuius fructu, qui comederit, non esuriet umquam.

ao marfim, teu ventre é uma taça de licores inesgotáveis[62], tuas vestes são mais puras do que a neve, mais claras do que o leite e mais vermelhas do que o marfim antigo[63], e todo o teu corpo é para todos fascinante e desejável. Vinde, filhas de Jerusalém, vede e anunciai o que vistes. Dizei-me: O que faremos por nossa irmãzinha, cujos seios ainda não cresceram, no dia em que for necessário adverti-la[64]? Sobre ela porei a minha força, tomarei seus frutos e seus seios serão como os cachos de uva[65]. Vem, amada, minha amada, atravessemos teu campo, permaneçamos no lugarejo, levantemo-nos de manhã bem cedo para ir à vinha; a noite passou e o dia se aproxima[66]. Vejamos se tua vinha já floriu[67], se tuas flores geraram frutos[68]. Lá oferecerás teus seios à minha boca, e eu mesmo guardei para ti todos os meus frutos novos e antigos. Fruamos, pois, e apressemo-nos a consumir nossos bens, como na juventude fazíamos. Bebamos o vinho precioso e inebriemo-nos de aromas. Nenhuma flor será esquecida ao passarmos por ela e nos coroaremos: primeiro, com lírios, depois com as rosas, antes que feneçam. Nosso prazer atravessará todos os prados. Que ninguém dentre nós se esquive a este prazer. Por toda a parte deixemos sinais de nossa

---

62. Ct 7,13: Teu ventre é como uma taça redonda (como um cântaro de misturas) onde nunca falta bebida.

63. Lm 4,7: Seus nazireus eram mais puros do que a neve e mais claros do que o leite, sua forma era mais vermelha do que o coral (literalmente: do que o marfim velho).

64. Ct 8,8: Nossa irmã é pequena e ainda não tem seios. O que faremos quando alguém pedir sua mão?...

65. Ct 7,9: Eu disse, subirei na palmeira para colher seus frutos. Que teus seios sejam como uvas na videira.

66. Rm 13,12: A noite se afastou, o dia se aproxima, rejeitemos então as obras das trevas e adotemos as armas da luz.

67. Cf. TOMAS DE AQUINO. Thesaurus Alchimiae secretissimas, in *Theatrum Chemicum*. Vol. III. [s.l.]: [s.e.], 1659, p. 279 (A mesma frase no meio de uma receita puramente química).

68. Ct 7,12-14: Vem, meu amado, vamos através dos campos, até as cidades (quintas) e levantemo-nos de manhã cedo para ir aos vinhedos, vejamos se a vinha floresceu e produziu frutos... lá eu te darei meu amor... e em nossas portas há todas as espécies de frutos. Meu amado, eu os guardei para ti, os novos e os antigos. Cf. *Pretiosa margarita novella*. Ibid., p. 101: ...e a terra, que é chamada a mãe dos elementos... e esta é a árvore de ouro; quem comer de seus frutos jamais terá fome de novo.

quamus signa laetitiae, quia haec est pars nostra[69], ut vivamus in coitus nostri amore cum gaudio et tripudio dicentes: Ecce, quam bonum et quam iucundum est habitare duobus in unum[70]. Faciamus ergo nobis tria tabernacula, tibi unum, mihi secundum, filiis nostris tertium[71], quia funiculus triplex difficile rumpitur[72]. Qui habet aures audiendi audiat, quid dicat spiritus doctrinae filiis disciplinae de desponsatione dilecti ad dilectam. Nam semen suum seminaverat, quod maturescat per eum triplex fructus, quod auctor trium verborum dicit esse tria verba pretiosa, in quibus tota occultatur scientia, quae danda est piis videlicet pauperibus a primo homine usque ad ultimum[73].

---

1. coitus: interitus MP, terris interitus V / 2. «nostri» om. DRhL / 3. «est» om. MRhD / «nobis» om. DL / 4. nostris: meis D. om. MPV / 6.–7. cum dilecta MP / 7. seminat qui MPV / 8. esse: ecce MP / 9. est: sunt DRh / «piis» om. MPV / «videlicet» om. M / 10. ultimum «hominem» add. RhDL /

---

69. Sap. 2,5 sq. (dixerunt luxuriantes): Umbrae enim transitus est tempus nostrum et non reversio finis nostri, quoniam consignata est et nemo revertitur. Venite ergo et fruamur bonis, quae sunt et utamur creatura tamquam in iuventute, celeriter: Vino pretioso et unguentis nos impleamus et non praetereat nos flos temporis. Coronemus nos rosis antequam marcescant, nullum pratum sit, quod non pertranseat luxuria nostra. Nemo nostrum exsors sit luxuriae nostrae, ubique relinquamus signa laetitiae, quoniam haec est pars nostra et haec est sors.
70. Ps. 132,1: Ecce quam bonum et quam iucundum habitare fratres in unum. Cf. *Ordo missae*, p. 475, 638.
71. Math. 17,4: ...Si vis faciamus hic tria tabernacula tibi unum, Moysi unum et Eliae unum. Cf. *Ordo missae*, p. 174-175.
Cf. et Apoc. 21,2-3: Et ego Johannes vidi sanctam civitatem Jerusalem novam descendentem de coelo... et audivi vocem magnam de throno dicentem: Ecce tabernaculum Dei cum hominibus et habitabit cum eis.
72. Eccles. 4,12: Vae soli, quia cum ceciderit non habet sublevantem se... Et si dormierint duo fovebuntur mutuo: unus quomodo calefiet? Et si quispiam praevaluerit contra unum duo resistunt ei: funiculus triplex difficile rumpitur.
73. CALID. Liber trium verborum, *Artis Auriferae*. Op. cit. 1610, p. 228: Et haec sunt tria verba pretiosa occulta et aperta, data non pravis non impiis non infidelibus, sed fidelibus et pauperibus a primo homine usque ad ultimum.

alegria, pois ela é nosso quinhão e destino[69]: que vivamos na unidade do nosso amor, no, júbilo da dança, dizendo: Vede como é bom para dois habitar num só[70]! Faremos então três tendas: uma para ti, a segunda para mim, a terceira para nossos filhos[71], pois um tríplice liame dificilmente se rompe"[72]. Quem tiver ouvidos para ouvir, que ouça o que o espírito da doutrina diz aos filhos da ciência sobre o casamento do amado e da amada. Pois ele havia semeado sua semente, para que amadurecesse um tríplice fruto, acerca do qual o autor das três palavras diz tratar-se de três palavras preciosas, nas quais se oculta toda ciência que deve ser transmitida aos homens piedosos, isto é, aos pobres, desde o primeiro homem até o último[73].

---

69. Sb 2,5s. (literalmente): Nosso tempo é como a passagem de uma sombra e quando nós partirmos não haverá retorno, pois o selo é firme e ninguém poderá voltar. Vem, pois, e usufruamos dos bens presentes: necessitamos de nossos corpos como quando éramos jovens. Não poupemos vinhos preciosos e bálsamos e não nos escape nenhuma flor da primavera. Coroemo-nos com botões de rosa, antes que feneçam, e que todas as campinas sejam percorridas pelo nosso prazer. Que nenhum dentre nós se aparte da alegria, mas por toda a parte deixemos marcas de contentamento, porque é essa a nossa parte e o nosso destino.

70. Sl 133,1: Vê como é bom e delicioso que irmãos morem juntos (literalmente: em união). *Missal*, p. 475, 638.

71. Mt 17,4 (Transfiguração de Cristo): Senhor, é bom estar aqui! Se quiseres, podemos fazer aqui três tendas: uma para ti, uma para Moisés e uma para Elias. Cf. *Missal*, p. 174-175. Cf. tb. Ap 21,2-3: E eu, João, vi a cidade santa, a nova Jerusalém, descendo do céu... E ouvi uma voz forte... que disse: Vede o tabernáculo de Deus entre os homens! E ele habitará com eles.

72. Ecl 4,10-12: Infeliz daquele que está só. Se ele cair, não há ninguém que o ajude! E se dois dormem juntos, eles se aquecem mutuamente; como poderá o que está só aquecer-se? Alguém poderá prevalecer contra um, mas dois resistem: o cordão tríplice dificilmente se rompe.

73. CALID. Liber trium verborum, *Artis Auriferae*. Basileia: [s.e.], 1610, p. 228: E eis as três palavras valiosas, ao mesmo tempo escondidas e descobertas, que não são dadas aos perversos, nem aos ímpios e descrentes, mas aos crentes e pobres, do primeiro ao último homem.

III
Comentário

Generalidades

Se permitirmos que este texto atue diretamente sobre nós, seremos logo tocados por sua linguagem poético-religiosa, que se afasta radicalmente do estilo habitual dos tratados alquímicos da Idade Média. Uma torrente de citações bíblicas e alquímicas aleatoriamente superpostas se derrama num fluxo ininterrupto. A concepção ou "teoria" do autor é inicialmente indiscernível, embora sintamos que ele se esforça por exprimir uma experiência altamente significativa. Será ele um alquimista que usurpa a linguagem bíblica, ou um clérigo que se serve da linguagem simbólica dos alquimistas para dar forma a algo de insólito? O que poderia incitar um homem a escrever tal texto? Se não quisermos deixar que a *Aurora* mergulhe de novo no esquecimento do modo pelo qual até agora existiu, como algo de incompreensível, há só *um* caminho a tomar: supor que seu autor não expõe uma concepção clara e compreensível, *simplesmente porque ele não a tem* e se esforça, balbuciando, no sentido de *descrever um conteúdo inconsciente que irrompeu em sua consciência*.

Assim, pois, a pergunta: "Será ele um alquimista ou um clérigo?" não está colocada corretamente; em *Psicologia e alquimia*, C.G. Jung já mostrou que o alquimista é um homem que busca o "mistério divino", o mistério do inconsciente projetado por ele na matéria e, nesse sentido, é alquimista todo aquele que se esforça no sentido de uma realização individual e direta de uma vivência do inconsciente. A ausência total de passagens "técnicas" leva-me a pensar que o autor não era um alquimista de laboratório, ou então que não tinha neste texto qualquer intenção prática; ele não "contemplou" os símbolos, projetando-os na matéria, mas vivenciou-os como conteúdos interiores. Entretanto, a natureza destes últimos era de tal ordem que somente o simbolismo alquímico pôde ajudá-lo a formular o inexprimível; a linguagem figurada da mística e do simbolismo eclesiástico certamente não bastava – por motivos que se esclarecerão mais adiante. O estilo poético retórico exaltado e a falta de relações lógicas denotam a forte emoção que acompanha uma vivência evidentemente numinosa. Citações e pensamentos se atropelam, dando a impressão de uma *fuga de ideias*. No entanto, esta não se perde no indefinido, mas retorna sempre de novo ao tema. *Não encontramos também nenhum sinal de dissociação esquizofrênica. Há porém a possibilidade de um estado hipomaníaco.* Infelizmente nada conhecemos de seguro sobre o autor. Assim, não podemos saber *se esse estado hipomaníaco representa uma fase de uma psicose maníaco depressiva, ou se a excitação é de natureza psicogênica, ligando-se então à problemática do conteúdo.*

51 Diante de um tal documento, só poderemos abordar o todo *como um produto do inconsciente* e aplicar-lhe o mesmo método que aplicamos *a um sonho* e, através da amplificação das imagens, buscar o sentido do contexto. Dessa forma poder-se-ia constatar que, apesar da aparência confusa do encadeamento das alusões simbólicas, apresenta uma conexão semântica consequente, exatamente como um sonho, e reflete inclusive um drama psíquico de lógica significativa.

Comentário ao primeiro capítulo

52 O primeiro capítulo apresenta uma figura mística de mulher que é personificada como *Sapientia Dei* ou *Scientia Dei*[1]. Esta hipóstase divina feminina é amplificada num grande painel através de muitas afirmações e comparações. Em primeiro lugar aparece a figura da *Sapientia Dei* na mesma personificação que é conhecida através dos "Provérbios", de "Eclesiástico", e da "Sabedoria de Salomão". Na

---

1. Cf. a este respeito JUNG, C.G. *Psychologie und Alchemie*. Zurique: Rascher, 1944, p. 511. Cf. paralelos deste conceito também em "Mater Alchimia", na Parte II da *Aurora* (*Artis Auriferae* etc. Op. cit.,1610, I, p. 119s.) ou em "Mater Naturae" em Novum Lumen chemicum, em *Musaeum Hermeticum*. Frankfurt: [s.e.], 1678, p. 599s.

patrística ela é encarada principalmente como o Cristo enquanto *Logos* preexistente[2], ou interpretada como a totalidade das *rationes aeternae* (planos eternos), ou das *causae primordiales* (causas primordiais), ou *exemplaria* (modelos), *ideae* (ideias), *prototypi* (protótipos) no espírito de Deus[3]. Ela passava também pelo *archetypus mundus*. segundo o modelo originário que Deus tomou para realizar a Criação[4] e através do qual ele tomou consciência de si mesmo[5]. A *Sapien-*

---

2. Cf., por exemplo, HONÓRIO DE AUTUN. *Quaest. et Respons. in Prov. et Eccles.* (MIGNE, J.P. *Patrologiae cursus completus. Series latina.* Paris: [s.e.], vol. 172, col. 313): "Sapientia foris praedicat – Christus Jesus qui est Dei virtus et Dei Sapientia... in foribus portaram urbis sanctae Ecclesiae" etc. (A Sabedoria clama nas ruas: Cristo Jesus que é a força de Deus e a Sabedoria de Deus... nas aberturas das portas da cidade da Santa Igreja) etc. THERY, G. Le commentaire du livre de la sagesse de maître Eckhardt. *Archives d'histoire doctrinale et littéraire du Moyen-Âge,* tom. III-IV. Paris: [s.e.], 1928-1929, p. 364.

3. Cf. JOÃO SCOTUS ERÍGENA. *De divisione naturae,* II. Oxford: [s.e.], 1681, 18: "primordiales causae se ipsas sapiunt, quoniam in sapientia creatae sunt aeternaliterque in ea subsistunt; [...]" (As causas primordiais se conhecem a si mesmas, porquanto foram criadas na Sabedoria e nesta subsistem eternamente [...]). Ibid., II, 20: "Simul enim pater et sapientiam suam genuit et in ipso omnia fecit" (Ao mesmo tempo, o pai também criou a Sabedoria e nela todas as coisas). Ibid., II, 31: "[...] ad similitudinem Dei et Patris, qui de se ipso Filium suum, qui est sapientia sua, gignit, qua se ipsum sapit" (A semelhança de Deus Pai, que criou o Filho de si mesmo, o qual é sua Sabedoria, pela qual ele se conhece a si mesmo). Cit. seg. PREGER, W. *Geschichte der deutschen Mystik im Mittelalter.* Vol. I. München: [s.e.], 1874, p. 161.

4. Cf. HUGO DE SÃO VÍTOR. *Annot. Elucid. in Evang. Joannis* (PREGER. Op. cit., I, p. 238): "Unde et a Sapientia Dei omnia et vitam et esse habent [...] quia iuxta sapientiam Dei, quae vita omnium est factum est, omne quod factum est. Hoc enim exemplar Dei fuit, ad cuius exemplaris similitudinem totus mundus factus est, et est hic ille *archetypus mundus,* ad cuius similitudinem mundus iste sensibilis factus est" (Disso provém que todas as criaturas têm sua vida e seu ser da Sabedoria de Deus [...] pois tudo o que foi feito, foi feito conforme a sabedoria de Deus, que é a vida de todas as coisas. Ela foi com efeito a imagem de Deus, à semelhança da qual o mundo inteiro foi feito, e este é o *mundo arquétipo* à semelhança do qual o mundo sensível foi feito). Alano de Insulis também tem concepções semelhantes.

5. JOÃO SCOTUS ERÍGENA. *De divisione naturae,* II. Oxford: [s.e.], 1681, 31: "sapientiam suam [...] qua se ipsum sapit" (sua sabedoria [...] pela qual se conhece a si mesmo).

tia Dei é pois a *soma das imagens arquetípicas* no espírito de Deus[6]. Outras interpretações patrísticas da personificação bíblica a identificam com a alma de Cristo ou mais frequentemente com Maria[7].

Na interpretação psicológica moderna, a *Sapientia Dei* aparece como personificação feminina do inconsciente coletivo. O início do texto é, pois, *a descrição de um encontro numinoso com a anima, cuja irrupção em seu campo de consciência o autor procura dominar*. O significado sublime, quase divino, de que a *anima* aqui se reveste faz-nos concluir que sua natureza fora até então desvalorizada pela consciência, o que é agora compensado pela sublimidade da imagem.

Todo o começo deste capítulo soa quase literalmente como a introdução de uma obra de juventude de Alberto Magno: *De laudibus Mariae*[8] na qual Alberto reúne as mesmas passagens da Bíblia em louvor de Maria citadas na *Aurora*[9]. Esta parte do texto parece ter relação

---

6. Cf. TOMÁS DE AQUINO. *Summa*. I. 443, apud GRABMANN, M. *Thomas v. Aquin*. Op. cit., 95. Cf. tb. *Summa*. Editio leonina, tomo V, pars prima. Quaest. 56. art. 2: "In verbo autem Dei ab aeterno extiterunt non solum rationes rerum corporalium, sed etiam rationes omnium spiritualium creaturaram" (Mas no Verbo de Deus existiram por toda a eternidade não só as razões das coisas corporais, mas também as razões de todas as criaturas espirituais). (Estas *rationes* estão gravadas também no espírito dos anjos.) Quaest. 72. art. 2: (A *Sapientia* humana é, porém, uma) "intellectualis virtus. (Ela) considerat divina secundum quod sint investigabilia ratione humana" (considera as coisas divinas na medida em que podem ser decifradas pela razão humana). Cf. tb. ibid., Quaest. 72, art. 3: "Et primo quidem quantum ad intellectum adduntur homini quaedam principia supernaturalia quae divino lumine capiuntur et haec sunt credibilia, de quibus est fides" (Primeiramente, quanto ao intelecto, os homens recebem em acréscimo certos princípios sobrenaturais que são captados por uma luz divina e que são artigos de fé e dos quais ela trata).

7. Cf. por exemplo HUGO DE SÃO VÍTOR. *De sapientia animae Christi* (in: MIGNE, J.P. *Patrologiae cursus completus. Series latina*. Paris: [s.e.], tom. 176, col. 848).

8. MAGNO, A. *Opera*. Vol. 37, Paris: [s.e.], [s.d.], p. 3s. [BORGNET (org.)]. Sobre a autenticidade deste escrito, cf. Fr. PELSTER. *Kritische Studien zuni Leben und zu den Schriften Alberts des Grossen*. Freiburg im Breisgau: [s.e.], 1920, p. 108-109s. Segundo outros, esta obra deve ser atribuída a Richard de St. Laurent. Cf. DAEHNERT, U. *Die Erkenntnislehre des Alb. Magnus*. Leipzig: [s.e.],. 1934, p. 233.

9. Cf. tb. Quaest. super ev., CLXIV *Opera*. Vol. 37, Paris: [s.e.], [s.d.], p. 244 [BORGNET (org.)]. Lá ele diz entre outras coisas: ... na casa da sabedoria encontra-se o remédio contra as feridas do pecado e é a Virgem Maria, que se transformou em casa de Salomão (p. 244). Maria é a mãe que coroou Salomão, ela é a mulher do Apocalipse com as doze estrelas, ela é a *Civitas Dei*, e a "mulher que envolverá o homem" (Jr 31,22), p. 246. Ela é a *Aurora Illuminationis* (p. 369).

com a obra provavelmente autêntica de Alberto[10]; no entanto, há uma diferença: nosso autor assimila esta mesma figura feminina com a "alma da materia" e com o *filius philosophorum*, isto é, com o *lapis* (pedra),

---

10. No capítulo: De fide philosophica (etc.) da *Aurora* encontram-se igualmente algumas citações semelhantes às da introdução de Alberto. Eis esta última: "Omnis sapientia a Domino Deo est: et cum illo fuit semper et est ante aevum (Eclo 1,1). Quicumque ergo diligit Sapientiam apud ipsum quaerat et ab ipso petat, quia ipse dat omnibus affluenter et non improperat (Tg 1,6). Ipse est enim altitudo et profunditas omnis scientiae et thesaurus totius sapientiae: quoniam ex ipso et in ipso et per ipsum sunt omnia (Rm 11,36). Et sine voluntate eius nihil potest fieri. Ipsi honor et gloria in saecula saeculorum. Amen.

Unde in principio mei sermonis invoco eius auxilium, qui est fons et origo omnium bonorum, ut ipse per suam bonitatem et pietatem dignetur parvitatem scientiae meae supplere per gratiam sui spiritus sancti, ut per meam doctrinam lumen quod in tenebris latet manifestare valeam et errantes ad semitam veritatis perducere [...]

Cum in multas regiones et plurimas provincias nec non civitates et castella causa scientiae. quae vocatur Alchimia, maximo labore perlustraverim et a litteratis viris et sapientibus de ipsa arte ab ipsis diligenter inquisierim, ut ipsam plenius investigarem et cum scripta omnia perscriberem et in operibus ipsorum saepissime persudarem, non inveni tamen verum in his, quae libri eorum affirmabant [...] Ego vero non desperavi [...] quousque, quod quaerebam, inveni non ex mea scientia sed ex Spiritus Sancti gratia. Unde cum saperem et intelligerem quod naturam superaret, diligentius vigilare coepi in decoctionibus [...] etc." (Toda sabedoria procede do Senhor Deus, e sempre esteve com ele, e antes de todos os tempos [Eclo 1,1]. Se então alguém ama a sabedoria, que a procure junto dele e a peça, pois ele dá a todos em abundância e não faz admoestações [Tg 1,5]. Ele mesmo é efetivamente a altura e a profundidade de toda ciência e o tesouro de toda sabedoria; pois dele, nele e por ele todas as coisas são feitas [Rm 2,36]. E sem sua vontade nada se poderá fazer. A ele glória e honra pelos séculos dos séculos. Amém.

É por esse motivo que eu invoco sua ajuda no começo de meu discurso, ele que é fonte e origem de todos os bens, a fim de que, por sua bondade e piedade, ele se digne suprir a fraqueza de minha ciência pela graça de seu Santo Espírito, a fim de que eu possa por meu ensinamento manifestar à luz que está oculta nas trevas e guiar os errantes para o caminho da verdade [...]

Após ter percorrido laboriosamente numerosas regiões e províncias, cidades e castelos, pela ciência que se chama Alquimia, e consultado com diligência homens letrados e sábios a propósito desta arte, a fim de perscrutá-la mais plenamente, e após ter copiado todos os escritos e muitas vezes transpirado sobre suas obras, não encontrei verdadeiramente nelas o que seus livros afirmavam [...] Entretanto, não desesperei [...] até que descobri o que procurava, não por minha ciência, mas pela graça do Espírito Santo. Assim, pois, compreendendo o que ultrapassava a natureza, comecei a vigiar com maior atenção minhas decocções [...] etc.).

elevando-a, pois, dos quadros puramente eclesiásticos à esfera de vivências orientadas para as ciências da natureza da alquimia experimental. Desse modo, ela é aproximada da *vivência* humana *individual*.

55   Não é demais lembrar que o século XIII, ao qual presumivelmente pertence a *Aurora*, é o tempo por excelência em que o culto mariano ganhou uma extensão cada vez maior. Esse fenômeno significava psicologicamente que o inconsciente coletivo manifestava a necessidade de outorgar a uma figura feminina, representando a *anima* do homem e o si-mesmo um lugar na Trindade puramente masculina e patriarcal. Mas em oposição ao desenvolvimento do dogma encontramos aqui neste texto uma manifestação individual e direta da imagem arquetípica de uma figura divina feminina.

56   Texto: Todos os bens vieram a mim juntamente com ela, essa sabedoria do vento sul, que clama lá fora, faz ouvir sua voz nas ruas, exorta a multidão, pronunciando suas palavras à entrada das portas da cidade: "Vinde a mim, iluminai-vos e vossas operações não vos causarão vergonha; todos vós que me desejais, sede cumulados com minhas riquezas. Vinde, pois, filhos, escutai-me, eu vos ensinarei a ciência de Deus".

57   A *sapientia* chama os homens com palavras sedutoras[11] e lhes promete a salvação e grande prosperidade, mas o fundo bíblico de suas palavras dá a entender que os seus tesouros são de natureza anímico espiritual[12]. Por esse motivo o autor da *Aurora* sublinha a seguir que a sabedoria é mais preciosa do que a aquisição do ouro e da prata, por mais puros que sejam.

58   Ela é depois designada como a "Sabedoria do Sul" ou do "Vento Sul" (*austri*) e por isso como a *regina austri* bíblica, isto é, a *rainha de Sabá*[13] que na tradição alquímica (assim como em Salomão)[14] era con-

---

11. Cf. o comentário de Mestre Eckhart a respeito dessa passagem. THERY. Op. cit., vol. III, 1928, p. 425: A sabedoria é a *única* perfeição que inclui todos os bens.
12. Isto corresponde à sentença muitas vezes citada: "Aurum nostrum non est aurum vulgi" (Nosso ouro não é o ouro vulgar). Cf. SENIOR. *De Chemia*. Estrasburgo: [s.e.], 1566, p. 12-13. De modo semelhante ORÍGENES. *In cant. cant.* liv. II. distingue do ouro comum um ouro que representa a "natureza inteligível e incorporal".
13. Cf. Mt 12,42.
14. Cf., por exemplo, os provérbios de Suleiman em ABU AFLAH. *Livro da Palma*. Jerusalém: [s.e.], 1927 [SCHOLEM, G. (org.)]. Cf. mais adiante LIPPMANN, E. von. *Alchemia*. Vol. I, [s.l.]: [s.e.], [s.d.], p. 12 e 111, 156, 309, 265.

siderada a autora de obras alquímicas[15], identificada com *Maria, a judia,* "irmã de Moisés"[16]. Na patrística, a rainha de Sabá é considerada como uma prefiguração de Maria. Por outro lado, segundo a hermenêutica dos padres da Igreja, a *regina austri* também é uma imagem da Igreja enquanto *Regina* e *concubina Christi,*[17] sendo que o próprio Cristo é designado como *rex austri*[18]. Sim, tal alusão identifica esta figura feminina com o próprio Deus "que avança no turbilhão do vento sul"[19]. O vento sul é um símbolo do Espírito Santo[20], que faz "ferver" os espíritos dos eleitos, tornando-os capazes de realizar o bem a que aspiram. A analogia do Espírito Santo com o vento sul provém provavelmente, como observa Jung[21], da qualidade quente e seca desde vento. O Espírito Santo é ígneo e provoca a exaltação. Ele aquece tudo com o fogo do amor[22]. Segundo Gregório Magno, o

---

15. RUSKA, J. *Turba philosophorum*: *Ein Beitrag zur Geschichte der Alchemie*. (Quellen und Studien zur Geschichte der Naturwissenschaften und der Medizin, 1). Berlim: [s.e.], 1931, p. 272. Ela é citada sob o nome de Bilqis, rainha do Egito, e precisou, entre outras, compor um livro que começa por: "Depois que fui elevada sobre a montanha [...]" Cf. tb. HOLMYARD, E.J., ABU'L-QASIM AUIRAQI. *Isis*. VIII, 1926, p. 407.

16. Cf. BERTHELOT, M. *La chimie au moeyen âge*. 3 vols. Paris: [s.e.], 1893, vol. 3, p. 28, vol. I, p. 242. Vol. III, 125 e LIPPMANN, E. von. *Alchemie*. Op. cit., vol. I, p. 46.

17. HONÓRIO DE AUTUN. *Expositio in Cant. Cant.* (Migne, P.L., t. 172, col. 352-354).

18. Cf. o combate final entre o bom *Rex austri* e o mau *Rex aquilonis*, citado em JOAQUIM DE FIORI. *Concordia*. V. cap. 93. HAHN, C. von. *Geschichte der Ketzer im Mittelalter.* Vol. III. Stuttgart: [s.e.], 1850, p. 311-313. Nas citações que se seguem eu sigo quase sempre Joaquim de Fiori, segundo Hahn, porquanto não consegui encontrar nenhuma edição satisfatória das obras de Joaquim.

19. Zc 9,14.

20. Cf., por exemplo, GREGÓRIO MAGNO. *Expos. Mor. Lib.* XXVII. In Trigesim. Septim, caput Job. Paris: [s.e.], 1636. t. I e: *Expos. In Cant. Cant.* Cap. 5, t. II. col. 30c: "Per Austrum vero calidum scil, ventum Spiritus Sanctus figuratur, qui dum mentes electorum tangit ab omni topore relaxat et ferventes facit, ut bona, quae desiderant, operentur". (O austro, que é um vento quente, figura o Espírito Santo, o qual, quando toca os espíritos dos eleitos, os livra de toda mornidão e os torna fervorosos, a fim de que realizem o bem que desejam.)

21. *Psychologie und Alchemie*, op. cit., p. 524.

22. Cf. tb. JOAQUIM DE FIORI. *Concordia*. V. Cap. 93. HAHN. III, p. 312: "Filia namque regis austri (*qui in coelis regnat el in calidis amore spiritibus*)" etc. (Com efeito, a filha do rei de meio-dia que reina no céu e nos espíritos aquecidos pelo amor). E p. 391: "<non> desinit nos igne charitatis accendere ad amandum et <ut> *in colore spiritus sancti* operari valeamus etc." (Ele não cessa de inflamar-nos pelo fogo da caridade para que nós amemos e possamos atuar *no calor do Espírito Santo* etc.).

auster é "o segredo mais íntimo da pátria celeste de Deus, plena do Espírito Santo"[23]. Na alquimia árabe, o processo de sublimação é designado como "o grande vento sul", que significa o aquecimento do vaso e de seu conteúdo[24]. De tais amplificações se depreende que a *sapientia* é caracterizada em nosso texto como um *pneuma feminino*, que inflama o autor e o inspira em sua obra. Ela é um "Espírito da verdade" que o ilumina. *A anima manifesta-se aqui não como conteúdo pessoal, mas em seu significado coletivo transpessoal*, como com-

---

23. Expositio moral, in nonum caput Job. Lib. IX, cap. 6: *Opera*, Paris, 1636, t. I, col. 308: "Interiora ergo austri sunt occulti illi angelorum ordines et secretissimi patriae coelestis sinus, quos implet calor Spiritus Sancti [...] Ibi per diem quase in meridiano tempore ardentius solis ignis accenditur, quia conditoris claritas mortalitatis nostrae iam pressa caligine manifestius videtur et velut sphaerae radius ad spatia altiora se elevat: quia de semetipsa veritas subtilius illustrat. Ibi lumen intimae contemplationis sine interveniente cernitur umbra mutabilitatis" (Mas o interior do Austro são essas ordens ocultas dos anjos e esses lugares secretíssimos da pátria celeste, que o calor do Espírito Santo cumula [...] Lá, todo dia, como ao meio-dia, o fogo do sol queima intensamente, pois o fulgor do Criador, que por um momento obscurecem as brumas de nossa condição mortal, é visto numa claridade maior e, tal como o raio de uma esfera, se eleva para os espaços superiores: pois a verdade nos ilumina mais completamente de um lado a outro. Lá, a luz da contemplação interior é percebida sem que se interrompa a sombra da mutabilidade.) Cf. tb. ROSENROTH, K. von. *Kabbala denudata*. Vol. I, Frankfurt : [s.e.], 1677, p. 266: "Meridies est Chesed, unde maiores nostri: Quicumque vult sapiens fieri convertat se ad meridiem (O meio-dia é Hessed [graça], por isso recomendavam os antigos: Quem quiser se tornar sábio que se volte para o meio-dia).

24. Ibid. HOLMYARD, E.J. *Kitabal-ilmal-muktasab*... por ABU'L-QASIM MUHAMMAD IBN AHMAD AL-'IRAQI, p. 43: "[...] but what of the speech of Hermes in which he says: 'The great Southwind when it acts makes the clouds to rise and raises the cloud of the sea'. He said, if the powdering is not successful the compound will not ascend into the top of the retort, and even if it does ascend it will not pour into the receiver. It is necessary to mix with it the first and second waters before it will ascend to the top of the retort. 'That', he said, 'is the Great South Wind?' He said: 'Yea, O King'" etc. (... mas o que pensar do discurso de Hermes, no qual ele diz: 'O grande vento do Sul, quando atua, faz que as nuvens se levantem e ergue a nuvem do mar". Ele dizia que se a pulverização não for bem-sucedida, o composto não subirá ao topo da retorta, e mesmo que subir não se escoará no recipiente. E necessário misturar-lhe a primeira água e a segunda antes que ele (o composto) suba ao topo da retorta. 'É isso', dizia ele. 'o grande vento do Sul?' E dizia: 'Sim, ó Rei' etc.". Cf. tb. a respeito *Isis*. VIII, 1926, p. 403s.

plemento feminino da imagem mesma de Deus[25]. Sua natureza ígnea explica o estado de agitação do autor.

Texto: Quem é sábio e a compreende, e dela diz Alphidius, que homens e crianças passam a seu lado pelos caminhos e ruas, e todos os dias é pisoteada nos excrementos pelos animais de carga e pelo gado.

A citação de Alphidius diz da mesma figura que ela é pisoteada nos excrementos das ruas pelos ignorantes; psicologicamente isso indica que *esta personificação feminina do inconsciente é rejeitada pelas concepções coletivas dominantes, e que o lapis (pedra), isto é, o germe do processo de individuação é sufocado com ela*[26]. A sentença citada com extraordinária frequência pelos alquimistas relaciona-se quase sempre com a pedra dos sábios[27], de maneira que o autor identifica abertamente a *sapientia Dei* com a pedra. Esta mesma analogia se encontra numa citação de Alexandre em Petrus Bonus, o qual diz em sua *Pretiosa Margarita Novella*[28] que a obra se realiza "juntando a

59

60

---

25. Segundo a Sabedoria de Salomão 7,25s., a *sapientia* é um "eflúvio" e uma emanação pura da glória da luz eterna ("Vapor est enim virtutis Dei et emanatio quaedam est Caritatis Dei sincera... Candor est enim lucis aeternae [Vulgata]"). (É um eflúvio do poder de Deus, emanação pura da verdadeira caridade de Deus... É reflexo da luz eterna.).

26. Na tradução latina que Rufino e Jerônimo fizeram do tratado de ORÍGENES. *In Cant. Cant.* III, lê-se: "Yerbum enim Dei et 'sermo scientiae non in publico et palam positus neque conculcandus pedibus' apparet, sed cum quaesitus fuerit, invenitur [...]" (Com efeito, o Verbo de Deus e a palavra do conhecimento não aparecem em público nem em lugares abertos, não devem ser pisados com os pés, mas, quando forem procurados, serão achados). Provavelmente esta passagem era conhecida pelo autor da *Aurora*.

27. Cf. MANGETUS, J.J. (org.). *Bibliotheca chemica curiosa seu rerum ad alchemiam pertinentium thésaurus instructissimus*. 2 vols. Genebra: [s.e.], 1702, p. 88b. Cf. tb. RUSKA. *Turba philosophorum*: Ein Beitrag zur Geschichte der Alchemie. (Quellen und Studien zur Geschichte der Naturwissenschaften und der Medizin, 1). Berlim: [s.e.], 1931, p. 122, 142 e 165 e RUSKA. *Livro do alúmen e dos sais*. Op. cit., p. 56.

28. *Theatr. Chem.* Vol. V. 1622, p. 647: "[...] et hoc per adiectionem lapidis occulti qui sensu non comprehenditur sed intellectu solum per inspirationem vel revelationem divinam aut per doctrinam scientis [...] et dixit Alexander: duo sunt in hac arte ordines scilicet aspectus oculo intellectusque corde, et hic lapis occultus est, qui proprie dicitur donum Dei, et hic est lapis divinus occultus sine cuius commixtione lapidi annihilatur alchemia, cum ipse sit ipsa alchemia [...] Et hic lapis divinus est cor et tinetura auri quaesita a philosophis" ([...] e isto pela adição da pedra oculta, que os sentidos não podem compreender, mas só pela inspiração do intelecto, por revelação divina ou pelo ensinamento de um sábio

pedra misteriosa, inacessível aos sentidos e somente apreensível pelo intelecto, pela inspiração ou pela revelação divina, ou então pelo ensinamento de um sábio [...] há nesta arte duas categorias: a visão pelo olho e a *compreensão pelo coração, e esta é a pedra oculta*, que é verdadeiramente um *presente de Deus*: a pedra divina, que, se não a misturarmos à *lapis*, a alquimia não perdura, *pois ela é a própria alquimia* [...] E esta pedra divina é o coração e a tintura do ouro que os filósofos procuram". Aqui também a pedra é descrita como algo invisível, uma compreensão doada por Deus, e a alquimia não é mais do que este conhecimento. Ela é "γνωσις". Então se compreende como, para o autor da *Aurora*, a *sapientia Dei* é ao mesmo tempo a autora e a meta da obra alquímica.

61 Texto: E Senior diz: "Nada há na natureza de mais insignificante e de mais precioso do que ela, e Deus não a criou para ser comprada com dinheiro. Salomão escolheu-a como luz necessária, acima de toda beleza e de toda saúde, não achando que o valor das pedras preciosas pudesse comparar-se ao seu. Pois todo ouro comparado com ela é como um pouco de areia e a prata, como lama" etc.

62 Esta parte do texto formula o conhecido paradoxo segundo o qual a *scientia* ou a *lapis* é ao mesmo tempo sem valor, e ao mesmo tempo representa um valor que ultrapassa todos os bens do mundo; e aqui de novo é sublinhado que se trata de um *aurum non vulgi*. A formulação paradoxal de que a pedra é ao mesmo tempo preciosa e barata já se encontra nos mais antigos textos gregos. Zósimo diz sobre a pedra[29]: ela é "desprezada e muito venerada, não é dada como pre-

---

[...] e disse Alexandre que nesta arte há duas categorias: a intuição pelo olhar e a compreensão pelo coração, e esta é a pedra oculta que verdadeiramente é um dom de Deus, e esta é a pedra divina, sem cuja mistura a alquimia não se mantém, pois ela é a própria alquimia... E esta pedra divina é o coração e a tintura do ouro, que os filósofos buscam).

29. BERTHELOT, M. Collection des anciens alchimistes grecs. Paris: [s.e.], 1887/88, III, II, I, vol. I, p. 114 e III, VI. 6, vol. I, p. 122. Cf. tb. a RUSKA. *Turba philosophorum*: Ein Beitrag zur Geschichte der Alchemie. (Quellen und Studien zur Geschichte der Naturwissenschaften und der Medizin, 1). Berlim: [s.e.], 1931, p. 122: "res [...] quae ubique invenitur, quae lapis est et non lapis, vilis et pretiosa, obscura celata et a quolibet nota" (A coisa [...] que é encontrada em toda parte, que é pedra e não pedra, vil e preciosa, obscuramente celada e visível em qualquer lugar). E p.165: "Quam mira est philosophorum diversitas [...] et eorum conventus in hac paula re vilissima qua regitur

sente, mas oferecida por Deus". Encontramos paradoxos semelhantes nos Padres da Igreja a propósito de Cristo; assim, por exemplo, em Efrém o sírio[30], quando este diz que Cristo dormiu sobre o esterco e que este esterco tornou-se a Igreja que apresenta a Deus as preces da humanidade; as alegorias de Cristo (*typi et figurae*) são seu *thesaurus absconditus et vilis* (tesouro oculto e de preço vil), que contém as maiores maravilhas[31]. Psicologicamente compreendido, isto significa que as imagens *simbólicas* da doutrina eclesiástica sobre Cristo, isto é, mediante a qual Cristo foi recebido na *matrix*[32] psíquica, são a "*prima materia*" da nossa fé, desprezada e no entanto do maior valor[33]. É também significativo que Tomás de Aquino, em seu comentário à Epístola aos Hebreus (1,1.9) tenha sublinhado que os

---

pretiosum. Et si vulgus [...] istud paulum et vilissimum scirent, non vilipenderent" (Como é maravilhosa a diversidade dos filósofos [...] e sua concordância acerca desta coisa pequena vilíssima que governa o que é precioso. E se a gente inculta [...] conhecesse esta coisa pobre e tão vil, não a desprezaria). Cf. tb. p. 142 e RUSKA. *Livro do alúmen e dos sais*. Op. cit., p. 56: "Et dixerunt alii quod ipsum arsenicum est lapis gentium vilis pretii et repudiatus et deiectus per fora et per stercora et balnea" (E outros disseram que o próprio arsênico é a pedra das nações de pouco valor, e que ela é repudiada e jogada fora pelas pessoas em geral, no esterco e nos banhos). Cf. tb. BERTHELOT, M. *La chimie au moeyen âge*. 3 vols. Paris: [s.e.], 1893, p. 116, in: Le livre Ostanes, diz estas mesmas palavras.

30. LAMY, T. *Hymni et Sermones*. Vol. II. Mechliniae: [s.e.], 1902, p. 508: "Si recumbis capite super petram dividunt et rapiunt eam, si dormis in sterquilinio illud fit Ecclesia ad fundendas preces" (Se descansas a cabeça numa pedra, eles a dividem e roubam, se dormes no esterco, este se torna a Igreja para elevar a Deus as preces da humanidade).

31. Ibid. *Hymnus de resurrectione Christi*. 21, 6, vol. II, p. 770: "Figuris vestitur, typos portat [...] thesaurus eius absconditus et vilis est, ubi autem aperitur mirum visu [...]" (Ele é vestido de figuras, traz imagens... seu tesouro é oculto e vil; mas quando ele se abre, é maravilhoso de se ver).

32. Cf. JUNG, C.G. *Aion* [OC, 9/2]. Zurique: [s.e.], 1951, p. 263s.

33. Cf. adiante Honório de Autun a propósito do Salmo 112,7: "Sic Dominus humilia respicit sic de stercore erigit pauperem" (Assim o Senhor olha os humildes e ergue o pobre [que está] no esterco): O que foi rejeitado pelos homens é agradável a nosso Senhor. Assim, pois, a pedra preciosa, escondida no esterco, será elevada fora da cloaca do fedor do mundo e será engastada num lugar brilhante do diadema real que fulgura de pedras fulgurantes. *Speculum de mysteriis Ecclesiae*. In: MIGNE, J.P. *Patrologiae cursus completus. Series latina*. Paris: [s.e.], t. 172. col. 1.032.

corpora vilia (corpos vis) sejam particularmente próprios para representar a divindade[34].

63   Psicologicamente, esta *materia vilis* consiste de imagens e símbolos que emergem diretamente do inconsciente e ainda não foram ordenados, interpretados e transformados por uma consciência coletiva discriminadora. Trata-se verdadeiramente de uma *prima materia* de toda experiência religiosa que, de um modo trágico, é sempre de novo "pisoteada no esterco pelas opiniões coletivas dominantes".

64   Texto: Vida longa e saúde estão em sua mão direita e na esquerda, glória e bens infinitos. Belos são seus caminhos, e suas obras dignas de louvor: estas não são desprezíveis nem feias e suas sendas são moderadas e sem precipitação, ligando-se à persistência de um labor prolongado. E uma árvore de vida para todos os que a tocam e uma luz que nunca se extingue. Bem-aventurados são os que a compreendem: pois a sabedoria de Deus jamais passará, como testemunha Alphldius ao dizer "Se alguém encontrar esta sabedoria, ela será para ele alimento legítimo e eterno". E Hermes ... diz: quando um homem possuir este saber, mesmo que viva 1000 anos e precise alimentar diariamente 7000 homens, jamais passaria necessidade.

65   Aqui, o autor continua a descrever a *sapientia* nos quadros de sua personificação bíblica: ele a louva como doadora de longevidade e de saúde, como árvore da vida, como alimento eterno e inesgotável da humanidade, como luz inextinguível e eterna chama. Todas estas

---

34. Cf. WHITE, V. St. Thomas' Conception of Revelation, *Dominican Studies*. Blackfriar Publications St. Giles, vol. I, Oxford, p. 11. Cf. tb. BOAVENTURA, S., *In I Sent.* 3, 3 ad 2m. "Creature possunt considerari ut res vel ut signa" (As criaturas podem ser consideradas como coisas ou como sinais). No restante, Alberto Magno, mestre de Tomás, gostava de inserir conceitos alquímicos em sua exegese da Bíblia. Cf. tb. MAGNO, A. *Quaest. Super Evang.* CLXIV. Vol. 37, p. 242 [BORGNET (org.)]): "Transite etc. Aqua cisternae huius est Christus qui est fons vitae saliens in vitam aeternam" (Passai etc. Tal água de cisterna é Cristo que é fonte da vida, jorrando para a vida eterna). Cf. principalmente no tocante às alegorias alquímicas de Alberto em sua interpretação da Bíblia, ibid.: "crediderunt <Christum> non Deum esse, et qui fuit aurum mundissimum crediderunt esse cuprum" (Eles acreditaram que <o Cristo> não era Deus, e eles acreditaram que aquele que era o ouro mais puro era cobre). Cf. adiante, p. 252.

imagens são arquetípicas e desempenham um grande papel, tanto na literatura alquímica como entre os Padres da Igreja[35].

Na alquimia, a árvore é, em primeiro lugar, uma imagem do processo da transformação gradual da *prima materia* que se desdobra, "que se basta a si mesma"[36]. Acerca do significado global da árvore,

66

---

35. Nosso texto mostra nesta parte inicial, através de suas citações, um extraordinário parentesco com a introdução da *Mariale*, atribuída a Alberto Magno, que devemos reter quando estudarmos a questão acerca da autoria de Santo Tomás no tocante à *Aurora*. – MAGNO, A. Vol. 37, p. 1 [BORGNET (org.)]. Mariale sive Quaestiones super Evangelium Proemium:

"Clara est et quae nunquam marcescit sicut scriptum est. (Sap. VI 13-17) et facile videtur ab his qui diligunt eam et invenitur ab his qui quaerunt illam. Praeoccupat qui se concupiscunt, utill is se prior ostendat. Qui de luce vigilaverit ad illam non laborabit, assidentem enim illam foribus suis inveniet. Cogitare ergo de illa est sensus consumatus et qui vigilaverit propter illam cito securus erit. Quoniam dignos se ipsa cireuit quaerens et in viis ostendit se illis hilariter et in omni Providentia occurit illis. Item scriptum est Eccles. XXIV 29 et seq: Qui edunt me adhuc esurient et qui bibunt me adhuc sitient. Qui audit me non confundetur, et qui operantur in me non peccabunt. Qui elucidant me vitam aeternam habebunt". (Ela é clara e nunca fenece, a sabedoria, como está escrito [Sb 6,13-17] e é facilmente reconhecida por aqueles que a buscam. Cuida de se revelar primeiro àqueles que a desejam ardentemente. Aquele que desde a primeira luz do dia velar por ela não se fatigará, pois a encontrará sentada à sua porta. Ter o pensamento nela posto é assim uma consumada prudência; e aquele que velar por causa dela não terá preocupações. Porque ela mesma se volta para todos os lados, procurando aqueles que são dignos dela; pelos caminhos, mostra-se a eles, o rosto risonho, e os precede com todo o zelo de sua providência. Assim também está escrito no Eclo 24,29s.: Os que me comerem ainda terão fome, e os que me beberem ainda terão sede. Aquele que me escuta não será confundido e aqueles que agem por mim não pecarão. Os que me elucidarem terão a vida eterna.) – Sobre a autenticidade desta obra de juventude, cf. PELSTER, F. *Kritische Studien zum Leben und zu den Schriften Alberts des Grossen*. Freiburg im Breisgau: [s.e.], 1920, p. 108s.

36. Lê-se já nos "Oráculos de Apolo" (BERTHELOT, M. *Collection des anciens alchimistes grecs*. Paris: [s.e.], 1887/1888, IV, VII, 2, vol. I, p. 276) – que a água divina ergue-se "como um loureiro virgem até a tampa do recipiente", e Zósimo também descreve de modo semelhante o modo pelo qual a água se desenvolve, como se fora uma árvore sobre o altar em forma de taça do cosmo, dando flores e frutos (ibid., IV, I, p. 261). Também na literatura árabe a árvore desempenha um grande papel: assim, lemos em ABU'L-QASIM. Kitab al-'ilm al-muktasab fi zirâ'at adh-dha-hab., Paris: [s.e.], 1923, p. 23 [HOLMYARD (org.)]: A *prima materia* provém de uma única árvore que cresce nas

convém recorrer ao estudo de Jung: "A árvore filosófica"[37]: a árvore simboliza o processo de individuação em seus aspectos de vivificação, conscientização, de γνωσις (conhecimento)[38].

67   Assim também os símbolos, nos quais a sabedoria é designada como luz inextinguível, "alimento legítimo", não necessitam de maiores esclarecimentos[39]. Simbolizam o afluxo espiritual e substancial dos conteúdos do inconsciente que, na concepção dos alquimistas, fluem da *lumen naturae* (luz da natureza) para o adepto, que os sente como iluminação divina[40]. A sapientia atua também como um fogo inextinguível, que se expande inesgotavelmente.

68   Texto: É o que confirma Senior ao dizer: "Tal homem seria tão rico como aquele que possui a pedra da qual se extrai fogo, e assim pode dar fogo

---

terras ocidentais... e esta árvore cresce na superfície do mar como uma planta sobre a terra, e àquele que come dos frutos desta árvore, os homens e os espíritos obedecem, e é essa a árvore da qual Adão (a paz esteja com ele!) não devia comer e, como ele o fez, foi transformado e de anjo tornou-se homem. E esta árvore pode tomar também a forma de qualquer animal. – Entre os árabes encontra-se também a ideia platônica e órfica do homem como uma planta invertida do céu. Cf. KERN, O. *Orphicor. Fragm.* Berlim: [s.e.], 1922, p. 244. n. 298 a: "ψυχη δ'ανθρωποισιν απ' αιθερος ερριζωται". Cf. tb. SENIOR. *De Chemia.* Op. cit., p. 76: "A pedra dos sábios é engendrada em si mesma e dela provêm as raízes, os ramos, as folhas, flores e frutos; estes provêm dela (a árvore), existem através dela e lhe pertencem e ela é o tudo e o tudo dela procede."
Cf. tb. EFRÉM O SÍRIO. *Hymni et Sermones.* Vol. II. Mechliniae: [s.e.], 1902, p. 538 [LAMY, T. (org.)]: "Maria et arbor unum sunt. Agnus in ramis pendebat [...]" (Maria e a árvore são um. O cordeiro pendia nos ramos [...]). A cruz é a árvore da vida, *lignum vitae*, op. cit., p. 612.

37. *Von den Wurzeln des Bewusstseins.* Zurique: [s.e.], 1952, p. 353s.; *Psychologie und Alchemie.* Zurique: Rascher, 1944, p. 119s. e p. 474-476.

38. Para uma interpretação análoga do termo "gnosis", cf. QUISPEL, G. *Gnosis ais Weltreligion.* p. 17: "Gnosis é a projeção mítica da experiência de si mesmo". Em terminologia junguiana poder-se-ia talvez dizer: A gnose é a projeção mítica da experiência do si-mesmo, isto é, do processo de individuação.

39. Cf., por exemplo, RUSKA, J. *Livro do alúmen e dos sais.* Berlim: [s.e.], [s.d.], p. 92, onde *Mercurius* diz de si mesmo: "Se alguém me liga com meu irmão e com minha irmã, ele viverá e se alegrará e eu lhe bastarei pela eternidade, mesmo que ele tivesse que viver mil vezes mil anos".

40. Cf. a história deste conceito: JUNG, C.G. Theoretische Überlegungen zum Wesen des Psychischen, *Von den Wurzeln des Bewusstseins.* Op. cit., p. 544s.

a quem quiser, quanto quiser e quando quiser, sem qualquer perda pessoal".

O mesmo pensa Aristóteles ao escrever no livro segundo *Da alma*: "A todas as coisas naturais e imposto um termo de grandeza e de crescimento; no entanto, o fogo aplicado aos combustíveis cresce infinitamente".

Esta passagem é uma citação de um escrito autêntico de Aristóteles: *De Anima*. Ele ressalta nessa obra (refutando outras teorias) que a alma ou a razão é a causa de toda limitação de crescimento, mas não o fogo. A alma é o que estabelece fronteiras, dando por isso forma ao corpo. Esta concepção foi elaborada na Idade Média. Tomás de Aquino, por exemplo, não concebe a alma apenas como "forma"[41] do corpo, possuindo sua própria substancialidade (ser próprio) e ao mesmo tempo a comunicando[42]. Ela pode agir por si mesma e de modo criativo, sendo por isso um *ens in actu* (ser em ato)[43]. A materia

69

---

41. "Forma" é uma palavra aqui utilizada no sentido aristotélico-tomista. Cf. SERTILLANGES, A.D. *Der Heit Thomas von Aquin*. Hellerau: [s.e.], 1928, p. 124s.

42. Cf. GILSON, E. *L'esprit de la philosophie médiévale*. Paris: Vrin, 1932, I, p. 188 e notas. É o *intellectus*, substância incorpórea, que forma e organiza por ela a materia dos corpos, uma vez que coopera com os elementos. Cf. *De anima*. II, lect. 8. "*Anima autem cooperatur ad elemento*, quae sunt in corpore vivente sicut forma ad materiam" (A alma coopera com os elementos que estão no corpo vivo, como a forma em relação à materia). Além disto, diz TOMÁS DE AQUINO. *Summa theologica*. 9 vols. Paris: [s.e.], 1868, I, 75, 2. Resp.: "Nihil autem potest per se operari nisi quod per se subsistit. Non eniin est operari nisi entis in actu [...] Relinquitur igitur animam humanam, *quae dicitur intellectus vel mens, esse aliquid incorporeum et subsistem*" (Nada com efeito pode operar por si senão aquilo que subsiste por si. Não pode haver aí operação senão a do ser em ato [...] Portanto, a alma humana, que também é chamada intelecto ou espírito, é algo de incorporal e de subsistente). E: *Summa theol*. I, 86, 1: "Sic ergo ex ipsa operatione intellectus apparet quod intellectivum principium unitur corpori et formae" (Assim, pois, da operação mesma do intelecto, aparece que o princípio do intelecto está unido ao corpo e à forma). E *Summa theol*. I, 75, 6. Resp.: "Esse autem convenit per se formae, quae est actus. Unde materia secundum hoc acquirit 'esse in actu' quod acquirit formam, secundum hoc autem accidit in ea corruptio, quod separetur forma ab ea". (O ser convém essencialmente à forma, que é o ato. Disso resulta que a matéria adquire o "ser em ato", o qual recebe a forma; mas por causa disso ocorre nela (a forma) uma corrupção, o que a separa da materia.)

43. Ser atual.

desprovida de forma só recebe seu ser-assim (*So-Sein*) atual, na medida em que recebe uma forma através da alma[44].

À luz de tais concepções é claro que a *sapientia* de nosso texto não é encarada como uma personificação da alma individual, pois o

---

44. A alma se une ao corpo com a meta de existir e de operar (*operari*) de acordo com sua natureza (*natura*). *Summa theol.* I, 89, 2. Resp.: "Et ideo ad hoc unitur (anima) corpori ut sic opererur secundum naturam suam" (Por esse motivo [a alma] se une ao corpo e assim opera segundo a sua natureza). – Em todas essas definições Tomás é, como Alberto, extremamente ligado a Avicena. Cf., neste último, *De Anima.* cap. I: "Dicemus igitur nunc: quod anima potest dici *vis vel potentia* comparatione affectionum quae emanam ab ea [...] potest etiam dice perfecio hac compararione scl. quod perficitu genus per illam et habet esse per illam etc." (Diremos, pois, que a alma pode ser chamada força ou potência, na comparação dos fenômenos afetivos que dela emanam[...] Ela pode mesmo ser chamada de perfeição nesta comparação, quer dizer, o gênero se torna perfeito por ela e tem o ser por meio dela, etc.). A alma é *finis et perfectio* (o fim e a perfeição) de toda coisa: "Ergo ipsa est vis animae habentis alias vires, quarum una haec est, quae omnes operantur ad hoc ut perveniat *aptitude instrumentorum ad perfectiones secundas ipsius animae*". (Ela é, pois, uma força da alma, possuindo as outras forças, das quais uma é esta: *Todas operam a fim de que a aptidão dos instrumentos atinja as perfeições segundas da própria alma.*)

Observaremos de passagem que o texto referido de *De anima*, citado na *Aurora*, encontra-se igualmente no comentário da Sabedoria de Salomão por Mestre Eckhart, o qual, por seu lado, baseou-se muito em Santo Tomás (cf. THERY, G. Le Commentaire de Maître Eckhardt sur le livre de la Sagesse (final), *Archives d'Histoire doctrinale et littéraire du Moyen-âge*, 1930, p. 237). Thery não conseguiu localizar a passagem de *De Anima.* Diz ele: "Não encontramos esse texto". Entre outras coisas, aí se diz que o movimento do céu é o mais rápido que há no cosmo e que as coisas do cosmo possuem limites. Deus, no entanto, que não se acha preso em nenhum movimento ou atuação real, é ainda mais rápido. Porém, na medida em que também a alma com seu imaginário pode se representar algo ainda mais rápido que o movimento do céu, fazem sentido aquelas palavras de Santo Agostinho, de que a alma é maior do que todo o Cosmo. Cf. THERY. Ibid., p. 238: Por isso, são infinitas, pela razão pela qual existe o movimento, a grandeza ou a dimensão, a forma que antecede na matéria, como diz com toda razão o comentador *De substantia orbis* [Averróis]. E por isso pode ser mais móvel que todo móvel. Deus, pois, sendo infinito não recebido em nenhum outro móvel e operação, pode operar ou se mover com mais velocidade. Querendo, pois, o sábio mostrar a infinitude de Deus oculta e sutil e sua sabedoria, disse muito bem: "A sabedoria é mais móvel que todas as coisas móveis" [...] Mas a *imaginatio* é capaz de imaginar algo de maior do que aquilo que há de maior, mesmo o céu. Assim, Agostinho prova, em seu livro *De quantitate animae*, que a alma é maior que o mundo inteiro.

autor a compara com uma pederneira que pode propagar fogo[45] inesgotavelmente, ressaltando também que todas as coisas naturais têm um limite à sua extensão (e, assim, à sua forma), exceto o fogo. A pederneira é, pois, uma imagem da *sapientia Dei*, por sua *diferença* em relação às coisas e formas criadas. A primeira se distingue das segundas pelo fato de poder comunicar uma vida infinita, sem jamais esgotar-se[46]. Sua ação não tende (como a da alma) para uma forma individual, mas é suscetível de uma extensão infinita. Ela não cessa de imprimir um impulso originário a todo o ser e a todo o conhecimento, sob formas de uma diversidade infinita, e é capaz de uma ação ilimitada, uma vez que é um princípio inesgotável, dispensador de força. *Ela atua, portanto, de modo transpessoal, isto é, além do indivíduo*, e indica a este último o caminho, como um princípio de ordem. Conduz os passos do alquimista, tal como afirma a frase seguinte do nosso texto. Do ponto de vista psicológico isto confirma o fato de que esta forma feminina não corresponde ao aspecto pessoal da *anima* do homem (em linguagem medieval, ela não é a *anima* humana enquanto *forma corporis*)[47], mas *uma figura de anima puramente arquetípi-*

---

45. Trata-se também de uma alegoria de Cristo. Cf. JUNG, C.G. *Psychologie und Alchemie*. Op. cit., p. 481.

46. Cf. as seguintes partes anteriores da *Aurora*: cap. 1. Cf., por exemplo, TOMÁS DE AQUINO. *Summa theologica*. 9 vols. Paris: [s.e.], 1868, I, 25, 3. Resp.: "Esse autem divinum, super quod ratio divinae potentiae fundatur, *est esse infinitum non limitation ad aliquod genus entis*, sed praehabens in se totius esse perfectionem" (Entretanto o ser divino, sobre o qual está fundada a natureza do poder divino, é um ser infinito, não limitado a qualquer gênero de ser, mas possuindo em si mesmo a perfeição de toda coisa).

47. Cf. a esse respeito MAGNO, A. *De anima*. II, 4, onde ele refuta a opinião de alguns contemporâneos, segundo a qual a alma é uma *virtus ignis*: "quia solus ignis inter omnia corpora et aliter virtute propria et augmentatur [...] per appositionem cremabilium" (porque só o fogo, entre todos os corpos, é nutrido por sua própria virtude e aumentado [...] pela aplicação de corpos combustíveis). E Tomás de Aquino, referindo-se a Aristóteles, em *De anima*. II, lectio 8, diz: "Illud igitur quod est causa determinationis *magnitudinis et augmenti* est principalis causa augmenti. Hoc autem non est ignis. Manifestum est enim quod ignis augmentum non est usque determinatam quantilatem, *sed in infinitum extenditur, se in infinitum materia combustionis inveniatur*. Manifestum est igitur quod ignis non est principale agens in augmento et alimento *sed magis anima*. Et hoc rationabiliter accidit quia determinatio quantitatis in rebus naturalibus

ca, o aspecto feminino da imagem de Deus[48]. Como arquétipo ela é realmente uma forma ilimitada e eterna, se bem que se manifeste e se repita num número infinito de indivíduos.

71 A comparação da sapientia com o fogo, neste contexto, não é acidental, mas alude também à concepção alquímica do *ignis occultus* (fogo secreto) ou *ignis noster* (nosso fogo). Eu remeteria o leitor às exposições de Jung acerca disso em seu livro *Psicologia e alquimia*[49]. Trata-se de um fogo simbólico cujo significado poderia ser equiparado muito bem ao conceito de "energia psíquica"[50]. A chama ou o fogo é efetivamente um símbolo usual da alma[51]. Enquanto imagem da energia psíquica, ele parece ter sido venerado como um elemento divino em numerosas religiões primitivas. O fogo, desempenha, pois, na vida religiosa desses povos um papel tão central como, para nós, a imagem de Deus (Deus mostra-se a Moisés na sarça ardente, e Cristo é chamado o "fogo eterno"[52]). É por isso que num capítulo posterior de nosso texto falar-se-á do simbolismo ígneo do Espírito Santo.

---

est ex forma, quae est principium speciei magis quam ex materia. Anima autem cooperatur ad elementa quae sunt in corpore vivente sicut forma ad materiam. Magis igitur terminus et ratio magnitudinis et augmenti est ab anima quam ab igne" (Aquilo que é causa da determinação da *magnitude e do aumento* é a causa principal do aumento. Mas isso não é o fogo. Pois está claro que o fogo não é o agente principal no aumento e no alimento, *mas a alma*. E isto, do ponto de vista racional, acontece porque a determinação da quantidade nas coisas naturais se dá *a partir da forma*, que é o princípio da espécie e não da materia. Mas a alma colabora com os elementos que estão no corpo vivo como a forma para a materia. Então se deve ver mais na alma do que no fogo o termo e a razão da magnitude e do aumento).

48. Segundo MAGNO, A. *De anima*. II. 4, o fogo é "inter omnia elementa maxime incorporeus et spiritualis" (entre todos os elementos, o mais incorporal e espiritual). Segundo HONÓRIO DE AUTUN. *Elucidarium*. Migne. P.L., vol. 172, col. 1.113, a natureza dos anjos é um *spiritualis ignis* (fogo espiritual) (Hb 1,7). O "fogo eterno" é um símbolo de Cristo (EFRÉM O SÍRIO. *Hymni et Sermones*. Op. cit., vol. I, p. 350).

49. *Psychologie und Alchemie*. Zurique: Rascher, 1944, p. 174, 175, 320, etc.

50. Cf. JUNG. *Die psychische Energetik und das Wesen der Träume*, 1948, p. 49s.

51. Cf. JUNG, C.G. *Psychologie und Alchemie*. Op. cit., p. 360, nota 3.

52. Uma palavra não canônica diz: "Quem está perto de mim, está perto do fogo, quem está longe de mim está longe do reino". ORÍGENES, *In Jer. Hom.* XX, 3, apud JUNG, C.G. *Psychologie und Alchemie*. Zurique: Rascher, 1944, p. 273. Cf. tb. os esclarecimentos de Jung acerca do aspecto sombrio desse fogo, p. 232. O Espírito Santo é igualmente um fogo (o milagre de Pentecostes!).

A representação arquetípica de uma energia cósmica, divina, "capaz de consciência", não é exclusivamente medieval em certos símbolos do Espírito Santo, mas reapareceu também algo modificada no conceito de *intellectus agens* (νους ποιητικος = intelecto criativo). Esta ideia e as discussões que suscitou me parecem psicologicamente tão importantes que eu gostaria de estudá-la mais de perto.

A fonte principal da concepção medieval sobre o conceito do *intellectus agens* é em primeiro lugar Ibn Sina (Avicena)[53]. Segundo ele, o conhecimento nasce pelo fato do homem receber a influência da *intelligentia agens* (inteligência ativa) que, em última instância, é uma realidade cósmica[54], *cuja irradiação poderia ser comparada à da luz*[55]. Esta *intelligentia* habita as esferas planetárias e é uma *força extrapsíquica presente na natureza* e raiz de todo conhecimento humano[56] (motivo pelo qual, de acordo com a tradição peripatética, a teoria do conhecimento de Avicena *pertence à física*). Quando a alma humana entra em contato com o *intellectus agens* torna-se "reflexiva" e se acaso elevar-se até ele "numa conjuntura genial", então nela se escoa uma força sagrada que é causa da profecia. Alberto Magno e Maimônides retomaram esta ideia sem praticamente modificá-la[57], enquan-

---

53. Eu não me estenderei acerca do νους ποιητικος aristotélico, pois Avicena foi o principal representante desta doutrina na época em que a *Aurora* foi escrita. Cf. especialmente GILSON, E. Pourquoi St .Thomas a critiqué St. Augustin, *Archives d'Hist. Doctrinale et littéraire du moyen-âge*. Vol. I, 1926/1927, p. 559, part., p. 7.

54. Isto é, presente na natureza.

55. Cf. HANEBERG, P. *Zur Erkenntnislehre von Ibn Sina und Albertius Magnus*. Abh. der K. Bayr. Akad. der Wiss. I.C. Munique: [s.e.], 1866, vol. XI, seção I., p. 9.

56. Segundo Avicena, há muitas inteligências desse tipo, que governam as esferas planetárias; a que atua sobre os homens é a inteligência sublunar. GILSON, E. Pourquoi St. Thomas, op. cit., p. 38-49. Cf. tb. GRABMANN, M. *Mittelalterliche Deutung und Umbildung der aristotelischen Lehre vom* νους ποιητικος. Sitzgsber: der Bayerischen Akademie der Wissenschaften, 1936, cad. 4 passim.

57. Cf. HANEBERG. Op. cit., p. 59. Cf. tb. a citação de Avicena em Petrus Hispanus, o futuro Papa João XXI, apud em GILSON, E. Les sources gréco-arabes de l'augustinisme avicennisant, *Archives d'histoire doctrinale et littéraire* etc. p. 106: "Quintus modus (cognoscendi) est cognoscere rem per elevationem et abstractionem ipsius animae. Et de hoc modo elevationis nusquam loquitur Philosophus, sed Avicenna de hoc modo loquitur in libro de anima ubi dicit, quod intellectus duae sunt facies. Una est,

to Guilherme D'Auvergne[58] e outros dela se apartaram completamente. Do ponto de vista psicológico ela me parece muito importante. O *intellectus agens* presente no cosmos corresponde de fato em Avicena à ideia de *um sentido quase consciente, inerente aos fenômenos objetivos e físicos da natureza*[59] e corresponde ao conceito junguiano do "saber absoluto", cuja sede é o inconsciente coletivo[60].

Segundo Avicena, o eu humano está colocado numa atitude receptiva em face do *intellectus agens*[61]. Sabemos hoje que realmente todo o pensamento da consciência individual obscurece esse "saber absoluto" e que para chegar a ele é necessário um *abaissement du niveau mental*.

---

quam habet intellectus ad virtutes inferiores secundum quod intellectus agens recipit a possibili. Alia est quam habet intellectus per abstractionem et elevationem ab omnibus condicionibus materialibus et hanc habet per relationem ad Intelligentiam influentem. Et *quando anima sic est elevata* Intelligentia ei multa detegit. Unde dicit Avicenna quod recolit praeterita et praedicit futura et potest nocere per malum oculum suum. Unde dicit Avicenna quod oculus fascinantis facit cadere caniculam in foveam et *sic elevantur illi, qui sunt in ecstasi ut religiosi contemplativi et maniaci et phrenetici, et hoc modo anima cognoscit Primum et se ipsam per essentiam per reflexionem sui ipsius supra se*" (O quinto modo de conhecimento é conhecer pela elevação e abstração da própria alma. E o filósofo nunca fala desse modo de elevação, mas Avicena fala deste último em seu livro *De anima*, onde ele diz que há dois aspectos do intelecto. Um, é aquele que o intelecto reveste em face das coisas inferiores, na medida em que o intelecto ativo recebe do intelecto possível. O outro é aquele que o intelecto reveste por abstração e por elevação, fora de todas as condições materiais, e ele tem esse aspecto mediante a relação com a Inteligência que o influencia. *E quando a alma assim se eleva*, a inteligência lhe descobre muitas coisas. Assim, Avicena diz que ela (a alma) se lembra de coisas passadas e prediz coisas futuras, que ela pode prejudicar pelo mau olhado; e diz Avicena que o olho fascinante faz cair uma cadela na cova [morrer]. E assim são erguidos os que estão em êxtase, tais como os religiosos contemplativos, os maníacos e frenéticos, e desta maneira a alma conhece o Ser Primeiro, assim como a si mesma em sua essência, mediante a reflexão sobre si mesma).

58. GILSON, E. Pourquoi St. Thomas, op. cit., p. 58.

59. Poder-se-ia traduzir *intellectus agens* por "sentido criador".

60. Cf. JUNG, C.G. Synchronizität als ein Prinzip akausaler Zusammenhange, In JUNG & PAULI. *Naturerklärung und Psyche*. Zurique: [s.e.], 1952, p. 79 e 91. Este νους ποιητικος me parece ser o conceito ocidental que mais se aproxima da ideia chinesa do *Tao* (podemos mencionar também, entre os antigos, como paralelo, o fogo de Heráclito).

61. Segundo Avicena seria a *intelligentia in potentia* e a *consideratio vel cogitatio*. GILSON, E. Pourquoi St. Thomas, op. cit., p. 41-42.

Tomás de Aquino modificou o conceito de *intellectus agens* 75 compreendido como um poder cósmico, *extrapsíquico* e atribuiu a atividade do pensamento 'abstrativo' a um *intellectus agens* humano intrapsíquico (em linguagem moderna: situado no inconsciente), designando-o como "luz natural"; o outro aspecto, Tomás de Aquino identifica com Deus ou com a *sapientia Dei*, enquanto *fonte* extra-humana de iluminação[62]. No que diz respeito aos aspectos mais sutis de sua teoria, só posso remeter o leitor ao notável trabalho de Étienne Gilson. Diz ele[63]: "Deus ilumina nossas almas, que foram dotadas de luz natural graças à qual elas conhecem, e que é a mesma do *intellectus agens*. Este último na verdade está sempre em ato, mas a alma possui além disso um intelecto possível, e ela só se conhece atualmente devido ao concurso de seu intelecto possível[64] com seu intelecto agente"[65].

62. GILSON, E. Pourquoi St. Thomas, etc., p. 61s. Cf. tb. GRABMANN, M. *Die Mittelalterliche Aristotelesübersetzungen* ... 1928, p. 112-113, e GILSON, E. *Les sources*. Op. cit., p. 107. Alberto Magno apoiou-se nesse ponto e posteriormente também S. Tomás (HANEBERG. p. 31). Cf. tb. o ponto de vista de Roger Bacon. Este distingue igualmente um intelecto que atua ativamente sobre a alma e um intelecto passivo e receptivo inerente à alma. O intelecto ativo atua como inspiração ao mesmo tempo que pela recepção das *species*, mediante o intelecto passivo. Isto concorda com o que dizem todos os sábios até hoje: que o (*intellectus agens*) é Deus. O resultado da recepção das *species*, através do intelecto humano e da atuação ativa de Deus, produz a *scientia*. Cf. *Opus Tertium*. Cap. XXIII [BREWER (org.)]: "Nam omnes moderni dicunt quod intellectus agens in animas nostras et illuminans eas *est pars animae* ita quod in anima sunt duae partes: agens, seil, et possibilis: et intelectus possibilis vocatur qui est in potentia ad scientiam et non habet eam de se, sed quando recipit species rerum et agens influit et illuminat ipsum, tunc nascitur scientia in eo [...] Et omnes sapientes antiqui et qui adhuc remanserunt usque ad tempora nostra dixerunt quod fuit Deus" (Todos os modernos dizem que o intelecto que atua em nossas almas e que as ilumina é uma parte da alma, de forma que há duas partes na alma: a ativa e a possível; possível é o intelecto que está em potência em relação à ciência e não a possui por si mesmo; mas quando ele recebe as espécies de coisas e o intelecto ativo o influencia e ilumina, a ciência nasce então nele [...] E todos os sábios antigos e os que ainda existem em nossos dias dizem que é Deus). Cf. GRABMANN, M. *Die mittelalterliche Lehre* etc. Op. cit., p. 10.

63. Ibid., p. 62-63.

64. O *intellectus possibilis* corresponderia ao conceito moderno de consciência.

65. Cf. a este respeito também SIEWERTH, G. *Die Apriorität der menschlichen Erkenntnis nach Thomas von Aquin*, "Aus dem Symposion". Munique: Alber-Verlag, [s.d.], particularmente p. 105-106.

76 No ato de contemplação o *intellectus agens* suscita um contato com a *sapientia Dei*, e isto pode resultar numa assimilação do espírito humano a Deus[66]. Nesta teoria de Santo Tomás, o νους ποιητικος ou "saber absoluto" se integra parcialmente ao homem. Tal dissociação tomista do conceito de νους significa, psicologicamente, um progresso da consciência. Na maioria das vezes, quando um conteúdo inconsciente se torna consciente, ele se divide inicialmente em dois: apenas *uma* parte do conteúdo se agrega ao campo da consciência centrado pelo eu; a outra parte permanece no inconsciente ou é projetada no domínio extrapsíquico. O intelecto ocidental, que se desenvolveu no tempo da escolástica, parece também ter nascido deste modo. Nessa época, um elemento do "pensamento preconsciente" era explicado como uma operação do sujeito; o resto permanecia preconsciente e projetado no não humano, isto é, personificado na essência "metafísica" da *sapientia Dei*. É pois importante que a parte deixada no domínio extra-humano não tenha permanecido um conceito puramente masculino (*intellectus*) como no caso de Avicena, mas que tenha sido identificado com a *sapientia Dei*: desse modo entra, psicologicamente, no domínio da imagem arquetípica da anima.

77 Segundo Tomás, a parte intrapsíquica do *intellectus agens* é capaz de engendrar, em contato com a experiência sensível, os *primeiros princípios* sobre os quais o homem pode edificar o sistema das ciências. Ele pode, então, formular suas verdades pelo fato de *participar*[67] da verdade divina primordial: "anima humana cognoscit in rati-

---

66. *Summa Theol.* Prima secundae Quaest. 3, Art. 5: "Tertio idem apparet ex hoc quod in vita contemplativa homo communicat cum superioribus scil, cum Deo et angelis, quibus per beatitudinem assimilatur [...] Assimilatio intellectus speculativi ad Deum est secundum unionem vel informationem" (Em terceiro lugar, aparece igualmente a partir disto que, na vida contemplativa, o homem comunica com os seres superiores, a saber, com Deus e com os anjos, aos quais ele é assimilado pela beatitude. A assimilação do intelecto especulativo a Deus se faz por união ou informação). Segundo Santo Tomás, o *intellectus agens* é um dom de Deus.

67. Segundo GILSON, E. *Philosophie Médiévale*. Op. cit., p. 145: A partir de Santo Tomás de Aquino, nós possuímos uma luz natural, a do *intellectus agens*... Como o intelecto aristotélico (essa luz natural) é capaz, em contato com a experiência sensível, de engendrar os princípios primeiros com a ajuda dos quais ela construirá progressivamente depois o sistema das ciências etc.

onibus aeternis, per quarum participationem omnia cognoscimus. Ipsum enim *lumen intellectuale, quod est in nobis*, nihil est aliud quam quaedam *participata similitudo luminis increati*, in quo continentur rationes aeternae"[68] (A alma humana conhece nas ideias eternas, *pela participação* das quais conhecemos tudo. Com efeito, *a luz intelectual que há em nós é apenas uma semelhança participada da luz incriada*, na qual as ideias eternas estão contidas). A iluminação também não cai apenas "do alto" sobre os homens por si mesmos cegos mas, segundo Santo Tomás, há no homem uma luz intelectual inata, que pode apreender os princípios primordiais do conhecimento por uma "semelhança participada". Aí reside, por exemplo, o fundamento da profecia. De acordo com Santo Tomás, há dois graus de profecia: a primeira se relaciona com as coisas que são sabidas por todos; a segunda só cabe aos perfeitos (*perfecti*) e concerne aos mistérios mais altos[69]. *Esta última pertence à sapientia Dei*. Da mesma forma, há duas formas de conhecimento da verdade: a primeira, é um saber especulativo, que pode revelar a alguém os mistérios divinos e a segunda é um *"conhecimento afetivo"que provoca no homem o amor de Deus* e pertence ao *donum sapientiae* (dom da sabedoria)[70]. A *sapientia* contém pois os mais altos mistérios da fé[71].

---

68. *Summa theol.* I, 84, 5. Resp. "A alma humana conhece *nas ideias eternas*, mediante cuja participação nós conhecemos tudo. Pois nossa luz intelectual não é senão uma semelhança participada da luz incriada, na qual estão contidas as ideias eternas (arquétipos).

69. *Summa*. II, II, Q. 171, prolog. "Prophetica revelatio se extendit [...] et ad quantum ad ea, quae proponuntur omnibus credenda, quae pertinent ad fidem et quantum ad altiora mysteria, quae sunt perfectorum, quae pertinent ad sapientiam" (A revelação profética compreende [...] aquelas coisas que são propostas a todos para que nelas se acredite, referentes à fé e àqueles mistérios mais altos, que convêm aos perfeitos e pertencem à sabedoria). A *revelatio* é uma *passio*. *De ver*. 12. 7-8 e *Summa*. I-II, 173. 2 a. Cf. WHITE, V. Op. cit., p. 7.

70. *Summa*. Editio Leonina, Pars I, Quaest 64, Art. 1. "Duplex est cognitio veritatis, una quidem quae habetur per gratiam, alia vero quae habetur per naturam. Et ista quae habetur per gratiam est duplex: una quae est speculativa tantum sicut cum alicui aliqua secreta divinorum revelantur, alia vero, quae est affectiva producens amorem Dei et haec proprie pertinet ad donum sapientiae" (Duplo é o conhecimento da verdade: um se tem pela graça, o outro, pela natureza. O conhecimento que se tem pela graça também é duplo: um, que é especulativo, como quando a alguém são revelados segredos divinos; outro, que é afetivo, o qual produz o amor de Deus e este pertence propriamente ao dom da sabedoria). Cf. WHITE, V. St. Thomas. "Conception of Revelation". *Dominican Studies*. Vol. I. St. Giles-Oxford: Blackfriar Publications, jan. 1948, n. 1, p. 5.

78   Estas explanações são próprias para esclarecer a natureza da *sapientia Dei*, exposta na *Aurora*, em seu aspecto de poder totalmente suprapessoal[72].

79   O conceito de *intellectus agens*, de um ponto de vista psicológico, coincide com a noção junguiana de uma "luminosidade" (consciência crepuscular) dos conteúdos arquetípicos do inconsciente. Jung chega à conclusão de que os arquétipos correspondem à função cósmica do νους, devem possuir um aspecto não-psíquico (psicóide), que aparece como um fator de ordenação no *continuum* físico espaço-tempo[73]. Lembremos que a ideia tomista de *intellectus divinus* ou

---

71. Em outro contexto Santo Tomás distingue também uma profecia perfeita: "cum ergo aliquis cognoscit se moveri Spiritu Sancto – hoc proprie ad prophetiam pertinet, cum autem movetur sed non cognoscit, non est perfecta prophetia sed quidam *instinctus propheticus*" (Portanto, quando alguém sabe que é movido pelo Espírito Santo – isso pertence à esfera própria da profecia, quando é movido mas não conhece, não é profecia perfeita mas um certo *instinto profético*). = *Summa Theol*. II. II., 9, 171, ad 4. As pequenas profecias ocorrem: "per quendam instinctum occultissimum quem nescientes humanae mentes patiuntur" (de algum instinto ocultíssimo, que os seres humanos são possuídos sem saber) (ibid. a. 5).

72. Cf. adiante a interessante definição do *intellectus* em GUNDALISSINUS. "De immortalitate animae", *Beiträge zur Geschichte der Philos. im M.A*. Vol. III, 1897, p. 35: "virtus intelectiva non habet finem in operatione, non habet finem in tempore" (A força intelectiva não tem fim na operação, não tem fim no tempo) (Isso corresponde plenamente ao "fogo" na *Aurora*). Cf. tb. ibid., p. 31: "Quod si dixerit quis, quia intellectus omnino non est forma nec habens formam, et ideo impossibile est ipsum agere: respondemus quia intellectus in se ipso, in esse suo et in specie sua, *forma* est. Quemadmodum *humor crystallinus* aut spiritus visibilis in esse suo formatum est et tamen ad lucem et colores quodam modo materiale – sic et intellectus ad omnia intelligibilia quae sunt extra se. Neque agit in quantum est materiale, hoc modo scil. ex essentia sua, sed per formam..." (E se alguém diz que o intelecto não é de forma alguma uma forma e que não tem forma, e que portanto não pode agir, responderemos que o intelecto em si mesmo, em seu ser e em sua aparência, é forma. Assim como o humor cristalino ou espírito visível é forma em seu ser e que, em relação à luz e às cores, possui um certo modo material – assim é o intelecto relativamente a todas as coisas inteligíveis que são exteriores a ela. E ele não age na medida em que é material, isto é, desse modo, a partir de sua essência, mas sim pela forma...)

73. Cf. JUNG. Theoretische Überlegungen etc., *Von den Wurzeln des Bewsstseins*. Op. cit., p. 543s. e JUNG, C.G. e PAULI, W. Naturerklärung und Psyche. *Op. cit. Zurique: [s.e.], 1952*, p. 67s. e 78s.

sabedoria de Deus tinha em Avicena o caráter de um *poder objetivamente presente na criação enquanto "intellectus agens" ou "intelligentia influens"*. Se tentarmos traduzir este conceito em termos de psicologia moderna, dir-se-ia que há na natureza e no inconsciente coletivo, pelo menos sob uma forma potencial, uma espécie de consciência ou de espírito objetivo, do qual a consciência individual do eu deriva secundariamente, representando para esta última a fonte de toda a amplificação, de tal modo que ela é "iluminada" por (esse espírito objetivo). Há aqui uma extraordinária concordância com as descobertas da psicologia profunda, expostas por Jung em seu ensaio "Reflexões teóricas sobre a natureza do psiquismo"[74]. Um exame mais acurado prova que os conteúdos do inconsciente não estão totalmente mergulhados na obscuridade, pois, se assim fosse, nada poderia ser dito dele; tais conteúdos são inconscientes de um modo relativo, assim como os conteúdos da consciência nunca são integralmente conscientes sob todos os aspectos, permanecendo parcialmente inconscientes[75]. O estado inconsciente de um conteúdo psíquico deve, pois, ser considerado como relativo, e não devemos imaginar que uma total obscuridade do inconsciente se opõe à luz da consciên-

---

74. In: *Von den Wurzeln des Bewusstseins*. Zurique: [s.e.], 1952, p. 497s.

75. Seríamos levados de início a considerar o inconsciente como um estado psíquico não diverso da consciência em seu princípio. Entretanto, a experiência mostra que o estado dos conteúdos inconscientes não é exatamente igual ao dos conteúdos conscientes. Como Jung afirma, por exemplo, complexos de tonalidade afetiva são conservados em sua forma original; eles mantêm mesmo o aspecto compulsivo não influenciável que caracteriza o automatismo e adquirem finalmente "*mediante uma autoamplificação* um caráter mitológico-arcaico, e portanto numinoso. Os procedimentos no inconsciente procuram aproximar-se das formas fundamentais do instinto e assumir as propriedades que caracterizam o instinto, a saber, ininfluenciabilidade, automatismo, *all or none reaction*" etc. E Jung prossegue: "Essas características do estado inconsciente contrastam com o comportamento dos complexos na consciência. Nesta, eles tornam-se corrigíveis, isto é, perdem seu caráter automático e podem ser transformados. Eles se despojam de seu envoltório mitológico, se afinam num sentido personalista e se racionalizam, entrando num processo de adaptação mediante uma confrontação dialética possível (entre consciente e inconsciente). A situação inconsciente é, pois, notoriamente diversa da situação consciente" (Op. cit., p. 539s.).

cia individual[76]. Jung ressalta igualmente[77] que a luz da consciência apresenta *numerosos graus de clareza*, e o complexo do eu, numerosas gradações de intensidade. Assim, pois, no nível animal e primitivo, uma pura luminosidade domina e no nível infantil a consciência não tem unidade, uma vez que ainda não está centrada por nenhum complexo do eu solidamente afirmado; ela apenas *cintila aqui e acolá*, cada vez que é despertada por acontecimentos exteriores e interiores, instintos e emoções. Assim também, em níveis mais elevados, a consciência não é uma totalidade plenamente integrada, sendo ainda suscetível de uma extensão indeterminada[78].

É este o motivo pelo qual às vezes o fundo psíquico de nossa consciência é simbolizado nos sonhos e visões por um céu estrelado, um mar de luz, uma multidão de olhos brilhantes sobre um fundo obscuro, ou imagens semelhantes. Este tema da luminosidade desempenha igualmente um papel importante no simbolismo alquímico com as *scintillae* (centelhas), *oculi piscium* (olhos de peixe) ou, em Paracelso e Dorn, o "céu estrelado interior"[79]. Na *Aurora*, também, esse tema aparece na imagem das "pérolas" ou dos "planetas na terra".

---

76. "O inconsciente representa, pois, um outro medium relativamente ao consciente. Nas regiões próximas do consciente porém poucas coisas se modificam, pois nelas o claro e o escuro se alternam frequentemente. No entanto é esta camada limítrofe que se reveste do mais alto valor para a solução do grande problema da psique-consciência. Ela nos mostra efetivamente o quanto é relativo o estado inconsciente; tão relativo que não nos sentimos inclinados a utilizar uma noção como a de "subconsciente" para caracterizar esta parte obscura da alma. Mas a consciência também é relativa por seu lado, pois dentro de seus limites não há uma consciência pura e simples, mas toda uma escala de intensidades de consciência. Entre o "eu faço" e o "eu tenho consciência do que eu faço" não há somente um abismo, mas às vezes até mesmo uma enorme diferença ou oposição. Há, pois, uma consciência dominada pela inconsciência, assim como há uma consciência em que a consciência domina [...] Chegamos assim à conclusão paradoxal de que não há conteúdo da consciência que não seja inconsciente, de um outro ponto de vista [...]" op. cit., p. 540.

77. Op. cit., p. 543.

78. "É bom que se pense a consciência do eu cercada de pequenas luminosidades" (Op. cit., p. 543).

79. Op. cit., p. 544s.

Na prática, a luminosidade dos arquétipos significa não só que estes últimos representam as formas e o sentido de nossos instintos, mas que desenvolvem ao mesmo tempo uma *"espécie de inteligência quase consciente, que não coincide com a da consciência do eu"*; consequentemente, um arquétipo constelado no inconsciente de um indivíduo transmite ideias espontâneas, imagens, conhecimentos, inspirações, um conhecimento intuitivo das coisas que essa pessoa não podia "realmente" conhecer[80].

Na medida em que a *sapientia Dei* é definida entre os escolásticos como a soma das *rationes aeternae* (ideias eternas), ela representa, como já dissemos, uma personificação feminina do inconsciente coletivo e, na medida em que reúne todas as *rationes* numa só, é também uma forma de manifestação feminina da *imago Dei* (isto é, do si-mesmo) na alma humana[81]. Na *Aurora*, entretanto, esta realidade psíquica não é representada de um modo mais ou menos teórico, mas é *diretamente vivida*. A aparição da *sapientia Dei* significa psicologicamente uma *irrupção poderosa* do inconsciente, em que o aspecto de inspiração e de iluminação desse acontecimento é de início celebrado com entusiasmo pelo autor.

Texto: "Feliz o homem que encontra esta sabedoria e ao qual aflui esta prudência (de Saturno). Que teu pensamento não a abandone em todos os teus caminhos, e ela mesma guiará teus passos".

A palavra "de Saturno" é talvez uma glosa posterior de um alquimista que depois passou para o texto da *Aurora*. Esta *prudentia Saturni* corresponde à *sapientia* ou *scientia* que vai ao encontro do alquimista. A palavra *sapientia* se escoa da própria matéria (Saturno = chumbo = *prima materia*[82]) em direção ao autor.

---

80. Muitas vezes é nos sonhos e em outros materiais inconscientes que se revela um centro do "céu estrelado interior", por exemplo, uma "luz maior" entre as outras, um sol central etc. *que corresponde ao arquétipo do si-mesmo*, o centro de regulação dos processos psíquicos globais (Op. cit., p. 548s.).
81. Cf. tb. o que Jung diz acerca da *Sapientia Dei* em *Antwort auf Hiob*. Zurique: [s.e.], 1952, passim.
82. Na visão alquimista, o mistério muitas vezes está escondido no chumbo, que corresponde a Saturno. No chumbo, isto é, na substância arcana (misteriosa) habita um *daimon* (OLIMPIODORO. *Collection des Anciens Alchimistes Grecs*. Paris: [s.e.],

85 Texto: como diz Senior: "Mas só a compreenderá quem for sábio, sutil e engenhoso em suas reflexões, quem possuir um espírito esclarecido pelo *Liber aggregationis*. Então todo espírito que flui segue sua concupiscência – bem-aventurado aquele que refletir sobre minhas palavras!"

86 Em Senior, o mistério personificado na *Aurora* pela *sapientia Dei* é descrito sob a forma de "tinctura" e esta última é definida como *aquilo que faz as coisas passarem do estado potencial para o estado atual*[83]. Trata-se pois da *essência criadora de Deus e da alma*. Esta torna-se – segundo Senior – "livre", isto é, atuante, quando o alquimista "esclarecer" seu pensamento por uma meditação sutil.

87 Para os homens medievais, de uma cultura de âmbito cristão, esta representação de uma mística tipicamente islâmica não era de fácil assimilação, pois segundo *sua* concepção só Deus pode criar sem mediação, só ele pode converter a existência potencial em realidade atual. Entretanto, segundo Santo Tomás, uma continuação efetiva do poder criativo de Deus *passa pela alma humana*[84]. Entretanto, esta última não cria de forma tão direta como Deus, mas enquanto *causa secunda*[85], mediante a interposição de funções especiais[86], que "fluem" da

---

1887/1888, II, IV. 38-39, vol. I, p. 92-93 [BERTHELOT (org.)], ou uma alma que quer ser libertada. Em Zósimo ela é representada por uma virgem (ibid., III, XXXIV, 1, p. 206 e XLII, vol. I, p. 213). Também em KHUNRATH, H. *Von hylealischen das ist, pri-materialischen catholischen, oder algemeinemx natürlichen...chaos der naturgemässen alchymiae und alchymisten, wiederholete, verneuerte und wolvermehrete naturgemäss-alchymisch- und recht-lehrende philosophische Confessio oder Bekandtniss ... Deme beygefügt ist eine treuhertzige Wahrnungs-Vermahnung an alle wahre Alchymisten, sich vor den betrügerischen Arg-Chymisten zu hüten*. Magdeburg: [s.e.], 1597, p. 194s., o ponto central do mundo é o "antiquíssimo Saturno [...] o chumbo rico de mistérios dos sábios". MYLIUS, J.D. *Philosophia reformata*. Frankfurt a. M.: [s.e.], 1622, p. 142, designa o chumbo como a "água da sabedoria". E GRASSEUS, J. *Arca Arcani*, *Theatr. Chem.* 1659, IV, p. 314, apud JUNG. *Psychologie und Alchemie*. Zurique: Rascher, 1944, p. 463, diz: o chumbo como *prima materia* seria "a radiosa pomba branca" que é chamada sal dos metais. "Ela é aquela casta, sábia e rica Rainha de Sabá, oculta sob o véu branco, que só quis entregar-se ao Rei Salomão". Como Jung ressaltou (em *Psychologie und Alchemie*, p. 463), Grasseus deve ter conhecido o texto da *Aurora*.
83. *De Chemia*. Op. cit., p. 11-12. Cf. STAPLETON. *Memoirs*. Op. cit., p. 150.
84. A alma é "actus primus ordinatus ad actum secundum" (o ato primeiro ordenado ao ato segundo). *Summa*. I,77, 1. Resp. Cf. GILSON, E. *L'esprit de la Philosophie medieval*. Op. cit., p. 248.
85. Cf. GILSON, E. *Pourquoi St. Thomas*. Op. cit., p. 11.
86. *Facultates*.

essência da alma ("fluunt ab essentia animae sicut a principio")[87]. Elas provêm da alma tão naturalmente "como as cores, da luz"[88]. Traduzido em linguagem moderna, isto não significaria nada menos do que *a possibilidade da alma humana intervir (como Deus) de maneira criativa nos processos físico-químicos da natureza.* Assim, pois, se o autor da *Aurora* interpreta de modo intrapsíquico a *liquefactio* (liquefação) de Senior como um escoamento do espírito, a partir do qual deve resultar a transformação alquímica dos metais, é lícito supor que ele pensa igualmente que tal função se escoa da essência da alma, podendo comunicar uma existência atual e operar uma transmutação material exterior. Com efeito, segundo Santo Tomás, uma das propriedades especiais da alma de um ser iluminado pela *sapientia*[89] é que *a materia exterior a seu corpo pode obedecer-lhe pela força de Deus*[90]. Sua alma pode agir de modo transformante no curso físico da natureza.

---

87. *Summa*. I, 77, art. 5 e art. 6 e resp. A opinião de Guilherme de Auvergne a este respeito é extrema: *De anima*. III, pars. 6, segundo a qual a alma opera diretamente por sua essência simples, semelhante a Deus. Cf. GILSON, E. *Phil. Méd.* Op. cit., p. 248.

88. *Summa*. Op. cit., art. 6 e art. 7, "per aliquam naturalem resultationem [...] ut ex luce color" (por uma espécie de proveniência natural [...] como a cor provém da luz).

89. Isto é, profeta.

90. *Quaest. Disp.* S. Thomae Aquinatis, Lugduni ap. Rovillum, 1568, fol. 292-293. Quaest. Duodecima De Prophetia, Art. III: "Praeterea ex causis naturalibus non potest accipi significatio super ea, quae naturaliter non fiunt, sed Astrologi accipiunt significationes super prophetiam ex motibus corporum coelestium, ergo prophetia est naturalis. Praeterea Philosophi in scientia naturali non determinaverunt nisi de his qua naturaliter possunt accidere determinavit autem Avicenna in libro sexto de Naturalibus de prophetia etc. Praeterea prophetiam non requiruntur nisi tria, scilicet claritas intelligentiae et perfectio virtutis imaginativae et potestas *animae, ut ei materia exterior oboediat*, ut Avicenna ponit in sexto de Naturalibus, sed haec tria possunt accidere naturaliter". (A partir de causas naturais, nós não podemos perceber o sentido das coisas que não se produzem naturalmente, mas os astrólogos percebem as significações das profecias a partir de movimentos dos corpos celestes, logo a profecia é natural. Por outro lado, os filósofos na ciência natural falaram apenas daquilo que pode produzir-se naturalmente, mas Avicena fala da profecia no livro sexto do *De naturalibus* etc. Além disso, a profecia requer apenas três coisas, a clareza da inteligência, a perfeição da força imaginativa e a potência *da alma, para que a materia exterior lhe obedeça*, como diz Avicena no livro sexto *De naturalibus*, mas essas três coisas podem produzir-se naturalmente.) – Segundo a concepção tomista, Deus é o único ser que não se cinde num ser atual e num ser potencial, mas representa o *ser unicamente atual e a fonte de todo ser* (cf. GILSON. Op. cit., partic. doc, p. B 237 e p. 315: "De ente et essentia: *Primum Ens est Actus Purus, omnia*

88   Encontramos uma exposição interessante desta concepção singular num tratado atribuído a Alberto Magno, que se intitula: *De mi-*
vero alia entia constam ex potentia et actu [...] *Solus Deus est suum esse in omnibus autem aliis differt essentia rei et esse eius*" [O Ser Primeiro é Ato Puro, mas todas as outras coisas são feitas de potência e de ato [...] Só Deus é seu próprio ser, mas em todas as outras coisas a essência da coisa difere de sua existência]). Deus é *maxime verum* e *maxime ens* ("máxima verdade" e "máximo ser") (*Compendium theologiae*, cap. LXIX) e por isso é também a origem da materia prima, cujo esse in potentia (ser em potência) recebeu dele. Ele é aquela essência que não compartilha do ser atual de todas as outras coisas (*Contr. Gent.* II. 15), e a recebe no ser através de sua *providentia* (cf. este conceito na *Aurora*, cap. I!) ("Nihil enim dat esse nisi inquantum est ens in actu. Deus autem conservat res in esse per suam providentiam" [Nada outorga o ser, a menos que seja um ente [ser] em ato. Deus, porém, conserva as coisas no ser por sua providência]. *Contr. Gent.* III, 66). Mas ele não o faz sempre diretamente, mas também indiretamente, através da mediação de outras "causas naturais" ("Neque est superfluum, si Deus per se ipsum potest omnes effectus naturales producere quod per quasdam alias causas producantur. Non enim hoc est insufficientia divinae virtutis sed ex immensitate bonitatis ipsius, per quam suam similitudinem rebus communicare voluit, non solum quantum ad hoc quod essent sed ad *hoc quod aliorum causae essent*" [Não é sempre supérfluo, se Deus pode produzir por si mesmo todas as coisas naturais, ou que elas sejam produzidas por intermédio de algumas outras coisas. Com efeito, não é pela insuficiência da força de Deus, mas isso provém da imensidade da bondade pela qual ele quis comunicar sua imagem às coisas, não somente para que elas sejam, mas para que também elas sejam as causas de outras]. *Contr. Gent.* III, 70), às quais ele concede por benevolência poderem produzir o "ser". Mas quando uma coisa se torna causa do ser (*causa essendi*) somente poderá ser quando ela *age dentro da virtus Dei* (força ou poder de Deus). ("Nihil autem est causa essendi nisi inquantumin virtute Dei [...]" [Nada é causa de existência a não ser no poder de Deus], *Contr. Gent.* III, 66). *Só ex virtute divina*, isto é, *a partir do poder divino*, uma coisa pode ser a outra ("*Ex virtute igitur divina est* quod aliquid det esse" [Somente a partir do poder divino algo pode outorgar o ser]. *Contr. Gent.* III, 66). "Omne igitur operans operatur per virtutem Dei". (Todo aquele que opera é operado em virtude da força divina) (*Contr. Gent.* III, 67.) "Deus est causa operandi omnibus operantibus" (Deus é a causa atuante de todas as coisas que atuam) (*Contr. Gent.* III, 67). Tais *causae* intermediárias nos acontecimentos naturais, usadas instrumentalmente por Deus, são, por exemplo, os corpos celestes (cf. THORNDIKE, L. *History of Magic and Experimental Science*. Vol. II, Nova York: [s.e.], 1929, p. 607). Segundo Santo Tomás, a alma humana possui também esse dom de agir como *causa secunda*, recebido de Deus; ela transmite à matéria o *esse actuale* e cria desse modo o fenômeno individual corpo-alma; enquanto forma, ela dá o *actum essendi* à matéria corporal não existindo senão como *esse in potentia*: por este motivo ela supera esta última, pois o *esse in actu* é superior ao *esse in potentia*. O *esse in actu* nasce apenas do contato com Deus, de sua graça e ação iluminadora. A alma pode engendrar efeitos materiais no mundo material. Cf. FOREST. *La structure du concret* etc. Op. cit., p. 267-280. Cf. tb. sobre as ideias físicas de Santo Tomás: STANGHETTI, G. *Da S. Tommaso a Max Planck*. Acta Pont, Academiae Romanae S. Thomae Aq. et Religionis Catholicae, vol. IX, p. 53s. Roma-Turim, 1944, passim.

rabilibus mundi, cuja autenticidade, segundo Lynn Thorndike[91] foi erradamente contestada. Alberto Magno afirma na obra citada[92]:

"Descobri (a propósito da magia) uma exposição esclarecedora no sexto livro dos *Naturalia*, de Avicena. Aí é afirmado que a alma humana contém um certo poder (virtus) de modificar as coisas e que estas lhe são submetidas; isto ocorre particularmente quando ela (a alma) é arrebatada por um excesso de amor ou de ódio, ou por um sentimento análogo[93]. Quando, portanto, a alma de um homem entra num grande transporte (*excessus*) de uma paixão qualquer, pode-se constatar pela experiência manifesta que ele (o excesso) liga magicamente as coisas e as muda no sentido que deseja. Durante muito tempo não acreditei nisso[94], mas depois de ter lido livros de necromancia e outros semelhantes sobre amuletos (*imaginum*) e magia, descobri que *realmente a emocionalidade (affectio) da alma humana é a raiz principal de todas estas coisas*[95], seja porque, devido à sua grande emoção, ela muda seu corpo e outras coisas para as quais tende, seja

89

---

91. *History of Magic* etc. Vol. II, p. 723.

92. Eu cito segundo um incunábulo não datado, da Biblioteca Central de Zurique, Gal. II, App. 429. *Liber aggregationis seu secretorum Alberti* etc. Lá se encontram igualmente uma edição de Lugduni 1582 e a de H. Quentell, Colônia ca. 1485. Cf. tb. JUNG, C.G. *Synchronizitat*. In: JUNG, C.G. e PAULI, W. *Naturerklärung und Psyche*. Op. cit., p. 34-35.

93. "Quando ipsa fertur in magnum amoris excessum aut odii aut alicuius talium" (quando a alma é levada por excesso de amor ou de ódio ou força semelhante).

94. "Fertur in grandem excessum alicuius passionis invenitur experimento manifesto quod ipse ligat res et alterat ad idem quod desiderat et diu non credidi illud" (Se a alma é levada a grande excesso de alguma paixão, por uma experiência manifesta, o excesso liga coisas e as altera no sentido que deseja, e por muito tempo eu não acreditei nisso).

95. "Inveni quod affectio animae hominis est radix maxima omnium harum rerum seu propter grandem affectionem alteret corpus suum et altera, quae intendit sive propter dignitatem eius oboedientei res aliae viliores seu cum tali affectione exterminata concurrat hora conveniens aut ordo coelestis aut alia virtus, quae quodvis faciat, illud reputavimus tunc animam facere [...]" (Descobri que a emocionalidade da alma humana é a raiz fundamental de todas aquelas coisas ou porque a grande afeição altera seu corpo e outras coisas que ele tem em vista, ou porque outras coisas mais vis lhe obedeçam por sua dignidade, ou, uma vez extinta tal afeição, concorra a hora propícia, a ordem celeste ou outro poder, e assim tudo o que ele faça acreditamos que é a alma que faz...).

porque devido à sua dignidade as outras coisas lhe são inferiores, seja ainda porque a uma tal emoção, que ultrapassa todos os limites, corresponda uma hora apropriada, ou uma situação astrológica, ou ainda outro poder paralelo, e nós acreditamos que esta força atuante provém da alma [...] Por conseguinte, quem quiser saber o segredo de fazer ou desfazer (um fenômeno) deve primeiramente saber que todos podem influenciar magicamente, uma vez que entrem num grande excesso [...] e o indivíduo deve fazê-lo justamente na hora em que esse excesso o invadir, operando com as coisas segundo sua alma lhe dita[96]. A própria alma se acha então de tal modo desejosa da coisa que pretende operar que aprende por si mesma a melhor hora (astrológica) que também governa as coisas, e a elas convém[97] [...] E é assim (que ocorre) com a alma que deseja intensamente as coisas: estas acontecem de modo semelhante (ao que a alma deseja). Pois a ciência é a produção de sinais imagísticos (*characteres*) [...] De modo semelhante, a operação é análoga em tudo àquilo que a alma deseja com um desejo intenso. Com efeito, tudo o que opera nessa meta tem uma força dinâmica e uma eficácia dirigidas para aquilo que a alma deseja"[98].

---

96. "Qui ergo vult scire huius rei secretum ut operetur illud et dissolvat, sciat quod ligare potest omnis omnia quando venit in grandem excessum [...] et debet facere hoc in illa hora, in qua invadit eum ille excessus et cum illis rebus quas sibi dictat tunc anima" (Quem pois quer saber o segredo desta coisa para que lide com ele e o resolva, saiba que qualquer pessoa pode ligar tudo quando ocorre em grande excesso [...] e deve fazer isso naquela hora em que aquele excesso a invade e com aquelas coisas que a alma lhe dita).

97. "Ipsa enim anima cum sic est avida rei quam ipsa vult operari, arripit ex se horam maiorem et meliorem quae est et super res magis convenientes ad illud [...]" (Pois a própria alma, sendo assim ávida a respeito da coisa que deseja operar, arrebata de si a maior e melhor hora que existe, e está acima das coisas mais convenientes a esse fim...).

98. "Et sic anima, quae est magis desiderans rem, ipsa facit eas magis efficaces et magis habentes similitudinem eius quod venit; nam seientia est factio caracterum... Similiter enim est operado in omnibus quae desiderat anima forti desiderio. Omnia enim quae tunc agit illud intendens, movent et efficaciam habent ad id, quod anima desiderat" (E assim, a alma, que é a que mais deseja a coisa, as torna mais eficazes e mais semelhantes com aquilo que vem; pois a ciência é a maneira de fazer os caracteres [...] Semelhantemente é a operação que ocorre em todas as coisas que a alma deseja com ardor. Então tudo o que ela faz neste sentido, a move para isso e tem eficácia, é o que a alma deseja).

Alberto, seguindo Avicena, chega, pois, à conclusão de que toda magia e técnicas ocultas (inclusive a transmutação alquímica dos metais) devem ser explicadas principalmente e em última instância pela psique humana; elas são, *portanto*, engendradas quando o homem se encontra numa espécie de êxtase ou transe (nós diríamos, num estado totalmente inconsciente); podemos observar em tais casos manifestações materiais concomitantes de fenômenos exteriores, tais como hoje são conhecidos principalmente através dos dados da parapsicologia[99].

Trata-se, como Jung ressaltou[100], citando esta passagem de Alberto Magno, de um fenômeno de *sincronicidade*, tal como o primeiro o designou, ou melhor, de um fato específico segundo o qual, particularmente quando ocorre uma constelação de conteúdos arquetípicos inconscientes, um acontecimento não psíquico coincide de modo significativo com um fenômeno intrapsíquico, sem que possa ser estabelecida entre ambos uma relação de causalidade. O pensamento "mágico" dos primitivos parece repousar sobre a observação de tais fatos. É notável que Alberto Magno, mestre de Tomás, tenha se interessado experimentalmente por tais fenômenos e, como Avicena já fizera, os tenha posto em relação com a psique humana – hoje, diríamos o inconsciente. À "produção de caracteres" corresponderia atualmente a criação de símbolos apropriados, através dos quais o inconsciente ao mesmo tempo é constelado e expresso. A diferença entre a interpretação medieval e a de Jung reside no fato de que os filósofos medievais explicavam ainda (a modo dos primitivos) essas relações como ligadas à "causalidade mágica", enquanto para Jung esse mesmo tipo de ligação entre os acontecimentos é acausal e sincronístico. Dessa forma, ele evita uma mistura regressiva do conceito científico moderno de causalidade com a velha "causalidade mágica" pré-científica, fazendo do conceito de sincronicidade uma nova categoria fundamental de explicação da natureza.

---

99. Cf. por exemplo, entre outros, RHINE. *The Reach of the Mind.* Nova York/Londres: [s.e.], 1948.
100. JUNG, C.G. e PAULI, W. *Naturerklärung und Psyche.* Zurique: [s.e.], 1952; JUNG. Synchronizität als ein Prinzip akausaler Zusammenhänge. In: *Naturerklärung und Psyche.* Studien aus dem C.G. Jung-Institut. [s.l.]: [s.e.], 1952, p. 34s. e passim.

92   Infelizmente só pude contar com a edição veneziana de 1508[101] do tratado *De Anima* de Avicena, fonte de Alberto Magno, frequentemente citado como *Liber sextus naturalium*. Nele, as passagens referentes à magia, à alquimia e às ciências ocultas foram em parte suprimidas pelos monges agostinianos do Convento San Giovanni de Viridario. De qualquer modo, através das partes conservadas, percebe-se que Avicena via na alma humana o fator que não só "enquanto 'forma' reúne e organiza em seu próprio corpo as forças fundamentais da natureza"[102], mas também irradia fora do próprio corpo efeitos materiais, o que esclarece numerosos prodígios, tais como curas miraculosas etc.[103] "E assim não é de admirar que uma alma nobre e for-

---

101. AVICENNE. *Perhypatetici philosophi ac medicorum facile primi opera in lucem redacta ac iniper quantum ars niti potuit per canonicos emendata.* Veneza: [s.e.], 1508. Cf. acerca deste tratado HANEBERG, P. *Zur Erkenntnislehre von Ibn Sina und Albertus Magnus.* Vol. XI. Abh. der K. bayr. Acad. d. Wissensch., I. Cl., parte I, Munique, 1866.

102. Ibid., fol. 3. "Ipsa est congregans principia et materias sui corporis [...] servans corpus etc." (Ela que está congregando os princípios e as matérias do seu corpo [...] conservando o corpo, etc.) Cf. a passagem no Prooemium: "scientia enim de anima maius adminiculum est ad cognoscendas dispositiones corporales etc." (Pois a ciência da alma é um auxílio da maior importância para conhecer disposições corporais etc). E cap. I: "Dicemus igitur nunc: quod anima potest dici vis vel potentia comparatione *affectionum quae emanam ab illa.* Similiter potest dici vis ex alio intellectu: comparatione scilicet formarum sensibilium et intelligibilium, quas recipit: potest etiam dici forma comparatione materiae, in qua existit ex quibus utriusque constituitur substantia vegetabilis aut animalis etc." ("Podemos, pois, dizer que a alma pode ser chamada força ou potência pela *comparação das emoções que dela emanam.* De modo semelhante ela pode ser chamada força e a partir de outro intelecto: em comparação com as formas sensíveis e inteligíveis que recebe: E pode-se também chamar forma em comparação com a matéria na qual existe e das quais é constituída a substância vegetal como também a animal etc."). A alma é o fim e a perfeição *(finis et perfectio)* de cada coisa, pois ela ajuda a obra da vida *(ad opera vitae).* Ela é também o princípio da geração e da vegetação *(principium generationis et vegetationis).* Cf. tb. fol. 3: "ergo ipsa est vis animae habentis alias vires quarum una haec est, quae omnes operantur ad hoc ut perveniat aptitudo instrumentorum ad perfectiones secundas ipsius animae, cuius vis haec est, et haec est anima animalis" (Portanto, ela é a força da alma que possui outras forças. Uma destas é a que faz todas agirem para que se alcance a aptidão dos instrumentos para as perfeições segundas da própria alma. Sua força é a alma animal).

103. Ele sublinha também que a *representação* da doença e da saúde na alma tem um efeito transformador no estado do corpo. A alma, precisamente, não é ligada (impressa) na matéria do corpo, de modo que ela pode transformá-lo à vontade.

te ultrapasse em sua ação seu próprio corpo, de modo que (se ela não sucumbiu às paixões do corpo...) pode curar doentes, abrandar homens maus, sendo-lhe ainda possível tornar as naturezas favoráveis, *transformando os elementos a seu favor*, de modo que *o que não é fogo se torna fogo para ela, e o que não é terra, torna-se terra para ela e, segundo o seu desejo, a chuva e a fecundidade podem sobrevir*"[104].

"E tudo isso se produz pela *virtus intelligibilis*, pois é perfeitamente possível que sua vontade arraste os seres, o que decorre do fato da matéria tender a transformar-se nos opostos. Pois a matéria obedece naturalmente (à alma) e se torna <cada vez> mais a matéria que ela quer <obter>, pois obedece totalmente à alma e tanto mais na medida em que <somente> os contrários operem sobre ela". E isto, segundo Avicena, é um dos fatores fundamentais da profecia, pois há na alma uma propriedade que depende da imaginação[105]. Esta pro-

---

104. Cit. do cap. IV, op. cit.
105. A edição de Veneza, op. cit., *De anima*. Cap. IV: "Non autem dicimus ad summam, quod ex anima solet contingere in materia corporali permutatio complexionis quae acquiritur sine actione et passione corporali ita quod calor accidat non ex calore et frigiditas non ex frigido. Cum enim imaginatur anima aliquam imaginationem et corroboratur in ea, statim materia corporalis recipit formam habentem comparatio<nem> ad illam aut qualitatem [...] *plerumque autem non permutantur* (scil. principia) *nisi per contraria quae subsistunt in eis* [...] Attende dispositionem infirmi cum credit se convalescere aut sant cum credit se aegrotare, multoties contingit ex hoc, ut *cum corroboratur forma in anima eius, patiatur ex ea ipsius materia et proveniant ex hac sanitas aut infirmitas et est actio haec efficatior quam id, quod agit medicus instrumentis suis et mediis* [...] Ergo cum esse formarum impressum fuerit in anima et constat animae quod habent esse, continget saepe materiam pati, ex eis quae solent pati, ex eis, eis ut habeant esse [...] *Multoties autem anima operatur in corpore alieno sicut in proprio quemadmodum* est opus oculi fascinantis et aestimatione operantis. (= Suggestion). *Immo cum anima fuerit constans, nobilis, similis principiis, oboediet ei materia, quae est in mundo* et patitur ex ea et invenitur in materia quidquid formabitur in ilia, quod fit propter hoc, quod *anima humana*, sicut postea ostendemus, *non est impressa in materia sua, sed est providens ei*, et quoniam quidem propter nunc modum colligationis *potest ipsa permutare materiam corporalem*, ab eo quod expetebat materia eius. Tunc non est mirum, si *anima nobilis et fortissima transcendat operationem suam corpore proprio* ut cum non fuerit demersa in affectum illius corporis vehementer et propter hoc fuerit naturae praevalentis constantis in habitu suo, sanet infirmos et debilitet pravos et contingat pronari naturas et *permutari sibi elementa ita ut, quod non est ignis fiat ei ignis et quod non est terra, fiat ei terra* et pro voluntate eius contingat pluviae et fertilitas sicut contingit absorbitio a terra et mortalitas et hoc totum perveniat secundum id, quod pendet ex permutatione materiae in contraria. Nam materia oboedit

priedade é condicionada pela "virtus sensibilis motiva et desiderativa" (força sensível que move e que deseja) que há na alma dos profetas[106]. Além disso, os astros constituem igualmente um fator intermediário, porquanto afetam a alma neste mundo inferior[107].

---

ei naturaliter etc." ("Em resumo, não afirmamos que a alma costuma produzir na matéria corporal uma modificação da união que se adquire sem a ação e a paixão corporal, como se o calor não nascesse do calor e a frieza do frio. Quando se representa a alma como alguma imaginação que nela é reforçada, logo a matéria corporal recebe uma forma que tem uma comparação ou qualidade com ela [...] *em geral os princípios não são traçados a não ser pelos contrários que subsistem neles* [...] Observe a disposição do enfermo quando acredita que está convalescendo ou da pessoa sã quando crê que está adoecendo, frequentemente acontece que *quando se reforça a forma de sua alma, ela padece de sua matéria e esta ação é mais eficaz do que aquela que faz o médico com seus instrumentos e recursos* [...] Portanto, quando o ser das formas é impresso na alma, e consta que a alma tem ser, muitas vezes sucede que a matéria sofre daquelas coisas de que costumam sofrer para que tenham ser [...] Frequentemente, porém, a alma age em corpo alheio como no próprio, assim como é obra do olho que fascina e pela consideração daquele que age [sugestão]. E ainda mais se a alma se mostra constante, nobre, semelhante aos princípios, a matéria que está no mundo lhe obedecerá e padecerá por causa dela e se encontra na matéria tudo que será formado nela, e isto acontece porque a *alma humana*, como adiante mostraremos, *não é impressa na sua matéria, mas olha por ela*, e, em razão desse modo de coligação, *ela pode mudar a matéria corporal* a partir daquilo que sua matéria procurava. Dessa forma, não admira que a *alma nobre e fortíssima transcenda sua operação pelo próprio corpo* e enquanto não for imersa no afeto daquele corpo veementemente e por isso for da natureza que prevalece constante em seu hábito, cure os enfermos e debilite os disformes e consiga elevar as naturezas e modificar para si os elementos de tal modo que aquilo que não for fogo lhe seja transformado em fogo e o que não é terra, lhe seja terra, e conforme sua vontade consiga chuvas e fertilidade conforme consiga a absorção da terra e a imortalidade e isso tudo aconteça segundo aquilo que depende da mudança da matéria em seus contrários. Pois a matéria lhe obedece naturalmente etc.").

106. No 11º tratado da Metafísica, diz Avicena que o profeta é aquele "cuius anima fit *intelligentia in effectu*" (cuja alma se torna inteligência de modo efetivo), isto é, cuja alma se torna idêntica ao *intellectus agens*.

107. AVICENA. *Metafísica*. Cap. VI. Noni tertium eod. loco: "[...] et a corporibus celestibus fiunt impressiones huius mundi propter qualitates, quae sunt ei propriae: et ab illis fluit in hunc mundum et ab animabus etiam illorum fiunt impressiones in animas huius mundi et ex his intentionibus scimus quod natura, quae est gubernatrix istorum corporum, est quasi perfectio; et formae fiunt ab anima diffusa vel adjutorio eius" ([...] e as impressões deste mundo vêm dos corpos celestes por causa das qualidades que lhes são próprias: e a partir deles isso escoa no mundo, e a partir das suas almas impressões nascem nas almas deste mundo, e dessas intenções nós sabemos que a natureza que governa todas as coisas é quase perfeição; e as formas são feitas a partir de uma alma difusa ou mediante sua ajuda).

Psicologicamente falando, as constelações do céu são o lugar onde os arquétipos do inconsciente coletivo aparecem projetados, e *sua qualidade temporal é levada em consideração*, ao contrário do que ocorre com os mitos, contos e outras expressões do arquétipo. Efetivamente, Avicena tem razão neste ponto: a psique individual é, na qualidade de instrumento, o lugar de realização do arquétipo, o qual é em si mesmo suprapessoal e, em parte, não psíquico[108]. O arquétipo só é constelado, isto é, só se torna um poder realizável, com efeitos reais, quando predomina uma atitude específica da consciência. É isto que Avicena tenta formular quando ressalta que a constelação se produz pela *scientia*, isto é, pelo intelecto "correto". A *scientia* é a produção da imaginação correta – o símbolo correto. Como se depreende do tratado *De mirabilibus mundi*. Alberto Magno admitiu em princípio as hipóteses de Avicena[109].

Tais amplificações, ao que parece, esclarecem a frase obscura da *Aurora*, quando se fala do "escoamento do espírito" e justificam minha conjetura sobre o *Liber aggregationis*[110]; o tratado de Alberto Magno, acima citado, era difundido sob esse título. O "escoamento do espírito" significa a irrupção da *sapientia*, que confere à alma do alquimista não apenas o conhecimento, mas também uma atuação

93

94

---

108. Cf. JUNG, C.G. Theoretische Überlegungen etc. *Von den Wurzeln des Bewusstseins*. Op. cit., p. 579.

109. Elas lhe permitiam um esclarecimento e uma justificação de uma magia "boa", que podia operar sem a intervenção de demônios e que representava com efeito uma espécie de ciência superior da natureza. Em nossa formulação, ela repousa sobre o conhecimento justo dos fenômenos inconscientes e de sua constelação com a ajuda de uma atitude da consciência que torna possível a cooperação do inconsciente (O mago ou o mestre faz então o que a "alma lhe dita" [*dictat*], com os meios e no momento que "a alma lhe indica". A obediência à *virtus desiderativa* significa a mesma coisa que seguir a inclinação da energia psíquica).

110. O texto latino tem as seguintes variantes: M.P., os melhores manuscritos, trazem "quando clarificati fuerint animi ex libro aggregationum". V traz *congregationem*, B D L trazem *ex libris agnitionum*. Eu acho que M. e P. se aproximam mais do texto original e portanto minha conjetura se limita à desinência singular *Aggregationis* em lugar de -*um*, supondo que este texto da *Aurora* se relaciona ao título de um tratado, tanto mais que se trata aí, na realidade, de uma explicação fundamental da alquimia que o autor tinha em vista neste ponto.

mágica no domínio da matéria. Através da leitura do *Liber aggregationis* – diz o nosso texto – o espírito entra na corrente e segue "seu desejo" (*concupiscentiam suam*). Esta palavra soa de um modo estranho, pois *concupiscentia* significa principalmente o desejo pecaminoso na linguagem da Igreja, "a carne, que resiste ao espírito"[111].

A frase, na *Aurora*, repousa numa tradução errônea do texto árabe de Senior. Com efeito, no texto original[112] Senior diz que sob a inspiração de Alá encontrou o segredo da preparação e desse modo descobriu a tintura capaz de transferir as coisas da potencialidade para a atualidade[113]. Deste modo, o espírito se *liberta* de sua *concupiscentia*[114]. A tradução latina porém diz: o espírito *reconhece* sua

---

111. Cf. por exemplo TOMÁS DE AQUINO. *De malo*. 9 IV a 2: A definição de que ela (a concupiscência) consiste nos maus desejos que um homem sofre, contra a sua vontade: "prava desideria, quae homo invitus patitur". Cf. tb. adiante, por exemplo, S. AGOSTINHO. *Sermo CLII*. 4, in: MIGNE, J.P. *Patrologiae cursus completus. Series latina*. Paris: [s.e.], t. 38, col. 821, e RM 7,14 e IRENEU. *Adv. Haeres*. 1. 2, cap. 2, in: MIGNE, J.P. *Patrologiae cursus completus. Series latina*. Paris: [s.e.], t. 7, col. 959. JOÃO CRISÓSTOMO. *Gen. Homil*. XV. 4, e outros. A concupiscência é *aliquid materiale* (algo de material). Cf. o artigo "Concupiscence", in *Dictionnaire de Théologie Catholique*. Paris: [s.e.], 1911 [VACANT-MANGENOT (org.)].

112. Cf. as explicações de E. Stapleton ao original árabe, em *Memoirs of the Asiatic Soc. of Bengal*. Vol. XII. Calcutá: [s.e.], 1933, p. 150: "Como a preparação é difícil, delicada, leve, medida, fácil de compreender, o homem engenhoso a conhece mediante uma reflexão sutil quando seus espíritos tiverem sido esclarecidos pelos livros transmitidos que os filósofos ocultaram, por causa da preparação mesma, que é coisa difícil [...] Ela (a tintura ou preparação) é então escondida para evitar que qualquer espírito reconheça seu desejo". Ele "se escoa", como diriam os videntes (trad. minha); "lat.: [...] nec cognoscat. Omnis animus concupiscentiam suam fluit: quod videntes dicant". A pontuação (desse trecho) é puramente arbitrária. Eu junto *cognoscat omnis* e coloco dois pontos depois de *fluit*.

113. Nenhuma "tintura", segundo Senior, contém aquelas coisas, que pelejam "para o nada" (*De Chemia*. Estrasburgo: [s.e.], 1566, p. 12).

114. Cf. DORN, G. *Speculativa Philosophia*, *Theatr. Chem*. Vol. I. 1602, p. 264, citação de JUNG, C.G. *Psychologie und Alchemie*. Zurique: Rascher, 1944, p. 366: "Nesta verdade consiste toda a obra: que o espírito (*spiritus*) será libertado de sua prisão desta maneira, do mesmo modo, tal como já foi dito, que a mente (*mens*) deverá ser libertada (moralmente) do corpo".

concupiscentia e se escoa[115]. Na *Aurora* esta passagem é ainda modificada: o espírito – liquefeito – *segue a sua concupiscentia*.

O autor da *Aurora* evidentemente compreendeu desta maneira a frase algo obscura de Senior: o espírito realiza a preparação difícil e oculta quando reconhece ao mesmo tempo a raiz de seu próprio desejo, a *concupiscentia*, e começa a segui-la. Psicologicamente, isto significa que *ele começa a seguir em si mesmo a inclinação natural da energia psíquica*.

A frase precedente na *Aurora*: "E ela mesma guiará teus passos" prova que se trata de um efeito da *sapientia*, que se manifesta praticamente sob a forma de uma fascinação ou sedução. Isto não se distancia muito das concepções escolásticas da época, pois muitos filósofos admitiam que todo ato de conhecimento é precedido de um certo *amor* ou *appetitus naturalis* que iria do conhecedor em direção ao objeto do conhecimento[116]. Segundo Bernardo de Claraval, mesmo o

96

97

---

115. Um escrito ulterior, chamado Consilium Coniugii de massa Solis et Lunae (in: *Ars Chemica*. [s.l.]: [s.e.], 1566, p. 153) interpreta negativamente esta mesma passagem de Senior: o espírito que segue sua concupiscência, isto é, suas opiniões infundadas, "se escoa", isto é, flutua e se perde em múltiplas vias errôneas. ("Omnis animus sequens concupiscentiam, i.e. opinionem suam vanam fluit, i.e. fluctuat et divagatur per diversas vias erroneas.)

116. Cf. por exemplo WITELO. *Liber de intelligentiis*. XVIII, 2 (*Beiträge zur Gesch. d. Philos. d. M.A.* Vol. III, cad. 2, Münster: [s.e.], 1908 [BAUMKER (org.)]): "amor vel delectatio naturaliter [...] antecedit congnitionem. Nisi enim esset aliquis appetitus substantiae cognoscentis ad ipsum cognoscibili, nunquam esset ordinatio huius ad hoc nec perficeretur unum ab alio" (O amor ou deleite natural precede o conhecimento. Se não houvesse com efeito um desejo da substância que conhece para o que é cognoscível, jamais haveria a orientação de um para outro e um não receberia sua perfeição do outro). Tomás de Aquino também (*Summ. Theol.* I q. 60 a 1) considera tal inclinação, amor ou apetite natural como causa de todo conhecimento. (Cf. *Summa*. I, II^{ae} 7 a2.) – Cf. tb. BERNARDO, S. *De Diligendo Deo ad Haimericum* (aprox. 1126). In: MIGNE, J.P. *Patrologiae cursus completus. Series latina*. Paris: [s.e.], t. 186, col. 973s. (cap. VIII 23). "Quia carnales sumus et de carnis concupiscentia *nascimur necesse est ut cupiditas vel amor noster a carne incipiat*, quae si recto ordine dirigitur quibusdam gradibus duce gratia, proficiens spiritus tandem consumabitur". (Pelo fato de sermos carnais e de termos nascido da concupiscência da carne, é necessário que nosso desejo ou nosso amor comece pela carne, e se ela (a concupiscência) for gradualmente dirigida por uma ordem justa sob a conduta da graça, ela será finalmente, de progresso em progresso, consumada no espírito.)

nosso amor a Deus e todo amor superior começam pela *concupiscentia*, pois esta é em última instância o instinto natural de todo o ser para sua perfeição. Segundo Santo Tomás também o instinto natural mais íntimo de toda criatura tende finalmente para sua *perfectio* e assim para a *similitudo divina*[117] (semelhança divina). Tomás designa este *amor boni* como fenômeno fundamental (radix) de todos os outros movimentos da alma[118]. Segundo ele, a *concupiscentia* ou *desiderium* é um movimento para o bem[119]. Ela nasce através do conhecimento daquilo que é desejado, isto é, através da contemplação do bem e do belo[120]. O movimento do amor é portanto "circular" e o

---

117. Cf. GILSON, E. Op. cit., p. 149: "Unumquodque tendens in suam perfectionem tendit in divinam similitudinem". (Tudo que tende para sua perfeição, tende para a divina semelhança.) Cf. tb. *De veritate*. XIV, 10 Resp. (cit. GILSON. Op. cit., p. 225): "Ultima autem perfectio ad quam homo ordinatur consistit in perfecta Dei cognitione". (A perfeição última para a qual o homem é dirigido consiste no perfeito conhecimento de Deus.)

118. *In II Sent. Dist.* I, qu. 2, art. 2. Resp. e *Contr. Gent.* III, 19 e 20. *Summa*. I, 20, I: "Unde Amor naturaliter est primus actus". (E porque o amor naturalmente é o primeiro ato.) Cf. STEINBUECHEL, T. *Der Zweckgedanke in der Philosophie des Thomas von Aquin.* Vol. II. Beitr. z. Gesch. d. Philosoph. des Mittelalters. 1913, passim.

119. *Summa theol.*, Editio Leonina, t. VI, pars I secundae. Quaest. 25, Art. 2: "Amor... est prima passionum concupiscibilis [...] Amor est appetitus ad bonum [...] Motus autem ad bonum est desiderium vel concupiscentia, quies autem in bono est gaudium et delectatio" (O amor é a primeira das paixões concupiscíveis [...] O amor é o apetite do bem [...] Mas o movimento para o bem é o desejo ou a concupiscência, e o repouso no bem é alegria e deleite). Cf. ibid., Quaest. 27, art. 1 e Quaest. 36, art. 2: "Sed quia concupiscentia vel cupiditas est primus affectus amoris quo maximo delectamur ut supra dictum est. Ideo frequenter Augustinus cupiditatem vel concupiscentiam pro Amore ponit [...]" (Mas porque a concupiscência ou cupidez é o primeiro movimento do amor que mais deleite nos dá, como foi dito acima, Agostinho fala frequentemente da cupidez ou da concupiscência em lugar do amor.) Art. 3: O amor tende para a unidade, no sentido de uma *perfectio naturae*. – Psicologicamente, porém, poder-se-ia objetar a isso que um *amor mali* parece ser também inerente à alma.

120. Ibid., Quaest. 27, Art. 3: "Contemplatio spiritualis pulchritudinis vel bonitatis principium amoris spiritualis. Sic igitur cognitio est causa amoris ea ratione qua est bonum, quod non potest amari nisi cognitum" (A contemplação da beleza ou da bondade espirituais é o princípio do amor espiritual. Assim, pois, o conhecimento é a causa do amor, pela mesma razão como o bem, o qual só pode ser amado se for conhecido).

"amor" é a *virtus unitiva* (virtude unitiva) por excelência[121]. Ele busca a unidade no sentido de uma perfeição da natureza. A tendência para a *perfectio* também pertence à matéria[122]. Assim se esclarece a alusão que se encontra na *Aurora*, segundo a qual, graças ao contato da *sapientia Dei*, o ser humano "se escoa"[123] e começa a seguir seu desejo mais natural (isto é, aquele que o leva à sua própria perfeição e ao conhecimento de Deus).

Texto: E Salomão: "Meu filho, coloca-a em torno de teu pescoço, escreve-a nas tábuas de teu coração, e a encontrarás. Dize à sabedoria: Tu és minha irmã! E à prudência, chama de amiga!" 98

---

121. Ibid., Quaest. 26, Art. 3: "Appetitivus motus circulo agitur ut dicitur in tertio de anima [...] Unde et Dionysius dicit (de div. Nom. cap. 4) quod amor est virtus unitiva et Philosophus dicit in II. Polit. Quod unio est opus amoris" (O movimento aperitivo é circular, como diz o Livro III, 10 de De *anima*: por esse motivo Dionísio Areopagita diz também no *De divi. Nom.*, cap. 4, que o amor é a virtude unitiva, e o Filósofo diz no Livro II da Política que a união é obra do amor).

122. *Quaest. Disp. de malo.* 1,2. Resp. "Nec ista hyle malum dicenda est" (Nem esta materia deve ser chamada mal). *Contra Gent.* I, 44, 4. Resp. "Et una quaeque creatura intendit consequi suam perfectionem, quae est similitudo perfectionis et bonitatis divinae. Sic ergo divina bonitas est finis rerum omnium" (Pois toda criatura tende a atingir sua perfeição que é a imagem da perfeição e da bondade divinas. Assim, pois, a bondade é o fim de todas as coisas). (Cf. GILSON, E. *Phil. Med.* Op. cit., p. 274-275). Cf. tb. a citação de Avicena em MEISTER ECKHART. *Comentário à Sabedoria de Salomão* (THERY, G. Le commentaire etc., p. 348, in AVICENA. *Livro da Metaf.* VIII): "id vero quod desiderat omnis res, est esse et perfectio in quantum est esse. Privatio vero in quantum est privatio non desideratur". (O que toda coisa deseja em verdade é o ser e a perfeição enquanto ela é ser. A privação enquanto privação não é desejada.) O mal é finalmente somente uma *privatio boni* e só por acidente verdadeiro (*Summa.* Op. cit., Pars I, Quaest. 63, Art. 4). Não há nenhuma inclinação para o mal, mesmo entre os demônios. Cf. tb. Pars I, 48, 1, ad lm e *De malo.* I, 1. Resp: Até uma ação má, na medida em que ela é *actus*, provém de Deus. Com efeito, o que primeiramente põe em movimento nossa vontade e nosso intelecto é algo superior à vontade e ao intelecto, a saber, Deus. Cf. em Jung a crítica desta concepção de uma *privatio boni* no *Aion* [OC, 9/2], p. 75s.

123. Cf. a respeito deste tema, *Psychologie und Alchemie*. Op. cit., p. 566 e *Mysterium Coniunctionis*[OC, 14/1], p. 98 e 163s. A alusão ao tema do incesto dá igualmente uma coloração particular às citações bíblicas da *Sapientia Dei*, indo e correndo pelas ruas: ela aparece como uma *meretrix* (prostituta). Não se trata de uma formulação fortuita, pois, tal como já foi mencionado antes, ela é a *prima materia* que os alquimistas qualificavam entre outras coisas de prostituta. Antes, esta posição indicava Maria.

99   A descrição da *sapientia* como irmã e amiga se refere provavelmente ao clássico motivo alquímico do incesto irmão irmã[124]. Os irmãos seriam aqui a *sapientia* e o alquimista. Habitualmente essas palavras tiradas da Bíblia se referiam a Maria.

100   Texto: "Pois refletir sobre ela (sobre a sabedoria) é uma percepção natural, extremamente fina (sutil), que a leva (a sabedoria) à sua perfeição. E aqueles que tiverem perseverado na vigília por causa dela, logo estarão em segurança etc. Pois ela mesma vai ao encontro e cerca os que são dignos dela, e ela lhes aparece cheia de alegria pelos caminhos e se apressa a acudi-los em todas as ocasiões. Pois seu começo é a natureza mais verdadeira, que não induz ao engano".

101   De acordo com esta passagem, não só o alquimista é iluminado pela *sapientia Dei*, mas seu próprio pensamento leva igualmente a *sapientia* à perfeição (*eam perficiens*). e isto mediante um *sensus valde naturalis et subtilis* (sentido muito natural e sutil). Este conceito pode reconduzir-nos ao *sensus naturae* de Guilherme de Auvergne (o qual, por sua vez, o recebeu de Avicena)[125]. Alberto Magno provavelmente

---

124. Isto é, do ponto de vista tomista, como ato eficaz.
125. O *sensus naturae* é, segundo AUVERGNE, G. de. *De legibus*. Cap. 27, p. 875s., segundo THORNDIKE. Ibid., vol. II, p. 348, superior a toda possibilidade humana de conhecimento e é próximo do dom da profecia (cf. tb. AVICENNE. *Perhypatetici philosophi etc. opera*. Op. cit., cap. 4). Ele funciona, por exemplo, à maneira do cão que descobre ladrões, ou dos abutres que pressentem combates, ou ainda dos carneiros que sentem a aproximação do lobo, em todos os casos em que se produz uma assimilação do *sensus* a seu objeto (*De Universo*. II, pars. I, cap. 14). O *sensus naturae* esconde o que chamaríamos hoje de instinto e em parte de percepção inconsciente. Cf. a respeito disso também JUNG, C.G. Theoret. Überlegungem, *Von de Wurzeln*. Op. cit., p. 551-556; Paracelso é influenciado diretamente por Agrippa v. Nettesheim, o qual admite uma *luminositas sensu naturae*. Desta última, "descem luzes de presságio sobre quadrúpedes, pássaros e outros seres vivos", tornando-os capazes de prever o futuro. No que concerne ao *sensus naturae*, ele invoca a autoridade de Guilherme Parisiense no qual reconhecemos Guilherme de Auvergne (G. Alvernus, † 1249), o qual foi arcebispo de Paris em 1228; ele compôs numerosas obras que influenciaram, entre outros, Alberto Magno. Guilherme admite, a propósito do *sensus naturae*, que ele é um sentido superior à faculdade de compreensão humana; sublinha particularmente que os animais o possuem. A doutrina do *sensus naturae* desenvolve-se a partir da ideia da alma do mundo que penetra todas as coisas, assunto que fora tratado por um outro Guilherme Parisiense, predecessor de Guilherme de Auvergne: o escolástico platônico Guilherme de Conches (1080-1154), que ensinou em Paris. Como Abelardo, ele identificou a *anima mundi*, que é o próprio *sensus naturae*, com o Espírito Santo. Como já mostrei antes, a concepção da *anima mundi* da tradição alquímica significará ora o *Mercurius*, ora o Espírito Santo.

tem uma concepção semelhante da alquimia, pois ele invoca no *Libellus de Alchemia*[126] (que L. Thorndike considera autêntico) a *sapientia Dei* para iluminá-lo e ajudá-lo e pede a Deus "que complete seu fraco saber pela graça do Espírito Santo", a fim de que possa mostrar através de seu ensinamento "a luz que está oculta nas trevas"[127], conduzindo os extraviados aos caminhos da verdade[128]. O espírito de Deus ajuda-o então a encontrá-lo, ou a iluminação do homem se dá

---

126. *Opera.* Vol. 37, Paris: [s.e.], [s.d.], p. 545s. [BORGNET (org.)]. "Omnis Sapientia a Domino Deo est et cum illo fuit Semper et est ante aevum (Ecel. I, 1). Quicumque ergo diliget sapientiam apud ipsum quaerat et ab ipso petat, quia ipse dat omnibus affluenter et non improperat (Jac. I. 6). Ipse est enim altitudo et profunditas omnis scientiae et thesaurus totius sapientiae; quoniam ex ipso et in ipso et per ipsum sunt omnia (Rom. XI, 36)". (Toda sabedoria vem do Senhor Deus e com ele esteve sempre e antes dos tempos [Ecl 1,1]. Quem, portanto, ama a sabedoria procure-a junto a ele e dele a peça, porque ele dá a todos generosamente e sem recriminação [Tg 1,6]. Ele é a altura e a profundeza de toda ciência e o tesouro de toda sabedoria: Porque dele e por ele e para ele são todas as coisas [Rm 11,36].) Houve certamente acréscimos posteriores, por exemplo, ibid., p. 547, cit. de Bacon. Cf. tb. Bem., p. 573. Já em 1350 ela precedeu as obras de Alberto (cf. THORNDIKE, L. Op. cit., II, p. 571). – F. Paneth duvida em parte da autenticidade dessa obra, *Archiv. f. Gesch. der Mathematik, d. Naturwissensch. und der Technik.* Vol. XII, fasc. I, Neue Folge III, Leipzig: [s.e.], 1929 e 1930, p. 408-413 [SCHUSTER (org.)]. "Über die Schrift Alberts des Grossen, De Alchemia". Entretanto, baseando-se em "De Mineralibus" e no "Tractatus de Metallis et Alchemia" que ele reconhece como autênticos, admite que Alberto era um alquimista. Contra a autenticidade de *De Alchemia*, ele se apoiava no argumento de Ruska, o qual esclarecia (*Tabula Smaragdina*, p. 186, Fd. 1) que aquele escrito era inautêntico, sem justificar sua opinião, assim como SARTON, G. *Introduction to the Hist. of Science.* Vol. II. Washington: [s.e.], 1931, p. 937s. Cf. tb. DAEHNERT, U. *Die Erkenntnislehre des Albertus Magnus.* Leipzig: [s.e.], 1934, p. 228-229.

127. Alusão à passagem de Jo 1,5: "Et lux in tenebris lucet et tenebrae eam non comprehenderunt [...]" (E a luz resplandece nas trevas, mas as trevas não a compreenderam [...]).

128. "Ut [...]dignetur parvitatem scientiae meae supplere per gratiam sui Spiritus Sancti ut per meam doctrinam *lumen quod in tenebris tatet*, manifestare valeam [...]" (Que se digne suprir a pequenez da minha ciência pela graça do seu Espírito Santo para que pela minha doutrina eu possa manifestar a *luz que está oculta nas trevas*). Cf. depois *De rebus metall.* Lib. II, Colônia: [s.e.], 1569, p. 119 [COHN (org.)], onde esta mesma história aparece como na *Aurora*, a saber, que (o rochedo) Adamas é amolecido pelo sangue do carneiro e ainda que ele está sob a influência da astrologia; ibid., p. 99, 201, 253, 257, 274-276 e 351. Ele ressalta mais adiante, na mesma obra, que encontrava o que buscava após demoradas errâncias e investigações, "não por seu próprio saber, mas pela graça do Espírito Santo, começou a velar mais atentamente sobre a destilação, ao compreender que o que ele sabia *ultrapassava a natureza*".

quando o Espírito Santo o conduz à descoberta "da luz escondida nas trevas". Esta ideia de uma operação circular da verdade encontra-se também em Santo Tomás. Segundo sua concepção, nós conhecemos a natureza por meio do *intellectus speculativus*, que se comporta de modo passivo-receptivo em relação às coisas, delas recebendo o impulso (*motus*) e a medida primeira; mas por seu lado as coisas são medidas pelo intelecto divino[129].

Tudo isto se aproxima bastante da concepção da *Aurora*, pois segundo o texto a *sapientia Dei* ilumina o homem, de modo que com o auxílio do *sensus subtilis* ele encontra a verdade na natureza, uma vez que a essência autêntica (*verissima natura*) desta última é a *sapientia*[130]. Segundo a concepção medieval, *a semelhança (similitudo) divina se estende até mesmo à estrutura física das coisas naturais*[131]. Eis o motivo pelo qual na *Aurora* está escrito que a meditação sobre a *sa-*

---

129. *Quaest. Disp. De Veritate*. 1, 2. Resp. Cf. tb.: "*Ipsae autem res sunt causa et mensura scientiae nostrae, unde sicut et scientia nostra refertur ad res realiter et non e contrario*, ita res referuntur realiter ad scientiam Dei et non e contrario" (*Quaest. Disp. De Potentia*, VII, 10. Ad quintum.) (Mas as coisas mesmas são a causa e a medida de nossa ciência, pois, como nossa ciência se refere realmente à coisa e não inversamente, as coisas se referem realmente ao conhecimento de Deus e não inversamente).

130. Cf. TOMÁS DE AQUINO. *Summa theologica*. 9 vols. Paris: [s.e.], 1868. I a, 16 a, 5 e 6: "res dicuntur verae per comparationem ad intellectum divinum" (As coisas são ditas verdadeiras em comparação ao intelecto divino). Cf. FOREST, A. *La structure métaphysique du concret selon St. Thomas d'Aquin*. Paris: Vrin, 1931, p. 21.

131. Eu sigo a formulação de GILSON, E. *L'esprit de la philosophie médiévale*. Op. cit., p. 147. Cf. tb. BACON, R. *Opera inedita* I. *Opus Tertium* XXIV, p. 82 [BREWER, S. (org.)]: "Ut ostendam quod philosophia inutilis sit et vana, nisi prout ad sapientiam Dei elevatur" (A fim de que eu possa mostrar que filosofia é inútil e vã se ela não é elevada até a sabedoria de Deus). Cf. tb. GROSSETESTE, R. de. *De unica forma omnium*. *Beitr. zur Gesch. d. Philos. im M.A.* IX, p. 109 [BAUR, L. (org.)]: "Eo itaque modo quo forma huius in mente huiusmodi architectoris esset forma domus, est ars, sive sapientia sive Verbum omnium creatorum. Ipse enim simul et exemplar est et efficiens est in forma data conservans est dum ad ipsam applicantur et revocantur creaturae" (Do modo pelo qual a forma de uma tal coisa no espírito de tal arquiteto é a forma de uma casa, assim a arte ou a sabedoria ou o Verbo de Deus Todo-poderoso é a forma de todas as criaturas. Pois é ao mesmo tempo o modelo e a causa eficiente que conservam as coisas na forma que lhes é dada, até que as criaturas sejam dirigidas e chamadas a ela).

pientia Dei é uma percepção conforme à natureza[132]. Entretanto, a totalidade do processo do conhecimento não é simplesmente um acontecimento circular no qual o homem está passivamente incluído, mas a intervenção da consciência humana exerce sobre a *sapientia* um efeito que a conduz à sua plenitude e ao seu cumprimento, apesar dela ultrapassar o homem em extensão[133].

A ideia de um processo circular de conhecimento desempenha igualmente um papel central na alquimia. Assim, o alquimista Petrus Bonus[134] diz: "A verdade não é senão uma adequação da compreensão à coisa". Ou: "*A arte opera do mesmo modo que a natureza*"[135]. Numa das fontes da *Aurora*, a *Declaratio Lapidis Physici Filio suo Aboali*, do pseudo-Avicena[136] está escrito: "E é a própria natureza que realiza a obra com o auxílio do artista"[137]. Tal conhecimento

---

132. Esta ideia também se encontra em outros escolásticos. Assim diz Alcuíno (in: MIGNE, J.P. *Patrologiae cursus completus. Series latina*. Paris: [s.e.], t. 100, col. 271) que a verdade foi depositada por Deus na natureza, onde os mais sábios dos homens podem encontrá-la. AUVERGNE, G.de. *De universo*. [s.l.]: [s.e.], [s.d.], II, pars I, cap. 35, identifica a verdade de uma coisa com seu ser: "Veritas enim uniuscuiusque rei non est nisi vel substantia vel essentia vel esse ipsius" (Pois a verdade de cada coisa não é mais que sua substância, sua essência e sua existência).

133. Cf. tb. a interpretação da *Sapientia* em GUNDALISSINUS. *De divisione philosophiae prologus*: "Sapientia est veritas scientiae rerum primarum sempiternarum". (A sabedoria é a verdade da ciência das coisas primeiras e eternas). (BAUR, L. *Beitr. zur Gesch. der Philosophie d. Mittelalters*. Vol. IV, Münster: [s.e.], 1903, fasc. 2-3, p. 8 [BAUMKER, C. (org.)].)

134. "Et quia veritas nihil aliud est quam adaequatio intellectus ad rem" (E porque a verdade não é senão a adequação do intelecto à coisa). *Theatr. Chem.* Vol. V, 1622, p. 667.

135. "Et ars eodem modo ut natura operatur" (E a arte é o modo pelo qual a natureza opera), ibid., p. 745.

136. *Theatr. Chem.* Vol. IV,1659, p. 879: "Et natura ipso artifice ministrante operatur" (E a natureza mesma opera através do próprio artífice).

137. Porém (durante o processo) o enxofre age como *lumen luminum*, "e ilumina todos os corpos (metais), pois ele é uma luz e uma tintura que ilumina e completa os corpos; e se o artista, nesta arte, não conhece esta luz, ele caminha de alguma forma no escuro e se extravia muitas vezes, por ter-se apartado da verdade e da unidade desta ciência". ("Et illuminat omnia corpora quoniam est lumen et tinctura illustrans et perficiens omne corpus. Et si artifex huius magisterii hoc lumen non cognoscit, tamquam in tenebris ambulans per devia errat propter elongationem eius a veritate et unitate huius scientiae.") – O enxofre é, como Jung expôs acima, na literatura alquímica tardia, uma imagem particularmente difundida do *lumen naturale* oculto na matéria, como fonte de um saber natural oposto à revelação. No tocante à interpretação psicológica, indico as explanações de JUNG. *Mysterium* [OC, 14/1], p. 154s.).

"natural" é obtido por uma intensa meditação sobre a materia e ela aperfeiçoa por seu turno a realização da consciência do alquimista. O *intellectus* do homem é com efeito uma *vis generativa* (força criadora)[138]. Já podemos ler no alquimista grego Ostanes, discípulo de Petesis[139]: "A obra se completa pela meditação". "Através desta se chega à natureza oculta na materia[140]: este é o mistério dos filósofos[141]. E é isto que provoca o nascimento do "ponto de ouro" na materia[142].

Alude-se aqui àquela forma psicológica de experiência interna que Jung designa como "imaginação ativa"[143], através da qual a consciência percebe, por um lado, os conteúdos do inconsciente, e, de outro lado, os transforma e integra mediante um aprofundamento deles[144]. Em linguagem alquímica, isto é a extração da *veritas* para fora

---

138. AUVERGNE, G. de. *De Trinitate*. Pontifical Institute of Mediaeval Studies, 1976, cap. 15; "intellectus noster id est *vis est generativa* et velut matrix quaedam scientiae vel sapientiae" (Nosso intelecto, isto é, nossa força intelectual, é uma força criativa, à maneira de uma matriz da ciência ou da sabedoria).

139. LIPPMANN, E. von. *Entstehung der Alchemie*. Op. cit., vol. I, p. 58. BERTHELOT, M. *La chimie au moeyen âge*. Vol. I. Paris: [s.e.], 1893, p. 239.

140. Zósimo, BERTHELOT, M. *Collection des Anciens Alchimistes Grecs*. Paris: [s.e.], 1887/1888, III, XXI. 22, vol. I, p. 202: εκστρεψον την φυσιν και ευρησεις το ζητουμενον e III, XLVI, 2, vol. I, p. 223: φερε εζω την φυσιν την ενδον κεκρυμμενην. À "natureza oculta" corresponde na *Aurora* a "veríssima natura".

141. Ibid. V, II. 8, p. 340: quando descobrires a natureza íntima, terás alcançado o mistério dos filósofos. Do mesmo modo, p. 262s. e IV, III, II, p. 264s. e II, IV, p. 92-93.

142. Ibid. III, VI, p. 129: Esta natureza oculta na matéria é na realidade "a alma divina retida nos elementos ou o pneuma divino misturado na carne (σαρξ)". (Cf. O livro de Sophe, BERTHELOT, M. *Collection des Anciens Alchimistes grecs*. Paris: [s.e.], 1887/1888, III, XLII, vol. I, p. 213.) O neoplatônico Celso (BOUSSET, W. *Hauptprobleme der Gnosis. Forschungen zur Religion und Literatur des Alten und Neuen Testaments*. Göttingen: [s.e.], 1907 [Caderno 10], p. 11) chamava a alma do mundo de força que flui (δυναμις ρεουσα) e o alquimista Zósimo (BERTHELOT, M. *Collection des Anciens Alchimistes Grecs*. Paris: [s.e.], 1887/1888, III, /I, vol. 1, p. 114) de "força feminina" (δυναμις θηλυκη).

143. *Theoretische Überlegungen*. Op. cit., p. 563s. e *Mysterium Coniunctionis* [OC, 14/2], último capítulo.

144. Cf. tb. JUNG, C.G. Introdução ao *Segredo da flor de ouro*. Berlim: [s.e.], 1929, p. 15s., 31 e 61 [WILHELM, R. (org.)].

da matéria, através da *theoria* correta. Tal era a preocupação central dos alquimistas, tratada por Jung no *Aion*[145] e no *Mysterium Coniunctionis*, vols. 1 e 2. De passagens dessas obras, particularmente das citações dos escritos de Gerhard Dorn se depreende que a substância do arcano não é senão o inconsciente, o qual é "atraído"[146] pelo "magneto correto" – a concepção simbólica eficaz – que prepara uma síntese entre os componentes conscientes e inconscientes da personalidade. A "essência" a ser extraída é personificada *em nosso texto* na *sapientia Dei*, que é expressamente ressaltada como a *verissima natura* (a natureza muito verdadeira) "da qual não provém erro algum".Gerhard Dorn[147] fala de modo semelhante de uma *veritas* que está oculta nas coisas naturais[148]. Esta "verdade" é uma "substância metafísica" que está oculta não somente nas coisas, mas também no corpo humano. "In corpore humano latet quaedam substantia metaphysica, paucissimis nota, quae nullo [...] indiget medicamento, sed ipsa est medicamentum incorruptum[149] [...]" (No corpo humano acha-se oculta uma certa substância metafísica, conhecida por pouquíssimos [...] Não necessita de nenhum remédio, sendo ela mesma remédio incorrupto [...]). Jung interpreta da seguinte maneira esta passagem[150]. "Portanto, o ensinamento que constitui a aquisição e a posse da consciência – *divino quodam aflatu* (por uma certa inspiração divina) – é também o instrumento capaz de liberar o objeto do ensinamento ou da teoria de seu cativeiro no 'corpo'[151], pois o símbolo que representa

---

145. P. 227s.
146. P. 232.
147. P. 235.
148. "O remédio que melhora e transforma aquilo que é menos naquilo que era antes da corrupção e até em algo melhor, e aquilo que não é, naquilo que tem de ser", op. cit., p. 267. Cf. tb. JUNG. *Mysterium Coniunctionis* [OC, 14/2], último capítulo.
149. No corpo humano está oculta uma certa substância metafísica, que poucos conhecem. Ela não necessita... de nenhum remédio, porém é ela mesma o remédio incorruptível, op. cit., p. 271. Cf. tb. as passagens citadas e comentadas de JUNG. *Mysterium Coniunctionis* [OC, 14/2], p. 249s.
150. *Aion* [OC, 9/2]. p. 236-237. Cf. JUNG. *Mysterium Coniunctionis* [OC, 14/2], p. 251s.
151. *Mysterium Coniunctionis* [OC, 14/2], p. 253s., partic., p. 261s.

o ensinamento – o ímã – designa e é ao mesmo tempo o misterioso objeto de que o ensinamento fala. Este último aparece na consciência do adepto como um dom do Espírito Santo. É um tesouro enquanto ciência do segredo da arte, a saber, do tesouro oculto na *prima materia*, o qual é concebido como algo situado fora do homem. O tesouro do ensinamento e o arcano precioso que se supõe estar na matéria obscura são uma só e mesma coisa [...]" Para um melhor esclarecimento psicológico destas ideias altamente significativas de Dorn, remeto o leitor à obra de Jung *Mysterium Coniunctionis* (vol. 2, § 365).

105   Na minha opinião, a *Aurora* é um dos tratados medievais mais antigos no qual se vê germinar o pressentimento de que a obra alquímica trata de uma *vivência interior* e que um conteúdo numinoso, a *sapientia Dei* (a *anima*), seria o segredo procurado pelo adepto na materia química.

106   Jung já expôs o grande significado desta projeção do inconsciente na matéria[152] no capítulo "O espírito na matéria" de seu livro *Psicologia e alquimia*, ao qual remeto o leitor. A tendência dos alquimis-

---

152. Ideias análogas às dos alquimistas se encontram no *Corpus Hermeticum* (*Hermetica*. Vol. 1. Oxford: [s.e.], 1925, p. 158 [SCOTT, W. (org.)]), onde se diz que Deus criou o mundo visível pela imaginação (φαντασια) e se manifesta portanto em todas as coisas...: Ele está presente em todas as coisas, ele é o visível e o invisível, o ser e o não ser. Portanto, o mundo visível contém a imaginação criadora de Deus, que pode manifestar-se aos eleitos. Deus é com efeito uma energia atuante (δυναμις ενεργης) em todas as coisas (ibid., p. 210) e tudo é cheio de alma (παντα δε πληρη ψυχης) e se move numa harmonia perfeita (ibid., p. 212). Lê-se igualmente em Asclépio (p. 310-312): "No começo havia Deus e a matéria (*Hyle*), que em grego é o cosmo. Um sopro acompanhava a matéria (*spiritus*) e estava dentro dela [...] Mas os elementos ainda não existiam". No mesmo tratado, mais adiante, a matéria (*Hyle*) se identifica com o *Spiritus Mundi* ou a *Natura Mundi*, e possui uma *vis procreandi*. Na *Kore Kosmou* (Ibid., p. 462. Cf. tb. IV, p. 450-451), instrução de Ísis a Hórus sobre os altos mistérios de Ser e Mundo, a *Physis* (Natureza) é um belo ser feminino, que saiu do Verbo do Pai originário. Sua filha é *Heuresis*, a descoberta ou invenção que reina sobre os mistérios cósmicos. Aqui também o "espírito da descoberta da verdade" reside dentro da própria Natureza como divindade feminina que se revela a quem quer conhecer a Natureza.

Num outro fragmento hermético (Ibid., vol. I, p. 382) lê-se que se a fantasia do homem é sujeita à ilusão, ela pode, porém, através de um "influxo" do alto (*emppoia*), espelhar a verdade.

tas, diz ele, não é apenas ver "o segredo da transformação anímica na matéria, mas também utilizá-la como regra teórica para realizar as transformações alquímicas"[153]. Por isso a *sapientia* também aparece na *Aurora* como aquela que guia o *opus* (*ducet gressus tuos* = ela guiará teus passos), isto quer dizer que o conteúdo anímico projetado na matéria atua de forma inspiradora na obra alquímica. Nos textos pagãos, este mesmo conteúdo era personificado como *anima mundi* ou *physis*[154], e na *Aurora*, assimilado à *sapientia Dei* bíblica (e ao Espírito Santo). Mas certamente não é por acaso que o autor recorre a esses escritos bíblicos, os quais pertencem no seu conjunto às passagens mais tardias do Antigo e do Novo Testamento, provindos de círculos judaicos fortemente helenizados[155], que devem ser designados sem medo de erro de "gnósticos".

---

153. Cit. de JUNG. *Psychologie und Alchemie. Zurique*: Rascher, 1944, p. 405.
154. Ibid., p. 414.
155. Segundo SELLIN, E. *Einleitung in das Alte Testament.* Leipzig: [s.e.], 1935, o Eclesiastes não foi composto antes do ano 300 aC, o que é comprovado por helenismos que ele contém (p. 148), o Cântico dos Cânticos, em sua versão atual, data do século IV ou V aC (p. 145), e os Provérbios são igualmente posteriores ao exílio (p. 136), remontando ao século IV aC. O Eclesiástico pode ser datado mais ou menos lá por 200 aC e o Livro da Sabedoria lá pelo século I aC (p. 159), com suas evidentes influências helênicas. É particularmente interessante colocar neste contexto a noção da *Sapientia Dei* em Fílon de Alexandria e a tentativa feita por volta do fim do primeiro século aC, por esse filósofo judeu-helenista, no sentido de resgatar a ideia grega pré-cristã de um pneuma ordenando o mundo, ligando-o de modo especial à Sabedoria de Salomão, no Antigo Testamento (cf. LEISEGANG, H. *Der Heilige Geist.* Tübingen: [s.e.], 1919, p. 69s.). Encontra-se pois em sua interpretação da Bíblia uma mistura de elementos estoicos e de modo mais geral de ideias gregas e da sabedoria dos Mistérios, domínio do qual a filosofia alquímica hauriu seus conceitos básicos, que foram então ligados à Bíblia pelo nosso autor. Como sublinha Leisegang (Ibid., p. 69), tanto em Fílon como no Livro da Sabedoria, a *sophia* é um pneuma, ou ela possui um pneuma: isto significa então uma capacidade espiritual que penetra como um "sopro" no homem e o "cumula de sabedoria, de veneração, de virtude ou de paixão". (Ibid., p. 71-73. Esta mesma distinção entre *sophia* e pneuma se encontra na *Aurora* com as noções de *scientia* e *sapientia*. A *sapientia* é a *scientia*, ou então ela contém esta última e a confere ao homem.) Ela é também "não somente uma hipóstase ou um atributo de Deus, *mas um ser espiritual que tem uma existência autônoma junto a Deus*" (cit. LEISEGANG, p. 73). É dito expressamente que ela estava lá, quando Deus criou o

107   A projeção da imagem anímica na *physis* é de fato um acontecimento que deixou sua marca em quase todos os sistemas gnósticos, sob a forma da "*sophia* decaída". Esta última é uma hipóstase feminina da divindade, que mergulhou na matéria. Assim, os discípulos de Simão o Mago veneravam sua companheira Helena como *ennoia* do Pai originário, como *pneuma* virginal" e "mãe universal" (*Prunikos*, Espírito Santo etc.). Eles ensinavam que ela descera ao mundo inferior e aí engendrara os anjos e arcontes que depois a engoliram. Após numerosas encarnações dolorosas, ela decaiu até tornar-se *meretrix* num bordel de Tiro, de onde foi libertada por Simão[156]. Na gnose de Barbelo, uma divindade semelhante, afundada no mundo e na materia, era venerada como a "mãe dos vivos": e designada também como "Espírito Santo"[157]. A *sophia* dos ofitas não era só "*pneuma* virginal", mas mergulhara no reino intermediário entre Deus e o mundo. Ela

mundo, e que ela conhece suas obras. (No Trat. II, *Corp. Herm.* Vol. I. Oxford: [s.e.], 1925, p. 145 [SCOTT, W. (org.)], a *sophia* é a *arché* [princípio originário incriado] junto a Deus, independente do *nous*, da *physis* e da *hyle*). Assim, em Fílon, a *sophia* se torna claramente a "*Mãe, pela qual o todo foi realizado*". (Quod det, pot. ins. sol. Par. 54, apud LEISEGANG. Ibid., p. 73, nota 3. Cf. De ebrietate 8, 30 apud SCOTT, W. *Hermetica*. Vol. III. Oxford: [s.e.], 1924-1936, p. 137.) Ela é também idêntica ao Espírito de Deus que pairava sobre as águas (e que no hebraico é um ser feminino), (LEISEGANG, p. 74. – Cf. tb. ASCLÉPIO. *Lat. Corpus Herm.* SCOTT I, p. 296), segundo o qual o corpo de todo ser vivo se nutre de água e terra, enquanto a alma tem as raízes no alto e recebe seu alimento eterno do movimento dos céus ("O espírito porém que preenche tudo se mistura ao todo e o anima") e assim ela representa a επιστημη (o saber) do Deus criador. Ela é também a nutriz, aquela que cuida e alimenta aqueles que "aspiram pelo alimento eterno" (LEISEGANG, H. *Der Heilige Geist*. Op. cit., p. 73). Sim, como no autor da *Aurora*, em Fílon a *doutrina da sabedoria é um Mysterium*. Ela mesma é iniciada na ciência de Deus e contém em si a gnose dos santos (cit., p. 75). Nos Atos de Tomé (James, *Apocryphal New Testament*) a mãe é celebrada como a "reveladora dos mistérios ocultos" (c. 27 e 50) – BOUSSET, p. 254 e nota 1. De modo semelhante, na *Aurora* a *scientia* ou *sapientia* é chamada um *sacramento* ou dom de Deus.

156. Cf. LEISEGANG, H. *Die Gnosis*. Krönerverlag. Leipzig: [s.e.]: 1924, 2. ed., p. 65-67.

157. Cf. BOUSSET, W. *Hauptprobleme der Gnosis*. Forschungen zur Religion und Literatur des Alten und Neuen Testaments. Göttingen: [s.e.], 1907 [Caderno 10], p. 1, 5, 13, 59-65 e 326, nota 1 (IRENEU. I, 29, 4). Ela é a *Ennoia* de Deus, um pneuma virginal, a vida eterna e que possui a indestrutibilidade. Cf. tb. EISLER, R. Pistis Sophia und Barbelo, in: "Angelos", *Archiv. f. N.T. Zeitgeschichte*, Leipzig: [s.e.], 1930 [LEIPOLDT, J. (org.)].

significava a "vida", isto é, segundo Leisegang interpretou, "a alma se encarnando no terrestre". Era considerada também a mãe dos sete planetas[158] e portanto da necessidade astral (*heimarmene*) e do mundo terrestre. O gnóstico sírio Bardesanes conhecia duas formas desta divindade *sophia*: uma delas era a deusa mãe celeste e a outra, a "sophia decaída". Entre os *valentinianos*, uma figura celeste da *Aletheia* (verdade), a "mãe de todas as coisas", opunha-se à figura de *Achamoth* inferior[159]. Nos chamados *Livros de Jeú* e na *Pistis sophia*, a Barbelo opõe-se, enquanto *ennoia* de Deus, à *sophia* decaída. Entre os mandeus, a mesma divindade aparece como *Ruhâ d'Qudsâ* (Espírito Santo)[160]. No entanto, sob uma forma demoníaca, ela também é chamada *Namrus*, o que significa meio-dia, região do sul; ela é, pois, um demônio do sul e do calor do meio-dia (cf. a Rainha do Sul na *Aurora*[161]. *Namrus* também era considerada a rainha dos planetas[162]. (Para os Padres da Igreja, o meio-dia era compreendido no sentido negativo de paixão, ambição mundana [*fervor mundanae gloriae*], do qual se desviara a *regina austri* (rainha do sul[163]).

A "queda da *sophia*" gnóstica, a sabedoria de Deus na matéria é, do ponto de vista psicológico, a *autorrepresentação de um processo que se desenvolve no inconsciente* – a saber, desse momento em que a *anima* "pleromática" – a *anima* como arquétipo do inconsciente coletivo se *projeta na matéria* onde ainda não é reconhecida como algo psíquico, mas se aproxima consideravelmente da esfera da compre-

108

---

158. BOUSSET, W. *Hauptprobleme der Gnosis* - Forschungen zur Religion und Literatur des Alten und Neuen Testaments. Op. cit., p. 11 e 66. LEISEGANG. *Die Gnosis*. p. 169s. (ORÍGENES. *Contra Celsum*. VI, 38). Também nas *Acta Thomae*, invoca-se o Espírito Santo, concebido como mãe. "Vem, Mãe misericordiosa, vem [...] tu que revelas os mistérios ocultos, *Mãe das sete Casas*, que repousas na oitava Casa" (*Acta Thomae*. Cap. 27, cit. BOUSSET. Ibid., p. 67).

159. BOUSSET, W. *Hauptprobleme der Gnosis* – Forschungen zur Religion und Literatur des Alten und Neuen Testaments. Op. cit., p. 58, p. 63, nota 2.

160. Op. cit., p. 28, 29, 33.

161. No Ruhâ d'Qudsâ, as qualidades do *daemonium meridianum* (Sl 91,6) se unificam de certo modo com as do Espírito Santo.

162. Cf. BRANDT, W. *Die Mandäische Religion*. Leipzig: [s.e.], 1889, p. 192 e 131.

163. HONÓRIO DE AUTUN. *Expositio in Cant. Cant.* MIGNE, P.L., t. 172, col. 352.

ensão humana[164]. Uma representação deste mesmo processo encontra-se, por exemplo, no antigo conto de "Amor e Psiqué" narrado nas Metamorfoses de Apuleio. Nesse conto, a *anima* aparece primeiramente como a deusa Vênus, isto é, como uma forma puramente divina, arquetípica, com uma marca acentuada de *imago* da mãe. Diversamente, Psiqué, a filha do rei, perseguida por Vênus, é uma figura da *anima*, que já se coloca no nível humano; mas, na medida em que é uma princesa de conto, ela é também um conteúdo em grande parte coletivo. Não é a esposa de um ser humano, mas de Eros, um *daimon*. Somente a filhinha Voluptas (volúpia), que Psiqué dá à luz no fim do conto, deve ser olhada como a *anima* individual de Litcius, o herói do romance[165].

---

164. Cf. JUNG, C.G. *Psychologie und Alchemie*. Ibid., p. 409: "A ideia do Pneuma como Filho de Deus que mergulha na materia e dela de novo se liberta para propiciar a salvação a todas as almas *corresponde ao conteúdo inconsciente projetado na materia*. Esse conteúdo é um complexo autônomo que é independente da consciência e leva uma existência própria no não eu psíquico e que, quando se constela de um modo ou de outro, isto é, quando é atraído por algo de análogo a ele que se encontra no mundo exterior, se projeta imediatamente..." – "(Em tais imagens visionárias) [...] *se exprime o fenômeno inconsciente da projeção de um conteúdo autônomo. Essas imagens míticas são tão semelhantes aos sonhos* que, por um lado, nos dizem que ocorreu uma projeção e, de outro, nos participam acerca daquilo que foi projetado". O que Jung diz aqui acerca da projeção da imagem do *anthropos* vale evidentemente também para o seu homólogo feminino, a *sophia*.

165. Esta interpretação se oferece quando situamos o conto de Amor e Psiqué no contexto das Metamorfoses de Apuleio. Erich Neumann compreendeu em seu belo comentário psicológico a Amor e Psiqué de Apuleio (Zurique: Rascher, 1952, cf. p. 190) a figura de Psiqué como mais do que um tipo da psicologia feminina, o que se justifica na medida em que a *anima* de um homem reflete a psicologia feminina. No contexto geral do romance, porém, Psiqué deve ser concebida como figura da *anima*. Suas provações levam ao nascimento da "Volúpia", uma vez que, por sua encarnação sob esta forma infantil, a *anima* entra em contato com o nível de consciência do homem. O próprio romance representa a experiência da *anima* tal como ela é vivida pela consciência do homem: com efeito, é através da busca da volúpia que Lúcio chega finalmente à realização da grande deusa Ísis. Por outro lado, a história inserida traduz o mesmo processo visto "atrás dos bastidores", do lado do inconsciente; esse o motivo pelo qual a história é contada por uma velha, personificação do inconsciente; ela descreve o modo pelo qual a rainha (*anima*) se extravia dolorosamente na existência humana, impelida por seu amor pelo deus Eros, mediador entre o mundo dos deuses e o mundo dos homens.

A trágica história de amor de Dido e Eneias, na Eneida de Virgílio, também configura uma fase desse processo de "encarnação da *anima*" (isto é, de sua proximação da consciência humana), abrindo caminho no inconsciente. As deusas-mães Juno e Vênus são, por um lado, instigadoras da história de amor entre Eneias e Dido, mas por outro lado aniquilam finalmente a mulher apaixonada, de modo semelhante àquele em que Vênus persegue Psique no "Asno de Ouro", de Apuleio. Entretanto, este processo de realização da *anima*, iniciado na Antiguidade tardia, como também testemunham outros textos, foi interrompido e suplantado pelo processo de encarnação do *Logos* no Cristo. Apenas na alquimia foi preservada a antiga tradição e só no Renascimento o problema da "encarnação da *anima*" veio novamente à luz, como se vê, por exemplo, no romance *Poliphile*, de Francesco Colonna[166].

Na *Aurora* a anima é representada do mesmo modo que nos textos gnósticos; por um lado, ela é a sabedoria divina no sentido bíblico e por outro lado é vista como a alma mergulhada na materia, gritando por ajuda. Essa necessidade de redenção já fora evocada no capítulo inicial de nosso texto, onde se vê a *sapientia* procurar à volta um *artifex* (artista), expondo-se ao desprezo da multidão, reclamando o pensamento humano para poder chegar à sua perfeição. A circunstância de que ela acorda a *concupiscentia* sugere talvez que haja nela uma imperfeição natural.

Na maioria dos mitos gnósticos que mencionei, a *sophia*, antes ou durante sua queda, começa a sofrer e a buscar Deus, como o ser humano. No ensinamento de Simão o Mago ela é, por exemplo, encarnada em Helena, a meretriz de Tiro, mas em outros sistemas ela não mergulha em tal miséria humana, mas na materia desconhecida onde, presa, clama por salvação. No mito de Simão, ela reveste precocemente traços humanos e pessoais pelo fato de que Simão se identificava com a "força de Deus" e assimilava sua amante com a *ennoia* (autorreflexão de Deus). Fazendo isso, ele suprimiu as fronteiras entre a consciência pessoal e limitada do indivíduo e o arquétipo, o que

---

166. Cf. FIERZ-DAVID, L. *Der Liebestraum des Poliphilo* – Ein Beitrag zur Psychologie der Renaissance und der Moderne. Zurique: [s.e.], 1947, passim.

equivale a uma inflação¹⁶⁷. Esse ultrapassar de fronteiras é sem dúvida responsável pelo trágico fim (legendário) de Simão¹⁶⁸. Provavelmente a inflação foi devida à necessidade de reintegrar a imagem de Deus projetada na *psique*, e também devido à ausência de órgão conceitual que lhe permitisse (a Simão) compreender a *anima* como um elemento intrapsíquico, mas não idêntico ao eu. Somente o conceito moderno de inconsciente possibilita uma tal integração. Os escritos alquímicos antigos (ao contrário da gnose) evitavam o perigo desta inflação, considerando a *anima* como uma realidade psíquica amplamente suprapessoal, mas tudo permanecia projetado e encravado na matéria. A *sophia* permanecia como algo místico, semelhante à alma, parecendo manifestar-se no comportamento da matéria química.

112 Se retivermos esta circunstância será talvez compreensível o fato pelo qual o autor da *Aurora* perturbou-se tanto ao ver a *sapientia Dei* aproximar-se repentina e pessoalmente dele. É provável que até aquele momento ele não soubesse *como era real* esse conteúdo arquetípico, que é a figura da *sapientia Dei*, tendo dela apenas uma ideia abstrata. Para um intelectual é um verdadeiro choque descobrir que aquilo que ele buscava *ab initio nativitatis suae* não era apenas uma ideia, mas uma realidade que manifesta sua existência psíquica num sentido muito mais profundo e o pode golpear como uma vivência direta. O que procuro descrever aqui como "realidade psíquica" corresponde para o autor à afirmação de que *sapientia* é uma *verissima natura*. Com isso ele quer significar que não se trata somente de um conceito intelectual, mas de algo presente na matéria, de um modo tremendamente real, atual e tangível. Vê-se aqui como a linguagem alquímica tem um efeito salvador: ela permite ao autor a descrição do elemento numinoso em sua atualidade individual. O indivíduo pode então relacionar-se diretamente com ele e estabelecer um contato pessoal. Este último consiste na *extractio* (extração) da *verissima natura* numa confrontação com a *anima*. A extração de um tal *spiritus occultus* (espírito oculto) de uma *anima occulta* (alma oculta) ou *na-*

---

167. Cf. LEISEGANG, H. Die Gnosis. Leipzig: [s.e.], 1924, p. 83s. e 82. Ele manifestou-se enquanto Deus e Salvador do mundo. Cf. p. 65.
168. Cf. LEISEGANG, H. Die Gnosis. Leipzig: [s.e.], 1924, p. 65-66.

tura abscondita (natureza secreta), ou ainda *tinctura veritatis* (tintura da verdade) etc., é, na *Turba*, de um significado fundamental[169]. Este tratado árabe constituía (com Senior) a fonte principal das concepções do autor da *Aurora* sobre uma verdade substancial divina, escondida na própria matéria. Nele se diz por exemplo que "a verdade dos filósofos" é a "natureza liquefeita com seus corpos (metais)"[170], donde se depreende que os filósofos buscavam *na matéria mesma o spiritus veritatis*. No mesmo tratado ainda se lê mais adiante[171]: "eu afirmo que o começo de todas as coisas que Deus criou é a fé e a razão; pois a fé governa tudo, e também na razão a fé se manifesta, tal como a densidade da terra[172]. *A fé porém só será percebida num corpo*. E sabei, ó assembleia, que a densidade dos quatro elementos repousa na terra..."

A palavra árabe para a fé, dîn, é, segundo Ruska, a fonte de todo o conhecimento religioso, sobrenatural, revelado pelos profetas; quanto à palavra para designar a razão, *âql*, é a fonte de todo conhecimento natural. Neste último, a fé (o transcendental), assim como a densidade da terra, aparece sob uma forma concreta, que a fé pode perceber como verdadeira. Tal como os quatro elementos, descendo, se condensam até a forma de terra, do mesmo modo *a revelação recebe uma forma real no conhecimento natural* (e este processo não é concebido como paralelo, mas como idêntico). A *verdade* era de fato até mesmo compreendida como uma *substância*[173]. Este texto da

---

169. RUSKA. Op. cit., p. 131. "Arcanum in quo est veritatis tinctura" (O arcano no qual está a tintura da verdade)... p. 119: "Regite igitur ipsum cum humore, donec natura abscondita appareat" (Governai-o, pois, no líquido até que sua natureza oculta apareça). Cf. item, p. 134, 141, 149. Cf. *Buch der Alaune und Salze*. Op. cit, p. 59 [RUSKA (org.)], onde *Mercurius* diz de si mesmo: "Eu sou o arcano inteiro, *e em mim está oculta a sabedoria secreta*" (*Sapientia abscondita latet*). A sabedoria é, pois, concedida por Deus ao homem a fim de acelerar artificialmente a obra da natureza (p. 62). O manifestar-se da natureza oculta também é mencionado frequentemente (p. 309).
170. RUSKA. Op. cit., p. 190.
171. Sermão de Anaxágoras, RUSKA., Op. cit., p. 111 (lat.), p. 176 (alemão). Eu tornei a tradução alemã algo mais literal, e restituí ao texto uma supressão de Ruska.
172. Esta passagem "e a densidade da terra" foi suprimida por Ruska.
173. Cf. a *veritas* como *substantia caelestis naturae* em Dorn, comentado em JUNG. *Myster. Coni.* [OC, 14/2].

Turba descreve realmente (como os mitos da criação), um processo de passagem à consciência: *âql* – a fonte do conhecimento natural – simboliza psicologicamente o fundo arquetípico inconsciente da alma humana. Nesta última, o "conhecimento transcendental de Deus" adquire uma forma empiricamente apreensível[174], na medida em que podemos por exemplo observar os efeitos do arquétipo do si-mesmo (isto é, da imagem de Deus) sobre um indivíduo. O *âql* dá então nascimento – segundo o texto – aos quatro elementos que não são mais do que a "densidade da terra", isto é, psicologicamente, o campo da consciência do indivíduo centrado sobre o complexo do eu aparece então com sua estrutura de quatro funções, correspondendo à estrutura quaternária do si-mesmo.

114 Tal interpretação psicológica nunca foi formulada pelos alquimistas, pois os processos psíquicos eram projetados na matéria. Assim, pois, a "densidade da terra" era o resultado final, místico, do processo; mas se tratava realmente de uma projeção da aparição de um novo grau de consciência.

115 Se menciono esta passagem da *Turba* é para mostrar que não é descabido ver na interpretação da *sapientia* (da *Aurora*) uma *lumen naturale* (luz natural) e mesmo uma substância concreta, na medida em que o autor devia conhecer este texto[175]. Assim se esclarece pouco

---

174. *Dîn*, isto é, o "transcendental", é em si mesmo psicologicamente e empiricamente inapreensível.

175. A diferença entre uma fonte natural e uma fonte sobrenatural do conhecimento é citada de modo ainda mais sutil no Sermo 7 da *Turba* de Locustor (cf. RUSKA. Op. cit., p. 113-179). Segundo ele, há duas criações das quais uma só pode ser vista pela fé e não pode ser descrita. Esta fé é chamada *pietas* e equivale ao conhecimento da revelação citado acima. A criação invisível é o céu. O que se configura embaixo constitui uma segunda criação, e esta só pode ser reconhecida pela razão e com a ajuda dos cinco sentidos. Esta última (criação) recebe a luz do sol (O sol é para os estoicos e no *Corpus Hermeticum* uma imagem extremamente antiga da *mens*, fonte da inteligência humana). A luz do sol é particularmente sutil. A criação superior não necessita da luz do sol, pois ela é em si mesma ainda mais sutil que a primeira e recebe sua própria luz de Deus. Assim, pois, a capacidade de conhecer as coisas sensíveis depende da luz do sol, enquanto que as coisas suprassensíveis só podem ser conhecidas pela luz de Deus. – Cf. JUNG. *Mysterium Coniunctionis* [OC, 14/2], p. 312s. sobre o *mundus potentialis*. A criação invisível corresponde ao conceito de *mundus potentialis* de G. Dorn. Nele predomina a luminosidade difusa do "saber absoluto".

a pouco a natureza da *sapientia*; por um lado, ela é uma verdade divina que inspira os alquimistas e, por outro lado, é um dado físico da natureza que tem necessidade de ser elaborada e aperfeiçoada pelos alquimistas[176]. Ela é dotada de todos os atributos da divindade; é ao mesmo tempo o elemento mais alto e o mais baixo, é uma iluminadora, um guia que leva a Deus, sendo ao mesmo tempo algo oculto na matéria (no inconsciente), que só pode ser liberado pela extração (isto é, pela conscientização).

O primeiro efeito sofrido pelo autor devido à irrupção desta imagem arquetípica parece inicialmente ser uma exaltação. Colocando sua própria pessoa no plano de fundo, ele celebra a vivência, ornando-a de beleza poética. Somente no fim do capítulo ele mostra como é importante a atitude do homem numa situação deste tipo, e a necessidade de aplicar a ela uma reflexão sutil.

116

Comentário ao segundo capítulo

O segundo capítulo também é consagrado à descrição da *Sapientia Dei*, mas é possível perceber uma leve mudança de tom:

117

Texto: Se vosso deleite estiver também no trono e cetro dos reis, amai (de preferência) a luz da ciência, para reinardes eternamente e todos vós perscrutai-a, agraciados que sois por ela com os ensinamentos da natureza. O sábio investigará para vós todo o saber dos antigos e dedicará seu tempo ao estudo dos profetas e penetrará contigo nos meandros das parábolas; ele investigará os segredos dos provérbios e não se apressará nas passagens obscuras das parábolas.

118

O autor se identifica claramente, como aparecerá mais tarde, com o sábio que revela os mistérios simbólicos ao eleito. Um traço pessoal se adianta: eu quero anunciar a verdade[1] e ele se dirige somente aos reis e aos outros. Manifestamente resulta uma reviravolta no domínio da cons-

119

---

176. Cf. a passagem acima citada de AVICENA. *Theatr. Chem.* Vol. IV. 1659, p. 879): "Virtus intrinseca est lumen luminum, tinctura illustrans..." (Sua virtude intrínseca é a luz das luzes, a tintura que faz brilhar). Cf. adiante HOLMYARD, E.J. *Abul-Qasim Al-Iraqi. Isis.* VIII, 1926, p. 420: o sinônimo da Pedra: cão, águia. ... veneno dos metais ... *luz*, mercúrio oriental, filho do fogo, veneno do leão, filho dos filósofos, Satã.

1. Cf. texto mais adiante!

ciência, isto é, uma tentativa da consciência do eu afirmar-se – infelizmente à custa de uma identificação parcial com a *Sapientia Dei*.

120   O conteúdo do capítulo trata igualmente de uma amplificação da imagem da *Sapientia Dei*. Entretanto, enquanto no fim do capítulo precedente sua qualidade de "fonte natural do conhecimento" fora sublinhada, a ênfase neste segundo capítulo recai principalmente sobre a natureza divina e misteriosa da Sabedoria, acessível apenas pela meditação e pela inspiração. Ela é o segredo da eterna majestade, isto é, da vida eterna e a "Lei do Mais Alto"; e neste fundamento ela só pode ser expressa em linguagem simbólica. Por isto, este texto alquímico precisa de um aprofundamento e de um esclarecimento como os *typi* da Sagrada Escritura.

121   Que a Bíblia tenha um conteúdo simbólico e que necessite, pois, de uma interpretação, eis uma ideia difundida entre muitos escolásticos, tais como João Scotus Erígena[2], Alberto Magno[3], Santo Tomás[4].

---

2. Exposit. in coelest. Op. 146 BC: "Quemadmodum ars poetica per fictas fabulas allegoricasque similitudines moralem doctrinam seu physicam componit [...] ita theologia, veluti quaedam poetria sanetam scripturam fictis imaginationibus ad consultum nostri animi et reductionem corporalibus sensibus exterioribus veluti ex quadam imperfecta pueritia in rerum intelligibilium perfectam cognitionem [...] conformat etc. propter humanum amuum sancta Scriptura in diversis symbolis atque doctrinis contexta est etc [...]" (Do mesmo modo que a arte da poesia enuncia sua doutrina moral ou física através de fábulas fictícias ou de comparações alegóricas [...] assim também a teologia, como uma espécie de poesia, conforma através de imaginações fictícias da Sagrada Escritura à medida de nossa alma e ao nível dos sentidos corporais exteriores, tal como se fosse de uma espécie de infância imperfeita ao conhecimento perfeito das coisas inteligíveis... Por causa da alma humana, a Sagrada Escritura é urdida por diversos símbolos e doutrinas). Cf. tb. ibid., 147 A e Comment. in Joh., ibid., 343 B.

3. Cf. O *Mariale* de ALBERTO, org. Borgnet, vol. 37, p. 261: "Quia ergo quidquid scriptum reperit, ad spiritualem intelligentiam convertit" (Porque transforma em inteligência espiritual tudo o que encontra escrito). Maria somente possuía a compreensão plena do Espírito Santo, ibid., p. 61. Cf. tb. ALBERTO, In Apocalypsim B. Johannis, *Opera*, ed. Borgnet, Paris 1939, vol. 38, p. 497, segundo o qual o apocalipse deveria ser compreendido "alegoricamente", sem o que não seria tão claro para difundir-se entre o povo sem tornar-se obsoleto!

4. Segundo Tomás, a verdade só é contida de modo "difuso" na Sagrada Escritura (*Summa* II, II 1-9 ad 1): a revelação é "quaedam cognitio obumbrata et obscuratis admixta" (uma espécie de conhecimento velado e misturado à obscuridade). (*De verit.*, 12. 12). Ele crê portanto no "sentido espiritual" da Escritura (Quodlibet. 7-16 cit. V. WHITE, op. cit., p. 7 e 27).

Todos eles aceitavam tal coisa. Esta ideia permitia, portanto, ao autor da *Aurora* relacionar o simbolismo bíblico com o simbolismo alquímico.

Psicologicamente, o pensamento nisto implicado é que a natureza da *Sapientia Dei* só pode ser circunscrita por uma amplificação simbólica, pois ela é por natureza *ineffabile*, isto é, sua imagem se refere a um arquétipo cuja natureza última jamais pode ser formulada intelectualmente.

Os próprios alquimistas falaram muitas vezes sobre o modo simbólico de expressar e sobre os "mil nomes" (*mille nomina*) da pedra[5], e tentaram justificar por isso a necessidade do segredo. Senior particularmente sublinha que escreve[6] simbolicamente (*typice*), pois a coisa só é de fato compreensível por inspiração divina[7]. O conhecimento, segundo ele, só vem através dos sentidos interiores (*sensus interiores*), e depois de um longo trabalho Deus lhe teria dado essa coisa oculta[8], "pois o conhecimento perfeito é de grande valor e também

---

5. Cf. JUNG, C.G. *Psychologie und Alchemie*. Zurique: Rascher, 1944, p. 320. ed. al. Cf. adiante Zósimo, BERTHELOT. *Collection des Anciens Alchimistes Grecs*. Paris: [s.e.], 1887/1888, II, XXV, 1, vol. I, p. 180 e III, XXIX, 10, vol. I, p. 200. Conforme Demócrito assinala, ele se ajusta a um sentido místico e não mítico (BERTHELOT. Ibid. II, 15, vol. I, p. 47). Cf. tb. a RUSKA. Turba philosophorum: *Ein Beitrag zur Geschichte der Alchemie. (Quellen und Studien zur Geschichte der Naturwissenschaften und der Medizin, 1)*. Berlim: [s.e.], 1931, p. 129: "Lapis et non Lapis quod multis nominatur nominibus ne quis ipsum agnoscat insipiens". (Pedra e não pedra, para que ninguém a reconheça, ignorando-a no meio de tantos nomes.) Cf. tb. o tratado anexo da *Aurora*, "Aquarium Sapientum" etc., *Musaeum Hermeticum*. Frankfurt: [s.e.], 1678, p. 111: "Quemadmodum inquam terrenus philosophicus que hicce lapis una cum sua materia multa diversimodaque immo mille paene, uti dictum est, nomina habet, inde quoque mirabilis appellatur, ita etiam hi et id genus alii supra commemorati tituli atque nomina multo potius immo in suramo gradu a Deo omnipotente et Summo Bono praedicari possunt". (Assim como o terreno filosófico e esta pedra, junto com sua materia, múltipla e variada, têm muitos e diversos nomes – alguns dizem que chegam acima de mil, e por isso ela também se chama admirável – assim também estes filósofos e sua categoria de que já falamos mais acima, bem como os seus nomes com muito maior razão podem ser considerados em máximo grau pelo Deus Onipotente e Sumo Bem.)

6. *De Chemia*. Op. cit., p. 54.

7. *De Chemia*. Op. cit., p. 6. Cf. tb. p. 61 e 82.

8. Ibid., p. 91, p. 93, p. 98 e 101-102.

um segredo do Deus glorioso... inspirado[9] pelo próprio Deus a seus filósofos e aos eleitos... e ele (o conhecimento) é uma irmã da filosofia e deve sua existência à inspiração de Deus"[10].

124 Texto: Eu vos anunciarei e não ocultarei o que é a ciência e como foi estabelecida. Ela é uma dádiva e um sacramento de Deus, uma coisa divina que os sábios escondem cuidadosamente e de diversos modos em imagens simbólicas.

125 Nesta parte, a descrição da alquimia como sacramento é notável. Ela provém do tratado pseudoaristotélico *Secreta Secretorum*, onde se lê: "Eu te revelo por isso este *sacramentum* tal como me foi revelado, invocando o testemunho do julgamento divino"[11]. Na boca de um autor cristão, tal palavra se reveste de um significado incomparavelmente mais profundo, e não é de se duvidar que o autor da *Aurora* pense nos sacramentos da Igreja[12]. Jung, em sua obra *Psicologia e alquimia,* expôs extensamente o paralelismo do simbolismo alquímico e o da missa[13].

---

9. Ibid., p. 113, "inspirata a Deo philosophis suis" (inspirada por Deus a seus filósofos).

10. "Tu, porém, leitor, sê ávido de conhecimento no temor de Deus e obterás ver o segredo e o efeito visível desta pedra e a encontrarás, ensinada pelo Espírito do Altíssimo, de tal modo que conhecerás que toda a sabedoria de Deus vem de Deus e que ela sempre esteve nele, cujo nome de 'Senhor' é abençoado pela eternidade, e que escondeu isso aos sábios e orgulhosos e o revelou aos pobres em espírito (*parvulis*)" (ibid., 121).

11. Eu sigo a edição de 1528 (edição de Paris?), fol. V.

12. Isso se esclarece, se pensarmos nas palavras de um contemporâneo um pouco ulterior, Petrus Bonus, que dizia: "'Assim, a alquimia é sobrenatural e divina, e nesta pedra repousa toda a dificuldade da alquimia, e a razão natural não é suficiente para explicar por que é assim e, como o intelecto não pode compreender isso nem ser suficiente a si mesmo, *deve-se pois acreditá-la* como num milagre divino, do mesmo modo que o fundamento da fé cristã, que está acima da natureza, deve em primeiro lugar ser acreditado pelos não crentes, e certamente de bom grado, *pois o resultado final da alquimia é um milagre e se cumpre além e acima da natureza.* Assim, pois, Deus é o único operador (*operator*), ao passo que a natureza permanece passiva na sua ação" (*Pretiosa margarita novella.* Cap. VI; *Theatr. Chem.* Vol. V, 1622, p. 648). Neste sentido, a denominação da alquimia deve ser compreendida como um *sacramentum* na *Aurora.*

13. P. 536s. Cf. tb. JUNG, C.G. Das Wandlungssymbol in der Messe, in: *Von den Wurzeln des Bewusstseins. Studien über den Archetypus.* Zurique: [s.e.], 1954, p. 215s.

Texto: "Por isso trarei sua ciência à luz e não deixarei (a verdade) de lado, pois nada tenho a ver com a inveja venenosa; porquanto desde o começo, desde meu nascimento procurei-a, não sabendo que ela era a mãe de todas as ciências e que andava à minha frente. Ela presenteou-me com valores infinitos e eu a aprendi sem embuste e a partilharei sem inveja, sem ocultar o seu valor".

126

Como vários outros alquimistas, o autor da *Aurora* promete revelar finalmente o segredo e isso sem a "inveja venenosa", aludindo aos "invejosos" (*invidi*), esses filósofos que privavam ciumentamente o mundo de seu saber[14]. O autor ressalta aqui o fato de que procurara essa sabedoria "desde o seu nascimento"[15] – confissão pessoal digna de nota, pois ele faz pressupor que sempre teria sido consciente do fato que sua preocupação alquímica significava *a integração de seu ser anímico, o mais íntimo*. Sem dúvida era essa a única maneira de exprimir simbolicamente os processos de seu ser interior. De qualquer modo, ele deseja significar com isso *que a alquimia era para ele uma preocupação pessoal*, pois sua procura estava em jogo desde sua infância[16].

127

Texto: "Pois ela é um tesouro inesgotável para todos, e quando um homem o encontra, busca escondê-lo e diz em sua alegria: Alegra-te, Jerusalém, reuni-vos vós todos que me amais, sede felizes na alegria, pois o Senhor Deus teve piedade de seus pobres".

128

---

14. Cf. o conceito dos *invidi*: RUSKA. *Turba.* Op. cit., p. 122, 123, 133.

15. Observe-se que Tomás começa seu comentário "In Boethium" com a mesma citação bíblica: "Ab initio nativitatis meae" etc.

16. Ele ressalta que a Alquimia é "a mãe de todas as ciências". Isto torna-se claro, por exemplo, através de uma palavra de Hermes, que é citada no "De Lapidis Physici Secreto" (*Theatr. Chem.* Vol. IV. 1659, p. 649): "Sabe, meu filho, que todas as sabedorias que existem no mundo são subordinadas (*subditae*) à minha própria sabedoria". Tal afirmação é válida na medida em que a alquimia tende na realidade para o segredo "divino" da criação física, de tal modo que todas as outras ciências naturais lhe são naturalmente subordinadas. Uma vez que os alquimistas consideravam o mistério da criação como *divino*, atribuíam à sua arte um nível *semelhante* ao da teologia, e o autor da *Aurora* faz sem dúvida alusão a isso, e alusão consciente, quando designa a alquimia como mãe de todas as ciências – epíteto que, na Idade Média, só devia convir à teologia. – Cf. BOAVENTURA, S. *De Reductione Artium ad Theologiam.* The Franciscan Institute, Saint Bonaventure University, 1955. Conclusão: "Patet etiam quomodo omnes cogitationes famulantur Theologiae" (Desse modo fica evidente também como todos os pensamentos servem à teologia.)

129   Nesta parte, a alquimia é representada através do contexto bíblico como o "Reino dos céus" e como o "tesouro escondido no campo"[17], sendo-lhe atribuída uma força redentora igual à obra de Cristo[18]. Ela tem mesmo um *significado de salvação*, porque na frase seguinte se alude à "Jerusalém libertada pela misericórdia do Senhor". Torna-se, pois, claro aqui que a alquimia é um *"conhecimento pelo coração" redentor ou libertador, o qual, por um lado, depende do esforço do homem, mas, por outro, depende de um ato da graça de Deus*[19].

130   Texto: E Senior também diz: Há uma certa pedra, e o homem que a conhece coloca-a sobre os olhos, mas aquele que não a conhece atira-a ao esterco; ela é um remédio que expulsa a indigência, o melhor que o homem possui, depois de Deus.

131   O discernimento é também a medicina[20] ou a pedra, que (segundo Senior) o conhecedor coloca sobre os olhos; isto lembra o conceito do *collyrium philosophorum* (colírio dos filósofos), um dos inúmeros sinônimos da "água divina". Graças a esta, "pode-se contemplar sem dificuldade os mistérios dos filósofos"[21]. A *Aurora* designa "medicina" este remédio que devolve a vista, tal como a água divina é muitas vezes concebida como (φαρμακον αθαναριας) (remédio da imortalidade) ou (ζωης) (de vida)[22]. O fato de que a água é citada aqui sob a forma de medicina está em relação direta com a "medita-

---

17. Mt 13,44.
18. Cf. JUNG, C.G. *Psychologie und Alchemie*. Op. cit., p. 416s.
19. "Deus pauperum suorum miseritus est" (Texto) (Deus teve misericórdia de seus pobres).
20. Sobre o conceito de Medicina, cf. JUNG. *Psychologie und Alchemie*. Op. cit., p. 423.
21. Assim é dito, por exemplo, na "Allegoriae super librum Iurbae" (*Artis Auriferae*. Op. cit., 1610, 1, p. 902): deve-se grelhar o "peixe redondo", sem espinha e sem escamas, embebê-lo em seu próprio caldo e cozinhá-lo de novo, "então nasce o colírio dos filósofos e os olhos que forem lavados (com esse colírio) poderão ver sem dificuldade os segredos dos filósofos". – Esta ideia já se encontra na alquimia grega. Cf. BERTHELOT, A. *Collection des Anciens Alchimistes Grecs*. Paris: [s.e.], 1887/1888, IV. XIX, 10, vol. I, p. 289. Lá também é mencionada a "nuvem italiana para os olhos". Também no texto de Ostanes os sacerdotes prometem a vista aos cegos (*Coll. Alch. Grecs*. IV II, 1, vol. I, p. 261. Cf. tb. LIPPMANN, E. von. *Alchemie*. Vol. I, [s.l.]:

ção" acima mencionada, pois ela nasceu dela[23], de algum modo. A atenção dada ao inconsciente não é apenas discernimento (*collyrium*), mas também um afluxo vivo de conteúdos criadores e o sentimento de ter entrado em contato com um sentido eterno suprapessoal. O traço egoico se retrai e o texto dá de novo maior espaço à emoção e ao entusiasmo do autor. Esta medicina, é acrescentado, expulsa a indigência e, depois de Deus, é o que o homem possui de melhor. A "indigência" deve ser compreendida aqui num sentido geral e não apenas material, e a comparação com Deus sublinha de novo o valor *religioso* dessa pedra que confere o discernimento e aquele conhecimento salutar.

Mostra-se assim, por uma análise atenta das citações isoladas, que, sob uma aparência fragmentária e desordenada, o texto da *Aurora* possui um sentido rico de consequências e esboça numa sequência sutil de imagens um aspecto estranho mas muito compreensível dessa *sapientia Dei* como impulso originário para o conhecimento do segredo alquímico, isto é, do inconsciente.

Comentário ao terceiro capítulo

O terceiro capítulo não necessita de esclarecimentos, pois em essência é uma polêmica contra os insensatos e os que ignoram a arte[1]. A violência e a agressividade da polêmica explicam-se em parte pela situação isolada e ameaçada do alquimista medieval, mas por outra parte ela deverá ser compreendida como demonstrando uma incerteza particular do próprio autor. A razão desta incerteza manifestar-se-á logo (no sexto capítulo): lá ocorre uma queda brutal no domínio da sombra

---

22. Sobre este paralelismo, cf. JUNG. *Psychologie und Alchemie*. Zurique: Rascher, 1944, p. 423 e 561.
23. "Von hylealischen Chaos", p. 274, apud JUNG. *Psychologie und Alchemie*. Zurique: Rascher, 1944, p. 375-376. H. Khunrath diz o seguinte: "Estuda, então, medita, transpira, trabalha, cozinha [...] então se abrirá e fluirá para ti algo salutar que nasce do coração do Filho do Grande Universo", uma água, "que o Filho do grande Universo nos pródiga e que sai de seu corpo e de seu coração como verdade e natural *Aqua Vitae* [...]"
1. Por isso renunciou-se à reprodução do texto.

e da obscuridade. O tom agressivo permite-nos concluir com maior evidência que o autor estava sujeito a uma certa inflação.

134 Particularmente é bom salientar formulações como esta, por exemplo: os insensatos desdenham "a bênção", o que é uma nova alusão ao conhecimento como ato da graça de Deus; a citação da parábola das pérolas, que não devem ser atiradas aos porcos, aponta nessa direção. Em Mateus 7,6 é dito: "Não deveis dar coisas *santas* aos cães, nem atireis vossas pérolas aos porcos". Mas aquele que age dessa forma, diz a *Aurora*, rompe o selo celeste. Aqui se indica de novo claramente a natureza *divina* do segredo. Na Antiguidade o segredo alquímico era apresentado de fato como algo roubado à divindade[2]. A concepção adiantada pelo autor corresponde ao estilo dos investigadores da natureza de sua época. Assim, por exemplo, João Scotus Erígena[3] e Roger Bacon[4] etc. sublinham às vezes que as ciências naturais não são para os "simplices", mas só para os homens capazes de pensamentos sábios e sutis.

135 Texto: "[...] pois quem fala com um insensato fala com um adormecido. Morienus diz: "Se eu quisesse decifrar as coisas como elas realmente se comportam, não haveria mais lugar para a prudência, pois o insensato seria igualado ao sábio e nenhum mortal sob o círculo da lua choraria por causa do tormento da fome causada por sua madrasta, a pobreza".

136 A citação de Eclesiástico (22,10) compara os ignorantes da arte com os adormecidos, o que caracteriza justamente sua inconsciência.

---

2. Cf. o modo pelo qual a deusa Ísis arranca o segredo do anjo Amnael, BERTHELOT. *Coll. Alch. Grecs*. I, XIII, 1s., vol. I, p. 29 e 33s. E a concepção mais difundida que provém do Livro de Enoc, segundo a qual as mulheres teriam roubado dos anjos de Deus os mistérios da magia, da alquimia e de todas as ciências ocultas. KAUTZSCH, E. *Die Apokryphen und Pseudepigraphen des Alten Testamentes*. Tübingen: [s.e.], 1900, p. 238s.
3. Expos. in coelest. *Opera*. 146 BC e 147 A; cf. acima.
4. Cf. tb. AVERRÓIS. "Destructio Destructionis". *Arist. opera latina*. Veneza: [s.e.], 1560, tom. X. 1 a, 1 b. cf. nota 5, 407 b: "Non est (in) conveniens ut eveniat hoc stultis cum sapientibus et vulgo cum electis" (Não é [in]conveniente que isso aconteça aos tolos com os sábios e ao povo simples com os eleitos) etc. e ibid. 334 b: "honor Dei est abscondere rem" (é honra de Deus esconder a coisa). Cf. tb., como prova de que Santo Tomás conhecia o valor da interpretação simbólica, suas próprias interpretações na *Summa theol*. Editio leonina, pars I, 66, art. I e pars I. 68, art.2.

Os "adormecidos no Hades" que renascerão e serão ressuscitados pela água divina constituem um tema que já se encontra num texto da Antiguidade tardia: "Komarios a Cleópatra"[5].

É digno de nota, mais adiante, a última frase do capítulo segundo; diz ela que o artista não parece desejar uma igualdade de todos os homens e uma supressão total de toda miséria. Não se deve ver nisso apenas uma "vontade ciumenta de conservar" a liberdade da consciência obtida graças ao mistério; esta afirmação se refere muito mais ao fato de que o conhecimento de algo não adquirido por si mesmo acarreta prejuízo[6]. Parece também que o "pranto do esfomeado" é uma condição indispensável do *opus* e, como ressaltou Morienus, não se atinge a meta a não ser pela *afflictio animae*[7].

Se resumirmos os acontecimentos psíquicos expressos conjuntamente nestes três primeiros capítulos surpreendemo-nos em primeiro lugar pelo fato de que o autor parece ter sido vítima de uma certa presunção, o que provoca um afastamento e recusa do homem comum. Efetivamente era de se esperar que o encontro com a *sapientia Dei* provocasse nele uma comoção religiosa profunda, ou que a experiência o "deprimisse" ao voltar a si mesmo. (Esta depressão é relatada no sexto capítulo.) Mas o atingido (pela experiência) procura primeiro ultrapassá-la com uma certa superficialidade intelectual, isto é, tentando salvar o ponto de vista da consciência, ao insistir sobre o fato de que ele sabe do que se trata. Inconscientemente, chega a identificar-se com a *sapientia Dei*, na medida em que ele pretende esclarecer mediante seu ensinamento os outros homens "cegos". Esta reação faz-nos concluir que houve uma certa inflação intelectual no autor. Entretanto, esta situação não dura muito, porque ele se confronta em seguida

---

5. BERTHELOT, M. *Collection des anciens alchimistes grecs*. Vol. I. Paris: [s.e.], 1887/1888, p. 296.

6. Cf. acerca do perigo dos príncipes ávidos pretenderem apropriar-se à força do segredo, o "Liber Alze de Lapide Philosophico", in: *Musaeum Hermeticum*. Frankfurt: [s.e.], 1687, p. 331.

7. Cf. JUNG. *Psychologie und Alchemie*. Op. cit., p. 372, e outras provas do mesmo. Segundo ROSENROTH, K. von. *Kabbala denudata*. Vol. II. Frankfurt: [s.e.], 1677, p. 25, duas lágrimas de Deus, caindo no mar da Sabedoria, transformam sua amargura em doçura.

com a vivência de um modo mais autêntico. O quarto e o quinto capítulos ainda contêm traços da superficialidade devida à inflação, o que se pode ver pelos jogos de palavras do capítulo seguinte.

Comentário ao quarto capítulo

139   Texto: Este volume foi batizado com o nome de *Aurora consurgens* (o surgir da aurora) e isto por quatro motivos: primeiro, aurora é quase o mesmo que "hora de ouro" (*aurea hora*); e assim esta ciência tem uma hora propícia que leva a um fim ou meta de ouro a todos aqueles que trabalham corretamente no *opus* (obra). O segundo motivo é ser a aurora o meio entre a noite e o dia, brilhando com duas cores: o amarelo e o vermelho; esta ciência produz portanto as cores amarela e vermelha, intermediárias entre o preto e o branco.

140   Este capítulo é o esclarecimento do título *Aurora consurgens* = "o surgir da aurora". Por um lado, o termo é explicado através de um jogo de palavras aurora = *aurea hora* (hora de ouro) e, por outro lado, pelo simbolismo das cores, os quatro degraus das cores alquímicas; pois a aurora brilha vermelha e amarela (*rubedo* e *citrinitas*), entre a noite (*nigredo*) e o dia (*albedo*).

141   Texto: O terceiro motivo (do nome deste livro) é que com a aurora os doentes sentem-se aliviados das dores noturnas e adormecem; assim também na aurora desta ciência desaparecem e se evolam todos os maus odores e vapores que infectam o espírito do operador, tal como diz o salmo: O pranto permanece durante a noite, mas de manhã, a alegria. Em quarto e último lugar, a aurora significa o fim da noite e o princípio do dia, ou a mãe do sol...

142   A aurora é a "mãe do sol" (sol = ouro); ela expulsa a noite invernal e todos os maus vapores que infectam o espírito do alquimista, "as trevas horríveis do nosso espírito", como dirá adiante a citação do hino de Pentecostes, de Notcero o gago[1]. Os padres da Igre-

---

1. Cf. tb. EFRÉM O SÍRIO. *Hymni et Sermones*, org. Th. Lamy, vol. I, p. 94: "Baptismo et intellectu unio fit duorum luminum. Ista lumina ditissimos emittunt radios et caligo a mente removetur. Tunc anima nitida contemplatur absconditum gloriae Christum [...]" (A união de batismo e intelecto produz duas luzes. Essas luzes emitem raios abundantes e a obscuridade é expulsa do espírito. Então a alma resplandecente contempla o que está oculto na glória de Cristo [...])

ja, de modo semelhante, celebravam a Igreja, a "lua que expulsou todas as nuvens invernais"[2]. E Anastásio Sinaíta diz[3]: "A vida decorria até aqui nas trevas profundas da ausência de Deus, noturnas e pesadas de névoas, antes de erguer-se Cristo, o Sol da Justiça, com sua esposa a Lua, isto é, a Igreja". Segundo Honório de Autun, Satã, em sua queda, arrancou com sua cauda uma parte das estrelas e as cobriu com o *nevoeiro dos pecados*, até que o Sol – Cristo – as salvasse de novo[4]. Senior também fala das *tenebrae animae* (trevas da alma) como da *materia nigredinis* (matéria do negrume) e as interpreta como *terrestreitas mala* (terrestreidade má)[5]. A comparação de tais passagens mostra claramente o aspecto "moral" dos "odores" e dos "maus vapores" citados no texto.

Este capítulo não cita como modelo direto a apresentação da *sapientia* como *Aurora* no Cântico dos Cânticos, onde se diz acerca da esposa de Salomão[6]: "Quem é essa que avança como a *aurora que surge (aurora consurgens)*, bela como a lua, brilhante como o sol, terrível como uma armada em ordem de batalha?" Essa alusão encontra-se no capítulo seguinte da *Aurora*, onde se diz: "É a sabedoria, a rainha do vento sul que deve ter vindo do Oriente, como a aurora ao ergue-se". Esse versículo famoso do Cântico dos Cânticos foi associado pelos Padres da Igreja à igreja terrestre, "que deve anunciar a vinda do Sol divino[7], expulsando as trevas da ignorância (*tenebras ignoran-*

143

---

2. METÓDIO DE FILIPOS. *Symposium*. VIII, 5, apud RAHNER, H. Mysterium Lunae, *Zeitschrift für katholische Theologie*. Ano 63. [s.l.]: [s.e.], 1939, p. 339.
3. *Anagogica Contemplatio in Haxaemeron*. 4, cit., ibid., p. 347.
4. *Speculum de myst. Eccles.* P.L. t. 172, col. 937.
5. *De Chemia*. Op. cit., p. 40. Cf. tb. ASCLÉPIO LATINO. *Corpus Hermeticum*. Op. cit., vol. I, p. 370 [SCOTT, W. (org.)]: "Pater [...] hominem sola intelligentia mentis illuminans, qui discussis ab animo errorum tenebris et veritatis claritate percepta toto se sensu intelligentiae divinae commisceret". (O Pai [...] ilumina o homem pela inteligência do espírito; assim, as trevas do erro são expulsas da alma e a verdade é percebida em toda a sua clareza, e a consciência do homem é totalmente absorvida no conhecimento de Deus.)
6. Ct 6,10.
7. TEODORETO DE CIRO. Com. ao Ct 4,9, apud RAHNER, H. Mysterium Lunae, op. cit., p. 341. – Cf. GREGÓRIO MAGNO. In tertium caput Job, *Opera*. Paris: [s.e.], 1636, t. I, col. 116: "Aurora quippe ecclesia dicitur quae a peccatorum suorum tenebris ad lucem iustitiae permutatur [...] Quae est ista etc. quasi aurora electorum surgit Ecclesia quae pravitatis pristinae tenebras deserit et sese in novi luminis fulgo-

tiae)". O lugar da aurora é, segundo São Gregório[8], a "claridade perfeita da visão interior". A variante do título *aurea hora*" como explicação do termo *Aurora* é essencial na medida em que, entre os místicos da Alta Idade Média, sempre comparece a palavra de São Bernardo tirada de seu comentário ao Cântico dos Cânticos[9]: "rara hora et parva mora" (hora rara e curto instante). Esta expressão refere-se ao curto instante dessa hora rara ou hora de ouro, na qual o conhecimento humano toca diretamente a sabedoria de Deus e a "saboreia" no êxtase[10]. *Assim, o "surgir da aurora " é na realidade o instante da união mística com Deus*. É interessante lembrar neste contexto o ensinamento de

---

rem convertit" (A Igreja é pois chamada Aurora, porque muda a escuridão de suas faltas em luz de justiça. Quem é essa que [...] Pois a Igreja dos eleitos se ergue como a aurora na qual ela abandona as trevas de sua iniquidade anterior e se converte no brilho de sua nova luz); e, ibid., p. 126: "Ortus vero aurorae est illa nova nativitas resurrectionis, qua sancta Ecclesia etiam carne suscitata oritur ad contemplandum lumen aeternitatis". (Mas o nascimento da aurora é verdadeiramente este novo nascimento da ressurreição, onde a santa Igreja se ergue, na ressurreição da carne, para contemplar a luz da eternidade.) − Cf. tb. HONÓRIO DE AUTUN. *Expositio in Cant. Cant.* MIGNE, P.L. t. 172, col. 454.

8. Expos. mor. Lib. XXVIII in tricesimum cap. Job I 925 1: "Quid est enim locus aurorae nisi perfecta claritas visionis intemae?" (Com efeito, o que é o lugar da aurora senão a clareza perfeita da visão interior?)

9. *In Cant. Cant.* Sermo XXIII, cap. 15 (De diligendo Deo).

10. Assim diz, por exemplo, GUNDALISSINUS. *De anima*: "Si enim sapientia a sapore dieta est, sapor autem rei non sentitur, nisi cum ipsa res gustatur, gustetur autem cum ad horam gustu tangitur, perfecto sola intelligentia sapientia perficitur, quia ea sola *et rara hora et parva mora* Deus utique sentitur [...] Ita sola intelligentia Deus gustari dicitur, quia ex omnibus viribus animae ea sola in praesenti et in futuro quasi nullo mediante tangitur. Hic tamen proprie gustamus ubi ad horan intelligendo *raptim* de Deo aliquid sentimus. Ibi vero satiabimur ubi eo sine fine perfruemur". (Pois sabedoria [*sapientia*] é derivada de sabor [*sapor*], mas o sabor de uma coisa não é experimentado enquanto a coisa não for provada. Mas ela é provada quando durante um momento ela é tocada pelo gosto; portanto a sabedoria é perfeita somente mediante a inteligência, pois é por ela somente que Deus é sentido numa hora rara e por um curto instante [...] Diz-se que Deus é saboreado só pela inteligência, pois, de todas as nossas virtudes da alma, só ela o saboreia no presente e no futuro, como sem intermediário. Aqui é dito que usufruiremos pessoalmente, quando num momento e de repente sentirmos pela inteligência algo de Deus. Sentir-nos-emos satisfeitos quando usufruirmos dele sem fim). Cf. LOEWENTHAL, A. *Pseudo-Aristoteles, Über die Seele. Eine psychol. Schrift und ihre Beziehungen zu Salomo Ibn Gabi Rol* (Avicebron). Berlim: [s.e.], 1891, p. 124-125, apud. GILSON, E. Les sources gréco-arabes de l'augustinisme avicennisant avec une édition critique du "de intellectu" d'Alfarabi, *Archives d'histoire doctrinale et littéraire du moyen-âge*, t. 4. Paris: Vrin, 1929, p. 90-91. Nota.

Agostinho acerca de um "conhecimento da manhã" e de um "conhecimento da tarde" no homem: o conhecimento da criatura tem com efeito a propriedade de obscurecer-se de tarde (devido à secularização, isto é, à atenção aos objetos concretos), e a *manhã* surge quando *a criatura se reconhece na sapientia Dei* e volta ao amor de Deus[11].

Em nosso texto, o Leste ou Oriente, no qual a aurora surge, pertence igualmente a um contexto alquímico, pois o Oriente significa alquimicamente "sangue e vida"[12]. Já entre os alquimistas greco-bizantinos, o relacionamento das matérias e cores com as quatro direções do céu desempenhava um certo papel. Assim, os tratados alquímicos dos gregos e dos árabes falam muitas vezes sem hesitar de um mercúrio oriental (υδραργυρος ανατολικη)[13], e em Olimpio-

144

---

11. *De civit. Dei.* liber XI, cap. VII: "Quoniam scientia creaturae in comparatione scientiae Creatoris quodammodo vesperacit: itemque lucescit et mane fit, cum et ipsa refertur ad laudem dilectionemque Creatoris nec in noctem vergitur ubi nom Creator creaturae dilectione relinquitur [...] Cognitio quippe creature in se ipsa decoloratior est ut ita dicam *quam cum in Dei Sapientia* velut in arte in qua facta est. Ideo vespera congruentius quam nox dici potest, quae tamen, ut dixi, cum ad laudandum et amandum refertur Creatorem recurrit in Mane. Et hoc cum facit *in cognitione sui ipsius dies unus est* cum in cognitione firmamenti [...] dies secundus [...] terrae et maris omniumque gignentium quae radicibus confirmata sunt terrae, tertius [...] et ipsius hominis dies sextus" (Uma vez que a ciência da criatura comparada à do Criador pode ser dita crepuscular: e de novo vem a luz e é manhã, quando ela é aplicada ao louvor e ao amor do Criador e não se transforma em noite, quando o Criador é abandonado pelo amor da criatura [...] Mas o conhecimento da criatura considerada em si mesma é mais pálido do *que se for conhecido na Sabedoria de Deus*, como na arte pela qual foi feito. Ela pode, pois, ser chamada tarde mais do que noite, e, como já disse, quando ela é aplicada ao louvor e amor do Criador, ela torna a ser manhã. E quando ela o faz *no conhecimento dela mesma, é o primeiro dia*: quando é no conhecimento do firmamento, é o segundo dia; no conhecimento da terra e do mar e de todas as coisas que vêm à existência através dela e continuam a ter suas raízes na terra, é o terceiro dia [...] e no conhecimento do próprio homem, é o sexto dia). Cf. JUNG, C.G. *Symbolik des Geistes*. Op. cit., p. 146s.

12. Podemos ler num "Opusculum authoris ignoti". *Artis Auriferae*. Vol. I. Basileia: [s.e.], 1610, p. 250: "Toma a pedra que flutua sobre o mar [...] e com ela mata o ser vivo e dá vida com ela ao morto, e ele possui morte e vida em si, e esta e aquela que vem do Oriente e do Ocidente [...] Nela estão dois opostos: água e fogo, e este anima aquela, e aquela mata este [...] E depois aparecerão o *rubor oriental* e o rubor do sangue".

13. Cf. BERTHELOT. *Collection des Anciens Alchimistes Grecs*. Paris: [s.e.], 1887/1888, V, II, 7, vol. I, p. 339 e BERTHELOT. *La chimie au moeyen âge*. 3 vols. Paris: [s.e.], 1893, p. 207 e 209; *Le Livre du Mercure Oriental*, X.

doro (fim do século VI[14]) está escrito[15]: "Eles atribuíram a *nigredo* ao Norte, a *albedo*, substância branca, isto é, a prata, ao Leste [...] pois diz Hermes [...] atribui-se à substância branca ao Leste porque eles (os filósofos) associaram o começo da obra ao começo do dia, quando o Sol se ergue sobre a Terra[16]. Presta atenção a Apolo, quando este diz: 'Olha, (a Terra) será tomada na aurora pela experiência'. 'Na aurora' significa claramente 'antes do sol surgir' e é o começo originário de toda obra, antes da *albedo*". Isto quer dizer, como é dito depois, que a terra deverá ser tomada "enquanto ainda estiver com orvalho", pois o sol a despoja de seu orvalho para nutrir-se e a terra torna-se então "uma viúva e sem homem"[17]. Depreende-se de todas estas amplificações que ao Leste ou Oriente e, portanto, à aurora era atribuída alquimicamente além da *rubedo*, isto é, de "sangue e vida", a substância branca feminina, a saber, a substância "coberta de orvalho" (fecundada pelo espírito).

Psicologicamente, este símbolo da *Aurora* significa uma percepção bem acrescida da luminosidade do inconsciente[18]. Ela não é, como o sol, uma luz concentrada, mas um brilho difuso no horizonte, isto é, no limiar da consciência[19]. A *anima* é esta luz "feminina" do inconsciente, mediadora da iluminação, *da gnose, isto é, da realização do si-mesmo* da qual ela é também a anunciadora.

---

14. Cf. LIPPMANN, E. von. *Alchemie*. Op. cit., II, p. 10.
15. Sobre a arte sagrada. BERTHELOT, M. *Collection des Anciens Alchimistes Grecs*. Paris: [s.e.], 1887/1888, II, IV, 31, vol. 1, p. 88.
16. Assim também na "Kore Kosmou" (*Ísis* a *Hórus*) é ao *erguer-se do sol* que Ísis (ou *Hermes*?) recebe a gnose dos mistérios cósmicos superiores, fixados ulteriormente nos "Mistérios de *Osíris*" (SCOTT. *Hermetica*. Op. cit., vol. I, p. 460. (Eu mantenho a leitura de Patricius: της ανατολης γενομενης.)
17. BERTHELOT, *Collection des Anciens Alchimistes Grecs*. Paris: [s.e.], 1887/1888. II, IV, 35, vol. I, p. 90.
18. Cf. *Mysterium Coniunctionis* [OC, 14/1], p. 156s. e 198s.
19. Cf. sobre o significado da manhã, também HURWITZ, S. *Archetypische Motive in der chassidischen Mystik* – Zeitlose Dokumente der Seele. Zurique: [s.e.], 1952, p. 203s.

Ela corresponde na simbólica eclesiástica do Oriente e do Leste ao símbolo de Maria. Assim, diz Efrém o sírio[20]: "O Oriente com suas estrelas é um símbolo de Maria, do seio da qual nasceu o Senhor das estrelas. Através de seu nascimento ele expulsou as trevas do mundo". E podemos ler igualmente no Missal Romano[21]: "Maria é a aurora resplandecente do céu da redenção e da graça, do seio da qual surge o sol, ultrapassando-a mil vezes em fulgor [...]" Em outros Padres da Igreja, a *Aurora* é considerada também uma imagem da Igreja[22], e, segundo Alano de insulis, toda razão do homem começa no Oriente[23]. Mas enquanto nestas últimas citações esses símbolos são apenas uma imagem alegórica, os mesmos têm, na *Aurora*, um sentido que penetra mais profundamente a realidade concreta. A liberação dos doentes "sofrendo enfermidades noturnas" é compreendida em nosso texto tanto num plano psíquico quanto num plano físico[24].

146

---

20. *Hymni et Sermones*, org. Lamy, op. cit., vol. II, p. 584: "Oriens cum suis astris figura fuit Mariae, e cuius sinu ortus est nobis Dominus astrorum. Ille sua nativitate tenebras e mundo fugavit". (O Oriente com seus astros foi figura de Maria, da qual nos nasceu o Senhor dos astros. Com seu nascimento ele afugentou as trevas do mundo.)

21. Edição de SCHOTT, A.p. 720.

22. Cf. RAHNER, H. Mysterium Lunae, op. cit., p. 342-345 e por exemplo GREGÓRIO MAGNO. *Morala*. IV, 11, in: MIGNE, J.P. *Patrologiae cursus completus. Series latina*. Paris: [s.e.], vol. 75. col. 648.

23. Distinct. 866 C, MIGNE, J.P. *Patrologiae cursus completus. Series latina*. Paris: [s.e.], t. 210. col. 866 C: "Sicut in mundo maiori firmamentum movetur ab oriente in occidentem et revertitur in orientem sie ratio in homine movetur a contemplatione orientalium id est coelestium primo considerando Deum et divina, consequenter descendit ad occidentalia id est ad considerationem terrenorum ut per visibilia contempletur invisibilia, deinde revertitur ad orientem iterum considerando coelestia". (Da mesma forma que no macrocosmo o firmamento se move do Oriente para o Ocidente e retoma ao Oriente, assim também a razão no homem é movida a partir da contemplação das coisas orientais, isto é, celestes, considerando primeiramente Deus e as coisas divinas, depois ela desce para as coisas ocidentais, isto é, para a consideração das coisas terrestres, a fim de poder contemplar pelas coisas visíveis as coisas invisíveis, depois ela retorna para o Oriente, considerando as coisas celestes.)

24. O conceito de "noite", na Patrística, também passa pela imagem do Anticristo. Cf. HONÓRIO DE AUTUN. *Expos. in Cant. Cant.* in: MIGNE, J.P. *Patrologiae cursus completus. Series latina*. Paris: [s.e.], t. 172. col. 472. Cf. tb. na mesma col. 451: "Sicut enim aurora surgens tenebras noctis depellit, solem mundo inducit, sic Ecclesia nascens tenebras ignorantiae reppulit et solem mundo dictis et exemplis induxit". (Assim como o surgir da aurora expulsa as trevas da noite e introduz o sol no mundo, do mesmo modo a Igreja nascente expulsa as trevas da ignorância e introduz o sol no mundo mediante seu ensinamento e seus exemplos.)

Novamente faz-se alusão à propriedade da pedra enquanto medicina, e os vapores e maus odores que infectam o operador devem ser compreendidos tanto espiritual como fisicamente. Eles significam psiquicamente o envenenamento pelas opiniões coletivas prejudiciais à alma[25] e pelos conteúdos reprimidos.

147   Texto: ...e assim nossa aurora, no auge do rubor, é o fim de toda treva e a expulsão da noite, dessa duração invernal durante a qual aquele que caminha poderá tropeçar se não estiver atento. Sobre ela está escrito: E uma noite anuncia a ciência à outra (noite) e um dia diz a palavra a outro dia, e a noite tornar-se-á clara como o dia em suas delícias.

148   Esta citação de João 11,9-10 indica em primeiro lugar o fundo moral do *opus*: a longa noite invernal sem luz na qual o operador "colide", isto é, tropeça, é mais uma vez a *afflictio animae* que dominava o início da obra, e esta primeira menção deve ser encarada – no plano da obra – como uma preparação ao sexto capítulo, isto é, à primeira parábola: "Da terra negra etc." Neste capítulo consagrado à imagem da *Aurora*, o autor alude de um modo quase refinado às futuras peripécias da obra, e pela primeira vez, no final do capítulo, ele chama a atenção sobre o futuro nascimento do novo Sol. Sua última citação, tirada do Salmo 139,12, é também mencionada no missal, onde se trata da bênção do círio pascal, no *Exultet*[26]. "Ó noite verdadeiramente bem-aventurada, que mereceste conhecer o tempo e a hora em que Cristo ressuscitou do reino dos mortos: Esta é a noite da qual se escreveu: A noite tornar-se-á clara como o dia e a noite é minha iluminação em minhas delícias (*in deliciis meis*)". Entende-se por isto a noite pascal, a noite da ressurreição do Cristo[27].

149   Através desta referência ao texto do *Exultet* pascal o autor evoca de modo quase imperceptível o fato de que o *opus* que vem a seguir constitui *um verdadeiro mistério do renascimento* e que o "novo nas-

---

25. Cf. JUNG, C.G. *Myster. Coni.* [OC, 14/1], p. 177.
26. Edição de SCHOTT, A. p. 295.
27. No mesmo Exultet lê-se adiante (op. cit., p. 295): "Que a terra se rejubile, irradiando tal brilho celeste! Iluminada pelo esplendor do Rei eterno, que se desembarace da escuridão que a cercava. Possa a Mãe Igreja alegrar-se também, adornada pelas claridades desta luz brilhante".

cimento" é uma figura que ele chega ao ponto de pôr em paralelo com o Cristo ressuscitado. Este paralelismo tornar-se-á depois ainda mais claro. Pela primeira vez, o simbolismo tende a ir além do encontro com a *anima* (*sapientia*) – na alusão ao mistério da ressurreição de uma figura que seria o si-mesmo.

Comentário ao quinto capítulo

Por isso, no fim do último capítulo, identificando vagamente a aurora com a primeira luz da manhã da Páscoa, o autor substituiu sua vivência no quadro das representações religiosas por ele conhecidas, enfraquecendo com isso algo de seu valor individual; mas dessa forma ele escapou ao perigo da inflação. Portanto, o tom deste novo capítulo não é mais tão pessoal – o autor recua completamente no início, e a *sapientia Dei* toma a palavra: 150

Texto: "A sabedoria porventura não clama abertamente pelos caminhos e a prudência não se faz ouvir nos livros dos sábios, dizendo: Homens, eu grito para que possais ouvir, e minha voz se dirige aos filhos da inteligência: compreendei, insensatos, e guardai em vosso coração a parábola e sua interpretação, as palavras dos sábios e seus enigmas? Os sábios usaram diversas expressões e fizeram comparações, recorrendo a todas as coisas da terra e multiplicaram sob o círculo da lua as parábolas referentes a esta ciência [...]" 151

O capítulo representa um verdadeiro *Protreptikos*[1] à obra da alquimia. Primeiro, como nos provérbios bíblicos, a *sapientia* busca publicamente, por todas as ruas, os "filhos da inteligência". Depois, faz uma nova alusão ao modo enigmático dos alquimistas e aos mil nomes da pedra: eles a designaram "em conformidade a todas as coisas que há sobre a terra"[2]. Todas as coisas que há sob o círculo da lua, isto é, dentro do mundo do vir a ser e do efêmero, onde dominam o 152

---

1. Convite, estimulação.
2. Citação semelhante do Lilius em Petrus Bonus: "Há tantos nomes para nossa Pedra, quanto há coisas ou designações de coisas". *Pretiosa margarita novella de thesauro ae pretiosissimo philosophorum lapide...* Op cit. Veneza: [s.e.], 1546, p. 54 [LACINIUS (org.)]

conflito e o sofrimento[3], podem tornar-se uma imagem da pedra, na medida em que ela representa em todas as coisas a oculta "luz da natureza". Psicologicamente, isto significa que a projeção do conteúdo anímico que simboliza a pedra, isto é, o si-mesmo, pode produzir-se em qualquer tempo e em qualquer lugar[4].

153   Texto: Trata-se da sabedoria, isto é, da Rainha do vento sul que, segundo dizem, veio do Oriente como o *surgir da aurora* (*aurora consurgens*) para ouvir, compreender e também ver a sabedoria de Salomão; e em sua mão permaneciam poder, honra, força e domínio. E ela trazia na cabeça uma coroa real, cintilante por causa dos raios de suas doze estrelas, a modo de uma noiva adornada para seu noivo. E sobre suas vestes há uma inscrição dourada... Dominarei como rainha e meu reino não terá fim para todos os que me encontrem e perscrutem com sutileza, inventividade e persistência.

154   Nesta parte final do quinto capítulo parece que uma certa meta foi atingida. O autor alcançou uma objetivação relativamente destacada da *anima*, uma vez que ele a representa, com a ajuda de comparações bíblicas e símbolos alquímicos, como um ser divino contemplado por uma metáfora. Apenas *uma* questão candente não está resolvida: a *sapientia* desce a modo "de uma noiva adornada para o noivo". *Quem é este noivo?* Não pode ser o Cristo apocalíptico do fim dos tempos, pois o mundo ainda não desapareceu, Satã ainda não foi subjugado, nem o combate final resolvido. Segundo o texto, ela quer ouvir a sabedoria de Salomão, portanto a sabedoria humana, e ela procura para isso seu noivo entre os homens que vivem na terra. Certamente é o autor que a procura para ser iluminado por ela, mas *não é ele também que ela procura e ama como seu sponsus?* Esta questão não parece ter a princípio qualquer resposta clara, mas esta suposição se confirmará em seguida.

---

3. Cf. p. ex. GUNDALISSINUS. *De immortalitate animae* – Beitr. zur Gesch. der Philosophie des Mittelalters. Vol. II, fasc. 3. Münster: [s.e.], 1897, p. 23 [BÜLOW, G. (org.)]: "Omnis enim locus sub coelo lunari est generationis et corruptionis. quoniam locus est conflictus et actionis et passionis, ex quibus sunt generatio et corruptio universaliter" (Com efeito, todo lugar sob o céu lunar é um lugar de geração e de corrupção, pois é um lugar de conflito, de ação e de paixão, de onde provém universalmente a geração e a corrupção).

4. Cf. JUNG. *Psychol. und Alchemie.* Op. cit., p. 441.

Em si esta parte final é uma imagem grandiosa da *anima mundi* personificada como *sapientia*, imagem nascida de uma mistura singular de muitas figuras bíblicas de mulheres.

Primeiro, ela é de novo posta em paralelo com a *regina austri*, a Rainha de Sabá, que queria "ouvir, compreender e ver" a sabedoria de Salomão, o que deveria indicar o resultado concreto do *opus*, tal como outros alquimistas asseguram também ter "visto e apalpado" (*vidi et palpavi*)[5] a pedra. Isto é ressaltado para evitar que se pense tratar-se de uma simples alegoria.

A imaginação do autor desliza logo depois da representação da rainha de Sabá para a mulher apocalíptica perseguida pelo dragão, coroada de doze estrelas[6]; depois, para a imagem da Jerusalém celeste, que desce do céu "a modo de uma noiva adornada para seu noivo[7]". A "grande mulher" (γυνη μεγαλη) do Apocalipse é tida na alegoria dos Padres da Igreja como uma imagem da Igreja representando uma "força autônoma" (δυναμις καθ'εαυτην), uma hipóstase ideal de uma "força de iluminação" (η παρορμωμενη φωτιζεσθαι δυναμις[8]), reinando sobre a natureza. Como ela fica sobre a lua, simboliza a superioridade sobre tudo o que passa, sobre a queda terrestre e sobre o "reino dos espíritos do ar". Uma interpretação particularmente importante e próxima de nosso texto, em que a noiva do Cântico dos Cânticos é contaminada pela mulher apocalíptica, se encontra no Livro V da *Concordia* de Joaquim de Fiori († 1202), onde este

---

5. Rosarium philosophorum, *Artis Auriferae*. Op. cit. Basileia: [s.e.], 1610, II, p. 133... "Quae vidi propriis oculis et manibus meis palpavi" (...Que eu vi com meus próprios olhos e apalpei com minhas próprias mãos).

6. Ap 12,1.

7. Ap 21,2.

8. METÓDIO DE FILIPOS. *Symposium*. VIII 4 e 5, apud RAHNER, H. Mysterium Lunae, *Zeitschrift für katholische Theologie*. Ano 63. [s.l.]: [s.e.], 1939, p. 338-339. O mesmo autor também diz (ib. Jahr 64, 1940, p. 72 e 126): "Ela está de pé sobre a lua como o batizado sobre a fé. A Igreja também – e Selene é um modelo sugestivo para isso – no tocante à nossa fé e ao batismo, e durante o tempo que for preciso para o regresso dos povos, se encontra em dores de parto e gerando cria, transformando os psíquicos em pneumáticos. Neste nível ela é uma verdadeira mãe".

diz[9] que o fulgor solar (da mulher apocalíptica) significa a vida contemplativa que pertence aos anacoretas, o brilho lunar (significa) a vida ativa dos cenobitas e as estrelas significam as virtudes individuais que os antigos monges desenvolviam isoladamente em suas celas... ao mesmo tempo tudo o que é celeste se relaciona com a vida contemplativa... Assim, o sol, a lua e as estrelas designam a *ecclesia contemplativa* e mesmo essa igreja que é representada pela mulher apocalíptica, e da qual se diz no Cântico dos Cânticos: "Quem é essa que avança como o surgir da aurora, bela como a lua, brilhante como o sol etc." Ela é formada pelas ordens monásticas e quanto mais se aproxima de Deus, mais afastada está das obscuridades deste mundo e de suas ações. As estrelas significam, segundo Joaquim, os dons do Espírito Santo e esta ideia leva a mencionar, na passagem da *Aurora* citada no *Rosarium*, sete e não doze estrelas[10]. Esta interpretação do Abade Joaquim é pois particularmente importante, pois – como o comentário irá mostrando – nota-se uma certa afinidade com suas ideias nos pensamentos e contaminação simbólicas que nosso texto encerra.

No contexto alquímico dever-se-á levar em conta também o significado astrológico da mulher apocalíptica: originalmente ela é idêntica à Virgem (signo de terra), ao pé da qual se constela a Hydra. Ela corresponde nessa medida a *Ísis* enquanto *regina coeli* ou *Kore Kosmou* (virgem do universo). Do mesmo modo, ela corresponde às numerosas personificações femininas gnósticas do Espírito Santo, como a *Barbelo*, *Achamoth*, *Sophia* etc.[11], figuras nas quais está fortemente sublinhado o fundo pagão naturalista desta imagem. Mas também, a partir da interpretação da Igreja, a mulher seria "uma força de iluminação ultrapassando a *natureza* (!)", o que esclarece a identificação com a *sapientia Dei* a qual, na *Aurora*, ilumina não somente

---

9. Como não consegui nenhum exemplar da *Concordia*, cito segundo o texto anexo de HAHN, C. *Geschichte der Ketzer im Mittelalter*. Vol. III. Stuttgart: [s.e.], 1850, p. 297, *Concordia* V.

10. O Espírito Santo tem sete dons ou *munera* (funções).

11. Cf. BOLL, F. *Aus der Offenbarung Johannis* – Hellenistische Studien zum Weltbild der Apokalypse. Teubner: [s.e.], 1914, p. 100s.

"de cima", mas também como *lumen naturale*[12]. O Papa Pio XII formulou esta necessidade coletiva inconsciente com a ajuda de uma imagem mais intimamente ligada à natureza de uma "mãe divina", pois em sua encíclica "Ad Caeli Reginam" ele celebra a Mãe de Deus como "soberana do cosmos" e cita os padres da Igreja que a elevam ao nível de *domina creaturae* (senhora da criatura) ou *domina rerum* (senhora das coisas). Ele atribui mesmo a ela "certa participação na força redentora" de seu Filho e "um lugar específico na obra de nossa salvação eterna"[13].

O autor da *Aurora* ultrapassa o simbolismo habitual da Idade Média, pois a forma divina de mulher que se lhe apresenta não corresponde apenas a Maria, à *sapientia* ou à Igreja, mas personifica além disso uma *Physis* que só no futuro dará ao mundo um filho e cujo rebento e filho amado não será, como veremos, o Cristo histórico, mas o homem total ou o *lapis philosophorum*[14].

Diferentemente do Apocalipse, ocorre na *Aurora* algo inesperado e cheio de consequências: *a mulher com as estrelas que, no Apocalipse de João, fora escondida no deserto, vai para o mundo dos homens, provavelmente até o autor da Aurora e isto "como uma noiva adornada para seu noivo"*. Nas partes ulteriores do texto isto é formulado de um modo cada vez mais claro. Este acontecimento significa nada mais do que *o tema arquetípico da coniunctio (conjunção) que antes sempre fora projetada em figuras divinas e reais*[15], *mas que entra agora no domínio do homem mortal e eleva este último até o*

---

12. Cf. tb. Alano de Insulis, que invoca a natureza nestes termos: De planctu nat. 447 c: "pax, amor, virtus, regimen, potestas, ordo, lex, finis, via, dux, origo, vita, lux, splendor, species, figura, regula mundi!" (paz, amor, virtude, governo, poder, ordem, lei, finalidade, caminho, guia, origem, vida, luz, esplendor, forma, figura, regra do mundo!) (MIGNE, J.P. *Patrologiae cursus completus. Series latina*. Paris: [s.e.], t. 210, col. 447c).

13. Litt. encycl. Pii Papae XII, Ad Caeli Reginam, 1. Nov., 1954, *Osservatore Romano*. Domenica, 24 outubro, 1954 e segundo a tradução prévia do "Schweizerische Kirchenzeitung" de 25 nov. 1954.

14. Sobre o significado deste tema, cf. "Resposta a Jó".

15. Para maior aprofundamento, cf. JUNG. *Die Psychologie der Übertragung*. Op. cit., [s.l.]: [s.e.], 1946, passim, p. 91, 94s. e partic. p. 108s.

Rex Gloriae. Para um homem que não aprendeu a distinguir o domínio da consciência do eu do inconsciente coletivo[16], isto deve, como vimos no princípio do texto, provocar uma profunda comoção[17]. Ele é retirado de seu quadro habitual e elevado a uma significação simbólica[18]; pois a *coniunctio* significa, como Jung disse, uma "união transubjetiva de figuras arquetípicas"[19], uma relação cuja meta é a conclusão da individuação[20]. Ainda que partindo dessas considerações, a identificação do alquimista com o filho amado e divino da *sapientia* parece ser uma situação perigosa[21]; no entanto ela foi uma necessidade para o homem da Idade Média em seu caminho para a individuação, pois de outro modo o *Mysterium coniunctionis* teria ficado para sempre projetado no domínio extraindividual, sobre as figuras da Igreja-Cristo ou de Maria-Cristo. O novo nascimento interior que significa abertamente esta união, isto é, o nascimento da pedra, novo símbolo do si-mesmo (que completa o de Cristo) não teria podido acontecer. Como Jung mostrou no *Aion*[22], o Cristo representa com efeito, de um ponto de vista psicológico, somente o aspecto luminoso e positivo da totalidade, isto é, do si-mesmo; falta-lhe a sombra, o polo obscuro oposto, cuja existência foi entretanto pressentida na predição da vinda do Anticristo. O símbolo cristão do si-mesmo (Cristo) permanece, pois, subtraído à realidade terrestre efetiva do indivíduo. *Pelo contrário, o símbolo alquímico do si-mesmo, a pedra, engloba paradoxalmente o aspecto luminoso e o aspecto obscuro da totalidade humana*. Este é o motivo pelo qual a alquimia constitui uma corrente compensatória subjacente (mas não contraditória) em relação às imagens cristãs[23].

---

16. Cf. ibid., p. 159s.
17. Cf. tb. partic., p. 111-112 sobre o significado da projeção do *numen* divino na matéria, enquanto uma aproximação dos homens.
18. Cf. ibid., p. 145.
19. Cit. ibid., p. 160
20. Cf. ibid., p. 160s.
21. Cf. ibid., p. 164s.
22. Op. cit., passim.
23. Cf. JUNG. *Psychologie und Alchemie*. Zurique: Rascher, 1944, Introdução.

Talvez por este motivo o autor da *Aurora* se sentia involuntariamente levado a descrever sua experiência não só mediante paráfrases bíblicas, mas através de citações e imagens alquímicas. Nisso se estriba a primeira intuição de que verdadeiramente não se trata da repetição de um nascimento interior de Cristo, mas da produção do *filius philosophorum* – símbolo do si-mesmo mais abarcante, unindo os opostos Cristo-Anticristo.

Na imagem da Jerusalém celeste o autor lança mão novamente de um tema bíblico que contém em boa medida ideias da antiguidade helenística. Há com efeito entre as doze portas da cidade e as doze estrelas da mulher apocalíptica uma relação com os doze signos do zodíaco[24], e isso lembra também o significado simbólico dos doze capítulos da *Aurora*. Com esta primeira menção da Jerusalém celeste antecipamos, por outro lado, um tema que adquire um significado central no décimo capítulo, consagrado ao tesouro da sabedoria. No Apocalipse, a mulher tem igualmente "as asas de uma grande águia"[25], e

---

24. BOLL, F. *Aus der Offenbarung Johannis* – Hellenistiche Studien zum Weltbild der Apokalypse. Op. cit., p. 39. – A citação desta passagem da *Aurora* é algo diferente no Rosarium, *Artis Auriferae*. 1610, parte II, p. 193. Eu cito a tradução de JUNG. *Psychologie und Alchemie*. Zurique: Rascher, 1944, p. 513-514: "Esta (*sapientia*) é minha filha, razão pela qual se diz que a Rainha do Sul veio do Oriente, como a aurora que se ergue, para ouvir, compreender e ver a sabedoria de Salomão; poder, honra, força e poderio são postos em suas mãos, e ela usa a coroa de sete estrelas fulgurantes e radiantes como uma noiva adornada para seu esposo e no tecido de sua roupa está escrito em letras de ouro. em grego, em árabe e em latim: 'Eu sou a filha única dos sábios, absolutamente desconhecida pelos insensatos'". Jung diz (em *Psychologie und Alchimie*): "No texto originário em lugar de sete, são doze estrelas. As sete relacionam-se com as sete estrelas na mão do *similis filio hominis* (Ap 1,13 e 2,5). As sete estrelas do Apocalipse representam os sete anjos das sete Igrejas e os sete espíritos de Deus. O *sous-entendu* (sub-entendido) histórico desse número sete é a antiga assembleia dos sete deuses que se transformaram mais tarde nos sete metais da alquimia [...] O texto original tem, como dissemos, doze estrelas que se relacionam com os doze discípulos e com os doze signos do zodíaco [...] Na décima segunda homilia de Clemente se observa que o número dos apóstolos corresponde aos doze meses. No sistema maniqueu, o Salvador constrói uma roda cósmica compreendendo doze cântaros (o zodíaco) que serve para a elevação da alma. Esta roda relaciona-se estreitamente com a *rota* (roda), o *opus circulatorium* (obra circular) da alquimia, que tem a mesma meta, isto é, a sublimação".

25. Ap 12,14.

isto talvez não seja desprezível no tocante ao nosso texto, pois a águia é citada posteriormente como símbolo da pedra[26]; na sétima parábola, a *sponsa*, a esposa celeste é dotada de asas. Desse modo, as representações simbólicas da *anima* serão plenamente desenvolvidas no último capítulo, sendo porém desde já evocada através de referências apenas perceptíveis à mulher e à cidade do Apocalipse. Na imagem da "noiva descendo do céu", da sétima parábola, é representada pela primeira vez a meta do *opus*, a *coniunctio*.

Assim termina a primeira parte da *Aurora*, e tem início uma série de parábolas descrevendo novos conteúdos. A divisão em doze capítulos não é desprovida de significação simbólica. Na alquimia, o doze desempenha um papel como número dos meses, das horas do dia e da noite ou como os doze signos do zodíaco com os quais as fases da obra são às vezes relacionadas[27]. No simbolismo medieval, o número doze é importante pelo fato de corresponder ao número das pedras angulares da Jerusalém celeste, às doze tribos de Israel, ou aos doze privilégios de Maria. *Os cinco primeiros capítulos giravam em torno de um conceito central, a* sapientia Dei, *enquanto espírito ou alma da alquimia. No empenho de enriquecê-los sempre de novas imagens, as sete parábolas que se seguem descrevem de maneira oposta um curso dinâmico, indo de imagem a imagem, para ilustrar o processo ou* opus. Este desenvolvimento é descrito como um processo *em forma de espiral*, uma vez que cada uma das sete parábolas representa em miniatura, ou pelo menos em alusões isoladas, a totalidade do *opus* (cada uma, começando por uma *nigredo* e terminando por uma alusão à meta final). Ao mesmo tempo as sete parábolas se ordenam numa cadeia (basta comparar os títulos!) que simboliza o *opus* como totalidade.

Provavelmente o número sete das parábolas deve ser compreendido como uma alusão aos sete planetas e aos sete metais ou espíri-

---

26. Final da quinta parábola.
27. Cf. SENIOR. *De Chemia*. Estrasburgo: [s.e.], 1566, p. 53. "Et hoc voluerunt (philosophi), quod typice protulerunt memorando planetas septem et signa duodecim et naturas eorum et colores et quidquid in eis est". (E eles [os filósofos] assim o quiseram, porque eles revelaram simbolicamente os sete planetas e os doze signos e suas naturezas e cores, e tudo o que há neles.) Cf. RUSKA, J. *Tabula Smaragdina*. Op. cit., p. 110.

tos-metais que lhes pertencem, como o *arcano* = pilares[28] do *opus*[29]. No simbolismo eclesiástico o sete é importante como número dos dias da criação (o *opus* imita a criação). (Os sete dias da criação) foram interpretados por Joaquim de Fiori e outros como as sete idades do mundo, e na sétima e última fase, segundo Joaquim, a *ecclesia contemplativa* do Espírito Santo e o "grande Sabbath" descerão sobre a humanidade[30].

---

28. Cf. LIPPMANN, E. von. *Alchemie*. Op. cit., II, p. 44. Cf. adiante, por exemplo, Aquarium Sapientum, *Musaeum Hermeticum*. Op. cit., 1678, p. 94: "Septem sunt Urbes, septem pro more metalla, suntque dies septem, septimus est numerus [...] septem litterulae, septem sunt ordine verba. Tempora sunt septem, sunt totidemque loca. Herbae septem, artes septem, septemque lapilli [...] hoc in numero cuncta quiete valent" (Sete são as cidades, sete geralmente os metais, sete são os dias da semana, sétimo é o número, sete as letras minúsculas, sete as palavras pela ordem. São sete os tempos, outros tantos precisamente os lugares. Sete ervas, sete artes, sete seixos [...] neste número todas as coisas valem pelo repouso).

29. Cf. o papel do número sete na alquimia mais adiante: LIPPMANN, E. von. *Alchemie*. Vol. I, p. 187 e vol. II, p. 192s. e 447.

30. *Concordia*, V, apud. HAHN. Op. cit., vol. III, p. 291, p. 305-306, p. 315. Parece-me possível uma influência direta das teorias de Joaquim de Fiori sobre a *Aurora*. Cf., por exemplo, o seguinte paralelismo: HAHN. Op. cit., vol. III, p. 141: "loquetur spiritus sapientiae utrique populo omnem veritatem et ostendet se esse unum de septem angelis etc. [...]" (O espírito de sabedoria dirá toda a verdade a cada um dos dois povos e mostrará ser um dos sete anjos etc. [...]). – Cf. igualmente ali o afastamento da "albugo litterae ab oculis mentis suae" (a mancha branca da letra dos olhos de seu espírito), feito por Tobias a seu pai. P. 127: "Justitia religiosorum quae major est et pretiosior illa est vilescet in diebus Ulis respectu spiritualis iustitiae quae Signatur in Auro" (A justiça dos religiosos que é maior e mais preciosa diminuirá de valor nesses dias, em relação à justiça espiritual que é significada pelo ouro). P. 127: "Septenarius numerus pertinet ad spiritum sanctum, propter septem munera gratiarum etc." (O número sete pertence ao Espírito Santo, por causa dos sete dons de graças etc.). P. 129: "Erit dies una, quae nota est domino. Non dies neque nox et in tempore vesperae erit lux. Et erit in die illa exibunt aquae vivae de Hierusalem medium earum ad mare Orientale et medium earum ad mare novissimum" (Haverá um dia que é conhecido do Senhor. Não será nem dia, nem noite, e na hora do crepúsculo haverá luz. E será nesse dia que as águas vivas sairão de Jerusalém, a metade para o mar oriental, e a metade para o mar novíssimo). P. 309: "Novam Hierusalem quae fundata est Romae, lapides autem pretiosos martyres confessores et virgines". (A nova Jerusalém, que é fundada em Roma, e suas pedras preciosas são os mártires, confessores e virgens.)

Comentário à primeira parábola (sexto capítulo)

165   O sexto capítulo é uma parábola que trata, como o título indica, "da terra negra, na qual sete planetas criaram raízes".

166   Texto: Observando de longe vi uma grande nuvem enegrecendo a terra inteira...

167   O autor parece falar primeiro de si mesmo, como se observasse o que estava acontecendo na retorta. A nuvem (*nubes* ou *nebula*) é uma conhecida imagem alquímica; acerca de seu significado remeto o leitor às explicações de Jung[1]. A *Turba* deve ser considerada como fonte imediata desta imagem da *Aurora*[2]. Como Ruska sublinha[3], a "nuvem" é a designação do *pneuma* ou de um sublimado[4], particularmente do mercúrio evaporado como substância de transformação. Talvez a aparição da nuvem tenha alguma relação com a rainha do vento sul à qual se aludiu no capítulo precedente, porquanto podemos ler na *Turba*[5]: "Sabe que o vento mais forte do meio dia, quando se levanta, expulsa as nuvens para o alto e eleva os vapores do mar". A nuvem (νεφελη) já desempenha um grande papel nos alquimistas gregos: ela é (para eles) "a obscuridade das águas", o "vapor", a "corrente"[6], e num tratado atribuído a Zósimo[7], a nuvem é interpretada como um "*pneuma* negro, úmido e sem mistura". Maria já dissera uma bela palavra a respeito desta nuvem: "O mineral não tinge, mas é tinto e só quando é tinto tinge por sua vez; quando foi nutrido, ele nutre e ao ser completado completa por seu turno[8]". Depreende-se

---

1. Cf. JUNG, *Myst. Coni.*, vol. I, p. 186s.
2. RUSKA. Op. cit., p. 190-191.
3. RUSKA. Ibid., p. 190, nota 7.
4. Cf. LIPPMANN, E. von. *Alchemie.* Op. cit., p. 37.
5. RUSKA. Op. cit., p. 240. A mesma observação também se encontra em *Kitâb al'ilm al-muktasab*. Cf. RUSKA, p. 240, nota 6 [HOLMYARD (org.)].
6. Cf. BERTHELOT. *Collection des Anciens Alchimistes Grecs*. Paris: [s.e.], 1887/1888, I, III, 11, vol. I, p. 20 e II, I 27, vol. I, p. 53 (Demócrito) e II, IV, 8, vol. I, p. 73 (Olimpiodoro) e III, IV, 6, vol. I, p. 122 (Zósimo).
7. BERTHELOT. Ibid., III, XIX, 4, vol. I, p. 171 e III, XX, 4, vol. I, p. 173.
8. Cf. ainda BERTHELOT. *Collection des Anciens Alchimistes Grecs*. Op. cit., V, XXV, vol. I, p. 388, III, XXVIII, 4, ibid., p. 194, III, XXIX. 16, ibid., p. 202. IV. I. II, ibid., p. 260 e III, XII, 9, ibid., p. 152 e III, XIII, vol. I, p. 154. A nuvem é alvejada atra-

daí que a nuvem (como o mineral) significa na realidade em Zósimo a substância do *arcano*, o que é transformado assim como o que transforma, o ativo e o passivo (*agens* e *patiens*) no *opus*.

Em nosso texto, como em Zósimo, a nuvem é negra porque está misturada com a terra. É *nítido – alquimicamente falando – que o processo está no estado de nigredo*. Isto lembra uma descrição semelhante no segundo poema dos Carmina Heliodori[9], onde se diz que é preciso cindir em dois o dragão (isto é, a substância arcana) no meio do mar, até que uma nuvem se erga dele. A nuvem torna a cair sobre ele (o dragão) e rega tudo "como uma obscuridade negra" (ως μελαν σκοτος). Também segundo a *Turba*[10] deve-se atormentar os corpos (metais) com um *"velho espírito negro"* até que eles se transformem. A *nigredo* é, segundo a maioria dos textos alquímicos, o resultado de uma primeira união de opostos, de uma primeira operação, e, como esta não é descrita em nossa parábola, é preciso admitir que aqui *a nigredo é o resultado do que foi exposto nos capítulos precedentes, ou melhor, o resultado do encontro do autor com a sapientia Dei*. Isto significa psicologicamente uma colisão entre sua consciência (do autor) e do inconsciente personificado pela mulher. O que diferencia a descrição presente da *nigredo* dos outros textos alquímicos paralelos reside no fato de que o autor parece ter sido tocado por ele pessoalmente, de modo muito mais intenso, tendo então sofrido agudamente e de forma inesperada, com a percepção de suas próprias trevas[11]. Nos textos místicos da mesma época, este aspecto pessoal é bem menos perceptível. Esta situação no entanto teria sido descrita por outros autores como, por exemplo, Ricardo de São Vítor, o qual descreveu muito bem este "obscurecimento" pelo inconsciente como um

168

---

vés do enxofre puro. Cf. tb. III, XX, 1, ibid., vol. I, p. 172. E Zósimo (IV,VII, 2, vol. I, p. 276): "O mercúrio é fixado na nuvem que é da mesma natureza que ele". E III, XXI, 3, p. 175: "Hermes: Tritura a nuvem no sol". E III, XX, 3, p. 173. Agathodaimon: "A nuvem em estado potencial trabalha o mineral em estado potencial e eles se ligam em amizade, um pelo outro". Cf. ibid., as sentenças de Maria sobre a nuvem.

9. Compilados nos séculos VII-VIII. E.V. LIPPMANN, *Alchemie*, vol. II, p. 29-30 ou no séc. IV? Ibid., I, p. 95. Eles foram editados por Gunther GOLDSCHMIDT: Heliodori carmina IV ad Fidem Codicis Casselani. *Religiongesch. Versuche und Vorarbeiten.* XIX, vol. 2, fasc. 2, Tübingen 1923. Segundo ele, os carmina foram compilados entre 716-717.

10. RUSKA. Op. cit., p. 152.

11. Cf. os lugares do texto que se seguem.

aumento da *imaginatio* em relação à luz da *ratio*, da razão. Ele diz[12] que a *imaginatio* não é mais do que uma *imagem* do corpo, concebida de fora mediante o contato dos sentidos e trazida para dentro, até a parte pura do espírito-corpo (espírito de vida), onde se grava. A *anima rationalis* é uma luz incorporal, enquanto a imaginação é sombra (*umbra*!) na medida em que representa uma imagem do corpo. Mas quando a imaginação se eleva até a razão como uma sombra que vem à luz e a subjuga, ela (a imaginação) torna-se manifesta e se desenha com maior nitidez – mas somente na medida em que vem à luz; se, pelo contrário, ela domina (a razão), a imaginação a obscurece, envolve e recobre. Isso resulta de uma *affectio imaginaria*, pois a alma é atingida devido ao contato com o corpo. Quando Deus influencia do alto a razão, o que nasce é a *sapientia* (sabedoria); se a imaginação a influencia de baixo, o que nasce é a *scientia* (ciência).

169   Contrariamente a esta exposição, a influência do alto e a de baixo coincidem no processo descrito na *Aurora*, de modo que a *sapientia* e a *scientia* se assimilam mutuamente. Pela descida da *sapientia Dei* até o adepto produz-se uma extinção da consciência que até então reinava, um "obscurecimento da luz", isto é, um estado de plena desorientação e depressão[13]. A *Aurora* descreve o processo tal como

---

12. *Un*. P.L. t. 177, col. 285s., traduzido por mim.

13. O tratado místico medieval "De adhaerendo Deo" descreve o modo pelo qual o obscurecimento *caligo* representa o primeiro degrau da contemplação (MAGNO, A. De adhaerendo Deo, *Opera*. Vol. 37. Paris: [s.e.], [s.d.], p. 533 [BORGNET (org.)]). Nela se encontram em geral muitos elementos que lembram a *Aurora*, como por exemplo: por esta contemplação a alma se inflama pelos bens celestes, os bens divinos e os bens eternos e olha de longe (*a longe prospicit*) as coisas temporais como se elas nada fossem (Ibid.: "Ex qua contemplatione anima inardescit ad bona coelestia et divina et ad aeterna, et omnia temporalia a longe prospicit tamquam nihil sint"). A alma vai se destacando, degrau a degrau, no caminho do despojamento (*via remotionis*) das coisas sensíveis, das figuras imaginadas e das coisas "inteligíveis", até contemplar o Ser último que permanece na criatura. "E isto é a nuvem escura (*caligo*) na qual se diz que Deus habita e na qual Moisés penetrou, e através da qual atingiu a luz inacessível". Mas o espiritual não é o que vem primeiro, mas sim o que é animal (1Cor 15,46) e é por isso que se deve progredir segundo uma sucessão normal, partindo dos esforços ativos até o repouso da contemplação etc. Ibid. "Et haec caligo est quam Deus inhabitare dicitur, quam Moyses intravit ac per hanc ad lumen inaccessibile". (E essa *escuridão* é onde Deus mora, como se diz, em que Moisés entrou e por ela chegou até a luz inacessível.) O tratado não é de Alberto, mas foi escrito provavel-

foi *naturalmente e diretamente vivido*, como uma irrupção do inconsciente na qual espírito e instinto, bem e mal, sabedoria e conhecimento não podem ser distinguidos uns dos outros.

Nas partes que se seguem às vezes não se reconhece *quem* fala realmente; ora parece que é o artista, ora que é o próprio autor, ora a substância arcana, isto é, o espírito que a habita; e muitas vezes não se chega a discernir claramente se o que fala é a personificação masculina ou a personificação feminina (*sponsus* ou *sponsa*). Tem-se a impressão que *o autor, dando livre curso à sua "verdadeira imaginação"*[14], *permite às vezes que as vozes do inconsciente se exprimam diretamente, e ele mesmo só às vezes toma parte na conversação com a consciência do eu*.

Texto: ...a nuvem... ela cobriu e esgotou minha alma, pois as águas atingiram-na e por isso apodreceram e se corromperam à face dos abismos inferiores e da sombra da morte, e a tempestade me submergiu.

Aqui o texto fala das águas que entraram até a "alma" no mais profundo dos infernos e apodreceram à face do abismo. Anteriormente fora dito literalmente: até "minha" alma e de repente fica obscuro se o autor fala de si mesmo ou da materia que a "tempestade submergiu"; produziu-se manifestamente uma mistura, *na qual o autor tornou-se totalmente um com a matéria da retorta*. Em seguida percebe-se também que em certas passagens retiradas dos salmos a *nigredo* advindo corresponde a uma crise espiritual do alquimista, assim como da alma aprisionada na matéria, crise que consiste num profundo sentimento de pecado cheio de arrependimento. Este aspecto "moral" da *nigredo* se encontra igualmente em Senior, o qual descreve a "materia do negrume" (*materia nigredinis*) como *tenebras animae* (trevas da alma), ou mais claramente ainda como *malitia* (maldade moral)[15]. Na literatura patrística, as expressões *caligo tene-*

170

171

172

---

mente por um monge do fim do século XIV ou do começo do século XV. Cf. PELSTER, F. Op. cit., p. 172, nota 1, e DAEHNERT, U. *Die Erkenntnislehre des Albertus Magnus.* Leipzig: [s.e.], 1934, p. 232-233.

14. Cf., em relação a este conceito, JUNG, C.G. *Psychologie und Alchemie.* Ibid., p. 351s.

15. *De Chemia*. Op. cit., p. 40. Cf. tb. a interpretação religiosa de "pecado" que, como um nevoeiro, cerca todos os homens: HONÓRIO DE AUTUN, P.L. 172, col. 929: "*Nocti quipe mortis et miseriae*, quae a peccato Adae incohans *cunctos sua caligine involvit*, haec sacra nox (scil. resurrectionis) finem imposuit" (E esta noite sagrada [da ressurreição] pôs fim à noite de morte e de miséria que, pelo pecado de Adão, envolveu todos os homens em suas trevas). Cf. tb. GREGÓRIO MAGNO. Op. cit., col. 875: *umbra mortis* = *oblivio mentis* (sombra da morte = esquecimento da mente).

brarum, nebula são quase sempre empregadas como imagem do pecado, do diabo e da morte[16]; entretanto Gregório Magno, por outro lado, diz: os julgamentos obscuros de Deus são como trevas[17]. Na *Aurora* os elementos da *nigredo* também são chamados como "trevas horríveis do nosso espírito", ou como "acidentes da alma"[18]. Na Baixa Antiguidade a tempestade já era conhecida em si mesma como a imagem da (αγνωσια) (falta do conhecimento de Deus e de si mesmo = inconsciência). Assim é dito por exemplo no sétimo tratado do *Corpus Hermeticum*[19]: "A maldade da (αγνωσια) (inconsciência) *inunda* a terra inteira e arrasta para a sua perda a alma encerrada no corpo [...] Não vos deixeis levar por essas grandes enchentes [...] procurai se possível atingir o porto da salvação [...] procurai um guia que vos conduza até as portas do conhecimento (γνωσις), onde a luz é clara, livre de toda escuridão [...] onde contemplareis com o coração Aquele que quer ser visto (Deus)". Aqui, a enchente tem o significado "moral" de inconsciência, de culpa e de afastamento de Deus. Nela, segundo os comentários patrísticos, mora o demônio, o "pai das trevas" e príncipe deste mundo, que ergue contra os cristãos as tempestades do mar "feroz, selvagem e amargo". Remeteria aqui o leitor à coletânea impressionante e fundamental de referências antigas dos Padres da Igreja, em *Antemna Crucis* II (O mar do mundo)[20], de Hugo Rahner.

---

16. Cf. BOEHMER, F. Der Neuplatonismus etc. *Klass. phil. Studien.* fasc. 7. Leipzig: [s.e.], 1936, p. 51s. [BICKEL, E. (org.)], onde há uma rica coleção de passagens relacionando-se com as palavras *caligo, nubilum ignorantiae*, etc.

17. *Moralia* IV, in cap. III, in Job, cap. XVI: "Occulta Dei Judicia quaedam tenebrae sunt" (Os juízos ocultos de Deus são um certo tipo de trevas) (P.L. t. LXXV). Cf. tb. a conhecida concepção que Santo Tomás tinha de Agostinho, III *De Genesi ad litt.*: "aer caliginosus est quasi carcer daemonibus usque ad tempus iudicii" (A atmosfera obscura é como um cárcere para os demônios até o dia do julgamento), cit. em TOMÁS DE AQUINO. *Summa theologica*. Paris: [s.e.], 1868. Editio Leonina, pars I, quaest. 64, art. 4.

18. Texto, p. 88 e 90.

19. Vol. I, Oxford: [s.e.], 1925, p. 170-171 [SCOTT, W. (org.)]. Cf. REITZENSTEIN, R. *Poimandres*. Leipzig: [s.e.], 1906, p. 9s.

20. *Zeitschrift für katholische Theologie*. Vol. 66. Innsbruck/Leipzig: [s.e.], 1942, p. 112-113s. Para a interpretação, cf. JUNG. *Die Psychologie der Übertragung*. [s.l.]: [s.e.], 1946, p. 139.

Depois do encontro com a figura sublimada da *anima* que transportara o autor a um entusiasmo extático, mas o inflacionara, segue-se uma enantiodromia *que agora constela a sombra*[21]. Jung diz em seu livro *Psicologia da transferência*[22] acerca de uma situação correspondente: esta é "uma espécie de *descensus ad inferos* (descida aos infernos), ao *hades*, e uma viagem ao país dos espíritos, num outro mundo, isto é, além da consciência; portanto, uma imersão no inconsciente. Isto acontece devido à subida do mercúrio ctônico, ardente, isto é, de uma libido provavelmente sexual que inunda o par"[23]. O mercúrio alquímico seria neste sentido um correspondente ctônico da *sapientia Dei*. Não é talvez desprovido de importância lembrar que, no apocalipse de João, *a mulher era perseguida por um dragão, que não conseguiu atingi-la* (Isto pode ligar-se à subida posterior de seu filho até o pai). O dragão simbolizava no contexto a criação inferior, a materia, a realidade e a realização. O papel que o dragão desempenha como símbolo do mercúrio no mundo das imagens alquímicas é suficientemente conhecido. Na passagem acima citada dos Carmina Heliodori[24], a *nuvem negra* nasce do massacre do dragão – no nosso texto, pelo contrário, ela parece provir da descida da sapientia ao mundo dos homens, isto é, de seu encontro com o autor da *Aurora*. Talvez possamos comparar esta descida da sapientia com a "queda da *sophia*", descrita em vários textos gnósticos [25]. Do ponto de vista do inconsciente, do pleroma, isto é, do mundo dos arquétipos, a passagem de um conteúdo arquetípico para a consciência do homem significa para este uma espécie de queda no reino do espírito

---

21. Ibid. Cf. JUNG. *Die Psychologie der Übertragung*. [s.l.]: [s.e.], 1946, p. 161-162.
22. Ibid., p. 135-136.
23. Trata-se de uma imagem na qual um par está sentado no banho e sobre o qual o Espírito Santo descera antes.
24. Cf. acima p. 228.
25. Cf. por exemplo a passagem da *Turba*, Op. cit., p. 162: "Effodiatur igitur sepulcrum illi Draconi et sepeliatur illa mulier cum eo, qui cum ea fortiter vinctus muliere mulieribus armis [...] in partes secatur [...] et totus vertitur in sanguinem". (Cave-se então uma tumba para esse dragão e que essa mulher seja enterrada com ele, que está fortemente ligado à mulher com a ajuda de armas femininas [...] cortado em pedaços [...] e inteiramente transformado em sangue.)

nas trevas do domínio psicofísico da vida do homem; em outras palavras, a *sapientia* divina se aproxima da estreiteza obscura da compreensão humana e, inversamente, o eu humano se sente por seu lado prisioneiro da imprecisão nebulosa do mundo arquetípico do espírito, e é por isso que não se sabe mais no texto *quem* apenas olha e *quem* pede para ser salvo.

174   Texto: Então os etíopes se prosternarão diante de mim e meus inimigos lamberão a minha terra. Por isso nada há de sadio em meu corpo e à vista de minha iniquidade meus ossos estremeceram.

175   Vê-se aparecer neste trecho os etíopes, que "se prosternarão diante de mim" e inimigos que "lamberão a minha terra". No contexto bíblico trata-se de uma cena de homenagem e de uma saudação; aqui, pelo contrário, tem-se a impressão de uma irrupção de inimigos, tanto mais porque os "etíopes" aparecem frequentemente como imagem da *nigredo* alquímica, e na maior parte dos textos trata-se de uma imagem negativa[26]. Assim, por exemplo, lê-se no chamado *Scriptum Alberti super arborem Aristotelis*[27]: É preciso purificar e destilar a matéria até que a "cabeça negra[28]", semelhante à de um etíope, seja bem lavada e comece a embranquecer. – Na *chymische Hochzeit*, de Christian Rosencreutz, também aparece um mouro como símbolo da *nigredo*[29]. Na literatura patrística, os etíopes, "negros de pecados"[30], são considerados personificações dos *gentios*, isto é, simbolizam o espírito pagão. Como devemos admitir que tais comentários não eram desconhecidos pelo autor da *Aurora*, parece possível *que ele tenha*

---

26. Cf., por exemplo, MELCHIOR CIBINENSIS, N. Addam et processum sub forma missae. *Theatr. Chem.* Vol. III. 1602, p. 853. Cf. JUNG. *Psychologie und Alchemie.* Zurique: Rascher, 1944, p. 536 e 542s.

27. *Theatr. Chem.* Vol. II. 1602, p. 526. JUNG. *Psychologie und Alchemie.* Zurique: Rascher, 1944, p. 542.

28. Tal como o *caput corvi* (cabeça de corvo), um símbolo da *nigredo*.

29. Agradeço esta indicação ao Prof. Jung. Cf. tb. JUNG. *Mysterium Coni.* [OC, 14/1], p. 186s.

30. *Denigrati peccato*. EPIFÂNIO. Panar. 26, 16. Cf. tb. adiante material de FRANZ, M. von. Passio perpetuae, in JUNG, C.G. *Aion* [OC, 9/2], p. 467s. Cf. adiante RAHNER, H. *Antemma Crucis.* II, op. cit., p. 110-113.

pressentido o caráter não cristão que então surgia na obra, o que explica também o sentimento de culpa que se depreende claramente das seguintes citações, tiradas dos salmos. Trata-se de um afluxo da "sombra" que traz consigo todas as fantasias e impulsos que parecem culposos e terríveis para a consciência cuja orientação é cristã[31].

As águas que, segundo o texto, se escoam até o centro da terra, representam psicologicamente um relaxamento da estrutura do conjunto da personalidade, isto é, uma *dissociação*[32]. O sentimento de culpa do autor não repousa apenas no fato de que ele está dominado[33] pela sombra e por fantasias pagãs do inconsciente, mas também pela lembrança da *inflação anterior*. A contaminação da *psique* pelos conteúdos suprapessoais do inconsciente coletivo, provocada pelo encontro com a *sapientia Dei*, tinha com efeito prejudicada a personalidade, na medida em que houvera uma mistura "impura" de terra (isto é, da realidade ou da consciência da realidade) com o mar (o inconsciente coletivo)[34].

176

---

31. Cf. tb. a observação de AVICENA. *De anima*. Op. cit., cap. 4. "Item bonorum morum imaginari concupiscentias turpes, non tum vult illas, alius amem vult et hae duae dispositiones non sunt solius hominis sed etiam omnium animalium". (Da mesma forma, o homem de bons costumes imagina os desejos vergonhosos ainda que não os queira, ao passo que outro os quer, e essas duas disposições não pertencem somente ao homem, mas a todos os seres animais.)

32. A isso corresponde por exemplo a decomposição de Gabrico no corpo de Beya, em átomos, tal como foi descrita na *Visio Arislei*. Cf. a este respeito JUNG, C.G. *Psychologie und Alchimie*. Op. cit. 458s. e *Die Psychologie der Übertragung*. Op. cit., p. 135.

33. Não se poderia considerar aqui uma simples confrontação com a sombra, mas o autor estava realmente subjugado por ela.

34. Cf. JUNG. *Die Psychologie der Übertragung*. Op. cit., p. 157 e 164-166: "Com a integração das projeções que o homem puramente natural, em sua simplicidade ainda ingênua, não pode reconhecer como tais, a personalidade conhece uma tal extensão que a personalidade normal do eu, numa larga medida, se acha abolida, isto é, que se produz, quando a pessoa se identifica com os conteúdos a integrar, uma inflação positiva ou negativa [...] De qualquer modo, a integração de conteúdos que sempre tinham sido inconscientes e projetados, significa para o eu uma lesão grave. A alquimia exprime esse fato através dos símbolos da morte, da ferida ou do envenenamento [...] Como diz a alquimia, a morte significa ao mesmo tempo a concepção do *filius philosophorum* [...]"

177   Texto: Eis por que me cansei de tanto gritar ao longo das noites, minha garganta enrouqueceu: Quem é o homem vivo que sabe e compreende, e que livrará minha alma da mão do inferno? Quem me esclarecer terá a vida (eterna) e eu o farei comer da árvore da vida que está no paraíso e dar-lhe-ei um lugar junto a mim no trono do meu Reino.

178   A *nigredo* é ao mesmo tempo a manifestação da imperfeição da matéria, que necessita ser elaborada para tornar-se ouro. É por esse motivo que a matéria pede o auxílio de um homem que, conhecendo e compreendendo sua alma, a livrará do mundo inferior. A um tal salvador ela promete em recompensa a vida eterna, os frutos da árvore da vida e, usando as palavras de Deus no Apocalipse, ela lhe promete mesmo o trono do seu "Reino". Mostra-se assim com evidência *que a prima materia, em grande aflição e pedindo ajuda, isto é, seu espírito ou alma escondidos, verdadeiramente não é senão a* sapientia Dei *que comparece no primeiro capítulo sob a figura de uma mulher!* As palavras dos "Provérbios" (2,3-5): "quem me extrair como a prata [...]" etc., se referem na Bíblia também à *sapientia Dei*. Segundo a interpretação do nosso texto, a sabedoria não só teria descido aos homens para pedir, *mas mergulhara na matéria* e assim caíra na aflição e na obscuridade. *Trata-se de um acontecimento paralelo ou coincidente, no qual o alquimista e a* sapientia Dei *se enredaram mutuamente.* Ele mergulhou na obscuridade do inconsciente, mas a aproximação da realidade do homem também significa um obscurecimento para a luminosidade do arquétipo e a *sapientia* divina se extraviou nas profundezas da realidade humana e material.

179   Texto: Aquele que me extrair como se eu fora moeda de prata e me adquirir como a um tesouro e não turvar as lágrimas dos meus olhos e não zombar de minhas vestes e não envenenar minha comida e bebida...

180   A *sapientia Dei* escondida na matéria que clama por ajuda pede agora que o alquimista não envenene sua comida e, depois, pede que ele não conspurque seu leito de repouso, não viole seu corpo e seu "trono", nem zombe de suas vestes, o que sublinha claramente a imperfeição e a fragilidade daquela que fala. O medo da *anima* diante da profanação e do ferimento se relaciona de modo verossímil ao perigo muitas vezes citado pelos alquimistas de destruir a *prima materia* em lugar de purificá-la por um fogo demasiado (*nimio igne*) ou por

qualquer outro processo de purificação muito violento³⁵. Psicologicamente poder-se-ia interpretar tal coisa como uma aspiração muito intensa dos conteúdos inconscientes à luz. Estes últimos querem com efeito ser tratados com um certo tato, devendo ser evitada toda atitude radical. A sombra e a *anima* contêm valores positivos, são germes ainda não desenvolvidos, que devem ser tratados com precauções cheias de delicadeza.

As vestes de que não se deve zombar significam alquimicamente as "sombras do mineral", isto é, certas obscuridades cuja eliminação já desempenhava um grande papel como preparativo da obra na alquimia grega³⁶. No Carmen Archelai dos Carmina Heliodori³⁷ a *nigredo* é designada como um "murado como o negro da sombra" (τειχισμα ως μελανσις σκοτονς), como uma névoa (αχλυς), que o alquimista deverá dissipar. É no quarto poema desta mesma obra³⁸ que lemos: "O corpo deve sair da obscuridade do hades [...] e desembaraçar-se da névoa da obscuridade", depondo "a veste da corrupção" (χιτωνα φθορας)³⁹. Isto nos lembra a concepção de origem órfica, largamente difundida na baixa antiguidade, segundo a qual o corpo

181

---

35. Cf. Aurora Consur. II, *Artis Auriferae*. Basileia: [s.e.],1610, I, p. 151. – Assim diz a *Turba*. Op. cit., p. 126, lat., p. 138: "Cuidado para não pô-los (o esposo e a esposa) em fuga, consumindo-os num fogo muito intenso. Venerai o 'rei' e a sua 'esposa' e cuidai de não os queimar, pois não sabeis quando tereis necessidade dessas (coisas) que enobrecem o rei e sua esposa". Já Olimpiodoro (BERTHELOT. *Collection des Anciens Alchimistes Grecs*. Paris: [s.e.], 1887/1888, II, IV. 8. vol. 1, p. 73) adverte contra uma εκπυρωσις (manejo do fogo) exagerada.

36. Cf. Pelágio, BERTHELOT. *Collection des Anciens Alchimistes Grecs*. Paris: [s.e.], 1887/1888, IV, I, vol. I, p. 253 e III, XIV, vol. I, p. 182. Também o livro árabe RUSKA. *Livro do alúmen e dos sais*. Op. cit., p. 71, exige como *materia prima* um mineral sem sombra, *quod umbram non habet*. Encontra-se a mesma ideia em RUSKA. *Turba*. Op. cit., p. 154, 156, 160, que parece tê-la tirado do livro de CRATES. Ibid., p. 36.

37. Ed. GOLDSCHMIDT. Op. cit., p. 55. Carmen IV, versos 170-171.

38. Ibid., p. 56. Carmen IV, verso 214.

39. Esta última expressão provém da língua dos mistérios da Antiguidade tardia e se encontra também em São Paulo. Cf. REITZENSTEIN, R. *Hellenistische Mysterienreligionen*. 2. ed., [s.l.]: [s.e.], 1920, p. 204s.

seria o túmulo da alma (σωμα – σημα)⁴⁰. No tratado acima mencionado, o *Corpus Hermeticum*, que exortava a alma no sentido de salvar-se do rio da inconsciência (αγνω – σια), também é dito⁴¹: "*Antes porém deves rasgar a veste que usas, o tecido da inconsciência, o suporte da maldade, as cadeias da corrupção, a capa sombria, a morte viva, o cadáver visível, o túmulo que levas contigo, o ladrão interior*"⁴². Na *Aurora*, posteriormente, também se fala de um cárcere e de "ferrolhos dos infernos que devem ser quebrados". É preciso, pois, compreender "quimicamente" a imagem das vestes ou do leito como "o corpo mineral", a partir do qual será fundida e destilada "a alma" fluida "dos metais", isto é, a água⁴³. Psicologicamente, deve tratar-se de uma "abertura" em direção ao ser interior, o mais autêntico (o si-mesmo).

---

40. Cf. PORFÍRIO. *De antro nympharum*. Universidade de Lausanne, 1765, c. 14 (σωμα – χιτων). Cf., por exemplo, também ALFARABI. *Livro das pedras de anel*. [s.l.]: [s.e.], [s.d.], 22, 71, 5: "Tu tens, conforme teu próprio ser, um véu, além da veste do teu corpo, e portanto apressa-te a tirá-lo, a fim de alcançares a meta (Deus)..." Cf. adiante a mesma imagem em AMBRÓSIO. *Hexaemeron*. VI, 6, in: MIGNE, J.P. *Patrologiae cursus completus. Series latina*. Paris: [s.e.], XIV, col. 256 C, D; GREGÓRIO MAGNO. *Moral*. V, 38, IX, 36, in: MIGNE, J.P. *Patrologiae cursus completus. Series latina*. Paris: [s.e.], t. 75, col. 718, 891s.

41. Op. cit., vol. I, p. 172-173 [SCOTT (org.)].

42. Este último corresponde aos "etíopes e inimigos" da *Aurora*.

43. Um paralelo perfeito desta ideia é a designação do Corpo de Cristo como *umbra* (sombra), ou *nubes carnis* (nuvem de carne) ou *vestis* (veste), que amortece o fulgor do seu espírito. – HUGO DE SÃO VICTOR. In: MIGNE, J.P. *Patrologiae cursus completus. Series latina*. Paris: [s.e.], t. 183, Sermo in Cant. XX, 7, col. 870: "Umbram siquidem *Christi carnem reor esse* ipsius de quaobumbratum est et Maria (Luc. I, 35) ut eius obiectu fervor splendorque spiritus illi temperaretur" (Eu considero efetivamente *a carne de Cristo sua sombra*, com a qual Maria também foi coberta, para que com o seu objeto o esplendor e o fervor do espírito lhe temperasse). E HONÓRIO DE AUTUN. *Speculum de myst. Ecclesiae*. In: MIGNE, J.P. *Patrologiae cursus completus. Series latina*. Paris: [s.e.], t. 172, col. 937, e BERNARDO DE CLUNY. *De visitatione Beatae Mariae Virg*. (ZOOZMANN. Op. cit., p. 256): "hac in domo / Deus homo / fieri disposuit. / Hic Absconsus / Pius sponsus / Vestem suam induit" (Nesta casa, Deus / decidiu tornar-se homem. / Escondido lá, / o piedoso esposo / revestiu sua veste). Ricardo de São Vítor designava a imaginação (acima) uma veste ou uma pele que vela a *ratio*. *De unione...* In: MIGNE, J.P. *Patrologiae cursus completus. Series latina*. Paris: [s.e.], t. 177, col. 285s.

Por isso um *logion* de Jesus promete a libertação "quando pisardes com os pés o véu da vergonha e quando os dois serão um, e o que está voltado para o exterior será como o que está voltado para o interior, e o masculino com o feminino, nem masculino nem feminino"[44].

O fato de tirar as vestes bem como a "vestis tenebrosa" como *materia prima* repelente desempenha um papel importante nas parábolas alquímicas ulteriores, com referência especial à passagem do Cântico 5,3: "Exspoliavi me tunica mea, quomodo induar illa" (despojei-me de minha túnica. Como a revestirei?). É uma pista importante e remeto o leitor às considerações de Jung[45]. Particularmente na parábola por ele citada de Henricus Madathanus[46], em *Musaeum Hermeticum*, o "Aureum saeculum redivivum"[47], as vestes sujas, nojentas da futura "esposa" é um símbolo da *materia prima* da Obra[48]. Uma velha aparece no sonho de um operador e o exorta a não desprezar suas vestes; de modo que, sem conhecer o sentido, ele as conserva consigo até que enfim descobre a chave, o *lixivium* (= a lixívia), mediante a qual ele pode purificar (as vestes), prepará-las para conquistar a esposa, a mais bela das "pombas" do harém de Salomão. Provavelmente esta parábola tem certa relação com nosso texto[49]. No *Zohar* também, a velha atitude que é preciso abandonar, muitas vezes é representada por uma veste suja[50].

---

44. CLEMENTE DE ALEXANDRIA. *Strom.* III, 13,92, Migne, *Pat. Graeco-Lat.* t. VIII, col. 1193. Cf. mais paralelos a esse respeito em JUNG, C.G. *Aion* [OC, 9/2]. Op. cit., p. 473.
45. Cf. também JUNG, *Myster. Coni.*, vol. I, p. 51 e 52.
46. Cf. ibid., vol. 1, p. 52, nota de rodapé.
47. Cf. ibid., vol. I, p. 52s.
48. "Obscoenae inquinatae obsoletaeque quidem vestes illius sunt, purgabo tamen illos et ex corde illam amabo. Sitque mea soror, sponsa mea cum uno oculorum meorum". (Suas vestes são indignas, sujas e velhas, mas eu as limparei e a amarei com todo o meu coração. E que ela seja minha irmã, minha esposa, graças a um só de meus olhares.)
49. Cf. tb. as numerosas citações do Ct e particularmente p. 69, a alusão à *Aurora* e ao Epílogo, p. 72, onde o autor se declara *frater Aureae crucis* (irmão da cruz de ouro).
50. *Der Sohar*. Op. cit., p. 151-152 [MÜLLER (org.)]: a veste é também a *Sephira* "Coroa".

183 Esta "veste suja" significa o "abandonar-se a afetos e imaginações autoeróticas", que ameaçam aumentar durante o estado de *nigredo*, de dissolução da consciência[51]. Mas estas componentes obscuras encobrem, como uma veste, um elemento suprapessoal que não deve ser rejeitado por causa de seu aspecto desagradável. Como a figura da *anima* implora tão ansiosamente para ser tratada com consideração, pode-se supor que a atitude consciente do autor devia ser puritana e intelectual, de modo que o perigo era de que ele rejeitasse os conteúdos inconscientes em irrupção, devido a seu aspecto equívoco, sem compreender seu sentido oculto.

184 Texto: (Aquele que) não conspurcar o meu leito de repouso, nem violar meu corpo tão delicado, e, mais ainda, a minha alma (ou pomba) que é sem fel, inteiramente bela e formosa, sem mancha alguma, aquele que não arruinar meus lugares de descanso e tronos... ele, cujo amor me faz enlanguescer etc.

185 Há um sentido semelhante entre a veste da qual não se deve zombar e "o leito de repouso que não deve ser conspurcado". O leito (*lectulus*) é o lugar onde se dá a *coniunctio* das substâncias – um sinônimo de vaso. Rosino[52] assim comenta este texto: "et in lectulo eorum nupserint" (e em seu leito eles se despojaram) significa que "eles se misturaram em seu vaso" etc. Em alquimia o vaso deve ser selado pelo *lutum sapientiae*[53] (argila da Sabedoria) e não se deve deixá-lo explodir por um aquecimento exagerado e, do mesmo modo que a "casa" ou o "templo", ele também representa o corpo[54]. A "cadeira e o trono", citados pela esposa, têm um sentido semelhante. Num comentário da figura de Senior, uma imagem de Hermes sentado numa cátedra (trono ou cadeira professoral), é dito expressamente que a cátedra é o vaso, isto é, o lugar da transformação[55]. Por outro lado, os

---

51. JUNG. *Die Psychologie der Übertragung*. [s.l.]: [s.e.], 1946, p. 171.
52. ROSINUS ad Sarratantam, *Artis Aurif*., 1610, I, p. 191.
53. Argila da Sabedoria, cf. por exemplo MAGNO, A. De mineralibus. 4, 1,7. *Opera*. Vol. V. Paris: [s.e.], [s.d.], p. 93 [BORGNET (org.)].
54. Cf. JUNG. *Mysterium Coni*. [OC, 14/1], p. 167.
55. *De Chemia*. Estrasburgo: [s.e.], 1566, p. 122: "Cathedra significat locum operationis et formam vasorum, quod est intus". (A cátedra significa o lugar da operação e a forma dos vasos, e o que está neles.)

"tronos" significam na *Turba* os "poderes angélicos"[56]. Enquanto tais, eles representam "espíritos", espíritos servidores, companheiros da figura da *anima* ou da esposa, que – eles também – não devem ser destruídos por um fogo muito intenso. Provavelmente, eles são idênticos aos vinte e quatro anciãos do Apocalipse, citados depois no nosso texto. A "pedra" deve circular entre eles e, portanto, é óbvio que significam de algum modo ingredientes necessários da obra. Psicologicamente, encarnam *conteúdos autônomos do inconsciente coletivo, que são constelados pela anima*[57]. Esta última aparece como que cercada por um grupo de elementos criadores que se apressam em direção à luz da consciência. Eles correm o risco de ser destruídos pelo alquimista, sem dúvida porque são incompatíveis ou pelo menos dificilmente conciliáveis com a disposição de sua consciência.

O "corpo do mineral", isto é, o homem inferior, não deve, pois, ser prejudicado por um processo de purificação demasiado violento, mas esta advertência concerne também ao espírito – e antes de mais nada, como é dito, à sua "alma"[58].

---

56. RUSKA. Op. cit., p. 32, passagem da *Turba*: "Ex his igitur quatuor elementis omnia creata sunt, coelum, *thronus*, angeli, sol, luna, stellae terra etc." (Portanto com estes quatro elementos todas as coisas foram criadas: o céu, o trono, os anjos, o sol, a lua, as estrelas, a terra, etc.). E fato conhecido que, no Corão, Deus é designado como o "Senhor do trono supremo". Depois que Alá criou o céu e a terra, sentou-se no trono para governar o mundo. Célebre é a surata 2, 256: "Seu trono se estende sobre os céus e sobre a terra, e sua guarda não lhe dá nenhum cuidado". Os anjos suportam o trono e o circundam. Nas versões B e C *thronus* se transforma em *throni*, porque os tradutores não compreenderam a ideia islâmica e a aplicaram a um grupo de anjos chamados "tronos" na doutrina cristã dos anjos. – Os "tronos" são uma representação originariamente judaica. Cf. Dn 7,9; Mt 19,28; Ap 20,4; Cl 1,15. Eles pertencem às αρχαι e κυριοτητες (principados e potências). Cf. SCOTT, W. *Hermetica*. Vol. III, Oxford: [s.e.], 1924-1936, p. 512.

57. Cf. tb. o tema da Branca de Neve (*anima*) cercada pelos anões.

58. De modo igualmente interessante Mestre Eckhart adverte contra um amor incorreto, isto é, violento pela *Sapientia Dei*. Cf. THERY, G. Le commentaire du livre de la sagesse de Maître Eckhardt, *Archives d'histoire doctrinale et littéraire du moyen-âge*. Paris: Vrin, 1928 e 1929, t. III e IV. No tocante a este ponto, particularmente vol. III, p. 268. "Notandum est quod omnis actio efficientis gravis est et molesta nisi ipsi passo conferatur vis aliqua et imprimatur, qua vi cooperetur, formaliter inhaerente, ipsi suo agenti sive efficienti. 'Violentum enim est, cuius agens est extra, non conferente vim

187 Uma interpolação (sem dúvida uma glosa que passou para o texto) dá ao personagem que fala um atributo típico de Maria, a *columba* (pomba) e celebra sua pureza (*sine felle* = sem fel, e "in qua macula non est", na qual não há mancha)[59]. Já encontramos a pomba branca na passagem citada por João Grasseus, como imagem da alma escondida na matéria. *Disso resulta evidentemente que quem fala aqui é a alma na matéria*. A designação "sem fel" significa "sem amargura" e a propósito disto remeto o leitor às considerações de Jung sobre o simbolismo da *amaritudo*[60]. A *amaritudo* é aqui descrita como um *accidens* (acidente) que não afeta o núcleo mais íntimo da alma da materia, mas somente a impureza desta. A amargura é também apenas a incompreensão dos homens no tocante à *sapientia Dei*: se eles se consagrassem a esta última, segundo Mestre Eckhart a amargura do combate não dominaria e daria lugar à pura *suavitas* (suavidade), ao puro amor[61].

passo'. Sic ait Philosophus III Ethic [...] et hec est racio propter quam motus violentus in fine remittitur, naturalis vero *in* fine intenditur. Natura enim est vis insita rebus". (É preciso notar que toda ação é pesada e molesta para o agente, se uma certa força não é dada e inculcada no paciente, que coopera de modo formalmente inerente com seu agente ou eficiente. "Um ato é violento quando seu agente é exterior e que o paciente não oferece força alguma". Assim, diz o Filósofo na Ética III [...] e esta é a razão por que o movimento violento é abandonado, no fim, e o natural é estendido no fim. A natureza é uma força que reside nas coisas.) Cf. a respeito SANTO TOMÁS. *De coelo et mundo*. Lib. I, lect. 17 e lib. II, lect. 8.

59. Cf. aqui WOLBERONIS. *Abbatis com. in Cant. Cant..* In: MIGNE, J.P. *Patrologiae cursus completus. Series latina*. Paris: [s.e.], t. 195, col.1086: "Felle caret, quo spiritualiter quoque sponsa Christi carere debet ut secundum Apostolum: Omnis amaritudo et ira et clamor et blasphemia tollatur [...] cum omni malitia (Ephes. IV)" (Ela é desprovida de fel, do mesmo modo que a esposa de Cristo também o deve ser, tal como diz a palavra do Apóstolo: Que toda amargura, ira, clamor e blasfêmia sejam tirados de vós [...] e toda malícia [Ef 4]). A pomba também é a Igreja. Cf. HONÓRIO DE AUTUN. In: MIGNE, J.P. *Patrologiae cursus completus. Series latina*. Paris: [s.e.], t. 172, col. 379. Cristo retornará sob a forma de uma pomba num bando de pombas. Cf. BOUSSET, W. *Der Antichrist*. Op. cit., p. 56.

60. Cf. JUNG. *Mysterium Coni*. [OC, 14/1], p. 209s.

61. Cf. a este respeito o comentário ao livro da Sabedoria do Mestre Eckhart, op. cit., vol. III, p. 275-276 [THERY (org.)]: "Bonum ut bonum semper dulce est [...] Fex amaritudo est" (O bem enquanto bem é sempre doce [...] O excremento é amargura); e p. 277: "Adhuc autem patet ex hoc quod motus naturalis in fine intenditur, violentus autem et qui contra naturame contrario in fine remittitur" (Ainda, porém, é evidente que o movimento natural está compreendido no fim, mas o violento, contra a natureza, pelo

Texto: (Aquele) cujo amor me faz enlanguescer, ardor que me dissolve, aroma que me dá vida, sabor que me restaura as forças, leite que me nutre, amplexo que me rejuvenesce, beijo que me dá alento de vida – ele, por quem meu corpo desfalece ao dormirmos lado a lado...

188

Depois das passagens anteriores que trataram das dificuldades da *praeparatio delicata* como Senior a designa[62], o discurso da *sapientia* transforma-se pouco a pouco numa declaração de amor apaixonado.

189

É no entanto digno de nota que não se sabe se aquele que fala visa ao esposo simbolizando a substância arcana, ou se visa ao próprio alquimista. Em outras palavras – *a única explicação do deslizar que se produz de forma a forma no discurso do Tratado é aqui uma mistura inextricável dos processos alquímicos e da psique do autor*. A *anima* aspira à união interior ou à totalização da personalidade mediante uma *coniunctio oppositorum*.

Texto: [...] ele, por quem meu corpo desfalece ao dormirmos lado a lado, para ele serei pai e ele será meu filho; sábio, aquele que alegra seu pai; a ele darei o primeiro lugar acima dos reis da terra, e minha aliança (com ele) será preservada pela eternidade.

190

Toda esta parte do texto é *uma promessa da sapientia Dei* ao seu amado – mas ela não é mais apresentada como uma *experiência do artista*. Psicologicamente isto significa que o conjunto do texto que se segue, anunciando a salvação, a libertação e as núpcias, é *a antecipação intuitiva de uma solução que ainda não se realizou*. É como se o autor fosse de repente projetado fora da *nigredo* e colocado no estado de felicidade da *coniunctio*. A realidade humana, na qual o eu se encontra, não desempenha mais nenhum papel e a esposa divina celebra as núpcias com seu esposo, o salvador, "cheio de saber", com o qual o autor mais ou menos se identifica.

191

---

contrário, no fim é posto de lado): p. 278: "Omne agens intendit se alterum et quosque ad hoc attingat, labor est; et gravis et amara omnis dissimilitudo et imperfectio, quam dat. Si daret se ipsum alterum primo, omnium actio esset suavis hinc inde agenti scilicet et patienti nec esset inter ipsos pugne amaritudo sed dulcedo et suavitas" (Todo agente tende a tornar-se outro, e está em trabalho até consegui-lo: e toda dissimilitude e imperfeição que isso ocasiona são pesadas e amargas. Se ele se desse primeiro à outra coisa, todo ato seria doce do lado do agente e também do lado do paciente, e não haveria mais entre eles a amargura do combate, mas doçura e suavidade).

62. Op. cit., p. 11.

192   Nesta parte do texto é preciso sublinhar a expressão *cuius amplexu juvenesco* (cujo amplexo me rejuvenesce), pois ele constitui provavelmente uma alusão ao tema alquímico frequente da "renovação do rei"; o autor deve tê-lo encontrado primeiramente numa passagem da *Turba*[63], onde se fala de um velho que rejuvenesce, nutrindo-se de uma árvore branca[64]. No tocante ao significado deste tema remeto o leitor às considerações de Jung[65]. A "renovação" visa a uma mudança completa da atitude consciente. Mas aquele que é habitualmente renovado e rejuvenescido é o *rei*, isto é, uma figura arquetípica que se poderia interpretar como a dominante simbólica de uma atitude coletiva[66]: aqui é a *sapientia Dei*, como em outra parte é o *rex* ou *senex* que aspira renovar-se. Disso podemos concluir que o significado até então vigente deste arquétipo, isto é, a concepção eclesiástica da *sapientia Dei* necessitava de uma renovação. A *sapientia* era, já vimos, concebida de um modo totalmente abstrato, como "a soma das ideias no espírito de Deus" ou como a "arte" pela qual Deus criou o mundo, ou então era simplesmente identificada com o Cristo, enquanto *logos* anterior ao mundo. Mas, psicologicamente, esta personificação omite o elemento feminino. Tal interpretação outorga um lugar insuficiente à qualidade de *anima* da *sapientia*, à sua natureza específica de liame, de elemento mediador, e aos valores de sentimento que ela contém. Sua reaparição numa experiência originária arquetípica torna-a "rejuvenescida", isto é, animada de uma nova vida.

193   Não é por acaso que Mestre Eckhart escreveu aproximadamente na mesma época seu importante comentário sobre a *sapientia*. A *sapientia Dei* é, com efeito, como Jung expôs na *Resposta a Jó*, enquanto

---

63. RUSKA, p. 161-162.
64. Cf. ROSINUS ad Sarratantam. *Artis Auriferae*. Op. cit. Basileia: [s.e.], 1610 I, p. 92 e Lambsprinck, assim como os CARMINA HELIODORI. *Carmen*. I, p. 29-30, versos 110s [GOLDSCHMIDT (org.)] (tema do assassinato do pai).
65. *Myst. Coni.*, II, p. 27.
66. Cf. JUNG. *Mysterium Coniunctionis* [OC, 14/2], p. 27. Como também em muitos contos, vê-se um rei doente ou idoso que aspira à fonte de vida, às maçãs rejuvenescedoras, a uma água que o curasse da cegueira etc. Isto indica a necessidade de uma renovação da consciência coletiva. Cf., por exemplo, os contos de Grimm: "O pássaro de ouro" e seus paralelos.

personificação feminina da divindade, uma figura *que abole a antinomia de Javé*, porque ela representa o "saber absoluto" e a sabedoria de Deus. Ela parece ter sido a meta para a qual tendia o inconsciente dessa época remota; daí a expansão do culto a Maria, a redescoberta do pensamento universalista de Aristóteles e principalmente a floração da alquimia ocidental, cujo esforço principal se dirigia para a produção do UM: "unus est lapis, unum vas, una medicina!" (uma é apedra, um o vaso, uma a medicina).

Uma outra conexão abrangente, cujo simbolismo oferece implicações importantes, é a expressão "cuius condormitione totum corpus exinanitur" (ele por quem meu corpo desfalece ao dormirmos lado a lado): essa passagem parece ter uma certa relação com o verso de Ambrósio[67], citado por Jung, onde se trata da *exinanitio* da Igreja-Lua. Esta última encarna o sofrimento da humanidade não resgatada e da criação em geral[68], e seu sofrimento serve para o "despojamento, a *Kenosis* (esvaziamento) do *logos* que se tornou homem". Sobre o sentido psicológico desta parábola eclesiástica, remeto o leitor às considerações de Jung[69]: A dissolução relaciona-se com o "escoamento" do espírito que segue sua inclinação, tal como lemos na *Aurora*. Assim, diz o autor da obra muitas vezes citada: "De adhaerendo Deo[70]: Est enim amor ipse virtutis unitivae et transformativae transformans amantem in amatum *et econtra*. (!) Trahit enim amor (quia fortis ut mors dilectio) amantem extra se et collocat eum in amato faciens ei intimissime inhaerere. Plus enim est anima ubi amat, quam ubi animat [...] Ipse etiam amor est vita animae, vestis nuptialis[71]

---

67. Cf. H. RAHNER, Mysterium Lunae. *Zeitschr. f. kathol. Theolog.*, 1939 (Jahr 63), p. 431: (Christus) exinanivit eam ut repleat, qui etiam se exinanivit, ut omnia impleret, exinanivit se ut descenderei nobis... ergo annuntiavit Luna Mysterium Christi. <O Cristo> esvaziou-a <sua igreja> a fim de enchê-la. do mesmo modo que se esvaziou a fim de poder encher todas as coisas, esvaziou a si mesmo a fim descer até junto a nós... Assim a lua proclamou o mistério do Cristo). (*Exameron*, IV, 8, 32). O "exinanitur" justifica a minha correção do texto.
68. Cf. AMBRÓSIO, *Exameron*. IV, 8,31, apud RAHNER, H., ibid., p. 430, cf. tb. p. 431.
69. Cf. JUNG. *Mysterium Coni*. [OC, 14/1], p. 35-38.
70. MAGNO, A. *Opera* Op. cit., vol. 37, p. 536-537 [BORGNET (org.)].
71. Cf. o que foi dito acima acerca da veste.

et perfectio ipsius in quo omnis lex et Prophetae et Domini edictum pendet"[72]. (O amor tem um efeito unificante e transformante, ele transforma o amante no objeto amado e inversamente. O amor (porque é forte como a morte) tira o amante para fora de si mesmo e o faz passar para o objeto amado numa ligação muito íntima. A alma está com efeito mais lá onde ela ama do que onde ela anima... O amor é a própria vida da alma, sua veste nupcial e sua perfeição, da qual dependem toda lei e os profetas e o mandamento de Deus).

195 O lado obscuro da conjunção alquímica é indicado em nosso texto de maneira furtiva, no tema da fusão amorosa. O discurso passa de preferência à palavra da Epístola aos Hebreus (1,5): "Eu serei para ele Pai e ele será para mim Filho"[73], afirmação esta que apresenta aqui um caráter digno de nota se lembrarmos que ela é dita por uma figura feminina, a *anima* ou *sapientia Dei*. Na concepção eclesiática, a *sapientia* e o *logos* representam de fato uma unidade, pois ambos apresentam um aspecto criador da divindade. Da mesma forma, se examinarmos as coisas a partir da interpretação dada por Jung, segundo a qual o inconsciente em relação ao consciente é como o pai frente ao filho[74], compreender-se-á melhor como a *anima* ou *sapientia* pode designar-se como pai do alquimista.

196 Aqui está indicado o *modo da relação* da *sapientia* e do adepto. Posteriormente, a figura da *sapientia* aparece sob a forma de um deus masculino ou do Espírito Santo – enfim ela representa a *totalidade psíquica* em seu aspecto masculino-feminino (algo semelhante

---

72. O amor tem uma atuação unificadora e transformante; ele transforma aquele que ama na coisa amada e vice-versa! O amor arranca aquele que ama para fora de si mesmo e o muda no amado... A alma é mais quando ama do que quando apenas vivifica. O amor é a vida mesma da alma, sua veste de núpcias e sua plenificação!... Cf. JUNG. *Mysterium Coniunctionis* [OC, 14/1], p. 52.

73. As palavras *Filius, qui laetificat patrem* (filho que alegra o pai) foram referidas à realização do mistério do batismo. Cf. HONÓRIO DE AUTUN. *Quaest. et Respons, in Prov. et Eccles.*, cap. 10, in: MIGNE, J.P. *Patrologiae cursus completus. Series latina*. Paris: [s.e.], t. 172, col. 317.

74. Cf. JUNG. Mysterium Coniunctionis [OC, 14/1], p. 109 e JUNG. Das Wandlungssymbol in der Messe, Von den Wurzeln des Bewusstseins. Op. cit., espec., p. 304, 305, 307.

ao gnóstico pai-mãe) – e consequentemente com a predominância ora do aspecto feminino, ora do aspecto masculino. Às vezes ela oferece de repente o aspecto de um pai protetor, lembrando que para isso é necessário que o homem observe suas vias. Parece que a *religio*, isto é, a consideração cuidadosa do inconsciente pelo consciente, constitui um fator necessário para a aparição do aspecto paterno da divindade. Que o adepto seja o filho, isto parece provado pelo texto, pois o esposo evocado por aquela que fala é designado como alguém que, por seu *saber*, a livrará do abismo da *nigredo*, sem desprezá-la nem ofendê-la; *não pode tratar-se senão do alquimista, isto é, do homem*. Se não fosse a observação relativa a uma profanação possível, poder-se-ia interpretar esta parte como a aspiração da "alma" por seu esposo, o Cristo. Mas nesse caso não haveria a súplica angustiante de que ele não a insultasse. Desta vez a alma não invoca o Cristo, mas pede o auxílio de um *eu humano*. É importante lembrar aqui que isto se passa num homem para quem, no nível consciente, o Cristo, esposo da alma, era provavelmente uma imagem conhecida (esposo da alma), e que isso o fazia negligenciar a importância de seu próprio eu. Isto era uma característica da mentalidade medieval que mais tarde foi amplamente compensada pelo egotismo do homem renascentista.

Mas o que quer essa *anima* com seu extraordinário, impetuoso pedido de amor? Ela quer – como diz o texto – estabelecer uma relação paralela à de Deus-Pai com o Deus-Filho. Depreende-se do texto que não se trata somente de um paralelismo, mas de uma identidade; porém isto não é possível no contexto bíblico. Não pode tratar-se senão de um paralelismo: a *anima-sapientia* se comporta formalmente com o alquimista como Deus se relaciona com Cristo. 197

Por isso o simbolismo inconsciente desse processo exprime uma cristificação crescente do indivíduo. Jung expôs o significado desse fenômeno e seus planos de fundo religioso na *Resposta a Jó*. Um *homem comum* é escolhido para ser o lugar do nascimento divino; não somente (como no Cristo) o lado "luminoso" de Javé nele se encarna, mas Deus nele nasce de novo como uma *totalidade*, em seu aspecto luminoso e em seu aspecto obscuro. Entretanto, diz a *Aurora*, o indivíduo torna-se assim filho de Deus e é exaltado "acima dos reis da 198 terra"[75]. A *sapientia* não promete elevar o alquimista apenas à dignidade de homem-deus, mas promete-lhe "guardar uma fiel aliança". Pelo fato de ser uma "amiga dos homens" coloca-se diante do homem numa atitude de proteção contra o lado insondável e perigoso dela mesma, isto é, de Deus[76], e atua no sentido de que Deus adote uma posição de pai benevolente[77]. Esta passagem do texto manifesta plenamente que para o autor aquela misteriosa figura feminina – a *anima* – se identifica plenamente com Deus na materia. Ela é seu aspecto feminino, mas, ao mesmo tempo, de modo paradoxal, é o próprio Deus.

199 Texto: Mas se ele abandonar a minha lei, apartar-se de meus caminhos, não seguir as minhas ordens e não preservar meus mandamentos estabelecidos, o inimigo o subjugará e o filho da iniquidade poderá prejudicá-lo. Se, pelo contrário, ele seguir minhas vias, não temerá o frio da neve, pois os de sua casa terão roupas de linho e de púrpura.

200 O aspecto inquietante do empreendimento alquímico, que eleva o operador à altura de *filius Dei* (filho de Deus), explica que o autor justamente neste ponto fale do *diabolus* (diabo): se o alquimista não prestar atenção às vias da *sapientia* expõe-se aos assaltos do "inimigo" e do "filho da iniquidade"[78]. Os alquimistas falam frequentemente desses ataques do diabo[79]; são eles o ódio, a arrogância, a cupidez etc. Em nosso texto é mencionado o perigo do "frio da neve". Quimicamente, isto poderia significar um esfriamento prematuro das substâncias[80]. O perigo que há na situação psicológica dada é, como já mencionamos, o da *inflação*. Em tal caso, a relação com o próximo, o sentimento se extinguem e são substituídos por uma forma intelectual de relação. Este perigo subjaz na elevação do alquimista à

---

75. Sl 48,27-28.

76. Cf. seu lado sangrento quando no início da segunda Parábola ele diz: "(Quando) as flechas da minha aljava estiverem ébrias de sangue".

77. Sobre as transformações do inconsciente no decorrer do processo de individuação, cf. JUNG. *Mysterium Coniunctionis*.[OC, 14/1], p. 188.

78. O texto está desordenado nesta passagem e eu o reconstruí do melhor modo possível.

79. Cf., acerca das "maquinações do ladrão", JUNG. *Mysterium Coniunctionis* [OC, 14/1], p. 182s. Cf. tb., por exemplo, Liber Alze De lapide Phil., in *Musaeum Hermeticum*. Frankfurt: [s.e.], 1677, p. 331.

80. Cf. SILBERER, H. *Probleme der Mystik und ihrer Symbolik*. Wien: [s.e.], 1914, p. 213.

semelhança com Deus. Como em seguida são mencionadas as vestes vermelhas e brancas (linho e púrpura)[81] como proteção contra o frio, o frio em questão é descrito como um elemento que provém do exterior; mas é preciso lembrar que os textos sublinham em outra parte que nenhuma *res extraneae* (coisa externa) deve entrar no *opus*[82].

A menção do "inimigo" tem, pois, aqui uma conotação profunda, pois se a *sapientia Dei* eleva o alquimista ao nível de seu "filho", ele se torna uma encarnação da divindade. No caso, porém, este filho de Deus não é como o Cristo, o Deus-Pai benevolente encarnado num vaso humano puro, mas Deus se encarna agora num homem comum, engendrado no pecado, porque a natureza deste último, oscilando entre a claridade e o escuro, corresponde melhor à antinomia divina e permite, pois, uma encarnação mais completa. O eleito deve unir nele os opostos, isto é, sua *anima* deve servir de lugar de nascimento da *totalidade* divina. Para que esta tarefa, isto é, a antinomia de Deus não o faça explodir, ele deve – como diz o texto – observar as vias da sabedoria divina, pois a *anima* é a *mediatrix* entre os opostos inconciliáveis na divindade, da mesma forma que o que liga e une são próprios da natureza feminina mais do que da masculina.

201

Na Patrística, a neve é um símbolo da danação eterna[83], e, no inferno de Dante. Satã tem metade do corpo mergulhado no gelo. É a *frigiditas peccatorum*[84]. – Satã reina no Norte, o vento norte é um de seus símbolos[85]. O tema se relaciona também com o perigo de um

202

---

81. Cf. GREGÓRIO MAGNO. Epistolarum ex Reg., lib. I, Indict. IX, *Opera*. Paris: [s.e.], 1636, t. II. col. 596: "Et quid per byssum nisi candens decore munditiae corporalis castitas designatur"? (E o que significa o linho muito fino, senão a castidade corporal brilhante do encanto da pureza?)

82. Cf. por exemplo RIPLEY, G. Liber de Mercurio philosophorum, *Opera omnia Chymica*. Cassel: [s.e.], 1649, p. 104 [KÖHLERS (org.)]: "Cave igitur ab omnibus rebus peregrinis et extraneis" (Toma cuidado com todas as coisas estranhas e desconhecidas).

83. Cf. BERTHELOT, M., *Collection des Anciens Alchimistes Grecs*. Paris: [s.e.], 1887/1888, III, VIII, 1-2., vol. I, p. 141, e HOGHELANDE, T. de De Alchemiae Difficultatibus, *Theatr. Chem.* IV. [s.l.]: [s.e.]: 1622, p. 150. RABANO MAURO, *Allegoriae in Sacr. Script*. Migne, PL., t. 112, col. 1006.

84. Documentação detalhada, cf. JUNG. *Aion* [OC, 9/2]. Zurique: [s.e.], 1951, p. 148s.

85. Cf. Ibid.

"enrijecimento no conflito". A experiência do lado escuro de Deus poderia congelar todo amor, e o tremor gelado do *timor Dei* poderia extinguir todo impulso de vida; só a *sapientia* pode proteger o homem contra esses dois perigos, pois ela lhe oferece "púrpura e linho", isto é, ela possibilita a atitude justa.

203   Não aprofundarei aqui o simbolismo das vestes vermelhas e brancas, mas remeto o leitor às explanações de Jung[86]. O vermelho e o branco são as cores do *filius philosophorum* e de sua esposa; aqui se verifica de novo que o autor se identifica com estas figuras, pois, de um lado, ele é incontestavelmente aquele que deve ficar "aplicado e atento", e o texto a seguir descreve não sua glorificação, mas o aparecimento de um *Rex Gloriae* (Rei da Glória) suprapessoal, distinto do alquimista. A exortação à probidade e à aplicação deve também ser compreendida como uma compensação diante do perigo da inflação; e assim, repentinamente, o adepto se torna o *servidor* de todo o processo.

204   A menção aqui de outros *domestici* (servidores) se explica porque os outros metais eram muitas vezes citados em relação ao ouro, como servidores do rei[87]. É provável que se trate dos metais, porque, algumas linhas depois, as sete estrelas ou os sete espíritos do Apocalipse são citados, os quais eram indubitavelmente interpretados na alquimia como os sete espíritos planetários (metais)[88]. Os espíritos planetários aparecem aqui como servidores da *sapientia Dei*. Eles são sete e a sabedoria se acrescenta a eles enquanto oitava, o que os leva à plenitude. *Psicologicamente, trata-se da ideia da unificação interior, da reunião de todas as componentes coletivas autônomas, isoladas da personalidade*. Segundo o texto, os servidores são protegidos contra o "frio" quando o adepto observa as vias da sabedoria: o diabo, princípio do mal[89], destruidor e desagregador, princípio maléfico que

---

86. Cf. *Myst. Coni.*[OC, 14/1], p. 2, 44 e passim.
87. Na Parábola de Bernardo Trevisano (MANGETUS, J.J. (org.). B*ibliotheca chemica curiosa seu rerum ad alchemiam pertinentium thésaurus instructissimus*. 2 vols. Genebra: [s.e.], 1702, p. 388s.), os planetas são os servidores do rei. Cf. tb. a imagem in JUNG. *Psychologie und Alchemie*. Zurique: Rascher, 1944, p. 458, onde o rei é despedaçado pelos seus servidores.
88. Os planetas e os metais foram identificados desde os primeiros tempos.
89. Trata-se aqui sem dúvida daquele mal último, que o homem não pode integrar, e não da sombra "inferior", do "etíope" que representa no homem o que pode ser integrado.

ameaça a individuação, invadiria o *opus* se o servidor não fosse protegido pela sabedoria, e esta última só *poderá* protegê-lo se o adepto – o eu humano – observar as vias da sabedoria – as produções simbólicas e condutoras do inconsciente –, comportando-se em relação a elas como um servidor. Dessa forma ele será, juntamente com sua *psique* inconsciente, protegido do efeito dissolvente do mal.

Texto: E nesses dias ele rirá, e eu estarei saciada, minha glória aparecerá à luz do dia, porque ele foi atento aos meus caminhos e não comeu o pão da ociosidade. 205

A *sapientia* fala primeiro acerca de si mesma, isto é, que "estará saciada" e que "sua glória aparecerá". O autor de *De adhaerendo Deo* cita a mesma passagem da Bíblia, vendo aí o momento em que a alma reconhece plenamente a Deus[90]. A *materia prima* é muitas vezes descrita nos textos alquímicos como uma "*terra sitiens*" (terra sedenta) que é saciada na coniunctio (conjunção) com a chuva que cai aos borbotões. Esta vem a ela como o *rex de coelo descendens* (rei descendo do céu)[91]. Encontramos a mesma imagem em Efrém o Sírio, no tocante à Virgem Maria: esta é a *terra sitiens* que "banhada pelo orvalho de Deus gerou o Cristo, pão da vida"[92]. Outra interpretação eclesiástica identifica a *terra sitiens* com o corpo humano: "a terra de nosso corpo é vivificada com o orvalho do batismo"[93] (A simbologia eclesiástica do batismo é também evocada nas frases seguintes da *Aurora*). Depois que a "mulher", a *terra sitiens* em nosso texto, é saciada pelo "rei que desce 206

---

90. MAGNO, A. De adhaerendo Deo, *Opera*. Vol. 37. Paris: [s.e.], [s.d.], p. 533 [BORGNET (org.)].
91. Cf. a citação de Maria, a profetisa, in SENIOR. *De Chemia*. Estrasburgo: [s.e.], 1566, p. 80: "Et illud est, quod nominaverunt Regem de terra prodeuntem et de coelo descendentem. Et simile est huic, quod dicit quidam in ista aqua". (E é isso que eles chamaram o rei saindo da terra e descendo do céu. E é a imagem disso que se afirma estar nesta água.)
92. *Hymni et Sermones*. Op. cit., vol. II, p. 744 [LAMY, T. (org.)].
93. Cf. MÁXIMO DE TURIM. *Homily* 101, apud RAHNER, H. *Mysterium Lunae*, Op. cit., p. 79: "Recte plane lunae comparatur Ecclesia et ipsa nos lavacri rore perfundit et terram corporis nostri baptismatis rore vivificat" (A Igreja é comparada justamente à Lua, pois ela lava e vivifica nosso corpo de terra com o orvalho do batismo). Cf. igualmente ISIDORO DE SEVILHA. *De Nat. Rer.* [s.l]: [s.e.], [s.d.], 18,6, cit. ibid.

do céu" ou pelos esforços do alquimista (segundo o autor de *De adhaerendo Deo* o conhecimento de Deus ocorre quando a alma se reflete em si mesma[94]) e se torna saciada (uma prova do significado do rei como consciência[95]!), é dito que nesse momento sua "glória aparecerá" – *e então ela se torna o próprio rei*[96]! Psicologicamente isto significa que o aspecto divino, isto é, salutar, *numinoso* da *anima* só é visível quando a consciência lhe fornece uma participação ativa, a atenção e a compreensão justa. E então se revela que esse "vazio interior e seco", a *terra sitiens* do próprio íntimo, é o lugar onde Deus aparece.

207 Texto: Por isso os céus se abriram sobre ele e uma voz ressoou como o trovão: a voz daquele que tem sete estrelas na mão, que são os sete espíritos, que foram enviados a toda a terra, a fim de pregar e dar testemunho. Quem tiver acreditado e tiver sido corretamente batizado, será salvo; mas quem não tiver acreditado, sofrerá a condenação.

208 Nestas palavras o Apocalipse descreve a epifania de Deus. No mesmo lugar é dito[97] que seu cabelo é como a lã branca, como a neve, e seus olhos são como uma flama e sua voz como o murmúrio das águas, "e seu rosto brilha como o sol"; uma descrição assim deve ter inspirado involuntariamente a um alquimista associações para seu *filius philosophorum*. Com a aparição da divindade, aqueles "que tiverem acreditado" serão salvos, "quando o Senhor celeste os julgar". Eles serão "alvejados no Salmon", isto é, eles são como neófitos ou seres transfigurados[98].

209 Atrás da *sapientia* emerge a face do "Ancião dos Dias"[99] que, na qualidade de juiz, separa os crentes e descrentes. Após a rápida evo-

---

94. *De adhaerendo Deo*, BORGNET. Op. cit., 37, p. 533.
95. Cf. as exposições de JUNG. Mysterium Coniunctionis [OC, 14/2], *cap. Rex*.
96. A *anima* também poderia ter esta significação exaltada porque, devido à inflação, uma depreciação do inconsciente ameaça ainda; este o motivo pelo qual o alquimista é rebaixado ao papel de servidor e a *anima* recebe feições divinas.
97. Ap 1,14-16.
98. Cf. EFRÉM O SÍRIO. *Hymnus et Sermones*. Op. cit., vol. I, p. 110. Hymnus Baptizatorum: "Vestes vestrae fratres, candidae sunt, ut nix et nitor vester refulget ut nitor Angelorum". (Vossas vestes são puras, irmãos, e refulgem como o brilho das dos anjos.) – Um simbolismo alquímico do batismo mais abrangente será apresentado nos capítulos seguintes. Aqui é apenas mencionado.
99. Dn 7,9.

cação do "filho da iniquidade", o texto passa repentinamente a promessas otimistas concernentes ao futuro. O problema do mal foi aflorado, mas não se tornou realmente consciente. Em seu lugar surge a imagem do julgamento final com sua *separação* definitiva em lugar da união dos opostos. A plenitude está presente na imagem de Deus – que tem as sete estrelas na mão –, mas o homem só é salvo pela participação na fé. O que acontece com os danados não é mencionado no texto.

O juiz celeste, que se manifesta agora, representa um paralelo alquímico do "filho dos filósofos". Ele é igualmente a aparição glorificada da *materia prima* e assim misteriosamente idêntico à *sapientia*. De modo semelhante, na Cantilena de Ripley, a deusa Lua se transforma *in splendorem solis*, no esplendor do sol[100]. 210

A ideia da transformação da substância feminina em substância masculina lembra a teoria de Teodoreto de Ciro, segundo a qual a Igreja lua, que representa uma "assembleia de almas perfeitamente iniciadas nos mistérios", se torna, ela mesma, em sua glorificação final, o sol, imagem de Cristo[101], cuja luz provoca a admiração dos homens. Nesta parte inteira, o texto da *Aurora* não se distingue realmente da doutrina da redenção. Produziu-se um retorno à concepção anterior. 211

A identidade da *sapientia* com o Filho[102] se depreende também do seguinte texto: 212

Texto: Os sinais que distinguem os que acreditaram e foram bem batizados são estes (quando o rei celeste os governar): ficarão brancos como a neve sobre o Salmon e as plumas da pomba brilharão prateadas e a parte posterior do dorso terá o brilho radioso do ouro amarelo. 213

As últimas palavras relacionam-se com o Salmo 68,14-15, onde se lê: "Quando repousardes *em meio* às sebes, o brilho é como o das 214

---

100. Remeto o leitor às exposições de Jung no tocante ao significado deste motivo. Cf.
101. Comentário ao Cant. dos Cant. IV, 9, apud. RAHNER, H. *Mysterium Lunae*, *Zeitschrift für katholische Theologie*. Ano 63. [s.l.]: [s.e.], 1939, p. 342. Cf. a transformação em Sol (*Christus*) da Lua, símbolo da alma, em SÃO GREGÓRIO MAGNO. Expos. in Cant. Cant. cap. 5 (*Opera*. Paris: [s.e.], 1636, t. 2, col. 42).
102. Cf. a este respeito JUNG. *Psychologie und Religion*. Op. cit., p. 166. Cristo é o *vir a feminina circundatus*. (O homem cercado pela mulher.) (Jeremias). Cf. tb. ibid., p. 132, sobre o que é dito da *Sapientia Dei*.

asas da pomba etc." Esta citação bíblica era compreendida por Hugo de São Vítor[103] como "*um lugar entre o medo e a segurança, entre a direita e a esquerda*". A própria pomba era na maioria das vezes compreendida como "a coorte dos justos"[104]. Como imagem de uma multidão de justos ela aparece também no *ponto central entre os opostos*. Joaquim de Fiori compreendia esta passagem do salmo como as duas linhas, isto é, as duas ordens de conventos e monges da Igreja, que "serão reunidos no dia do grande *Sabbat*"[105].

215   O comportamento do autor em relação à *sapientia*, tal como foi descrito nos capítulos iniciais, sofreu uma transformação notável. No início eles só se confrontaram, num encontro comovente, após o que ambos mergulharam nas trevas do abismo. A *sapientia* prometeu então ao alquimista elevá-lo ao nível de seu filho divino e amado se, "compreendendo, ele a salvasse". Depois, a *sapientia* o adverte contra o "filho da iniquidade" e o exorta a um trabalho minucioso. Em seguida, ela aparece cercada de servidores; depois, sob a figura de um juiz divino e *masculino*, cercado pelos justos salvos, cuja assembleia parece uma pomba de prata e ouro. O símbolo central transforma-se aqui numa *pluralidade* e o alquimista é somente um entre muitos, secretamente incluído na imagem da pomba (= *sapientia* e *filius*). Esta *pluralização* deveria estar relacionada com a menção precedente do mal, isto é, com o fato de que *não houve nenhuma confrontação consciente e individual com a sombra*. O problema moral continua, pois, um problema coletivo: os "justos" são salvos – os "descrentes" se danam. A reconciliação da claridade com a treva só poderia realizar-se no indivíduo, pois o resultado da confrontação com a sombra arrasta a uma pluralização e simultaneamente a uma regressão nas opiniões coletivas dominantes: o (novo) "filho" é identificado com o Cristo, cujo corpo consiste tradicionalmente na multidão dos justos; e é a *fé* no Cristo que traz a salvação.

---

103. MIGNE, P.L., t. 176, col. 1029: Quod propterea dictum puto quoniam est locus inter timorem et securitatem tamquam inter laevam et dextram (E por isso se disse, creio eu. que existe um espaço entre o temor e a segurança, tal como entre a esquerda e a direita).
104. Cf. por exemplo EFRÉM O SÍRIO. *Hymnus et Sermones*. II, op. cit., p. 176.
105. *Concordia*. II, 1, apud HAHN. Op. cit., vol. III, p. 271.

Texto: Assim será meu filho dileto, olhai como é bela sua forma entre os filhos dos homens, ele, cuja beleza deslumbra o sol e a lua. Ele é o privilégio do amor e o herdeiro em quem os homens confiam e sem o qual nada podem fazer.

No contexto, o *filius* e a pomba prateada e de ouro são um só ser[106]. Mas como já dissemos, ela (pomba), na concepção eclesiástica, é também um símbolo do Espírito Santo, da Igreja, de Maria, assim como de Cristo[107] e da multidão dos "justos".

As palavras do Salmo 45,3: "Tu és o mais belo dos filhos dos homens [...]"[108] são aplicadas a Cristo na liturgia da missa[109]. Na *Aurora*, pelo contrário, o "filho" é compreendido num sentido alquímico, como um rebento nascido da união amorosa do Sol e da Lua, dos quais ele é o herdeiro. O *filius* está, pois, entre os astros, Sol e Lua, que o admiram como se fossem seus pais. A *coniunctio* não se produz mais entre a *sapientia* e o autor, mas entre o Sol e a Lua, tornando-se assim "extrapessoal" – como um processo projetado no cosmos. O "filho" – dir-se-á depois na passagem seguinte – é o ouro terrestre, pois a este se referem as palavras citadas no Livro de Baruc ("os homens nele põem sua confiança")[110], de onde se depreende claramente, mais uma vez, que a figura do "filho" se transforma na figura alquímica da *albedo*, da

216

217

218

---

106. Cf. HONÓRIO DE AUTUN. Expos. in Cant. MIGNE, P.L. t. 172, col. 380.
107. A pomba é um símbolo de Maria (ibid., p. 544: "Columba tenera portat aquilam annosam..." [A tenra pomba traz a águia idosa [...]) e no sistema gnóstico, um símbolo de Cristo, o Filho da *Sophia*. (Cf. BOUSSET, W. *Hauptprobleme der Gnosis – Forschungen zur Religion und Literatur des Alten und Neuen Testaments*. Op. cit., p. 266).
108. O Salmo foi designado na Igreja como "canção de louvor de Deus e sua noiva".
109. Gradual do domingo na oitava do Natal. *Missal*. Op. cit., p. 110 [SCHOTT (org.)]. Cf. tb., acerca da beleza de Cristo, EFRÉM O SÍRIO. *Hymnus et Sermones*. Op. cit., vol. II, p. 562: "Labia tua stillant pharmacum vitae, balsamun fluit e digitis tuis, pulchri sunt oculi tui [...] Omnes filii Ecclesiae te ardentissime appetunt" (Os teus lábios destilam um remédio de vida, um bálsamo flui de teus dedos, belos são teus olhos [...] Todos os filhos da Igreja te procuram com o máximo ardor).
110. Do mesmo modo, em RUSKA. *Livro do alúmen e dos sais*. Berlim: [s.e.], [s.d.], p. 64, o ouro é "Dominus Lapidum [...] et rex [...] et sic est aurum inter corpora sicut sol inter sidera, quia sol est rex siderum et lumen et cum eo complentur res terrarum et vegetabillum [...]" (Senhor das Pedras [...] e rei [...] e o ouro está assim entre os corpos como o sol entre as estrelas, pois o sol é o rei e a luz dos astros, e, por ele, as coisas da terra e os vegetais são elevados à perfeição).

matéria alvejada, isto é, do ouro. Na simbologia eclesiástica ela é uma imagem da *sapientia* e do Cristo apocalíptico, ou uma representação de seu corpo, que é a "coorte dos justos". O autor compreende o símbolo da *albedo* religiosamente, ou compreende a simbologia religiosa alquimicamente? Provavelmente, nenhum dos casos ou ambos. É possível que ele, numa visão ou numa figura onírica, tenha contemplado a imagem e então, através da imagem conhecida, tenha tentado compreender. O que é espantoso nesta parte do texto é o *recuo do aspecto individual*. O estilo é novamente o de uma "anunciação" ou de um hino de louvor, e o final é claramente didático. Com a desaparição do elemento obscuro, o elemento pessoal foi como que eliminado.

219   Texto: Quem tiver ouvidos para ouvir, que ouça o que o espírito da doutrina diz aos filhos da ciência a respeito das sete estrelas, através das quais se realiza a obra divina. Senior as menciona em seu livro, no capítulo do sol e da lua: Depois de estabeleceres esses sete, que divididste por meio das sete estrelas, que os tiveres agregado às sete estrelas e os purificado nove vezes até que se assemelhem a pérolas – isto é a *dealbatio* (brancura).

220   As frases finais do capítulo marcam um retorno a uma formulação de teor nitidamente alquímico. Elas indicam por uma outra imagem que no estágio final da primeira parábola trata-se realmente da clássica *albedo*: A citação de Senior fala dos poderes atribuídos às sete estrelas, que devem ser purificadas até se assemelharem a pérolas. Trata-se das sete estrelas citadas no Apocalipse como atributos da divindade. O significado delas corresponde aos sete metais, cujo conjunto constitui geralmente a pedra, e que se reúnem nesta última em "coroa"[111]. Nestas palavras finais da parábola mostra-se de novo o sentido do título: "Da terra negra, na qual sete planetas criaram raízes". Segundo a concepção medieval, com efeito, os sete metais não são somente correspondentes *em ordem* aos sete planetas, mas nasceram na terra em sentido literal, através da *instillatio* ou *influentia* dos sete planetas[112]. Manifestamente, na nuvem negra citada no começo

---

111. Cf. JUNG. *Mysterium Coniunctionis* [OC, 14/1], p. 7-8 e 239.
112. Cf., por exemplo, MENNENS, J. *Theatrum Chemicum*, V. [s.l.]: [s.e.], 1622, p. 341: "dicet aliquis quomodo influentiae paedictae metallorum [...] parentes montes penetrabunt? Respondet Propheta regius: Montes sicut cera fluxerunt a facie Domini". (Alguém dirá: Como as influências preditas dos metais penetrarão nas montanhas parentes? O profeta régio responde que as montanhas fundiram como cera diante da face do Senhor.)

do capítulo, e nas águas que irromperam com ela, foi o próprio céu estrelado que de certo modo desceu à terra e a impregnou[113]. A esposa, que no fim do capítulo precedente desceu do céu, estava também adornada com uma coroa de estrelas. *Ela é em certo sentido da mesma natureza que a nuvem porque também está acompanhada pelo céu estrelado.*

A união do céu e da terra é uma imagem predileta da *coniunctio* alquímica; assim diz uma citação de Hermes[114]: "Necesse est: ut coelum et terra coniungantur, quod verbum est philosophicum" (É necessário que o céu e a terra se tornem um só, o que é uma palavra filosófica); ou: O homem é o céu da mulher e a mulher é a terra do homem[115]. Já um grego anônimo diz[116]: "Em cima o celeste, embaixo o terrestre, através do masculino e feminino a obra se completa[117].

---

113. Cf. a descrição negativa desse tema em HONÓRIO DE AUTUN. *Specul. de myst. Eccles.* In: MIGNE, J.P. *Patrologiae cursus completus. Series latina.* Paris: [s.e.], t. 172, col. 937: "Eptacephalus (!) diabolus princeps tenebrarum traxit de coelo cauda sua partem stellarum et nebula peccatorum eas obtexit atque mortis tenebris obduxit. Unde sol aeternus jubar suae Caritatis nube carnis operuit, in occasu mortis pro stellis occubuit, de caligine productas ipse de nocte mortis oriens sereno coelo restituit" (O diabo de sete cabeças, o príncipe das trevas, arrastou do céu com sua cauda uma parte das estrelas e a nuvem dos pecados as cobriu com as trevas da morte. O sol eterno escondeu então os raios de sua claridade atrás da nuvem da carne. Na ocasião de sua morte, ele morreu pelas estrelas; tirando-as da obscuridade, ele as fez passar do céu da morte ao céu sereno).

114. Cf. PETRUS BONUS, *Theatr. Chem.*, 1622, V, p. 647. Cf. JUNG. *Psychologie und Alchemie*, p. 202, nota 3.

115. Tractatus Aureus, cap. 2: "verum masculus est coelum foeminae et foemina terra masculi". (Na verdade, o macho é o céu da fêmea e a fêmea é a terra do macho.)

116. BERTHELOT. *Collection des Anciens Alchimistes Grecs.* Paris: [s.e.], 1887/1888, III, X, 1, vol. I, p. 145.

117. A imagem originária da união do céu e da terra deve ter penetrado na alquimia pelas antigas religiões dos mistérios. Ésquilo particularmente descreve tal união num fragmento das Danaides (frag. 44, cit. na tradução de LEISEGANG, H. *Gnosis.* Op. cit., p. 93): "O céu pudico sente o desejo de penetrar a terra; a terra sente o desejo de desposá-lo. A chuva cai do céu sonolento como um beijo, a terra o recebe e gera os mortais: os rebanhos que vão pastando e o fruto de Deméter. A primavera florida dos bosques desperta a chuvosa noite desposada: Tudo isto provém de mim". Também o chamado dos Mistérios de Elêusis, *hye-kye* (faze chover! gera!), teria este mesmo sentido, segundo Proclo (In: PLATÃO. *Timeu.* 293, cit. ibid.): "As normas dos atenienses

222 A *terra nigra* (terra negra), título da primeira parábola, é evidentemente o princípio inicial que acolhe em si as forças planetárias. Isto não soa apenas como a antiga concepção da *terra mater*[118], mas se documenta alquimicamente. Assim, Rosino, por exemplo, responde à pergunta de Eutícia: "Quis foemina? – Terra nigra"[119] (Quem é a mulher? – A terra negra). Há aí uma alusão ao fato de que a terra é idêntica à figura sublime da *sapientia Dei* dos capítulos precedentes[120].

223 Uma visão acurada revela aqui a expressão de um pensamento verdadeiramente terrível: A "sabedoria de Deus" era na Sagrada Escritura a companheira de Javé, que "se encontrava com ele desde o início do mundo". Na patrística ela era definida como o *mundus archetypus* ou a soma das ideias eternas no espírito de Deus, à imagem das quais ele criou o mundo. Ela poderia ser comparada com a deusa indu *Shakti* ou *Maya* e com a *Sophia* gnóstica; e esta figura é assimilada em nosso texto *à alma da terra escura*, *à* matéria prima *impura da obra alquímica*. *Assim, a alquimia encarrega o homem da digna tarefa de liberar o aspecto divino da divindade mediante sua obra, a sapientia e a anima mundi da prisão da matéria, unindo-a de novo ao Deus masculino manifesto.*

---

prescreviam que se preparasse a festa das bodas do céu e da terra olhando para eles; e nos santuários de Elêusis, erguendo os olhos para o Céu, eles gritavam: 'Faze chover!' e voltando os olhos para a Terra diziam a palavra: 'concebe'. Nisso se manifesta a intuição de que a criação de todas as coisas depende de um pai e de uma mãe. Na gnose, este processo cósmico era interpretado psicologicamente. Por exemplo, no *Livro de Baruc* de Justino, o céu (ουρανος) é equiparado ao pneuma e a terra, à *psyché*". (HIPÓLITO. Elenchos. V, 26, 36. – Cf. tb. REITZENSTEIN, R. *Das iranische Erlösungmysterium*. Bonn: [s.e.], 1921, p. 104). Este mesmo significado pode ser também encontrado em FÍLON DE ALEXANDRIA. Leg. Alleg. 1, par. 9. REITZENSTEIN. Ibid., p. 104-105, onde Céu e Terra são interpretados como νους e αισθησις, e mais tarde também como o homem celeste e terrestre (ibid., p. 105). Este complexo significativo é abordado na sexta parábola da *Aurora*.

118. Documentação em DIETERICH, A. *Mutter Erde*. 2. ed. Leipzig Berlin: Teubner, 1913, passim.

119. "Quem é a mulher?" – "A terra negra", *Artis Auriferae*. Basileia: [s.e.], 1610, 1, p. 169.

120. Também para Fílon de Alexandria a terra do paraíso é um "símbolo da sabedoria" (*symbolum sapientiae*). *Quaest. in Genes.* 18. Cf. REITZENSTEIN, R. *Das iranische Erlösungsmysterium*. Op. cit., p. 106. A identidade da terra com a *Sapientia* será tratada claramente depois, na sexta Parábola.

Através da ablução descrita no fim da parábola, a terra, isto é, as sete estrelas ou os metais nela contidos, ficará (a terra) "alva como pérolas". Para Senior, do qual foi retirada esta frase, a pérola é um sinônimo da *lapis*[121], a qual, enquanto *margarita subtilis* (pérola sutil), é formada a partir da água divina. Um texto medieval também designa a *sapientia Dei* como *margarita pretiosa* (pérola preciosa)[122]. Em nosso texto, porém, esta pérola é dividida em sete, o que evoca uma certa dissociação, isto é, a pluralização acima citada. É essa a razão pela qual os processos alquímicos serão repetidos no segundo capítulo.

224

Já na alquimia grega, a "pérola" é um sinônimo da "água divina" ou de seus πνευματα (espíritos). Assim, um alquimista grego anônimo diz: "os filósofos chamavam as águas ou espíritos (πνευματα = também substâncias evaporadas), de 'pérolas' e 'pedras preciosas', pois elas tinham uma grande força[123]. Se tu as trabalhares até extrair a natureza interior oculta, então terás atingido o *mysterium* dos filósofos"[124].

225

Em nosso texto as "pérolas" são um símbolo da *albedo* e também da "força feminina", isto é, da figura da *anima* ou da *sapientia*. No simbolismo cristão a pérola é uma imagem da pureza e da virgindade[125], o que pode completar o aspecto "moral" da *dealbatio* descrita.

226

---

121. Cf. *De Chemia*. Estrasburgo: [s.e.], 1566, p. 10-11.

122. De adhaerendo Deo, *Alberti Magni Opera*. Vol. 37. Paris: [s.e.], [s.d.], p. 524 [BORGNET (org.)]. "Nempe hic est thesaurus ille coelestis absconditus, nec non margarita pretiosa etc." ("Certamente este é o tesouro celeste escondido e a pérola preciosa etc.") *Margarita pretiosa novella* é o título de um conhecido tratado alquímico tardio de Petrus Bonus.

123. Também o místico árabe AL-FARABI. *Buch der Ringsteine*, utiliza o termo "pedra preciosa" para "todo ente verdadeiro". Cf. HORTEN, M. Das Buch der Ringsteine Al-Farabis, *Beiträge zur Geschichte der Philosophie des Mittelalt*. Vol. V. [s.l.]: [s.e], 1906, fasc. 3, p. 2.

124. BERTHELOT. *Collection des Anciens Alchimistes Grecs*. Paris: [s.e.], 1887/1888, V, II. 8. vol. 1, p. 339-340. – Em Zósimo podemos ler: (ibid. III, II, 2, vol. I, p. 114) "eu quero interpretar-vos o poder da pérola à qual até agora ninguém ousou iniciar-vos (μυσταγωγησαις) [...] ela possui a "força feminina" em si mesma, a qual deve ser preferida antes de tudo. Essa tornou-se a ação de alvejar de todo profeta, ação digna de louvor. Quero vos esclarecer também acerca da força da pérola, que, cozida em óleo, possui a "força feminina" em si [...] a completitude do que é material se dá através da pérola.

O tema da ablução química e psíquica no simbolismo do "batizado" é tratado mais pormenorizadamente nos capítulos seguintes.

227 Em resumo, a primeira parábola descreve um acontecimento psíquico essencialmente novo, isto é, a aparição súbita da *sapientia* vinda de baixo, da matéria, e seu pedido de socorro através do trabalho e esforço humanos. Com efeito, um tal socorro não só faria com que ela reencontrasse seu papel anterior, sublime, como tornaria possível a salvação da humanidade no fim dos tempos. A *sapientia* aparece igualmente mais adiante, sob os traços de um juiz masculino no qual se encarna psicologicamente uma tendência presente no inconsciente, incitando a consciência a uma discriminação mais aguda. Uma diferenciação (provavelmente entre o eu e si-mesmo, o pessoal e o impessoal) tornou-se imperativamente necessária após a contaminação precedentemente ocorrida entre a personalidade do autor e a imagem arquetípica da *anima*. Este é o motivo pelo qual a parábola termina por uma exortação consciencionsa no sentido de purificar nove vezes a "pérola". Enquanto que no meio da parábola é a *anima* que fala, no final é de novo o autor quem toma a palavra. Ele conseguiu manifestamente esta distinção, mas não de modo definitivo, pois no começo do capítulo seguinte é a *anima* que recomeça a falar.

Comentário à segunda parábola (sétimo capítulo)

228 A segunda parábola, como o título já mostra: "do dilúvio das águas e da morte que a mulher introduziu e expulsou", é rica de sentido. Como é indicado, a mulher não é senão a *sapientia Dei* de novo. Comentando o capítulo precedente, chegamos apenas indiretamente à conclusão de que a *sapientia*, em sua descida para o adepto, fora a origem da *nigredo*, mas o texto não o indica claramente. A situação de miséria em que se encontravam o alquimista e a *sapientia* fora apresentada de repente ao leitor. Através de sua tentativa de discriminação e de elaboração no último capítulo, o autor parece pressentir que a própria *sapientia* lhe trouxe esta "morte".

229 O capítulo começa de novo pela descrição de uma enchente. É como se cada parábola reproduzisse em traços rápidos a obra em sua totalidade. Mas agora é a *anima* que fala sozinha e descreve a *nigredo* como um acontecimento já quase passado.

Texto: Quando a avalanche do mar se dirigir a mim e as correntes inundarem minha face... 230

Aqui o estado da *nigredo* se amplia em novas direções. A inundação não é mais somente a nuvem penetrando na terra, mas também é descrita como a invasão de uma maré. A expressão "avalanche do mar" designa em Isaías "os pagãos que habitam à beira do mar" (Is 60,5). Há neste ponto uma nova alusão ao problema, abordado no motivo dos etíopes, da *irrupção de conteúdos pagãos*. Encontra-se de modo característico uma representação semelhante em Christianos, comentarista bizantino de tratados alquímicos. Este diz, para explicar a expressão "água do mar": os antigos filósofos significavam com ela a água fixadora e criadora da arte; "pois o mar invade tanto pela abundância dos peixes como pelo fato de que os bárbaros são ribeirinhos"; o metal é uma "coisa vermelha" que aniquila os que dele se aproximam sem ter experiência[1]. Hugo Rahner, que reuniu uma ampla coleção de documentos patrísticos sobre o significado simbólico do mar[2], diz que "o mar diabólico" é, no sentido figurado, a humanidade que se entregou ao diabo, a massa dos povos pagãos, e cita Hilário[3]: "Com razão interpretamos as águas como povos [...] as águas da terra são assustadoras, telúricas, tenebrosas, elas querem tragar-nos pelos corações inflamados de cólera, movidos pelo pleno assalto do furor diabólico". Sobre o mar estão a névoa e os turbilhões tempestuosos dos demônios ("daemonum nebulae et daemonum turbines")[4]. 231

---

1. BERTHELOT. *Collection des Anciens Alchimistes Grecs*. Paris: [s.e.], 1887/1888, VI, XII, 4, vol. I, p. 417s.
2. Antemna Crucis II: "Das Meer der Welt". In: *Zeitschrift für katholische Theologie*. Vol. 66, Innsbruck-Leipzig: [s.e.], 1942, fasc. 2.
3. Tract. in Psalm. 123.5, cit. RAHNER, p. 112: recte significare aquas populos intelligimus... Aquae terrestres sunt trepidae, terrenae tenebrosae absorbere nos volentes animis in ira concitatis et toto diabolici furoris impetu commotis (Entendemos que as águas significam os povos corretamente... As águas terrestres são agitadas, as terrenas cheias de trevas querem nos tragar, abalando os espíritos pela ira e pelo furor do ímpeto diabólico). Cf. a mesma documentação mais adiante.
4. CRISÓLOGO. Sermo 26. In: MIGNE, J.P. *Patrologiae cursus completus. Series latina*. Paris: [s.e.], t. 52, col. 254 B e AGOSTINHO (?). Sermo 356, 5. Migne, P.L. t. 39, col. 1649 A, cit. em RAHNER. Ibid., p. 112-113.

Esta concepção se encontra de modo subjacente na passagem acima citada de Christianos, e é por isso que os bárbaros invasores ou – em nosso texto – a avalanche do mar podem aniquilar o adepto, o que é uma alusão à possibilidade da irrupção de uma doença mental. Já os velhos autores chamavam a atenção para o fato de que no chumbo (*prima materia*) mora um demônio capaz de provocar a μανια (doença do espírito)[5]. Em nosso texto isto se exprime pela ideia da maré enchente. Esta imagem é psicologicamente compreensível, na medida em que o mar simboliza o inconsciente coletivo. Este último poderia abalar a consciência do adepto, não só por seus conteúdos pagãos, mas também por seu poder excessivo. O autor anônimo da obra denominada "*Epístola de Razi*" fala também da água como de "nosso mar cheio de gigantes"[6].

232   O que se segue alude ao desencadeamento de um combate sangrento como nestas palavras da *Aurora*:

233   Texto: (Quando) as setas da minha aljava ficarem embriagadas de sangue...

234   Inesperadamente fala a mesma figura, portanto, a *anima* projetada na materia declara que se embriagou num massacre assassino e num banho de sangue. Manifestamente esta alusão se refere àquele crime secreto que, segundo a *Turba*, a "mulher" comete durante a *coniunctio* contra seu amado, "com as armas ocultas em seu corpo"[7], e que em outros textos é designado como μαχη θηλειη (combate feminino)[8]. Remeto o leitor, no tocante a este contexto simbólico, às considerações de Jung, que ressaltou também o simbolismo eclesiástico paralelo[9]. O amor é designado na linguagem eclesiástica como aquilo

---

5. Cf. Petásio em Olimpiodoro, BERTHELOT. *Collection des Anciens Alchimistes Grecs*. Paris: [s.e.], 1887/1888, II, IV, 43 e 44 (vol. I, p. 95 e 97). Cf. com mais pormenores JUNG, C.G. *Mysterium Coniunctionis* [OC, 14]. Vol. 1, p. 257s.

6. *Artis Auriferae*. Basileia: [s.e.], 1610, parte 1, p. 251. Trata-se de uma tradução latina de um tratado árabe.

7. Cf. *Turba*. Op. cit., p. 247 e 229. Cf. tb. Zósimo, BERTHELOT. *Collection des Anciens Alchimistes Grecs*. Paris: [s.e.], 1887/1888, III, VI, 8.1, p. 124. ROSINUS ad Sarratantam. *Artis Auriferae*. Basileia: [s.e.], 1610 I, p. 189.

8. HELIODORI, C. Op. cit., p. 56, Carmen IV, verso 225 [GOLDSCHMIDT (org.)].

9. Cf. JUNG. *Mysterium Coniunctionis* [OC, 14/1], p. 133, 158, 174 e 188s.

que mata e vivifica. Assim, por exemplo, diz Agostinho[10]: "Ipsa caritas occidit quod fuimus, ut simus quod non eramus; facit nobis quandam mortem dilectio" (A caridade mata o que fomos para que sejamos o que não éramos. O amor nos inflige uma certa morte). – O excesso do amor provoca igualmente, segundo Tomás de Aquino, uma *liquefactio* (liquefação)[11] e um *langor* (languidez)[12].

No contexto bíblico (Dt 32,42) *o triunfo e a vingança de Deus sobre seus inimigos* são descritos através de flechas embriagadas de sangue[13]. Assim, *a figura da anima é de novo assimilada a Deus*. Não

---

10. Ennar. In Psalm. 121, MIGNE, P.L., 37, col. 1.628: O amor mata o que éramos, a fim de que surja o que não éramos; o amor é para nós como uma morte.

11. *Summa*. Editio Leonina, vol. VI. Roma: [s.e.], 1891. Prima secundae quaest. 28, art. 5: "Amor ergo boni convenientis est perfectivus et meliorativus amantis: Amor autem boni, quod non est conveniens amanti, est laesivus et deteriorativus amantis: unde maxime homo perficitur et melioratur per amorem Dei, laeditur autem et deterioratur per amorem peccati [...] liquefactio importat quandam mollificationem cordis qua exhibet se cor habile ut amatum in ipsum subintret". (Assim pois o amor de um bem conveniente aperfeiçoa e melhora o amante; mas o amor de um bem que não convém ao amante o fere e deteriora. Assim, o homem é aperfeiçoado e melhorado ao mais alto grau pelo amor de Deus, mas é ferido e deteriorado pelo amor do pecado [...] a liquefação provoca um amolecimento do coração através do qual o coração se mostra predisposto a que a coisa amada penetre nele.) Cf. tb. *Comm. in Sent.* Lib. III, dist. XXVII, 9, 1 a. 1 ad 4: "quia amans a se ipso separatur in amatum tendens et secundum hoc dicitur amor extasin facere et fervere, quia quod fervet extra se bullit et exhalat..." (porque o amante separou-se de si mesmo e tende para a coisa amada, e por este motivo diz-se que o amor provoca o êxtase e o fervor, uma vez que aquilo que é fervente entra em ebulição e exala...)

12. Cf. MEIER, M. Die Lehre des Thomas von Aquino De passionibus animae in quellenanalytischer Darstellung, *Beiträge zur Gesch. der Philosophie des Mittelalters.* Vol. XI, Münster i. W.: [s.e.], 1912, fasc. 2, p. 55. A passagem é: de passionibus animae 9, 27a. – Cf. Adiante GILBERTO DE HOY. *Sermones in Cant.* XLVII. 3, in: MIGNE, J.P. *Patrologiae cursus completus. Series latina*. Paris: [s.e.], 184, col. 244. GUILHERME DE THIERRY. *Sup. Cant.* c. 2, in: MIGNE, J.P. *Patrologiae cursus completus. Series latina*. Paris: [s.e.],. 180, col. 515, e BALDUÍNO, arcebispo de Canterbury. *Tract*. XIV, in: MIGNE, J.P. *Patrologiae cursus completus. Series latina*. Paris: [s.e.], t. 204, col. 339. Cf. tb. AUVERGNE, G.de. *De Trinitate*. c. XXI, Migne, P.L. t. 2, col. 26: "et plerumque vulnus dicitur amor" (e o amor é comumente designado como uma ferida).

13. Cf. particularmente Jl 2,23-24 e 4,12s.: "Então eu me sentarei para julgar todos os pagãos das nações vizinhas. Brandi a foice, pois a colheita já está madura. Vinde pisar, pois o tanque está cheio e os barris transbordando [..] pois o dia do Senhor está próximo no vale do julgamento. Sol e Lua escurecerão" etc.

somente a "mulher" mata seu amado na maioria dos textos alquímicos, como também se desencadeia indiscriminadamente e enfurecida contra os homens[14]. Como outrora o massacre dos inocentes de Belém seguiu-se ao nascimento de Cristo, este "novo nascimento" parece introduzir também uma carnificina apocalíptica.

236 Texto: ...quando minhas adegas rescenderem ao mais precioso vinho e meus celeiros estiverem repletos de trigo, quando o esposo entrar na minha alcova com as dez virgens sábias, e o meu ventre intumescer ao contato do meu amado...

237 O triunfo do vencedor, que é o aspecto positivo de massacre, é exposto na frase em que se trata de adegas e celeiros repletos que pertencem ao vencedor. A *nigredo* com efeito, segundo uma declaração de Avicena[15], *é um triunfo ou dominação do feminino*.

238 A descrição do banho de sangue significa manifestamente, como o título já menciona, a "morte" provocada pela mulher, e como se pode concluir indiretamente pelas representações paralelas de outros textos, uma consequência da primeira *coniunctio*[16]; por isso, na parte seguinte do texto se fala das dez virgens junto às quais o esposo vai e da gravidez da "mulher". O massacre parece ter provocado um contragolpe – a gravidez da "mulher", isto é, o esposo celeste vem a ela. Psicologicamente isto significaria que essa irrupção emocional do "divino" hostil ao humano, destruindo todo o universo de cultura e de consciência, tem um sentido mais profundo, pois a alma se torna grávida e um novo nascimento, isto é, na realidade uma outra encar-

---

14. Entre os paralelos mitológicos mais antigos estavam por exemplo as lendas egípcias da deusa *Hathor*. Quando Rê, o deus Sol, envelheceu, os homens conspiraram contra ele; então ele enviou sobre a terra a deusa *Hathor*, seu olho. Hathor provocou uma grande mortandade entre eles e não conseguia deter-se, embora Rê quisesse salvar os sobreviventes. Ele espalhou então cerveja cor de sangue em torno da deusa quando ela dormia. *Hathor* embriagou-se e renunciou à chacina. Cf. VANDIER, J. *La Religion Egyptienne*. Paris: [s.e.], 1949, p. 38.

15. Declarado Lapidis Physici, *Theatr. Chem.*, 1613, vol. IV, p. 91: quia usque ad albedinem humiditatis corruptio et foeminae viget dominium (pois até a albedo, a corrupção da umidade e a lei do feminino exercem sua dominação).

16. A mulher "enfurecida" (como é mencionado) no contexto bíblico é idêntica a Deus.

nação mais ampla e abarcante de Deus poderia seguir-se. A parábola das dez virgens alude a um "hierosgamos" com a divindade. Convém lembrar aqui o texto bíblico (Mt 25,1-13): "Então o Reino dos Céus será semelhante a dez virgens que, tomando seus candeeiros, foram ao encontro do esposo. Cinco dentre elas eram loucas e cinco, sábias. As loucas, tomando seus candeeiros, não levaram o azeite necessário. Mas as sábias levaram o azeite em seus vasos juntamente com os candeeiros. Ora, o esposo demorando, elas ficaram sonolentas e acabaram dormindo. À meia-noite ouviu-se um grito: 'Eis que o esposo vem, ide ao seu encontro'! As virgens levantaram-se e prepararam seus candeeiros. As loucas porém diziam às sábias: 'Dai-nos do vosso óleo, porque nossos candeeiros se apagam!' Então as sábias responderam: 'Não é possível, porque não há bastante para nós e para vós; mas ide aos vendedores e comprai vós mesmas! Ora, enquanto elas partiram para comprar, veio o esposo, e as que estavam prontas entraram com ele na sala de núpcias e a porta foi fechada. Enfim as outras virgens chegaram e diziam: 'Senhor, Senhor, abri-nos!' Ele respondeu, dizendo: 'Verdadeiramente eu vos digo: não vos conheço!' Vigiai, pois, porquanto não sabeis nem o dia. nem a hora"[17]. Em si mesmo, este tema de um grupo de mulheres, esperando todas o *único* esposo que aparece no meio da noite, é estranho e se liga à tradição pré-cristã: tanto no culto de Adonis como nas festas populares que celebravam a morte e a redescoberta de Osíris, a morte do deus e sua hierogamia com a deusa-mãe eram acompanhadas por coros de mulheres que participavam do sofrimento e da alegria da Grande Mãe[18]. O sarcófago e o leito nupcial eram pois um só[19]. A festa era principalmente celebrada por mulheres[20]. Em Busíris, depois da descoberta de Osíris morto, celebrava-se ainda uma "festa das candeias acesas", no curso da qual os crentes escoltavam o corpo do deus morto até a ilha

---

17. Cf. HONÓRIO DE AUTUN. *Expos. in Cant.* MIGNE, P.L. t. 172, col. 534, que interpreta esta passagem como a entrada de Cristo na alma.
18. Cf. GRESSMANN, H. *Tod und Auferstehung des Osiris.* Leipzig: [s.e.], 1923, cap. Adonis e Osíris.
19. Cf. GRESSMANN. Op. cit., p. 16.
20. Ibid., p. 25. Cf. tb. as mênades do *culto de Dionso*.

dos mortos[21]. Se existir relações entre a parábola bíblica e estas imagens, ter-se-ia aqui uma primeira evocação do tema arquetípico das núpcias fúnebres que representa o conteúdo central do último capítulo da *Aurora*.

239   A aplicação da parábola ao *nosso* texto é efetivo: as *dez* virgens (sábias) penetram com o esposo na câmara nupcial, e assim as virgens loucas para as quais, segundo a versão bíblica, fechou-se a porta do reino, também são integradas na obra da redenção. A imagem desta generosa redenção da qual o ser humano manifestamente participa[22] em sua insuficiência, provavelmente foi preparada pela irrupção da sombra de Deus na *psique* humana. Retornaremos depois[23] ao sentido de número dez (das virgens), pois o texto retoma o tema sob uma outra forma. É preciso sublinhar em primeiro lugar o caráter extremamente significativo do fato que o ser humano, repudiado e excluído das núpcias celestes no mundo cristão, é admitido com igual direito em nosso texto.

240   *Como vimos, ao banho de sangue e à inundação se seguem uma procriação e uma gravidez que levarão ao nascimento do* filius philosophorum[24]. Retrospectivamente, a "enchente" e a "nuvem" do capítulo precedente mostram um novo aspecto: elas não são apenas fatores de destruição, mas de vida e de frutificação. Já na alquimia grega a nuvem significava vivificação. Assim, diz Komarios[25]: "Vede e compreendei como as nuvens se levantam do mar e levam águas abençoadas com que embebem a terra, e fazem proliferar os grãos e as flores". Em Senior também a água divina equivale "às nuvens que vivificam o mundo inferior"[26]. Na simbologia eclesiástica, Maria é consi-

---

21. Ibid., p. 38.
22. Cf. JUNG. *Psychologie und Alchemie*. Zurique: Rascher, 1944, Introdução, p. 44s.
23. Cf. adiante, § 251.
24. Acerca do sentido psicológico da "gravidez anímica" em geral, remeto às exposições de JUNG. *Die Psychologie der Übertragung*. Zurique: [s.e.], 1946, p. 144s.
25. BERTHELOT. *Coll. Alch. Grecs*, IV, XX, 8, vol. I, p. 295.
26. *De Chemia*. Estrasburgo: [s.e.], 1566, p. 24: "Similiter nominant hanc aquam Nubem vivificantem mundum inferiorem et per omnia intelligunt aquam foliatam, quae est aurum Philosophorum". (Eles chamam esta água igualmente de nuvem que vivifica

derada a "nuvem refrescante"[27]. No capítulo precedente, a inundação tinha um duplo aspecto: de um dilúvio mortal e de uma ablução purificadora (evocada pela *albedo*, descrita no fim do capítulo). Este duplo significado de enchente e de nigredo também se encontra aqui: é ao mesmo tempo morte e dom de vida[28].

Texto: [...] depois que Herodes em seu ódio assassinar muitas crianças de Belém da Judeia e Raquel tiver chorado todos os seus filhos, e a luz erguer-se das trevas e o sol da justiça tiver aparecido no alto do céu, então terá chegado a plenitude dos tempos em que Deus, segundo suas palavras, enviará seu Filho...   241

A simultaneidade entre a destruição e a nova vida é aqui ilustrada pela alusão ao massacre dos inocentes em Belém e ao rapto dos filhos de Raquel. A ameaça visando à criança herói é um tema arquetípico universalmente difundido para cuja interpretação remeto o leitor ao ensaio de Jung "A criança divina"[29]. Nos comentários dos padres da Igreja, Raquel seria uma imagem da "Igreja agonizante". Cirilo diz a seu respeito[30] que assim como Raquel morreu ao nascer seu último fi-   242

---

o mundo inferior, e por todas essas coisas entendem a água folhada que é o ouro dos filósofos.) – Encontra-se uma imagem paralela a esta na linguagem simbólica da Igreja: segundo EFRÉM O SÍRIO. *Hymni et Sermones*. Op. cit., II, p. 766 [LAMY (org.)], o Evangelho se difunde "como uma nuvem salvadora sobre a Terra".

27. PS. – MAGNO, A. *Biblia Mariana*. Op. cit., vol. 37, p. 384 [BORGNET (org.)]: "(Maria) est nebula refrigerans, pluens et donans". ([Maria] é a nuvem que refresca, umedece e doa.) Ela é também (p. 366) a *nubes obumbrationis et ductionis* (a nuvem que dá a sombra e guia).

28. Cf. a passagem de Komarios citada acima por C.G. Jung, BERTHELOT. *Collection des Anciens Alchimistes Grecs*. Paris: [s.e.], 1887/1888, IV. XX, 10, vol. 1, p. 293: "As ondas e as vagas, rolando umas sobre as outras, ferem a substância no Hades, isto é, no túmulo em que ela repousa, mas. quando o túmulo está aberto, ela escapa dele como uma criança do corpo de sua mãe". O *Aquarium Sapientum* (que se subordina à *Aurora*), *Musaeum. Hermeticum*. Op. cit., p. 86, diz: "Lapis huius generis undiqueest: *conceptio* eius sit in *inferno*, partus in terra, vita in coelo, moritur in tempore et demum beatitudinem aetemam impetrat" (Toda coisa participa da formação desta pedra. Ela é concebida no inferno, ela nasce sobre a terra, vive no céu, morre no tempo e chega enfim à beatitude eterna). ORÍGENES. Contra Celsum. IV, 69, interpretava o dilúvio como καθαρσις (purificação) e διορθωσις (correção) do mundo.

29. In: *Einführung in das Wesen der Mythologie*. Amsterdam/Leipzig: Pantheonverlag, 1941, p. 105s.

30. Glaphyror. in Genesin. cit. RAHNER, H. Mysterium Lunae, op. cit., p. 344.

lho, "da mesma forma a Igreja morre para seu estado terrestre ao nascer para a vida eterna". Deve-se discernir este fundo simbólico na menção feita aqui de Raquel: da mesma forma que a mulher domina primeiramente na *nigredo*, assim também ela é despojada depois de sua soberania quando nasce o *filius philosophorum*; ela morre e sua vida é transmitida ao novo ser.

243   O novo nascimento é designado "sol de justiça" segundo a imagem tirada de Malaquias 3,20, que a Igreja sempre outorgou a Cristo[31]. Lê-se no Gradual de 8 de setembro, na festa do nascimento de Maria[32]: "Bem-aventurada és, Virgem Maria [...] porque o sol de justiça, o Cristo nosso Deus, ergueu-se de ti"[33]. Efrém o sírio diz[34]: 'Maria [...] traz o sol no seu seio, seu mistério aterroriza aqueles que disso querem falar"[35]. E a Bíblia Mariana (PS.-Alberto) diz de Maria: "Ela é aquela que Salomão compara à aurora em seu nascimento, à lua cheia em sua misteriosa concepção do filho de Deus, ao sol em sua viagem celeste, às terríveis armadas na caça aos demônios"[36]. Sobre o sentido psicológico complexo do sol como imagem originária da consciência e quanto à sua fonte, o si-mesmo, remeto o leitor aos esclarecimentos de Jung[37].

---

31. Cf. DOELGER, F.J. *Die Sonne der Gerechtigkeit und der Selmarze*. Münster: [s.e.], 1919, p. 49s.

32. *Missal*. Op. cit., p. 721 [SCHOTT (org.)].

33. Acerca da identificação de Cristo com o sol, cf. SANTO AGOSTINHO. Enn. in Ps. 10,3, apud. RAHNER, H. Myst. Lun., *Zeitschrift für katholische Theologie*. Op. cit., p. 439: "Christus multis locis in Sanctis Scripturis allegorice Sol est appellatus" (Em muitos lugares da Sagrada Escritura Cristo é chamado alegoricamente de Sol).

34. *Hymni et Sermones*. Op. cit., vol. II, p. 530, adiante p. 174.

35. Cf. adiante, op. cit., vol. II, p. 540: "Dela (de Maria) nasceu o Sol de Justiça que ilumina o mundo inteiro na aurora". Do mesmo modo, vol. I, p. 8, 16, 130 e vol. II, p. 478, 526, 550 e 792: "Na luz todas as coisas se tornam distintas e em Cristo tudo se esclarece"; vol. I, col. 10: "as trevas são vencidas a fim de que seja manifestada a derrota de Satanás, e o sol vence para anunciar o primogênito. As trevas são vencidas, assim como o espírito da obscuridade e nossa luz venceu com o autor da luz" (vol. II, p. 496). – Numa passagem Éfrem o Sírio descreve o Cristo como uma coluna de luz, o que evoca a concepção maniqueia do Salvador como coluna de luz.

36. *Alberti Magni Opera*. Vol. 37. Paris: [s.e.], [s.d.], p. 399 [BORGNET (org.)].

37. Cf. *Myst. Coni.*, vol. I, capítulo: Sol.

A calamidade descrita no começo, na primeira parábola, se 244
transforma então quase bruscamente em um hino de louvor – agora
vê-se explodir a alegria do nascimento de um salvador e, como na
primeira parte, a interpretação cristã do evento acompanha esta
transformação: o novo salvador se identifica em quase todas as citações com o Cristo. É como se o autor recaísse sempre de novo numa
obscuridade inconsciente de conteúdos pagão alquímicos, mas assim
que uma imagem do si-mesmo se manifesta no caos, ele a assimila a
Cristo e assim se sente salvo, reabilitado e livre do perigo "do inimigo". Por isso ele rejeita para longe o problema da sombra, e é esse o
motivo pelo qual a obscuridade retorna constantemente e pede de
novo a palavra.

Texto: ...então terá chegado a plenitude dos tempos em que Deus, se- 245
gundo suas palavras, enviará seu filho que ele estabeleceu como herdeiro de
todas as coisas e através do qual ele também fez o mundo (e) a quem disse um
dia: "Tu és meu Filho, hoje eu te gerei"; a ele os magos do Oriente também
ofereceram três dons preciosos. Nesse dia, feito pelo Senhor, exultemos e
nos alegremos, porque hoje o Senhor olhou minha aflição e enviou a redenção, pois Ele reinará em Israel.

Tais sentenças são alusões a uma figura que, cada vez, é posta em 246
paralelo com Cristo – assim, por exemplo, citemos na "plenitude dos
tempos"[38] o estabelecimento de Cristo como o "herdeiro sobre todas
as coisas"[39], ao qual Deus diz: "Tu és meu Filho, hoje eu te gerei"[40] e
também a menção dos reis do Oriente que prestam homenagem à
Criança. É importante que a ênfase seja posta em Deus através deste
Filho "que fez o mundo", onde o *filius philosophorum* é interpretado
a modo de Cristo, como *logos criador do mundo*. As seguintes palavras do texto: "Nesse dia. feito pelo Senhor, exultemos[41] [...]" formam
o gradual do domingo da Páscoa e constituem um dos temas principais da liturgia pascoal[42], aludindo ao fato de que o nascimento do *fi-*

---

38. Gl 4,4.
39. Hb 1,2.
40. Hb 1,5.
41. Sl 118.
42. *Missal.* Op. cit., p. 316. Cf. tb. HONÓRIO DE AUTUN. Migne, P.L. t. 172, col.

lius philosophorum é também uma ressurreição ou um *renascimento*. Este ponto é particularmente importante em seu significado psicológico, na medida em que não se trata somente do novo nascimento do "homem interior", do si-mesmo, mas igualmente do renascimento da consciência do eu do homem. Poder-se-ia também interpretar o nascimento do filho alquímico como uma nova forma compensatória da ressurreição de Cristo; com efeito, o arquétipo do si-mesmo é verdadeiramente "eterno"; só a imagem arquetípica que o representa na *psique* morre e se transforma de acordo com as modificações da consciência do homem.

247   Texto: Hoje, a morte que a mulher havia trazido foi expulsa pela mulher e as portas do inferno foram quebradas; a morte não exercerá mais sua dominação, nem as portas do inferno prevalecerão contra ela...

248   Nessas palavras, com o aparecimento deste "Filho", a morte não exercerá mais sua dominação[43]. O Filho é assimilado a Cristo *ressuscitado e a uma imagem do homem imortal*[44]. Ao mesmo tempo o autor vê desaparecer sua *affictio*, sente-se libertado e a morte é expulsa do mundo. Com efeito, assim como o autor sofria a miséria, sentindo-se indissoluvelmente ligado a ela, do mesmo modo sua purificação e libertação de toda obscuridade e de toda corruptibilidade significam ao mesmo tempo sua própria libertação, proporcionando-lhe um sentimento de imortalidade.

924: "Nocti quippe mortis et miseriae, quae a peccato Adae incohans cunctos sua caligine involvit, haec sacra nox finem imposuit, Dies autem felicitatis et gaudii hodie inchoavit" (À noite de morte e miséria que envolveu a todos em suas trevas, a começar com Adão, esta noite santa pôs um fim. Começa hoje um dia de felicidade e de alegria).

43. Rm 61,9.

44. O autor do *"De adhaerendo Deo"* diz igualmente: "Se nosso coração e nosso espírito [...] se concentraram progressivamente em si mesmos num bem suficientemente imutável, e se aprenderam *a permanecer em si mesmos* etc., e se eles se habituaram a esse bem supremo até que ele se torne imutável, e se chegaram imutavelmente a esta vida autêntica da qual Deus é o Senhor, e nele [...] no interior, repousam nesse lugar [...] da divindade plenamente estabelecida *ela mesma em Jesus Cristo, que é o caminho, a verdade e a vida*". – *Alberti Magni Opera*. Vol. 37, Paris: [s.e.], [s.d.], p. 350 [BORGNET (org.)].

A situação encontrou assim uma solução caracteristicamente cristã: o alquimista é liberado mais por sua participação no nascimento do Salvador do que por sua própria obra. No inconsciente, algo é restabelecido em sua integralidade e totalidade, e o eu se sente indiretamente tranquilizado. É como se as oscilações extremas entre o inferno e a beatitude que essas parábolas descrevem conduzissem pouco a pouco a um equilíbrio dos opostos – sem que no entanto o autor realizasse plenamente as modificações que se preparavam em sua imagem consciente do mundo. Por isso, o processo fica parcialmente desconhecido, e o autor acredita que deve associar sua vivência do *filius*, isto é, do si-mesmo à representação eclesiástica de Cristo, ainda que na realidade o *filius philosophorum*, como Jung mostrou[45], represente um reflexo compensatório do inconsciente da figura dogmática de Cristo. A imagem alquímica do *filius philosophorum* é mais complexa do que a de Cristo, porque ela une em si um aspecto claro e um lado escuro – uma vez que a parte inferior da natureza humana nela está incluída. Como o texto mostrará a seguir, é também o caso da figura do Salvador descrita pelo autor da *Aurora* – no entanto, ele dá a essa figura mais perfeita o nome de Cristo, e assim o problema da integração da obscuridade realmente não se tornou consciente.

Texto: "[...] pois a décima dracma que fora perdida foi achada, e a centésima ovelha que se extraviara foi encontrada, e o número de nossos irmãos, diminuído após a queda dos anjos, foi plenamente restaurado".

Esta parte indica o modo de "salvação" ou de totalização no inconsciente, servindo-se das parábolas da dracma perdida e da ovelha desgarrada (Lc 15,1-10), que estão por seu lado relacionadas com a imagem do "número de irmãos diminuído pela queda dos anjos, que deve ser restaurado". Esta associação provém da hermenêutica cristã, pois, segundo Gregório Magno, as dez dracmas significam os nove coros de anjos e a humanidade, que são propriedade da *sophia* (!) divina, isto é, do Filho de Deus, e este procura com zelo o elemento perdido. Por outro lado, a mulher é também interpretada como a Igreja, e os pecadores são simbolizados por animais desprovidos de

---

45. *Psychologie und Alchemie*. Op. cit., p. 44s.

razão (ovelhas) e pelas dracmas, moedas de pouco valor[46]. Já se encontra entre a seita gnóstica dos *marcosianos*, cuja doutrina foi transmitida por Ireneu, uma aplicação semelhante da parábola da queda dos anjos, ou da *sophia* decaída[47]. Diz essa doutrina[48]: "A criação dos aions e a história da ovelha extraviada e reencontrada é (para os marcosianos) uma só e mesma coisa e eles se esforçam por interpretá-la misticamente [...] Eles dizem que o todo provém da unidade da díade; contando de 1 a 4, eles engendram o número 10, pois a soma de 1+2+3+4 dá o número 10 (dez aions). O 2, por seu lado, avançando até o *Episemon* (= ς = 6), produziu o 12 [...] Mas o doze, que se segue ao *Episemon*, é por eles designado como paixão, pelo fato de sempre correr atrás dele (do 12). Por isso, a ovelha extraviada significa a defecção que se produziu na dodécada (12). Eles ligam a defecção e a perda de uma força na dodécada à mulher que perdeu uma dracma e a encontrou depois de ter acendido uma candeia. Restam, pois, nove dracmas e onze ovelhas. Esses números multiplicados um pelo outro dão 99, que é exatamente o valor numérico do *amen* [...]" Segundo Marcos, a totalidade dos números ou letras do alfabeto configura a forma de uma virgem de luz, a *aletheia* = verdade[49]. Esta última é uma emanação feminina de Deus, o pensamento criativo através do qual Ele "pensa" o mundo. Marcos, seguindo Ireneu[50], propôs a hipótese de uma década de dez esferas celestes e de uma dodécada de doze signos zodiacais[51]. Entretanto, a dodécada representa o mau destino terrestre[52], enquanto que a década é "geradora de alma" e, segundo o

---

46. Cf. *Missal*. Op. cit., p. 415 [SCHOTT (org.)].
47. I, 13, 5s.
48. LEISEGANG. *Die Gnosis*. Leipzig: [s.e.], 1924, p. 340.
49. LEISEGANG, *Die Gnosis*. Op. cit., p. 329-331.
50. IRENEU, I., 17, I. Cf. BOUSSET, *Gnosis*, op. cit., p. 341.
51. Também Mani enumera dez céus. Cf. BOUSSET, W. Ibid., nota 1.
52. De modo semelhante no 13° Tratado, do *Corpus. Hermeticum*, dez forças boas de Deus se opõem a doze espíritos malignos (os signos do Zodíaco). Cf. adiante SCOTT, W. Hermetica. Op. cit., vol. I, p. 238s., particularmente p. 247-248. Cf. adiante

ponto de vista pitagórico[53], vida e luz se acham unidas nela; ela é pois uma imagem do *nous* criador do mundo[54]. A mônada provém do *pneuma* originário e compreende a década, e esta última contém de novo a mônada. Esta ideia pitagórica, que encontrou uma larga difusão na Antiguidade Tardia, reviveu na alquimia, em particular através da *Turba*. Lê-se por exemplo num discurso de Pitágoras, cujo texto árabe foi conservado[55]: "Sabei pois que a raiz do número e seu começo são a unidade, masculina e única, e que deste um saiu o conjunto da criação. Quanto ao dois, ele vem depois de um e é feminino [...] E o três é masculino [...] Quando veio o quatro, era feminino [...] A perfeição de todos os números é o quatro, pois o dez se perfaz através do quatro [...] Assim, Deus criou a totalidade das criaturas a partir de quatro naturezas diferentes, depois de terem chegado em número até dez, juntando-as umas com as outras [...] e Deus engendrou todas as coisas a partir delas. Não há, pois, distinção nem separação entre o dez e o quatro... Não se pode separar o dez e o quatro, e o dez só se perfaz pelo quatro. Além disso não há conta, nem ciência". Os desenvolvimentos de Senior, cuja obra contém de um modo geral uma vasta mística dos números, parecem depender desta passagem da *Turba*[56]. Seu "Poema" descreve

---

BOUSSET. *Hauptprobleme der Gnosis*. Forschungen zur Religion und Literatur des Alten und Neuen Testaments. Göttingen: [s.e.], 1907 [Caderno 10], I., p. 364.
REITZENSTEIN, R. Myst. Rel. [s.l.]: [s.e.], [s.d.], p. 49, 50.
53. Cf. SCOTT, W. *Hermetica*. Op. cit., *vol*. II, p. 393 e 243.
54. PROCLO. In Tim. I, 87, 28 (Diehl), apud. SCOTT. Op. cit., vol. 4, p. 388. J. Lydus: η δημιουργικη δεκας νους ελλαμπουσα ταις ψυχαις (A década criadora do universo, *nous* brilhante nas almas). Cf. do mesmo modo II, 236. 12 e De mensibus, 3, 4 (SCOTT IV, p. 392s.). A década é também a "cabeça de Cronos" (κεφαλη του κρονου). JÂMBLICO. De vita Pithagorae. 298, e KERN. Orphicorum Fragmenta. 307, 316. HIPÓLITO. Refut. 4,43. Cf. adiante JUNG, C.G. *Die Psychologie der Übertragung*. [s.l.]: [s.e.], 1946, p. 232 e HURWITZ, S. Archetypische Motive etc. Op. cit., in: *Zeitlose Dokumente der Seele*. Op. cit., p. 194s.
55. RUSKA. *Turba*. Op. cit., p. 300s.
56. Cf. RUSKA. *Turba*. Op. cit., p. 304, nota 1: Estes sermões de Pitágoras são a fonte das observações de SENIOR. *Theatrum Chemicum*. Vol. V. [s.l.]: [s.e.], 1622, p. 203:

dez figuras[57], cinco à direita do quadro e cinco à esquerda. No *opus*, a água é dividida em nove partes e levada à terra branca folhada[58], até que dela nasça *uma* terra e *uma* água. Depois, a terra é regada em seis partes (= seis "filhas")[59], e estas têm dez cores que aparecem de acordo com nove águias, e *o dez é a borra suja (fex) da qual elas foram extraídas*. Daí, ser a seguinte a significação alquímica do nove e do dez em Senior: nove partes da matéria são sublimáveis e então são representadas por pássaros[60]; a décima parte *é o resto não sublimável*. Este último corresponde na *Aurora* à ovelha perdida e ao coro dos anjos decaídos. *A obra inteira dos alquimistas, por isso, é o esforço de realizar a reintegração dessa borra não sublimável*: os *"pecadores sobre a terra"* e os *"anjos decaídos"*. As duas parábolas aparecem em Lucas 15 imediatamente antes da terceira parábola do filho pródigo, cuja penitência "tornar-se-ia júbilo diante dos anjos de Deus"[61]. O *filius* é, pois –, na

---

"Deinde ingreditur salsatura secunda in eo recens, quae est femina secunda, et facta sunt universa quatuor, scil, duo masculi et duae feminae, ex quibus exierunt quatuor colores, et hi sunt numerus eius. Intellige hoc principium numeri, primum et secundum, et dicis duo, et illa sunt tria in numero, deinde dicis tria, quae sunt in numero sex, deinde dicis quatuor, et fiunt in numero decem numeri manifesti, occulti autem ipsorum quatuor. His autem numeris perficis Magnesiam, quae est Abarnahas, existens ex quatur. Decem vero sunt quatuor, et ex eis sunt decem. Haec sunt quatuor naturae, scilicet terra, aqua, aër et ignis, ex quibus consistit omnis creatura. Intellige autem hoc."
(Então a segunda e nova salmoura entra nele. É a segunda fêmea e as totalidades tornaram-se quatro, a saber, dois masculinos e duas femininas, das quais saíram quatro cores e estas são seus números. Compreende este princípio do número, primeiro e segundo, e dizes dois, e eles são três em número; depois dizes três, que são seis em número, depois dizes quatro, e se tornam em número dez números manifestos, mas quatro dentre eles estão escondidos. Mas por esses números perfazes a Magnésia, que é Abarnahas, que provém do quatro. Na verdade, dez são quatro e destes são extraídos dez. São as quatro naturezas, a saber, a terra, a água, o ar e o fogo nos quais consiste toda criatura. Compreende, pois, isso.)

57. SENIOR. *De Chemia*. Op. cit., p. 23.

58. Ibid., p. 27, terra folhada "terra de prata".

59. SENIOR. *De Chemia*. Op. cit., p. 28.

60. Ibid., p. 122: "Per aquilas substantiam volatilem intelliges..." (Por águias, compreendes a substância volátil...)

61. Segundo a *Pistis Sophia* o mal do mundo consiste na mistura da luz e das trevas, e sua separação definitiva só se produz quando o número perfeito (das almas justas) se

linguagem expressiva de Senior –, o Um tornado substância volátil (espiritual) e terrestre (corporal), que obteve a "plenitude e a vida".

Tais amplificações explicam retrospectivamente por que, segundo nosso texto, as cinco virgens loucas, que fazem parte das dez virgens à espera do Senhor, penetram com ele na câmara nupcial – *elas pertencem à década na qual o não sublimável, o obscuro terrestre e objeto devem ser integrados e resgatados*. 252

Texto: Deves portanto alegrar-te hoje, meu filho, porque não haverá mais lamento nem dor, uma vez que as coisas anteriores passaram. 253

Segundo a afirmação do autor, o obscuro e o mal foram definitivamente expulsos, e o texto alude mesmo a uma *apokatastasis* integral. Toda separação é abolida, a dracma perdida, a ovelha desgarrada, os anjos decaídos são de novo reconduzidos à totalidade, e o número dos irmãos diminuído pela queda dos anjos se acha de novo "integralmente completo" *(plenarie integratus)*[62]. 254

Texto: Quem tiver ouvidos para ouvir, que ouça o que o espírito da doutrina diz aos filhos da ciência sobre a mulher que introduziu e expulsou a morte, o que os filósofos dão a entender com estas palavras: Tira-lhe a alma e restitui-lhe a alma de novo, pois a corrupção de uma é a geração da outra... 255

Aqui o texto retoma o tema que intitula a parábola, sobre a "mulher que introduziu e expulsou a morte". O esclarecimento alquímico disto consiste na operação em que a alma é retirada da matéria e depois devolvida a ela. Se bem que o autor na realidade tenha sido impelido a vivenciar a morte e o desaparecimento da morte, sem ter provocado ele mesmo tal experiência, seu conhecimento dos textos alquímicos permitiu-lhe manifestamente compreender de imediato o processo nesse sentido e ele obteve, formulando-o alquimicamente, uma certa distância no tocante à sua emoção. 256

---

completa (BOUSSET, W. *Hauptprobleme der Gnosis* - Forschungen zur Religion und Literatur des Alten und Neuen Testaments. Op. cit., p. 102).
[62]. Cf. JUNG, C.G. *Mysterium Coniunctionis* [OC, 14/2], p. 312s. Trata-se de uma *apocatastasis* de todo ente, na qual o homem reencontra também sua unidade original com a natureza e com Deus. A intuição dessa meta liberta momentaneamente o autor de sua implicação no drama inconsciente; ele o considera mesmo como um processo alquímico que pode ser posto a caminho pelo homem, o que determina nas passagens seguintes uma estranha volta à linguagem didática.

257   Na linguagem bíblica, a mulher que "trouxe a morte ao mundo" seria Eva. Assim, por exemplo, Efrém o Sírio disse em suas famosas fórmulas antinômicas[63]: "Eva, a mãe de todos os vivos, torna-se fonte de morte para todos os vivos"[64]. "Eva, na alquimia, é a substância feminina do arcano[65], provavelmente por causa da etimologia antiga de seu nome: mãe de todos os vivos" (Gn 3,20)[66]. Para a seita gnóstica dos peratas, Eva era a encarnação da *anima mundi*, enquanto κοινη φυσις (natureza comum) dos deuses e dos anjos, dos mortais e dos imortais[67]. Mais sutil ainda é a concepção dualística dos mandeus, que reconhecem dois princípios originários femininos (αρχαι): uma "mãe dos vivos" e uma "morte" representada femininamente. A morte é ligada à vida corporal, que é também o lugar do pecado[68]. Eva torna-se, por causa de seu significado como mãe dos vivos, uma prefiguração da Igreja[69] Se paradoxalmente Eva encarna ao mesmo tempo a fonte da vida e da morte, a "mulher que expulsou a morte" deve ser procurada numa outra figura dogmática, que é Maria. Assim, por exemplo, Efrém o sírio[70] diz: "Através de Maria nasceu a luz que ex-

63. *Hymni et Sermones*. Op. cit., I, p. 154: "Eva mater omnium viventium fons mortis effecta est omnibus viventibus" (Eva, mãe de todos os seres vivos, torna-se fonte de morte para todos os viventes).

64. Também o Papa Pio XII, em sua encíclica de 4 de novembro de 1950, designa Maria como uma "nova Eva". *Acta Apostol. Sedis*. 1950, p. 768 e 764, onde o Sermo de Sanctis XV, de Alberto Magno, é citado. Cf. tb. CIRILO DE JERUSALÉM. *Katecheses*. Vol. II, Munique: [s.e.], 1860, p. 19, *Katech*. 12, cap. 15 [RUPP (org.)].

65. Assim, por exemplo, em SENIOR. *De Chemia*. Estrasburgo: [s.e.], 1566, p. 95s., na parte que foi igualmente impressa na *Artis Auriferae*. Basileia: [s.e.], 1610, I, p. 159s.: "Rosinus ad Euthiciam".

66. Cf. FÍLON. *De agricultura*. Paris : Éditions du Cerf, 1961, § 21.

67. Cf. LEISEGANG, H. *Die Gnosis*. Leipzig: [s.e.], 1924, p. 184, e BOUSSET, W. *Hauptprobleme der Gnosis*. Forschungen zur Religion und Literatur des Alten und Neuen Testaments. Op. cit., p. 39.

68. Cf. REITZENSTEIN, R. *Das iranische Erlösungmysterium*. Bonn: [s.e.], 1921, p. 137-138.

69. Cf. ANASTÁSIO SINAÍTA. *Hexam*. 4, apud RAHNER, H. Myst. Lunae. Op. cit., 1940, p. 77, nota de rodapé 109: "Eva interpretatur vita. Vita autem est etiam Ecclesia exhibens perpetuam baptismatis regenerationem et vitam, quae est per aquam et Spiritum..." (Eva é interpretada como vida. Mas a vida é também a Igreja, mostrando a regeneração perpétua do batismo e a vida que é através da água e do espírito...). A Igreja nasceu da água e do sangue da ferida do flanco de Cristo, como Eva nasceu da costela de Adão (Id., *Hexam*. 9, apud. RAHNER. Ibid., p. 75).

pulsou as trevas trazidas por Eva". E[71]: "Maria abateu a árvore que trazia a morte e ofereceu o fruto que vivifica todas as coisas". – *Destas formulações se depreende que o autor do texto da Aurora vivenciou a figura feminina como uma única personificação que antes se mostrara nos seres distintos de Eva e Maria*[72]. O inconsciente ensaia novamente reconciliar numa única figura arquetípica um aspecto claro e um aspecto sombrio, demasiado separados.

Nas linhas que se seguem, esta forma feminina é caracterizada como *anima* da materia alquímica e nitidamente representada como esta mesma personificação feminina manifestada nos textos precedentes, ora como *sapientia*, ora como alma da matéria, pedindo que a ajudem. 258

Texto: o que significa: priva-a (a matéria) de sua umidade corruptora e acrescenta-lhe a umidade conatural, mediante a qual surgirão sua vida e plenitude. 259

A mesma *anima* se revela como uma umidade corruptora e conatural, isto é, vivificante[73] e, enquanto tal, ela encarna a água divina da arte. 260

Tanto na alquimia como em numerosos sistemas gnósticos, a água tem o duplo sentido de vida e morte[74]. Enquanto oceano celeste, ela é uma imagem da *sophia*[75]. Contrariamente, para os peratas, a 261

---

70. *Hymni et Sermones.* Op. cit., vol. II, p. 526.
71. Ibid., p. 530. Cf. tb. BRUNO DE ASTI. *Sent.* I. 5, cap. 2: "Mors per Evam facta est, vita per Mariam reddita est, illa a diabolo victa est, haec diabolum ligavit et vicit" (A morte veio por Eva, a vida foi devolvida por Maria. A primeira foi vencida pelo diabo, a segunda atou o diabo e o venceu).
72. Cf. em JUNG. *Mysterium Coniunctionis.* [OC, 14]. Vol. 1, cap.: Os Paradoxos, os paradoxos expressos por *Aelia Laelia Crispis*.
73. Umidade corruptora e conatural, isto é, vivificadora.
74. Cf. a ideia dos naassenos, segundo a qual o oceano engendra em seu fluxo os deuses, em seu refluxo a criação (LEISEGANG. *Die Gnosis*. Leipzig: [s.e.], 1924, p. 140-141); ele é o uróboro que representa "o anel do vir a ser e do declínio". Ele "é a substância úmida sem a qual nada de mortal ou de imortal, de vivo ou de inanimado pode existir no mundo, o rio que vem do Éden e se divide em suas quatro origens". Esta mesma serpente, para os Peratas, era Eva, a "mãe de todo vivente" (p. 105); oposta a ela, coloca-se a umidade corruptora de Cronos, que é a "causa do declínio em todas as criaturas" (Ibid., p. 149).
75. Cf. BOUSSET, W. *Hauptprobleme der Gnosis - Forschungen zur Religion und Literatur des Alten und Neuen Testaments*. Op. cit., p. 69. IRENEU. I. 30, 3. Cf. significado das águas supracelestes, JUNG, C.G. *Psychologie und Religion*. Ibid., p. 179s.

força da lama do abismo (δυναμις αβυσσικου θολου) que eles também chamavam de "mar"[76] corresponde ao Éden ou a Eva, figuras da alma do mundo, no Livro de Baruc[77]. Zósimo cita o "elemento redondo de cronos" como designação profana do mistério da água divina[78]. Desta água se diz, em outro lugar[79], que ela tem em si "vida e espírito (πνευμα) e o elemento mortífero" (αναιρετικον)[80]. O mesmo autor faz este comentário acerca desta sentença de Maria: "Não a toques com tuas mãos, pois ela é *pharmakon* ígneo", e como explicação: "O mercúrio é mortífero e nele o ouro se dissolve"[81]. Mas esta água é também ao mesmo tempo, segundo autores antigos, a "semente do todo" (πανσπερμιον), o elemento redondo (Ω), a água do mar e o ovo[82], e ela tem de algum modo o mesmo sentido que a "água clara de cronos" entre os peratas gnósticos[83]. O autor alquimista Ostanes

---

76. Cf. LEISEGANG. *Die Gnosis*. Op. cit., p. 163-166, 175-176 e HIPÓLITO. *Elenchos*. V, 14, p. 108 [WENDLAND, P. (org.)].

77. BOUSSET, W. *Hauptprobleme der Gnosis* - Forschungen zur Religion und Literatur des Alten und Neuen Testaments. Op. cit., p. 73. nota 1. – Dela se diz que é "a força do lodo das profundezas", que recebe e leva a lama do perene, do mudo da umidade; a força total, sempre em movimento, das convulsões aquosas que leva o que está em repouso, retém o que vacila, liberta o que vem... destrói o que cresce... Esse poder, a ignorância a chamou Cronos etc. (LEISEGANG. *Die Gnosis*. Op. cit., p. 149-150. Cf. HIPÓLITO. *Elenchos*. V, 14, p. 108 [WENDLAND, P. (org.)]. Isto corresponde à "água terrificante do começo" (υδωρ φοβερον) dos sethianos, da qual proveio um vento que levou todas as coisas à existência (BOUSSET. *Hauptprobleme der Gnosis* – Forschungen zur Religion und Literatur des Alten und Neuen Testaments. Op. cit., 104. LEISEGANG. *Die Gnosis*. Op. cit., p. 153-154).

78. Sobre os utensílios e os fornos, BERTHELOT. *Collection des Anciens Alchimistes Grecs*. Paris: [s.e.], 1887/1888, II, XLIX, 1, vol. I, p. 228.

79. BERTHELOT. Ibid., III, IX, 2, vol. I, p. 144.

80. Cf. a qualidade mortal (θανατωδες) da água, cf. tb. o tratado anônimo, BERTHELOT. Ibid, IV, VII, 2, vol. I, p. 276.

81. BERTHELOT. Ibid., II. XXIX. 13, vol. I, p. 201.

82. BERTHELOT. Ibid., I, III. 4, 8, vol. I, p. 18-19.

83. Cf. HIPÓLITO. *Elenchos*. Op. cit., V, 16 [WENDLAND, P. (org.)]. Esta água representa a implicação no aquém-mundo perecível.

diz acerca da água divina[84]: "Esta água ressuscita os mortos e mata os vivos, ilumina o obscuro e escurece o claro". Uma grande parte dessas representações da Baixa Antiguidade se encontram em Senior[85] e na *Turba*: elas eram pois conhecidas pelo autor da *Aurora*. Na *Turba*, por exemplo, a água é considerada *aqua vitae* e veneno ao mesmo tempo[86]; dela se diz[87]: "os filósofos diziam a verdade quando chamavam a água de 'viva', pois o que é misturado à água primeiro morre, depois revive e rejuvenesce. E é o *forte vinagre que dissolve todas as coisas, ou então um veneno*. Mas este veneno é ao mesmo tempo nascimento e vida, porque ele é uma alma extraída de muitas coisas [...] Sua cor é portanto vida para os corpos dos quais ele retira um elemento nocivo, e morte para os corpos dos quais ele é extraído". Isto corresponde plenamente às frases da *Aurora* sobre a extração e a restituição da alma, assim como sobre a eliminação da umidade dissolvente e o aumento, pela umidade conforme à natureza[88]. Do ponto de vista psicológico esta água é um aspecto do mercúrio do qual Jung expôs as propriedades paradoxais e o sentido em "O espírito do mercúrio"[89]. Segundo Tomás de Aquino, a antiga frase citada frequentemente "corruptio unius est generatio alterius" (a corrupção de um é a geração do outro) exprime uma lei fundamental de toda transformação rumo à plenitude. O homem chega à sua "última forma *substan-*

---

84. BERTHELOT. Ibid., IV, II, 3, vol. I, p. 262.

85. Cf., entre outros, SENIOR. *De Chemia*, op. cit., p. 85, 106-107. Ainda, sobre o mistério da água em geral, p. 87, 70-73, 17, 21, 34-35.

86. RUSKA. Op. cit., p. 130.

87. Ibid., p. 162. Cf. tb. p. 125 e 213.

88. No RUSKA. *Livro do alúmen e dos sais*. Op. cit., p. 63, podemos ler que o processo consiste essencialmente em "extrair a umidade corruptora *e* a insuflar a umidade ígnea" (*humiditas ignea*). Do *Mercurius* se diz (p. 58-59): "Ele é a água eterna e o leite de virgem, mata *e* vivifica como a serpente, que se fecunda a si mesma *e* gera num dia". Cf. tb. Zósimo, BERTHELOT. *Collection des Anciens Alchimistes Grecs*. Paris: [s.e.], 1887/1888, III, IX, 1. vol. I, p. 143: "Ele possui duas naturezas *e* uma substância, uma natureza atrai a outra, uma conquista a outra, e é o mercúrio, a água divina, andrógina, eternamente fugitiva, que todos não conhecem e cuja natureza é difícil de ser vista".

89. In: *Symbolik des Geistes*. Zurique: Rascher, 1948.

tialis" (última forma substancial) através de numerosas renovações e aniquilamentos[90]. É, portanto a representações universalmente conhecidas que o autor da *Aurora* faz aqui alusão, mas ele adianta uma novidade audaciosa quando – pela primeira vez com tal clareza – ele tenta relacionar essas representações paradoxais da água viva enquanto *anima* da materia com figuras bíblicas de Eva e Maria, reunindo sua dupla natureza *numa só figura*[91]. Revela-se aqui de modo particularmente claro o papel que os símbolos alquímicos desempenham no texto: eles têm a *função de unificar os opostos*.

Comentário à terceira parábola (oitavo capítulo)

Ao longo do capítulo precedente tornou-se cada vez mais claro que a *sapientia Dei* e a "unidade corruptora" ou a mulher portadora da morte são *uma só e mesma* realidade. Mas – como na maioria de outros textos alquímicos – o autor não percebeu que ele projetava sua *anima* na matéria. Por isto a *anima* não pode ser "salva", na medida em que não é liberada do estado projetado, isto é, enquanto não

---

90. *Summa theologica.* 9 vols. Paris: [s.e.], 1868, I, qu. 118, art. II. "Et ideo dicendum quod cum generatio unius semper sit corruptio alterius, necesse est dicere quod tam in homine quam in animalibus aliis, quando perfectior forma advenit, fit corruptio prioris, ita tamen quod sequens forma habet quidquid habebat prima et adhuc amplius; et sie per multas generationes et corruptiones pervenitur ad ultimam formam substantialem tam in homine quam in aliis animalibus. Sic igitur dicendum est, quod anima intellectiva creatur a Deo in fine generationis humanae, quae simul est et sensitiva et nutritiva, corruptis formis praeexistentibus". (E temos então que dizer que, como a geração de um é sempre a corrupção do outro, disso se segue necessariamente que, tanto no homem como nos outros seres vivos, quando uma forma mais perfeita sobrevém, a forma anterior é corrompida, de forma que a forma seguinte possui o que a anterior possuía e algo a mais: e é assim que, através de várias gerações e corrupções, chega-se à última forma substancial, tanto no homem como nos outros seres viventes. É preciso então dizer que a alma intelectual foi criada por Deus no fim da geração humana, e ela é ao mesmo tempo sensitiva e nutritiva, as formas preexistentes tendo sido corrompidas.)

91. Não somente nesta passagem, mas na alquimia em geral, encontramo-nos em presença do fato de que os mesmos arquétipos que foram apreendidos em seu duplo aspecto para formar uma totalidade aparecem na alegoria cristã cindidos num dualismo de imagens luminosas e obscuras.

for reconhecida como estado *psíquico*. Eis o motivo pelo qual ela continua, como diz o título da parábola, retida no "cativeiro da Babilônia". O capítulo seguinte começa assim:

Texto: "Aquele que arrombou minhas portas de aço e minhas trancas de ferro [...] (aquele teve misericórdia de mim)".

Às palavras de Isaías (45,2-3) aqui citadas: "Eu quero estar diante de ti... quero arrombar as portas de aço e quebrar as trancas de ferro", seguem-se estas: "e eu te darei tesouros ocultos e riquezas escondidas e então reconhecerás que eu sou o Senhor [...] e que eu te chamei por teu nome". Alquimicamente, trata-se nesta alusão da extração progressiva da "alma fluida" fora do corpo mineral (minério ou ferro)[1]. O aspecto ao mesmo tempo "moral", isto é, psicológico do mesmo processo brilha admiravelmente na décima sétima Ode de Salomão[2], onde o "Salvador", se identificando com o Cristo, diz: "Então ele (Deus) mostrou-me o caminho de seus passos./ Eu abri as portas fechadas/ eu quebrei as trancas de ferro/ *meu próprio ferro ardia*/ e fundiu-se em mim./ Nada mais se fechou para mim/ pois eu me tornara a porta do todo etc."[3]

Psicologicamente, a "abertura do aço" significa a dissolução emocional do eu temporalmente atado a seus preconceitos e teimosias. Pelo contato com o inconsciente, abre-se a prisão que somos para nós mesmos, construída com nossas opiniões conscientes e nossos objetivos pessoais. Um processo análogo aparece simultaneamente na *psique* inconsciente: quando o consciente se volta para ele, o inconsciente é liberado do estado de imobilidade em que permanecia e se transforma pelo contato com a consciência que o compreende.

---

1. Lucas diz na *Turba* (RUSKA. Sermo 67, p. 166 e 252): "A definição da arte é a liquefação dos corpos e a separação da alma e do corpo, porque tanto o cobre como o homem têm ao mesmo tempo uma alma e um corpo. Deves pois [...] destruir o corpo e dele extrair a alma; é esse o motivo pelo qual os filósofos disseram que não é o corpo que penetra o corpo, mas é a natureza delicada, a saber, a alma que penetra e tinge o corpo".
2. Cit. segundo a trad. de HENNECKE, E. *Neutestamentliche Apocryphen*. 2. ed., Tübingen: [s.e.], 1924, p. 453. – Cf. tb. REITZENSTEIN. *Das iranische Erlösungmysterium*. Op. cit., p. 87.
3. Cf. tb. a prece de Gizeh (IV séc.) em REITZENSTEIN, R. *Das iranische Erlösungmysterium*. Op. cit., p. 265.

Nesta fase da obra, a situação do alquimista coincide novamente com a da *anima* no calabouço infernal.

266   Texto: "Quem [...] deslocou meu candelabro e destruiu os vínculos da minha prisão tenebrosa [...] (aquele teve misericórdia de mim)".

267   "As trancas de ferro da prisão babilônica"[4] no texto ligam-se às portas do inferno[5], de tal modo que a *anima* é aprisionada no centro da terra, isto é, de um ponto de vista cristão, no próprio inferno. Isto é confirmado pelas palavras pronunciadas por ela na primeira parábola, ao gritar pedindo ajuda, nas profundezas do "abismo inferior". Uma tal interpretação confirma a da frase seguinte, relativamente obscura, segundo a qual a *anima* pede que "desloquem seu candelabro". Provavelmente, isto alude ao Ap 2,5, onde é dito: "Se não fizeres penitência, tirarei teu candelabro do lugar". É preciso admitir que isso acontecera antes do começo da parábola e, como castigo, o candelabro fora transferido aos infernos e por esse motivo a "alma" roga então que ele seja posto no seu lugar[6]. Segundo um comentário do Apocalipse da autoria de Alberto Magno, o candelabro é uma imagem da Igreja[7] e, em outros escritos, uma imagem de Maria[8]. O candelabro de ouro era também interpretado como uma alegoria do

---

4. Isto é o título desta parábola.

5. Cf. ZOOZMANN, p. 884. "Christe, Rex mundi, Creator, Dira claustra diruens Ferrea vincla resolvens es, retrusos eximens" (Cristo, Rei do mundo, Criador, Tu és aquele que quebras as duras prisões, que fazes tombar as grades de ferro e livras os prisioneiros).

6. Cf., entre outros, as lamentações da *Sophia* decaída, a *Pistis Sophia*. Cf. LEISEGANG, H. *Die Gnosis*. Op. cit., p. 378s. e REITZENSTEIN. *Das iranische Erlösungmysterium*. Op. cit., p. 174s. Em muitos aspectos a *anima* de nosso texto poderia ser comparada *parqenos tou fwtos* "virgem de luz" dos escritos gnósticos coptas (BOUSSET. *Hauptprobleme der Gnosis* - Forschungen zur Religion und Literatur des Alten und Neuen Testaments. Op. cit., p. 61).

7. In: Apocal. B. Joannis. *Opera*. Vol. 38. Paris: [s.e.], 1939, p. 491 [BORGNET (org.)]: "Et dicitur Ecclesia candelabrum aureum quia lucens scientia, gratia pretiosa, patientia solida oboedientia ductilis, praedicatione sonora, perseverantia longa, fide Trinitatis fundata, quae est repleta septemplici Spiritus Sancti gratia" (A Igreja é chamada candelabro de ouro porque brilha pela ciência, pela graça preciosa, pela paciência sólida que se deixa conduzir pela obediência, pela pregação de viva voz, pela perseverança prolongada, pela fé fundada na Trindade, que está repleta da graça do Espírito Santo). A autenticidade desta obra é parcialmente contestada.

8. Biblia Mariana, *Alberti Opera*. Vol. 37. Paris: [s.e.], [s.d.], p. 366 [BORGNET (org.)]: "Maria est candelabrum illuminationis..." (Maria é o candelabro da iluminação).

Cristo⁹, enquanto na cabala ele representa a chequina ou o metatron¹⁰. A morada da alma no interior da terra e nos infernos é a consequência de uma "queda" antiga, quando ela prendeu-se à materia¹¹ – imagem dessa antiga projeção do inconsciente na natureza, sobre a qual se baseia a alquimia¹².

Também na filosofia escolástica, a ideia de alma decaída¹³ reaparece em Guilherme D'Auvergne: pela falta de Adão, diz ele, ela foi lançada abaixo (depressa) da "altura" de sua "luminosidade" anterior e de sua nobreza.

Uma formulação análoga à da *Aurora* – que é talvez a fonte desta passagem – se encontra num trecho do tratado *Rosinus ad Sarratantam*¹⁴, onde a "umidade lunar" (*humiditas lunaris*) personificada, que é uma imagem paralela à nossa imagem de mulher, declara: "Quem me deslocar, a mim que contenho a matéria da lua e de mercúrio, *de seu lugar* (*de loco suo*), isto é, do *corpo do mineral*, ou melhor, quem me sublimar [...] e ligar-me (a mim umidade lunar) a meu amado, que é a gordura solar, nos regenerará numa vida graças à qual não haverá mais morte¹⁵".

---

9. GREGÓRIO MAGNO, lib. I super Ezechielem, *Opera*. Op. cit., t. II, p. 93.
10. Cf. ROSENROTH, K. von. Op. cit., I, p. 543.
11. Na Cabala isto é o aprisionamento da luz no vaso obscuro. Cf. ROSENROTH, K. von. Op. cit., II, p. 261 e 262.
12. Cf. JUNG, C.G. *Psychologie und Alchemie*. Zurique: Rascher, 1944, passim, particularmente o capítulo: "O espírito na matéria".
13. *De anima*. V 19: "Ex his igitur apparet tibi quam delecta et depressa est ab altitudine luminositatis et nobilitatis suae naturalis virtutis intellectivae sive anima humana quantum ad illam" (Daí, pois, se vê, a respeito da alma humana, como ela foi derrubada e abatida do alto da luminosidade e nobreza de sua virtude intelectiva natural).
14. *Artis Auriferae*. Op. cit., Basileia: [s.e.], 1610, 1, p. 188.
15. "[..]. et qui me habentem Lunarem et Mercurialem materiam, *de loco meo i.e. de corpore aeris abstulerit i.e. sublimare fecerit* vi i.e. per vim putrefactonis et solutionis, ac dilectum meum i.e. pinguedinem solarem mecum i.e. cum humiditate Lunari vinculaverit [...] regenerabunt nos in vitam, per quam non erit ultra mors". (Quem me deslocar, a mim que contenho a matéria da Lua e do Mercúrio, do meu lugar, isto é, do meu corpo aéreo, isto é, pela força da putrefação e solução do corpo do mineral, isto é, quem me sublimar [...] e ligar a mim à umidade lunar, meu amado, que é a gordura solar [...] nos regenerará numa vida graças à qual não haverá mais morte.) Trata-se do comentário de um contexto, do qual uma parte se encontra no Consilium Coniugii etc. *Ars*

270 O fato de que a alma no abismo infernal da matéria seja representada na *Aurora* como um *candelabro*, isto é, uma luz, corresponde à sua interpretação enquanto *lumen naturale* ou *scintilla*, acerca de cujas conexões remeto o leitor às explanações de Jung em "Theoretische Ucberlegungen zum Wesen des Psychischen"[16]. A *sapientia* já fora designada desde o primeiro capítulo como *lumen indeficiens* (luz inextinguível), que torna bem-aventurados os que a encontram. Mas para poder iluminar os homens, ela precisa primeiro subir das profundezas infernais[17]. Sem uma participação compreensiva da consciência, o inconsciente efetivamente não pode exercer uma função iluminadora auxiliar.

271 Texto:... e nos liberte do jugo de nosso cativeiro, no qual permanecemos sentados durante setenta anos junto aos rios da Babilônia; lá nós choramos e penduramos nossas harpas...

272 A situação não redimida da *anima materiae* é expressa aqui simbolicamente pela imagem do cativeiro (Compare-se o conceito do *ieiunium* e do cativeiro quinzenal do "ouro fechado" na cabala[18]). Na alegoria eclesiástica, o exílio da Babilônia era interpretado como a "dominação dos pagãos e do pecado". Há aí então um tema paralelo ao da supremacia dos "etíopes" e da "enchente do mar" dos capítulos precedentes. Na Patrística, Babilônia significa "lago inferior" (*lacus inferior*)[19]. Este significado também se encontra nos Atos de Ciríaco, onde Babilônia é designada como um "mar pantanoso" (λιμνοθαλασσα) cheio

---

Chemica. [s.l.]: [s.e.], 1566, p. 120-129. Trata-se da descrição da *coniunctio*, tal como na "Epistola Solis ad Lunam crescentem", de Senior. Cf. tb. a imagem cristã do corpo enquanto prisão: PEDRO DAMIÃO. *Rhythmus de Gloria et Gaudiis Paradisi* (Zoozmann, p. 204 e 205). "Ad perennem vitae fontem. Mens sitivit Arida, *Claustra* carnis praesto frangi, Clausa quaerit anima, gliscit ambit eluctatur. Exul frui patria." (A mente árida deseja ardentemente saciar-se da fonte perene da vida: quer livrar-se da prisão imediatamente a alma enclausurada na carne. Cresce, luta e vence, buscando no exílio da terra gozar da pátria celeste.)

16. *Wurzeln des Bewusstseins*. [s.l.]: [s.e.], 1953 [OC, 9/1], passim.
17. Cf. SENIOR. *De Chemia*. Estrasburgo: [s.e.], 1566, p. 5, 6 e 26, onde um raio de sol desce no "mundo inferior", repartindo-o e envolvendo-o ao mesmo tempo.
18. ROSENROTH, K. von. *Kabbala denudata*. Op. cit., vol. I, p. 302.
19. EFRÉM O SÍRIO. *Hymni et Sermones*. Op. cit., vol. II, p. 226: "Retribue etiam iis, qui abduxerunt populum in lacum inferiorem i.e. in Babylonem" (Castiga também aqueles que fizeram o povo descer ao lago inferior, isto é, à Babilônia).

de hipocentauros, dragões e o grande uróboro (que para os alquimistas representava a *aqua divina*). Babilônia é também a designação do centro "dos infernos"[20]. Ela significa a confusão (*confusio*, συγχυσις) da excitação carnal e dos "maus pensamentos, que confundem o nosso coração"[21]. Os rios da Babilônia mencionados na *Aurora* são, na concepção dos Padres da Igreja, "as torrentes da volúpia e a torrente do mundo"[22]. Novamente comparece aqui o tema da *concupiscentia*, que o primeiro capítulo citava como uma consequência da *sapientia Dei*[23]. Segundo estas amplificações, a *anima* do autor está sempre obcecada de novo pelos elementos da sombra, e ela (a *anima*) só pode purificar-se pela realização da consciência.

Na frase: "lá *nós* choramos..." o discurso passa diretamente do singular para o plural, como se a *anima* tivesse se tornado múltipla no exílio babilônico. O cativeiro significa pois, ao mesmo tempo, uma dispersão, isto é, psicologicamente uma dissolução nos complexos autônomos individuais ou uma dissolução da personalidade[24]. Este é o motivo pelo qual o texto que se segue fala da necessidade de uma "reunião a partir de todas as terras".

Na seita gnóstica dos naassenos, o rio que atravessa a Babilônia era considerado (contrariamente ao simbolismo precedente) como a

---

20. Cf. REITZENSTEIN. *Das iranische Erlösungmysterium*. Op. cit., p. 77-78 e p. 80.
21. "Cogitationes malae quae cor nostrum confundunt" (maus pensamentos, que confundem nosso coração). Cf. GREGÓRIO MAGNO. *Expos. mor.*, lib. VI. in caput V. Job (c. XI) *Opera*. Paris: [s.e.], 1636, t. I, col. 199: "Et quia Babylon confusio interpretatur etc." (Babilônia é interpretada como "confusão").
22. *Fluvius huius saeculi*. Cf. tb. HONÓRIO DE AUTUN. *Speculum de myst. Ecclesiae*. In: MIGNE, J.P. *Patrologiae cursus completus. Series latina*. Paris: [s.e.], t. 172, col. 907s.: "Per mare hoc saeculum insinuatur quod voluminibus adversitatum iugiter elevatur. In hoc diabolus circumnatat ut Leviathan, multitudinem animarum devorat". (Pelo mar, entende-se este mundo porque ele é agitado incessantemente pelas vagas da adversidade. O diabo nele nada como Leviatã e devora a multidão das almas.) Cf. no tocante a esta simbólica RAHNER, H. "Antemna Crucis". *Zeitschrift für katholische Theologie*. Vol. 66. Innsbruck-Leipzig, 1942, p. 112s.
23. Cf. tb. a comparação gnóstica de *Babel* e *Afrodite*, que provoca todos os adultérios. LEISEGANG. *Die Gnosis*. Op. cit., p. 161.
24. A ênfase unilateral de claridade *ou* obscuridade parece sempre evocar uma dissociação, de qualquer lado que venha.

"água vivificante" através da qual os pneumáticos são eleitos[25]. A mesopotâmia é, com efeito, "o grande rio oceano, que flui do centro do homem completo". Sua água contém o espírito de Deus (πνευμα Θεου)[26]. Na *Aurora* este mesmo aspecto positivo da água é mencionado na parte seguinte; entretanto, ele não é de início representado por uma só e mesma água.

275   Texto: "[...] Aquele que... nutrindo minha carne esfaimada, que correu com sua boca sedenta, com o sinal de trigo e com mel de rochedo preparou para mim, nesta peregrinação, um grande cenáculo, para que eu possa descansar em paz e sobre mim repousem os sete dons do Espírito Santo, aquele teve misericórdia de mim".

276   A alimentação e o apaziguamento da sede da alma, que agora se seguem, já são evocados no fim da parábola precedente, através da ideia de um "alimento fornecido pela umidade conatural". Joaquim de Fiori interpretava como "inteligência espiritual" (*spiritualis intellectus*) ou compreensão espiritual o "mel tirado da pedra", que já passava por uma imagem da divindade e como "alegria espiritual" (*laetitia spiritualis*) doada pelo Espírito Santo[27]. Alquimicamente trata-se da nutrição da pedra, que é uma determinada etapa do *opus*, frequentemente descrita. Assim, por exemplo, é dito nas *Exercitationes in Turbam* XV[28]: A materia é primeiro encarnada no leite, depois

---

25. Cf. BOUSSET, W. *Hauptprobleme der Gnosis* - Forschungen zur Religion und Literatur des Alten und Neuen Testaments. Op. cit., p. 280-281, nota 2.
26. Cf. ibid., p. 81, Clement. Homil., 11, 24.
27. *Concordia* V. apud. HAHN. III p. 332: "Et tamen qui credit et timet sed non intellegit quasi ad solius patris notitiam perductus est [...] qui autem credunt et intellegunt quasi ad patris et filii notitiam perducuntur, quia filius patris sapientia est [...] sed et qui credunt, intelligunt et delectantur, habentes notitiam patris et filii usque ad spiritus s. intelligentiam pervenisse noscuntur, quia ipse est delectatio et amor Dei, ipse mel de *petra* oleumque de saxo durissimo. Ipse est, inquam, mel de petra, ipse laetitia spiritualis etc."
(E, portanto, aquele que crê e teme, mas não compreende, é levado de algum modo ao conhecimento do Pai único [...] aqueles que acreditam e compreendem são levados de algum modo ao conhecimento do Pai e do Filho, porque o Filho é a sabedoria do Pai [...] mas aqueles que acreditam, compreendem e usufruem, tendo o conhecimento do Pai e do Filho, são reconhecidos como tendo chegado até a compreensão do Espírito Santo, porque ele é o deleite e o amor de Deus, é o mel saído da pedra e o óleo extraído do rochedo duríssimo. Ele mesmo, digo, é mel saído da pedra, alegria espiritual etc.).
28. *Artis Auriferae*. Basileia: [s.e.], 1610, I, p. 117.

no sangue e na água; é então que se formam os membros, "e finalmente Deus dá alma à matéria, isto é, o poder pelo qual nossa medicina é alimentada e multiplicada"[29]. A segunda parte da *Aurora* (que, como já dissemos, representa provavelmente um comentário da primeira parte)[30] liga a etapa da *ablutio* (ablução) à da *nutritio* (nutrição) e diz, conforme a descrição da primeira[31] : "Os filósofos querem alimentar seu grão com a umidade conatural, até que ele viva e frutifique, e querem animar o que é morto"[32]. Na primeira parte da *Aurora*, a ablução é geralmente descrita como um renascimento, e os sete dons do Espírito Santo aí são mencionados; há, pois, nitidamente uma alusão às palavras do sacerdote que diz, mergulhando a vela na água no momento da *benedictio fontis* (bênção da fonte batismal na noite da Páscoa): "Que desça na abundância desta fonte a força do Espírito Santo e que ele fecunde toda a substância desta água com a força do novo nascimento"[33]. Isto significa uma "revivificação interior"[34], isto

---

29. "[...] et tandem Deus dat materiei animam id est potentiam, qua augmentatur et nutritur nostra medicina. Et postquam Rex ortus est, i.e. anima per fermentum mediante aqua lapidi mortuo infusa est tunc oportet vitalem lapidem nutriri: et puto eandem ego esse conditionem nutrimenti [...] etc." ([...] e finalmente Deus dá à materia a alma, isto é, a força pela qual nossa medicina é aumentada e nutrida. E depois que nasceu o Rei, a alma pelo fermento, como auxílio da água, foi infundida na pedra morta e por isso convém nutrir a pedra que vive: e acho que esta é a condição da nutrição etc.).

30. Cf. a Introdução acima.

31. *Artis Auriferae*. Basileia: [s.e.], 1610, I, p. 148-149. Cf. tb. p. 130-131.

32. Cf. tb. Flos Florum Arnaldi, *Artis Auriferae*. Basileia: [s.e.], 1610, II, p. 322.

33. *Missal*, p. 301 [SCHOTT (org.)].

34. Ibid., p. 297. Cf. tb. EFRÉM O SÍRIO. *Hymnus et Sermones*. Vol. I, p. 58 e 54 e 80 e ANASTÁSIO SINAÍTA. Hexam. 5 (apud RAHNER, H. Myst. Lunae, op. cit., 1940, p. 75): "ut nos per ipsam (Ecclesiam) generemur et regeneremur donec [...] praeterierit nox huius saeculi et rursus ortus fuerit Christus Sol iustitiae" (a fim de que por ela (Igreja) nós sejamos engendrados e regenerados, então a noite deste mundo passará, e o Cristo, Sol da Justiça, renascerá.) e ibid., Hexam. 4: "Luna vero habente gubernationem et administrationem auctoritatis aquae et Spiritus Sancti [...] ut nos per ipsam generemur et regeneremur". (Mas a lua tem o governo e a administração da autoridade da água e do Espírito Santo para que sejamos engendrados e regenerados por ela.) Estes contextos simbólicos são estudados mais profundamente no capítulo seguinte.

é, um acréscimo de vida e de força psíquica. O mel representa, segundo Paracelso, "a doçura da terra" – a *anima* é desprovida de alegria, ela tem necessidade de uma atenção plena de amor por parte da consciência.

277   Texto: "Pois eles me reunirão de todas as terras para aspergir-me com água pura, tornando-me puro da maior das transgressões e do demônio do meio-dia, pois das plantas dos meus pés até minha cabeça nada de saudável foi encontrado em mim. Por isso eles me purificarão de minhas faltas escondidas e ignoradas, e então não me lembrarei mais de minhas iniquidades, porque Deus me ungiu com o óleo da alegria..."

278   Em primeiro lugar, convém sublinhar aqui o tema "da reunião de todas as terras": há nela uma alusão à ideia de Jung, por ele esclarecida, da reunião das parcelas da alma ou das partes anímicas luminosas que Deus difundiu na materia[35]. Assim deve nascer o homem uno (*vir unus*), ao qual não adere mais mácula alguma. Tal mácula, segundo o nosso texto, não é só concebida quimicamente como a impureza do metal, mas é designada como um *delictum maximum* (delito máximo) e como o *daemonium meridianum* (demônio do meio-dia). O meio-dia é, como já dissemos, o *fervor gloriae mundanae* (fervor da glória mundana). Segundo um velho texto (Artefius): "O diabo está no interior da natureza do fogo, manifestando-se, pois, contrariamente e como inimigo da própria natureza da alma, que é a da igualdade"[36]. Por isso, em nosso texto, a alma é lavada e ungida com o óleo da alegria (*oleum laetitiae*) de Deus no dia de sua ressurreição. Em seu conjunto há nisso uma alusão ao simbolismo do batismo cristão, que era interpretado como um enterro e uma ressurreição. No tocante a este ponto e aos paralelos alquímicos, remeto o leitor às explanações de Jung[37]. O *oleum laetitiae* é o crisma que a Igreja emprega para a confirmação, assim como para a consagração dos bispos, em lembrança do óleo com o qual Cristo foi ungido em seu batis-

---

35. Cf. JUNG. *Mysterium Coniunctionis* [OC, 14/1], p. 50-55.
36. ARTEFIUS. Clavis maioris sapientiae. *Theatrum Chemicum*. [s.l.]: [s.e.], 1659, IV, p. 211: "Cum ergo interius sit de natura ignis, manifestum est ipsum contrariari et inimicari ipsius animae naturae, quae est natura aequalitatis [...]" (<o diabo> é interiormente da natureza do fogo, mostrando-se pois como contrário e inimigo da natureza da alma, que é a natureza da igualdade.)
37. Cf. JUNG. *Mysterium Coniunctionis*. [OC, 14/1], p. 258s.

mo[38]. Mas ao mesmo tempo a gordura (*pinguedo*) ou *oleum lucens* (óleo luminoso) desempenha um papel importante na alquimia, na qual representa um símbolo da *anima* ou *aqua divina*, ou *aqua sapientiae*[39]! Na *Aurora*, a unção é, em certo sentido, um outro símbolo desse "acréscimo pela umidade conatural", que foi citado no fim do capítulo precedente. Na Igreja a gordura (*pinguedo*) era também uma imagem do maná, do pão celeste[40]; por isso fez-se igualmente alusão ao tema de um alimento sabrenatural.

Texto: "[...] porque Deus me ungiu com o óleo da alegria, para que habite em mim uma virtude penetrante e fluente no dia da minha ressurreição, quando eu for glorificado em Deus". 279

Estas palavras retomam de modo sutil o tema do *vir unus*, do homem *uno*, isto é, do *anthropos*, que acaba de ser evocado; mais urna vez a materia, nesta fase da obra, como já vimos em capítulos precedentes, é posta em paralelo com o Cristo ressuscitado: ele reveste de novo uma forma de aparência masculina. As palavras: "no dia da minha ressurreição" (*in die resurrectionis meae*) se referem ao aleluia do domingo *in albis* e retoma as palavras do anjo no sepulcro do Senhor que diz então[41]: "No dia de minha ressurreição, eu vos precederei [...]" As palavras de Jo 20,19 estão em relação direta com isto: "E depois de oito dias, estando as portas fechadas, Jesus apareceu no meio de seus discípulos". Assim também a *vis penetrationis* no texto da *Aurora* não 280

---

38. Cf. *Missal*, p. 252 [SCHOTT (org.)].
39. Cf. SENIOR. *De Chemia*. Estrasburgo: [s.e.], 1566, p. 49, 55 e 57: "Vult per oleum Animam" (Por óleo se entende a alma). Cf. ainda p. 75 e 82: "Et hoc genitum est pinguedo quam vocant animam et ovum" (E o que é engendrado é a gordura que eles chamam alma e ovo) Cf. ainda "Collectanea ex Rhasi" na *Pretiosa margarita novella de thesauro ae pretiosissimo philosophorum lapide...* Veneza: [s.e.], 1546, p. 169 [LACINIUS (org.)].
40. EFRÉM O SÍRIO. *Hymni et Sermones*. Op. cit., II, p. 676.
41. Mat. 28,5s. "Respondens autem Angelus dixit mulieribus: Nolite timere vos; scio enim quod Jesum... quaeritis, non est hic: surrexit enim sicut dixit [...] Et cito euntes dicite discipulis eius, quia surrexit: *et ecce praecedit vos in Galilaeam*". (Respondendo às mulheres o anjo disse-lhes: Não temais; sei que estais procurando Jesus, Ele não está mais aqui: ressurgiu como havia dito [...] Ide já contar aos discípulos que ele ressurgiu e *que Ele vos precede na Galileia*.)

deixa de ter uma conexão com a *Tabula Smaragdina*: "Ele vencerá toda coisa sutil e penetrará toda coisa sólida" ("et vincet omnem rem subtilem omnemque solidam penetrabit")[42]. O autor a compara à forma da aparição sobrenatural do Filho de Deus ressuscitado[43], se bem que as suas declarações se relacionam finalmente à figura do *filius philosophorum*, nascido da substância feminina transformada. As palavras seguintes do nosso texto provam que se trata realmente do *Filius*: "Pois esta geração vem e passa até que venha aquele que deve ser enviado e levanta o jugo de nossa prisão" etc. A primeira parte da frase (até "vem e passa") é tirada de Ecl 1,4, e assim continua: *"mas a terra permanece eternamente"*. O autor da Aurora queria com esta frase significar ao conhecedor do texto bíblico que doravante nascera uma *"terra eterna"*, isto é, um corpo dotado de imortalidade[44]. Esta imagem simbólica terá uma dimensão maior nos capítulos que se seguem. A segunda parte da frase acima citada da *Aurora* provém de Gn 49,10 e indica uma imagem do Messias, nestes termos: "seus olhos são vermelhos como o vinho e seus dentes, brancos como o leite". Para um leitor alquimista aí está o simbolismo *rubedo albedo* e a *unio oppositorum* que representa o *filius*[45].

Em resumo, o texto exprime o seguinte: quando a *anima* é "reunida", isto é, retirada da projeção na matéria e purificada pelo "espírito do conhecimento", isto é, tornada consciente, dela nasce um ser espiritual que pode, como o Cristo ressuscitado, agir sobre todas as coisas materiais. Esta nova forma da *anima*, isto é, este ser espiritual é

---

42. RUSKA, p. 2. Cf. PSEUDO-ARISTÓTELES. De perfecto magisterio. *Theatrum Chemicum*. [s.l.]: [s.e.], 1659, III, p. 70 e SENIOR. *De Chemia*. Op. cit., p. 116: "Dixit autem Hermes: Omne subtile ingreditur omne grossum" (Hermes diz com efeito: Toda coisa sutil penetra toda coisa grosseira).

43. Também Petrus Bonus compara a força de penetração do *lapis* ao *corpus glorificationis* do homem. – Assim também, como Jung indicou acima, o espírito de Mercurius era comparado ao Paráclito universalmente presente.

44. Para conferir de que na *opus* se trata da construção do homem interior e imortal, veja JUNG. *Mysterium Coniunctionis* [OC, 14/2], cap. Adão e Eva e a sétima parábola da Aurora.

45. Para a compreensão desta passagem, remeto o leitor aos esclarecimentos de JUNG. *Mysterium Coniunctionis* [OC, 14/2], *passim*.

representado de modo masculino; é esta imagem mais completa do si-mesmo que é simbolizada na alquimia pelo *filius philosophorum*. Esta figura masculina é, ao mesmo tempo, o libertador da *anima* de seu "cativeiro na Babilônia", isto é, da situação de inconsciência. A *psique, portanto, liberta-se a si mesma*. Primeiramente, as imagens da *anima* e do si-mesmo – da *sapientia* e do *filius* – são ainda tão contaminadas, de maneira que não se pode diferenciá-las. Mas *nesta* parte do texto, pela primeira vez, o si-mesmo se solta como conteúdo próprio e se manifesta na qualidade de um vasto centro da *psique*, levando a *anima* para *a* meta. Essa meta é o processo de individuação, tal como veremos melhor no que se segue.

Texto: "[...] lá nós choramos e penduramos nossas harpas, porque as filhas de Sião eram orgulhosas e passeavam de pescoço erguido, lançando olhares, e batiam as mãos e dançavam ao passar. Por isso Deus tornará calvas as filhas de Sião, despojando-as de sua cabeleira, pois a lei sairá de Sião e a palavra do Senhor, de Jerusalém".

Depois que o si-mesmo se forma como conteúdo central próprio a partir do caos inicial, o autor reconhece um outro aspecto da figura feminina que ele identifica com Eva, Maria e com a *sapientia Dei* nas "orgulhosas filhas de Sião" que Deus puniu e que aspiram a um *único* esposo, como mostrará a sequência do texto. Uma estabilidade suficiente da consciência certamente se realizou, uma vez que o autor pode agora ver retrospectivamente este aspecto ambíguo da *anima*. Ele relaciona conscientemente a imagem dessas mulheres humilhadas por Deus aos espíritos dos metais ou dos planetas prisioneiros na terra[46]. O cativeiro é um conceito importante na *Turba* e simboliza em seu contexto a fixação intencional de um espírito volátil, isto é, de uma alma no corpo, com a meta da transformação[47]: "a alma é encadeada como uma escrava, de modo que não pode fugir e então adoece e morre. Mas justamente porque ela não foge, é liberada e recebe seu esposo". A fixação é designada na alquimia grega como κατοχη (cativeiro)[48]. Por outro lado, num dos textos mais antigos, o escrito de

---

46. Cf. *Musaeum Hermeticum*. Op. cit., p. 167. Cf. JUNG. *Psychologie und Alchemie*. Op. cit., p. 101.
47. RUSKA. Op. cit., p. 142 (latim), 222 (alemão).
48. Cf. Olimpiodoro, BERTHELOT. *Collection des Anciens Alchimistes Grecs*. Paris: [s.e.], 1887/1888, II, IV, 9, vol. 1, p. 74.

"Komarios a Cleópatra", os metais são descritos como "cadáveres" que jazem no hades, apertados e encadeados na obscuridade e na névoa. O elixir da vida, as "águas abençoadas" descem até eles e os acordam de seu sono[49]. O termo κατοχη (cativeiro) desempenha um papel importante na literatura religiosa da época, onde significa "a possessão de uma divindade" (chegando até ao delírio) ou à "clausura voluntária" de um noviço[50].

Na *Aurora* são *sete* mulheres que sofrem a κατοχη (cativeiro) – elas representam as forças planetárias da terra[51]. As sete mulheres prisioneiras lembram também os sete espíritos femininos (πνευματα) encadeados entre si, que aparecem no chamado *Testamentum Salomonis* (Testamento de Salomão) como elementos do senhor das trevas (του κοσμοκρατορος του σκοτους), aos quais cada uma das sete estrelas está subordinada[52]. A ideia de um cativeiro dos espíritos planetários ou anjos rebeldes é muito antiga e amplamente difundida. No livro etíope de Henoc[53] os espíritos estelares devem expiar nas sete montanhas ardentes sua revolta contra Deus, e no tratado da *Kore Kosmou*[54] da

---

49. BERTHELOT. Ibid. IV, XX. 8, vol. I, p. 292-293.

50. Cf. REITZENSTEIN, R. *Die hellenistischen Mysterienreligionen*. 2. ed. Leipzig: Teubner, 1923, p. 200s. e *Das iranische Erlösungsmysterium*. Op. cit., p. 198.

51. Cf. de um modo geral BOUSSET. *Hauptprobleme der Gnosis. Forschungen zur Religion und Literatur des Alten und Neuen Testaments*. p. 25s. e LIPPMANN. *Alchemie*. Op. cit., p. 215s. – Cf. tb. acerca da atuação dos planetas sobre a terra, FÍLON. *De opif. mundi*. [s.l.]: [s.e.], [s.d.], par. 113 e 114 e SCOTT, W. *Hermetica*. Op. cit., IV, p. 447.

52. *Testam. de Salomão* [s.l.]: [s.e.], 1922, p. 31 e 51 [McCOWN, C.C. (org.)]. – Cf. tb. BOUSSET. *Hauptprobleme der Gnosis - Forschungen zur Religion und Literatur des Alten und Neuen Testaments*. Op. cit., p. 21, nota 2. Segundo Teodoro Bar Konai, a seita dos cicenaos teria igualmente transmitido um mito, segundo o qual sete filhas foram roubadas à "grande mãe da vida" pelos poderes das trevas e esperam seu noivo celeste nas cidades de Matra, Mabug e Harran (BOUSSET. *Hauptprobleme der Gnosis – Forschungen zur Religion und Literatur des Alten und Neuen Testaments*. Ibid., p. 263, nota 2).

53. Cap. 18, 13s. Cf. BOUSSET, W. ibid., p. 53 e LIPPMANN, E. von *Alchemie*, vol. I, p. 221.

54. *Hermetica*. 4 vols. Oxford: [s.e.], 1924-1936, I, p. 464 [SCOTT, W. (org.)].

Antiguidade tardia, os espíritos estelares que eram outrora "almas puras", estão fechados no corpo humano pelo criador, por causa de sua desobediência[55]. Na *Aurora* também as sete mulheres são castigadas por causa de seus pecados e encarceradas na Babilônia, isto é, no centro dos infernos. Essas sete almas estelares formam, pois, um outro paralelo com o tema gnóstico da *sophia* decaída na matéria.

Texto: Nesse dia, quando sete mulheres agarrarem *um* homem e lhe disserem: comemos nosso pão e nos cobrimos com nossos vestidos, por que então não defendes nosso sangue que foi derramado como água em torno de Jerusalém? E receberam a resposta divina: Esperai ainda um pouco de tempo até que se complete o número de nossos irmãos, escrito neste livro.

No texto de Isaías as orgulhosas "filhas de Sião" são originalmente sete mulheres que devem sofrer de seu celibato e de sua esterilidade. Mas elas são comparadas simultaneamente, em alusão ao Ap 6,9, "às almas daqueles que forem mortos por causa da palavra" e com os santos (!) dos quais é dito: "Eles derramaram seu sangue como água em torno de Jerusalém". *Elas* (as mulheres de Sião) *são, pois, ao mesmo tempo pecadoras e mártires*. Em resposta à prece pela libertação (dos mártires) Deus lhes diz que "eles esperem até que o número de seus irmãos esteja completo". Na Bíblia, esta palavra se dirige aos mártires da

---

55. Encontramos concepções análogas na *Pistis Sophia* (Livro 4, cf. BOUSSET. *Hauptprobleme der Gnosis* – Forschungen zur Religion und Literatur des Alten und Neuen Testaments. Op. cit., p. 51) e entre os Mandeus (ibid., p. 31 e 35). Entre eles é a *Ruah*, o Espírito Santo feminino, a "mãe dos sete", que incita estes últimos à revolta, porque, como castigo, eles devem queimar no próprio fogo (BOUSSET. Ibid., p. 36). REITZENSTEIN, R. *Das iranische Erlösungmysterium*. Bonn: [s.e.], 1921, p. 59s. Cf. tb. o mesmo tema nos Parsis (BOUSSET, p. 41) e no livro Jêu (p. 51-52). – A Ruah passava pois por um dragão de sete cabeças (REITZENSTEIN. *Das iranische Erlösungmysterium*. Op. cit., p. 85). Cf. a serpente dos Ofitas, LEISEGANG. *Die* Gnosis. Op. cit., p. 179. Os sete passam às vezes por demônios masculino femininos e pelos princípios originários da reprodução e assim, também da morte, e mais tarde dos sete pecados capitais (LIPPMANN, E. von. *Alchemie*, I. [s.l.]: [s.e.], [s.d.], p. 242. BOLL, F. Sphaera. Teubner, 1903, 13 e 632. SCOTT, W. *Hermetica*. 4 vols. Oxford: [s.e.], 1924-1936, IV, p. 419.) Segundo Honório de Autun, o septenário pertence enquanto número ao Antigo Testamento, o octonário, ao Novo, pois Cristo ressuscitou no oitavo dia. In Ecclesiasten (In: MIGNE, J.P. *Patrologiae cursus completus. Series latina*. Paris: [s.e.], vol. 172, col. 345).

Igreja. O encarceramento dos espíritos planetários é então representado como a consequência de uma falta[56], mas seu tormento e o trabalho do *opus* é um martírio que conduz à libertação[57].

O autor da *Aurora* compreendeu a identificação das orgulhosas "filhas de Sião" com as almas mártires no sentido da alegoria religiosa, segundo a qual Sião e as "filhas de Sião" figuram a Igreja oprimida pelo diabo e, mais tarde, libertada, ou com as almas renascidas em Cristo[58]. Elas são também uma imagem das almas perdidas no mundo[59]. A mulher celibatária e estéril é também um símbolo da Igreja; pois esta é a terra outrora repudiada (*terra repudiata*) que, eleita por Deus, recebeu o nome de minha vontade (*voluntas mea*) ou terra casada (*terra maritata*)[60]. Seu esposo são os padres e os justos[61] (Isto

---

56. Cf. o "deslocamento do candelabro" na parábola precedente.
57. Orígenes também chama certa vez os mártires cristãos de "lixo e detritos" (Comentário a João IV. RAHNER, H. Myst. Lunae. Op. cit., p. 330).
58. Assim diz EFRÉM O SÍRIO. *Hymnus et Sermones.* II [s.l.]: [s.e.], [s.d.], p. 172, a respeito de Isaías: "De Sion veniet salvator [...] 'Sion [...] spiritualis et collis visionum seu revelationum Ecclesia est'" (De Sião virá o Salvador [...] "Sião [...] espiritual e a colina das visões ou das revelações é a Igreja") e Sofonias: "Lauda filia Sion" (Canta o louvor, ó filha de Sião) ele interpreta (p. 296-298) "Significat etiam mysterium ecclesiae, quae liberata est per crucem a manu diaboli" (Ele quer exprimir assim o mistério da Igreja que foi libertada pela cruz da mão do diabo). Cf. tb. HONÓRIO DE AUTUN. *Specul. de myst. Eccl.* In: MIGNE, J.P. *Patrologiae cursus completus. Series latina*. Paris: [s.e.], vol. 172, col. 1041 e 930: "Filiae quoque Syon id est animae in Christo renatae in Rege suo hodie exultent" (E que as filhas de Sião, que são as almas renascidas no Cristo, nesse dia exultem no seu Rei).
59. Cf. EFRÉM O SÍRIO. *Hymni et Sermones.* Op. cit., vol. II, p. 346.
60. Cf. EFRÉM O SÍRIO. *Hymni et Sermones.* Op. cit., vol. II, p. 134: "Sterilis sum et solitaria [...] Haec Ecclesiam respiciunt sive enim eam reverentur sive persequuntur valde magnificam et multiplicam eam" (Eu sou estéril e solitária [...] Estas olham para a Igreja ou a reverenciam ou perseguem e muito a engrandecem e a multiplicam); p. 152: "laetare sterilis [...] id est filii ecclesiae" (Alegra-te estéril [...] quer dizer os filhos da Igreja). Cf. HONÓRIO DE AUTUN. *Specul. de myst. eccles.* In: MIGNE, J.P. *Patrologiae cursus completus. Series latina.* Paris: [s.e.], t. 172, col. 1.041: "Ecclesia generavit" (A Igreja concebeu). Cf. a *vidua* como imagem da alma, GREGÓRIO MAGNO. *Expos. mor.* in Job., Lib. XVI, cap. 3, *Opera*. Paris: [s.e.], 1636, t. I, col. 551.
61. Cf. EFRÉM O SÍRIO. Ibid., p. 186.

corresponde à simbologia acima citada da *terra sitiens*, terra sedenta, como imagem de Maria[62]. *Resumindo: essas associações provam que as alusões da "aurora" visam à libertação de uma figura feminina de "anima", de natureza parcialmente material enquanto "corpo" ou "terra", que habita as profundezas da terra e os infernos, maculada pelo pecado e pela ausência de Deus. Mas, ao mesmo tempo, ela é claramente posta em relação com a figura da Igreja e de Maria e se acha definitivamente identificada com a* sapientia Dei *do primeiro capítulo. Seu sofrimento é ao mesmo tempo uma punição a um* martyrium *sofrido pela vontade divina.*

Trata-se aqui da ideia conhecida da libertação alquímica que se encontra em quase todos os textos. Como diz Jung[63], o alquimista se interessa em primeiro lugar "pelo destino e *libertação* manifesta *das substâncias*, pois a alma divina se encontra presa em sua matéria e aspira à libertação [...] Ela se manifesta na figura do 'Filho de Deus'. Não é o homem que necessita primeiramente da redenção, mas sim a divindade perdida e adormecida na matéria [...] Seu olhar não se dirige, pois, para sua própria libertação pela graça de Deus, mas para a libertação de Deus da obscuridade da matéria [...] Não é o homem que deve ser salvo, mas a matéria. Eis por que o espírito que aparece na transformação não é o 'Filho do Homem', mas o *filius macrocosmi* [...]"

288

Tal como a *sophia* gnóstica, a *anima* de nosso texto, em seu estado inconsciente, tornou-se infiel ao Deus de Israel e se abandonou às alegrias orgulhosas do mundo; desse modo, ela caiu na miséria e na solidão, e Deus responde agora a seu grito de sofrimento, prometendo ajudá-la. Entretanto, as passagens da Bíblia dadas como sendo a resposta de Deus são, em sua ordem de sucessão, muito diferentes do que se poderia prever: os mártires deverão esperar *ainda que outros de seus companheiros sejam mortos* (Ap 6,9-11), e Deus expulsará a mácula das filhas de Sião pelo espírito que julgará e acenderá um fogo (Is 4,3-4). Aqui, algo decisivo deve ter acontecido com o autor; ele muda radicalmente o tema bíblico da ameaça do banho de sangue

289

---

62. Ibid., p. 146: "Christus ascendit [...] sicut radix de terra sitienti de Maria virgine" (Cristo elevou-se [...] como uma raiz da terra sedenta da Virgem Maria.) Cf. tb. p. 744.
63. Cf. C.G. JUNG. *Psychologie und Alchemie*, p. 424-425.

e do julgamento pelo fogo, por uma promessa de redenção. Não é pelo fogo justiceiro da cólera divina, mas pelo "espírito da sabedoria e do discernimento", que as filhas de Sião serão purificadas. Ele não menciona o aspecto colérico e vingativo da divindade; o autor acredita que poderá suportar seu sofrimento (causado pelo aspecto obscuro de Deus), graças ao espírito de discernimento. A questão de saber *quem* realmente conduziu a *anima* ao cárcere obscuro e *quem* exigiu seu martírio permanece velada. Interpretamos de início o cárcere como o estado de projeção; este estado não deve, porém, ser atribuído a uma falta humana, pois não é a consciência do homem que suscita a projeção, mas um fenômeno inconsciente. Por isso a gnose diz, por exemplo, que a *sophia* foi aprisionada na matéria pela sedução do demônio Jaldabaoth. É no próprio aspecto obscuro da divindade que podemos reconhecer a causa do trágico acontecimento. Este aspecto obscuro não é mencionado na *Aurora* e a "falta" parece recair sobre os homens.

290   Texto: "... quando o Senhor tiver lavado as máculas de suas filhas de Sião pelo espírito da sabedoria e da inteligência. Então dez acres de vinha darão *uma* garrafa pequena e trinta medidas de sementes, três alqueires. Quem compreende isto, permanecerá inamovível por toda a eternidade".

291   Aqui está de novo o tema evocado no começo da parábola, da matéria "reunida de todas as terras", *depois do que a ablução opera uma unificação do que estava disperso*. Uma multiplicidade caracterizada pelo número sete (como as sete filhas de Sião) é unificada, tal como o fim do capítulo indica. A interpretação alquímica aplica esta operação aos sete metais. Estes últimos são idênticos aos planetas, aos senhores da *heimarmene* (a necessidade). Psicologicamente eles simbolizam os constituintes coletivos da personalidade. A unicidade de indivíduo é, pois, expressa na forma específica da constelação. Mas o fator de ordem da constelação é esse centro de regulação superior que Jung designa como a si-mesmo. O si-mesmo é efetivamente um dado único individual; eis por que ele representa o fator psíquico que reúne os componentes coletivos da personalidade numa unidade funcional. Uma declaração de Gregório Magno pode ilustrar esta afirmação: quando ele afirma que Cristo reuniu, mediante sua encarnação, as sete plêiades[64]. Enquanto símbolo do si-mesmo, o Cristo é

---

64. Op. cit., t. I, p. 959 D: "Christus in carnem veniens Septem pleiadas coniunxit". (Cristo redentor, vindo à nossa carne, reuniu as sete plêiades.)

também aquele "homem único" (Isaías) pelo qual aspiram as sete mulheres. Na realidade, a primeira parábola já continha uma alusão (às sete mulheres) sob a forma de sete "pérolas" – que implicavam igualmente as almas dos metais. É como se o processo interior representado nas parábolas se desenrolasse por momentos de modo puramente circular, *sem que algo de essencialmente novo tivesse sido alcançado nesta fase subsequente*. Isto se exprime também pelo fato que só *sete* estrelas e *sete* pérolas serão lavadas e unificadas: falta a oitava, que seria o esposo tão desejado. No tocante à ampla significação deste problema da relação do sete e do oito, como da relação do três e do quatro, remeto o leitor aos esclarecimentos de Jung, em seu livro *Psicologia e alquimia*[65].

Mas quem seria – psicologicamente falando – o esposo ausente das sete mulheres? Comparando com outros textos alquímicos, apresentam-se duas possibilidades: no sentido psicológico, a *anima* tem muitas vezes um amante ilegítimo, que personifica a sombra. Assim, por exemplo, nas *Bodas Químicas* de Chr. Rosencreutz, a princesa é de início raptada por um mouro, antes de obter o Rei; e na parábola[66] citada por Jung, o enxofre é o ladrão que se interpõe entre os dois amantes autênticos. Enquanto esse "amante ilegítimo" representa a sombra, o "verdadeiro" esposo é uma imagem do si-mesmo ao qual a *anima* finalmente se une. Na simbologia eclesiástica, esse verdadeiro "esposo da alma" é o Cristo.

Nos textos precedentes da *Aurora* não se percebe claramente quem será o esposo dessas sete mulheres. Ao mesmo tempo, o autor desapareceu como orador, e às vezes quase parece ser idêntico às sete mulheres. Isso denota um domínio do inconsciente sobre ele, pois, como diz Jung[67], se o eu se mostra frágil demais para "opor a resistência necessária ao afluxo impetuoso dos conteúdos inconscientes", ele é assimilado pelo inconsciente. *Disso resulta um enfraquecimento e obscurecimento da consciência do eu e uma identidade deste com*

292

293

---

65. JUNG, C.G. Psychologie und Alchemie. Op. cit., p. 40, 45, 236, 473s. e 104, 222, 224 e 227s.
66. JUNG, C.G. Mysterium Coniunctionis [OC, 14/1], p. 121s.
67. JUNG, C.G. Theoretische Überlegungen etc. In: *Wurzeln des Bewusstseins*, 1952, p. 593 e *Aion*. Op. cit., Cap. D: O si-mesmo.

uma totalidade pré-consciente". Esse fenômeno parece ter ocorrido periodicamente com o autor da *Aurora*, o que explica por que o texto se torna frequentemente tão impreciso. Para sair da dissociação é necessário, como diz o texto, o "*espírito do discernimento*". Assim será lavada "a mácula das filhas de Sião". Psicologicamente isto significa uma integração dos conteúdos inconscientes mediante uma concepção, isto é, mediante uma interpretação adequada[68] (*aqua doctrinae*). Num certo sentido, a *Aurora* representa mesmo uma tal tentativa de apreender os conteúdos arquetípicos que irrompem do inconsciente coletivo, através de uma ampliação alquímica, reconciliando-os com as ideias cristãs dominantes. O "espírito do discernimento" (*spiritus intellectus*) é, ele mesmo, um aspecto da *sapientia Dei*, que ajuda o autor a compreender seu lado ctônico. Os componentes dissociados da personalidade são "reunidos" e o resultado é um novo ponto de vista da consciência. Por isso, diz o texto a seguir que trinta medidas de sementes dão três e aquele que compreender isto será inamovível por toda a eternidade. A redução de trinta a três significa uma *redução do múltiplo ao essencial*, e a abundância caótica dos conteúdos inconscientes é conduzida à sua expressão essencial. De um ponto de vista concreto seria uma colheita decepcionante se dez parreiras de uva rendessem apenas um cântaro, e trinta medidas de sementes dessem apenas três alqueires. Se pensarmos, porém, que o vinho é extraído de todo o processo de cultura da vinha, e representa algo adquirido pelo esforço humano[69], e como a semente contém (*in potentia*) tudo o que é essencial a um campo inteiro de cereais, teremos que compreender esta redução como uma *concentração sobre o essencial*. A isto se acrescenta que o *três* e o *um* representam a antiga fórmula alquímica bem conhecida do símbolo central.

---

68. Cf. JUNG, C.G. *Psychologie der Übettragung*. Op. cit., p. 173s.
69. Cf. JUNG. Das Wandlungssymbol in der Messe. In: Wurzeln des Bewusstseins. Op. cit., p. 244: "A conexão da oferenda e dos doadores na figura única do Cristo já é indicada no seguinte pensamento da *Didaché:* Assim como o pão é feito de um grande número de grãos de trigo e o vinho de um grande número de grãos de uva, o *corpus mysticum*, a Igreja, compõe-se de uma multidão de crentes". Cf. sobre o pão e o vinho como realizações do homem, p. 129s.

A ablução das filhas de Sião pelo espírito do discernimento significa não só uma tentativa de tornar a *anima* consciente, afastando assim o efeito dissociativo, mas também *uma apreensão do significado*, que se acha atrás da irrupção do inconsciente. A imutabilidade assim alcançada (segundo o texto) é a aquisição de um ponto de vista superior "que representa os dois, o consciente e o inconsciente"[70]. A unificação tende para a produção do *unus mundus*, ou da *res simplex*, sobre a qual voltaremos depois, em outros contextos. O tema da parábola seguinte, em que o autor tenta voltar em parte a seu ponto de vista da consciência cristã, efetivamente foi antecipado pelo simbolismo ternário do trinta e três[71].

Texto: "Quem tiver ouvidos para ouvir, que ouça o que o espírito da doutrina diz aos filhos da ciência sobre o cativeiro da Babilônia, que durou setenta anos e aos quais os filósofos aludem, dizendo: 'Múltiplas são as variações dos setenta preceitos'".

Os setenta anos de cativeiro e os setenta preceitos estão provavelmente em relação com as sete mulheres (almas dos metais), isto é, psicologicamente com os constituintes coletivos da personalidade. Setenta anos constituem ao mesmo tempo, segundo a Bíblia, a duração da vida humana. Consequentemente é provável que se trate aqui de um processo correspondente ao desenvolvimento vital do indivíduo humano. A "multiplicidade das setenta alternâncias" dos preceitos indica que esse desenvolvimento do sentido deve ser buscado na multiplicidade dos dados individuais, e que a representação simbólica alquímica do processo sublinha apenas os aspectos essenciais, enquanto o curso verdadeiro se desenvolve em numerosas e diversas peripécias.

Três e sete (e seu décuplo) são considerados números "masculinos"; sua aparição no texto poderia também indicar que se entrou

---

70. Cf. JUNG. *Psychologie der Übertragung*. Op. cit., p. 175.
71. O número trinta, como três vezes dez, é ligado por Joaquim de Fiori às ordens monásticas que formam a Igreja espiritual. *Concord*. V. apud HAHN. *Ketzergeschichte*. Op. cit., vol. III, p. 331: "hac de causa videntur ad coniugatos pertinere [...] denarius numerus, ad elencos vigenarius [...] ad monachos trigenarius hoc est denarius simul três" (Por essa razão o número dez pareceria relacionar-se com as pessoas casadas, o vinte aos clérigos e o número trinta, isto é, três vezes dez, aos monges.)

numa fase da obra em que a consciência do autor (masculino) procura afirmar-se de novo, como ficará claro na parábola seguinte.

Comentário à quarta parábola (nono capítulo)

298 A quarta parábola trata, como diz o título, "da fé filosófica que consiste no número três", e seu início constitui em parte uma paráfrase direta do credo[1]:

299 Texto: Quem fizer a vontade do meu Pai e rejeitar este mundo no mundo, eu lhe darei um trono para sentar-se comigo no meu reino, no sólio de Davi e nos tronos das tribos de Israel. Esta é a vontade do meu Pai: que o conheçam como o único Deus verdadeiro e a nenhum outro, Ele que dá em abundância e sem censura a todos os povos em verdade...

300 "Rejeitar este mundo no mundo" liga-se provavelmente aos processos da purificação alquímica, mediante os quais todas as coisas supérfluas (*superfluitates*) e tudo "o que não pertence" (ao indivíduo) deve ser tirado[2]. Somente depois da eliminação desses elementos impuros, o alquimista pode obter a elevação prometida ao nível de *filius Dei*, sentando-se ao lado de Deus.

301 Enquanto aqui o alquimista é secretamente identificado – por alusão – ao *filius philosophorum* como nos capítulos precedentes, o texto passa agora a uma descrição objetiva de *filius* como ser trinitário.

302 No entanto, não se pode discernir claramente de novo quem na realidade está falando. As primeiras frases parecem postas na boca da *sapientia Dei* – idêntica a Cristo –, mas o estilo da parte seguinte torna-se sentencioso e impessoal. O autor parece ter tomado a palavra,

---

1. Infelizmente a citação literal não é suficiente aqui para possibilitar-nos deduzir as indicações de data. A ideia que o Espírito Santo procede igualmente do Filho (*filioque*) se refere ao símbolo do Concílio de Latrão (1215), mas já está contida implicitamente no símbolo de Atanásio (381).

2. Cf., por exemplo, MENNENS, J. *Theatrum Chemicum*. Vol. V. [s.l.]: [s.e.], 1622, p. 352. "[...] sub nomine Davidis ibidem Christum celebrando, qui dicit: Ego vici mundum, et alibi: jam Princeps huis mundi eiectus est foras" (... sob o nome de Davi celebrando neste lugar o Cristo, que diz: eu venci o mundo, e em outro lugar: o Príncipe deste mundo foi lançado fora).

num tom de predicação que é adequado para quem acredita estar anunciando a verdade metafísica superior. Manifestamente, ele aceita a interpretação cristã do processo que apresenta agora, e espera dessa forma superar sua própria emoção anterior.

Assim, devo invocar aqui a paciência do leitor, pois a interpretação da parte que se segue é algo laboriosa e ele terá de participar do esforço penoso do autor da *Aurora*.

Texto: (Deus Pai) e seu filho unigênito, Deus de Deus, luz da luz, e Espírito Santo que procede de ambos, igual ao Pai e ao Filho em divindade. Pois no Pai está a eternidade, no Filho, a igualdade, no Espírito Santo, e liame da eternidade e da igualdade. Diz-se mesmo que tal como é o Pai, tal é o Filho e tal é também o Espírito Santo, e os três são um só, isto é, corpo, espírito e alma, pois toda a perfeição consiste no número três, isto é, a medida, o número e o peso.

A fonte da última frase é em primeiro lugar inspirada pela obra de Senior, na qual se lê[3]: "Nosso mineral tem, como o homem, espírito, alma e corpo[4]. Por isso dizem os sábios que três e três são um. E ainda: em um são três, e: espírito, alma e corpo são um, e tudo procede do um"[5]. A água divina é, segundo Senior[6], "unum in quo sunt tria videlicet aqua, aer et ignis" (o um no qual estão três, a saber: a água, o ar e o fogo). Assim também Rosinus (Zósimo)[7]: "Nossa pedra tem seu nome em comum com o Criador do mundo; pois ela é tripla e una" (*Triunus et unus*)[8]. Também os Carmina Heliodori descrevem o

---

3. *De Chemia*. Op. cit., p. 45. Cf. do mesmo modo p. 58-59: "por isso, dizem os sábios, nosso metal é como um homem, ele tem espírito, alma e corpo".
4. Esta tríade poderia ser comparada ao Comma Joanneum (coma joaneu). Cf. abaixo.
5. Senior também chama a tríade superior de "imagem da espiritualidade divina".
6. Um no qual estão três, isto é, água, ar e fogo, p. 26. Cf. tb. p. 58.
7. ROSINUS ad. Sarratantam. *Artis Auriferae*. Basileia: [s.e.], 1610, I, p. 192 [citação de Rhasis].
8. Esta frase remonta muito provavelmente a Zósimo, segundo o qual (BERTHELOT. *Collection des Anciens Alchimistes Grecs*. Paris: [s.e.], 1887/1888, III. VI, 18, vol. I, p. 132-138), o demiurgo criou duas tríades e é por isso que era chamado Hermes Trismegisto. A tríade superior era indivisível, mônada ativa, criadora que operava a animação da pedra, enquanto que a segunda era cósmica, divisível e material, consistindo de mineral, chumbo e pedra etesiana (cf. tb. a filiação trinitária de Basílides e os desenvolvimentos de JUNG. *Mysterium Coniunctionis* [OC, 14/2], p. 99-100.

lapis como trinitário[9]; ela é uma "fonte três vezes bem-aventurada"[10], "um rebento de três faces" (μια φυτλη τριων προσωπων) ou um "dique" da alma e do corpo e do *pneuma* como "terceira coroa"[11]. São visíveis aqui influências cristãs. Mais tarde, por exemplo, Petrus Bonus sublinhará mais claramente ainda o paralelismo entre esta tríade alquímica e a doutrina cristã da Trindade. Ele ressalta expressamente a analogia da pedra e do *corpus glorificationis* (corpo glorioso)[12]. Na *Aurora* trata-se da mesma assimilação.

O autor cita no mesmo contexto uma outra tríade, a que consiste em "medida, número e peso". Alquimicamente, isso se relaciona a um equilíbrio sutil entre as componentes espirituais e as componentes terrestres na elaboração da pedra. Uma outra concepção digna de nota, que exerceu talvez certa influência nos desenvolvimentos deste capítulo, foi adiantada por Santo Agostinho na *Cidade de Deus*. Neste livro lê-se que em toda criatura se encontra uma imagem da Trindade, a saber: *essentia* (a essência) é o pai; *scientia* (a ciência) é o Filho e *amor* (amor) é o Espírito Santo[13]. E Alberto Magno diz no "*Paradisus animae*" (um escrito cuja autenticidade é entretanto contestada): "A sapientíssima ordem divina do mundo deve levar-nos ao respeito da medida, pois Ele (Deus) tudo ordenou segundo a medida, o número e o peso. Correspondendo a esta ordem, cada uma das nossas ações, nossa atitude e nossa vida devem ser medidas, contadas e pesadas, isto é, devem residir na força do Pai, ao qual é atribuída a medida, na força do Filho, ao qual pertence o número e na força do

---

9. Op. cit., p. 29 e Carm. II, 134, p. 38 [GOLDSCHMIDT, G. (org.)].
10. Carm. II, 80, p. 45.
11. Carm. Archelai IV vers. 16s. Cf. tb. o tratado "Sobre os nomes do ovo" (BERTHELOT. Collection des anciens alchimistes grecs. Paris: [s.e.], 1887/1888, I, p. 20): "Se os dois não se tornam ume toda a combinação não se torna um, o que esperas não se produzirá".
12. *Pretiosa margarita novella de thesauro ae pretiosissimo philosophorum lapide...* Op. cit., p. 171s. [LACINIUS (org.)]. Cf. a citação exata no Comentário da Parábola 7. Sobre a correspondência do Mercúrio e a divindade trinitária, cf. JUNG. Der Geist Mercurius, Symbolik des Geistes. *Studien über psychische Phänomenologie*. Zurique: [s.e.], 1948, p. 108s.
13. *Civ. Dei*. Lib. XI, cap. 17. Cf. tb. JUNG. Symbolik des Geistes. *Studien über psychische Phänomenologie*. Op. cit., p. 372-373.

Espírito Santo, à qual se liga o peso"[14]. A passagem liga-se à Sb 11,20: "Omnia fecit Deus in pondere mensura et numero"[15]. Santo Agostinho[16] assim comenta esta passagem: Ele criou tudo segundo o peso etc., isto é, em si mesmo. Ele que é número sem número, peso sem peso, medida sem medida" etc.[17] Um esclarecimento interessante do mesmo tema nos é dado pelo alquimista J. Mennens[18]. Ele vê (como Agostinho) nos princípios de medida, número e peso, meios ou ins-

---

14. *Opera.* Vol. 37. Paris: [s.e.], [s.d.], p. 466 [BORGNET (org.)].
15. "Tudo se cria segundo peso, medida e número."
16. *De Genesi ad litt.* 1. IV c, 3 e 8 (In: MIGNE, J.P. *Patrologiae cursus completus. Series latina.* Paris: [s.e.], t. 34 col. 299).
17. "Creavit omnia in pondere etc. id est in se ipso, qui est numeros sine numero, mensura sine mensura, pondus sine pondere. Vel aliler exponitur: Creavit Deus omnia in numero id est numerus omnis apud eum certus, similiter omnium mensura certa est et quicquid ponderis habet aliquid apud eum est certissimum. Vel aliter: His tribus, numero mensura pondere voluit ostendere scriptum nil Deo esse aequale. Numerus enim simplicitatem, mensura immensitatem, pondus felicitatem et stabilitatem excludit. Creavit omnia in numero, id est nihil creavit summae simplicitatis. In mensura, id est nihil creavit immensum. In pondere quia nihil creavit quod ex se deficere vel sua felicitate cadere posset". (Ele criou todas as coisas no peso etc., isto é, em si mesmo que é número sem número, medida sem medida, peso sem peso. Dito de outro modo: Deus criou todas as coisas no número, isto é, todo número nele é certo, da mesma forma que a medida de todas as coisas é certa e toda coisa que tem peso é muito segura a seus olhos. Ou ainda: nesses três, número, medida e peso, a Sagrada Escritura quis mostrar que nada é igual a Deus. Pois o número exclui a simplicidade, a medida, a imensidade, o peso, a felicidade, a estabilidade. Ele criou todas as coisas no número, ele nada criou de uma perfeita simplicidade. Na medida, ele nada criou sem medida. No peso, ele nada criou que possa faltar a si mesmo ou cair de sua felicidade.)
18. Aurei velleris etc. *Theatr. Chem.*, 1622, V, p. 319: "In unitate itaque puncto atque centro, quae tria sunt principia numeri mensurae atque ponderis (quam etiam nihil eorum sint) cuncta creata sunt et cum nihil videantur nobis, sunt tarnen apud Deum vel in Deum ominia, et idcirco dicitur Deus ex nihilo creasse cuncta in Principio, quod est mysterium magnum vide licet sacrosancta Trinitas ipsaque Sapientia; centro cuius enim cuncta sustinet, puncto adimplet, unitate denique perficit. (Todas as coisas, pois, foram criadas na unidade, no ponto e no centro que são os três princípios do número, da medida e do peso e, se bem que eles não pareçam nada para nós, têm no entanto todas as coisas diante de Deus e em Deus; por isso que se diz que Deus criou no começo todas as coisas a partir de nada, o que é um grande mistério, a saber, a Santíssima Trindade e a própria Sabedoria; no centro ele sustém todas as coisas, no ponto ele enche, e na unidade ele perfaz.)

trumentos existentes e não existentes pelos quais Deus ou a *sapientia Dei* criou o mundo.

307 Nesta passagem do texto não se compreende de início a razão pela qual o autor cita de repente o símbolo cristão; só naquilo que se segue suas associações de ideias tornar-se-ão claras. Pelo contrário, psicologicamente é significativo o fato que, após a inundação precedente pelos conteúdos do inconsciente, ele evoque de algum modo as bases mais profundas de sua atitude consciente cristã. Particularmente essa reviravolta se deve ao fato de que esta última atitude privilegia um comportamento espiritual masculino[19] e opera um reforço da consciência.

308 No que se segue, o autor focaliza principalmente *uma* figura da Trindade: o Espírito Santo e suas ações. Isto é importante, não só pelo conteúdo, mas também porque permite situar historicamente nosso texto; julgo que a *Aurora* pertence aos escritos do século XIII, no qual floresceram numerosas seitas que, apesar de suas diferenças, denotam uma tendência comum de situar a hipóstase do Espírito Santo no ponto central da vida religiosa. Além disso, a doutrina algo posterior de Joaquim de Fiori exerceu geralmente uma influência perceptível[20], de tal modo que podemos facilmente nela encontrar traços dos elementos que nessa época forçavam passagem do inconsciente para a luz. Trata-se, como mencionamos, de uma repentina e intensa ênfase da terceira hipóstase da Trindade, o Espírito Santo, que se tornou sem exagero a característica de quase todas as heresias dessa época; elas aspiravam por uma nova religião, ou Igreja do Espírito Santo, ou ainda por uma comunidade livre na qual a primazia é dada ao Paracleto, ao indivíduo tocado ou guiado por ele e à interpretação da Bíblia inspirada por sua luz. O Abade Joaquim de Fiori, do Mosteiro de San Giovanni em Fiore, havia estabelecido uma doutrina segundo a qual o mundo se divide em três grandes épocas: a primeira é a do pai, na qual dominam a lei do Antigo Testamento e o temor de Deus (*timer et labor*), que dura até o nascimento de Cristo. A

---

19. Cf. JUNG, C.G. Symbolik des Geistes. *Studien über psychische Phänomenologie.* Zurique: [s.e.], 1948, passim, part., p. 435s.
20. HAHN, R. *Geschichte der Ketzer.* Op. cit., vol. II, p. 450s. Cf. particularmente JUNG, C.G. *Aion* [OC, 9/2]. Op. cit., p. 125s.

segunda época é o tempo do Filho ou da sabedoria (*sapientia et lectio*), na qual a Igreja e seus sacramentos têm o valor de um novo liame e que deve durar até cerca do ano 1260[21]. A terceira era (ou época) que então começará é a era do Espírito Santo, e então nascerá a *Ecclesia contemplativa*. A Sagrada Escritura será lida sob uma nova perspectiva, graças ao *spiritualis intellectus* (inteligência espiritual), não mais compreendida de um modo literal, mas de um modo simbólico. Ao medo de Deus, ao espírito de escravidão e submissão à letra sucederão a jubilação, o amor e a liberdade (*jubilatio, caritas* e *libertas*)[22]. Será então a abertura do "grande Sabbath"[23], no qual o "Espírito da verdade" ensinará os homens. Nesta terceira época a supremacia será das ordens monásticas, dos *parvuli* (pequenos) que são eleitos para a liberdade da contemplação[24]. Então hebreus e pagãos

---

21. Cf. REUTER, H. *Geschichte der religiösen Aufklärung im Mittelalter*. Vol. II. Berlim: [s.e.], 1877, p. 204s. e nota p. 365s., sobre a dificuldade das perguntas do autor, que aqui pouco nos interessa, porquanto o conteúdo do acima dito reproduz indubitavelmente os pensamentos de Joaquim de Fiori.

22. Expos, in Apocal., cit. segundo HAHN, C. *Geschichte der Ketzer*. Op. cit., vol. III, p. 111: "[...] videtur tamen aliquod opus pertinere ad patrem, lectio ad filium, iubilatio ad Spiritum Sanctum, quia et timor Dei veram sibi exigit servitutem et Christi magisterium subiectionem doctrinae et gaudium Spiritus Sancti iubilationis tripudium [...] Tria igitur sunt quibus nobis Deus triunus et unus appropinquare dicitur: timor sapientia caritas et tria per quae manent in nobis tria ista: labor lectio et iubilatio". (Parece no entanto que todo trabalho pertença ao Pai, todo ensinamento ao Filho e toda jubilação ao Espírito Santo, porque o temor de Deus exige por si mesmo uma verdadeira servidão e o magistério do Cristo a submissão à doutrina, e a alegria do Espírito Santo, a alegria da jubilação. Essas três coisas são, portanto, aquelas pelas quais se diz que o Deus trino e uno se aproxima de nós: o temor, a sabedoria e a caridade, e são as três pelas quais permanecem em nós estas três: o trabalho, o ensinamento e a jubilação.) Cf. tb. HAUPT, H. "Zur Geschichte des Joachinismus". *Zeitschrift für Kirchengeschichte*. Vol. VII, Gotha: [s.e.], 1885, fasc. 3, p. 372s., e do mesmo: Zur Geschichte der Sekte vom Freien Geiste und des Beghardentums, ibid., fasc. 4, p. 503s.

23. HAHN. Ibid., p. 127: "Cum venerit ille Spiritus veritatis doceat nos omnem virtutem etc." (Quando esse espírito de verdade vier, ele nos ensinará toda virtude etc.)

24. HAHN. Ibid., p. 271: Cone, lib. II, tract. II "(tertius ordo) qui proceditex utroque electus est ad libertatem contemplationis scriptura attestante, quae ait: ubi Spiritus Domini, ibi libertas" (A <terceira ordem> que procede das duas é escolhida pela liberdade da contemplação, segundo o que atesta a Escritura quando diz: lá onde está o espírito do Senhor, lá está a liberdade) (= Concord., lib. I, Tract. 2). Cf. tb. HAHN, p. 272: (Cone, ibid.) "Spiritus Sanctus exhibet libertatem, quia amor est". (O Espírito Santo manifesta a liberdade, porque Ele é amor.)

estarão unidos, e haverá *um* só rebanho e um só pastor, e esta reunião (*coniunctio*) é com razão atribuída aos homens espirituais"[25].

Esta doutrina do Abade Joaquim de Fiori e concepções semelhantes, como por exemplo a de Amalrico de Bena, o qual retomou em parte a doutrina joaquimita das três idades do mundo"[26], viam além disso tanto o céu como o inferno, em primeiro lugar, como realidades anímicas interiores. De modo semelhante ensinavam David de Dinant e os *pauvres de Lyon*, os terciários ou fratres minores, os *parvi*, *fratres spirituales*, e também os *lolardos*, *beguinos* e *begardos*, os "amigos de Deus renanos". Quase todos atacavam a Igreja romana oficial; portanto, em certo sentido, podem ser considerados como precursores da Reforma. A doutrina de Joaquim foi mesmo adotada oficialmente por um ramo mais rigoroso dos franciscanos e anunciada publicamente em Paris, no ano de 1254, sob a forma da *Introductorius in Evangelium Aeternum*[27]. Esta obra foi, porém, condenada um pouco mais tarde (1255) pelo Papa Alexandre IV[28]. O ensinamento deste terciário era o seguinte[29]: o fim do mundo está próximo e só sobreviverá a Ordem Terceira e, entre os próprios franciscanos, apenas os *fratres spirituales* ou *beguinos* da Ordem Terceira[30]. A Igreja secular será então rejeitada e uma nova Igreja será construída, pobre, humilde, uma verdadeira *ecclesia spiritualis*[31].

---

25. *Concord.* V, cap. 51: "Coniungetur gentilis populus cum Hebraeo et fiet unum ovile et unus pastor, quae coniunctio recte viris spiritualibus attribuenda est". (Então os pagãos unir-se-ão ao povo hebreu e haverá um só rebanho e um só pastor: esta reunião é corretamente atribuída aos homens espirituais) (cf. Gl 3,28-30).
26. Cf. CAESÁRIO DE HEISTERBACH. *Dialogus miraculorum*. Bruxelas: [s.e.], 1851, distinctio V, 22 [STRANGE (org.)].
27. Cf. HAHN. *Geschichte der Ketzer*. Op. cit., vol. II, p. 426s. Cf. particularmente JUNG. *Aion* [OC, 9/2], p. 125.
28. HAHN. Ibid., vol. III, p. 159.
29. HAHN. Ibid., vol. III, p. 437s.
30. Cf. HAHN. *Geschichte der Ketzer*. Op. cit., vol. II, p. 438.
31. Ibid., vol. II, nota de rodapé da p. 438.

A forte ênfase posta no Espírito Santo e a revelação operada por ela no indivíduo, assim como o comentário simbólico da Sagrada Escritura, levaram muitas outras seitas a repudiar a Igreja existente em proveito de uma Igreja espiritual, de indivíduos inspirados pelo Espírito Santo[32]. Os acima citados *pauvres de Lyon* ou *humiliati* chegaram a ponto de dizer que a alma individual de todo homem bom era o próprio Espírito Santo[33]. Também os "irmãos do livre espírito"

---

32. HAHN. Ibid., vol. II, p. 358-359 sobre os chamados "Amigos de Deus", e vol. I, p. 53-54 sobre os Ortlibarii. Cf. tb. um documento anterior, típico de uma religião do Espírito Santo neomaniqueísta, que Hahn cita, vol. I, p. 36 segundo D'Achery, Spicileg. II, em Mansi XIX, p. 376-377: "[...] Aquis perfunderis sapientiae donec informeris et gladio verbi Dei vitiorum spinis carere valeas ac insulsa doctrina tui pectoris ab antro exclusa doctrinam a spiritu Sancto traditam *mentis puritate possis excipere* [...] iam iam suae nequitiae sententiam verbis divinorum librorum antea coopertam securi aperiunt [...] procul dubio in charybdi falsae opinionis hactenus cum indoctis iacuisti: num vero erectus in culmine totius veritatis integrae mentis oculos ad lumen fidei aperire coepisti [...] atque sancti Spiritus dono repleberis qui scripturarum omnium profunditatem ac veram dignitatem absque scrupulo te docebit". (Tu serás inundado pelas águas da sabedoria até que tenhas recebido uma forma e que, pelo efeito da espada da Palavra divina, sejas liberto dos espinhos dos vícios e que após ter expulsado do antro de teu coração o ensinamento estúpido, possas receber na pureza de teu espírito o ensinamento transmitido pelo Espírito Santo [...] Eles descobrem então com segurança a opinião de suas maldades que antes eram encobertas pelas palavras dos livros divinos [...] Fora de dúvida, jazias até o presente com os ignorantes na Caribde da falsa opinião: agora, alcançado o cimo da verdade total do espírito íntegro, começaste a abrir os olhos à luz da fé [...] e serás cumulado pelo dom do Espírito Santo que te ensinará sem escrúpulo a profundidade e a verdadeira dignidade de todas as Escrituras.) Uma outra seita de Montfort e os chamados Ortlibarii (HAHN. Ibid., p. 39 e 53) ensinavam igualmente um comentário místico das Escrituras e interpretavam os mistérios da fé como processos interiores: "tunc autem crucifigitur filius Dei et flagellatur [...] tunc moritur filius quatenus aliquis ipsorum cadit in peccatum vel redit a secta resurgit autem per poenitentiam". (Então o Filho de Deus é crucificado e flagelado [...] Então o Filho morre na medida em que um deles cai num pecado ou renega a seita, mas ele ressuscita pela penitência.) Ou os hereges de Montfort (HAHN, I, p. 42): o Pai seria Deus, o Filho, o espírito humano amado por Deus, o Espírito Santo, seria a compreensão das Escrituras (p. 43).

33. Segundo o que nos foi transmitido por um certo Stephanus de Borbone, cf. HAHN. Op. cit., vol. II, p. 266, rodapé 3 e 267-268.

ensinaram que a alma humana era da substância de Deus[34], e que o homem podia tornar-se Deus *com todo o seu corpo*, a tal ponto que ele não teria mais necessidade de Deus[35].

311 Como Jung expôs em seu livro *Aion*[36], as hipóteses espirituais da alquimia mostravam uma grande afinidade com as ideias desses movimentos do Espírito Santo, pois os alquimistas identificavam seu conceito de *lumen naturale* à hipostase do Espírito Santo. O (autêntico?) escrito *De Alchemia* de Alberto Magno é um dos mais antigos exemplos.

Por esta razão não é de admirar-se que alquimistas famosos dessa época tenham pertencido às ordens mendicantes ou às seitas que acabamos de citar: assim João de Rupescissa (Jean de Roquetaillade) fazia parte dos *pauvres de Lyon*[37], Roger Bacon, dos franciscanos[38], Rai-

---

34. Cf. PREGER, W. *Gesch ichte der deutschen Mystik im Mittelalter*. Vol. II. München: [s.e.], [s.d], p. 462 (14 e 37). Cf. tb. o documento HAHN. Op. cit., vol. II, p. 267: "Item Spiritus hominis ex quo bonus est si moritur est idem quod Spiritus Dei et ipse Deus" (Da mesma maneira o espírito do homem, na medida em que ele é bom, se ele morre, é a mesma coisa que o espírito de Deus e é o próprio Deus); ou: "Item haec est Trinitas quam vel in qua credunt ut sit pater, qui alium in bonum convertit, qui convertitur filius, id per quod convertit et in quo convertitur Spiritus Sanctus". (Eis a Trindade que eles ou na qual eles creem: o Pai é aquele que converte o outro ao bem, aquele que é convertido é o Filho: aquilo pelo que Ele converte e em que Ele é convertido é o Espírito Santo.) Eles consideravam que a encarnação de Cristo não era um fato historicamente provado, mas era um processo interior ao homem (ibid., p. 268).

35. A atitude ética dessas seitas varia do rigorismo religioso a uma amoralidade completa, conforme à sentença: "Ubi spiritus ibi libertas" (Lá onde está o espírito, lá está a liberdade). Assim, os amalricianos diziam: "Si aliquis in spiritu est aiebant et faciat fornicationem, vel aliqua alia pollutione polluatur, non est ei peccatum, quia ille spiritus qui est Deus omnino separatus a carne non potest peccare". (Se alguém está no espírito e comete a fornicação ou é poluído por qualquer outra poluição, não há pecado nele, porque este espírito que é Deus, totalmente separado da carne, não pode pecar.) HAHN. Vol. II, p. 470s. e vol. I, p. 403. Cf. tb. o trabalho acima mencionado de Kroenlein. Também os Irmãos do Livre Espírito diziam que um homem unificado com Deus não podia mais pecar, uma vez que se tornara Deus ou a própria alma divina. PREGER. Op. cit., vol. II, p. 462 (n. 15 e 21). Pelo contrário, entre os Irmãos do perfeito Espírito reinava o maior rigor moral (cf. HAHN. Op. cit., vol. II, p. 450s.).

36. *Aion*. [OC, 9]. p. 220s.

37. Os *Pauvres de Lyon* prefeririam uma interpretação espiritual da Bíblia (cf. HAHN. *Ketzergeschichte*. Vol. II. [s.l.]: [s.e.], [s.d.], p. 256-257). Eles têm afinidades com os valdenses do Piemonte.

38. Cf. no tocante à sua interpretação alegórica e sua fé na alquimia, o *Opus Minus*. Londres: [s.e.], 1859, p. 359 [BREWER (org.)].

mundo Lullo (cujos escritos alquímicos não têm ainda sua autenticidade comprovada) era franciscano terciário (que em sua época ainda não fora eliminada da Igreja), e Alberto Magno, dominicano[39].

Pode-se considerar os membros dos movimentos do Espírito Santo, assim como os alquimistas, precursores da moderna psicologia do inconsciente na medida em que eles ultrapassaram a simples *fé* nos conteúdos religiosos, buscando a *experiência* individual. Eles designavam esta última como "espírito na matéria" ou "paracleto", o que corresponde atualmente à função diretriz do inconsciente, vivenciada como "sentido"[40]. O significado psicológico desta ênfase dada à terceira pessoa da Trindade é um problema tão vasto e profundo que eu devo remeter o leitor às considerações de Jung, em seu *Simbolismo do espírito*. Citando aqui alguns de seus comentários, tenho a consciência de retirá-los de seu contexto essencial. O leitor deverá, pois, considerar o que se segue como algo simplesmente indicativo. Jung explica[41] que o "Pai", *enquanto símbolo psicológico*, caracteriza um estado de consciência infantil, onde dependemos ainda de "uma certa forma de vida preestabelecida", de um *"habitus* que tem caráter de lei. Sofremos essa situação de modo irrefletido, como um simples conhecimento do dado, sem julgamento intelectual ou moral". – "Se a ênfase se desloca para o Filho, a imagem se transforma". – A situação exige então uma distinção consciente entre o Pai e o *habitus* por ele simbolizado, e que requer um certo "conhecimento consciente da própria individualidade, à qual não é possível chegar-se sem discriminação moral e sem manter uma certa compreensão do sentido. O *habitus* é substituído por uma forma de vida conscientemente escolhida e conquistada. Eis o motivo pelo qual o cristianismo, caracterizado pelo 'Filho', impele o indivíduo à opção. "A terceira etapa remete, além do 'Filho', ao futuro, para uma realização durável do 'Espírito', a saber, para uma vida própria do 'Pai' e do 'Filho'"... O Filho é uma transição e também um

312

---

39. Cf. THORNDIKE, L. Op. cit., vol. II, p. 522s. Cf. JUNG. *Aion* [OC, 9/2]. p. 132.
40. Em seu livro *Liber de Spiritu et Anima*, Joaquim de Fiori tentou, como expôs JUNG. *Aion* [OC, 9/2], p. 372-373, uma interpretação simbólica da Trindade, exprimindo assim claramente a tendência daquela época.
41. *Symbolik des Geistes*. Zurique: Rascher, 1948, p. 418s.

estado de conflito, não apenas pela oposição ao estado anterior ainda existente, mas na medida em que a liberdade frente à lei traz consigo a intensificação do problema moral dos opostos. De um certo ponto de vista, o estado patriarcal inicial se reproduz na terceira fase. Entretanto, não se trata de uma simples repetição da primeira fase, pois os valores da segunda etapa são mantidos. "A consciência adquirida pela emancipação do Filho permanece na terceira fase, embora deva reconhecer que (o estado patriarcal) não é mais a fonte das decisões últimas e dos conhecimentos determinantes, mas que estes são inspirados por uma instância superior que, sob a forma de projeção, é chamada 'Espírito Santo' [...] Psicologicamente, a terceira fase significa algo assim como um reconhecimento do inconsciente, ou mesmo uma subordinação a este último [...]" As passagens de uma fase à outra são – como Jung ressalta – transformações do destino, e em sua maioria comoções profundas e vivências "místicas".

313   A *Aurora* descreve uma dessas vivências, isto é, uma transformação levando da segunda fase para a terceira. O autor viveu uma experiência que o levou voluntária ou involuntariamente a ser dominado pelo Espírito Santo, como outros de seus contemporâneos.

314   Uma passagem posterior da *Aurora* onde os *parvuli* (crianças) são citados como os eleitos da obra alquímica sugere a hipótese que o autor teria pertencido a uma das duas ordens mendicantes, ou a seus simpatizantes. Sua atitude em relação à Igreja não parece hostil; é como se ele tivesse julgado possível conciliar suas concepções com a tradição. No caso de atribuirmos a *Aurora* a Tomás de Aquino, conviria lembrar que este rejeitou parcialmente as doutrinas de Joaquim de Fiori[42], recomendando porém que não se condenasse sumariamente suas opiniões[43].

315   Com o auxílio destas considerações históricas, convém examinar mais de perto a concepção do Espírito Santo exposta na *Aurora*:

Texto: Pois o Pai não provém de ninguém, o Filho provém do pai e o Espírito Santo provém de ambos; ao Pai é atribuída a sabedoria, mediante a qual Ele conduz e ordena as coisas com doçura... Ao Filho é atribuída a ver-

---

42. 4. Sent. d. 43. a. 1.
43. Mais detalhado no § 606.

dade... Ele que por ordem do Pai e com a cooperação do Espírito Santo salvou o mundo perdido pelo pecado dos pais.

O Espírito Santo procede, pois, segundo o texto, do Pai e do Filho, porque a sabedoria pertence ao pai e a verdade ao Filho[44]. O Espírito Santo é, pois, uma conjunção da *sapientia* e da *veritas* encarnada. Encontramos aqui novamente a relação inicialmente definida da *sapientia Dei* como *verissima natura* (natureza muito verdadeira). A representação dogmática do Espírito Santo reveste-se aqui novamente de um caráter feminino e material. De qualquer modo, é preciso notar que João Scotus Erígena via na *mens Dei* uma espécie de alma do mundo e que se, de acordo com as representações eclesiásticas, o Espírito não era realmente identificado com a alma do mundo, pelo menos era comparado com ela. Assim Honório de Autun declara[45]: "A *anima mundi*, segundo a opinião de alguns autores, é o Espírito Santo, pois pela bondade de Deus e por sua vontade (que é o Espírito Santo) é que todos vivem as coisas que existem no mundo [...] Outros consideram a alma do mundo como uma energia (vigor)[46] que foi implantada por Deus nas coisas e mediante a qual a maior parte dos seres vivem, sentem e pensam [...] Outros ainda consideram a alma do mundo uma substância incorporal, que está inteiramente em todos os corpos individuais, mesmo que – devido à indolência da maioria dos corpos – ela não opere e crie em todos[47] [...] A concepção do Espírito Santo na *Aurora* se assemelha a esta ideia de uma *anima mundi* presente na matéria.

316

---

44. Honório de Autun identifica o Pai com a *potentia* divina, o Filho com a *Sapientia Dei* e o Espírito Santo com a *voluntas Dei* (*De philosophia mundi*. I. In: MIGNE, J.P. *Patrologiae cursus completus. Series latina*. Paris: [s.e.], t. 172, col. 45). Cf. JOAQUIM DE FIORI. *Psalterium decem chordarum*, apud. HAHN. III, p. 328: "Nonnulli [...] patri attribuerunt potentiam... sapientiam filio... voluntatem vel amorem Spiritui Sancto" (*Alguns... atribuíram ao Pai o poder... a sabedoria ao Filho... a vontade ou o amor ao Espírito Santo.*) – Cf. tb., ibid., p. 327: "*o Spiritus Sanctus, accendit nos igne caritatis...*" (*o Espírito Santo nos incendeia com o fogo da caridade*)... (ibid., p. 321) ele é "*illa lux quae illuminat omnem hominem venientem in hunc mundum et procedit ille calor qui vivificat omnia*" (*aquela luz que ilumina todo homem que vem a este mundo e avança como aquele calor que tudo vivifica*).

45. MIGNE, J.P. *Patrologiae cursus completus. Series latina*. Paris: [s.e.], t. 172, col. 46.

46. Isto nos remete aos estoicos.

47. Cf. estas tendências panteístas com os ensinamentos de David de Dinant. PREGER, W. *Geschichte der Mystik im Mittelalter*. Op. cit., vol. II, p. 76 e 462.

317   Texto: "Ao Espírito Santo é atribuída a bondade – ele torna celeste as coisas terrestres e isto de um tríplice modo: batizando pela água, pelo sangue e pelas chamas".

318   Como para Honório de Autun, também aqui o Espírito Santo possui a "bondade" (*bonitas*) e "por Ele todas as coisas terrestres se tornam celestes". Nesta mesma passagem do texto já se chamara a atenção para a encarnação de Cristo. Nesta encarnação, um espírito celeste e espiritual tornou-se terrestre de algum modo, e o texto sublinha agora que ao mesmo tempo uma parcela da humanidade terrestre se tornou celeste, isto é, foi espiritualizada. Para um alquimista trata-se de uma clara alusão a uma sentença muitas vezes repetida por Maria, a profetisa, segundo a qual deve tornar-se o corporal incorporal e o incorporal (espiritual) corporal, de modo que os dois se tornem um[48]. O fundo alquímico dos desenvolvimentos aparentemente dogmático-cristãos desta parte do texto revela-se claramente na continuação da parábola, que trata em primeiro lugar dos três efeitos do Espírito Santo:

319   Texto: "Pela água, ele atua vivificando e purificando, pois ele lava toda a imundície e afasta todos os vapores das almas, como está escrito: Tu fecundas as águas pela vivificação das almas. Porque a água é o alimento de tudo o que vive..."

320   A menção do batismo é uma espécie de resumo de todo o simbolismo da água exposto no capítulo precedente. A água opera uma ablução e uma revivificação das "almas". Mesmo se, alquimicamente, estas são as "almas dos metais", as citações do hino de pentecostes, de Notcero, o gago, e o da liturgia da missa[49] remetem a ablução química ao contexto religioso: o *artifex* é de novo incluído de modo indiscriminado no processo químico. A "água" (do Espírito Santo) afasta da matéria *squalores et fumositates*, a sujeira e o vapor, isto é, as partes da matéria que não lhe pertencem e que são designadas em

---

48. Apud Olimpiodoro (BERTHELOT. *Collection des Anciens Alchimistes Grecs*. Paris: [s.e.], 1887/1888, II. IV, 40, vol. I, p. 93: "εαν μη τα σωματα ασωματωσης και τα ασωματα σωματωσης και ποιησης τα δυο εν ουδεν των προσδοκονμενων εσται" (Se não tornares o corporal incorporal e o incorporal corporal e os dois um só, nada do que é esperado se produzirá).

49. Cf. nota 11, texto da p. 82.

outros tratados por enxofre, ladrões, superfluidades etc., e cujo significado psicológico Jung comentou em detalhe, com a designação de sombra[50]. Segundo nosso texto, a água possui uma ação purificadora, porque ela contém o "Espírito do Deus" que planava sobre as águas durante a criação e foi por Ele fecundada. Como se depreende da citação dos salmos (103,30-32), água não é senão o próprio *spiritus Dei*, que renova a terra, a vivifica e abala. *Daí se depreende que nosso autor assimila o Espírito Santo, a* sapientia Dei *personificada (na água batismal) com a* "aqua divina" *da* opus alquímica. Esta água é ao mesmo tempo a substância básica, dispensadora de vida de todas as manifestações orgânicas concretas. É também – considerada do ponto de vista alquímico – a água forte (*aqua fortis*) que dissolve os metais, como diz Senior na seguinte citação da *Turba* que aparece em nosso texto[51].

Texto: [...] por isso também a água que desce do céu inebria a terra e a terra dela recebe aquela força que pode dissolver todo metal. Por isso ela lhe pede (essa força), dizendo: Envia teu alento espiritual, isto é, a água, e elas (as coisas) serão novamente criadas; e tu renovarás a face da terra, pois inspiras a terra quando a fazes tremer, e todas as montanhas, fazendo-as fumegar.   321

Estas dissoluções, tremores e abluções são por assim dizer a resposta favorável às preces da alma fechada no centro da terra: o arrombamento do ferrolho dos infernos. O que tinha se consolidado em convicções inabaláveis – mais ainda; toda a personalidade se dissolve, abrindo-se para novas realidades –, o eu se prepara no sentido ao receber as influências do si-mesmo.   322

Depois da descrição da *solutio* (dissolução) e da *ablutio* (ablução) segue-se – como é mencionado – a etapa da *nutritio* (nutrição), que é igualmente descrita como um efeito do Espírito Santo, isto é, da *aqua divina*.   323

Texto: Quando porém batiza com sangue, atua nutrindo, tal como é dito: Fez-me beber da água da sabedoria que me trouxe a salvação, e seu sangue é verdadeira bebida, pois a sede da alma está no sangue, como diz Senior: 324

---

50. Cf. JUNG. *Mysterium Coniunctionis* [OC, 14/1], p. 209s. e 257s.

51. Cf. as observações na *Turba* (p. 218): assim como o homem tem em si o par para respirar como princípio de vida, assim o mineral possui um *humor*, e se esse se condensar em pedra (*lapis*), pode dissolver todo metal.

A própria alma permanece na água, que lhe é semelhante em calor e umidade e na qual toda vida consiste.

325 A citação de Eclo 15,3 "ele o fez beber da água da sabedoria" significa que aqui o sangue e a água são sinônimos da *aqua sapientiae* (água da sabedoria). Isto se refere ao chamado *comma joaneu*[52]. "Três são os que testemunham no céu: o pai, a palavra e o Espírito Santo; e estes três são um. E três são os que testemunham sobre a terra: o Espírito, a água e o sangue e estes três são um". Enquanto no texto bíblico (a passagem é uma interpolação tardia) uma trindade celeste e uma trindade terrestre se opõem, na *Aurora se reúnem, com o que as entidades metafísicas são introduzidas no domínio do humano, isto é, na psique humana inconsciente* (na medida em que o sangue era considerado sede da alma vegetativa). *Assim o próprio homem é portador do símbolo trinitário, ou, em outros termos, o homem comum, o "artista" é assimilado à divindade.* O autor ousa mesmo identificar[53] depois seu sangue água alquímico ao sangue de Cristo, como o prova a citação de João 6,55[54]. *A nutrição da pedra tem pois igualmente o aspecto "humano" de uma comunhão com a divindade, por meio do sangue contendo a alma vegetativa*[55], *isto é, psico-*

---

52. 1Jo 7: "Quoniam tres sunt, qui testemonium dant in caelo: Pater, Verbum et Spiritus Sanctus: et hi tres unum sunt. Et tres sunt qui testimonium dant in terra: Spiritus et aqua et sanguis: et hi tres unum sunt". (Porque três são os que dão testemunho no céu: o Pai, o Verbo e o Espírito Santo; e os três são um só; e três são os que dão testemunho na terra: o Espírito, a água e o sangue: e os três são um só.) Trata-se provavelmente de uma interpolação tardia. Cf. JUNG, C.G. *Symbolik des Geistes*. Op. cit., p. 361.

53. Cf. a respeito disso, JUNG, C.G. Das Wandlungssymbol in der Messe. In: *Von den Wurzeln des Bewusstseins*. Op. cit., p. 278s.

54. "Pois minha carne é um verdadeiro alimento e meu sangue uma verdadeira bebida."

55. Em RUSKA. *Turba philosophorum – Ein Beitrag zur Geschichte der Alchemie. (Quellen und Studien zur Naturwissenschaften und der Medizin, 1). Berlim: [s.e.], 1931*, p. 129, a "água divina" é interpretada como "sangue espiritual", da mesma forma que no Livro *Al-Habib* (apud RUSKA, J. Ibid., p. 42-43), lê-se: "Deves aprender a força da água eterna [...] pois sua força é um 'sangue espiritual' [...] e o corpo se transforma em espírito [...] de modo que o corpo que nasce então é espiritual e ele é colorido como sangue, *pois tudo o que possui uma alma possui também o sangue*". Entre os alquimistas gregos, o sangue era sinônimo da "água divina" (cf., por exemplo, Olimpiodoro, BERTHELOT. *Collection des Anciens Alchimistes Grecs*. Paris: [s.e.], 1887/1888, II. IV, 38: vol. I, p. 92 e II, IV, 44; vol. I, p. 96 e ZÓSIMO. Ibid., III, XLIII, 5, vol. I, p. 216).

logicamente falando, a psique inconsciente. Da mesma forma que Cristo, paradigmaticamente, deu seu sangue pela humanidade, assim o alquimista, por seu lado, dá seu sangue, não pelos homens, mas pela pedra; e o fato de sentir que poderá fazê-lo é experimentado por ele como uma atuação do Espírito Santo. Psicologicamente, isto significa que o "espírito" do inconsciente, isto é, sua função inspiradora e diretriz, incita o homem a abandonar-se *com todo o seu ser* à "instauração" do si-mesmo, isto é, à sua passagem para a consciência, onde o si-mesmo é "nutrido" pelo homem como uma criança[56].

Após o tratamento da pedra pela água ou leite e depois pelo sangue, segue-se como terceira etapa sua espiritualização.

Texto: Quando, porém, baliza pelas chamas ígneas, ele se infunde na alma e lhe dá a plenitude da vida, pois o fogo dá forma e completa o todo, como é dito: e ele soprou-lhe na face um alento de vida e então quem antes estava morto tornou-se uma alma vivente.

Lê-se também na Exercitatio (15) da *Turba*: "E no fim daqueles dias, Deus derramou nele a bênção do germe humano, a saber, a alma ou vida". Os três degraus correspondem também a uma adição de leite = água, sangue = "nosso sal" e carne = *anima* ou *rex* (rei)[57], esta última se produzindo graças a um "fogo moderado". O último degrau é, como já se depreendia do contexto, uma encarnação e mesmo uma espiritualização. Consequentemente o terceiro efeito mencionado do Espírito Santo é a introdução da alma em Adão no Gênesis (2,7), assim como a conhecida palavra de Calid sobre os cuidados ou-

326

327

328

---

56. Cf. os comentários de C.G. Jung ao texto de Dorn, onde a união do espírito e do corpo se produz pela mistura do sangue humano com outros ingredientes, *Mysterium Coniunctionis* [OC, 14/2], p. 256.

57. *Artis Auriferae*. Basileia: [s.e.], 1610, p. 117: "et in fine illorum dierum Deus infundit benedictionem germinis humani, animam scilicet seu vitam" (e no fim daqueles dias Deus infunde a bênção da raça humana, isto é, a alma ou a vida). Cf. por outro lado a equação cristã sangue – água – espírito, tal como H. Rahner estabeleceu em seu ensaio "Flumina de ventre Christi", *Biblica*. Vol. 22, Roma: Pontificio Istituto Bíblico, 1941, p. 277, partic. 370-371 e 381. – Honório de Autun também diz, por exemplo, que a Igreja foi formada pelo sangue e pela água da ferida do lado de Cristo: Ela é redimida pelo sangue e lavada pela água. *Specul. de Myst. eccles*. In: MIGNE, J.P. *Patrologiae cursus completus. Series latina*. Paris: [s.e.], t. 172. col. 910.

torgados ao feto através da água, do ar e do fogo, cada fase sendo de três meses[58].

329   Texto: Os filósofos dão testemunho do primeiro, segundo e terceiro efeitos (do Espírito Santo), dizendo: a água preserva o feto durante três meses no ventre da mãe, o ar o nutre nos três meses seguintes e nos últimos três meses o fogo o protege. A criança jamais viria à luz antes da consumação desses meses; então ela nasce e é vivificada pelo sol, pois este é o vivificador de todas as coisas mortas.

330   Alquimicamente, trata-se nesta terceira etapa da chamada (αναζω-πυρωσις)[59] (revivificação pelo fogo) e da ressurreição dos mortos: (τα νεκρα σωματα εμψυχουνται) (animando os corpos mortos). Esta revivificação pelo fogo é, segundo muitos autores, um processo paralelo ao alvejamento. Assim, diz Zósimo[60]: "O alvejamento é uma combustão e esta é uma animação vivificante pelo fogo (αναζωπυρω-σις); pois ela (a matéria) se consome em si mesma e se vivifica pelo fogo e se nutre a si mesma e se fecunda e dá ao mundo o ser vivo (ζωον) procurado pelos filósofos". No fogo da matriz o ser vivo formado recebe "cor, forma e extensão", para nascer então visivelmente[61]. De modo semelhante Komarios[62] diz que mediante o fogo nasce uma transfiguração e maturação dos elementos "e a *materia transformada na divindade – porque ela é nutrida no fogo – cresce progressivamente com o embrião no ventre materno*". A matéria ressuscita "para uma vida natural como uma criança do ventre de sua mãe"... "Pois a

---

58. Cf. acima as notas do texto. Depois, SENIOR. *De Chemia*. Op. cit., p. 87-88, e o Kitab-al-Habib, em BERTHELOT. *La chimie au moeyen âge*. Vol. III. Paris: [s.e.], 1893, p. 92, 97, 109. LIPPMANN, E. von. *Alchemie*. Op. cit., vol. I, p. 47, e a RUSKA. *Tabula smaragdina* – Ein Beitrag zur Geschichte der hermeneutischen Literatur. Heidelberg: [s.e.], 1926, p. 3s., onde o *lapis* é uma criança "cósmica".

59. Cf. entre outros BERTHELOT. *Collection des Anciens Alchimistes Grecs*. Paris: [s.e.], 1887/1888, III, LVI, 3, vol. I, p. 252 e III, LVI, 2, vol. I, p. 251 e III, VIII, 2, vol. I, p. 142: "Não recuses aos mortos que alcancem a ressurreição (anastasis)".

60. BERTHELOT. *Coll. Alch. Grecs*, III, XL, 2. vol. I, p. 211.

61. BERTHELOT. Ibid., III, XLIII. 5, vol. I, p. 216. Cf. tb. III, V, 17. vol. 1, p. 132 e BERTHELOT. *La chimie au moeyen âge*. Op. cit., III, p. 98 e REITZENSTEIN, R. *Alchemistische Lehrschriften und Märchen bei den Arabern*. Op. cit., p. 75 e 83.

62. BERTHELOT. *Coll. Alch. Grecs*, IV, XX 10, vol. I, p. 293. Cf. CARMINA HELIODORI, org. Goldschmidt, op. cit., p. 28-31.

arte imita a criação de uma criança, e quando ela se torna completa em tudo – vê, este é o mistério selado"[63]. Na *Aurora*, a vivificação não se produz apenas pelo fogo, mas (como na citação do Gênesis 2,7) também através do sopro divino, isto é, através do *Pneuma* de Deus com o qual a alma humana é concebida consubstancialmente. A alma é compreendida então como vapor ou névoa[64]. Isto corresponde à concepção estoica da alma como (αναθυμιασις) = ebulição, exalação do sangue[65], ou como ar[66], ou *pneuma* quente[67], que é igualmente a substância delicada da divindade e suscita no homem o (ενθουσιασ-μος) (entusiasmo = ser tomado pelo deus), assim como as "imagens aéreas dos sonhos". Para o gnóstico Simão o mago, o ar é a natureza intermediária entre o espírito e a terra; "nele está o Pai que nutre e cuida de todas as coisas"[68]: Um fragmento hermético reflete concepções semelhantes[69]: a matéria aquecida torna-se fogo e água. O fogo, secando a água, faz nascer a terra. Um vapor nascido de fogo, terra e água engendra o ar. Todos se unem "segundo o *logos* da harmonia", e desse sopro conjunto das qualidades opostas nasce um *pneuma* e esperma, que corresponde ao *pneuma* divino. "Desse *pneuma* criador

---

63. Cf. tb. ibid., p. 338 e V, III, p. 344 e SENIOR. *De Chemia*. Estrasburgo: [s.e.], 1566, p. 16, 19, 30, 44, 58-59 e77. *Turba philosophorum* – Ein Beitrag zur Geschichte der Alchemie. (Quellen und Studien zur Geschichte der Naturwissenschaften und der Medizin, 1). Berlim: [s.e.], 1931, p. 137-138, 163.

64. Cf., por exemplo, *Turba*. Op. cit., p. 142.

65. Cf. ARISTÓTELES. *De anima*. [s.l.]: [s.e.], [s.d.], 1, 2, 405 a, 25. Areios Didymos 39. 2, Crisipo em Galeno: Hipócrates e Platão 3. 1. Dióg. Laércio. 7. 156. Macróbio, Somn. Scip. 1, 14, 19. Tertuliano de anim, 5. Plotino 4, 74. Alex. Afrod. De an. 26. 13. Nemésio, de nat. hom. c. 2 etc. apud SCOTT, III, p. 612.

66. Cf. LIPPMANN, E. von. *Alchemie*. Vol. I, [s.l.]: [s.e.], [s.d.], p. 133.

67. LEISEGANG. *Der Hl. Geist*. Op. cit., p. 26s.

68. LEISEGANG. *Die Gnosis*. Op. cit., p. 81. Cf. tb. a antiga concepção do ar de DÍDIMO. *De Trinitate*. 756 B. (SCOTT, W. *Hermetica*. Op. cit., p. 542). O pneuma é o γονιμον εν (uma coisa que é fecunda). Também em Asclépio lat. (ibid.) o ar é o instrumento do todo, pelo qual todas as coisas vêm à existência e pelo qual todas as coisas se ligam, o mortal e o imortal, uma vez que o sopro do espírito (*spiritus*) move o mundo inteiro. EFRÉM O SÍRIO. *Hymnus et Sermones*. Op. cit., p. 16 louva o ar, porque ele atravessa todas as coisas em sua pureza e assim viu o Senhor ser gerado no ventre de sua Mãe (cf. com as palavras de Calid!).

69. SCOTT. *Hermetica*. 4 vols. Oxford: [s.e.], 1924-1936, I, p. 438. – STOBAEUS. I. 47, 7.

nasce a criança na matriz..." O gnóstico Valentino, em sua visão do *logos*, descreve o nascimento semelhante de uma "criança" a partir dos elementos cósmicos de fogo-ar:

331 "Eu vejo no éter tudo misturado ao pneuma.
Eu compreendo no espírito que tudo é suportado pelo pneuma.

A carne suspensa na alma
A alma levada pelo ar
O ar suspenso no éter,
Frutos erguendo-se do abismo
Uma criança erguida do ventre materno"[70].

332 Um outro paralelo é dado pelo nascimento do Filho do Homem nas nuvens na visão de IV Esdras, capítulo 13[71]: "Eu sonhei um sonho da noite: uma tempestade poderosa ergueu-se do mar [...] Eu contemplei: então essa tempestade trouxe do coração do mar um ser semelhante a um homem. Eu contemplei: e eis que esse homem voou com as nuvens do céu. E de lá ele virou seu rosto e olhou; então todas as coisas conheceram o que ele contemplava e para onde ia a voz de sua boca. Então todas as coisas que ouviam sua voz se derreteram, como a cera se liquefaz sob a ação do fogo. Como observa R. Reitzenstein[72], os traços característicos desta descrição reaparecem no maniqueísmo. Assim é dito, sobre a ascensão de Shitil, que os ventos o levaram, as tempestades o ergueram e colocaram na nuvem de luz; e o "homem originário"[73] maniqueu diz num poema:

---

70. Apud LEISEGANG, H. *Die Gnosis*. Op. cit., p. 283. Cf. a interpretação dessa passagem segundo Hipólito. Contava-se que Simão o mago teria produzido um *homunculus*, deixando um pneuma humano coagular-se em água, depois em sangue e enfim em "carne" (LIPPMANN. *Alchemie*. Op. cit., I, p. 224).

71. KAUTZSCH. *Die Apokryphen und Pseudoepigraphen des A. T.* [s.l]: [s.e.], 1900, parte II, p. 395.

72. *Das Iranische Erlösungsmysterium*. Op. cit., p. 121-122.

73. Cit. ibid., p. 49-50. Cf. tb. o apócrifo pré-cristão em Salomão de Basra no livro *As abelhas* (cit. ibid., p. 100: "No fim dos tempos e na dissolução final *uma criança será concebida no ventre de uma virgem* [...] E ela será como uma árvore [...] carregada de frutos [...] ela virá então com as armas da luz e *será transportada nas alturas sobre as nuvens brancas*, pois é a criança concebida pelo Verbo que instaura as naturezas" (WALLIS BUDGE, E.A. *Anecdota Oxoniensia*. Londres: [s.e.], 1886. SALOMÃO DE BASRA. As abelhas. Cap. 37).

"Eu sou um grande Mana
que habitava no mar.
Eu habitei o mar
até que me fizeram asas
...
até que eu me torne um ser alado
e eleve minhas asas até o lugar da luz".

De modo semelhante, nos Carmina Heliodori[74] diz-se do lapis que ele permanece "por muito tempo uma figura escondida no corpo da mãe e *clama como um tesouro nas profundezas por sua libertação* – ele se encontra em toda parte em que os homens vivem, *ele se ergue do mar até as nuvens e caminha sobre o mar em vestes de nuvem* [...] e ele senta-se na nuvem como um leve sopro *elevado por um fogo interior*"[75]. (A famosa frase da *Tabula Smaragdina* diz o mesmo: "O vento o carregou em seu ventre.)

O autor da *Aurora* alude a estados alquímicos desse gênero quando termina o batismo da água, do sangue e do fogo no Espírito Santo, isto é, na água divina, pela descrição dada por Calid acerca dos cuidados prestados à pedra como embrião, com a ajuda da água, do ar e do fogo. Mas ele declara que esses três elementos nutriciais são na realidade apenas *um*, isto é, eles *formam uma triunitas* – correspondendo ao "credo filosófico que repousa sobre o número três". É digno de nota que na *Aurora* a tríade dos elementos não é sempre claramente estabelecida, pois que se trata ora da água, do sangue e do fogo, ora da água, do ar e do fogo. Nos dois casos, falta a terra, o que não é desprovido de significado no plano psicológico. Se percorrermos rapidamente os graus de evolução que se desenrolaram no confronto interior, descrito nas últimas partes, podemos observar um *deslocamento* progressivo do *centro de gravidade em direção à consciência*.

---

74. GOLDSCHMIDT (org.). Op. cit., p. 28. vers. 70s.
75. Cf. tb. SENIOR. Op. cit., p. 16-19 e 30: "Significant ergo per mediatorem aerem [...] quod natus Sapientiae in aere nascitur. quando sublimatur ad alembicum propter quod fit aqua vivificans terram illorum et embrionem, qui est terra, qui est anima ex corpore eorum". (Eles significam pois pelo ar mediador [...] que o filho da *Sapientia* nasce no ar, quando ele é sublimado no alambique, o que faz que a água vivifique sua terra e o embrião que é terra, a qual é a alma de seu corpo). Cf. tb. p. 44.

A imagem da *sapientia Dei* desapareceu, enquanto aspecto ctônico (por exemplo, a "mulher que trouxe a morte"), e a contaminação da consciência provocada pela irrupção de sua imagem cessou em grande medida, graças à "junção", à "ablução" e ao "espírito do conhecimento". O mesmo fator numinoso, antes caracterizado pela *sapientia*, é substituído – ou então se deslocou – para a hipóstase do Espírito Santo, do qual o autor celebra liricamente os efeitos. A imundície e o mundo são rejeitados e a identidade do alquimista e do *filius philosophorum* que antes transparecia frequentemente no texto, parece não existir mais. É como se o autor tivesse adquirido uma certa distância em relação à sua experiência, graças a uma compreensão que o simbolismo alquímico tradicional lhe outorgara. Após uma inundação inicial por conteúdos inconscientes, ele parece ter voltado progressivamente a um estado consciente e a um repouso interior. A estrutura ternária de seu credo filosófico o auxiliou, pois, tal como Jung mostra no *Simbolismo do espírito*[76], um esquema de ordem ternária favorece uma emancipação relativa da consciência frente à pura natureza. "A Trindade é um arquétipo cujo poder dominante não só favorece um desenvolvimento espiritual, mas também o provoca, se for o caso"[77]. No entanto, ele não é uma expressão natural da totalidade, contrariamente à quaternidade.

336 Isto se liga à estrutura da nossa consciência, que parece ser edificada sobre quatro funções de orientação[78], das quais em média três no máximo estão à disposição da consciência. A quarta função, que Jung denomina inferior, acha-se quase sempre recuada, contaminada pelo inconsciente, e manifesta traços primitivos, arcaicos. Mas ao mesmo tempo ela restabelece o liame com o inconsciente coletivo e seu vasto emaranhado de relações simbólicas e de significações[79].

337 Se pusermos a quaternidade alquímica dos elementos em relação com as quatro funções psicológicas, a ausência do elemento terra nos

---

76. *Symbolik des Geistes*. Op. cit., p. 399.
77. Cit. op. cit., p. 435.
78. Para maiores detalhes devo remeter aqui aos *Psychologische Typen*. Zurique: [s.e.], 1920, passim, partic. p. 646, e à *Symbolik des Geistes*. Op. cit., p. 396.
79. *Symbolik des Geistes*. Op. cit., p. 367 e 340.

leva à conclusão de que uma das quatro funções permaneceu inconsciente no autor. A ausência do elemento terra significa em particular que a relação com a matéria e com a realidade concreta está faltando[80]. Devemos, pois, admitir que a solução do problema, tal como é apresentada nesta parte da *Aurora* tem o sentido de uma *intuição espiritual*, mas que uma realização individual ainda não é possível.

Esta dificuldade de conciliar o tema alquímico dos quatro elementos com a imagem cristã da Trindade nos dá um outro exemplo desta oscilação frequente entre o três e o quatro, da qual Jung diz[81]: "É preciso [...] sublinhar que ao lado da tendência que leva claramente a alquimia (e o inconsciente) para a quaternidade, uma certa instabilidade entre o três e o quatro é sempre aparente [...] a alquimia conhece tanto quatro como três *regimina* (processos), tanto quatro como três cores. Há sempre quatro elementos, mas três deles estão muitas vezes reunidos, enquanto que o quarto ocupa uma posição à parte: ora é a terra, ora o fogo [...] Esta instabilidade indica que estamos diante de um caráter duplo, isto é, que as representações centrais são tanto quaternárias como ternárias. O psicólogo não pode deixar de mencionar o fato que a psicologia do inconsciente testemunha uma perplexidade análoga. A função menos diferenciada, designada como função 'inferior', é de tal modo contaminada pelo inconsciente coletivo que, quando trazida à consciência, arrasta consigo, entre outros, o arquétipo do si-mesmo [...] O quatro tem o significado do feminino, do maternal, do físico, enquanto o três tem o significado do

338

---

80. Ibid., p. 342. Cf. tb. a exposição do pensamento trinitário, na qual C.G. Jung diz que o pensamento cristão trinitário não corresponde apenas à ordem de uma sociedade patriarcal, mas também leva os homens a "pensar contra a natureza e assim [...] provar sua liberdade divina" (ibid., p. 412). Ela (a trindade) qualifica o homem para a reflexão e para a tomada de um ponto de vista puramente espiritual. A quaternidade, pelo contrário, tal como se vivia nas antigas concepções naturais e filosóficas, era apenas "a visão não reflexiva do espírito ligado à natureza" (p. 412). *O esquema da quaternidade coloca ou encadeia "o pensamento trinitário à realidade deste mundo"* (p. 414). *Com o quarto é colocado o problema da "realização"* (op. cit., p. 404).
81. *Psychologie und Alchemie*. Zurique: Rascher, 1944, p. 45s.

masculino, do paternal, do espiritual. A instabilidade entre o quatro e o três representa, pois, uma oscilação entre o físico e o espiritual[82] [...]".

339   Voltando ao nosso texto, o desaparecimento da figura *feminina* da *sapientia* e a aparição, em seu lugar, da hipóstase masculina do *Espírito Santo* coincidem com a decisão do autor de optar por uma formulação ternária do seu credo. A identidade da *sapientia* e do Espírito Santo se torna mais clara pelo fato dos dois serem sucessivamente identificados com a água salutar da arte.

340   A hipóstase do Espírito Santo manifesta na história uma tendência frequente de transformar-se num ser feminino. Era então compreendido de certo modo como a Mãe de Cristo[83] e a Trindade se transformava numa imagem puramente arcaica e natural de Pai, Mãe e Filho, tal como Jung mostra no *Simbolismo do espírito*[84]. Na tradição oficial da Igreja, porém, ele representa o sopro de vida e o amor unindo o Pai e o Filho. Ele é assim "essencialmente um ser refletido e acrescentado, enquanto *noumeno* hipostasiado, à imagem natural de Pai Filho"[85]. Sob esta última forma, o Espírito Santo é "psicologicamente heterogêneo, pois não deve ser deduzido logicamente da relação Pai Filho, *e sim compreendido como uma ideia introduzida unicamente pela reflexão humana*"[86]. "Ele não é somente a vida comum de Pai e Filho, mas o Filho o legou aos homens como Paracleto, a fim de que ele engendre neles e produza as obras da filiação divina"[87].

---

82. Como Jung expôs em *Symbolik des Geistes*, uma concepção trinitária acarreta uma amputação da quarta função, dita inferior. "Esta dissociação é, segundo parece, um fruto da civilização. Ela significa primeiramente uma liberação da consciência em relação a um encadeamento excessivo ao 'espírito do peso'. Se esta função, que está indissoluvelmente ligada ao passado e mergulha nas raízes noturnas que descem até o reino animal, pode ser deixada para trás e mesmo esquecida, então a consciência adquiriu uma liberdade nova e não totalmente ilusória e nasceram-lhe asas nos pés para saltar por sobre os abismos. Ela pode libertar-se da cadeia das impressões sensoriais, das emoções, dos pensamentos e das intuições fascinantes, acedendo assim à abstração" (p. 396s.). Cf. tb. *Psychologie und Alchemie*. Zurique: Rascher, 1944, p. 218s.
83. Documentação, cf. JUNG, C.G. *Symbolik des Geistes*. Op. cit., p. 392.
84. Op. cit., p. 388.
85. Cit., op. cit., p. 388.
86. Cit., p. 389.
87. Cit., op. cit., p. 389.

Através dele a Trindade torna-se um símbolo que engloba a essência divina e humana[88].

Jung explica além disso que a interpretação (gnóstica) do Espírito Santo como mãe contém um cerne verdadeiro, na medida em que "Maria foi o instrumento do nascimento de Deus, achando-se, portanto, implicada como ser humano no drama trinitário. A *figura da Mãe de Deus pode pois passar por símbolo da participação essencial da humanidade na Trindade*[89]. A justificação psicológica desta hipótese repousa no fato de que o pensamento, originalmente fundado na revelação do inconsciente, é sentido como a manifestação de uma instância extraconsciente. O primitivo não pensa, os pensamentos vêm a ele, e nós também ainda sentimos estas ideias particularmente iluminadoras como 'inspirações'. *Mas se pensamentos, e em particular julgamentos e conhecimentos, são transmitidos à consciência por uma atividade inconsciente, eles são muitas vezes atribuídos ao arquétipo de certa figura feminina, isto é, da anima, da mãe amante*[90]. É como se a inspiração tivesse sido propiciada pela mãe, pela amada, ou pela 'mulher inspiradora'. O Espírito Santo teria pois a tendência de mudar seu gênero neutro (πνευμα) pelo feminino [...] O Espírito Santo e o *Logos* se fundam no conceito gnóstico de *sophia* (sabedoria), como na *sapientia* da filosofia medieval da natureza, e dela se diz: 'in gremio matris sedet sapientia patris'" (no colo da mãe está sentada a sabedoria do pai).

Estas explanações de Jung lançam uma luz sobre os acontecimentos psicológicos expressos na *Aurora*. A manifestação do "numinoso", primeiro como *sapientia*, isto é, como figura feminina, permite supor que novos acontecimentos subjugantes se aproximam da consciência do autor, e que a *anima* foi assim constelada como mediadora. Se depois ela se retira, é preciso compreender que no ínterim um processo de reflexão humana se pôs em movimento, e tentou incorporar o vivenciado numa ordem espiritual. A consequência inevitável foi um *recuo relativo do inconsciente*, que se percebe simbolica-

341

342

---

88. Op. cit., p. 391.
89. Grifado por mim.
90. Grifado por mim.

mente no texto, pela exclusão do elemento terra. Mas, como já vimos, a terra é um aspecto da própria sabedoria e, de algum modo, seu lado ctônico[91].

343 Texto: "É por este motivo que se diz que este espírito, devido à excelência de seus dons septiformes, atua sobre a terra mediante sete virtudes..."

344 Mas, como diz o texto a seguir, o elemento terra não falta completamente, é de algum modo excluído da tríade do verbo filosófico celebrado pelo autor, aparecendo como que entre parênteses sob o aspecto de um elemento situado em face à tríade, elemento passivo, imperfeito, que ainda deve ser elaborado.

345 Se ligarmos esta parte do texto a nossas observações precedentes no tocante ao esquema das quatro funções da consciência, a exclusão do quarto elemento – a terra – levar-nos-ia a concluir que a consciência confrontou-se com a dificuldade de assimilar a quarta função, dita inferior. Esta última, representada pelo elemento terra, contamina-se sempre no homem com a *anima* e com o inconsciente coletivo[92].

346 Se a passagem do três para o quatro parece demasiado difícil, vê-se muitas vezes aparecer uma duplicação desses números no material inconsciente, e o passo problemático se situa então entre o sete e

---

91. Precedentemente interpretei a falta da terra como uma falta de realização: aqui deve-se ver nisso uma retirada em relação ao inconsciente. Para quem estiver familiarizado com os fatos psicológicos, isso não representa uma contradição, uma vez que na realidade a retirada do inconsciente corresponde propriamente a uma inconsciência no sentido superior e assim, pois, a uma realização deficiente.

92. Cf. JUNG, C.G. *Psychologie und Alchemie*. Op. cit., p. 214: "Na psicologia das funções, há em primeiro lugar duas funções conscientes e portanto masculinas: a função diferenciada e sua função auxiliar [...] Uma vez que a oposição entre ambas as funções auxiliares não é nem de longe tão grande como aquela que reina entre as funções diferenciada e a inferior, a terceira função – a saber, a função auxiliar inconsciente – também pode ser elevada à consciência, tornando-se assim masculina. No entanto, ela traz consigo traços de sua contaminação pela função inferior e constitui assim uma espécie de liame com as trevas do inconsciente. Estava na lógica desse fato psicológico que o Espírito Santo fosse hereticamente interpretado como sendo a *sophia* [...] A quarta função é contaminada com o inconsciente e o arrasta inteiramente com ela, quando é tornada consciente [...] Primeiramente, porém, rebenta aquele conflito violento, no qual cairia todo ser humano de razão se lhe ficasse evidente que ele deveria engolir as superstições mais absurdas".

o oito, onde a função inferior se manifesta de algum modo reduzida pela metade. Esta duplicação representa, pois, um processo de diferenciação psicológica.

Tais dados concordam com certos desenvolvimentos psicológicos sobre o número sete, contidos no livro de R. Allendy: *Le symbolisme des nombres*[93]. Sua opinião é que o sete nasce de uma dupla dicotomia (bipartição) do três:

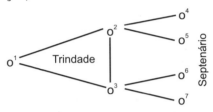

e ele observa que esta derivação do sete a partir do três *representa a regra das séries progressivas*[94]. Enquanto *a quaternidade constitui o círculo dos processos naturais que se desenvolvem em si mesmos; o sete representa os círculos evolutivos de um progresso em espiral*. Segundo Jacó Boehme[95] há no cosmos sete espíritos organizadores, que tornam efetiva a sabedoria eterna (*sapientia Dei*!). Eles consistem numa tríade superior (desejo, movimento, inquietação) e uma tríade inferior natural (amor, verbo, corpo) e num mediador, *o relâmpago ou fogo*, que estabelece o contato entre a natureza e o espírito. Em outros sistemas do simbolismo do número o sete representa também, segundo Allendy, o confronto entre uma tríade espiritual superior e uma quaternidade natural inferior[96].

Estas amplificações me parecem apropriadas para esclarecer os sete efeitos do Espírito dos quais a sequência do texto oferece uma descrição mais precisa, e também para explicar como, a partir dos

---

93. Paris: [s.e.], 1948, p. 172s.
94. Por séries progressivas compreende-se uma série de números que são ordenados de tal modo que a razão de sua relação permanece constante, quer cresçam ou decresçam.
95. *De signatura rerum*, XIV, 10, cit. ibid., p. 179.
96. Exemplos, cf. ibid., p. 181s.

três efeitos do Espírito Santo, nosso autor vem a falar diretamente do dom *septiforme* ou das sete virtudes. *As sete virtudes se relacionam, tal como é dito, com sua influência sobre a terra*, que representa, pois, o quarto (ou oitavo) elemento mantido à parte. Mas esta terra é, como já o disseram as parábolas precedentes, a "terra negra" e a "mulher" no abismo do pecado e do inferno. Mesmo que o autor não duvide conscientemente de seu próprio cristianismo, a integração *deste* elemento (a terra) em sua imagem alquímica e cristã do mundo apresenta dificuldades. De modo semelhante, o alquimista J. Mennens designa a matéria como *umbra Dei* (sombra de Deus) ou *posteriora Dei*[97] (costas de Deus), referindo-se a imagens cabalísticas. Segundo o simbolismo medieval dos números, o quaternário se liga à *materia prima*[98]. Não é por acaso que esta dificuldade surge na *Aurora*, particularmente em relação à descrição do Espírito Santo, pois, como Jung já expôs em detalhe no *Simbolismo do espírito*[99], é a figura da Trindade que constitui a ponte para o "quarto" rejeitado, o mal. Ele é, não somente, "o sopro comum ao homem, ao Filho e ao Pai", mas enquanto Paracleto, o consolador do homem sofredor, do "quarto", isto é, do mal; ele é a "reconciliação dos opostos numa concepção quaternária e, portanto, a resposta a esse sofrimento na divindade, personificada por Cristo"[100]. O autor da *Aurora* foi, como vimos, inesperadamente confrontado com a *sapientia Dei*, com o problema

---

97. MENNENS, J. Aurei Velleris etc. *Theatrum Chemicum*. [s.l.]: [s.e.], 1622, V, p. 334: "Nomen itaque Dei quadriliterum sanctam *Trinitatem* designare videtur *et materiam*, quae etiam triplex existit, ut ante tradidimus, quae et umbra eius dicitur et a Moyse posteriora Dei". (O nome de Deus quadrilítero [de 4 letras em hebraico] por isso parece designar a Ssma. Trindade e também à matéria, que existe em forma tríplice, como anteriormente referimos, que se chama a sua sombra e Moisés chama as costas de Deus.) Cf. ROSENROTH, K. von. *Kabbala denudata*. Vol. I. Frankfurt: [s.e.], 1677, p. 73 e 581 e Vol. II, p. (29) final.

98. MEISTER DIETRICH. *De miscibilibus in mixto*: "Quod illud. quod est materia prima, est in se multa et plures et secundum numerum quaternarium in ordine ad 4 elementa". (A matéria-prima é um si mesma constituída de muitas e diversas partes e segundo o número quaternário em ordem aos 4 elementos) (cf. KREBS, E. *Beiträge z. Gesch. der Philosophie des M.A.* V, fasc. 5-6, p. 46).

99. Op. cit., p. 412s.

100. *Symbolik des Geistes*. Zurique: Rascher, 1948, p. 413.

do mal, com a face obscura de Deus, e teve uma profunda necessidade do Espírito Santo, que reconcilia os opostos em Deus. Eis por que ele assimila especialmente esta hipótese da divindade à *aqua divina* da obra alquímica e a eleva em seguida ao nível de verdadeiro operador da obra que deve cumprir a transformação da terra negra.

Em resumo, poder-se-ia interpretar psicologicamente o que ocorreu até agora do seguinte modo: a irrupção do inconsciente coletivo descrita no começo – personificada primeiro pela imagem sublime da *anima* que é a *sapientia Dei* – produziu uma inundação na consciência. Nesta noite escura todos os elementos reprimidos da sombra, os etíopes pagãos e as filhas pecadoras de Sião se manifestaram, de modo que o autor caiu em profunda depressão. Para salvar-se de uma dissolução total, ele pede a ajuda de suas concepções cristãs conscientes e ora ao Espírito Santo para ajudá-lo a limpar-se e purificar-se da terra escura (= o inconsciente que o deprime). Um *único* elemento permanece obscuro e só se manifesta indiretamente no texto – *a terra negra é a própria sapientia Dei!* A modo de Jó, ele chama Deus para ajudá-lo contra Deus[101]. Ocorreu uma enantiodromia secreta: o que irrompeu primeiro foi a imagem luminosa da *sapientia Dei*, mas em seguida ela transformou-se pouco a pouco numa obscuridade que deve ser elaborada. Vê-se por que o autor recorre à linguagem salvadora da alquimia, pois somente através dela ele poderia formular uma experiência tão paradoxal.

349

Texto: Em primeiro lugar ele (o espírito) aquece a terra que, por sua frialdade, é morta e árida... Daí a palavra do profeta: Meu coração ardeu em mim, e em minha obra o fogo se inflamou. E o livro da *Quintessência* diz: O fogo, ao penetrar, tornando sutil pelo calor, consome todas as partes terrestres que têm muita matéria e pouca forma. Enquanto o fogo possui matéria, não cessa de atuar, querendo imprimir sua forma à substância passiva.

350

Os comentários do séptuplo efeito do Espírito Santo constituem na realidade uma amplificação daquilo que foi dito dos três efeitos, nas passagens precedentes. Em primeiro lugar, o espírito é de novo descrito como um fogo que exerce uma função aquecedora e purificante so-

351

---

101. Cf. as explanações de JUNG. *Antwort auf Hiob*. Zurique: [s.e.], 1952, p. 18s.

bre a terra fria. A fim de que o aspecto moral não seja negligenciado, o autor o compara ao fogo oculto da cólera que Davi lança contra seus inimigos e contra os pecadores[102]. O caráter "compacto" da terra passiva, que é purificado, sublimado e "forjado" por esse fogo, é, pois, a mesma coisa que a maldição e o pecado, e também idêntico aos etíopes e às filhas pecadoras de Sião das parábolas precedentes.

352   Texto: E Calid Minor diz: Aquecei a frialdade de um com o calor de outro; e Senior diz: Que o masculino esteja sobre o feminino, isto é, o quente sobre o frio.

353   As citações de Calid e de Senior esclarecem o efeito do Espírito Santo, equilibrando os opostos através da conhecida imagem da *coniunctio* do homem (ativo, quente) e da mulher (passiva, terrestre, fria). Pela participação quente da consciência, o inconsciente deve ser transformado e modelado, sem negligenciar o fato que o superior, o espírito, desce à realidade inferior, a *physis* (natureza).

354   Texto: Em segundo lugar, ele extingue o fogo intenso provocado pela combustão, acerca do que diz o profeta: E o fogo se inflamou em sua assembleia e a chama consumiu os pecadores sobre a terra; ele apaga este fogo em suas devidas proporções, e daí esta alusão: refrigério no calor ardente. E Calid Minor: Extingui o fogo de um pelo frio do outro.

355   O segundo efeito do Espírito Santo é o de consumir-se a si mesmo e de extinguir o fogo do espírito que, tal como o fogo infernal, aniquila ao mesmo tempo os sem deus[103]. Trata-se aqui da ideia alquímica segundo a qual "a natureza vence a natureza" e que há na substância misteriosa, isto é, no inconsciente, um *temperamentum*, um equilíbrio interior que elimina em si mesmo os elementos destrutivos. A psicologia do inconsciente refez a descoberta desse fenômeno em seu próprio domínio, pois Jung provou que a energia psíquica, por si mesma antitética (por exemplo, como instinto e espírito), abole em si mesma suas próprias contradições[104]. Pelo contrário, na concepção cristã, os dois fogos são geralmente separados. Assim, por

---

102. Sl 39,4.
103. Cf. § 10, nota 29.
104. Cf. JUNG, C.G. *Symbole der Wandlung*. Zurique: [s.e.], 1952, p. 758-761.

exemplo, Efrém o sirio[105] diz: "O batismo extinguiu com seu fogo o fogo que o maligno tinha acendido [...] Vede, o fogo puro de nosso Salvador extinguiu o fogo que inflamara os pecadores". De novo a alquimia reúne os aspectos separados *numa* só ideia paradoxal. O autor comenta audaciosamente sua *virtus ignea* alquímica através de um verso do hino "Veni Sancte Spiritus" de Pentecostes: "Refrigério no calor ardente", onde ele une o vasto simbolismo fogo-água do Espírito Santo, desenvolvido nas alegorias eclesiásticas[106], à ideia alquímica do *ignis noster*.

Texto: "E Avicena: Há uma coisa, na qual existe a combustão – e a primeira coisa que dela se desprende é uma força ígnea, mais suave e mais digna do que as forças dos outros elementos". 356

---

105. Hymni (ed. Lamy), op. cit., I, p. 80. Cf. tb. PEDRO DAMIÃO, In solemnitate S.P. Benedict! Abbatis (Zoozmann, p. 219-220): Urticae iunctae vepribus, Vulnus curant vulneribus, Flammata mens divinitus ignem extinguit ignibus. Crucem mittens ut lapidem Veneni frangit calicem. (As urtigas com os espinhos / Curam a ferida pelas feridas, / O espírito inflamado divinamente / Extingue o fogo pelos fogos, / Colocando a cruz como pedra do veneno dissipa as trevas.) Cf. GREGÓRIO MAGNO, In Evang. Horn., XXX, Opera. Paris 1636, vol. I. col. 411: Bene ergo in igne apparuit Spiritus quia ab omni corde quod replet torporem frigoris excutit (Ajusto título o Espírito apareceu no fogo, uma vez que ele expulsa o torpot do frio de todos os corações que enche de seu fogo).

106. Cf. HIPÓLITO. Comentário ao Cântico dos Cânticos. In: RAHNER, H. Myst. Lunae. Op. cit., p. 79 e 48, onde o Espírito Santo é ao mesmo tempo um fogo e um orvalho que refresca as almas. Cf. tb. Orígenes (MIGNE, J.P. *Patrologiae cursus completus. Series latina*. Paris: [s.e.], t. 14, col. 1038), cit. em RAHNER. Ibid., cf. tb. RICARDO DE SÃO VÍTOR. Un. In: MIGNE, J.P. *Patrologiae cursus completus. Series latina*. Paris: [s.e.], t. 177, col. 286. HUGO. *Didascal*. I. 8, in: MIGNE, J.P. *Patrologiae cursus completus. Series latina*. Paris: [s.e.], t. 176, col. 746. Comparar-se-á o Espírito Santo como fogo com o "batismo de fogo" de Cristo no fim dos tempos, onde todos os pecadores serão queimados. ANASTÁSIO SINAÍTA. *Hexam*. 4. P.G. 89, col. 900 A, apud. RAHNER. Myst. lun., op. cit., p. 86. Cf. o "fogo da correção" no Trat. I do Corp. Herm., I, p. 115 [SCOTT (org.)], sobre o Espírito Santo como fogo-água. Cf. EFRÉM O SÍRIO. *Hymni et Sermones*. Op. cit., I, p. 62: "Spiritus *secreto igne* ungit gregem suam..." (O espírito unge seu rebanho com um fogo secreto). A água batismal ajusta os opostos um ao outro: "ut occulta et manifesta assimilentur" (a fim de que o oculto e o manifesto possam ser equiparados) (p. 72). Cf. adiante RAHNER. Myst. Lun., *Zeitschrift für katholische Theologie*. [s.l.]: [s.e.], 1940, p. 73 e DOELGER, F.J. Aqua ignita, in: *Antike und Christentum 5*, [s.l.]: [s.e.], 1936, p. 175-183.

357 Com esta citação, o autor da *Aurora* indica que esse fogo paradoxal é uma *virtus ignea na matéria*, nos *próprios elementos*, de modo que o fogo do Espírito Santo adquire por ela um aspecto concreto e material. A experiência psicológica, correspondente ao *temperamentum* interior do fogo, parece-me muito importante; tem-se a impressão que o autor começa a perceber que caiu nas mãos de um poder dominador que possui, no entanto, em si mesmo suas próprias forças equilibrantes e que, ao mesmo tempo, fere e cura. Assim se prepara no autor da *Aurora* a possibilidade de reencontrar num nível mais interior e autêntico seu equilíbrio momentaneamente perdido.

358 Texto: Em terceiro lugar, ele amolece, isto é, liquefaz a dureza da terra e dissolve suas partes densas e muito compactas acerca do que está escrito: A chuva do Espírito Santo liquefaz. E o Profeta: Ele envia sua palavra e a liquefaz, seu espírito sopra e as águas correm.

359 A *aqua sapientiae*. a água, é também uma chuva e é indiretamente assimilada ao *Logos*, à "Palavra de Deus". Através de uma atuação "do alto", isto é, da consciência, a obscuridade compacta, impenetrável do inconsciente pouco a pouco se dissolve; o aprisionamento da personalidade nas realidades aparentemente imutáveis cessa e então a vida psíquica corre em rios através de uma compreensão "penetrante"[107].

360 Texto: E está escrito no livro da *Quintessência* que o ar abrirá os poros de regiões da terra, a fim de que ela receba a virtude do fogo e da água. E em outra parte está escrito: A mulher dissolve o homem e este a fixa, isto é, o espírito dissolve e amolece o corpo, e o corpo solidifica o espírito.

361 Aqui, o autor interpreta finalmente o choque da terra e da tríade espiritual (água – fogo – ar) como oposição entre corpo e espírito ou entre homem e mulher. Assim comparece o tema da *coniunctio* que se desenvolverá em toda a sua amplitude no último capítulo. A participação do autor nesta parte é mais recuada; não se trata mais de um confronto pessoal com a sombra, mas é como se dois domínios arquetípicos, uma tríade superior e luminosa (a compreensão espiritual) e um quarto termo obscuro (incompreendido) se chocassem entre si. O próprio autor, de qualquer modo, pôs-se ao abrigo na parte luminosa.

---

107. Cf. JUNG. *Mysterium Coniunctionis* [OC, 14/1], p. 223s.

Texto: Em quarto lugar, o espírito ilumina, quando expulsa todas as trevas do corpo, e acerca disso diz o hino: Expulsa as trevas horríveis do nosso espírito, e acende uma luz para os sentidos.

362

A citação do canto de Pentecostes de Notcero, o gago ("Expulsa as trevas horríveis do nosso espírito") e do hino "Veni Creator Spiritus" ("Acende uma luz para os sentidos") é uma alusão ao aspecto pessoal anímico do processo. Por aí se vê que o trabalho da terra pelo espírito trinitário água-ar-fogo significa afinal um confronto com as trevas do espírito do sujeito individual e que esse confronto só pode ser levado a bom termo (como indica a citação que se segue, do Salmo 78) pela graça de Deus e pela direção divina.

363

Texto: "E o profeta: Ele (Deus) os guiou toda a noite à luz do fogo, e então a noite se tornará clara como o dia".

364

O autor compara esta libertação com a saída do Egito realizada pelos judeus; daí o nome Egito ser geralmente interpretado na Patrística como pecado e "este mundo"[108]. O texto então alude mais uma vez à prisão, à *nigredo*, à enchente etc. da primeira parábola.

365

A frase "então a noite se tornará clara como o dia" retoma o fecho do quarto capítulo e é, como lá, uma evocação do nascimento místico do *filius philosophorum*, o qual será chamado depois de "luz maravilhosa, brilhando na escuridão"[109]. É o *lumen luminum* (luz das luzes) que o alquimista Gerhard Dorn designa como "sol invisível" (*sol invisibilis*). Psicologicamente, trata-se da experiência de uma clarificação do inconsciente, cuja obscuridade caótica deixa apa-

366

---

108. Cf. as documentações em FRANZ, M. von. Passio Perpetuae. In: JUNG, J.G. *Aion* [OC, 9/2]. Op. cit., p. 464s.

109. O *lapis* é também segundo Alphidius o *lumen splendens ac transparens* (luz resplandecente e transparente). Cf. *Cod. Ashmole* 1420. fol. 11. Em outros textos, ela é uma "luz secreta" e no Rosarium (*Artis Auriferae*. Basileia: [s.e.], 1610, II, p. 173), ele é chamado: "quae cum lumine venit et cum lumine genita est" (aquela que vem com a luz e que é engendrada com a luz). Cf. tb. SENIOR. *De chemia*. Op. cit., p. 9, apud Haly, o qual diz *in suis secretis*: "Hoc est Sulphur rubeum luminosum in tenebris et est hyacinthus rubeus [...] et leo Victor". (Eis o enxofre vermelho, luminoso na obscuridade, e é o jacinto vermelho [...] e o leão vitorioso.) Em ABU'L QASIM AL-IRAQI. *Isis*. VIII, p. 420 [HOLMYARD (org.)], o *lapis* é chamado: cão, águia, leão inofensivo, veneno ígneo, luz, filho do fogo, Satanás.

recer progressivamente um "sentido" e um centro ordenador independente do eu: o si-mesmo. Do incompreensível nasce uma compreensão "iluminante"[110].

367 Texto: Senior também diz: Ele torna branco tudo o que é negro e vermelho tudo o que é branco, pois a água branqueia e o fogo ilumina. Ele brilha como um rubi através da alma que tinge, o que ele adquiriu pela virtude do fogo e por isso o fogo é designado como aquele que tinge.

368 A luz é simbolizada pelo rubi, sinônimo do lapis (pedra)[111]. Senior interpreta o rubi como a "alma que tinge"[112] (*anima tingens*), que está oculta na água[113]. Dela nascem as "cores". Psicologicamente, a cor vermelha do rubi indica a emoção, a paixão, o sentimento. Na alquimia o vermelho (e a *rubedo*) é considerado masculino, o branco, feminino. Vermelho é o rei e o *lapis* enquanto esposo da esposa branca (*anima*). É como se nesse estágio de desenvolvimento se constatasse o retorno

---

110. Cf. JUNG, C.G. Theoretische Überlegungen etc. In: *Wurzeln des Bewusstseins*. Op. cit., p. 546s. e os paralelos que aí são indicados.

111. O *carbunculus* é um sinônimo do *lapis*. "Rex clarus ut carbunculus" (Rei luminoso como o carbúnculo). (Cit. de Lilius, que é uma antiga fonte no Rosarium Philosophorum, *Art. Aurif.* 1593, II, p. 329). "Radius [...] in terris, qui lucet in tenebris instar carbunculi in se collectus" (O raio [...] nas terras, que brilha nas trevas como um carbúnculo recolhido em si mesmo). (Segundo a exposição da teoria de Tomás de Aquino por MAJER, M. *Symbola aureae mensae duodecim nationum*. Frankfurt a. M.: [s.e.], 1617, p. 377): "Inveni quendam lapidem rubeum, clarissimum, diaphanum et lucidum et in eo conspexi omnes formas elementorum et etiam eorum contrarietates" (Eu descobri uma certa pedra vermelha muito clara, diáfana e brilhante, e eu vi nela todas as formas de elementos assim como seus contrários) (cit. de Tomás por MYLIUS. *Philosophia Reformata*. [s.l.]: [s.e.], 1622, p. 42). *Caelum, aurum* e *carbunculus* como sinônimo da *rubedo*, op. cit., p. 104. O *lapis* é um "carbúnculo de luz brilhante" (KHUNRATH, H. *Hyl. Chaos*. [s.l.]: [s.e.], 1597, p. 237). Rubi ou carbúnculo é o nome do *corpus glorificatum* (GLAUBER. *Tract. de Nat. Salium*. [s.l.]: [s.e.], 1658, p.42). Na *Chymische Hochzeit* (Bodas Químicas), o aposento de Vênus é iluminado por carbúnculos (p. 96). Cf. tb. o que foi dito acima sobre *anthrax* (rubi e cinabre), em JUNG, C.G. *Gestaltungen des Unbewussten*. Zurique: [s.e.], 1950, p. 152s., rodapé 127.

112. Cf. nota 37, no texto p. 88.

113. Cf. tb. a cor de jacinto e a *rubedo* no mar, na Cabala, ROSENROTH, K. von. Op. cit., vol. II, p. 21-22 e sobre *albedo* e *rubedo* no cristal, ibid., vol. II, p. 12 e parte I, p. 461-462 ("Idea Rabba seu Synodus magna").

da vida ativa e da emoção, uma vez ultrapassadas a rigidez e a depressão da *nigredo* e a fase de discernimento objetivo na albedo. Entretanto, esta *vita nova* (a rubedo) não vem mais do eu, mas do si-mesmo.

A observação de Senior de que todas as cores nascem do rubi alude ao tema alquímico clássico da *cauda pavonis*[114], da qual Jung diz: "Esta aparição das cores representa na *opus* um estágio intermediário, precedendo o resultado definitivo. Jacó Boehme a designa: um desejo-amor ou uma beleza das cores. No desejo-amor nascem todas as cores"[115].

Da união da "natureza" e da "vida espiritual" – diz Boehme – "podemos então reconhecer uma essência eterna da natureza, semelhante à água e ao fogo misturados um ao outro, pois há então uma cor azul-claro semelhante à chispa do fogo; pois ela tem uma forma, tal como um rubi[116] misturado a um cristal numa única substância, ou como o amarelo, o branco, o vermelho e o azul misturados numa

---

114. A *cauda pavonis* é identificada por Henrique Khunrath com Íris, a *nuncia Dei* (a mensageira de Deus). DORNEUS, G. De transm. metall., *Theatrum Chemicum*. Oberursel: [s.e.], 1602, I, p. 599, a explica do seguinte modo: "Haec est avis noctu volans absque alis, quam caeli ros primus continuata decoctione, sursum atque deorsum ascensione descensioneque in caput corvi convertit, ac tandem in caudam pavonis, et postea candidissimas et olorinas plumas, ac postremo summam rubedinem acquirit ignae suae naturae" (É a ave que voa sem asas de noite, que o primeiro orvalho do céu transforma por uma decocção contínua, pela ascensão e pela descida, em cabeça de corvo, depois em cauda de pavão, antes de adquirir plumas muito alvas e perfumadas, e finalmente um vermelho extremo, indicação de sua natureza ígnea). Em Basílides (HIPÓLITO. *El.* X. 14,1) o ovo de pavão é sinônimo de *sperma mundi*, o κοκκος σιναπεως. Ele contém a plenitude das cores, *thn twn crwmatwn plhqun*, isto é, 365. Segundo os Cirânidas, a cor de ouro é elaborada a partir dos ovos de pavão (Text. lat. et vieux franc. relat. aux Cyranides. *Bibl. Fac. d. Phil. et Lettr. Liège*. fasc. XCIII, 171 [DELATTE, L. (org.)].) A luz de Maomé tem a forma de um pavão, e os anjos foram criados de seu suor (cf. APTOWITZER. *Arab-Jüd. Schöpfungstheorien*. Hebr. Union College Annot. Cincinnati, 1929, VI, 209, 233). Cit. segundo JUNG. *Gestaltungen des Ubewussten*. Zurique: [s.e.], 1950, p. 151s., nota de rodapé 125.

115. De sign, rer., XIV 10, cit. segundo JUNG. *Gestaltungen des Unbewussten*. Zurique: [s.e.], 1950, nota de rodapé 126.

116. Vom ird. u. himml. Myst. V, 4s., apud JUNG. *Gestaltungen des Unbewussten*. Zurique: [s.e.], 1950, nota de rodapé 128.

água sombria, pois é como o azul no verde: cada um tem seu fulgor e brilha. E a água mantém o fogo em suspenso, de modo que ela não se consome, mas *é uma essência eterna em dois mistérios, um no outro*, porém com a distinção de dois princípios numa vida dupla". O fenômeno das cores deve sua existência à "imaginação no grande mistério, onde nela mesma nasce uma vida essencial maravilhosa[117] [...]"

371   Através do contato do consciente e do inconsciente floresce um mundo de imaginação e de sentimento – o mundo do *eros* brilha nas trevas, como o texto esclarecerá depois.

372   Texto: E no livro da *Quintessência* é dito: Vês uma luz maravilhosa nas trevas. E no livro *Turba philosophorum* está escrito que, se as nuvens alvejam a superfície, não há dúvida que alvejarão também suas partes interiores. E Morienus diz: Já eliminamos o negro e fizemos o branco com o sal [a]natrão, isto é, com o espírito.

373   A transformação da noite da morte, do pecado, num mundo de luz e de cores é explicada aqui pela *dealbatio*, pelo alvejamento. O efeito é obtido graças ao "sal de natrão"[118], isto é, através do espírito. Aqui há uma nova analogia com o Espírito Santo, o *sal*, cuja importância considerável Jung estudou[119]. Seu sentido de *eros* teria sugerido ao autor – mesmo que ele não o soubesse[120] – uma assimilação do Espírito

---

117. JUNG. *Gestaltungen des Unbewussten*. Zurique: [s.e.], 1950, p. 151-153.
118. "A-Natron" deriva da transcrição do árabe "An-Natron". Natron deriva do egípcio ntr = Deus! Cf. STEUER. *Über das wohlriechende Natron bei den alten Ägyptern*. Leiden: [s.e.], 1937.
119. Cf. *Mysterium Coniunctionis*. [OC, 14]. Vol. 1, cap. "Sal".
120. Cf acerca de *Christus* como sal, por exemplo, PSEUDO(?)-ALBERTO. *Biblia Mariana*. Vol. 37. [s.l.]: [s.e.], [s.d.], p. 385 [BORGNET (org.)]: "Sal enim filius Dei est. Quod cum misisset illud sal in fontem aquarum, quod factum est annunciatione ait: Haec dicit Dominus: "Sanavi has aquas" id est humanam naturam fluidam et pestiferam et non erit eis ultra mors neque sterilitas, sed vita et foecunditas" (O sal é com efeito o Filho de Deus. Porque quando ele enviou esse sal à fonte das águas, o que ocorreu no momento da Anunciação, ele disse: Assim disse o Senhor: "Eu curei essas águas", isto é, (foi curada) a natureza humana inconstante e pestiferada, e não haverá mais morte nem esterilidade, mas vida e fecundidade).

Santo, o "fogo do amor"[121], com o sal[122]. Há aí uma dupla analogia que permite exprimir o paradoxo da substância do arcano alquímico.

Texto: Em quinto lugar, ele separa o puro do impuro quando remove todos os acidentes da alma. que são vapores ou odores do mal, tal como se diz: O fogo separa as partes heterogêneas e junta as homogêneas. Por isso, o Profeta diz: Tu me provaste pelo fogo e não se achou iniquidade em mim, e também: Passamos pelo fogo e pela água e tu nos conduziste ao repouso e ao refrigério. E Hermes diz: Separarás o espesso do sutil, a terra, do fogo. E Alphidius: A terra se liquefaz e se torna água; a água se liquefaz e se toma ar, o ar se liquefaz e se torna fogo (o fogo se liquefaz e se torna terra glorificada).

A interpretação do que precede não exige um esclarecimento maior. Porém, é preciso sublinhar a citação de Alphidius: "A terra se liquefaz etc." que levanta um problema de dificuldade da tradição. O terceiro membro da frase difere com efeito nos vários manuscritos; no de Paris, em lugar de: "O ar se liquefaz e se torna fogo", lê-se: "O fogo se liquefaz e se torna terra glorificada". Uma dificuldade textual neste lugar precioso não é ocasional – nós reencontramos o problema da relação do três com o quatro! Devido ao seu "Credo" o autor teria que enumerar uma tríade. Entretanto, a roda ou circulação clássica da alquimia aludida por Alphidius concerne cada vez aos *quatro* elementos. Um erro se insinuou aqui no texto do nosso autor ou de seus copistas e está tão deteriorado que não podemos mais praticamente restabelecer a versão inicial[123]. A terra fria, obscura, que a versão de

---

121. Cf. Rabano Mauro: In festo Pentecostes ad vesperas et ad tertiam (Zoozmann, p. 136): "Qui Paraclitus diceris, Donum Dei altissimi Fons vivus, ignis, caritas et spiritualis unctio". (Tu que és chamado Paráclito, dom de Deus altíssimo, fonte viva, fogo, amor e unção espiritual.) E RICARDO DE SÃO VÍTOR. De tribos appropriatis Personis in Trinitate. In: MIGNE, J.P. *Patrologiae cursus completus. Series latina.* Paris: [s.e.], t. 196, col. 993C: "Addis adhuc ut quaeras, quid mini causae videtur cur Potentia Patri in scripturis Sanctis specialius attribuitur. Sapientia Filio, caritas vel bonitas Spiritui Sancto". (Tu me perguntas ainda por que, a meu ver, na Sagrada Escritura, o poder é mais especialmente atribuído ao Pai, a sabedoria, ao Filho, o amor ou a bondade, ao Espírito Santo.)

122. Cf. tb. o sal como meio de unir os opostos im Tractatus Aureus de lapide philosophico, *Musaeum Hermeticum*. Op. cit., p. 11: "Verus mercurii spiritus et sulphuris anima una cum sale spirituali simul unita" (O verdadeiro espírito do mercúrio e a alma do enxofre unidos ao sal espiritual).

Paris tenta salvar sob a forma de uma "terra glorificada" no domínio espiritual torna-se de novo "a pedra de tropeço".

376 Texto: Rasis diz a este respeito: que a operação da preparação perfeita é precedida de uma certa purificação das substâncias, que alguns chamam de preparação ou limpeza, outros, de retificação e outros ainda, de ablução ou separação. Mas o próprio espírito, que atua de sete formas, separa as partes mais puras das impuras, a fim de que, uma vez retiradas as partes impuras, a obra se complete com as puras. Hermes alude a esta quinta virtude... quando diz: Deves separar suavemente a terra do fogo, o sutil do espesso...

377 A citação de Rasis mostra que os processos descritos nesta parábola são sempre operações de ablução ou de purificação, e a parte seguinte do texto apresenta um novo aspecto pelo fato dessas purificações significarem igualmente uma separação entre o elemento grosseiro e o sutil. Psicologicamente, isto equivale ao penoso confronto com o inconsciente e a discriminação entre suas componentes subjetivas e objetivas, acerca da qual Jung comenta a importância no decorrer do processo de individuação, em sua obra *Psicologia da transferência*[124]. O lento vaivém entre os opostos, neste lugar do texto e do processo psíquico que ele descreve, é cheio de sentido. Se olharmos de novo os acontecimentos das três parábolas precedentes encontraremos sempre a descrição de uma obscuridade inicial e aflição (enchente, prisão etc.) e depois uma súbita reviravolta a uma situação de felicidade estática. Neste capítulo, porém, dá-se o contrário. Trata-se de um vaivém e de um *trabalho* operado pela luz sobre a obscuridade. Não é mais *uma* reviravolta que se produz, mas uma clarificação e

---

123. Uma incerteza semelhante se encontra no *Opusculum autoris ignoti* citado geralmente como "Epistula de Rasis" (*Artis auriferae*. Op. cit, I, p. 251): "hic lapis triangulus est in esse, quadrangulus in qualitate". (Esta pedra é triangular em seu ser, quadrangular em sua qualidade.) – E nos CARMINA HELIODORI. Op. cit., p. 37 (Carm. 4. verso 260), onde a pedra é chamada de "tríplice baluarte" formado de espírito, de alma e de corpo, e de "fortaleza que é feita de quatro elementos". Já num texto grego (BERTHELOT. *Collection des Anciens Alchimistes Grecs*. Paris: [s.e.], 1887/1888, I, VI, 2, vol. I, p. 22), a pedra é comparada a um dragão de quatro pés = elementos, e três orelhas = vapores. Uma semelhante oscilação entre os três e o quatro é encontrada também às vezes nos Padres da Igreja, onde, por exemplo, ÉFREM O SÍRIO. Op. cit., II, p. 790, compara o óleo religioso ao Rio Éden e diz que o rio tinha quatro nomes e quatro profetas (os quatro evangelistas); o óleo tinha três nomes = trombetas do batismo.

124. *Die Psychologie der Übertragung*. [s.l.]: [s.e.], 1946, p. 212s.

sublimação da obscuridade, progressivamente, por muitas atuações do espírito. Não é por acaso que isto coincide com a citação do credo no começo da parábola: os valores e os conteúdos religiosos coletivos e conscientes estão incluídos na experiência e através disso é realizada uma tentativa de estabelecer um ponto de vista sólido no interior dos opostos em conflito. A obscuridade também não é apenas "sofrida", mas trabalhada. Pelo contrário, o confronto se produz estranhamente na realidade, entre dois poderes suprapessoais, o Espírito Santo e a terra obscura, mas o próprio autor parece como que excluído e continua presente no processo apenas como observador.

Texto: "Em sexto lugar, exalta as coisas inferiores, quando traz à superfície a alma profunda e escondida nas entranhas da terra, acerca do que diz o Profeta: Aquele que, em sua força, faz sair os presos. E também: Fizeste minha alma sair do fundo do inferno. E Isaías: O espírito do Senhor elevou-me. E os filósofos: Quem tornar o oculto manifesto conhece toda a obra, e quem conhece nosso cambar[125] (isto é, o fogo), este é <nosso> filósofo".

O processo de discriminação conduzido pelo Espírito Santo opera uma libertação da "alma" para fora das entranhas da terra, na qual ela se demorava – acontecimento este comparado pelo autor ao estado de inspiração profética, operado pelo espírito do Senhor[126]. O inconsciente até então projetado na matéria vai se tornando pouco a pouco compreensível à consciência, de modo que ela se torna uma realidade interior, espiritualmente "inspiradora", que transmite novos conteúdos. O conduzir para cima da alma é ao mesmo tempo sua libertação da prisão do inferno, o que também foi descrito como um processo de tingimento[127]. Jung esclareceu melhor, no capítulo "Rex e Regina"[128], o sentido psicológico do jogo de cores como degrau de transição do processo, na passagem do *nigredo* para a *albedo*.

---

125. Cinabre.
126. Cf. Is 61,1. Cf. nota 52 no texto p. 92.
127. Cf. Sinésio, BERTHELOT. *Collection des Anciens Alchimistes Grecs*. Paris: [s.e.], 1887/1888, II, III, 13-14, vol. I, p. 66. Cf. tb. a *Turba*, op. cit., p. 123: "Ex hoc [...] lapide cum confringitur varii vobis colores apparebunt". (Quando quebrada esta pedra, aparecerão várias cores.) Cf. tb. p. 123 e 141 o colorir com a *color invariabilis* (a "cor invariável") como meta do *Opus*. Cf. tb. p. 136: "Imbuite ipsum quousque extrahat vobis Deus colores et appareant". (Impregnai-vos dele até que Deus extraia as cores para vós e elas apareçam.) Cf. tb. p. 140 e SENIOR. *De Chemia*. Op. cit., p. 82: "Cumque apparuerint colores vel tincturae erit hoc sicut cum apparet pullus". (Quando as cores ou as tinturas aparecerem, será como se tivesse nascido um filhote.)

380   Texto: "Morienus também diz: Quem tiver elevado (sua) alma verá suas cores. E Alphidius: Se este vapor não se elevar, não obterás nada, pois é por ele, com ele e nele que se realiza toda a obra".

381   A citação de Alphidius descreve a alma que se eleva como vapor[129], e este por seu lado é comparado, em Rm 11,34-36, com o Espírito Santo. O *Espírito Santo é pois ao mesmo tempo aquele que opera e o efeito operado* (*como, anteriormente, a sapientia*) *e corresponde ao uróboro alquímico*. Em Morienus[130] e na *Turba* enquanto "alma dos metais" ou simplesmente alma, ele é o "sopro de vida" do homem e de todos os seres[131], e então se diz: "Assim, nosso *opus* nada mais é do que vapor e água"[132]. Psicologicamente trata-se aqui como sempre da tentativa de "elevar" os conteúdos do inconsciente até a consciência, isto é, de uma *compreensão espiritual* de seu sentido.

382   Texto: Em sétimo e último lugar, ele inspira quando, por seu alento, torna espiritual o corpo terrestre, e acerca disto se conta: soprando, tornas os homens espirituais. E Salomão: O espírito do Senhor enche a terra. E o Profeta: Toda a força deles vem do sopro de sua boca.

---

128. *Mysterium Coniunctionis* [OC, 14/2], p. 5s.

129. Cf. no tocante à antiguidade desta ideia o dito de Maria, a profetisa, in Olimpiodoro, BERTHELOT. *Collection des Anciens Alchimistes Grecs*. Op. cit., II, IV, p. 93: Εαν μη τα παντα τω πυρι εκλεπτυνθη και η αιθαλη πνευματωθεισα βασταχθη, ουδεν εις περα αχθησεται: Se tudo não for sublimado pelo fogo e o vapor espiritual não tiver se elevado, a operação não progredirá.

130. Rosarium. *Art. Aurif.*, 1610, p. 247.

131. *Turba philosophorum* – Ein Beitrag zur Geschichte der Alchemie *(Quellen und Studien zur Geschichte der Naturwissenschaften und der Medizin, 1)*. Berlim: [s.e.], 1931, p. 152, p. 43 e 142: "Tunc omnia vapor facta sunt [...] hoc autem et spiritum et animam philosophi vaporem appellaverunt... sic opus nostrum [...] nihil aliud est quam vapor et aqua" (Então tudo se transformou em vapor [...] os filósofos porém chamaram de vapor o espírito e a alma... desse modo a nossa obra [...] nada mais é senão vapor e água). Cf. tb. p. 139. Cf. tb. Rosarium, *Artis Auriferae*. Basileia: [s.e.], 1610, II, p. 154: "Ideo dicit Philosophus: portavit eum ventus in ventre suo. Planum est ergo quod ventus est aër et aër est vita et vita est anima id est oleum et aqua". (É por isso que o Filósofo diz que o vento o levou em seu ventre. É claro, pois, que o vento é ar, o ar é vida, e a vida é alma: isto é, óleo e água).

132. Cf. tb. Sb 7,25, onde a *Sapientia Dei* na versão da *Vulgata* é designada como "vapor".

A descrição do sétimo efeito do Espírito Santo mostra que o espírito representa alquimicamente a substância ativa e passiva do arcano (a própria *psique* como puro substrato da consciência e do inconsciente) e atua no sentido da *espiritualização do corpo terrestre* (corpus terrenum spirituale facit) *pelo sopro da "inspiratio"* (inspiração), e o que sopra *segundo o texto não é senão o espírito do Senhor que enche a terra e, no milagre de Pentecostes, iluminou os homens*[133]. Eis aqui a descrição psicológica (e alquímica) de um processo de sublimação que se desenrole na própria *psique*, sem a intervenção do eu. Num estado de compreensão inspirada, o autor vive a perda da importância do que é terrestre, e numa interiorização do si-mesmo de algum modo termina a oposição entre espiritual e físico, pois a *psique* é justamente o *vinculum* (vínculo) entre ambos[134]. O autor vê manifestamente esse substrato psicológico vivo no Espírito Santo com o qual sua consciência se funde cada vez mais, tornando-a menos discernível.

383

Texto: E Rasis... diz: As coisas pesadas não podem ser aliviadas se não se ligarem às leves, nem as coisas leves podem ser levadas ao fundo se não se ligarem às pesadas. E na *Turba*: Tomai os corpos incorporais e o fixo, volátil; mas tudo isso é realizado e completado por *nosso* espírito...

384

O Espírito torna o homem mais próximo de Deus. Mas, como provam as últimas citações, o elemento superior, celeste, é, de modo inverso e simultâneo, tornado mais corporal, isto é, realizado – processo que já fora sublinhado no começo do capítulo, pela menção da

385

---

133. Cf. as citações aludidas nas notas ao texto.

134. Cf., por exemplo, o que vem exposto no (posterior) Aquarium Sapientum, *Musaeum Hermeticum*. Op. cit., p. 84-85: "Esse illum Spiritum Domini, qui terrarum Orbem impleat et ab initio aquis supernatavit. Spiritum veritatis quoque illum appellant qui mundo absconditus absque inspiratione Spiritus Dei [...] Comprehendi nequeat. Qui quidem in quovis loco, ex re quavis potentialiter, in unico vero hoc subiecto perfecte ac plenarie tantum reperiatur. In Summa esse spiritualem substantiam quae neque coelestis neque infernalis sit sed aereum purum [...]" (É o Espírito do Senhor que enche o universo e que, no começo, pairava sobre as águas. Eles o chamam também de espírito de verdade que está escondido no mundo e não pode ser compreendido sem a inspiração do Espírito Santo. Ele se encontra potencialmente por toda parte e em todas as coisas, mas não pode ser encontrado em toda a sua perfeição e toda a sua plenitude senão nesta única coisa. Em resumo, é uma essência espiritual que não é nem celeste nem infernal, mas sim um corpo aéreo, puro e precioso...).

encarnação de Deus no Cristo. A realização do espírito *não* deve certamente ser compreendida como uma integração da terra comum, mas significa uma realização *espiritual*. De qualquer modo, esta realização se dá num indivíduo particular, e não permanece apenas como uma representação coletiva. *Nesse* indivíduo, o si-mesmo é vivido e interpretado como *filius philosophorum* e Cristo.

386   Texto:... Tudo isso é realizado... por *nosso* espírito, pois só ele pode tornar puro o que foi concebido de uma semente impura. A Escritura acaso não diz: Lavai-vos nele e sereis puros?

387   A obscuridade terrestre não é incluída, pois o espírito ajuda, pelo contrário, o homem a libertar-se da mancha sombria do pecado original.

388   Texto: E foi dito a *Naamã* (o sírio): Vai e lava-te sete vezes no Jordão e serás purificado. Pois há *um* batismo para a purificação dos pecados, como testemunham a fé e o Profeta.

389   Como mostra a parábola da cura de *Naamã*, esta purificação tem uma analogia com o batismo, cujo simbolismo foi evocado antes, várias vezes, em nosso texto. O fato de que Deus tenha ordenado a *Naamã* que mergulhasse *sete* vezes no Jordão põe de novo uma ênfase no número sete, em relação com os planetas ou metais. Dentro do simbolismo eclesiástico, porém, ele (o sete) se relaciona com a doutrina dos sete dons ou funções do Espírito Santo. O relato de *Naamã*, o leproso, como já foi mencionado, passa por uma prefiguração do batismo. Entre outras prefigurações deste último pertencem[135]: a criação (onde "a terra firme da fé foi separada das águas pagãs"), o dilúvio, o sacrifício de Isaac, a travessia do Mar Vermelho, o chamado de Isaías (54,17 – 55,13), o louvor da Sabedoria (Br 3,9-38), a visão de Ezequiel (37,1-14), o cordeiro pascal, a conversão de Nínive, as palavras de despedida de Moisés (Dt 31,29-30), os jovens na fornalha (Dn 3,1-24), assim como uma passagem posterior da *Aurora*, a citação de Is 4,1-16): "quando o Senhor tiver lavado as máculas das fi-

---

135. Cf. *Missal*, p. 297 [SCHOTT (org.)].
136. Cf. tb. EFRÉM O SÍRIO. *Hymni et Sermones*. Op. cit., I, p. 6 [LAMY (org.)]: "Septem Elisaei purificationes figura sunt septem spirituum per baptismum expellendorum" (As sete purificações de Eliseu são uma imagem dos sete espíritos expulsos pelo batismo.) Cf. item p. 52.

lhas de Sião pelo espírito da sabedoria e do conhecimento", e finalmente a cura de *Naamã* no Jordão, pela qual os "sete sinais da maldade" foram expulsos[136]. O Jordão nasce no Monte Líbano, nome este que era interpretado pelos Padres da Igreja como *candidatio* (alvejamento), e assim – dizem eles – o Jordão significa "a fonte do batismo", na qual os eleitos são alvejados da imundície do pecado"[137]. Assim como a doença de *Naamã* foi afastada mediante a água pela *vis oculta* (força oculta) de Deus, assim também o mal é afastado pelo batismo[138]. O leproso é considerado imagem do herético[139]. Na alquimia e na cabala esta história bíblica é ligada à "leprositas", doença dos metais[140]. Assim, o *Clangor buccinae*[141] diz não sem relação com a *Aurora*[142]: "Nosso mineral tem um corpo ávido de água como *Naamã*, o sírio [...] Por isso este último tomou sete vezes o banho da regeneração no Rio Jordão, para ser purificado dos sofrimentos inatos (ou paixões: *passionious*). No livro árabe *Livro dos alumes e dos sais*

---

137. HONÓRIO DE AUTUN. *Speculum de mysteriis Ecclesiae*. In: MIGNE, J.P. *Patrologiae cursus completus. Series latina*. Paris: [s.e.], t. 172, col. 1.099.

138. EFRÉM O SÍRIO. *Hymni et Sermones*. Op. cit., vol. I, p. 60: "Aquas naturales consecravit *Elisaeus* invocato Abscondito, in illas immersit se leprosus notus, sed vis occulta purificavit eum. Dissipata est lepra in aquis ut iniquitas in baptismo". (Eliseu consagrou as águas naturais, invocando aquele que está oculto, aquele que era conhecido como leproso mergulhou nelas, mas uma força oculta o purificou. A lepra dissipou-se nas águas como a iniquidade no batismo.)

139. RÁBANO MAURO. *Alleg. in Saci: Script*. In: MIGNE, J.P. *Patrologiae cursus completus. Series latina*. Paris: [s.e.], t. 112, col. 985.

140. Cf. ROSENROTH, K. von. *Kabbala denudata* etc. Vol. I, Frankfurt: [s.e.], 1677, p. 151: "(210) qui est numerus voeis Na'aman id est *Naemani* Syri Principis Militiae Regis *Aram* 2. Reg. 5. 1. per quem allegorice intelligitur materia Medicinae metallicae septies per Jordanum purificanda, quam multi metallicae rei studiosi Gur vocant". ([210] Que é o número do nome de Naamã, isto é, de Naamã o Sírio, chefe das milícias do Rei Aram [2Rs 5,1], pelo qual se compreende alegoricamente a matéria da medicina metálica, sete vezes purificada no Jordão, que muitos estudantes da arte metálica chamam de Gur.)

141. *Artis Auriferae*. Basileia: [s.e.], 1610,1, p. 322.

142. Cf. a prova que esse tratado depende da *Aurora*, p. 314, na citação de Senior. Cf. tb. esta mesma ideia que se acha no Aquarum Sapientum, *Musaeum Hermeticum*. Op. cit., p. 122.

é dito[143] que o chumbo na realidade é ouro, mas uma doença penetrou no mineral, "como uma doença atinge no ventre da mãe uma criança que ainda não nasceu". E no *Corpus Hermeticum*, o mal no mundo é comparado à ferrugem (ιος) do mineral[144]. Em outras parábolas alquímicas, a doença da matéria consiste numa epilepsia ou hidrofobia[145], ou é um *defectus originalis*[146].

390   Texto: Quem tiver ouvidos para ouvir, que ouça o que o espírito da doutrina diz... acerca da virtude do espírito septiforme... a que os filósofos aludem com estas palavras: Destila sete vezes e então fizeste a separação da umidade corruptora.

391   Como demonstra esta parte final da parábola, trata-se, pois, de lavar a impureza da matéria e o pecado original: é uma séptupla destilação, através da qual a "umidade corruptora", isto é, a "água mortífera" é separada. Psicologicamente, este simbolismo da destilação se relaciona com a tomada de consciência dos fundos das pulsões inconscientes, carregadas de emoção. Se um tal conjunto afetivo de imagens se ergue, é primeiramente algo de "compacto", tal como evoca o termo "complexo" – um "pacote" de conteúdos perturbadores. Se se penetra com o *spiritualis intellectus* num tal dado psíquico, seu ser aparentemente irredutível (*So-Sein*) se dissolve, ao mesmo tempo em que se volatilizam as componentes inconscientes (= a água corruptora) que dele não fazem parte (do dado psíquico). A compreensão do inconsciente possibilita assim uma compreensão mais sutil dos processos gerais da vida psíquica, levando ao mesmo tempo a um maior distanciamento e a uma penetração mais profunda. A separação do grosseiro e sutil indica além disso uma distinção entre as componentes físicas e as espirituais, ou entre o primeiro plano visível e o sentido sutil situado no plano de fundo. A duração e a intensidade do processo de purificação descrito mostram indiretamente quanto a irrupção do inconsciente e a contaminação por seus conteúdos numinosos haviam sido perigosos, e como é difícil para o autor reencontrar sua estabilidade interior.

---

143. RUSKA. Op. cit., p. 68-76 e 113.
144. Tract. 15. Op. cit. I, p. 260 [SCOTT (org.)].
145. Cf. C.G. JUNG. *Mysterium Coniunctionis* [OC, 14/1], p. 169.
146. Cantilena Riplaei. Cf. *Mysterium Coniunctionis* [OC, 14/2], p. 19s.

Comentário à quinta parábola (décimo capítulo)

A quinta parábola dá um passo essencial na descrição dos processos de liberação, purificação e destilação; como diz o título, trata-se "da casa do tesouro que a sabedoria construiu sobre a pedra". 392

Texto: A sabedoria construiu sua casa; quem nela entrar será salvo e encontrará as pastagens, como atesta o Profeta ao dizer: Eles ficarão inebriados com a abundância de tua casa... 393

O modelo alquímico desta imagem se acha por um lado em Senior, o qual compara a *lapis* (pedra) a uma casa com suas quatro paredes[1], e por outro lado principalmente em Alphidius. No oitavo capítulo do *Liber Alphidii philosophi* lê-se o seguinte[2]: "Sabe, meu filho, que esta *sabedoria é um lugar e que este lugar está por toda parte* [...] Esta casa, porém, é uma casa de tesouros, na qual está tudo o que tem substância [...] Esta casa é fechada por quatro portas, estas quatro portas têm quatro chaves, cada uma a sua. E ninguém pode penetrar nesta casa, nem dela extrair qualquer coisa, nem ter a experiência do mistério nela encerrado, antes de conhecer a chave, tê-la ou enquanto não fizer parte da domesticidade. Sabe, pois, meu filho, e observa, que aquele que conhece *uma* só chave e desconhece as três restantes, e abre então a casa com a chave que tem (uma só) e não vê o que está na casa – este vai para a sua perdição; pois a casa tem uma superfície, que tende[3] para uma contemplação infinita. É preciso, pois, abrir as quatro portas com as quatro chaves, até que a casa inteira se encha de luz[4] [...]" 394

---

1. *De Chemia*. Op. cit., p. 167.
2. Cod. Ashmole 1420, Oxford, Bibliotheca Bodleiana, fol. 23s.
3. Seduz?
4. Esta parte encontra-se igualmente no Consilium Coniugii, Ars Chemica. [s.l.]: [s.e], 1566, p. 108s.: "Nota de domo thesaurorum de qua dixit author in primo. Assiduus loquitur de ea sic: ergo fili locum huius lapidis tibi ostendam [...] Haec (scientia) autem quodam est in loco qui est ubique (eu leio est ubique em lugar de in utique) locus est 4 elementa et sunt 4 januae, quas si nosse vis dico primo 4 esse stationes, 4 angulos, 4 terminos et 4 parietes [...] Haec autem domus est thesauraria inqua omnia thesaurizantur sublimia de scientiis sive sapientiis vel rebus gloriosissimis quae haberi nin possunt <et> in hac domo thesaurizantur. Domus in qua hi thesauri sunt 4 ianuis clauduntur quae 4 clavibus reserantur [...] Scito ergo fili [...] quod qui scit clavem unam et ignorat residuas, do-

395   A continuação do texto de Alphidius interpreta as quatro chaves como sendo a extração da água, o amolecimento do "corpo terrestre" (mineral), a impregnação da matéria e a fixação. Cada uma das quatro operações leva à pedra, mas *só quando as quatro estão reunidas elas revelam juntas sua verdadeira essência.*

396   Essas explanações parecem referir-se a um processo psíquico de realização do si-mesmo na e pela totalidade das quatro funções da consciência[5]. No entanto, esse é apenas um aspecto desse processo; pois, no que se segue a abertura da casa (do si-mesmo) com a ajuda das quatro chaves, deve ligar-se o esquema de quatérnios traçado por Jung no *Aion*. Jung vê nesse esquema um modelo da estrutura interior do si-mesmo[6]. Parece tratar-se aqui de processos dinâmicos de trans-

---

mus ianuas sua clave aperiet, sed ea quae sunt in domo non aspiciet quoniam domus superficiem habet ad infinitum visum tendentem. Ergo oportet ut singulae januae singulis clavibus aperiantur quousque domus tota adimpletur lumine, tunc ingrediatur quivis de thesauro accipiens [...]" ("Observa a respeito da casa dos tesouros da qual falou o autor em primeiro lugar. Assiduus fala dela [da casa dos tesouros]: Assim, pois, meu filho, eu te mostrarei o lugar desta pedra [...] Esta [ciência] está em toda parte <eu leio *est ubique* em lugar de *in utique*>; este lugar é feito de quatro elementos que são as quatro portas, e se quiseres conhecê-las eu te direi que são as quatro estações, os quatro ângulos, os quatro limites e as quatro paredes [...] Esta casa é a casa dos tesouros, na qual estão reunidas todas as coisas sublimes concernentes às ciências, às sabedorias e às coisas gloriosíssimas que não se pode possuir, e estas estão reunidas nesta casa. A casa na qual essas coisas estão reunidas é fechada por quatro portas que têm quatro chaves... Sabe, pois, meu filho [...] que aquele que conhece uma chave e ignora as outras, abre com sua chave as portas da casa, mas não vê as coisas que estão na casa, porque a casa tem uma superfície que tende para uma visão infinita [O texto aqui não é muito claro e o traduzi apenas hipoteticamente. Em comparação com o texto árabe original as conjecturas são muito inseguras. Eu leio: *infinitum* em lugar de *infimum visum*. Pode-se estudar indefinidamente as superfícies sem jamais chegar ao conteúdo]. Convém, portanto, que cada porta seja aberta com a respectiva chave, a fim de que a casa seja inteiramente repleta de luz, e que então entre quem quer que receba uma parte do tesouro [...]").

5. Cf. JUNG, C.G. *Psychologie der Übertragung.* [s.l.]: [s.e.], 1946, p. 188s. – A superfície que tende para o infinito, se a casa for aberta por uma única chave (por *uma só função*) se refere ao perigo psicológico de utilizar uma só função para abrir o inconsciente. Fascinado pelo pensamento, pela intuição, pelo sentimento ou pela sensação não se chega, mediante uma *fixatio* interior, senão à "superfície" e não à casa inteira.

6. P. 329s., particularmente p. 352s. e 354-355 e para a *Aurora* é importante particularmente p. 366s. Devo abster-me aqui de uma exposição detalhada de um contexto extremamente rico de significado, que tomaria muito espaço, e remeter o leitor à interpretação de Jung, no *Aion* [OC, 9/2].

formação *no interior do si-mesmo*, os quais conduzem a passagem à consciência dos elementos inconscientes. Jung explica primeiramente esse processo segundo esta fórmula:

$$\begin{array}{ccc}
_{b_3} & & _{d} \\
c_3 \quad a_3 = A = a & & c \\
_{d_3} & & _{b} \\
\parallel & & \parallel \\
D & & B \\
\parallel & & \parallel \\
_{d_2} & & _{b_1} \\
a_2 \quad c_2 = C = c_1 & & a_1 \\
_{b_2} & & _{d_1}
\end{array}$$

Ele sublinha que esta disposição reproduz a antiga tetrameria que é dada pela estrutura quaternária da unidade, a saber:

$$A = a \left\langle \begin{array}{c} b \\ d \end{array} \right\rangle c$$

"O que a fórmula não pode sugerir" – prossegue Jung – "é o plano mais elevado que será alcançado através do processo de transformação e de integração. A elevação ou progresso, ou ainda a mudança de qualidade, consiste num *desdobramento quatripartido ou quadrífido da totalidade, que significa a realização desta última no nível consciente*. Quando conteúdos psíquicos se dividem em quatro aspectos, isto significa que eles estão submetidos a uma discriminação pelas quatro funções de orientação da consciência. Somente a produção destes quatro aspectos garante uma descrição integral. O processo descrito por nossa fórmula transforma a totalidade, originalmente inconsciente, numa totalidade consciente. O *anthropos* (A) desce de suas alturas por intermédio de sua sombra B até a *Physis* (C = Serpente) e se ergue de novo por uma espécie de processo de cristalização (D = pedra), que significa a ordenação do estado caótico, passando ao estado original, o qual, no entanto, é transformado no ínterim por meio do desdobramento, passando de um estado inconsciente a um estado consciente. A consciência ou o conhecimento nasce por discriminação, isto é, por uma análise (dissolução) e uma síntese consecutiva à qual se relaciona simbolicamente a sentença alquímica (*Solve et coagula*) (dissolve e coagula)"[7]. – "A fórmula representa um símbolo do si-mesmo, pois este não é apenas uma grandeza estática ou uma forma persistente, mas ao mesmo tempo *um processo dinâmico* [...] As quatro transformações representam *um processo de renascimento ou de rejuvenescimento que, por assim dizer, produz-se no interior do si-mesmo*".

397   No nosso texto, a descida do *anthropos* aplicada por Jung corresponde à descrita da *sapientia Dei* para o alquimista. Depois vem a fase da perda na *physis* pela ação da sombra (B), o que na *Aurora* é representado pela queda nos abismos infernais. A fase C, a serpente, é simbolizada em nosso texto pela "umidade corruptora", ou pela "mulher que introduziu a morte". No capítulo que agora nos ocupa começa a quarta fase: é o processo de cristalização (D), simbolizado pela construção da casa dos tesouros, isto é, a coagulação da pedra (*lapis*). Em Alphidius, a quarta etapa é também a *fixatio* (fixação) *e esta é indicada pelo símbolo da casa construída sobre a pedra, na Aurora.*

398   Reaparece então em nosso texto a *sapientia Dei*, personificada como nos capítulos de introdução. Sua evocação é tirada do livro dos Provérbios 1,5, baseando-se aí a parábola em Mt 7,24 do homem prudente que construiu sua casa sobre um rochedo, e não sobre a areia. Lembrar-se-á que este homem prudente é aquele que não apenas ouve passivamente as palavras de Cristo, mas as põe em prática. Em outras palavras, ele é aquele que não se contenta em considerar passivamente o ato de redenção de Cristo como já realizado e suficiente para a sua salvação, mas que dele participa de modo ativo, por seus próprios esforços.

399   A nova manifestação da *sapientia Dei* – de um ponto de vista psicológico, *anima* – é um traço importante. Resulta de longas operações descritas no capítulo precedente. Através delas o autor restabeleceu em si uma tal firmeza, a ponto de não vacilar mais entre os opostos do desespero e do êxtase, podendo assim confrontar-se com a *anima*, agora mais conscientemente. No jogo da projeção tem-se a

---

7. Cit. ibid., p. 370-372 passim.

impressão que a *anima* constrói ela mesma uma casa, um quadro indestrutível ou uma "concepção", no qual o autor pode encontrá-la, sem afundar novamente no nigredo. As passagens seguintes tornam visível um progresso fundamental. A *anima* não é mais a única experiência central: atrás dela (em sua casa) se manifesta algo ainda maior: a imagem da divindade.

Texto: "[...] pois é melhor um dia em teus átrios do que mil outros dias! Oh, bem-aventurados são os que habitam esta casa: quem nela pede, recebe; quem procura, encontra e aquele que bate, será recebido. A própria sabedoria está perto da entrada e diz: Vede, estou à porta e bato; se alguém ouvir minha voz e abrir a porta, irei a ele e ele virá a mim e, juntos, nos saciaremos, eu com ele e ele comigo". 400

A casa bíblica dos tesouros corresponde à Jerusalém celeste evocada no primeiro capítulo da *Aurora*: é um sinônimo da *sapientia Dei* e, segundo os Padres da Igreja, é uma imagem da Igreja[8]. Na *Aurora* ela é descrita como o "vestíbulo do Reino do pai" (Sl 36,9 e 84,5) e é associada, tal como o Cristo, à "porta" pela qual o homem entra na beatitude eterna (Jo 10,9)[9]. Honório de Autun[10] interpretava essa passagem como uma prefiguração da encarnação de Cristo: "A sabedoria construiu uma casa, a sabedoria que é o Cristo construiu uma casa, quando o Cristo engendrou no corpo da Virgem o homem que ela recebeu na unidade de sua pessoa"[11]. Para Honório de Autun, os 401

---

8. Cf. EFRÉM O SÍRIO. *Hymni et Sermones*. Op. cit., II, p. 156 (Js cap. 54): "Ecce facturuis sum lapides tuos beryllos et fundamenta tua firmaturus sum lapidibus saphyri. Et parietes tuos constructurus sum lapidibus jaspidis, et portas tuas lapidibus crystalli. Et omnes qui recesserunt et manibus meis ingredientur ad te." – "Haec spiritualia sunt et ad Ecclesiam hodie pertinent et antea per res terrae pretiosas figurata sunt" ("Eu farei de tuas pedras berilos e consolidarei teus fundamentos com safiras e construirei teus muros com pedra de jaspe e tuas portas com pedras de cristal. E tudo o que sair de minhas mãos penetrará em ti." – "Essas coisas são espirituais e pertencem hoje à Igreja e antes eram figuradas pelas coisas preciosas da terra").

9. Mt 7,7: "Pedi e recebereis", etc. citado também já em Christianos, BERTHELOT. *Collection des Anciens Alchimistes Grecs*. Paris: [s.e.], 1887/1888, VI, I. vol. 1, p. 398.

10. *Quaest. et Respons. in Prov. et Eccles.*, Migne P.L., t. 172, col. 316s.

11. Cf. tb. PSEUDO-ALBERTO. *Biblia Mariana*. Vol. 37. Op. cit., p. 388 [BORGNET (org.)]: "(Maria) est domus vestiaria ex qua indutus fuit Filius Dei carne" (Maria é a casa e o vestuário com o qual o Filho de Deus foi revestido de carne). Ela é também a "casa de toda renovação e restauração" (p. 411), e a "arca da salvação" (p. 366).

sete pilares da casa da sabedoria são os sete dons do Espírito Santo[12]. Se partirmos desta interpretação, a fixação alquímica deve ser compreendida como uma espécie de encarnação de Deus, operação que já encontramos várias vezes na parábola precedente. Como Honório de Autun, nosso texto identifica a sabedoria com o Espírito Santo. Psicologicamente, a fixação ou encarnação de um conteúdo espiritual deve ser olhada como uma realização do arquétipo do si-mesmo. O si-mesmo, como centro ou totalidade abarcante da *psique*, só possui com efeito uma existência potencial enquanto não for percebido pela consciência. Mas, nesta fase do desenvolvimento, a experiência interior do si-mesmo "se consolida". Não se deve no entanto negligenciar o fato de que aqui a "fixação" se produz no "além", isto é, no *inconsciente* que, como a casa dos tesouros da sabedoria, a Jerusalém celeste e as "moradas do pai", "não são deste mundo".

402   Se tentarmos traduzir em termos psicológicos estas declarações do texto, encontrar-nos-emos de novo frente a estranhos paradoxos: por um lado, parece que se trata de uma realização do si-mesmo e, por outro, o eu humano parece ter sido em grande medida extinto, de tal modo que não se vê a possibilidade de uma realização consciente do si-mesmo. Somos então levados a pensar numa realização *intuitiva* do si-mesmo, mediante um estado de delírio ou de transe, como dá a entender o estilo da obra. O eu encontra-se então perigosamente próximo da infinitude do si-mesmo, como o si-mesmo do homem, mediante o que este último compreende intuitivamente este encontro.

403   Texto: Oh, como é grande a abundância da tua doçura... que nenhum olho viu, nenhum ouvido escutou, nem ela atingiu o coração do homem. Aqueles que abrem esta casa terão a santidade e a longevidade que lhes convêm...

404   Estas imagens exprimem *a esperança de uma vida após a morte*. Devido à independência relativa do arquétipo do si-mesmo quanto a tempo e espaço, a experiência realizada produz às vezes, de fato, um sentimento de imortalidade[13]. Esta parte parece também confirmar que o texto nasceu num estado singular do autor, quase inconsciente, talvez numa situação vizinha da morte.

---

12. Cf. igualmente ALCUÍNO. *Gramm.* In: MIGNE, J.P. *Patrologiae cursus completus. Series latina.* Paris: [s.e.], t. 101, col. 853, e JOÃO DIÁCONO. *Vita Gregorii*, 2,18.
13. Cf. JUNG, C.G. *Die Psychologie der Übertragung.* [s.l.]: [s.e.], 1946, p. 240-241.

A *sapientia Dei* prepara um ágape para os homens que entram em sua casa. As palavras citadas do Apocalipse (3,20) eram interpretadas, do ponto de vista eclesiástico, como uma alusão à Eucaristia, *pharmacum vitae* (remédio de vida) e, segundo Efrém o Sírio[14], por exemplo, designado como *fermentum* ou *calix vitae* (cálice da vida). Na *Aurora* esta refeição é idêntica à "fonte da vida", descrita ulteriormente.

Texto: "[...] poderão abrir a casa, a fim de contemplar face a face, olhos nos olhos, a plena magnificência do sol e da lua [...]".

Aqui a imagem da *sapientia Dei* ocupa o próprio lugar de Deus. As palavras de 1Cor 2,9: "O que nenhum olho viu" etc. e as últimas frases mencionando a presença dos vinte e quatro anciões que, no Apocalipse, adoram o Cordeiro de Deus[15], indicam que *um símbolo da mais alta numinosidade divina se encontra no centro da casa dos tesouros*[16]. É porém significativo que em nosso texto o símbolo não seja Deus, mas "*o esplendor do sol e da lua*", isto é, o mistério de sua *coniunctio*. Isto provavelmente se relaciona indiretamente com Ap 21,23-24: "E a cidade *não tem necessidade que brilhem sol e lua*, pois a glória de Deus a ilumina e o Cordeiro é sua lanterna. E os gentios que se santificarem caminharão à sua luz, e os reis da terra dar-lhe-ão sua glória". No Apocalipse, as "luzes terrestres" do sol e da lua são, pois, de algum modo substituídas por uma luz sobrenatural, que é o Cordeiro de Deus[17]. Segundo Santo Tomás de Aquino, o céu supe-

---

14. *Hymni et Sermones*. Vol. I, Mechliniae: [s.e.], 1902, p. 390 e 340: "Per eius vinum unio fit" (Por seu vinho a união foi feita).

15. No texto da *Aurora* esta parte vem depois, eu o antecipei somente no comentário.

16. Cf. o notável paralelo desta imagem no livro gnóstico de Baruc (apud BOUSSET. *Hauptprobleme der Gnosis* – Forschungen zur Religion und Literatur des Alten und Neuen Testaments. Op. cit., p. 293): "Depois que o *mysto* fez o juramento, ele penetra até o Bom (Deus) e vê o que nenhum olho viu e o que nenhum ouvido ouviu... e bebe da água viva, e isso para eles é o batismo".

17. Cf. a interpretação eclesiástica de CIRILO DE ALEXANDRIA. Comentário de Isaías. cap. 60,20 e TEODORETO DE CIRO, apud RAHNER, H. Myst. Lun., op. cit. Jahrg. 63, 1939, p. 344/345 e nota. Cf. HONÓRIO DE AUTUN. Elucid. In: MIGNE, J.P. *Patrologiae cursus completus. Series latina*. Paris: [s.e.], t. 172, col. 1110: O Sol como imagem da Trindade: "In ignea igitur substantia intellige Patrem, in splendore Filium, in calore Spiritum Sanctum". (Na substância ígnea <do Sol> compreende-se, pois, o Pai, no esplendor o Filho, no calor o Espírito Santo.)

rior ou empíreo, é firme, transparente e possui uma luz difusa, que não irradia, mas é de natureza sutil, e a claridade da glória é diferente da claridade que reina na natureza[18]. É manifestamente de uma luz análoga e sobrenatural que se trata na *Aurora*. Mas enquanto na Bíblia ela substitui o sol e a lua, no contexto da *Aurora*, conforme a concepção alquímica clássica, ela é engendrada pelo sol e pela lua. Com efeito, nos velhos textos gregos, a pedra nasce entre o sol e a lua. O tratado "Os oito túmulos"[19] declara que a pedra é um ser alado, constituído de quatro elementos, e *se situa entre as luzes do sol e da lua*, sendo isto o ovo de alabastro[20]. Zósimo designa a pedra como *mysterium mitraico*[21], pois *Mitra* passava por um mediador, estabelecendo o liame entre o sol e a lua[22]. Segundo uma concepção antiga muito difundida, o sol é um símbolo da força demiúrgica de Deus e da "verdade", mediante as quais ele criou o universo[23]. Ele é o *nous* cósmico

---

18. *Summa theologica*. Op. cit., pars I, quaest. 66, art. 3: "Caelum empyraeum (est) spissum diaphanum [...] potest aliter dici quod habet lucem caelum empyraeum non condensatam ut radios emittat sicut corpus solis sed magis subtilem vel habet claritatem gloriae, quae non est conformis claritati naturali". (O céu empíreo é firme e transparente [...] pode-se dizer que a luz do céu empíreo é difusa, não irradia e é mais sutil que os raios do sol, cuja claridade é a da glória, que é diversa da claridade natural.)

19. BERTHELOT. *Collection des Anciens Alchimistes Grecs*. Paris: [s.e.], 1887/1888, IV. vol. XXXIII. 1, vol. I, p. 316.

20. Cf. adiante Olimpiodoro, BERTHELOT. *Collection des Anciens Alchimistes Grecs*. Paris: [s.e.], 1887/1888, II, IV, 49, vol. I, p. 99.

21. BERTHELOT, *Collection des Anciens Alchimistes Grecs*. Paris: [s.e.], 1887/1888, III, II, 1, vol. I, p. 114.

22. Cf. BOUSSET. *Hauptprobleme der Gnosis* - Forschungen zur Religion und Literatur des Alten und Neuen Testaments. Op. cit., p. 120. Encontra-se uma ideia semelhante no gnóstico Bardesanes; para ele, o Sol é o "Pai da Vida", a Lua "a Mãe da Vida" e deles procede "o Filho oculto da Vida" (EFRÉM O SÍRIO. *Hymni et Sermones*. Mechliniae: [s.e.], 1902, 55, 5581) apud BOUSSET. *Hauptprobleme der Gnosis*. Forschungen zur Religion und Literatur des Alten und Neuen Testaments. p. 71. *Mani* também era o *medius Solis et Lunae*.

23. Cf. *Asclépio lat*. (SCOTT, W. *Hermetica*. Op. cit., I, p. 388 e ibid., p. 348 e 266 e 454 (= STOBAEUS, 1, 41, 11), vol. III, p. 464. Cf. ainda o *Livro do alúmen e dos sais*. Op. cit., p. 64, a *Turba philosophorum*. Op. cit., p. 333. *Pretios. Marg Nov*., op. cit., p. 119.

que transmite ao cosmos o bem e a força de Deus[24]. Psicologicamente, ele simboliza o fundamento arquetípico da consciência humana e de toda ampliação da consciência.

A conjunção do sol e da lua é representada como o mistério central da casa dos tesouros no tratado árabe "Epístola do Sol à Lua ascendente", de Mohammed Ibn Umail[25] (Senior). Ela simboliza aí uma *unio mystica* de dois poderes transcendentes. 408

Na *Aurora*, esta parte parece à primeira vista mais próxima das concepções cristãs ortodoxas do que o início do texto. A razão é o autor ter-se separado da "terra obscura", passando para a contemplação de um além espiritual. Mas ele participa aqui de algo extraordinariamente novo: no santíssimo, onde o cristão espera penetrar após sua morte, *ele vê não a divindade, mas o mysterium coniunctionis das luminárias do sol e da lua*. A "mulher", no Apocalipse (12,1), "está vestida de sol, com a lua a seus pés", de tal modo que a *anima* já evocara esse tema em sua aparição anterior. Uma imagem verdadeiramente paralela a esta é a visão da Jerusalém celeste, "como esposa adornada para seu esposo" (Ap 21,2.9s)[26], onde a cidade é a esposa do Cordeiro (*uxor Agni*). A luz que emana da esposa e do Cordeiro é comparada a uma *pedra preciosa* (Ap 21,10-11): "E sua luz é semelhante à de uma pedra muito preciosa, uma pedra de jaspe transparente e clara". Isto lembra o λιθος τιμωτατος (a pedra mais venerável) dos alquimistas gregos[27]. *O hierosgamos dos opostos no si-mesmo* 409

---

24. Cf., por exemplo, Menandro II Περι επιδεικτικων, SCOTT, W. *Hermetica*. 4 vols. Oxford: [s.e.], 1924-1936, I, p. 187s. REITZENSTEIN, R. *Das iranische Erlösungsmysterium*. Op. cit., p. 200, nota.

25. SENIOR. *De Chemina*, p. 8-9.

26. Ap 21.2: "Et ego Johannes vidi sanctam civitatem Jerusalem novam descendentem de caelo a Deo paratam sicut sponsam ornatam viro suo. XXI. 9: Et ostendit mihi civitatem sanctam Jerusalem descendentem de caelo a Deo et *lumen eius simile lapidi pretioso* [...]" (E eu João vi descer do céu a nova cidade santa de Jerusalém, junto de Deus, ornada como uma esposa que se enfeitou para seu marido... e mostrou-me a cidade santa, Jerusalém, que descia do céu, de junto de Deus *e sua luz parecia a de uma pedra preciosa*...).

27. Cf. JUNG, C.G. *Antwort auf Hiob*. Zurique: [s.e.], 1952, p. 136. Cf. tb. p. 164, 157 e 152.

representa de modo geral o ponto culminante dos esforços dos alquimistas e encontra aqui seu paralelo no hierosgamos redentor do apocalipse: "E Deus enxugará todas as lágrimas de seus olhos. Não haverá mais nem morte, nem luto, nem grito, nem dor..." (Ap 21,4)[28]. Na mesma passagem encontra-se também a palavra que só pode impressionar profundamente um alquimista (Ap 21,6-7): "A quem tiver sede eu darei da fonte de água viva; aquele que vencer possuirá tudo e eu serei seu Deus e ele será meu filho" (*ille erit mihi filius*) – passagem que já foi citada nas partes precedentes.

410   É como se o autor tivesse antecipado espiritualmente a união da Mãe de Deus com o Cristo no *thalamos* (leito nupcial), que agora a encíclica papal celebra[29]. Para uma compreensão mais abarcante deste símbolo no interior da religião cristã, remeto o leitor às explanações de Jung em seu livro Resposta *a Jó*. A aparição deste símbolo na visão de um homem já no século XIII mostra que tais tendências, visando à compensação e à conciliação, já estavam há muito consteladas no inconsciente coletivo. Talvez se deva concluir que o autor tinha penetrado profundamente na exploração do problema dos opostos no cristianismo, e que, consequentemente, esse símbolo unificante nele veio à luz, por um impulso do inconsciente. É este o momento

---

28. Cf. tb. na Cabala a união de Deus com a Shekinah. JUNG. Ibid., p. 136.

29. Cf. as citações da Encíclica do Papa Pio XII na *Acta Apostolicae Sedis*, 1959 (4 de novembro de 1950), p. 753. em particular p. 761: "Jo. Damasceni Encom. in dormir Dei genetricis Hom. II, 14: Oportebat sponsam quam Pater desponsaverat in thalamis caeleslibus habitare. Ibid., p. 762: intima Mariae cum Filio conjunctio... ibid., p. 763: Pari modo, hac de re agentes Reginam describunt in regiam Coelorum aulam per triumphum ingredientem ac dexter0 Divini Redemptoris assidentem lateris; intemque Canticorum Sponsam inducunt 'quae ascendit per desertum sicut virgula fumi ex aromatibus myrrhae et thuris' ut corona redimiatur. Quae quidem ab iisdem veluti imagines proponuntur caelestis illius Reginae, caelestique Sponsae, quae una cum Divino Sponso ad Caelorum aulam evehitur" (Convinha que a esposa escolhida pelo Pai habitasse nas câmaras celestes... A união íntima de Maria com seu Filho... Do mesmo modo, falando disso, descreveram a Rainha entrando triunfalmente na morada real dos céus, sentada à direita do divino Redentor; eles descreveram igualmente a esposa do Cântico "que se eleva no deserto como uma coluna de fumaça de aromas, de mirra e de incenso" para ser adornada com uma coroa. E eles apresentaram isso como figuras desta rainha celeste e desta esposa celeste que é conduzida com o divino esposo na morada dos céus).

de notar o simbolismo da conjunção na cabala[30]. Segundo esta concepção, o homem primordial foi criado andrógino, *à imagem de Deus*. Uma passagem do *Zohar* diz[31]: "É por isto que uma imagem (*diokna*) que não contém ao mesmo tempo o masculino e o feminino não é uma imagem superior (celeste) [...] Vem e vê, num lugar onde o masculino e o feminino não estão unidos, o Santo, bendito seja, não estabelecerá sua morada [...]" Uma representação análoga se encontra na descrição da união das duas *sephirot Tipheret* e *Malkuth*, onde *Yesod*, enquanto falus, assegura a geração espiritual. *Malkuth* também é comparado a um "jardim irrigado" (segundo Is 58,11), o que lembra muito o símbolo da esposa no primeiro capítulo da *Aurora*[32]. S. Hurwitz interpreta estas passagens em seu contexto, como significando que "o princípio gerador e criador do inconsciente entrou na consciência"[33]. O arquétipo das núpcias sagradas se encontra aqui. Mas o traço essencial de nosso texto é que esse símbolo representa explicitamente a imagem de Deus.

Através do espetáculo do *hierosgamos*, aquele que o contempla é invadido por um sentimento de imortalidade – ele recebe, segundo diz o texto, "a longevidade dos dias" (*longitudo dierum*) – manifestamente pelo fato que um elemento estável e eterno nele se revelou.

Texto: "[...] pois ela (a casa) foi construída sobre rocha firme, que não pode ser cindida a não ser com o melhor sangue de um bode, ou se ela for golpeada três vezes com a vara de Moisés, para que se escoem as águas abun-

---

30. Cf. HURWITZ, S. "Archetypische Motive in der chassidischen Mystik". *Zeitlo se Dokumente der Seele*. Zurique: [s.e.], 1952, p. 175s.
31. *Zohar*. I, 55b. cit., ibid., p. 176.
32. Ibid., p. 177. O *Zohar* diz: "Mas Tipheret é JHWH, daí provém o nome JHWH-Zebaoth. O membro viril é a parte mais exterior do corpo e é chamado Yesod. Ele é o elemento (degrau) que alegra a mulher..." – Quando o sumo sacerdote tem a permissão de entrar (no santuário)... ele só tem o direito de entrar nesse lugar superior (o santuário da Matronita, que é o degrau superior), aquele que se chama amor, Hesed (Tipheret é entendida em seu aspecto de Hesed). Se ele penetra no santuário, a Matronita se rejubila e esse santuário é abençoado no lugar que se chama Sião. Mas Sião e Jerusalém são igualmente dois degraus, dos quais um corresponde ao amor, e o outro ao rigor da justiça."
33. Ibid., p. 178. Cf. tb. o que se segue.

dantes e o povo de homens e mulheres possa beber; e eles não terão mais fome, nem sede. Aquele que por sua ciência abrir a casa, nela encontrará uma fonte viva, inexaurível e rejuvenescedora; quem nela for batizado será salvo e jamais envelhecerá".

413   Até aqui foi celebrado o rochedo inquebrantável como fundamento do edifício; sua abertura ou cisão pelo sangue de um bode ou a vara de Moisés é agora exigida a fim de que dela saia a fonte da vida. *O rochedo é aparentemente o fundamento da casa, e ao mesmo tempo está situado na casa*; *ele é também a casa em seu todo. É o lapis philosophorum*. O sangue do bode por meio do qual a casa se abre provém sem dúvida da parábola de Marchos, transmitida por Senior, citada por Jung[34.] E a "alma fluida" (*anima fluens*) da pedra, sinônimo da "água divina". Na Idade Média dizia-se que a pedra *Adamas* (isto é, a inflexível) não podia ser quebrada pelo ferro, nem destruída pelas chamas. Ela é "sempre igual a si mesma e sempre constante, sem mácula" ("semper idem vel certe semper constans, macula carens"). Por isso é também uma alegoria da alma de Maria. Ela só pode ser amolecida pelo sangue do bode, que significa o "bem-querer", o amor ou o "calor do desejo" (*calor libidinis*)[35]. Segundo outros textos, o *Adamas* também simboliza o homem moralmente sem mácula, que só pode ser destruído pelo sangue do bode, símbolo da "luxúria"[36]. O sangue do bode representa, pois, um dado psíquico análogo à *concupiscentia* que já foi mencionada no primeiro capítulo da *Aurora*. Em seu duplo sentido de amor e de bem-querer, de um lado, e de volúpia e de luxúria, de outro, ele alude ao fator animal e emocional que devia ser incluído no processo, para que uma ação viva saia da "rocha dura" da personalidade espiritualmente consis-

---

34. Cf. *Myst. Coni.*, vol. I, cap. Luna, p. 76s. SENIOR. *De Chemia*, p. 78-79. Já em ZÓSIMO (BERTHELOT. *Coll. Alch. Grecs*, III, XV, 3, vol. I, p. 186, o sangue do bode, αιμα τραγου), é um sinônimo da *aqua* e designa uma pedra.

35. Cf. PICINELLUS. *Mundus symbolicus*. Vol. I, Colônia: [s.e.], 1681, p. 677.

36. MILO. De ebrietate. II, 717, in *Poetae latini aevi Carolini*. Vol. III, [s.l.]: [s.e.], [s.d.], p. 668 [TRAUBE (org.)]: "Qui vultesse adamas hircino sanguine lingui luxuriae caveat, ne frangat malleus illum". (Que aquele que quer ser um diamante tenha o cuidado de não se manchar com o sangue do bode da luxúria, para que o martelo não o quebre.)

tente. A rocha dura não aberta e também o sangue do bode como água da vida são uma expressão do paradoxo da *sapientia* (isto é, do inconsciente), que outorga ao mesmo tempo uma vida inalterável e inquebrantável. A rocha, a casa e a fonte combinam-se do mesmo modo em Zósimo, que recomenda[37] ao adepto a construção de um templo numa *pedra* de alabastro do mármore de Prokonesos "sem começo nem fim". "E assim aparecerá uma fonte de água muito pura e uma luz análoga à do sol brilhará. Na fonte está a coisa procurada (ou tesouro), o sacerdote de bronze", que se transforma em prata e finalmente em ouro. Também é dito de modo semelhante, nos Carmina Heliodori[38], que a pedra (*lapis*) é uma luz sem sombra", um prodígio que deixa jorrar de si mesma o grande turbilhão de uma fonte de ouro[39]. A *Turba* diz ainda[40] que nascerá uma pedra brilhante como o mármore, cuja "natureza oculta" pode ser extraída; e no *Livro do alúmen e dos sais*[41], o mercúrio diz de si mesmo que ele *ilumina* os corpos, pois ele é água da vida eterna, a fonte dos seres vivos (*fons animalium*), e quem dele beber não morrerá por toda a eternidade.

Encontra-se uma representação semelhante da casa dos tesouros e da fonte no décimo sétimo tratado do *Corpus Hermeticum*, onde *Asklepius* fala ao rei Ammon[42]: "tu vês sobre a terra numerosas fontes jorrando água e ar nas partes situadas bem *no centro*; no mesmo lugar vês como as três naturezas visíveis do fogo, da água e da terra pro-

414

---

37. BERTHELOT. *Collection des Anciens Alchimistes Grecs*. Paris: [s.e.], 1887/1888, III, I, p. 111. Cf. JUNG, C.G. Die Visionen des Zosimos. In: *Von den Wurzeln des Bewusslseins*. Op. cit., p. 139s. Cf. sobre o papel da "casa hierática" em Zósimo, BERTHELOT. Ibid., III, XXIX, 12, vol. I, p. 201.
38. (org.). GOLDSCHMIDT. Op. cit., p. 45.
39. Cf. tb. Christianos (BERTHELOT. *Collection des Anciens Alchimistes Grecs*. Paris: [s.e.], 1887/1888, IV, I, 2, vol. I, p. 396), o qual diz que sua doutrina é semelhante à fonte de água eternamente criadora no centro do Paraíso, ao sol do meio-dia que brilha sem sombra sobre a terra, e à lua que ilumina a noite, sem a "unidade dos filósofos", nada do que é ardentemente desejado poderá realizar-se. Da mesma forma Alphidius chama a pedra uma *lux umbra carens* (pedra sem sombra).
40. RUSKA. Op. cit., p. 145.
41. RUSKA, p. 58-59. Cf. tb. p. 91.
42. SCOTT, W. *Hermetica*. Op. cit., vol. I, p. 264-266.

vêm de *uma raiz* e é por isso que se considera esta (a terra) como a *casa dos tesouros* (ταμειον) que contém todas as energias". Esta fonte de energia é alimentada pelo sol enquanto espírito cósmico criador. A casa passa também, no tratado de *Asclépio*[43], por uma imagem do homem hílico, ou do corpo no qual a divindade do espírito (*mentis divinitas*) repousa "cercada pelo muro do corpo". Na seita gnóstica dos naassenos, o corpo era tido como "cerca" onde reside o primeiro Adão ou *Logos*. "Este é *Adamas*, a pedra angular que é introduzida na cidade de Sião"[44]. O homem como microcosmo é também, segundo Simão o mago, uma tal "casa", na qual se encontra a raiz do universo. Nesta última, a ilimitada força ígnea de Deus repousa, selada e oculta[45].

415 Se bem que as figuras alquímicas se nutrem dessas imagens antigas, o autor da *Aurora* liga-as, no entanto, ao mundo simbólico dos Padres da Igreja. Assim, por exemplo, diz Honório de Autun a propósito de 1Cor 3,17[46]: "o templo de Deus é santo e vós sois esse templo. Oh, bem-aventurado é aquele em quem Deus habita. Assim como esta casa tem quatro paredes, *assim o templo do nosso corpo consta de quatro elementos*. O santuário desse templo é nosso espírito (*mens*) que pensa as realidades espirituais. Os átrios são a alma que, por intermédio dos sentidos, transmite o necessário à nossa vida corporal. O altar sobre o qual é oferecido o sacrifício é nosso coração no qual pensamentos puros e preces são apresentados a Deus. A torre é nossa cabeça [...] as janelas são nossos olhos, as imagens são as boas obras. A luz das lâmpadas porém é a *lumen scientiae*"[47] (luz da ciên-

---

43. SCOTT, W. *Hermetica*. Op. cit., vol. I, p. 298-300.
44. Cf. LEISEGANG, H. *Die Gnosis*. Op. cit., p. 125.
45. Ibid., p. 68.
46. *Speculum de myst. eccles*. In: MIGNE, J.P. *Patrologiae cursus completus. Series latina*. Paris: [s.e.], t. 172, col. 1105.
47. Cf. adiante a imagem do palácio no *Zohar* (ERNST MÜLLER, *Der Sohar and seine Lehre*. Viena: [s.e.], 1923, p. 107). "Há um segredo dos sábios: Dentro de um rochedo poderoso, numa esfera celeste afastada, fica um palácio que é chamado de palácio do amor. É o lugar onde estão ocultos tesouros preciosos, o lugar dos beijos de amor do rei. Pois as almas amadas pelo rei aí penetram. E quando o rei entra nesse palácio, se diz (Gn 29,11): 'E Jacó beijou Raquel'. O Altíssimo encontra (nesse palácio) as almas santificadas, toma-as pela mão, e as beija e ama..." Cf. tb. na Cabala as *aedes divitiarum* (a casa de riqueza) do nome divino Adonai, cujas quatro letras formam os quatro acessos aos rios do Paraíso (ROSENROTH, K. von. *Kabbala denudata*. Op. cit., I, p. 32).

cia). Encontra-se também frequentemente a imagem da fonte na literatura patrística: Cristo, ou seu corpo, a Igreja... são a fonte da vida (*fons vitae*)[48]. Segundo Orígenes, o Cristo vive no "homem real interior" como uma *petra interior* (pedra interior!), que deixa correr aos borbotões "os sentidos espirituais como uma água viva"[49]. São essas as "pedras vivas" em que, segundo G. Dorneus, devem ser os homens transformados. A água do rochedo era muitas vezes interpretada pelos Padres da Igreja como o conhecimento de Deus e como *fons scientiae*[50]. Segundo a concepção eclesiástica, Cristo é o rochedo abalado pela vara de Moisés: assim como este último forneceu água viva, do mesmo modo da ferida de Cristo correu sangue e água[51]; seu corpo é uma "pedra pneumática" donde jorra a água da plenitude espiritual[52]. Pedro, o homem natural que o acompanha, torna-se o "rochedo" da Igreja! Basílio[53] acha que a água significa a *visão de Deus*, que um dia saciará totalmente a nossa sede. A *Aurora* dá também a entender que se trata nada menos do que de uma visão de Deus. Já Gregório de Nissa chamava o místico que, no fundo de sua alma faz a experiência de Deus e do Cristo *logos*, uma "*casa dos tesouros da água viva*"[54], e Santo Ambrósio diz que o νους (o espírito) do homem é o

---

48. Cf., por exemplo, ÉFREM O SÍRIO. *Hymni et Sermones*. Op. cit., II, p. 130 e 790, depois 558: "Ex te undique vita fluit" (De ti a vida corre de toda parte), e vol. I, p. 166: "Tibi gloria, qui induisti corpus hominis mortalis, illudque fontem vitae effecisti omnibus mortalibus". (A ti a glória, tu que revestiste o corpo do homem mortal e que o tornaste fonte de vida para todos os mortais.)

49. Numeri Homil. 12. 2, cit., RAHNER, H. Flumina de ventre Christi, Biblica. Vol. 22, Roma: Pontificio Istituto Biblico, 1941, p. 277. Cf. tb. as palavras de Dorneus citadas por Jung: "Transmutemini in vivos lapides!" (Mudai-vos em pedras vivas!)

50. Ibid., p. 274.

51. Ibid., p. 278, 385, 390-393.

52. Ibid., p. 372, 377 e 379.

53. Ibid., p. 285.

54. RAHNER. Ibid., p. 286. Cf. tb. a visão do reservatório de água de Nicolau De Flue. LAVAUD, B. *Vie profonde de Nicolas de Flue*. Friburgo: [s.e.], 1942, p. 71, o Comentário, p. 73s. e a imagem da "Tenda" como fundamento da alma, onde Deus gera eternamente o Filho, em MESTRE ECKHART. *Schriften*. Vol. II, p. 150 [BÜTTNER (org.)]. Cf. tb. JUNDT, A. *Essai sur le mysticisme de Maître Eckhardt*. Estrasburgo: [s.e.], 1871, p. 102.

lugar espiritual onde jorra a água dispensada pelo Cristo[55]. Efrém o Sírio[56] chama o corpo de Cristo um *thesaurarium*, que ele concede a todos os pagãos que dele necessitam. Que o autor não ignorava tais associações é comprovado pela referência ao texto de Mc 16,16: "Aquele que acreditar e for *batizado* será salvo". No entanto, contrariamente aos paralelos eclesiásticos citados, o texto denota uma inconsequência aparente: de um lado, a casa dos tesouros é construída sobre um rochedo inabalável, mas, de outro, este último deve ser aberto pela vara de Moisés a fim de que as águas salvadoras saiam dele (do rochedo). Se um fundamento inabalável for encontrado no íntimo, por que deverá ser aberto de novo? A razão está em que a "consolidação" do si-mesmo se produziu numa *visão intuitiva* do além, isto é, *num nível pneumático*. A pedra deve por isso ser amolecida pelo sangue do bode a fim de evitar que uma proporção muito grande da vida psíquica seja excluída do processo. Com efeito, como a passagem seguinte mostra, certas partes da personalidade apesar de tudo ainda não foram integradas. *Esta visão intuitiva do si-mesmo corresponde, na Aurora, ao degrau da "uni mentalis" em* Dorneus[57]; como ainda não se ligou ao corpo, a "arte" e o "sangue humano" são exigidos nesta etapa. O sangue de bode representa aqui, de certo modo, a "alma do bode" e *simboliza o homem animal*. A relação mitológica do bode com o deus egípcio Seth e com o diabo, a magia negra e o mundo inferior ctônico é demasiado conhecida e não necessita de outras explicações. Esse mundo animal é o dissolvente pelo qual a pedra, isto é, o si-mesmo é reintroduzido num processo de evolução.

Texto: Mas, que pena, poucos a abrem, e são como crianças (*parvuli*), sua inteligência é a das crianças; mas se essas crianças narrarem tais coisas e usurparem as cadeiras dos vinte e quatro anciãos, não há dúvida de que, por sua dignidade e pelo nível a que terão chegado, poderão abrir a casa, a fim de... olhos nos olhos (contemplarem) a plena magnificência do sol e da lua; mas sem eles (os mais velhos) nada conseguirão.

---

55. RAHNER. Flumina de ventre Christi, op. cit., p. 268-269. Este *Nous* também é o Paraíso, do qual jorra o rio quadripartido do *Logos* que fecunda a terra inteira.
56. *Hymni et Sermones*. Op. cit., vol. I, p. 168.
57. JUNG. *Myst. Coni.*, [14/2, p. 296s.].

Esta parte do texto, sob a forma que nos chegou, está deteriorada; pelo menos depreende-se do contexto claramente que aquele que penetrar na casa dos tesouros precisa da ajuda dos vinte e quatro anciãos (*seniores*) para poder "contemplar a plena magnificência do sol e da lua". 417

Texto: Aqueles que possuem as chaves do Reino dos Céus, tudo o que ligarem será ligado e o que desligarem, será desligado. Pois eles seguem o Cordeiro onde quer que Ele vá. 418

Destes "anciãos" é dito posteriormente que – como as (παργενοι) (virgens) do Apocalipse[58] – eles seguem o Cordeiro de Deus onde quer que este vá e que possuem as chaves para ligar e desligar (o poder de Pedro e da Igreja[59]). Este poder de desligar e ligar relaciona-se aqui com o *solve et coagula* dos alquimistas. A imagem dos vinte e quatro Anciãos provém do Apocalipse, mas é difícil sondar seu significado *alquímico*. A segunda parte da *Aurora*, que eu considero como um comentário da primeira parte[60], os interpreta como sendo as 'seivas superiores' (humores maiores[61]); isto nos leva a imagens tais como o *scrowle* de Ripley, onde os deuses dos planetas e dos metais derramam líquido no recipiente da substância misteriosa[62]. Provavelmente trata-se de uma *ordo seniorum* (ordem dos ancião) que coincide com a "Epistola Solis ad Lunam Crescentem", de Senior, onde a lua diz ao sol[63]: "Nós seremos elevados através do espírito, *quando tivermos subido até à ordem dos anciãos* [...] – então o *fulgor de tua luz se derramará em meu fulgor* e de ti e de mim nascerá (algo) como que uma mistura de vinho e de água doce [...]" Os *seniores* são, pois, aqui, também os ajudantes da 419

---

58. Cf. Ap 14,4: "Estes são os que não se macularam com mulheres – pois eles são virgens e seguem o Cordeiro onde quer que Ele vá".
59. Cf. a nota 20 no texto p. 105.
60. Cf. Introdução, § 5.
61. *Artis Auriferae*. Op. cit., 1610, I, p. 123.
62. Cf. ilustr. JUNG, C.G. *Paracelsica*: Zwei Vorlesungen über den Arzt und Philosophen Theophrastus. Zurique: Rascher, 1942, p. 101, ilustr. Cf. tb. JUNG. *Mysterium Coniunctionis*. [OC, 14]. Vol. 1, cap.: A viagem através das mansões planetárias.
63. *De Chemia*. Estrasburgo: [s.e.], 1566, p. 8-9, e STAPLETON. *Memoirs*. Op. cit., p. 19.

coniunctio[64]. A palavra "subir" (*ascenderimus*) ajuda talvez a compreender o sentido disto: essas figuras provavelmente devem ser postas em relação com as vinte e quatro horas do dia, ou *gradus* (= graus e níveis) do fogo, ou πυργοι (estações) do sol[65]. Muitas iniciações nos mistérios da Antiguidade eram repartidas pelas doze horas. Assim, um texto mandeu[66] diz que, na "semence de l'homme nouveau" (semente do homem novo), as doze horas são "doze reis luminosos de transformações sucessivas"[67]. Os doze reis são "signos que simbolizam o sol redondo e completo". Por outro lado, são também as doze virgens[68]. Nos mistérios de Mitra, o *mysto* mudava doze vezes de roupa (isto é, de forma), correspondendo aos doze signos do zodíaco[69], e, na liturgia dos mortos egípcios, as doze horas do dia e as doze horas da noite desempenhavam também um papel importante[70]. Num grande número de mistérios eram conhecidas apenas as doze horas da noite, em outras, também as doze horas do dia. Na *Aurora* as doze horas da noite são assim adjuntas ao dia, o que é evidente na medida em que o *lapis* (pedra) une em si mesmo, segundo a concepção clássica, as "forças superiores e as forças inferiores". Nas traduções latinas, as *sephirot* cabalísticas são chamadas *gradus*. "E é porque tudo sobe um só degrau e

---

64. Compare-se também o conselho dos "antigos Mestres" no *Xenodochium* de Dorneus. Cf. JUNG, C.G. e KERENYI, K. *Einführung in das Wesen der Mythologie:* Das göttliche Kind/Das göttliche Mädchen. Zurique: Rhein-Verlag, 1951, p. 239.
65. Cf. CARMINA HELIODORI. Op. cit., p. 37.
66. REITZENSTEIN. *Das iranische Erlösungmysterium.* Op. cit., p. 153.
67. Cf. tb. p. 154.
68. TEODORO BAR KONAI., cit. Ibid., p. 156.
69. Ibid., p. 168.
70. Ibid., p. 170-171. Cf. tb. p. 95-98, 155-162 e cf. MORET, A. *Mystères Egyptiens.* Paris: A. Colin, 1913, p. 22s. Cf. tb. p. 95-98 e 155-162. Cf. tb. JUNKER, H. *Die Stundenwachen des Osiris.* Denkschr. der Akad. v. Wien, 1910. Cf. tb. os 12 anjos "paternos" e os 12 anjos "maternos" do Livro de Baruc (LEISEGANG. *Die Gnosis.* Leipzig: [s.e.], 1924, p. 170-171). Cf. tb. ÉFREM O SÍRIO. *Hymni et Sermones.* Op. cit., I, p. 10: "Vicit sol et quibus ascendit gradibus signavit mysterium [...] Duodecim ecce dies ex quo ascendit [...] symbolum [...] duodecim eius apostoli" (O Sol venceu e aos graus que subia marcou com um mistério [...] Eis doze dias que subiu [...] símbolo [...] seus doze apóstolos).

tudo é coroado de *uma* só e a mesma coisa [...]". Os graus (*sephirot*) são luzes⁷¹. Esta ideia relaciona-se psicologicamente com a representação arquetípica da personalidade como uma *conglomerate soul* (alma conglomerada). Do mesmo modo, também o *hiranyagharba* (germe de ouro) – um símbolo indiano do si-mesmo – passa por uma "unidade múltipla"⁷². Roger Bacon diz igualmente do Cristo que Ele é a pedra angular na qual, como num ponto, estão reunidos os doze apóstolos, aliás, os vinte e quatro anciãos do Apocalipse⁷³.

Considerando de um ponto de vista puramente aritmético, vinte e quatro pode ser considerado como 1x2x3x4 (tal como o número dez representa 1+2+3+4), o que confere um sentido de totalidade ao número vinte e quatro, assim como ao número dez. Desde a Antiguidade, o número vinte e quatro era considerado geralmente um múltiplo importante do quatro. Assim, por exemplo, Anselmo de Laon⁷⁴ diz dos vinte e quatro anciãos: Este (número) é composto de 12+12, e é tam-

420

---

71. Cf. ROSENROTH, K. von. Op. cit., II, Paris: [s.e.], I, p. 55: "Et in illo lumine, quod in singulis gradibus est, revelatur quidquid revelatur [...] Et proptera omnia in unum gradum ascendunt et omnia una et eadem re coronantur [...] Lumen illud'quod manifestatur vocatur vestimentum. Nam ipse rex est Lumen omnium intimum [...] Et omnes lucernae et omnia lumina lucent a Sene Sanctissimo" (E nessa luz que está em cada degrau é revelado tudo o que é revelado [...] E é este o motivo pelo qual tudo sobe sobre um só degrau e tudo é coroado de uma só e mesma coisa [...] Esta luz que é manifestada e chamada vestimenta. Pois o próprio Rei é a Luz mais interior de toda coisa. E todas as lâmpadas e todas as luzes são acendidas pelo Ancião Santíssimo).
72. Cf., no tocante a esta ideia: JUNG, C.G. *Mysterium Coniunctionis*. [OC, 14]. 1, 1955, p. 226s.
73. Cf. tb. BACON, R. *Opus tertium*. [s.l.]: [s.e.], [s.d.], cap. XL: "Nam Christus est lapis angularis, tanquam punctus in quo componuntur duodecim Apostoli et alias 24 seniores in Apocalypsi; et oportet quod de uno numero vel alio spiritualiter sit, quilibet qui Christo Domino debeat uniri et super Christum fundari". (Cristo é a pedra angular, na qual os doze apóstolos e os vinte e quatro anciãos do Apocalipse estão reunidos como que num ponto. E quem quer que se una a Cristo e se funde sobre Cristo deve ser espiritualmente de um ou outro número.)
74. Enarr, in Apocal., cap. XXI, Migne P.L., t. 162, col. 1517: 24 Seniores: hic (nomerus) constat ex duodeeim et duodeeim, qui item constat ex tribus et quattuor; sancti vero predicatores nomen sanctae Trinitatis per quattuor mundi partes annuntiant. (24 anciãos: Esse <número> é composto de doze e doze, o qual, por sua vez, é composto de três e de quatro; pois os santos pregadores anunciam o nome da Santíssima Trindade às quatro regiões do mundo.)

bém composto de 3 e 4; pois os santos pregadores anunciam o nome da Santa Trindade às quatro regiões do mundo. Segundo a concepção da seita dos marcosianos, a soma alfabética da tétrada (*Tetras*)[75] superior dá o número 24 que se reencontra na segunda tétrada, assim como no nome de "Jesus"[76]. Também segundo a *Pistis Sophia*, Jesus saiu do último mistério, isto é, do vigésimo quarto, e há vinte e quatro "invisíveis" que representam as emanações do Deus supremo[77]. Em Zósimo encontra-se o número vinte e quatro como múltiplo de quatro. Um fragmento algo obscuro diz com efeito[78]: "Como as linhas musicais ABCD mais importantes dão nascimento a vinte e quatro linhas diferentes, e como se pode compor inúmeros hinos só com vinte e quatro linhas [...] tal como aqueles que concernem à ciência sagrada, por exemplo da solução e da dissolução (= hinos alquímicos) [...] encontra-se no interior o que tem poder sobre uma verdadeira matéria de base para a geração do pássaro" (pássaro = *lapis*). Em Zósimo as vinte e quatro linhas constituem o que na matéria é ativo e dá forma, o que concorda admiravelmente com as especulações gnósticas da época sobre os "stoicheia" (elementos básicos das letras) como éons e emanações de luz. Os vinte e quatro elementos alfabéticos tornam-se *symbola* e, segundo Fílon de Alexandria, proviriam do Egito, como os sinais musicais[79]. Depois, na concepção alquímica, também as estrelas eram consideradas as vinte e quatro letras de um alfabeto situado no céu, que une todas as coisas como uma "coroa celeste"[80].

---

75. Arrhetos, Sigé, Pater e Aletheia.
76. LEISEGANG. *Die Gnosis*. Leipzig: [s.e.], 1924, p. 336.
77. Ibid., p. 351 e 360s.
78. BERTHELOT. *Collection des Anciens Alchimistes Grecs*. Paris: [s.e.], 1887/1888, III, XLIV, 1. vol. I, p. 219.
79. *Vita Mos.* 1, 5, 23. Cf. tb. SCOTT. *Hermetica*. Op. cit., III, p. 490.
80. Cf. esta interpretação de MENNENS, J. de. Aurei Velleris etc. *Theatrum Chemicum*. [s.l.]: [s.e.], 1622, V, p. 365), segundo a qual o céu é um pergaminho e a inscrição sobre ele são as estrelas... "et praedictum Alphabetum sive corona illa coelestis licet causas possideat rerum varias verum tamen coniunctissimas et quae in unam hominis speciem productionemque eorum, quae in usum eiusdem veniunt, conspirem". (...e o dito Alfabeto ou coroa celeste, se bem que compreenda causas variadas, no entanto estritamente conjuntas, concorre para produzir uma só figura de homem e as coisas de seu uso.)

Estas amplificações fazem-nos ver e compreender nos vinte e quatro anciãos do nosso texto provavelmente uma multiplicidade de elementos, forças e componentes que cooperam e são reunidos numa totalidade pela conjunção, tema este cujo significado Jung já esclareceu[81].

Relativamente à situação histórica de nosso texto, convém ressaltar que somente os *parvuli*, ajudados pelos vinte e quatro anciãos, são capazes de abrir a casa dos tesouros. *Parvuli* era naquela época o nome oficial dos membros das ordens mendicantes, isto é, dos dominicanos e dos franciscanos[82]. Já em Joaquim de Fiori, os eleitos saídos das ordens contemplativas, isto é, aqueles que edificarão a *ecclesia spiritualis*, são chamados *parvuli*. Segundo Joaquim, estes formam o *populus sanctus*[83], do qual Deus disse: "Eu serei para ele um pai e ele será meu Filho", indicação esta que se encontra no nosso texto. O significado dos *parvuli* como alusão às ordens mendicantes é confirmado pelas palavras finais da *Aurora*, onde os escolhidos são designados como *pauperes*, outro nome usual daquelas duas ordens referidas. O comentário revelará muitos outros pontos de contato com a *concordia* do Abade Joaquim de Fiori. É preciso pois admitir que, de um lado, *o autor da Aurora conhecia os escritores de Joaquim e que, de outro lado, pertencia provavelmente a uma dessas duas ordens mendicantes, ou pelo menos se avizinhava delas*.

Texto: A beleza desta casa é indescritível: suas paredes são de ouro puríssimo, e suas portas brilham com o fulgor das pérolas e das pedras preciosas; possui quatorze pedras angulares, que contêm as virtudes principais de todo o fundamento.

A casa dos tesouros da *sapientia Dei* repousa, segundo nosso texto, sobre quatorze colunas, ao passo que seu modelo (Pr 1,9) é construído sobre sete colunas, imagem do cosmos e das sete esferas planetárias[84]. A Jerusalém celeste, à qual é implicitamente comparada nos-

---

81. Cf. *Mysterium Coniunctionis* [OC, 14/1], cap.: A viagem através das mansões planetárias.
82. Cf. *Concord.* lib. V, apud. HAHN, C. *Die Gesch. der Ketzer* etc. Op. cit., III, p. 301.
83. Ibid., p. 300.
84. Cf. REITZENSTEIN, R. *Das iranische Erlösungsmysterium*. Op. cit., par. 4: "A cidade eterna", p. 207-209.

sa Casa dos tesouros da sabedoria, possui doze pedras angulares[85]. O número quatorze deve aqui ser considerado primeiramente como o dobro de sete ou então como a soma do quatro e da década (sobre isto cf. Jung). O número quatorze é conhecido como os chamados "auxiliares" e desempenha um papel importante no Evangelho, onde, na genealogia de Jesus, seus ancestrais são repartidos em grupos de quatorze[86]. Esta última forma de repartir talvez provenha da representação egípcia dos quatorze ancestrais ou *ka* do faraó[87]. É notável que os quatorze *ka* sejam representados na maioria dos textos como qualidades em parte éticas e em parte físicas do faraó[88]. Segundo a lenda árabe, Adão teria tido também quatorze filhos, sete pares de gêmeos, que são os "pais do mundo"[89]. Jacó Boehme[90] diz que o número quatorze simboliza o Espírito Santo, tal como ele se desdobra na liberdade e na natureza, sem que esta o saiba.

Quanto ao que diz respeito às quatorze pedras angulares do texto, trata-se de virtudes exigidas no alquimista, sobre as quais a

---

85. BOLL, F. *Aus der Offenbarung Johannis. Hellenistische Studien zum Weltbild der Apokalypse*. Teubner: [s.e.], 1914, p. 23, os interpreta como os doze signos do zodíaco. Cf. tb. os doze ou quatorze privilégios de Maria em MAGNO, A. Quaest. sup. Evang., CLXIII, *Opera*. Vol. 37. Paris: [s.e.], [s.d.], p. 239 [BORGNET (org.)].

86. Cf. Mt 1,17: "Ao todo, há de Abrão até Davi quatorze gerações, de Davi até a transmigração da Babilônia, quatorze gerações, da transmigração da Babilônia até o Cristo, quatorze gerações." Cf. tb. JOAQUIM DE FIORI. *Concord*. Lib. V, apud HAHN, *Gesch. der Ketzer* etc. Op. cit., Vol. III, p. 307.

87. JACOBSOHN, H. *Die dogmatische Stellung des Königs in der Theologie der alten Ägypter. Ägyptolog. Forschungen*. Glückstadt-Hamburg/Nova York: [s.e.], 1939, p. 32 e 67 [SCHARFF, A., (org.)].

88. Cf. MORET, A. *Mystères Egyptiens* Paris: A. Colin, 1913, p. 209. Os vários Ka's são por exemplo, força, luz, inteligência, a vista, o ouvido, a riqueza, etc.

89. Cf. *Le Livre d'Hermès*. Ms. n. 2.578, Paris, cit. BLOCHET, E. "Études sur le Gnosticisme musulman". *Rivista degli studi orientali*. Vol. IV, p. 73.

90. De Signatura rerum., cit. segundo ALLENDY, R. *Le symbolisme des nombres*. Paris: [s.e.], 1948, p. 361. Cf. no mesmo lugar a literatura mais ampla sobre o número quatorze. O elemento tempo aí tem sempre grande importância. Cf. a interpretação de Agrippa von Nettesheim, particularmente importante, segundo a qual *Cristo foi sacrificado no décimo quarto dia da lua* (*De Philos. occulta*. 11-15. cit. ibid.).

sapientia edifica sua casa; esta é, no sentido de Senior, o *lapis (pedra) como microcosmo*[91], isto é, como o próprio homem. A pedra simboliza, pois, a *"estrutura interna " do alquimista*[92]. Além disso, as pedras angulares são descritas em vários lugares como se cada uma representasse a pedra *em sua totalidade*. Elas são na realidade *aspectos particulares de uma só e mesma coisa*. O que é uma pedra preciosa singular não exige maiores comentários[93]. A primeira e a segunda virtudes são a saúde e a humildade, ambas frequentemente exigidas como condições do *opus*[94]. A terceira, a "santidade", através da citação de Alphidius, consiste na "pureza do espírito" diante de Deus, único modo de aproximar-se dele e de ser esclarecido; segundo a *Turba* é necessário também um modo de vida ascético (*voluptates reliqui*: abandonei os prazeres etc.), pois só assim se encontra o "vinagre acre", isto é, a água divina[95]. A quarta, a pedra da castidade, é amplificada através da conhecida sentença alquímica: "Cuius mater virgo est..." ("Ele, cuja mãe é virgem") e pela alusão ao leite de virgem[96]. Este último, como γαλα παρθενικον (leite de virgem) já era

---

91. Mundus minor. Cf. SENIOR. *De Chemia*. Op. cit., p. 83 e 25.

92. Cf. as interpretações eclesiásticas das doze pedras angulares ou pedras preciosas da Jerusalém celeste como figuras das virtudes, tais como o vigor da fé, coração dos simples, fé totalmente íntegra, humildade, castidade, etc. Cf. ANSELMI LAUDUNENSIS. *Ennarr. in Apocal.* XXI, in: MIGNE, J.P. *Patrologiae cursus completus. Series latina.* Paris: [s.e.], t. 162, col. 1581-1582.

93. Por isso não cito mais muitas partes do texto.

94. Cf., por exemplo, Rosarium, *Artis auriferae*. Basileia: [s.e.], 1610, II, p. 147: "Oportet (Alchimistam)... arrogantiae vitium a se repellere et pium esse" (Convém [ao alquimista] expulsar de si o vício da arrogância e ser piedoso) e p. 148: "Sed Doctrinae filius <sit> vir subtilissimo ingenio decoratus [...] sanus, firmus in proposito et constans etc." (Mas o filho do ensinamento deve ser um homem dotado de um espírito muito sutil, são, firme e constante no seu propósito).

95. Cf. o que é dito por JUNG. *Mysterium Coniunctionis*[OC, 14], sobre a "amargura" no capítulo: "Sal".

96. Cf. SENIOR. *De Chemia*. Op. cit., p. 19. Rosinus ad Sarratantam, *Art. Auriferae*. Basileia: [s.e], 1610, 1, p. 198. Adiante RUSKA, J. *Al-Razis Buch Geheimnis der Geheimnisse.* Berlim: [s.e.], 1937. *Quellen und Studien zur Geschichte de Naturwissenschaften und der Medizin.* IV, [s.l.]: [s.e.], [s.d.], p. 67 [DIEPGEN e RUSKA (org.)].

conhecido na alquimia grega[97]. A *prima materia* passava com efeito por uma παρθενος (virgem) que gera de sua parte mais delicada o *filius philosophorum*. Mas o *lac virginis* encontra-se também nos hinos de Efrém o Sírio[98], onde é dito: "Que a terra [...] glorifique (o Cristo), ela que com suas fontes alimenta os frutos, e adore o Filho, observando a criança pura que suga o leite da virgem" (*lac virgineum sugentum*). O autor da *Aurora* quis, pois, conscientemente aludir[99] ao Filho da Virgem, Cristo, sublinhando o paralelo que ele geralmente estabelece entre a pedra (*lapis*) e o Cristo[100].

---

97. BERTHELOT. *Collection des Anciens Alchimistes Grecs*. Paris: [s.e.], 1887/1888, V. II. 4, vol. I, p. 338 e I, p. 20. Isto se relaciona ao fato de que a *prima materia* passava por virgem e os recipientes de destilação eram dotados de orifícios em forma de seios, de onde corria o destilado (cf. entre outros SINÉSIO. *Diálogo com Dióscoro sobre Demócrito*. BERTHELOT. II, III, 6, vol. I, p. 60-61. A citação de Stephanos diz o mesmo (GOLDSCHMIDT. *Carmina Heliodori*. I, [s.l.]: [s.e.], [s.d.], versos 189-190): "Eleva-se do mar [...] o leite fulgurante de uma virgem núbil (νυμφοστολονσης παρθενου φαιδρον γαλα) para alimentar o recém-nascido". – Assim diz Zósimo nos "Pontos principais a Teodoro" (BERTHELOT. III, XLIII, 6, vol. I, p. 216) sobre a água divina que outros chamavam de "água da amálgama" (μαζυγιου). Mas a amálgama é o mineral... outros a fazem derivar do vaso (*phanos*), o qual tem a forma de um seio (cf. tb. Zósimo, Über die Dämpfe, BERTHELOT. *Collection des Anciens Alchimistes Grecs*. Paris: [s.e.], 1887/1888, III, LV1, 4, I, p. 252. Cf. ibid., IV, VII, 1, vol. I, p. 275 εν οργανοις μασθωτοις. Cf. tb. LIPPMANN, E. von. *Alchemie*. Op. cit., vol. I, p. 97-98). – Como a *prima materia* era muitas vezes celebrada como virgem, porque intacta e não formada, como *arche* e hipóstase, a água divina que dela corria era chamada muitas vezes de υδωρ αθικτον (água intacta) ou "leite de virgem". O pensamento que o *Filius Philosophorum* era filho do παρθενικον πνευμα (pneuma virginal), já era concebido na alquimia mais antiga. Assim, por exemplo, os naassenos haviam conservado a imagem emprestada dos Mistérios de Elêusis, de um filho de Virgem que não era nem psíquico nem somático, mas o *eon dos eons* (cf. HIPÓLITO. *Elenchos*. V, [s.l.]: [s.e.], [s.d.], 8 e SCOTT, W. *Hermetica*. Op. cit., vol. III, p. 189).

98. *Hymnus in Festum Epiphaniae*, II, 12.

99. Cf. BONUS, P. *Pretiosa margarita novella de thesauro ae pretiosissimo philosophorum lapide...* Op. cit., p. 40: "Eles julgaram que Deus devia ser um com o homem, e isto aconteceu em Jesus Cristo e em sua Mãe virgem, e Deus o revelou nesta pedra como exemplo maravilhoso para os filósofos".

100. Cf. tb. JUNG, C.G. *Psychologie und Alchemie*. Zurique: Rascher, 1944, p. 469s.

A quinta pedra é a *virtus* (força) que é também a "virtude" moral da força e, de um modo mais preciso, a "força de penetração", como se verá em seguida. Assim, já em Komarios, o resultado final do opus é descrito como um *pharmacon* "mortífero", penetrando todos os corpos[101]. O mercúrio é considerado um *spiritus mundus*, um espírito puro que penetra, anima, ilumina e transforma tudo[102].

Texto: A sexta (pedra) é a vitória, sobre a qual diz Hermes: E ela (a pedra) vencerá toda coisa sólida e até mesmo as pedras preciosas. E João diz no Apocalipse: Eu darei ao vencedor um maná sutil e oculto, e um novo nome que a boca de Deus designará. E no Livro da *Quintessência*: Quando se tiver produzido a pedra da vitória, eu ensinarei como se pode formar com uma pedra desta materia esmeraldas, jaspes e verdadeiros crisólitos que sobrepujam e ultrapassam em cor, substância e força as naturais (pedras preciosas)...

A sexta pedra é o "maná oculto" e a "pedra com um novo nome" do Apocalipse – afirmação esta que mostra com clareza particular que essas pedras dizem respeito à natureza humana, a mais interior. Em seu comentário do Apocalipse, Alberto Magno via no "maná oculto" a imagem do Espírito Santo, por causa da doçura deste alimento celeste, assim como a do Cristo, por sua força revigorante. A "pedra branca" é, segundo ele, a *aeterna contemplatio* ou o corpo *glorificado*; sua brancura indica a inspiração ou iluminação, sua solidez, a impassibilidade, sua dimensão, a sutileza e sua forma redonda, a agilidade[103]. Ele diz também em outro lugar que o *calculus* (seixo) é

---

101. BERTHELOT. *Collection des Anciens Alchimistes Grecs*. Paris: [s.e.], 1887/ 1888, IV, XX, 17, vol. I, p. 299. Cf. tb. o acima dito acerca da força de penetração do "corpo ressuscitado".

102. *Livro do alúmen e dos sais*. Op. cit., p. 58-59. Pode-se comparar esta imagem, que parece ter sido influenciada pelos alquimistas islâmicos, à "natureza perfeita" dos maniqueus. Para estes, o "corpo perfeito" (σωμα τελειον) passa por ser a fonte da Revelação e é a "natureza originária ou o si-mesmo originário". Ele age como *daimon* ou *spiritus familiaris* no homem (cf. REITZENSTEIN, R. *Das iranische Erlösungsmysterium*. Bonn: [s.e.], 1921, p. 112-113. Cf. ibid. o escrito arábico [século VIII] Livro de Hermes [Aristóteles a Alexandre], que contém a mesma representação).

103. *Opera*. Vol. 38. Paris: [s.e.], 1939, p. 516-517 [BORGNET (org.)]: "ratione candoris signatur claritas; ratione soliditatis impassibilitas, ratione modicitatis subtilitas, ratione rotunditatis agilitas" (Sua brancura indica a clareza, sua solidez, a impassibilidade, sua dimensão, a subtileza, e sua forma redonda, a agilidade).

uma imagem do Cristo, pois o seixo é uma pedra preciosa chamada carbúnculo (*carbunculus*), assim denominada por sua semelhança com o carvão (*carbo*), porquanto ambos brilham na obscuridade. Assim o Cristo iluminou as trevas do mundo, quando "o Verbo se fez carne e habitou entre nós"[104]. O significado psicológico das pedras preciosas torna-se ainda mais claro nas quatro "pedras angulares": a fé[105], a esperança, o amor e a bondade[106]. São essas as virtudes religiosas mais importantes e aqui também exigidas para a obra alquímica. O próprio autor diz em sua observação acerca da citação de Jó ("pro anima sua hoc est pro lapide isto") *que a pedra é a alma humana enquanto sopro ou princípio de vida*.

429 Em toda esta parte do texto predomina o sentido alegórico, e parece que o autor tenta confrontar-se agora com o aspecto *moral* da obra, o que traz suas reflexões conscientes para o primeiro plano. A pedra seguinte, a paciência, é uma virtude que os alquimistas não cessam de ressaltar; a décima segunda pedra mais adiante, a temperança, oferece um interesse especial, dado que na descrição de seus efeitos psicológicos resvala progressivamente para processos químicos que se desenvolvem na retorta.

430 Texto: A décima segunda (pedra) é a temperança, sobre a qual está escrito que ela alimenta, fomenta e preserva a saúde de todas as coisas.

---

104. Ibid.: "Vel Sic: 'Dabo illi calcuium' id est Christum qui per calculum designatur, quia calculus lapis pretiosus, qui et carbunculus dicitur et sie dicitur a carbone, quia ab eo similitudinem ducit: lucet enim positus in tenebris. Sic Christus in mundi tenebris refulsit, quando 'Verbum caro factum est et habitavit in nobis'". (Ou: "Eu lhe darei uma pedra", isto é, o Cristo, que é figurado pela pedra [seixo], o qual é uma pedra preciosa chamada carbúnculo e é assim chamada por sua semelhança com o carvão: ela brilha na obscuridade. Assim o Cristo refulgiu nas trevas do mundo, quanto o "Verbo se fez carne e habitou entre nós".)

105. Cf. com a cit. sobre a fé, TOMÁS DE AQUINO. *Summa theologica*. 9 vols. Paris: [s.e.], 1868, prima secundae quaest. 72, art. 3: "quia fides est de his quae non videntur et spes his, quae non habentur" (pois a fé concerne às coisas que não vemos e a esperança, àquelas que não possuímos).

106. Cf. tb. o comentário de Alberto Magno ao Ap, vol. 38, op. cit., p. 498 [BORGNET (org.)]: "charitas, quae comparatur auro propter valorem, colorem, pretiositatem" (a caridade que é comparada ao ouro por causa de seu valor, de sua cor e preciosidade).

Enquanto os elementos estão na temperança, a alma se alegra no corpo; quando eles discordam, a alma detesta habitar o corpo. Pois a temperança é a mistura dos elementos uns com os outros, de modo que o quente se tempere com o frio, o úmido com o seco. Os filósofos proibiram... que um excedesse o outro, dizendo: Cuidado para que o arcano não fuja, cuidado para que o vinagre não se transforme em fumaça, cuidado para não deixardes fugir o rei e sua esposa por causa de um fogo excessivo, evitai antes de tudo o que sai da medida; mas colocai-os sobre o fogo da putrefação, isto é, da temperança, até que se unam por si mesmos.

Trata-se primeiro de preservar a saúde da alma no corpo humano, e depois da união das substâncias no vidro. Esta parte do texto é um modo especial de demonstrar a proximidade e a junção dos processos anímicos e "químicos" no *opus* alquímico.

A propósito das duas pedras seguintes, é preciso sublinhar a importância particular da décima terceira, a da "inteligência espiritual" (*spiritualis intellectus*) que leva a uma conversão *intrapsíquica* ou a uma renovação. É a compreensão "sutil", tal como exigem[107] frequentemente os textos alquímicos, a fim de que o adepto não seja arrastado à sua perda, tomando os textos simbólicos num sentido concretista. Assim também na teoria de Joaquim de Fiori das três idades do mundo é dito que os *mysteria subtiliora* seriam compreendidos na terceira e última idade, a do Espírito Santo[108]. Em sua *Concordia*, ele fala várias vezes da compreensão espiritual e mística da Bíblia, inspirada pelo Espírito Santo[109], e ele mesmo tentou compreender a Sagrada Escritura nesta forma simbólica. Este *intellectus spiritualis* será especificamente próprio dos monges"[110].

431

432

---

107. Assim, por exemplo, Rosarium, *Artis Auriferae*. Basileia: [s.e.], 1610 II, p. 148: "vir subtilissimo ingenio decoratus" (homem dotado de uma inteligência subtilíssima).
108. HAHN. *Geschichte der Ketzer*. Op. cit., III, p. 303.
109. HAHN. Ibid., vol. III, p. 273.
110. HAHN. Ibid., III, p. 333: "Pertinet ad monachos quasi trigenarius numerus in eo quod scientes et venerantes literam veteris *intellectui spirituali* qui ex utraque litera procedit, adhaerent etc." (O número trinta convém aos monges porque eles, conhecendo e reverenciando a letra do Antigo e do Novo Testamento nos patriarcas e apóstolos, sabem ter sido eleitos; eles aderem à inteligência espiritual que procede de ambas as letras).

433   A última pedra, a obediência, significa uma submissão à vontade de Deus – psicologicamente, uma renúncia à atitude do ser eu e uma subordinação ao si-mesmo.

434   Texto: Quem tiver ouvidos para ouvir, que ouça o que o espírito... diz sobre a casa... sobre quatorze pedras angulares, aquelas que os vinte e quatro anciãos abrem com a ajuda das chaves do Reino dos Céus, e acerca das quais Senior... Lá onde ele põe uma águia sobre o teto, e sobre os lados as imagens das diversas propriedades. Alphidius também fala... de uma casa de tesouros... que pode ser aberta com o auxílio de quatro chaves, que são os quatro elementos.

435   O fim do capítulo contém uma referência a Senior e a Alphidius como sendo as principais fontes utilizadas pelo nosso autor. A passagem prova igualmente que as quatorze pedras representam na realidade a *única* pedra *(lapis)* sob diversos aspectos, e que os vinte e quatro anciãos (da mesma forma que a águia) simbolizam a substância "volátil". No conjunto das vinte e quatro pedras o autor vê o "reino celeste", isto é, que no além, no inconsciente, produziu-se uma "cristalização" do si-mesmo, percebida pelo autor mediante a visão intuitiva da águia.

436   Pode-se, pois, resumir este capítulo da seguinte maneira: o início da obra manifestava uma terrível tensão psicológica entre os opostos, que era perceptível através do estilo nervoso, quase delirante. O humor passa sem transição de uma alegria extática ao mais profundo desespero – o eu do autor ora parece inflacionado, ora completamente decomposto. A *anima* (*sapientia Dei*) parece contaminada por conteúdos da sombra (etíopes, terra negra, umidade corruptora etc.). Atrás dela (da *anima*) está, de modo alusivo, o lado obscuro, vingativo e destruidor da divindade. Somente na quarta parábola o autor parece edificar pouco a pouco, novamente, um ponto de vista espiritual, isto é, uma concepção do ocorrido, graças à função do inconsciente que reconcilia e une os opostos. Estes não se alternam mais e começa-se a discernir entre eles uma influência recíproca, tendendo a uma união no inconsciente. Esta reconciliação do inconciliável torna-se no começo desse capítulo uma realidade vivida sob uma forma visionária que se desvela ao autor como uma verdadeira imagem de Deus. A visão do hierosgamos na Casa dos tesouros da sabedoria parece pelo menos inicialmente ter atingido o autor no nível do senti-

mento; com efeito, enquanto a parábola precedente representava o começo de um confronto espiritual com os conteúdos inconscientes que haviam irrompido, aqui temos que constatar um confronto no nível do sentimento, isto é, da ética, com os processos interiores. À preponderância do sentimento corresponde a reaparição da *anima* sob a forma da *sapientia* feminina (em face do Espírito Santo do capítulo precedente). A pedra (*lapis*), enquanto "casa dos tesouros", é, pois, em primeiro lugar representada como uma soma de propriedades morais, enquanto nos surpreendemos com o tom sentencioso e alegórico, assim como com o desaparecimento do elemento poético. Uma tal mudança de tom surpreende depois da ocorrência de uma visão tão importante. Por certo o que foi visto inicialmente é compreendido de forma intuitiva, e falta ainda um contato humano mais próximo da experiência. Entretanto, a visão produz um efeito apaziguante que permite ao autor refletir sobre sua atitude moral. Este apaziguamento repousa sem dúvida, em primeiro lugar, sobre o sentimento de imortalidade que a visão proporcionou ao autor.

Comentário à sexta parábola (décimo primeiro capítulo)

A sexta parábola trata "do céu e do mundo e do lugar dos elementos", e seu conteúdo principal descreve um processo de criação do mundo de caráter alquímico. No centro se encontra a imagem de uma "Terra" que parece ser um símbolo divino feminino. Desta "terra" floresce um novo cosmos[1]. O todo parece representar uma espé-

437

---

1. O tesouro da *sapientia* era, como as amplificações o mostravam, um modelo do cosmo, o acento principal sendo posto no "microcosmo" (*mundus minor*) do homem "interior", que, na Idade Média, passava geralmente por uma imagem do macrocosmo. Lê-se, por exemplo, no HONÓRIO DE AUTUN. *Elucidarium*, I, II. In: MIGNE, J.P. *Patrologiae cursus completus. Series latina*. Paris: [s.e.], t. 172, p. 1116: "Assim como o corpo humano é constituído de quatro elementos, motivo pelo qual **ele** é chamado de microcosmo, isto é, "pequeno mundo", pois da terra **ele** tem a carne, da água, o sangue, do ar, o sopro, do fogo, o calor. Sua cabeça é redonda à maneira de uma esfera celeste e seus dois olhos brilham como as duas luminárias no céu. Ele é dotado de sete aberturas como as sete harmonias do céu etc. A mesma imagem se encontra no LANDSBERG, H. von. *Hortus deliciarum* [s.l.]: [s.e.], [s.d.], e em Hildegard von Bingen (REITZENSTEIN. *Das iranische Erlösungmysterium*. Op. cit., p. 137). Reitzenstein elaborou

cie de *apokatastasis* (restauração). Na "terra" podemos reconhecer sem dificuldades a figura da *anima sapientia* dos capítulos precedentes, mas agora purificada e sublimada. Psicologicamente, este capítulo trata da mesma etapa descrita por Dorneus como a reposição do *unus mundus* e, assim, remeto o leitor à interpretação que Jung dá desse texto de Dorneus[2]. O si-mesmo fora experimentado inicialmente, mas como centro divino intrapsíquico; agora esta experiência se amplia sob a forma de união com o cosmos inteiro. Encontrar-se-ia uma representação paralela a esta na imagem hindu da dissolução do *atmã* individual no *atmã* universal. Esta vivência psíquica é tão distante da esfera habitual da consciência do eu, que se pode indagar em que esfera subtraída à realidade o autor se encontrava para poder viver tais conteúdos.

O comentário da quarta parábola já tornara evidente que a terra é o quarto elemento, o qual dificilmente se coloca na trindade alquímica. Outro fenômeno alquímico desenrolou-se no ínterim: a *fixatio* (fixação), tema da quinta parábola. Ela representa o nascimento de um núcleo interior inabalável, imagem da casa dos tesouros solidamente

---

as fontes clássicas e persas desta ideia (cf. ibid.). E. Blochet assinalou especialmente as influências persas sobre os gnósticos árabes ("Études sur le Gnosticisme musulman". *Rivista degli studi Orientali*. IV 1911-1912, particularmente p. 247s.) e cita uma obra Medjmael-Bahrein de Shems Ed-Din, Mohte'-Sib de Eberkouh, segundo a qual o coração humano corresponde ao sol. Lá se encontra "a casa da salvação" que é a imagem da *ka'aba* celeste, na qual reside o espírito celeste. O cosmos, a modo de um μεγας ανθρωπος (grande homem), é formado à imagem do homem. O autor diz que o coração do homem é um esquife, onde a alma está encerrada; ele se encontra entre o mundo tangível e o mundo intangível. Na origem dos tempos Deus criou uma cidade para seu califa e seus oficiais. Esta cidade é formada pelo corpo do homem, assim como pela terra e pelo mundo real. As fundações da cidade repousam sobre os quatro elementos. O coração é o palácio do califa que, segundo os filósofos, representa a razão. O lugar onde ele se retira é o cérebro. Mas para a maioria ele é o espírito que reside no coração. Os sentidos são as portas e os guardas desta cidade. Encontram-se concepções semelhantes no autor de Mersad el-ibad: o corpo do homem corresponde à terra, o coração, ao céu. O coração tem dois aspectos que os místicos chamam *dil* e *kolb* e do qual cada uma das sete partes corresponde às sete esferas celestes e regiões terrestres. O coração corresponde também ao trono de Alá, e uma de suas partes toca o mundo tangível, e o outro o mundo do além. Assim, um lado do coração é voltado para o mundo do corpo, o outro para o espírito. A descrição feita *por* Alphidius da "casa dos tesouros" místicos se aparenta a essas concepções.

2. Cf. *Myst. Coni*. [14/2, p. 312s.].

construída, imagem do si-mesmo, onde o eu não passa de um fenômeno marginal, espécie de "hóspede". A descrição desta *petra interior* é associada à alusão de uma visão de Deus; psicologicamente, é verossímil que a visão de Deus – a do hierosgamos do sol e da lua – constitui justamente a pedra, isto é, trata-se de uma experiência decisiva sobre a qual está fundada a totalidade do homem futuro. Mas esta pedra ou "este novo mundo" não é somente uma realidade "interior" que se acrescenta ao mundo anterior – ela é uma *realidade* total. Este é o motivo pelo qual o autor procura descrever no presente capítulo esta totalidade e realidade última do substrato de sua experiência anímica.

Texto: "Quem é da terra fala da terra, quem vem do céu está acima de tudo. Aqui, pois, a terra é posta como princípio básico dos elementos; o céu, por seu lado, figura entre os três princípios superiores; por conseguinte, será preciso dizer algo sobre o céu e a terra, sendo esta o princípio básico e a mãe dos outros elementos..." 439

A indicação daquele que "vem do céu e está acima de tudo" faz pensar no *filius philosophorum*, o qual, segundo a *Tabula Smaragdina*, desce de novo à terra depois de sua ascensão ao céu, unindo assim em si as forças superiores e as forças inferiores. No nosso texto, o céu e a terra também se unem. O céu contém três elementos: o fogo, o ar e a água – a terra representa, pois, o quarto elemento. O que não foi plenamente conseguido na quarta parábola – a integração do quarto elemento – é aqui retomado. Uma análise mais aprofundada da parábola revela que a terra *não constitui apenas o quarto elemento*, acrescentado aos outros três, mas possui *um caráter místico de totalidade*. Esta terra é a "archê" (princípio) no sentido da filosofia antiga[3] que, no nosso texto, mediante a citação do Salmo 101 e dos alquimistas Morienus, Hermes, Moisés é exaltada como *principium* (*archê*) e "mãe dos elementos"[4]. 440

---

3. Cf. a Doxografia de Olimpiodoro (BERTHELOT. *Collection des Anciens Alchimistes Grecs*. Paris: [s.e.], 1887/1888, II, IV, vol. I, p. 82-83: "Compreende, tu que possuis toda a sabedoria, que a terra não foi contada pelos filósofos como um elemento, porque ela não engendrava. E isto tem um significado para nosso propósito: pois Hermes diz em alguma parte que a terra virgem se encontra na cauda de uma virgem".

4. Cf. BONUS, P. *Pretiosa margarita novella de thesauro ae pretiosissimo philosophorum lapide...* Op. cit., p. 107.

441   Texto: [...] tal como o Profeta adverte: No início, ó Senhor, fundaste a terra; os céus são obra de tuas mãos, feitos de água, ar e fogo. A partir da terra é que os elementos se separam, morrendo e depois a ela voltando revivificados, pois conforme aquilo de que uma coisa se compõe, nisso mesmo ela se resolve naturalmente...

442   A terra é de fato idêntica à *sapientia Dei* e esta última, por seu lado, segundo a alusão de Provérbios (8,22s.), é, se não a mãe, pelo menos a auxiliar de Deus na obra da Criação[5]: "*O Senhor possuiu-me no início de seus caminhos; antes que Ele criasse algo, eu estava lá. Eu fui estabelecida pela eternidade, no começo, antes do que a terra, quando as águas ainda não manavam das profundezas etc.*"[6] Tomás de Aquino tentou interpretar simbolicamente em sua *Summa* a passagem de Gênesis sobre a terra vazia e deserta: ela teria sido a *materia prima* invisível, existindo apenas *in potentia*[7]. Isto esclareceria bastante a passagem da *Aurora*, quando a terra é pensada como archê, isto é, como *materia in potentia*, que recebeu sua forma de Deus.

---

5. Ela é igualmente a contrapartida positiva de Tehom ou de Tiamat.

6. Segundo Agostinho ela é "a arte" pela qual Deus criou o mundo. – Fílon interpreta esta passagem do seguinte modo: "Deus uniu-se com a *sapientia* para que ela fosse mãe [...] Quando ela recebeu a semente de Deus, concebeu [...] o filho único e bem-amado, perceptível pelos sentidos, esse mundo que é o nosso, o cosmo" (*De ebrietate*, 30. Cf. LEISEGANG. *Die Gnosis*. Op. cit., p. 95). – A concepção de duas *archai*, Deus e uma deusa-mãe feminina, Hyle, encontra-se no *Corpus Hermeticum*, em Asclépio Latino (SCOTT, W. *Hermetica*. Op. cit., vol. I, p. 310s.), onde se lê: "No começo havia Deus e a matéria (υλη)". Esta última é também o cosmo, a *natura mundi*; ou o *spiritus mundi*. Elaé a *matrix* de todas as coisas e seu receptáculo, *ao mesmo tempo que a origem do mal*. Cf. o ensinamento de Hermógenes (TERTULIANO. *Adv. Hermogenem*. [s.l.]: [s.e.], [s.d.], 12). Encontram-se concepções semelhantes também em NUMÊNIO. *Comm. in Timaeum*. [s.l.]: [s.e.], [s.d.], 294. Cf. sobre isto os desenvolvimentos de SCOTT, W. *Hermetica*. Vol. III. 4 vols. Oxford: [s.e.], 1924-1936, p. 68s., 77, 84, 272. – (Cf. tb. as ideias gnósticas afins [Simão o Mago] em LEISEGANG. *Die Gnosis*. Op. cit., p. 74, 81 e 95).

7. *Summa theologica*. Op. cit., par. I. 66. art. I: "Secundum hoc ergo dicitur terra inanis et vacua vel invisibilis et incomposita, quia materia per formam cognoscitur... Materia autem secundum id quod est, est ens in potentia" (Deste ponto de vista, a terra é pois dita informe e vazia ou invisível e sem forma, porque a matéria é conhecida através da forma [...] A matéria enquanto tal é um ser potencial).

Mas depois de louvar a terra como a *archê* misteriosa do cosmos 443
e base de toda a vida, o texto prossegue introduzindo uma ideia nova
e singular: segundo ela a fundação do céu sobre a terra, ou a criação
do mundo real mediante uma separação do alto e do baixo foi uma
morte, e por conseguinte a dissolução do mundo e seu retorno ao início indiferenciado, à *archê*. Isto significa uma renovação da vida. Por
uma estranha inversão de Gênesis, a criação é descrita aqui como um
processo de destruição, e a destruição do mundo, como uma reunificação: não se trata de uma dissolução, mas de uma fusão na unidade
primordial. Apresentada primeiro como processo cósmico, a operação é mostrada em seguida em seu aspecto humano intrapsíquico.

A destruição do mundo, pela qual "os elementos voltam à terra 444
por sua morte", significa psicologicamente uma completa extinção
da consciência e aparece às vezes nos sonhos, quando se desencadeia
uma psicose. As parábolas precedentes sugerem-nos que o autor provavelmente atravessou um tal estado-limite de completa dissociação,
no qual pelo menos seu universo consciente foi totalmente desfeito.
Mas, ao contrário de uma dissolução patológica, a ordem psíquica
parece ter-se reedificado por si mesma a partir do caos, de modo que
esta "morte do mundo" ou a volta à terra (ao inconsciente) dos três
princípios superiores (céu = esfera consciente orientada espiritualmente) traduz um processo de individuação e o momento do nascimento de um novo cosmos transcendente[8].

Texto: [...] como atesta a palavra sagrada: O homem é cinza e à cinza re- 445
tornará. Os filósofos prescreveram que essa cinza deve ser misturada com a
água eterna (*aqua permanens*). Esta é o fermento do ouro e "seu ouro" é o
corpo, isto é, a terra que Aristóteles chamou *coagulum* (coágulo), pois ela coagula a água.

Enquanto *archê*, tudo o que é corporal é a terra (em seu sentido 446
simbólico de *materia prima*) e também a substância básica do corpo
humano, tal como o texto indica, citando a palavra: *Homo cinis est*
(o homem é cinza). Ele prossegue de modo característico: Os filóso-

---

8. Cf. JUNG. *Psychologie und Alchemie*. Zurique: Rascher, 1944, p. 437s. sobre o *Increatum*. Certas afirmações de Paracelso correspondem a um princípio igual a Deus e a uma *dea mater* (cit. JUNG. Ibid., p. 439).

fos prescreveram que se misturasse "tal cinza" com o fogo divino. Isto quer dizer que a *prima materia*, entre outras coisas, é o corpo humano. Esta matéria corporal que o texto, por uma série de equações, revela ser a terra, constitui o "fermento do ouro" e significa, pois, um meio de "fermentação" e de maturação, conduzindo ao *homo interior* (homem interior); porém ele também é água[9] – como o texto dirá depois – a *aqua permanens* do *opus* alquímico. *Psicologicamente, estamos de novo lidando com o inconsciente sob seu aspecto somático, com sua "qualidade operante"*[10]. O corpo pode ser compreendido como símbolo da personalidade individual limitada, de modo que o texto declara simbolicamente que o ser humano único e individual é o lugar de nascimento e da maturação de um homem interior divino, e que o *So-Sein* (ser assim) do indivíduo é a base única do conjunto do processo de desenvolvimento interior. Não há nisso contradição com a doutrina eclesiástica, mas um deslocamento da ênfase em direção ao reconhecimento do indivíduo físico. Jung diz acerca dessa mudança de ênfase[11]: "O desígnio da natureza inconsciente que produziu a imagem da pedra filosofal aparece da forma mais clara. A ideia é que esta nasce da matéria, é extraída do homem, propaga-se por toda parte e sua realização se situa, pelo menos virtualmente, no domínio do homem. Estas propriedades mostram as lacunas que eram experimentadas na imagem do Cristo: um ar demasiado rarefeito para as necessidades humanas, uma distância muito grande e um lugar deixado vazio no coração do homem. Sentia-se a falta do Cristo interior que pertencesse a cada homem. Sua espiritualidade era demasiado alta e o homem natural, muito baixo. A 'carne' glorificava-se a seu modo na imagem do mercúrio e da pedra; ela não permitia transformar-se em espírito, mas fixava pelo contrário o espírito em pedra [...] Esta imagem do filho do macrocosmo mostra claramente de que instância ela provém: não do espírito consciente do homem individual, mas *dessas regiões fronteiriças do psiquismo que desembocam no segredo da matéria do universo*'".

---

9. Cf. TOMÁS DE AQUINO. Op. cit., pars I, 68, art. 2, onde a água equivale à matéria do corpo.
10. Cf. desenvolvimentos de JUNG. *Mysterium Coniunctionis* [OC, 14/2], p. 296s.
11. *Von den Wurzeln des Bewusstseins*. Op. cit., p. 196-197.

Mysterium Coniunctionis – Epílogo...

O símbolo "terra" designa em nosso texto este mistério, e esta terra é chamada pelo autor mais adiante de Terra Prometida, "onde corre leite e mel" – representação esta que reaparece no último capítulo e psicologicamente é um símbolo do si-mesmo. Ela é ao mesmo tempo ígnea e aérea como provam as amplificações do texto e a citação consecutiva de Senior; ela acolhe em si mesma o ouro ou a *anima honorata* (alma honrada), ou o espírito como semente. Como se depreende de tais passagens, a terra ou o *corpus secundun* (o segundo corpo) é um dado que *unifica as qualidades de todos os outros elementos*[12]: uma terra aérea, uma água ígnea, um fogo fluido etc., e como tal é um mistério que somente Deus conhece. Na cabala, esta terra era comparada a Malkuth[13]. Ela deve corresponder à concepção primitiva do *subtle body* (corpo sutil).

Esta terra ou cinza é em outros tratados alquímicos a coisa preciosíssima e um grande mistério. A *Turba* designa-a de *pulvis spiritualis* (poeira espiritual) que mais tarde se torna água[14], e é bom obtê-la, moendo e queimando todos os corpos[15]. Em Senior também, a cinza é considerada a misteriosa substância feminina. Na alquimia grega, são as "cinzas de Maria" (σκωριδια και τερφαι Μαριας)[16], que de-

---

12. Sobre os quatro elementos como constituintes do homem: "Ísis a Hórus" (STOBAEUS. 1, 49, 69) Περι εμψαχωσεως (W. SCOTT. *Hermetica*. Op. cit., I, p. 5s.). Cf. adiante FÍLON DE ALEXANDRIA. *De sacrificiis Abelis et Caini*. [s.l.]: [s.e.], [s.d.], 33, 107 (COHN. I, p. 246).
13. Cf. ROSENROTH, K. von. *Kabbala denudata* etc. Frankfurt : [s.e.], 1677, t. I, p. 118: "Sephirot = Metalle, et *Malchuth* erit Foemina Metallica et Luna sapientum agerque in quem conicienda sunt semina minerarum secretarum nempe Aqua auri, prout hoc nomen occurrit Gen. 36. 39; sed scito fili mi in his talia latere mysteria, quae nulla hominum lingua effari poterit" (... e Malkuth será a mulher metálica e a lua dos sábios e o campo no qual são lançadas as sementes dos minerais secretos, a saber, a água do ouro, tal como esse nome se encontra em Gn 36,39: mas sabe, meu filho, que nessas coisas estão escondidos mistérios tão grandes que nenhuma língua humana pode pronunciá-los.)
14. RUSKA, p. 143.
15. Ibid., p. 139. Cf. tb. p. 159: "Quam pretiosum est cinis [...] et quam pretiosum est quod ex eo fit. Miscentes igitur cinerem aquae, iterum coquite [...]" (Como é preciosa a cinza [...] e como é precioso o que é feito dela. Misturando assim a cinza à água, cozinhai-a de novo [...]).
16. BERTHELOT. *Collection des Anciens Alchimistes Grecs*. Paris: [s.e.], 1887/1888, II, IV, 37. vol. I, p. 91. Cf. tb. ibid., II, IV, 48. vol. I, p. 98.

sempenham um papel importante na literatura. Zósimo cita uma sentença da *Agathodaimon*, segundo a qual "a cinza é tudo"[17]. A cinza simboliza o substrato irredutível e indissolúvel dos elementos físicos e psíquicos que todo homem possui de nascença e a partir dos quais ele realiza sua individuação. Esses elementos de base são a matéria bruta de um eu "objetivo", isto é, do si-mesmo[18].

449   Texto: Este (*coagulum*) é a terra do país prometido, no qual Hermes ordenou que seu filho semeasse ouro, a fim de que dela subam a chuva vivificante (o ouro) e a água que a aquece, como diz também Senior: Quando eles (os filósofos) querem extrair esta água divina, que é o fogo, eles a aquecem com seu fogo, que é água, fogo que eles mediram até o fim (da obra) e que mantiveram secreto devido a ignorância dos insensatos.

450   A terra misteriosa nasceu, pois, de uma união de opostos, isto é, de uma água ígnea ou de um fogo aquoso, uma vez que todos os opostos, tais como consciente-inconsciente, *psique-physis* etc. se unem no si-mesmo.

451   Texto: Quando o calor desse fogo se aproxima da terra, esta se dissolve e se torna água fervente; depois, se evapora e volta à sua primeira forma terrestre. Com isso, a terra é posta em movimento pela água e os céus derramam

---

17. Ibid., III, LVI, 2, vol. I, p. 251. – A sentença de Morienus ficou célebre posteriormente: "Cinerem, qui est in fundo vasis, ne vilipendatis; *est quidem in inferiori loco, sed est terra corporis tui*, quae est permanentium finis" (Não desprezeis as cinzas que estão no fundo do vaso; é verdade que estão num lugar inferior, mas é a terra do teu corpo, que é o fim das coisas que permanecem). – (ROSINUS ad Sarratantam. *Artis Auriferae*. Basileia: [s.e.], 1610, II, p. 183-184. Cf. tb. o Rosarium, variante: "Cinerem ne vilipendas: nam ipse est diadema cordis tui" (Não desprezes as cinzas; pois são o diadema de teu coração). Cf. JUNG, C.G. *Psychologie der Übertragung*. Op. cit., p. 196).

18. Cf. JUNG. *Psychologie der Übertragung*. Op. cit., p. 59: Esta (a análise) "é, propriamente falando, um trabalho de purificação, ao longo do qual *omnes superfluitates igne consumuntur* (todas as superfluidades são consumidas pelo fogo), enquanto que os dados fundamentais se manifestam. E o que há de mais fundamental do que saber: 'Eis o que eu sou'? Uma unidade se forma aqui, que é, no entanto, ou que era uma multiplicidade. Não é mais o eu de antes, sua ficção é sua postura artificial, é um outro eu, *objetivo*, que por este motivo é melhor designarmos pelo si-mesmo. Não se trata mais de uma escolha de ficções que nos convêm, mas de um certo número de fatos rigorosos, cujo conjunto forma uma *cruz*, que cada um finalmente deve carregar, ou o destino que se é". A "cinza" é a sua *prima materia* que foi elaborada pela combustão dos elementos iniciais, isto é, a análise dos materiais conscientes e inconscientes.

gotas sobre ela, e escorre algo semelhante ao mel através do mundo inteiro, narrando sua glória. Mas esta glória só é conhecida por aquele que sabe como os céus foram fundados sobre a terra...

Esta parte do texto alude ao fato[19] de que a terra misteriosa foi elaborada por um *processo circulatório*: depois de ter sido liquefeita pelo fogo-água, a terra evaporou-se, depois "voltou à sua primeira forma terrestre". A arte procede a modo de uma roda ou turbilhão[20].

452

Baseando-se na visão de Heráclito e de outros filósofos gregos anteriores[21] diz, por exemplo, Zósimo[22] que os elementos devem ser transformados neles mesmos (εις εαυτα), pois eles são qualitativamente distintos, mas não segundo a substância (ουσια). Dado que tudo nasce da dissolução dos elementos, a arte procede do mesmo modo. Desde Aristóteles, os elementos eram principalmente divididos em dois superiores, "psíquicos" e ativos – ar e fogo – e dois inferiores, "somáticos" e passivos – água e terra[23]. Encontra-se uma concepção se-

---

19. Como isso se manifestará claramente adiante.
20. Cf. "Komarios a Cleópatra", in: BERTHELOT. *Collection des Anciens Alchimistes Grecs*. Paris: [s.e.], 1887/1888, IV, XX, 17, vol. I, p. 298 e JUNG, C.G. *Psychologie und Alchemie*. Zurique: Rascher, 1944, p. 514-523s. Cf. tb. p. 231-232 e os ditos de Maria Profetisa, p. 41-42.
21. DIELS, H. Fragm. 6: η οδος ανω κατω μια κατ ωντη "O caminho para cima e o caminho para baixo são um só e idênticos". DIÓGENES LAÉRCIO. 9, 8, esclarece este caminho como sendo o da "transformação" (μεταβολη) que deu nascimento ao cosmo; pois quando o fogo se "condensa" nasce a água, quando a água se solidifica, nasce a terra e é o caminho para baixo: mas se a terra se liquefaz, nasce a água, etc. ... e este é o caminho para cima. Cf. tb. KLEOMEDES. *De motu circ. corp. caelest.* [s.l.]: [s.e.], [s.d.], 1, 11, 61. FÍLON DE ALEXANDRIA. *De incorr. Mundi.* [s.l.]: [s.e.], [s.d.], 21, 109; MÁXIMO DE TURIM. 41. 4; JÂMBLICO. Περι ψυχης (sobre a alma), in STOBAEUS. 1, 49, 39. Em Platão, a rotação caracteriza o movimento do *logos* (*Timeu*. 39 D). Cf. ainda o curso circular do pneuma em "Ísis a Horus" (STOBAEUS. I. 49, 69), cit. in SCOTT, W.. *Hermetica*. Op. cit., I, p. 522. III, p. 610 e IV, XXIII.
22. BERTHELOT. *Coll. Alch. Grecs*, III, XLIII, 16, vol. I, p. 218. Cf. tb. V, II, 12, vol. I, p. 341.
23. Cf. Olimpiodoro, BERTHELOT. *Collection des Anciens Alchimistes Grecs*. Paris: [s.e.], 1887/1888, II. IV. 28, vol. I, p. 85, CARMINA HELIODORI. Op. cit., p. 23, 25, 52 [GOLDSCHMIDT (org.)] e LIPPMANN, E. von. *Alchimie*. [s.l.]: [s.e.], [s.d.], I, p. 99. 147 e 259.

melhante no tratado *Asclépio* e no escrito de *Ísis a Hórus* acerca da migração das almas no *Corpus Hermeticum*[24], onde se lê: "Do céu (ar) tudo se muda em terra e água, e o fogo em ar. O que procura elevar-se é vivificante (*vivificum*), mas o que tende para baixo se submete àquele. Pois tudo o que desce do alto é criador; o que emana de baixo é nutritivo. A terra, porém, *que só é estável nela mesma*, recebe tudo o que engendra (subentendido os outros elementos) e restitui tudo o que recebeu [...] O mundo inteiro é, pois, construído de quatro elementos: o fogo, a água, a terra e o ar; mas o cosmos é *um*, a alma é *uma*, e Deus é *um* [...] O cosmos foi feito por Deus para ser o "receptáculo" de todas as ideias. Mas a natureza *imagina*, por meio destas ideias, o mundo através dos quatro elementos e completa tudo até o alto do céu, segundo a vontade de Deus". – *É algo notável que os elementos sejam aqui, segundo seu ser, instrumentos para a realização das ideias divinas na matéria*. Esta é também a concepção do Zósimo; ele as chama de "membros da ciência sagrada", ou também de "centros puros"[25].

---

24. SCOTT, W. *Hermetica*. Vol. I. 4 vols. Oxford: [s.e.], 1924-1936, p. 289s e I, p. 528s.

25. BERTHELOT. *Collection des Anciens Alchimistes Grecs*. Paris: [s.e.], 1887/1888, III, XLIV 1, vol. I, p. 219 (cf. tb. VI, XV, 2-3, vol. I, p. 434. Cf. adiante também CHRISTIANOS. Ibid., VI, X, 1, vol. I, p. 410). – Compreende-se por aí por que a alquimia em geral e a *Aurora* em particular fornecem descrições tão paradoxais dos elementos: a água é ao mesmo tempo "sangue espiritual" e fogo; o ar é pneuma, fogo, alma, água; o fogo é água, e a água é também terra, cinza ou corpo humano. – Esta mesma ideia encontra-se nos escritos de SENIOR. *De Chemia*. Estrasburgo: [s.e.], 1566, p. 25. Segundo ele, a água secreta é de tríplice natureza, e contém nela água, fogo e ar. O ar é o "mediador" entre o fogo e a água e a ambos recebeu em si mesmo (p. 31): E a água é na realidade o fogo da pedra ou o "ar corporal" (p. 19) ou a "terra estrelada" (p. 23) (terra stellata, a γη αστεριτης dos gregos). Finalmente diz Senior que o mistério é a água quente, o ar calmo, a terra liquefeita e o fogo ambiente (p. 33). E cada ser é constituído desses quatro elementos (p. 30-31): "E assim como o ar é quente e úmido, assim a água (dos filósofos) é quente e úmida e ela é o fogo da pedra e o fogo ambiente; e a umidade de sua água é a água. E se o ar for cozinhado mais tempo tornar-se-á fogo, uma vez que sob a forma do ar ele possui a ação do fogo..." Para Senior, o ar é também a alma ou o sangue (p. 44 e 58). Tomás de Aquino acha possível a transformação dos elementos uns nos outros (*Summa theologica*. 9 vols. Paris: [s.e.], 1868, I, Quaest. 67, Artic. III).

Esses exemplos mostram a que ponto a teoria clássica dos quatro elementos era *simbólica*, isto é, exprimia em realidade um estado de fato psíquico projetado, a saber, a estrutura quaternária do si-mesmo e seu reflexo nas quatro funções de que se compõe a consciência do eu. A estrutura quaternária está presente no ponto de partida (na totalidade pré-consciente) e no resultado final (a totalidade realizada). Este é o motivo pelo qual esta "terra" mística é um resultado da *fixatio* (casa da sabedoria) representada no capítulo precedente e, paradoxalmente, ela é ao mesmo tempo a *prima materia*; uma *archê* cósmica (*principium*), mãe de todos os outros elementos[26].

Texto: [...] e por isto esta (terra) permanece para sempre e os céus são fundados sobre ela, segundo o testemunho do Profeta: Tu, que fundaste a terra sobre sua firmeza, e ela não vacilará pelos séculos dos séculos...

Esta parte do texto descreve um processo de sublimação, muitas vezes comparado também à ascensão de uma "chuva vivificante", cujo produto "cai" de novo. Então os céus "destilam", isto é, gotejam de novo sobre a terra e proclamam a glória de Deus, glória esta que só compreende quem conhece o modo pelo qual os céus nasceram da terra; em outros termos: quem conhece o processo alquímico de sublimação[27], imitando a cosmogonia, a obra da criação divina. Como o texto diz agora, a terra constitui no processo o fundamento eterno e imutável dos céus. Enquanto em nosso texto esta "terra" é transformada pela "água ígnea divina", ela se derrete segundo a Bíblia, diante da face do Senhor (*a facie Domini*); neste caso, mais uma vez, atribui-se à água a igualdade com Deus).

---

26. O texto sublinha adiante que é preciso conhecer o mistério da criação para compreendê-la. Isso se relaciona como ponto de vista "clássico", segundo o qual a pedra deve ser elaborada como o cosmo. Cf., por exemplo, Zósimo, BERTHELOT. *Collection des Anciens Alchimistes Grecs*. Paris: [s.e.], 1887/1888, III, VI, 22, vol. I, p. 135 e entre outros PSEUDO-ARISTÓTELES. De perfecto magistério, *Theatrum Chemicum*. Vol. III, [s.l.]: [s.e.], 1659, p. 70: "Sicut hic mundus creatus est, ita Lapis [...] est creatus" (Assim como este mundo foi criado, da mesma forma a pedra [...] foi criada).
27. Cf. tb. SENIOR. *De Chemia*. Estrasburgo: [s.e.], 1566, p. 106: "Cum antem coagulalum fuerit totum, tunc nominatur mare sapientum. *Et haec terra est mater* mirabilium *et mater coelorum* [...] et est totum et ex ipsa trahitur totum" (Quando tudo ficar coagulado, então será chamado mar dos sábios. *E essa terra é a mãe* das coisas admiráveis *e mãe dos céus* [...] e ela é o tudo e dela se extrai o todo). Cf. Item., p. 38.

456 Texto: [...] O abismo é sua veste, sobre ela (a terra) se manterão ar e fogo, os pássaros do céu a habitarão, eles a regam lá dos elementos superiores para que ela (a terra) seja saciada com os frutos de suas obras...

457 "O abismo é a veste da terra". Esta, com efeito, é cercada pelo oceano insondável, representado pelo uróboros na imaginação antiga e medieval. Os elementos mais leves se dispõem em camadas sobre a terra; na medida em que eles devem voltar a ela, o processo é representado pela imagem dos pássaros que regam a terra[28]. Na alquimia, os pássaros e em particular a águia, o cisne, o ganso, a pomba, o corvo etc. representam os vapores, as substâncias voláteis sublimadas e portanto os espíritos. Os pássaros regando a terra significam por conseguinte a destilação precedentemente citada do céu, ou a queda da chuva. Trata-se nos dois casos da "água divina", que *"eles chamam o rei subindo da terra e descendo do céu"*[29]. Na *Summa*, Santo Tomás cita a concepção de Orígenes para o qual as águas supracelestes são *substantiae spirituales*[30] (substâncias espirituais), que encontramos nesta parte do texto.

458 Trata-se de uma destilação circulatória: as águas são primeiramente sublimadas e se elevam, como os pássaros, acima da terra[31], a qual permanece como que morta embaixo; depois elas (as águas)

---

28. Segundo Joaquim de Fiori os pássaros são os profetas que "com suas asas se elevam às alturas, longe dos outros mortais". *Concordia*. Liber V, cit. HAHN. Op. cit., vol. III, p. 291.

29. Cit. SENIOR. *De Chemia*. Op. cit., p. 17. Cf. tb. a sentença da *Tabula Smaragdina*: "Ascendit a terra in coelum iterumque descendit in terram et recipit vim superiorum et inferiorum. Sic Habebis gloriam totius mundi" (Ele eleva-se da terra ao céu e torna a descer sobre a terra e recebe a força das coisas superiores e das coisas inferiores. Tu terás assim a glória do mundo inteiro).

30. *Summa*. Op. cit., pars I, 68, art. 2.

31. Cf. SENIOR. *De Chemia*. Op. cit., p. 122 e a interpretação eclesiástica da águia como "condutora do espírito". EFRÉM O SÍRIO. *Hymni et Sermones*. Op. cit., p. 86: "In principio spiritus foecunditatis incubavit aquis et illae conceperunt peperuntque dracones, pisces, aves; Spiritus Sanctus incubavit aquis baptismi, quae pepererunt *mysticas aquilas nempe virgines et Ecclesiae rectores*". (No princípio o espírito de fecundidade chocou as águas e estas conceberam e geraram dragões, peixes, pássaros; o Espírito Santo chocou as águas do batismo que geraram *águias místicas, a saber, virgens e os que governam a Igreja*.)

caem de novo em chuva vivificante ou orvalho[32]; é a nova união com o corpo (sucedendo à etapa da *unio mentalis*) que Jung comenta no *Mysterium coniunctionis*, volume 2, p. 299s. A imagem dos pássaros regando a terra traduz um efeito fecundante do aspecto espiritual dos arquétipos sobre a consciência da realidade do indivíduo. O sentido do processo se explica pelo que se segue: a terra recebe forças a partir dos elementos superiores[33].

Texto: [...] pois os sete planetas mergulharam na terra suas raízes e suas forças; por isso há na terra uma água que faz germinar diversas espécies de cores e frutos e dela tiram o pão e o vinho que alegra o coração do homem, e também faz crescer o feno para os animais e plantas úteis ao homem. 459

A terra recebe as *virtudes coeli* (forças celestes), e estas últimas não são mais do que as forças planetárias que agora desceram ao centro da terra[34]. As "montanhas que se derretem como cera diante da face do Senhor" já são no livro de Henoc[35] montanhas celestes de metal, e a destilação celeste significa uma transformação dos planetas em terra, sob a forma de metais[36]. Com efeito, segundo uma concep- 460

---

32. Cf. o retorno da alma in JUNG. *Psychologie der Übertragung*. Op. cit., p. 195s.

33. Cf. a imagem das estrelas superiores no céu inferior, em G. Dorneus, JUNG. *Mysterium Coniunctionis* [OC, 14/2], p. 311.

34. Isto corresponde ao ensinamento que, entre outros, apresenta Santo Tomás de Aquino, em sua *Summa*, segundo o qual a luz dos corpos celestes engendra formas substanciais no mundo inferior. Ela dá às cores seu ser espiritual, torna-as existentes em ato, visíveis e coloridas. A luz atua instrumentalmente através dos corpos celestes sobre o mundo inferior, para ali gerar as formas substantiales. *Summa theologica*, parts I, Quaest., 67, art. 3: "Lux caelestium corporum causat formas substantiales in istis inferioribus. Dat etiam esse spirituale coloribus quia facit eos visibiles actu. Ergo lux non est aliqua qualitas sensibilis sed magis substantialis forma aut spiritualis [...]: lumen agit quasi instrumentaliter in virtute corporum caelestium ad producendas formas substantiales etc." (A luz não é pois uma qualidade sensível, mas sim uma forma substancial e espiritual [...]: assim a luz age instrumentalmente na força dos corpos celestes para produzir formas substanciais etc).

36. Já em Komarios a água é dita "a água dos cumes das montanhas". BERTHELOT. *Collection des Anciens Alchimistes Grecs*. Paris: [s.e.], 1887/1888, IV, XX, 4, vol. I, p. 290: "Η μεν γη εστερεωται επανω των υδατων, τα δε υδατα εν ταις κορυφαις των ορεων κτλ. (A terra foi solidificada sobre as águas e as águas se elevaram acima das montanhas).

ção medieval largamente difundida, estes últimos nasceram de "influências" dos planetas sobre a terra. Nasce, pois, na terra (segundo nosso texto) uma espécie de "água germinal" (manifestamente idêntica aos metais), a partir da qual nascem cor, fecundidade, alimento terrestre para homem e animal e alimento espiritual sob a forma do vinho[37]. Segundo a citação do Salmo (Salmo 103) esta água germinal é identificada ao poder de Deus. Senior[38] declara de modo semelhante que a pedra provém de uma pura semente e possui em si um grande poder de bênção. Segundo ele, este poder cósmico seminal é a água[39].

461 Depois que todas as interferências nocivas do inconsciente foram afastadas da personalidade consciente individual pelos processos de purificação, o inconsciente pode então desenvolver uma ação inspiradora e vivificante com uma intensidade crescente. Os pássaros "regando a terra" denotam um enriquecimento espiritual e intelectual. É notável que Santo Tomás tenha escolhido justamente esta passagem do Salmo: ("Rigans montes de superioribus tuis") isto é, (Deus) rega as montanhas de sua alta morada, como tema da inauguração de sua Cátedra em Paris, depois que teve um sonho. Ele se recusava a aceitar esta nova dignidade, quando um velho apareceu em seu sonho, reconfortou-o, encorajou-o e propôs-lhe esta passagem do Salmo como texto de seu curso inaugural[40]. O sonho exortava claramente Santo Tomás a entregar-se à inspiração criadora do inconsciente e a não atormentar-se inutilmente com dúvidas e reflexões.

462 Texto: Esta terra fez a lua em seu tempo próprio, mas então o sol se ergueu bem cedo, no primeiro dia da semana, depois da escuridão que puseste sobre a terra antes do nascer do sol e (assim) foi feita a noite.

---

37. Cf. o papel do vinho em Dorneus, JUNG. *Mysterium Coniunctionis* [OC, 14/2], p. 265s.

38. (org.). STAPLETON. Op. cit., p. 169.

39. P. 58, 59. Cf. tb. p. 87: "Dixit Hermes quod secretum uniuscuisque rei in una est aqua [...] et principium generationis hominis est aqua" (Hermes disse que o segredo de cada coisa está somente na água [...] e o princípio de geração do homem é a água).

40. Cf. GRABMANN, M. *Die echten Schriften des hl. Thomas von Aquin*. Münster: [s.e.], 1920, p. 25. Este curso foi conservado e editado por Fr. Salvatore in: *Due sermoni inediti di San Tommaso d'Aquino*. Roma: [s.e.], 1912.

O germe das cores e de um novo mundo colorido, fértil, seria alqui- 463
micamente comparável à *cauda pavonis* (cauda do pavão), nascendo depois da *nigredo*, da qual Jung desenvolveu o sentido psicológico[41].

Depois desta etapa habitualmente vem a *albedo* que é evocada 464
aqui pelo nascer da lua, e depois a *rubedo*, que é o nascer do sol[42]. Com o sol e a lua nasce a existência temporal[43].

Antes da criação do sol e da lua e, portanto, do tempo sideral, o 465
mundo permanecia por assim dizer num estado auroral situado fora do tempo. A luz existia, mas não as "luminárias". Poderíamos evocar aqui o *mundus potentialis* de Dorneus – uma imagem para o mundo dos arquétipos, onde a "luminosidade" já é presente[44], não porém uma consciência discriminadora do eu, com as categorias de espaço e tempo. Depois, é o nascimento da lua em primeiro lugar, e estado difuso de consciência que facilmente se extingue, seguido pela aparição de uma consciência clara e constante (o sol). Vista no contexto geral da *Aurora* esta nova criação do mundo significa uma reconstrução da consciência a partir das profundezas do inconsciente, depois que a primeira foi aniquilada pela irrupção do inconsciente. O novo mundo da consciência que então nasce é centrado de modo diferente: no ponto central não permanece mais o eu, mas uma figura descrita em seguida, ora como o Cristo, ora como o "segundo Adão", isto é, um *símbolo do si-mesmo*.

A frase do Salmo 103: "Fecit lunam in tempora, sol cognovit oc- 466
casum suum" (Ele fez a lua no tempo, o sol conheceu o seu ocaso) é

---

41. JUNG. *Mysterium Coniunctionis* [OC, 14/2], p. 38s.

42. Cf. a terra como mãe do sol e da lua na cosmogonia fenícia de Sanchuniathon (EUSÉBIO. *Praep. ev.* [s.l.]: [s.e.], [s.d.], I, 10, 2), segundo a qual o mundo foi criado sob a forma de um ovo: "e deste saiu Mot (a deusa-mãe), depois o sol e a lua e em seguida as estrelas".

43. Segundo a *Summa* de Santo Tomás, o tempo nasce primeiro com a criação do sol e da lua na obra dos seis dias, mas a luz em si mesma fora criada anteriormente e "significava a formação das criaturas espirituais". *Summa theologica*. Op. cit., pars I, quaest., 67, art. 4: "Unde oportet dicere quod per lucis productionem intelligatur formatio spiritualis creaturae..." (Devemos por isso dizer que pela criação da luz, há que se entender formação da criatura espiritual...).

44. Cf. JUNG, C.G. Theoretische Uberlegungen zum Wesen des Psychischen. In: *Von den Wurzeln des Bewusstseins*. Op. cit., p. 544s.

geralmente interpretada pela literatura patrística como se relacionando com a Igreja e com o Cristo[45]. A Igreja ou lua representam enquanto tal "a condição mortal de nossa vida" que morre quando o sol se aproxima, ou melhor, é retomada pelo Cristo. Que o nosso autor conhecia tais interpretações do Salmo e *as tinha conscientemente no pensamento* é provado pela seguinte expressão: "muito cedo, no primeiro dia da semana", que alude à ressurreição de Cristo[46]. A assimilação do *filius philosophorum* com o Cristo ressuscitado se encontra através de todo o tratado, e não há dúvida que ela testemunha uma intenção consciente do autor. A terra misteriosa ou cinza que forma a matéria de base do corpo humano é, pois, a substância do corpo ressuscitado de Cristo ou do "segundo Adão", figura do *anthropos* ou homem deus que, aqui, ora tem aspectos sobre-humanos, ora parece identificado com o alquimista[47].

467 Texto:... a noite. Nesta faixa de terra passarão todos os animais da floresta, pois tu fixaste para cada um determinado prazo de vida, que eles não ultrapassarão até o branco: mas eles persistirão por sua ordem até o vermelho, pois todas as coisas servem à terra...

468 Esta passagem retoma outra vez a descrição das três etapas principais do processo: a *nigredo* (= trevas, noite precedendo o nascer do sol), *albedo* (lua) e *rubedo* (sol)[48]. Na noite da *nigredo* os animais er-

---

45. AGOSTINHO. *Ennarat. in Ps.* [s.l.]: [s.e.], [s.d.], 103, 19: "Fecit Lunam in tempora. – Intelligimus spiritualiter Ecclesiam crescentem de minimo et ista mortalitate vitae quodammodo senescentem: sed ut propinquet ad Solem!" (Fez a lua para sempre. – Entendemos espiritualmente a Igreja que cresce a partir do mínimo e que vai declinando de certo modo nesta vida de mortalidade: mas para que se aproxime do Sol!). Cit. de RAHNER, H. "Mysterium Lunae". *Zeitschrift für katholische Theologie*. Ano 63. [s.l.]: [s.e.], 1939, p. 316 e 217.

46. Cf. Mc 16, 2.

47. Compare-se com as parábolas anteriores.

48. É importante para a interpretação desta passagem uma amplificação com a ajuda de um texto de MENNENS, J. de. Aurei Velleris..., *Theatrum Chemicum*. Vol. V, [s.l]: [s.e.], 1622, p. 364, segundo o qual a criação do sol e da lua se deu no quarto dia: "Quartus enim numerus perfectus est atque omnem numerum sive multitudinem in se complectitur, unum enim duo tria quatuor simul iuncta denarium constituunt ultra quem progredi non datur absque regressum ad unitatem". (Quatro é efetivamente um número perfeito, e ele contém em si todo número ou multidão, pois um, dois, três e quatro adicionados juntos dão o número dez, além do qual é impossível progredir sem voltar à unidade.)

ram através da floresta. Há aqui uma rica simbologia do opus alquímico que caracteriza particularmente os estágios iniciais: a serpente Uróboro como símbolo da substância arcana, o leão[49], os répteis[50], a águia[51], cão, lobo, camelo etc.[52] Talvez o autor pensasse na célebre passagem das Geórgicas de Virgílio sobre a primavera do mundo: "Ver illud erat, ver magnum agebat in orbis [...] cum primae lucem pecudes hausere visumque, terrea progenies duris extulit caput arvis *immissae ferae silvis et sidera caelo*" (era primavera, uma grande primavera se desenrolava no mundo [...] quando as primeiras feras beberam a luz, a raça terrestre dos homens ergueu a cabeça nos campos áridos, *as feras foram postas nas florestas e os astros no céu*). Servius observa[53] que se trata do equinócio da primavera, no qual os "planetas são deixados no céu", *tal como as feras na floresta ou na arena de um circo*. O autor da *Aurora* descreve também uma primavera do mundo, uma *genitura mundi* – por isso é preciso compreender os animais que vão e vêm como os planetas, entrando em suas novas órbitas. A sequência do texto o sugere com ênfase, mediante as palavras: "elas não ultrapassarão sua medida, mas estão atadas e persistirão na ordem certa", desde a *albedo* até a rubedo, "porque todas as coisas servem à terra". Esta passagem bíblica do ir e vir dos animais era habitualmente ligada à vinda do Anticristo. Assim, Joaquim de Fiori[54] diz que quando o Anticristo aparecer será uma noite de aflição e de angústia, na qual os animais errarão pela floresta. Isto acontecerá, segundo ele, na sexta era (Aqui os animais são mencionados na sexta

---

49. Parábola de Marchos in SENIOR. Op. cit., p. 63.

50. SENIOR, p. 78 e 108.

51. Cf. Zósimo, BERTHELOT. *Collection des Anciens Alchimistes Grecs*. Paris: [s.e.], 1887/1888, III, VI, 5, vol. I, p. 121 e III, XXIX, 18, vol. I, p. 202 e o λιθος αετιτης (águia-pedra), ibid., I, IV, 1, vol. I, p. 21.

52. Cf. o Opusculum authoris ignoti, *Artis Auriferae*. Basileia: [s.e.], 1610, I, p. 251, Lambsprinck, Ripley entre outros.

53. Cf. todas as documentações em NORDEN, E. *Die Geburt des Kindes*. Berlim: [s.e.], 1931, p. 17 e nota.

54. *Concord*. V, cap. 92. Erit autem nox illa nox tribulationis et angustiae, nox in qua pertransibunt omnes bestiae silvae (Aquela noite será de tribulação e angústia, noite em que passarão todos os animais da floresta). Apud Chr. HAHN, *Gesch. der Ketzer im Mittelalter*. Stuttg. 1850. vol. III, p. 129-130.

parábola). Joaquim diz depois[55]: "Esses animais e répteis que Deus criou no sexto dia significam o reino dos pagãos e as seitas dos falsos profetas". Parece-me provável que o autor da *Aurora* tivesse conhecido essas interpretações.

469 Texto: [...] pois todas as coisas servem à terra, e sua vida tem a duração de setenta anos, que passam sobre eles, porque ela tudo sustém mediante a palavra de sua divindade...

470 Na concepção do autor, antes da transfiguração definitiva descrita na sétima parábola, há uma irrupção de todos os poderes obscuros. Esta (irrupção) deve ser posta em relação com o corpo humano, uma vez que a sequência de nosso texto diz: elas não ultrapassarão seu termo, "porque todas as coisas servem à terra". A terra significa o corpo, tanto que os instintos (animais) são reprimidos pela natureza do corpo. O instinto não é desprovido de limites: ele contém seu próprio fim ou seu próprio limite. Por isso a última frase é particularmente significativa, *enquanto, citando o Salmo, o autor substitui Deus pela terra! Ela mesma é o Senhor ressuscitado, o mistério divino e o próprio Deus*. Mas – como é acrescentado depois – a vida *desta terra dura setenta anos*[56] *– ela é, pois, ao mesmo tempo, o homem comum, corporal e mortal*! Entretanto, a terra sustém tudo pela "palavra de sua divindade" (Hb 1,3), isto é, *ela é ao mesmo tempo o Logos criador do mundo*. Para o esclarecimento e interpretação deste enorme paradoxo, remeto o leitor às explanações de Jung; trata-se manifestamente do nascimento de uma figura humano-divina que é, como o Cristo, verdadeiro Deus e verdadeiro homem, e que se torna ao mesmo tempo aqui um indivíduo comum e mortal.

471 Texto: [...] tal como está escrito também na *Turba*: A terra sustém todas as coisas porque é pesada, e porquanto configura o fundamento de todo o céu, uma *vez* que surgiu seca, quando houve a separação dos elementos.

---

55. *Conc*. IV, cap. 6, HAHN. Op. cit., vol. III, p. 114-115. Cf. tb. notas de rodapé, p. 112.

56. George Ripley, que evidentemente conhecia a *Aurora*, interpretava a frase "não ultrapassar os limites" neste sentido: Medulla Philosophiae Chemicae, *Opp. omn. chem*. Cassel: [s.e.], 1649, p. 300 [KOEHLERS (org.)]: "Scriptum enim est: Constituisti terminos, qui praeteriri non possunt" (Pois está escrito: Foste tu que impuseste às águas um termo que elas não ultrapassarão) (Sl 103,5). Segundo ele, isso se refere ao fato de que, mesmo com a ajuda da "medicina" humana, a vida não poderia prolongar-se além dos setenta anos.

Aqui, de novo, o resultado final da *opus* é apresentado como um elemento não humano: a "terra" que – como diz o texto, citando a *Turba* – "sustém todas as coisas, pois ela é o fundamento do céu". De algum modo, ela é a terra originária do Gênesis, que aparece primeiramente quando água e terra se separam, e, assim, é a *materia prima* do cosmos.

472

Texto: Depois abriu-se um caminho sem obstáculos no Mar Vermelho, pois este grande e amplo mar abalou os rochedos, e as águas metálicas escoaram.

473

A emersão do primeiro pedacinho de terra seca no caos original é comparada agora à divisão do Mar Vermelho, onde se abriu um caminho livre para Israel e um "campo florido" surgiu do abismo. Esta é uma segunda alusão à floração e à germinação de um novo mundo. Tal tema tomará um grande espaço na última parábola e por isso não o comento agora. O Mar Vermelho, na amplificação da alquimia, é um sinônimo preferido da "água divina"[57]. Remeto o leitor no tocante a este tema aos desenvolvimentos de C.G. Jung, *Mysterium Coniunctionis* 1, capítulo: O Mar Vermelho.

474

Este "amplo mar" é na sequência do texto identificado de modo notável com a *vara de Moisés*, mediante a qual ele fez jorrar água do rochedo e com a qual também dividiu o Mar Vermelho. Mercúrio, que representa a *aqua*, é muitas vezes simbolizado pelo caduceu[58]. Aqui, a *aqua divina* é ao mesmo tempo o agente e o paciente (A imagem da "vara de água vivificante" encontra-se igualmente nos mandeus)[59].

475

---

57. Cf. em Komarios (BERTHELOT. *Collection des Anciens Alchimistes Grecs*. Paris: [s.e.], 1887/1888, IV. XX. 11. vol. I, p. 294) a descrição da *aqua* como "mar egípcio". A *Turba* (p. 249) diz que a púrpura é uma cor que "foi extraída de nosso mar vermelho muito puro". Cf. principalmente p. 248 e 125 e SENIOR. *De Chemia*. Estrasburgo: [s.e.], 1566, p. 82-83. Na *Gnosis*, como entre os Padres da Igreja, o Mar Vermelho significava "o mundo perecível" (cf. LEISEGANG. *Die Gnosis*. 139-140 e partic. 143).
58. Cf. JUNG, C.G. "Der Geist Mercurius". *Symbolik des Geistes*. Zurique: Rascher, 1948, p. 91. A matéria-prima é denominada também *virga metalli* (RUSKA. *Turba philosophorum*. Op. cit., p. 255). Cf. a interpretação cristã: EFRÉM O SÍRIO. *Hymni et Sermones*. Op. cit., vol. I, p. 54. *Hymni*. V, 13: "Virga Moisi petram aperuit et fluxerunt aquae [...] Ecce a latere Christi fluxit fons vitae". (A vara de Moisés fendeu o rochedo e as águas fluíram [...] Do lado de Cristo correu a fonte da vida).
59. Cf. BOUSSET. *Hauptprobleme der Gnosis* – Forschungen zur Religion und Literatur des Alten und Neuen Testaments. Op. cit., p. 31.

A vara simboliza psicologicamente um elemento de orientação na "água" do inconsciente que, como a vara mágica de Hermes, provoca o sono e o despertar, a morte e a vida. No simbolismo eclesiástico Maria é uma "vara de ouro – isto é, um símbolo da vida eterna"[60].

476   Texto: Então sobre o seco apareceram os rios que alegram a cidade de Deus; quando este corpo mortal revestir a imortalidade e a corrupção dos seres vivos, a incorruptibilidade, cumprir-se-á verdadeiramente a palavra: A morte foi tragada na vitória. Ó morte, onde está a tua vitória?

477   Os rios "que alegram a cidade de Deus" desaparecem na terra seca. As duas citações tiradas da Bíblia parecem contradizer-se; provavelmente o sentido é o seguinte: a umidade corruptora, a água divina em seu aspecto caótico, destruidor, desaparece e, a partir dela, a terra misteriosa cresce enquanto terra firme na *fixatio* ou *coagulatio*[61] Entretanto, esse lugar firme não é somente uma "terra", mas também a casa dos tesouros da sabedoria da parábola anterior, ou a Jerusalém celeste (cf. cap. 5), a *civitas Dei*: nela encontra-se a água, mas canalizada e jorrando como fonte de vida eterna, prolongando a juventude e a vida espiritual. Segundo Orígenes e Gregório Magno, "os rios que alegram a cidade de Deus "se relacionam com o Cristo e com o Espírito Santo[62]. Joaquim de Fiori interpreta a terra firme entre os rios como sendo a *Ecclesia spiritualis* (Igreja espiritual)[63]. A "Cidade de Deus", porém, é, segundo o nosso texto, o corpo imortal ou o homem interior imortal, a *mens cuislibet capientis* (a mente que capta) ou o "segundo Adão".

---

60. Cf. PSEUDO-ALBERTO. *Biblia Mariana*. Vol. 37, [s.l.]: [s.e.], [s.d.], p. 389 [BORGNET (org.)]: "Maria est virga aurea, signum vitae aeternae". (Maria é vara de ouro, sinal da vida eterna.)

61. Cf. a interpretação desta parte do texto em RIPLEY, G. "Medulla philosophiae Chemicae". In: *Opera Omnia Chemica*. Cassel: [s.e.], 1649, p. 150, em relação com a aparição dos *oculi piscium* (olhos de peixe).

62. RAHNER, H. Flumina de ventre Christi, op. cit., p. 277. Cf. tb. GREGÓRIO MAGNO, Expos. in Cant. 5, *Opera*. Paris: [s.e.], 1636, t. 1, col. 30: "cum per donum Spiritus Sancti fortiter inundans scripturae Sapientia sanctam Ecclesiam vel cuiuslibet capientis mentem infusione sua exhilarat". (A Sabedoria da Escritura alegra com sua infusão a Santa Igreja ou a mente de todos os que a acolhem pelo dom do Espírito Santo que inunda com abundância.)

63. *Concord*. IV. cf. HAHN. *Geschichte der Ketzer*. Op. cit., III, p. 296-297.

Texto: Lá, onde teu pecado era abundante, a graça tornou-se mais abundante ainda. Pois assim como em Adão todos morrem, em Cristo todos serão vivificados. Por um homem a morte entrou no mundo, mas também através de um homem (Jesus) veio a ressurreição dos mortos.

O texto entoa um canto de vitória ditirâmbico sobre a morte e o efêmero, e é tal a paixão humana nele contida que podemos compreender que para o autor o processo alquímico no qual estava empenhado significava seu renascimento interior e a transformação da corrupção em corruptibilidade. A mesma citação de S. Paulo: "Mas, onde o pecado proliferou etc." inspirou o seguinte comentário de Joaquim de Fiori[64]: "Assim como o Filho é igual ao Pai, ele deve portanto agir do mesmo modo; mas porque Aquele que é chamado o Espírito da Verdade procede ao mesmo tempo dele que é a Verdade e também do pai, a misericórdia devia, pois, redobrar no Novo Testamento a fim de que lá, onde a falta abundou, a graça superabundou". Isto é digno de nota, na medida em que o Espírito Santo, entre as três pessoas da Trindade, é a que a *Aurora* ressalta[65].

Considerada sob o ponto de vista psicológico, esta parte do texto tem especial importância, porquanto passa progressivamente da descrição de um processo cósmico para a descrição de uma *figura humana*, de um Adão imortal, feito de uma substância simples e pura. Parece que o autor conscientizou o aspecto intrapsíquico da obra. Cada vez mais esta é apreendida como a elaboração de uma figura interior maior que é o si-mesmo. Contrariamente ao começo do tratado, quando o autor não cessa de identificar-se com o *filius philosophorum* num clima de inflação, esta mesma figura passa a cristalizar-se na *psique* de um modo puro, sem ser afetada pela *immunditia* da inconsciência. Tal *anthropos* interior e místico é um homem imortal, que não tem mais parte com o mundo terrestre e efêmero.

---

64. *Concord.*, IV, apud HAHN. *Gesch. d. Ketzer*, vol. III, p. 287.
65. Santo Tomás cita a mesma passagem de S. Paulo na *Summa*, onde fala do sentido do mal, permitido por Deus (III, 1, 3, ad 3 m. cit. Gilson, I, p. 270): Deus permite que o mal exista a fim de que possa atrair algo de melhor, e é por isso que em Rm 4 diz: Onde o pecado foi poderoso, a graça foi mais poderosa ainda; é por isso que se diz na bênção do círio pascal: "Ó feliz culpa que mereceu uma tal e tão grande redenção!"

481	Texto: Pois assim como o primeiro Adão e seus filhos se originaram de elementos corruptíveis, foi preciso que o composto se corrompesse e o segundo e verdadeiro Adão, chamado homem filosófico, feito de elementos puros, passasse para a eternidade. O que é feito de essência simples e pura permanece eternamente.

482	No tocante a esta parte do texto, referente às alusões ao "primeiro e segundo Adão"[66], remeto o leitor à análise de Jung, que as esclarece satisfatoriamente[67].

483	Texto: Tal como diz também Senior: Há uma coisa que não morre jamais, porque persevera num crescimento (*augmentatione*) perpétuo, quando o corpo é glorificado na ressurreição dos mortos, no novo Dia; por isso a fé também atesta a crença na ressurreição da carne e a vida eterna após a morte. Então o segundo Adão diz ao primeiro Adão e a seus filhos: Vinde, abençoados do meu Pai, herdai o reino eterno que foi preparado para vós desde o início da operação; comei o meu pão e bebei o vinho que misturei para vós, pois tudo está pronto para vós.

484	É ressaltado aqui que o segundo Adão, através de suas palavras: "Vinde, abençoados de meu Pai" etc., identifica o segundo Adão à *sapientia Dei*, pois elas representam uma citação direta dos Provérbios, onde são pronunciadas pela sabedoria. O autor segue aqui as concepções oficiais da Igreja[68]. Esta forma de manifestação mutável do *anthro-*

---

66. Cf. esta parte do texto com as exposições anexas in Aquarium Sapientum, *Musaeum Hermeticum*. Op. cit, p. 111, 114-115. Cristo tem o *coelestis Adam* em si. IRENEU. *Contra haer.* [s.l.]: [s.e.], [s.d.], III, 31: "Et quemadmodum protoplastus ille Adam de rudi terra et de adhuc virgine (nondum enim pluerat Deus et homo non erat operatus in terram) habuit substantiam et plasmatus est manu Dei id est verbo Dei... ita recapitulans in se Adam ipse verbum existens in Maria, quae adhuc erat virgo recte accipiebat generationem Adae recapitulationis" (Assim como aquele primeiro homem, Adão, tirou sua substância [começou sua existência] e foi plasmado pela mão de Deus, isto é, pelo Verbo de Deus, da terra rude e ainda virgem [Deus não fizera ainda cair chuva e o homem nela não tinha trabalhado]... assim também recapitulando [trazendo de volta à sua cabeça] em Adão, o próprio Verbo que veio existir de Maria, que ainda era virgem, com razão receberá a geração da recapitulação de Adão).
67. *Mysterium Coniunctionis* [OC, 14/2], p. 140s. e para esta parte o comentário do texto por JUNG, C.G. *Psychologie und Alchemie*. Op. cit., p. 528s.
68. Cf., por exemplo, HUGO DE SÃO VÍTOR. MIGNE, J.P. *Patrologiae cursus completus. Series latina*. Paris: [s.e.], p. 1, t. 176, col. 848: "Quid est Verbum nisi Sapientia? Idem enim qui Verbum Dei a Joanne dicitur sapientia Dei a Paulo nominatur. Christum enim inquit Paulus apostolus Dei virtutem et Dei sapientiam (1Cor. I) Christus igitur ipse et Verbum et ipse est Sapientia. Verbum sapientia et Sapientia verbum.

pos, que ora aparece como homem, ora como mulher, se encontra na doutrina dos mandeus, onde o Salvador é chamado Adakas ou Adão, ou ainda "homem interior" (ο εσω ανθρωπος), e reaparece de novo como figura feminina de luz, ou na Manda d'Hayye, como "conhecimento de Deus" encarnado (γνωσις θεου)[68a]. Trata-se aqui de uma sobrevivência de imagens maniqueístas, segundo as quais a *Daena* feminina (o si-mesmo imortal do indivíduo) pode também manifestar-se como velho sábio[69]. Os maniqueístas interpretam também o

---

Verbum Sapientia, quia 'Eructavit cor meum verbum bonum' (Ps. 44) Sapientia Verbum quia 'Ego Sapientia ex ore Altissimi...' (Eccles. 24) Sapientia igitur verbum cordis etc. Itaque si verbum illuminat Sapientia illuminat" (O que é o Verbo senão a Sabedoria? Com efeito, aquele que é chamado por João de Verbo de Deus é chamado Sabedoria de Deus por Paulo. Cristo, com efeito, diz o Apóstolo Paulo, é força de Deus e sabedoria de Deus [ICor 1]. Cristo é pois ele mesmo Verbo e Sabedoria. O Verbo é Sabedoria e a Sabedoria, Verbo. O Verbo é Sabedoria porque "meu coração pronunciou uma palavra boa" [Sl 44]. A sabedoria é o Verbo, porque "eu, a Sabedoria, saí da boca do Altíssimo..." [Ecl 24] A Sabedoria é, pois, o Verbo do coração etc. Este o motivo pelo qual se o verbo ilumina, a Sabedoria ilumina). Cf. JOAQUIM DE FIORI, apud HAHN. Op. cit., III, p. 332: "quia filius patris Sapientia est" (pois o Filho é a sabedoria do Pai). Cf. tb. ERÍGENA, J.S. In: MIGNE, J.P. *Patrologiae cursus completus. Series latina*. Paris: [s.e.], p. 1., t. 122. *De Divis. Naturae*. II. 19: "Sapientiam Dei Patris [...] et causam creatricem omnium esse et in omnibus quae creat creari et fieri et omnia in quibus creatur et fit continere" (A Sabedoria de Deus Pai [...] é a causa criadora de todas as coisas e ela é criada e vem a ser em todas as coisas onde ela é criada e ela contém todas as coisas nas quais ela é criada e vem a ser). E ibid., II, 31: "(Deus) quidem se ipse Filium suum, qui est sapientia sua gignit" ([Deus] gerou de si mesmo seu Filho, que é sua sabedoria) e II, 18: "primordiales causae se ipsas sapiunt quoniam in Sapientia creatae sunt aeternaliterque in ea subsistunt" (As causas primordiais conhecem-se a si mesmas, porque foram criadas na sabedoria e subsistem eternamente nela). Cf. PREGER, W. *Gesch ichte der deutschen Mystik im Mittelalter*. Vol. I. München: [s.e.], 1874, p. 161. Cf. tb. II. cap. 2: "ut ipsae primordiales rerum causae a Graecis prototypi h.e, primordialia exemplaria vel prourismata vocantur" (... como essas causas primordiais das coisas são chamadas protótipos, isto é, exemplares primordiais, ou prourismata pelos gregos), doutrina que também Amalrico de Bena deve ter aceito.

68a. Cf. REITZENSTEIN, R. *Das iranische Erlösungmysterium*. Op. cit., p. 22-23.

69. Cf. ibid., p. 54. Nos sistemas gnósticos encontramos mais frequentemente uma Syzygia, por exemplo, Protanthropos e Barbelo, Logos e Ennoia, Autogenes e Aletheia, Adão e sua companheira a "γνωσις τελεια" (conhecimento perfeito) ou a força do pneuma virginal (Evangelho copta de Maria, SCHMIDT, C. *Abhandl. Der Berl. Akad.* [s.l.]: [s.e.], 1896, p. 843, apud BOUSSET. *Hauptprobleme der Gnosis* – Forschungen zur Religion und Literatur des Alten und Neuen Testaments. Op. cit., p. 160s.). – Na heresia do judeu-cristão Símaco, Adão é a alma geral (*anima generalis*) (REITZENSTEIN, R. *Das iranische Erlösungmysterium*. Op. cit., p. 103, e MIGNE, J.P. *Patrologiae cursus completus. Series latina*. Paris: [s.e.], t. VIII, col. 1.155).

homem primordial caído na matéria como a alma do mundo ψυχη απαντων e, segundo Agostinho, como *anima bona*[70]. A alma do mundo, segundo Clemente de Alexandria, era divina no começo, tornando-se efeminada pela concupiscência (!); desceu então ao mundo inferior para a geração e a destruição (θειαν ουσαν την ψυχην ανωθεν επιθυμια θηλυνθεισαν δευρο ηκειν εις γενεσιν και φθοραν)[71]. Este traço é importante, porquanto na *Aurora* a *Sapientia* no começo do *opus* manifesta-se como um espírito feminino da concupiscência, tornando-se finalmente masculino.

485   O segundo Adão, identificado aqui com a *sapientia Dei*, convida os filhos (isto é, os alquimistas) para o festim, retomando as palavras de Cristo como *Rex coelestis*, segundo a citação bíblica que os Padres da Igreja interpretavam como sendo a Eucaristia. Psicologicamente, a importância desta passagem reside no fato de que, como o texto alude, o alquimista era *ele mesmo*, enquanto filho eleito da *sapientia Dei*, elevado à dignidade do *Rex gloriae*. Assim, representava o *partner masculino da sapientia* no *mysterium coniunctionis*. Daí em diante a identificação cessará através dos processos referidos: rejeição do quarto elemento (a terra) e volta a uma profissão de fé trinitária. A *coniunctio* era contemplada a partir de um lugar celeste na "plena magnificência do sol e da lua"; o masculino e o feminino são unidos no "segundo Adão" e *o alquimista é apenas um hóspede do festim. Vê-se assim claramente o modo pelo qual o autor se confronta no texto com os elementos inconscientes que o haviam invadido e como ele experimenta reencontrar-se na profissão de fé cristã.*

486   O alquimista pode a partir desse momento participar da natureza imortal do filho dos filósofos numa verdadeira comunhão. Essa mesma refeição eucarística já fora evocada na quinta parábola, onde a *sapientia* convidava igualmente os alquimistas para sua casa de tesouros, onde eles "seriam embriagados pela abundância de sua casa".

---

70. TITO DE BOSTRA. I, 29, ALEXANDRE DE LICÓPOLIS. Cap. 3, AGOSTINHO. *De vera rel*. 9, apud BOUSSET, W. *Hauptprobleme der Gnosis* – Forschungen zur Religion und Literatur des Alten und Neuen Testaments. Op. cit., p. 178.

71. CLEMENTE DE ALEXANDRIA. *Stromata*. III, [s.l.]: [s.e.], [s.d.], 13, 93, apud BOUSSET, W. *Hauptprobleme der Gnosis* – Forschungen zur Religion und Literatur des Alten und Neuen Testaments, p. 178.

Ela se mantinha no limiar da porta e pedia que as pessoas entrassem, retomando as palavras do Filho do Homem no Apocalipse: "Eis-me à porta e eu bato. Se alguém ouve a minha voz e me abre a porta, eu entrarei em sua casa e comerei com ele, e ele, comigo". É "o banquete do Cristo" no Apocalipse, que Efrém o Sírio já interpretara como um *hierosgamos com Deus*[72]. Da mesma forma, segundo os Padres da Igreja, Maria é considerada "guardiã da adega da Trindade, dispensando o vinho do Espírito Santo, que ela dá a quem quer e na medida em que ela quer...[73]".

A figura que ora é masculina, como a do *Rex coelestis* ou *Adam coelestis* e ora a da *sapientia* feminina, celebrando a comunhão com o alquimista, provém, segundo as palavras finais do capítulo, da destilação circular dos quatro elementos[74]. O primeiro Adão, ou Adão terrestre, era igualmente constituído de quatro elementos, mas sendo um *com-*

487

---

72. *Hymni et Sermones*. Vol. II, Mechliniae: [s.e.], 1902, p. 824, Hymni de Mysteriis Domini nostri: "Convivium laudet te, quia muttiplicasti vina eius [...] Inter invitatus gratias agam, quod potu me refecit. *Invitati sponsum coelestem*, qui se demisit, ut omnes invitaret. Ad convivium eius purissimum conviva ingrediar, inter iuvenes gratias agam, quia ipse sponsus est et non est qui ad eius thalamum frustra pulset". (Que o banquete te louve, porque multiplicaste os vinhos que nele havia [...] Eu dou graças entre os convidados, porque ele me refrescou com sua bebida. Eu convidei o esposo celeste que se inclinou para poder convidar a todos. Eu penetrarei como conviva nesse banquete puríssimo, darei graças entre os jovens, porque ele é o esposo e ninguém baterá em vão à porta de seu quarto.) – Os marcosianos celebravam a comunhão com uma divindade *feminina, invocando o Espírito Santo como Mãe* (BOUSSET,W. *Hauptprobleme der Gnosis* – Forschungen zur Religion und Literatur des Alten und Neuen Testaments. Op. cit., p. 66-67. [*Acta Thomae*]: "Vem, ó Misericórdia perfeita. Tu que conheces os mistérios dos eleitos [...] Tu que desvelas o que é oculto e revelas o mistério, Pomba santa [...] Vem, Mãe oculta [...] dispensadora de alegria. Concede-te a nós na Eucaristia que celebramos em teu nome etc.").

73. *Bíblia Mariana*. Op. cit., vol. 37, p. 398: "Ipsa (sc. Maria) est cellaria totius Trinitatis quae de Vino Spiritus Sancti dat et propinat cui vult et quantum vult" (Maria é o celeiro da Trindade que dispensa o vinho do Espírito Santo e o distribui a quem quer e na medida que quer.)

74. Esta frase do Pseudo-Aristóteles (cf. *Artis Auriferae*. Basileia: [s.e.], 1610, II, p. 185 e 163) reflete verdadeiramente o ponto de vista aristotélico, segundo o qual os elementos poder-se-iam transformar uns nos outros, "ciclicamente, para o alto e para baixo" (εν κυκλω ανω και κατω). Cf. LIPPMANN, E. von. *Alchemie*. Op. cit., vol. I, p. 141.

positum podia desintegrar-se facilmente e era, portanto, perecível. O segundo Adão, pelo contrário, procede "de uma substância simples e pura" que lhe assegura uma existência eterna. Mas esta última substância somente nasce pouco a pouco, pois é a quinta (quinta essentia) da circulação dos quatro elementos. Ela é (segundo outros textos) *a vida* e existe "além dos contrários", uma vez que ela contém todos eles em si, tanto o masculino como o feminino e todas as qualidades opostas[75]. Ela é uma "terra espiritual"[76] – uma realidade anímica.

Texto: Quem tiver ouvidos... que ouça o que o Espírito... diz do Adão terrestre e celeste, que os filósofos mencionam com as seguintes palavras: Quando obtiveres água a partir da terra, ar a partir da água, fogo a partir do ar e terra a partir do fogo, então possuirás a nossa Arte em sua plenitude e perfeição.

---

75. Cf. Expositio ALEXANDRI RÉGIS. *Artis Auriferae*. Basileia: [s.e.], 1610, I, p. 245: "Virtus relentiva foeminina est frigida et sicca, et est terra; virtus digestiva seu alterativa est masculina, calida et humida et est aer [...] *quinta essentia vero est vita, quae est propria, nec est calida nec humida nec frigida nec sicca nec masculina nec foeminina*" (A força retentiva feminina é fria e seca, e é a terra; a força digestiva ou alterativa é masculina, quente e úmida e é o ar [...] a *quintessência é na verdade a vida, que é própria, nem é quente nem úmida nem fria nem seca nem masculina nem feminina*). Cf. SENIOR. *De Chemia*. Op. cit., p. 96.

76. O fato de que a quintessência é o espiritual, lembra a ideia filosófica segundo a qual tudo o que é corporal é constituído dos quatro elementos, mas o quinto é a alma inteligível (ψυχη νοερα), que é uma "substância em circulação" (ονσια κυκλοφορητικν); esta é "mais forte do que os quatro"; dela precedem o céu e as estrelas, e a alma retorna, pois, ao céu etéreo como a seu pai (*Quis. rer. div. heres.*, 57, 283. Cf. adiante *De Plant.* V, 18. *Leg. Alleg.* III, 55, adiante FILÓSTRATO. *Vita Apollonii*. III, 34. JÂMBLICO. *De anima* = Stobaeus, 1, 49, 32, etc. SCOTT, W. *Hermetica*. Op. cit., III, p. 40 e BOUSSET, W. *Hauptprobleme der Gnosis* – Forschungen zur Religion und Literatur des Alten und Neuen Testaments. Op. cit., p. 196). – De resto, Epicuro descrevia a alma como uma mistura (κραμρα) das quatro coisas: uma qualidade ígnea, uma etérea, uma pneumática e uma quarta ainda inominada (PLUTARCO. *Adv. Coloten*. 20, 4, 118 D, LUCRÉCIO, 3, 231-245 e ÉCIO, p. 588 [DIELS (org.)], apud SCOTT. *Hermetica*. Op. cit., II, p. 506). – Ainda segundo o *Corpus Hermeticum* não é somente o homem que é composto dos quatro elementos, mas também sua parte divina imortal. Ele é composto de quatro coisas: alma, sentido, espírito e razão (SCOTT, W. *Hermetica*. Op. cit., vol. I, p. 304-305. Cf. tb. *Asclépio Latino*. Ibid., p. 298 e Ísis a Hórus sobre a εμψυχωσις, ibid., p. 522). – No ensinamento patrístico, o homem interior regenerado (*homo internus*), o filho da Lua-Igreja e do Sol-Cristo é constituído dos quatro elementos do sol e da lua (cf. RAHNER, H. *Mysterium Lunae*. *Zeitschrift für katholische Theologie*. [s.l.]: [s.e.], 1940, p. 76).

Este "segundo Adão", constituído de elementos sublimados e unificados, une em si suas qualidades feitas de pares de opostos: quente e frio, seco e úmido, ativo e passivo; ele é também – como sabemos – verdadeiramente masculino-feminino, isto é, manifesta-se ora como *Rex coelestis* ou Cristo ressuscitado – alquimicamente, como *filius philosophorum* – e ora como *sapientia Dei* – isto é, alquimicamente como terra, *anima mundi* ou *foemina*. A imagem em seu todo antecipa a fusão completa desses dois aspectos, tema principal da sétima e última parábola. Com efeito, o que ainda não foi completado na parábola do "credo filosófico", a *circulatio* dos elementos sem exclusão do quarto, agora tornou-se possível. Os quatro elementos se unificaram na quintessência, substância imortal do segundo Adão. Esta *apokatastasis* se cumpre no "além", no momento que para o homem comum equivale ao instante da morte. O homem antigo, o "primeiro Adão mortal e seus filhos", permanece ainda no limiar – mas o passo seguinte, para o qual tende o conjunto do processo, significa que *ele* também será acolhido na imortalidade.

Comentário à sétima parábola (décimo segundo capítulo)

A última parábola é extremamente ligada ao Cântico dos Cânticos, tanto no que se refere à composição como pelo fato de emprestar desse texto bíblico grande parte de suas citações. A Igreja considera em geral esse canto de amor bíblico (originariamente de origem babilônica[1]) como um diálogo de Cristo com a alma ou com a Igreja, ou então como um "divertimento do Espírito Santo"[2]. Orígenes diz num sermão extremamente belo que é preciso ter deixado o Egito e atravessado o Mar Vermelho para poder interpretar o Cântico dos Cânticos. Ele mesmo havia atravessado o "deserto espiritual"... antes de chegar às proximidades da Terra prometida para cantar o "Cânti-

---

1. Cf. WITTEKINDT, W. *Das Hohe Lied und seine Beziehungen zum Istarkult.* Hannover: [s.e.], 1925, passim.
2. HIPÓLITO. *Kommentar zum Hohenlied* [BONWETSCH e NATHAN (org.)]. In: *Texte und Untersuchungen zur Geschichte der alt-christl. Lit.* 23, vol. 8. Leipzig: [s.e.], 1903, p. 21 [GEBHARDT-HARNACK (org.)].

co" nas margens do Jordão³. Ele não sabia ao certo o número de vozes desse Cântico, mas Deus lhe teria revelado que eram *quatro*(!): esposo e esposa, o coro dos jovens e o coro das virgens⁴.

491   O autor da *Aurora*, que indubitavelmente conhecia a concepção eclesiástica⁵, utiliza o coro para glorificar "sua" *coniunctio*. Como no próprio Cântico dos Cânticos, esposo e esposa falam alternadamente. A transição do discurso de um para a outra é muitas vezes obscura, como se as duas figuras – como vozes – falassem diretamente a partir de sua indiferenciação, isto é, de uma contaminação recíproca, característica dos conteúdos inconscientes. Psicologicamente é interessante notar que ainda depois de tantas purificações a parábola começa de novo pela *nigredo*. É incontestável que o *Rex gloriae*, ao fim da parábola precedente, era poderoso demais, o que precipitou de novo o autor numa nova obscuridade. É a esta situação que se deve atribuir a imprecisão do sujeito que fala, traço que parecia ter desaparecido quase completamente nas páginas precedentes. Este obscurecimento renovado da consciência deve ter sido induzido pela comunhão do "segundo Adão" divino com o homem, no fim da última parábola.

492   Texto: Voltai-vos para mim de todo o coração e não me rejeiteis porque sou negra e escura, pois foi o sol que me queimou; e os abismos cobriram minha face, e a terra foi pervertida e envenenada em minhas obras...

493   No começo da parábola aparentemente é a esposa que fala, isto é, a matéria ou alma da *materia prima*, a *foemina* (*nigra sum*) e ela implora por uma ajuda ou libertação⁶. Mas como indica a passagem de Joel⁷, ela é de certa forma *idêntica a Deus* (!). Esta é uma das passa-

---

3. *In Cant. Cant. Homiliae*, I, 1-2. In: MIGNE, J.P. *Patrologiae cursus completus. Series latina*. Paris: [s.e.], vol. 13, col. 37.

4. Ibid., col. 38.

5. Cf. entre outros HONÓRIO DE AUTUN. *Speculum de myst. Eccles*. In: MIGNE, J.P. *Patrologiae cursus completus. Series latina*. Paris: [s.e.], t. 172, col. 1065.

6. Cf. Aquarium Sap., *Musaeum Hermeticum*. Op. cit., p. 117: "... ob nigrum (Cant. 1 Niger ego sum) suum colorem corvi caput appellaverunt. Ita siquidem Christus ipse (Esa 53) deformis omnino speciei omnium vilissimus etc." (... por causa de sua cor negra <os sábios> o chamaram de cabeça de corvo. Com efeito, Cristo mesmo [Is 53], completamente disforme, é o mais vil de todos de sua espécie etc.).

7. Cf. WITTEKINDT, W. *Das Hohe Lied und seine Beziehungen mm lstarkull*. Hannover 1925, passim.

gens em que tal identificação, muitas vezes evocada em outros lugares por alusão, se exprime de forma direta. Deus, ou pelo menos sua parte feminina, aparece como um espírito ou alma que é preciso libertar da matéria, *esperando do homem* o trabalho salvífico[8]. Orígenes assimila a esposa negra do Cântico dos Cânticos com Miriam, a segunda esposa de Moisés[9], e também com Maria, em seu "obscurecimento" por Deus[10] Do ponto de vista alquímico, a esposa negra encarna a *nigredo*, a obscura *umbra solis* (sombra do sol), a lua nova obscurecida pelo sol[11]; no tocante a este motivo devo remeter o leitor mais uma vez às considerações de Jung[12].

Texto:... Pois as trevas a cobriram porque fui mergulhada na lama das profundezas e minha substância não é aberta. Por isso gritei do profundo, e do abismo da terra, minha voz alcançou vossos ouvidos, de todos vós que passais pelo caminho... 494

Nas palavras "as trevas a cobriram" devemos entender aquelas que cobriram a terra quando Cristo foi crucificado, quando o sol e a 495

---

8. Cf. JUNG, C.G. *Psychologie und Alchemie*. Zurique: Rascher, 1944, p. 425, cap. Das Erlösungswerk.
9. Cf. JUNG, C.G. *Aion* [OC, 9/2]. Op. cit., p. 303s.
10. Cf. *In Cant*. Lib. II, começo.
11. A interpretação eclesiástica é o negrume do pecado sobre a Igreja (HIPÓLITO. *Kommentar zum Hohenlied*. Op. cit., p. 35). O sol é a "luz do mundo" (MESTRE ECKHART. *Werke*. Vol. II. Jena: [s.e.], 1923, p. 93 [BÜTTNER (org.)]) ou Cristo que persuadiu a Igreja de seus pecados (GREGÓRIO MAGNO. Expos. in Cant. Cant. C. 1, *Opera*. Paris: [s.e.], 1636, t. II, col. 8): "anima sancta turpitudinem peccatorum suorum perspicit" (A alma santa percebe a torpeza de seus pecados). Cf. tb. HONÓRIO DE AUTUN. *Expos. in Cant. Cant*. In: MIGNE, J.P. *Patrologiae cursus completus. Series latina*. Paris: [s.e.], t. 172. col. 367-369. Na Homil. I, 6, Orígenes vê nesta passagem a indicação de que a esposa está no ponto de tornar-se branca. Na tradução latina de Rufino e de Jerônimo lê-se: "Quia vero necdum omni peccatorum sorde purgata necdum lota est in salutem 'nigra' decitur sed in atro colore non permanet: fit et candida. Itaque quando ad maiora consurgit [...] dicitur de ea: 'quae est ista quae ascendit dealbata?'" (Porque ela não está ainda purgada de toda imundície de seus pecados e banhada na salvação, diz-se que ela é negra, mas ela não permanece negra na cor; ela é pois branca, quando se eleva para as coisas superiores [...] e se diz dela: 'quem é essa que se eleva, tornada branca'?). (Observe-se a proximidade linguística com a *Aurora*!). Na descida a noiva é negra, mas na subida ela se torna branca (ibid. *In Cant*. lib. II).
12. *Myst. Coni.* [14/1, p. 141s.].

lua se obscureceram. A própria crucificação foi interpretada como a conjunção, por ocasião da lua nova, do Cristo-sol com a Igreja-lua.

496 Texto: "Prestai atenção e olhai-me; se alguém encontrar um ser semelhante a mim, porei em sua mão a estrela da manhã. Eis que durante a noite procurei em meu leito alguém que me consolasse e não o encontrei; chamei e ninguém me respondeu". – "Por isso eu me levantei para entrar na cidade..."

497 Depois do apelo comovedor da *anima*, pedindo ajuda, o esposo toma a palavra: "Por isso eu me levantarei" – e *ele* é o homem enterrado que procura a virgem liberadora. Observemos, porém, que a passagem do discurso de um para outro é apenas perceptível, de tal modo que somos tentados a pensar que é a mesma figura que fala, ora como homem e ora como mulher – tal como anteriormente a *sapientia Dei* feminina se fundira com o Espírito Santo, com Cristo ou Deus. Psicologicamente tem-se a impressão de que o autor, em estado de contato direto com o inconsciente, deixava que a voz ou as duas vozes se exprimissem, tal como as ouvia, sem imiscuir minimamente o seu eu, como se estivesse identificado com o inconsciente. O texto dá depois a impressão que (o autor) se identifica com o esposo, pedindo ajuda no túmulo, se bem que este estar enterrado seja, ele mesmo, uma figura impessoal e objetiva, como se verá logo após.

498 Texto: "[...] nas vielas e ruas procurarei, para desposá-la, uma virgem pura, bela de rosto, de corpo ainda mais belo, em belíssimas vestes, a fim de que ela remova a pedra de entrada do meu sepulcro [...]".

499 O partner masculino como se vê agora – alquimicamente falando – é o *corpus* ou também o espírito (como *corpus*), o "cadáver" que será revivificado. Assim, nos Carmina Heliodori[13] o cadáver (νεκρος) grita: "Onde está a alma vivente (ζωσα ψυχη) que se separou de mim? [...] Oh, lava-me, a fim de que eu me torne de novo uma casa de luz [...] para o espírito e a alma purificada".

500 Texto: [...] ela me dará asas como as das pombas e com ela voarei através dos céus. Então lhe direi: Eu vivo eternamente e nela repousarei, pois [a rainha] está à minha direita em vestes douradas, ornada de várias cores.

501 Compreende-se neste contexto que a esposa empresta asas "como as das pombas" a seu amado, isto é, ela confere ao ser corpóreo sua

---

13. *Carm.* IV, verso 240, org. Goldschmidt, op. cit., p. 57.

própria volatilidade, pela qual ela o eleva até o céu[14]. Senior diz de modo semelhante: "Porque a mulher branca foge, mas o homem vermelho a persegue e a retém, os filósofos disseram: 'A mulher tem asas, mas o homem não'"[15].

Texto: Ouve também, ó filha, e inclina teu ouvido às minhas preces, pois desejei tua beleza com todo o meu coração. Minha língua falou: faze-me conhecer meu fim e o número de meus dias, para que eu saiba aquilo que me falta, pois limitaste todos os meus dias e minha substância é como nada diante de ti.

502

Daqui se depreende que o homem representa verdadeiramente o corpo, isto é, o corpo glorificado em face da alma volátil. É só pela alma que ele recebe a vida eterna. Os textos maniqueus descrevem de modo semelhante uma reunião *postmortem* do corpo e da alma. A metade celeste do morto desce ao encontro deste último em sua ascensão ao céu sob a forma de um velho sábio ou de uma figura luminosa de mulher (*Daena*) e o qualifica de "coro"[16]. Como ressalta R.

503

---

14. Cf. tb. MENNENS, J.de. *Theatrum Chemicum*. Vol. V. Basileia: [s.e.], 1622, p. 311: "Unde Propheta exclamat: Quis dabit mihi pennas ut columbae videlicet cogitationes contemplationesque immaculatas ac simplices et volabo et requiescam? Quis nisi pater coelestis? Quare inquit Christus: Nemo venit ad me nisi pater meus traxeritque tum videlicet cum perfecerit *integrum circulum*, et erit Deus omnia in omnibus ut semper fuit". (É por isso que o Profeta exclama: "Quem me dará asas como à pomba, isto é, pensamentos e contemplações imaculados e simples e eu voarei e repousarei? Quem, senão o Pai celeste? Por isso o Cristo diz: Ninguém virá a mim se meu Pai não o atrair quando cumprir o *círculo inteiro* e Deus será todas as coisas em todas as coisas como sempre o foi.)

15. *De Chemia*. Op. cit., p. 123. Cf. tb. Merculino, em Rosarium (*Artis Auriferae*. Basileia: [s.e.], 1610, II, p. 242): "A pedra [...] tem asas e é a lua que sozinha brilha mais que todas as outras". "O estado de *volatilitas* é representado, segundo Senior, pelas águias. Cf. a alusão na *Aurora* e na mulher do Apocalipse que tem asas como "as de uma grande águia" (Ap 12,14). Agostinho compara a Igreja transfigurada a uma jovem águia que "voa alto como outrora" (*Enn. in Ps.* 102, 9, apud RAHNER, H. Myst. Lunae, *Zeitschrift für katholische Theologie*. Anos 64. [s.l.]: [s.e.], 1940, p. 130 nota 59). Cf. o tema do alado e do não alado em Zósimo (BERTHELOT. *Collection des Anciens Alchimistes Grecs*. Paris: [s.e.], 1887/1888, III, XXVIII, vol. I, p. 196-197): "Se dois não se tornam um, se o que voa não vencer o que não voa, a espera será vã" (cf. item III, XXIX, vol. I, p. 201).

16. REITZENSTEIN, R. *Das iranische Erlösungsmysterium*. Op. cit., p. 4-5. Cf. ainda p. 31, 28s.

Reitzenstein[17], "o espírito é de algum modo uma parte inferior da alma, que serve a alma verdadeira como uma espécie de corpo"[18].

O mesmo processo alquímico é descrito por Petrus Bonus numa interpretação cristã[19]: "[...] no fim da operação (alquímica), quando

---

17. Ibid., cit. p. 4-5.
18. Encontra-se uma concepção semelhante entre os mandeus, ibid., p. 50 (Genza 1, 111, 24s.): "Eu sou um grande Mana / Que habitava no mar; / Eu habitava no mar / Até que me fizeram asas... / Até que eu me tornasse um ser alado / E eu ergui minhas asas até o lugar de luz".
19. Pretiosa margarita novella de thesauro ae pretiosissimo philosophorum lapide... Op. cit., p. 120s.: "Videndum est quod in magisterio et termino operationis, cum oritur anima ipsa, quaerit corpus suum, ut uniatur cum eo et recipiat vitam et operationem; et unio ista et compositio fit mediante spiritu; et cum coniuncta fuerit corpori vivit in aeternum cum suo corpore; haec autem coniunctio fit in ortu et resurrectione animae, quia quamvis prius creata esset, cum suo corpore tamen propter inquinationem corporis et corruptibilitatem nom poterat anima suas proprias et incorruptibiles ostendere operationes, immo tamquam mortua et inutilis iacebat et quasi cum corpore tumulata et quando per magisterium ipsa purificatur et candidatur, resurgit a suo corpore separata et, tunc suum corpus est etiam purificatum et ipsa quaerit suum corpus et desiderat coniungi sibi ut in aeternum vivat nec potest coniungi cum corpore alieno [...] quod anima nostraortaest in Orizonte aeternitatis antequam suo corpori uniatur [...] et in hac coniunctione resurrectionis fit corpus totum spirituale ut ipsa anima, et fiunt unum sicut aqua mista aquae et non separantur de caetero in aeternum cum in eis nulla sit diversitas, immo unitas et identitas omnium trium scil. spiritus, animae et corporis absque separatione in aeternum". (... ao fim da operação [alquímica], quando a alma nasce, ela procura seu corpo para unir-se a ele e chegar à vida e à atividade, e esta união se produz por intermédio do espírito, e quando a alma está ligada ao corpo, ela vive com ele pela eternidade. Mas esta conjunção se faz no nascimento e na ressurreição da alma, pois, se bem que ela tenha sido criada com o corpo, ela não podia exercer com o corpo suas funções próprias e incorruptíveis em razão da iniquidade e da corruptibilidade deste último; ela repousava como que morta e inútil, por assim dizer, enterrada com o corpo, e só quando ela foi purificada e alvejada pelo magistério que ela se eleva de novo separada do corpo, e então seu corpo é igualmente purificado e ela o procura e deseja unir-se a ele, a fim de que ela viva eternamente, e ela não pode unir-se a um outro corpo... Porque nossa alma nasceu no horizonte da eternidade, antes de unir-se a seu corpo... e nesta união, na ressurreição, o corpo torna-se inteiramente espiritual, como a alma também, e eles tornam um, como quando se mistura água com água e desde então eles não se separam pela eternidade, pois não há mais diferença entre eles, mas unidade e identidade dos três, isto é, espírito, alma e corpo, sem separação pela eternidade.)

a alma nasce, ela procura seu corpo para unir-se a ele e chegar à vida e à atividade e esta união se produz por intermédio do espírito; e quando a alma ligar-se ao corpo, vive com ele pela eternidade. Mas esta conjunção se dá no nascimento e na ressurreição da alma, se bem que ela tenha sido criada antes do que o corpo; mas não podia exercer com o corpo suas funções próprias e incorruptíveis devido à iniquidade e corruptibilidade deste último; ela repousava, por assim dizer, como que morta e inútil, enterrada no corpo, e, só quando purificada e alvejada pelo magistério, eleva-se de novo, separada do corpo, e então este estará igualmente purificado, e ela o buscará e desejará unir-se a ele; então ela vive eternamente [...] Porque nossa alma nasceu no horizonte da eternidade[20] antes que se unisse a seu corpo [...] e nesta união da ressurreição, o corpo torna-se plenamente espiritual, como a própria alma, e eles se tornam um só, como quando se mistura água com água, e daí em diante eles não se separam eternamente, pois não há mais diferença neles, mas unidade e identidade dos três, isto é, do espírito, da alma e do corpo, sem separação eternamente".

Psicologicamente, encontramo-nos aqui, parece, num outro nível de integração do si-mesmo. Antes, tratava-se essencialmente da liberação da *anima* fora da materia, isto é, da retirada de suas projeções, e de sua transformação numa função de relação com o inconsciente. O si-mesmo manifestava-se então como *Rex gloriae* e "segundo Adão". Um novo problema constelou-se agora: a libertação do próprio corpo, no qual a "*sophia* decaída" estava antes encerrada. É, no vocabulário de Dorneus, o problema da *unio corporalis* nesta fase da obra[21]. Segundo este autor, o símbolo arquetípico do "corpo" deve primeiro ser destilado até que nasça um líquido azul chamado céu, e a ação paralela em nosso texto consiste numa volatilização ou sublimação do corpo, que se produz pelo fato da esposa emprestar-lhe asas e vestes reais. A oposição "corpo" e "espírito" encontra assim sua resolução. É preciso mencionar aqui a concepção da ressurreição

---

20. Esta é uma sentença tirada do chamado *Liber de Causis*; cf. BARDENHEWER. *Die pseudo-aristotelische Schrift Über das reine Gute*: Liber de Causis. Freiburg im Breisgau: [s.e.], 1882.
21. Cf. JUNG. *Mysterium Coniunctionis* [OC, 14/2], p. 259s.

de João Scotus Erígena[22], o qual diz: assim como o ferro se torna fogo no fogo sem perder sua natureza, assim a substância do corpo passará, na substância da alma, para uma "substância melhor" puramente espiritual e assexuada. Após a transfiguração, o Corpo de Cristo é andrógino. Ao ser dissolvido nos quatro elementos, o corpo renasce, renovado[23]. Uma concepção semelhante aparece em diversas seitas neomaniqueias[24].

506   Depois da unificação (*adunatio*) dos dois sexos (segundo João Scotus e o comentário dos amalricianos) segue-se imediatamente a unificação do mundo daqui de baixo com o paraíso[25].

507   Depois de sua interpretação, citada acima, da "pedra" como figura compensatória em relação ao Cristo, Jung declara[26]: "Com um pressentimento justo do caráter espiritual unilateral de Cristo, a especulação teológica sempre se preocupou com o corpo de Cristo, isto é, com sua materialidade e resolveu provisoriamente o problema graças à hipótese do 'corpo ressuscitado'. Como se trata de uma resposta apenas provisória, e portanto não totalmente satisfatória, o problema se colocou de novo com a Assunção da Virgem Maria e levou ao dogma da Imaculada Conceição e depois ao da Assunção".

508   Em nosso texto pode-se perceber antecipações inconscientes e evidentes desse processo, mas, por outro lado, certas referências simbólicas vão ainda mais longe e levam à ideia alquímica da "divindade

---

22. MIGNE, J.P. *Patrologiae cursus completus. Series latina.* Paris: [s.e.], t. 122, *De divis. naturae.* II, 28. 8a, ibid., I. 10.

23. Cf. PREGER, W. *Gesch ichte der deutschen Mystik im Mittelalter.* Vol. I. München: [s.e.], 1874, p. 164.

24. Cf. HAHN. *Ketzergeschichte.* Op. cit., vol. II, p. 107, 108, 109, 110. Eles acreditavam numa unificação dos sexos.

25. Cf. ERÍGENA, J.S. II, c. 8: "et quoniam post adunationem hominis, h.e. duplicis sexus in pristinam naturae unitatem in quo neque masculus neque foemina sed simpliciter homo erat confestim orbis terrarum adunatio ad paradisum" (Depois da integração do homem, isto é, dos dois sexos, na unidade primitiva em que não havia nem macho nem fêmea, mas simplesmente o ser humano, logo houve uma união do mundo inteiro no paraíso).

26. *Von den Wurzeln des Bewusstseins.* Op. cit., p. 197-198.

tornada física"²⁷ até o ponto de uma integração indivíduo físico, que se torna o lugar de uma encarnação da divindade.

Na medida em que o corpo é um símbolo dos limites individuais da personalidade consciente, sua decomposição pode ser então compreendida como uma dissolução do indivíduo consciente no inconsciente. Tal fenômeno é vivido positivamente como uma libertação fora do "sepulcro" dos limites conscientes, como o instante da união com a totalidade interior, onde os contrários não existem mais²⁸. Na concepção cristã, esta união só se produz após a morte, na ressurreição do corpo glorificado.

O tema da ressurreição já apareceu quando o amado pedia à virgem que rolasse a pedra do seu sepulcro, o que não deixa de aludir à ressurreição de Cristo. Esta alusão lembra o motivo da parábola precedente das "portas de bronze do inferno", que corresponde a passagens do Salmo geralmente interpretadas pelos Padres da Igreja como a ida de Cristo ao limbo²⁹ Segundo Cirilo de Jerusalém, o Senhor enterrado é de certo modo uma "pedra na pedra", uma pedra espiritual recoberta pela pedra do túmulo. Por sua inumação, a árvore da vida está plantada na terra³⁰, a fim de que os mortos sejam salvos. Poder-se-ia também compreender facilmente tais formulações num plano alquímico. Não é somente o Cristo que faz uma tal descida no interior da terra; às vezes é a *sophia*. Num fragmento latino do Eclesiástico 24,32³¹, a *sapientia Dei* empreende essa viagem ao hades:

---

27. Cf. JUNG. Ibid., p. 210.
28. Sobre esta experiência cf. prefácio de JUNG, C.G. & EVANS-WENTZ, W.Y. *The Tibetan Book of the Great Liberation*. Oxford: [s.e.], 1954, partic. p. XLV e LIII.
29. Cf. o mesmo tema em HIPÓLITO. *Komm. zum Hohen Lied*. Op. cit., p. 60s.
30. (Cristo diz): ο ολιθος ο ακρογωναιος, ο εκλετος, ο εντιμος ενδοτερω λιθου κειμαι προς ολιγον χρονον, λιθος προσκομματος Ιουδαιους και σωτηριος πιστευουσιν, ενεφυτευθη τοινυν το εξυλον της ζωης εν τη γη ινα απολαυση της ευλογιας η καταραθεισα γη και λυθωσιν οι νεκροι (Eu sou a pedra de ângulo, eleita, preciosa; eu estou escondido no interior da pedra por um pouco de tempo, pedra de tropeço para os judeus, mas pedra de salvação para aqueles que acreditam. Por isso, a árvore de vida foi semeada na terra, a fim de que o que foi maldito obtenha a bênção e o que estava morto seja liberado). Katech., 13, cap. 35, *Werke*. Munique: [s.e.], 1860, II, p. 96 [RUPP, J. (org.)].
31. Cf. BOUSSET, W. *Hauptprobleme der Gnosis* – Forschungen zur Religion und Literatur des Alten und Neuen Testaments. Op. cit., p. 256-258.

"Eu (a sabedoria) penetrarei em todas as partes inferiores da terra, olharei todos os que dormem e iluminarei todos os que esperam no Senhor"[32]. Encontra-se uma imagem semelhante nas *Odes de Salomão*, onde "a água eterna e viva do Senhor" desce para animar os mortos e os ergue transfigurados. Eles elevam-se graças ao orvalho do Senhor até a "nuvem da paz". Como observou E. von Lippmann[33], há nisso uma semelhança notável com a imagem alquímica da reanimação pelo fogo: αναζωπυρωσις como Komarios[34] a descreveu em relação ao hierosgamos[35]: "Vede no meio das montanhas, debaixo do homem sua companheira à qual ele se une e com a qual se alegra. E a natureza se alegra com a natureza e não se une com nada fora dela mesma [...] vede, ó sábios, e compreendei: vede a consumação da arte quando esposo e esposa se unem e se tornam um só!" – "E então, quando a alma (ψυχη) e o espírito (πνευμα) se unirem e se tornarem um só [...] obtereis o ouro que nem mesmo os tesouros reais contêm. Eis o mistério dos filósofos [...]" No cerne desse processo o espírito torna-se corporal, *o corpo morto recebe uma alma e retoma o espírito que fora extraído dele*, e daí em diante "governam-se e são governados um pelo outro". "Quando o espírito obscuro (πνευμα το σκοτεινον[36]) for expulso, o corpo será iluminado[37] e então alma e espírito se alegram, pois a obscuridade foi expulsa do corpo. Acordai, vós que estais no hades, erguei-vos da tumba e saí da obscuridade [...] O remédio da vida (φαρμακον της ζωης)[38] entrou em vós. E o espírito se rejubila de habitar novamente o corpo e a alma, ela também, o

---

32. Um modelo disto é a conhecida viagem de Istar aos Infernos.

33. *Alchemie*. Op. cit., vol. I, p. 222.

34. *Komar:* é o termo sírio para "sacerdote". O livro de KOMARIOS, apud JUNG, pertence ao século a.C. Cf. outros pontos de vista: E.v. LIPPMANN. *Alchemie*, op. cit., II, p. 33. Cf. R. REITZENSTEIN. *Das Iran. Erlösungsmysterium*, op. cit., p. 167.

35. BERTHELOT. *Collection des Anciens Alchimistes Grecs*. Paris: [s.e.], 1887/1888, IV, XX, 13, vol. I, p. 294s. Cf. tb. REITZENSTEIN, R. *Nachrichten der Gesellsch. der Wissensch. in Göttingen*. [s.l.]: [s.e.], 1919, p. 17 z. 123 e *Das Iranische Erlösungsmysterium*. Op. cit., p. 6.

36. As *horridae tenebrae* do nosso texto.

37. Corpo iluminado (φωτιζεται το σωμα).

38. Cf. tb. a animação dos mortos pelo *pharmakon zoes* no "Escrito de Ostanes a Petesis". Cf. LIPPMANN. *Alchimie*. Op. cit., I, p. 67.

ama agora que ele está iluminado e eles não se separarão por toda a eternidade"[39]. Em Zósimo também a *coniunctio* é ao mesmo tempo um renascimento (παλιγγενεσια)[40] e uma ressurreição (τα νεκρα σωματα εμψυχουνται)[41]. A ideia alquímica de produzir um corpo de ressurreição e um elixir de imortalidade mediante um processo "químico" nasceu dos ritos egípcios de embalsamamento e do cerimonial funerário de Osíris. A imaginação alquímica preocupou-se desde a origem com o problema da vida *post mortem*. Embora a validade metafísica dessas afirmações não possa ser cientificamente comprovada, pode-se ver nela intuições justas da experiência psicológica da morte. Elas concernem, no entanto, a uma realidade afastada do estado habitual do homem em vida e do eu consciente.

A representação do hierosgamos como um processo *post mortem* se encontra através de toda a história do simbolismo alquímico, principalmente entre os alquimistas árabes nos quais a *Aurora* se inspira. Lê-se na *Turba*[42] que a *res* (coisa) é enterrada como um homem, depois Deus lhe dá a alma e o espírito, e ela se fortifica, purificada depois da decomposição, da mesma forma que um homem, após a ressurreição, se torna mais forte e mais jovem do que era outrora na terra. E em Calid[43] podemos ler: "O que está oculto é da natureza do sol e do fogo

---

39. Esta unidade é descrita como uma estátua de luz que sai do fogo (p. 298-299). Cf. BOUSSET, W. *Hauptprobleme der Gnosis* – Forschungen zur Religion und Literatur des Alten und Neuen Testaments. Op. cit., p. 34-35, sobre o paralelismo entre esta estátua e a concepção naassena do corpo de Adão, e também os paralelos mandeus.
40. BERTHELOT. *Collection des Anciens Alchimistes Grecs*. Paris: [s.e.], 1887/1888, III, XXXIV, 2, vol. I, p. 206. Cf. tb. ibid., III, XL, 2, vol. I, p. 211.
41. Ibid., III, LVI, 3, vol. I, p. 252 (cf. tb. p. 251), cf. III, VIII, 2. vol., I, p. 142: "Não recuseis a ressurreição (αναστασις) aos mortos".
42. Op. cit., p. 139.
43. Liber triun verborum, Artsurif., 1610,1, p. 227. Et istud occultumest de natura Solis et ignis et est pretiosissimum oleum omnium occultorum et tinctura viva et aqua permanens, quae semper vivit et permanet et acetum Philosophorum et spiritus penetrativus: et est occultum tingitivum, aggregativum et revivificativum: quod rectificat et illuminat omnes mortuos et surgere eos facit (E este caráter oculto é próprio da natureza do Sol e do fogo e é um óleo preciosíssimo de todas as coisas ocultas e tintura viva e água permanente, que sempre vive e permanece, e é o vinagre dos filósofos e o espírito penetrante: e é um oculto que tinge, agrega e revifica: o que corrige e ilumina todos os mortos e os faz ressuscitar). Cf. a *Turba*, op. cit., p. 148-149.

[...] é o óleo preciosíssimo de tudo o que é oculto e é tintura viva [...] é a água permanente, que vive sempre e permanece... e o vinagre dos filósofos e um espírito penetrante, e é algo que tinge, une e reanima em segredo, *que reergue e ilumina todos os mortos e os faz ressuscitar*".

512   Na *Aurora*, o esposo ressuscitado se mantém à esquerda da rainha que aparece "em vestes douradas, ornada de várias cores". Esta figura, a rainha da alquimia, é a *sapientia* dos capítulos anteriores, a *anima* em sua forma final glorificada (liberta de suas condições supérfluas). Ela se mantém à direita do esposo – isto é, este último permanece oculto mais profundamente no inconsciente em relação a ela; ele é uma figura ainda mais estranha à consciência do que a *anima*, mas representa também o corpo, ao qual o cristianismo atribui um valor menor do que à alma.

513   No julgamento final e com a "abertura do grande *sabbat*", na concepção de Joaquim de Fiori, a glória dos justos aparecerá como a rainha que se mantém à direita de Deus em vestes douradas. O texto latino é semelhante ao da *Aurora*: "Tunc apparebit justorum gloria quasi sol in regno patris eorum consummatisque ad integrum muris Hierusalem et universo numero electorum" (na *Aurora* também se indica que o número dos eleitos estará finalmente completo!) "dei apparebit gloriosa et felix sedens quasi regina a dextris dei in vestitu deaurato circumamicta varietate. Dabit autem illi dominus deus partem gloriae suae et regnabit cum illa" (cf. as palavras na *Aurora*: "et regnabo cum illa!") "usque in aeternum et regni eius non erit finis. Amen"[44] (Então aparecerá a glória dos justos como um sol no reino de seu pai, quando os muros de Jerusalém e o número dos eleitos de Deus estiverem completos, aparecerá gloriosa e feliz como uma rainha sentada à direita de Deus ricamente vestida com uma roupagem dourada ornada de cores. Porém o senhor Deus dará a ela parte de sua glória e reinará com ela por toda a eternidade e seu reino não terá

---

44. *Expositio in Apocalypsin*, apud HAHN, C. Op. cit., vol. III, p. 341: "Então a glória dos justos manifestar-se-á como o sol no Reino do Pai, quando os muros de Jerusalém e o número dos escolhidos de Deus estiverem completos, sentados gloriosos e felizes como uma rainha em vestes coloridas e douradas à direita de Deus. E Deus, o Senhor, conceder-lhes-á uma parte de sua glória e com eles reinará pela eternidade, e o seu reino não terá fim. Amém".

fim. Amém). (Estas são literalmente as palavras finais do quinto capítulo da *Aurora*).

Texto: Tu és aquela que entrará pelo meu ouvido, através dos meus domínios, e eu serei revestido de uma veste púrpura (que) procede de ti e de mim, e sairei como um noivo do quarto nupcial...   514

Nesta parte do texto há um curioso detalhe: a alma penetra pela orelha no corpo de ressurreição. Trata-se de uma alusão à ideia cristã de uma *conceptio per aurem*, segundo a qual o Espírito Santo penetrou enquanto "Verbo" na orelha de Maria, assim engendrando o Cristo. Isaac de Antioquia diz[45]: "Através da orelha (de Maria) o Espírito entrou, e mediante o corpo (Cristo) veio à luz corporalmente". Efrém o sírio diz acerca do Cristo[46]: "Ele penetrou pela orelha e residiu secretamente no corpo materno". Através destas representações eclesiásticas, o autor da *Aurora* provavelmente quer demonstrar primeiramente que a *coniunctio* da ressurreição é ao mesmo tempo uma *encarnação do Verbo ou da divindade*[47]. Dessa forma ele ressalta o aspecto espiritual e sobrenatural da *coniunctio*.   515

Depois que a alma penetrou no corpo e que a esposa se uniu com o esposo, ela o reveste de uma roupagem de púrpura.   516

---

45. *Opera omnia*. Vol. I, Giessen: [s.e.], 1873, p. 60 [BICKELL (org.)]: "Nisi (Christus) Deus erat, quomodo per aurem intrare potuit?... Per aurem enim spiritus intravit et e ventre caro egressa est" (Se [Cristo] não era Deus, como pôde entrar pelo ouvido?... O espírito entrou realmente pelo ouvido e a carne foi expelida pelo ventre). Cf. tb. JOÃO DAMASCENO. *De fide orthod*. IV. [s.l.]: [s.e.], [s.d.], 14: "Ac conceptio quidem per auditum facta est". (E a concepção se fez pela audição.) Cf. EUTÍMIO ZIGABENO. In: MIGNE, J.P. *Patrologiae cursus completus. Series latina*. Paris: [s.e.], 130, col. 1302. Cf. adiante AGOBARDO, bispo de Lyon. *De Psalmodia 8*. [s.l.]: [s.e.], [s.d.], (Opera, t. I): "Verbum intravit per aurem Virginis et exivit per auream portam". (O verbo entrou pela orelha da Virgem e saiu pela porta dourada.)

46. *Hymini et Sermones*. Vol. II, [s.l.]: [s.e.], 1886, p. 570 [LAMY (org.)]: "Ingressus est per aurem et secretum in utero habitavit". (Entrou pela orelha e habitou secretamente no útero.)

47. De onde também o tema da veste. Cf., por exemplo, BERNARDO DE CLUNY, B. *De visitatione Beatae Mariae Virginis* (Zoozmann, p. 256). "Hac in domo, *Deus homo fieri disposuit. Hic Absconsus Pius Sponsus Vestem suam induit*". (Nesta casa Deus escolheu fazer-se homem. / Lá escondido o esposo piedoso revestiu sua veste.)

517   Texto: [...] pois me circundas de pedras preciosas e faiscantes, me adornas de frescor primaveril e me revestes com as vestes da saúde e da alegria para que eu domine todas as nações e inimigos. Tu me ornarás também com uma coroa de ouro, sinal da santidade.

518   No tocante ao significado da coroa remeto o leitor às considerações de Jung[48]. Enquanto substância misteriosa feminina[49], ela é uma imagem da *anima* ou, segundo nosso texto, da terra ou do corpo, se bem que aqui os papéis estão de certa forma invertidos; mas, afinal de contas, cada um dos dois opostos significa ao mesmo tempo ambos[50]. No *Tractatus aureus Hermetis*[51] o *lapis* aparece como rei coroado (*rex coronatus*), "que vem do fogo [...] *a morte é então vencida*, e o filho reina com a *túnica vermelha* e *revestido* de púrpura"[52]. – Na cena do coroamento de nosso texto, a esposa envolve seu amante com uma veste púrpura, "que procede de ambos". Alquimicamente, isto significa o *rubedo*, à qual a citação de Senior se referia na quarta parábola: "Ele brilha como um rubi, graças à alma que tinge, e que recebe a virtude do fogo"[53]. Esta é a cor procurada, *color invariabilis*, cujo nascimento a *Turba* descreve como um *spiritus tingens* da *anima*"[54]: "Nasce a cor valiosíssima que não muda <mais>, que resiste ao fogo, *porquanto*

---

48. Cf. *Myst. Coni.*, II, p. 135s.

49. Cf. *Exerc. in turbam.* [s.l.]: [s.e.], [s.d.], p. 336 [RUSKA (org.)]: O corpo é chamado terra, cinza, cal, mãe... Virgem santa, coroa real... madeira, mar, cuspe da lua. Cf. adiante SENIOR. *De Chemia*. Estrasburgo: [s.e.], 1566, p. 41: A terra branca folhada é a coroa de vitória... e o segundo corpo. Cf. ainda, ibid., p. 35 e 16.

50. Cf. a interpretação de HONÓRIO DE AUTUN. *Expos. in Cant*. In: MIGNE, J.P. *Patrologiae cursus completus. Series latina*. Paris: [s.e.], t. 172, col. 440.

51. *De arte Chemica*. [s.l.]: [s.e.], 1566, p. 21-22. Cf. Rosarium, *Artis Auriferae*. II, Basileia: [s.e.], 1610, p. 248.

52. Cf. acerca do papel da "Coroa" na Cabala BOUSSET, W. *Hauptprobleme der Gnosis* – Forschungen zur Religion und Literatur des Alten und Neuen Testaments. Op. cit., p. 201-202 e no maniqueísmo (p. 202, nota de rodapé 1). Lá a "coroa de vitória" é apresentada ao "homem originário". Cf. tb. a "coroa de luz" dos maniqueus (REITZENSTEIN, R. *Das iranische Erlösungmysterium*. Op. cit., p. 3).

53. Cf. tb. a citação de Senior, em Rosarium, *Artis Auriferae*, II. Basileia: [s.e.], 1610, p. 248.

54. RUSKA. Op. cit., p. 123: "Quod ex sulphure sulphuri misto pretiosissimus fit color, qui non variatur nec ab igne fugit, quando anima in corporis intima infertur ac corpus contnet et colorat" (Pois do enxofre misturado com o enxofre nasce a cor preciosíssima que não muda mais e que resiste ao fogo; então quando a alma penetra no mais íntimo do corpo, ela o contém e tinge).

quando a alma penetra no mais íntimo do corpo, assimila-se a ele e o tinge". – "Ó maravilhosa natureza, que tinges as outras naturezas, ó naturezas celestes que transformais os elementos!"[55] Esta *anima tingens* é de natureza espiritual[56], e ela se assimila ao corpo, tornando-o também espiritual[57]. Quando o corpo se pulveriza num *pulvis spiritualis* (pó espiritual), o fogo o tinge da "cor invariável" e este espírito "está oculto e invisível no corpo como a alma no corpo humano"[58]. A alma ou esposa de nosso texto deve, pois, ser compreendida como um espírito ígneo e capaz de tingir, que dá uma veste ou uma cor ao esposo que sai do túmulo, isto é, ao corpo tornado espiritual[59]. Este tema lembra a antiga representação da alma como uma veste multicolorida, recobrindo o mundo material. Segundo o gnóstico Basílides, por exemplo, a alma do mundo não é mais do que uma *enphasis* (ênfase) ou "cor" da luz que desceu na matéria[60]. É dela que nasce "a tela multicor deste mundo"[61], na expressão de Fílon. A mesma imagem arquetípica desempenha também um grande papel nos cultos antigos dos mistérios, onde o *mysto* se via de novo revestido pela "veste celeste" (ενδυμα ουρανιον) como símbolo da transformação interior e de seu

---

55. Ibid., p. 165 (lat.). Cf. tb. p. 166-252: "É com efeito a alma que penetra o corpo e o tinge".

56. Ibid., p. 155: "Anima [...] quaeest spiritualis natura ex qua colores apparuerunt" (A alma [...] que é uma natureza espiritual da qual as cores surgiram).

57. Ibid., p. 155. Cf. tb. p. 136 e 140.

58. Ibid., p. 141. Cf. p. 160: "Deinde fiunt corpora spiritus et anima habentes tingentes eo, quod invicem germinant" (Então eles se tornam corpos, tendo espíritos e almas que tingem, porque eles se fertilizaram). A cor é também um "espírito ígneo" (ibid., p. 315).

59. Cf. tb. a *Turba* (p. 147): "regai e cozinhai até que nasça o que ela ordenou que cuidásseis, um *espírito intocável*, e até que vejais o elixir *revestido da veste real* (isto é, *da púrpura tíria*)". Cf. além disso, p. 127: "Quando o homem e a mulher estão unidos, a mulher não é mais fugidia e o composto é espiritualizado, e se esse composto é transformado num *sopro espiritual vermelho*, então nasce o começo do mundo".

60. Cf. *Acta Archelai*. [s.l.]: [s.e.], [s.d.], cap. 67, p. 96 [BEESON, C.H. (org.)]; e BOUSSET, W. *Hauptprobleme der Gnosis* – Forschungen zur Religion und Literatur des Alten und Neuen Testaments. Op. cit., p. 92, 94.

61. Cf. acerca das sete vestes etéricas da physis, HIPÓLITO. *Elenchos*. V. [s.l.]: [s.e.], [s.d.], 8 e SCOTT, W. *Hermetica*. 4 vols. Oxford: [s.e.], 1924-1936, IV, p. 490.

renascimento. Essa veste representava a *solificatio* definitiva do *mysto*[62], motivo pelo qual ela era às vezes descrita como luz, selo de luz etc.[63] Essas antigas representações foram conservadas muito tempo pelos maniqueus e mandeus[64] e também penetraram cedo na alquimia. Assim, por exemplo, nas visões de Zósimo, o homenzinho de metal se transforma no fim do opus *numa veste real de cor púrpura*[65]. Por

---

62. Cf., por exemplo, a *solificatio* (solificação) dos mistos. APULEIO. *Met*. XI. [s.l.]: [s.e.], [s.d.], 23s. e REITZENSTEIN, R. *Das iranische Erlösungmysterium*. Op. cit., p. 164: "O sentido é claro: o misto, através do renascimento, torna-se Deus e mesmo Deus-Sol". A equação primitiva veste = pele = alma é provavelmente a base destas antigas ideias. Cf. por exemplo, NINCK, M. *Wodan und germanischer Schicksalsglaube*. Jena: [s.e.], 1935, p. 43s.

63. Cf. BOUSSET, W. *Hauptprobleme der Gnosis* – Forschungen zur Religion und Literatur des Alten und Neuen Testaments. Op. cit., p. 303s. Especialmente Henoc eslavo 24,9: "E Miguel despojou-me de minhas vestes (terrestres) e ungiu-me com um precioso unguento, que mais se assemelha a uma grande luz" – Cf. *Acta Philippi*, cap. 144: "Jesus Cristo, meu Senhor, veste-me com a veste de glória e com teu selo de luz". Na *Ascensão de Isaías* (9,9 – 10,3), este viu no céu superior as coroas e vestes que revestirão os crentes. Na *Pistis Sophia*, a veste de luz irradiante e celeste de Jesus é-lhe enviada depois da ressurreição, e é com essa veste que ele sobe aos céus. Também no hino da alma dos *Atos de Tomé* (p. 414s.) uma veste de luz vem ao encontro do filho do Reino nos limites do céu e ela é feita à sua imagem. Encontram-se também imagens semelhantes entre os mandeus, e é por isso que eles usaram durante muito tempo apenas vestes brancas (cf. toda esta parte com BOUSSET, W. *Hauptprobleme der Gnosis* – Forschungen zur Religion und Literatur des Alten und Neuen Testaments, p. 303, nota 2). Cf. tb. o rito dos sethianos, onde os mistos recebiam uma bebida de água viva, e despojavam seu aspecto de escravos para revestir a vestimenta celeste (HIPÓLITO. V, 19, e V, 27, apud BOUSSET. Ibid., p. 293).

64. Eis o que o *Fihrist* relata sobre a doutrina de *Mani* (apud REITZENSTEIN, R. *Das iranische Erlösungmysterium*. Op. cit., p. 28-29): "Quando a morte", ensina Mani, "se aproxima de um ser autêntico, o Deus primordial envia um deus de luz sob a forma de um guia sábio acompanhado de três deuses, com o recipiente de água, a veste, a fita da cabeça, a coroa e a guirlanda de luz. O diabo também lhe aparece [...] Assim que o ser autêntico os percebe, pede auxílio da deusa que revestiu a forma do sábio [...] Estes o tomam então, o revestem da coroa, da guirlanda e da veste [...] e o elevam até a esfera da lua" (cf. tb. p. 177. Cf. Paulo, 1Cor 15). É digno de nota que as imagens que socorrem são *quatro* deuses, com *quatro* objetos!

65. Cf. JUNG, C.G. Die Visionen des Zosimos. In: *Von den Wurzeln des Bewusstseins*. Op. cit., p. 145, 147 e 172, e LIPPMANN, E. von. *Alchemie*. Op. cit., I, p. 81.

essa razão ele é assimilado ao deus sol Mitra, que apareceria ao neófito como um rei vestindo um manto vermelho escarlate[66]. A referência ao Salmo 19,6 mostra que se trata da *solificatio* do esposo no texto da *Aurora*: "e ele saiu como um esposo de sua câmara nupcial"; na Bíblia este é considerado o sol e na patrística o Cristo como "novo Sol"[67]. Por isso nosso texto oferece de novo o paralelo sol-Cristo-*filius philosophorum*, ou *lapis*. Psicologicamente, não devemos perder de vista que em toda esta parte final *o esposo e a esposa se tornaram seres alados ou espíritos, e tudo o que sucede entre eles acontece no céu, isto é, no domínio do além, do inconsciente.* A terra, o corpo, a realidade terrestre são como que abandonados a modo de um sepulcro vazio. O autor, portanto, apaga-se e seus comentários não entremeiam mais o diálogo. De algum modo ele se desfez no diálogo de amor entre a *sapientia* e o rei glorificado.

Em geral, as vestes simbolizam uma disposição interior tornada manifesta, ou um comportamento psíquico que repercute sobre o ambiente ou dele se protege. A mudança de vestes nos mistérios simboliza, pois, a transformação interior da atitude espiritual; por exemplo, o despojamento inicial significa muitas vezes o abandono da atitude anterior imprópria da pessoa (máscara); as vestes da *solificatio* significam o novo comportamento religioso descoberto, ativado a um nível superior de consciência. Na *Aurora*, quando a esposa veste o rei, isto significa que o ser transformado obtém em troca do nível superior de consciência não só a iluminação, mas também a atividade e a possibilidade de manifestar-se. A cor vermelha indica a força da

519

---

66. Cf. DIETERICH, A. *Eine Mithrasliturgie.* Op. cit., p. 10.
67. Cf. EFRÉM O SÍRIO. *Hymni et Sermones.* Op. cit., vol. I, p. 532: "Lux coram eis effulsit, Jesus ut sponsus ex thalamo suo exsiliit, remansit sepulcrum suum cum angelis in medio" (A luz brilhou diante deles, Jesus esposo saiu de sua câmara nupcial, e o sepulcro ficou com os anjos no meio). Cf. tb. AMBRÓSIO. *Hymnus de adventu Domini* (Zoozmann. Op. cit., p. 28): "Procedens de thalamo suo, Pudoris aula regia, geminae gigas substantiae Alacris ut currat viam. Egressus eius a patre Regressus eius ad patrem, Excursus usque ad inferos. Recursus ad sedem Dei". (Saindo de sua câmara nupcial, no palácio real do pudor, o Jovial Gigante de substância gêmea, deve percorrer o seguinte caminho: Sair do Pai, voltar ao Pai, descer aos infernos, voltar à morada de Deus.")

cura, o "maná", a "imputrescibilidade", a irradiação viva elevada a um grau superior[68].

520 Texto: [...] (tu me adornarás) com a estola da justiça com a qual me cingirás. Ligar-te-ás a mim com o anel de noivado e me calçarás com sandálias de ouro. Tudo isto farás, minha amiga perfeita, a mais bela e fascinante em suas delícias... Ó rainha do mundo superior, levanta-te, apressa-te... fala, amada, ao teu amado, dize quem és, qual a tua estirpe e grandeza...

521 Esta parte do texto prossegue o tema do vestimento e da coroa. *A esposa é de novo assimilada a Deus*; pois em Is 61,10 lê-se: "Eu me alegro no Senhor, pois Ele revestiu-me com as vestes da salvação e a roupa da justiça, como um esposo [...] e uma esposa". Efrém o Sírio compreendia esta passagem como o matrimônio místico do neófito com Deus ou com a Igreja[69]. O autor de nosso texto deve, pois, ter tido consciência de que falava de uma *unio mystica* com a divindade, e que esta figura que ele descreve como sabedoria, mulher, água e esposa é o próprio Deus, ou pelo menos um aspecto da divindade. O anel indica a eternidade do liame com o si-mesmo, o calçado de ouro

---

68. Acerca dos significados da cor vermelha, cf. WUNDERLICH, E. *Die Bedeutung der roten Farbe im Kultus der Griechen und Römer*... Leipzig: [s.e.], 1925, passim.

69. Commentarius in Jesaiam. Cap. 61, *Werke*. Vol. II. [s.l.]: [s.e.], [s.d.], p. 184 [LAMY (org.)]: "Exultat Ecclesia in Deo suo, quia induit me vestimento salutis, id est stola Gloriae baptismi; illa quippe est verum salutis vestimentum et candida Gloria stola. Et fecit me tamquam sponsum gloriosum per absolutionem. Et tamquam sponsam ornatam. Sponsa Ecclesia est, quae exornata est pulchritudine omnium populorum". (A Igreja exulta no seu Deus, porque Ele me revestiu com a veste da salvação, é a túnica de glória do batismo: pois é a verdadeira veste da salvação e a roupa branca da glória. E Ele me fez esposo glorioso pela absolvição. E como uma esposa ornada. A esposa é a Igreja que foi adornada com a beleza de todos os povos). Cf. ainda vol. I, p. 44, Hymni in Festum Epiphaniae, n. 4, verso 2-3: "E coelo divina eius natura et e terra eius vestimentum carnis. Omnis qui sua exuit vestimenta ea commiscet cum vestimento Christi in aeternum. Ab eo in aquis acquirite vestimentum quod non teritur nec emittitur, vestimentum quo ipse indutos semper obtegit". (Pois é do céu sua natureza divina e da terra sua veste de carne. Quem quer que tire suas vestes os mistura pela eternidade às vestes do Cristo. Recebei dele nas águas a veste que não é nem usada nem perdida, com a qual ele mesmo cobre sempre os que a revestiram.) Cf. tb. o verdadeiro πνευματικος γαμος (casamento místico) que os *marcosianos*, por exemplo, celebravam como uma imitação terrestre das núpcias da *Sophia* com o Salvador (BOUSSET, p. 267s., em particular p. 315).

significa uma posição incorruptível[70]. Em toda esta parte o esposo fala com tal humildade que somos levados a reconhecer nele um homem comum, talvez o próprio autor, mas a sequência mostra cada vez mais claramente que se trata de uma personificação do si-mesmo com a qual o autor se identificou. Contrariamente ao início do texto, não se percebe mais qualquer traço de inflação. É que a dimensão na qual esses acontecimentos ocorrem mudou: o mundo deste lado e o eu comum cessaram; tudo foi dissolvido no consciente e não pode tratar-se da mescla impura do aquém e do além, da consciência com o inconsciente. No entanto, como isto foi possível sem que o autor estivesse no fim de sua vida, não faço a menor ideia. Num delírio passageiro, a personalidade do eu ficaria no plano de fundo e manifestaria então sua presença de um modo ou de outro.

Depois que a figura do esposo celebrou humildemente sua glorificação pela rainha, suplica a esta última que revele quem ela é. Então a rainha esposa toma a palavra.

Texto: "Escutai, vós, todos os povos [...] meu amado vermelho falou-me, ele pediu e obteve. Eu sou a flor do campo e o lírio dos vales; eu sou a mãe do belo amor, do conhecimento e da santa esperança".

Esta proclamação reúne todos os aspectos desta figura feminina central do *opus*, esclarecidos um a um nas parábolas precedentes. Ela se descreve primeiro como a "flor do campo" e o "lírio dos vales", como a esposa do Cântico dos Cânticos em versos bem conhecidos, que os Padres da Igreja aplicaram a Maria ou à Igreja[71]. Hugo Rahner

---

70. Cf. FRANZ, M.-L. von. Passio Perpetuae. In: JUNG, C.G. *Aion* [OC, 9/2]. Op. cit., p. 480.

71. Cf., por exemplo, HONÓRIO DE AUTUN. *Expositio in Cant. Cant.* In: MIGNE, J.P. *Patrologiae cursus completus. Series latina.* Paris: [s.e.], 172, col. 382 ou o ADAMUS. *Hymnus.* Op. cit., p. 278 [ZOOZMANN (org.)]: "... Flos campi convallium singulare lilium /Christus ex te prodiit/Tu caelestis paradisus... Tu Thronus es Salomonis / Cui nullus par in throni / Arte vel materia" (Flor do campo, lírio único dos vales, / o Cristo procede de ti. / Tu, paraíso celeste... / Tu és o trono de Salomão, ao qual nenhum trono se assemelha / em arte ou em matéria). Cf. tb. HIPÓLITO. *Komm. z. Hoh. Lied.* Op. cit., p. 49-50, onde *astitit regina* etc. é interpretado como a Igreja. Cf. HONÓRIO DE AUTUN. *Quaest. et resp. in Prov. et Eccles.* cap. 31. In: MIGNE, J.P. *Patrologiae cursus completus. Series latina.* Paris: [s.e.], t. 172, col. 330.

expôs a pré-história antiga desse símbolo, assim como seus comentários artísticos, em "A flor medicinal da alma"[72], por isso remeto o leitor a esta obra[73]. Mas a flor, particularmente o lírio, desempenha um papel importante no contexto da alquimia. Ela é uma imagem da substância misteriosa e por isso é chamada lunática (erva lunar), *berissa* ou *moly*. O lírio é em particular um sinônimo da substância branca feminina (em face da rosa vermelha), e da prata (em face do ouro)[74]. O *succus lunariae* é um sinônimo da água divina[75] e assim se pode compreender que a esposa se qualifique logo depois de "vara da videira" (Eclo 24,17): ela é a fonte ou a substância básica da água branca e da água vermelha (vinho), símbolos dos opostos. O lírio e a vara da videira são também símbolos de Maria[76].

525 Texto: Eu sou a videira dando frutos de aroma suave, e minhas flores são frutos de honra e dignidade.

526 A vinha e as uvas desempenham um papel importante na antiga alquimia. Hermes, nela, é o vinhateiro (βοτρυχιτης), "que avermelha pelo fogo as brancas espécies de sua vinha"[77]. Nos Carmina Heliodori, a pedra é descrita como *uva branca*, a qual, triturada à mão, dá um vinho ardente, perfumado como o sangue[78]. Zósimo interpreta este mesmo tema como o "*mysterium* da ablução" ou como o ιος

---

72. *Eranos Jahrbuch.* XII. [s.l.]: [s.e.], 1945. Festschrift für C.G. Jung.

73. Cf. partic. o artigo de C.G. Jung sobre o símbolo das plantas: "Der philosophische Baum". In: Von den *Wurzeln des Bewusstseins*. Op. cit., especialmente p. 427s.

74. Cf. entre outros, a exposição detalhada no Tratado "Der grosse und der kleine Baur". Um tratado filosófico e químico chamado *Der Baur*, com um comentário de J. Walch, Strassburg: [s.e.], 1618. Cf. com a simbólica da Lunaria também de JUNG, C.G. *Mysterium Coniunctionis* [OC, 14], 1, cap. Luna, e *Psychologie und Alchemie*. Zurique: Rascher, 1944, p. 116.

75. Rosarium, *Artis Auriferae*. Basileia: [s.e.], 1610, II, p. 137.

76. *Biblia Mariana*. Vol. 37. [s.l.]: [s.e.], [s.d.], p. 396-397 [BORGNET (org.)]: "Maria est lilium totius castitatis. Sicut spina rosam genuit Judaea Mariani" (Maria é o lírio de toda castidade; como um espinheiro dá nascimento à rosa, assim a Judeia deu nascimento a Maria).

77. BERTHELOT. *Collection des Anciens Alchimistes Grecs*. Paris: [s.e.], 1887/1888, VI, IV, vol. I, p. 404.

78. GOLDSCHMIDT. Op. cit., p. 32, verso 180-185. Cf. a Festa eucarística dos marcosianos, onde se produzia uma transformação cultual do vinho branco em vinho tinto (LEISEGANG. *Die Gnosis*. Op. cit., p. 347).

(ferrugem, veneno)[79]. Ainda no léxico de Rulandus as *uvae Hermetis* são também interpretadas como água filosófica, destilação, solução etc.[80]

Nosso texto liga-se igualmente à simbologia cristã, ao Cristo que é a verdadeira "vara da videira". Efrém o Sírio diz que o Cristo é a verdadeira "vara da videira" e as almas são seus sarmentos[81]. Maria, porém, é também comparada à vara da videira. Assim, os Padres da Igreja dizem[82]: "Maria floresce, nova vinha, em lugar de Eva, a antiga vinha, e Cristo habitou na primeira, vida nova". Ou "Maria é a vara da videira, que cresceu a partir da raiz abençoada de Davi. Seus rebentos produziram a uva cheia do sangue portador de vida. Desse vinho novo Adão bebeu e voltou ao paraíso, ressuscitado"[83].

Assim como no simbolismo eclesiástico a vara da videira pode significar Cristo ou Maria, assim também a figura da *Aurora* é manifestamente a criadora do branco (lírio) e do vermelho (vinho); contém os opostos, sendo um ser hermafrodita. E no entanto ela *é* também o lugar central de sua conjunção, como se verá a seguir.

---

79. BERTHELOT. *Collection des Anciens Alchimistes Grecs*. Paris: [s.e.], 1887/1888, III, VI, vol. I, p. 121 e 137.
80. RULANDUS. *Lexicon Alchemiae*. Frankfurt: [s.e.], 1612 sob *uvae*, apud JUNG, C.G. *Von den Wurzeln des Bewusstseins*. Op. cit., p. 388.
81. Hymnus in Festum Epiphaniae, 2, *Werke*. Vol. I. [s.l.]: [s.e.], [s.d.], p. 22 [LAMY (org.)]. O Cristo é também a uva que se deixa espremer para com seu vinho vivificar as almas. Hymni de nativitate Christi in carne, 4. *Werke*. Vol. II. [s.l.]: [s.e.], [s.d.], p. 482.
82. EFRÉM O SÍRIO. Sermo de Domino nostro, *Werke*. Vol. I, [s.l.]: [s.e.], [s.d.], p. 154: "Floruit autem Maria, nova vitis prae vite antiqua Heva habitavitque in ea Vita nova Christus..." (Maria floriu, nova vinha em lugar de Eva, antiga Eva, e Cristo habitou nela, vida nova.)
83. Hymni de Beata Maria Nr. 18. *Werke*. Vol. II. [s.l.]: [s.e.], [s.d.], p. 618. Cf. adiante Hymnus XX. ib., p. 640: "Simeon botrum vitae e vite virginali decerptum portavit, in ulnis suis..." (Simeão levou em seus braços o cacho de vida colhido na vinha virginal). Hymnus I, col. 524: "Vitis virginalis uvam dedit cuius dulce vinum flentibus solamen attulit". (A vinha virginal deu um cacho cujo doce vinho trouxe a consolação aos que choram). Cf. tb., por exemplo, HONÓRIO DE AUTUN. *Speculum de myst. eccles.*, MIGNE, P.L., t. 172. col. 902: "Ipsa <Maria> quippe erat paradysus malorum, forns hortorum, quia in ea surrexit lignum vitae atque de ea profluxit fons sapientiae omnibus que deliciis affluebat, in qua omnes thesauri sapientiae et scientiae absconditi erant" (Ela mesma <Maria> era o paraíso das maçãs, a fonte dos jardins, porque nela se ergueu a árvore de vida e dela manou a fonte de sabedoria e ela foi enriquecida com todas as delícias nas quais todos os tesouros da ciência e da sabedoria estavam escondidos).

529   Texto: Eu sou o leito onde repousa meu amado, sessenta heróis o cercam, todos mantendo sua espada sobre a coxa, por causa dos terrores da noite.

530   Os "terrores" são as *tenebrae mentis* já citadas: um último adeus à *nigredo* agora definitivamente superada. Os sessenta heróis eram interpretados por Honório de Autun[84] como sendo o número da perfeição (*Vollendung*)[85]; eles simbolizam todos os "seres perfeitos na lei da Igreja, que dirigem a espada do *logos* e da *discretio* (discriminação) contra as heresias". Alquimicamente, trata-se, sem dúvida (apesar da multiplicação por dez), dos seus planetas: Vênus, Mercúrio, Marte, Júpiter, Saturno e a Terra, que participam como servidores da conjunção do Sol e da Lua. Assim, a curiosa designação da "esposa" como *lectulus* (cama) não deixa de relacionar-se com a descrição do "leito luxuoso" de Salomão que se acha na Bíblia[86] : "O Rei Salomão mandou fazer um leito luxuoso; os pés da cama eram de prata, sua cabeceira era de ouro, o coxim, de púrpura", o que sugeriu interpretações alquímicas. Na literatura patrística, a cama de Salomão era considerada uma imagem da *beatitude eterna*, na qual a Igreja repousa, ou um símbolo da própria *Igreja*, que representa o leito de Cristo. A cama de Salomão foi interpretada além disso como a "casa do banquete" (comparar com a quinta parábola do nosso texto!) ou então como uma imagem da *alma santa, que se tornou o lugar de repouso do "Cristo interior"*[87]. Maria passou também a representar a "cama

---

84. *Expositiü in Cam.* Cant. Migne, P.L., t. 172, col. 404-406.
85. Segundo AGOSTINHO. *De civitate Dei.* [s.l.]: [s.e.], [s.d.], lib. XI, cap. 31, o número seis significa perfeição, porque é constituído de 1 + 2, o primeiro número par, + 3, o primeiro número ímpar.
86. Ct 3,7-8. Cf. o significado alquímico do *lectulus* como *vas coniunctionis*, por exemplo, em ROSINUS ad Sarratantam. *Artis Auriferae.* Op. cit., I, p. 192. Segundo ORÍGENES. *In Cant. Homil.* II. [s.l.]: [s.e.], [s.d.], 4, a cama significa o corpo humano.
87. HONÓRIO DE AUTUN. *Expositio in Cant. Cant.*, in: MIGNE, J.P. *Patrologiae cursus completus. Series latina.* Paris: [s.e.], t. 172. col. 406-408. Cf. adiante RICARDO DE SÃO VÍTOR. *Explicatio in Cant. Cant.*, in: MIGNE, J.P. *Patrologiae cursus completus. Series latina.* Paris: [s.e.], t. 196, col. 406. In lectulo meo etc. = anima, quae Deum querit. col. 410-411: "Ita mentis pax et tranquillitas lectulus est in quo sponsa quiescit" (Assim a paz e a tranquilidade do espírito são o leito no qual repousa a Igreja). Cf. tb. a descrição da *Ecclesia* como "Trono solar de Cristo" em Atanásio. Fragmento de um Comentário aos salmos, Salmo 88,38. Cf. RAHNER, H. *Mysterium Lunae, Zeitschrift für katholische Theologie.* Ano 63. [s.l.]: [s.e.], 1939, p. 340. Cf. tb. a citação de Adamus, que designa Maria como *thronus Salomonis.* Cf. HIPÓLITO. *Komm. z. Hohen Lied.* Op. cit., p. 73-75.

de Salomão, na qual o filho de Deus repousou nove meses"[88]. Neste sentido, a esposa é também em nossa parábola o *vas coniunctionis* do homem com a divindade[89].

Texto: "bela sou por inteiro, sem defeito algum; espreito através das janelas, olho por entre as grades do meu amado, ferindo seu coração com *um* só de meus olhos, com *um* só fio dos cabelos de minha nuca".

No tocante a esta parte do texto, onde se diz que a esposa fere o amado com um só de seus olhos[90], devo remeter o leitor novamente às considerações de Jung[91]. O "olhar pela janela" significa também a penetração da alma na "prisão do corpo", como imagem da *coniunctio*[92]. A "janela do escoamento" ou "janela da iluminação" é um atributo de Maria[93], e corresponde à figura do *spiraculum aeternitatis* (janela sobre a eternidade) de Dorneus[94]. Também na cabala o *mysterium fenestrae* desempenha um papel importante. A "janela" significa nesse contexto um lugar de luz entre a *séfira kether* (coroa) e a sabedoria e a inteligência[95]. Através desta janela as *sefirot* superiores se ligam à luz divina originária.

Os cabelos são interpretados entre os Padres da Igreja como "pensamentos sutis", que aludem a uma união espiritual.

Texto: "Eu sou o odor dos perfumes, impregnando de aroma além de toda fragrância, semelhante ao cinamomo, ao bálsamo e à mirra escolhida".

---

88. *Biblia Mariana.* Vol. 37. [s.l.]: [s.e.], [s.d.], p. 399 [BORGNET (org.)].
89. Cf. *Ísis* como "Trono".
90. Honório de Autun interpreta o "in uno crine colli tui" ("um só cabelo de teu colo") como a unidade da fé. *Expos. in Cant. Cant.*, in: MIGNE, J.P. *Patrologiae cursus completus. Series latina.* Paris: [s.e.], t. 172. col. 419. Cf. tb. col. 443: "capilli sunt subtiles cogitationes" (... os cabelos são pensamentos sutis).
91. *Myst. Coni.* [OC, 14/1, p. 32].
92. Segundo ORÍGENES. *In Cant. Homil.* II. [s.l.]: [s.e.], [s.d.], 12, a janela significa os sentidos pelos quais as impressões entram e saem.
93. Cf. *Biblia Mariana.* Vol. 37. [s.l.]: [s.e.], [s.d.], p. 385 [BORGNET (org.)].
94. Cf. O "spiraculum aeternitatis" de JUNG. *Myst. Coni.* [OC, 14/2, p. 240s.].
95. Cf. ROSENROTH, K. von. Op. cit., vol II, p. 281-282.

535   A esposa é um *pneuma* perfumado e como tal se identifica com o Espírito Santo[96]. A representação do espírito divino como perfume parece ser de origem oriental e se encontra na literatura judaica tardia[97], assim como na gnose. Os marcosianos utilizavam para o batismo um óleo balsâmico como símbolo do "perfume acima de todas as coisas"[98]; os setianos comparavam seu *pneuma* de luz com o perfume da mirra (διονει οσμη μυρου)[99]. O óleo ou unguentum (μυρον) confere, segundo antigas concepções, indestrutibilidade (αφθαρσια)[100]. Esta imagem encobre, quando amplificada, a da *anima* como espírito que tinge e que confere a imortalidade.

536   Texto: Eu sou a virgem prudentíssima, que avança como a aurora luminosa, brilhante como o sol e bela como a lua, sem falar do que se oculta no interior.

537   A "virgem prudentíssima" e a "aurora luminosa" que avança são imagens conhecidas desde a primeira parábola, e seu significado já foi mencionado. A estranha alusão: "sem falar do que se oculta no interior" relaciona-se com os "olhos da pomba" da amada do Cântico dos Cânticos que irradiam amor[101]. É retomada aqui mais uma vez de modo velado a imagem singular da *coniunctio* concebida como penetração de Deus no olhar da "mulher"[102], e ao mesmo tempo do sol na

---

96. Cf. esta imagem do Espírito Santo em LEISEGANG. *Der Hl Geist*. Op. cit., passim e BOUSSET. *Hauptprobleme der Gnosis* – Forschungen zur Religion und Literatur des Alten und Neuen Testaments. Op. cit., p. 120, nota 1 e HIPÓLITO. *Komm. z. Hohelied*. Op. cit., p. 26 e 32.
97. Cf. LOHMEYER, E. *Vom göttlichen Wohlgeruch*. Sitzungsber. d. Heidelberger Akadem. der Wissenschaft, 1919, fasc. 9. Cf. Livro de Henoc, Êxodo, 2Cor 14–16. Cf. tb. o aroma do natrão na antiga religião egípcia.
98. BOUSSET, W. *Hauptprobleme der Gnosis* – Forschungen zur Religion und Literatur des Alten und Neuen Testaments. Op. cit., p. 301.
99. BOUSSET, W. Ibid., p. 302. No hino nupcial dos Atos de Tomé, diz-se que o vestido luminoso da Virgem exalava um maravilhoso aroma (ibid.).
100. BOUSSET, W. Ibid., p. 302, nota 3. Cf. tb. partic. STEUER, R. *Über das wohlriechende Natron bei den alten Agyptern*. Leiden: [s.e.], 1937, passim.
101. HONÓRIO DE AUTUN. *Expos. in Cant.*, in: MIGNE, J.P. *Patrologiae cursus completus. Series latina*. Paris: [s.e.], 172. col. 411: *Charitas in oculis* (amor nos olhos).
102. Gregório Magno compara o interior do olhar com os *interiora Austri*, isto é, a pátria celeste, na qual mora o Espírito Santo. Expos. mor. in nonum. cap. Jó, lib. IX, cap. 6, *Opera*. Paris: [s.e.], 1636, I, p. 308: "Absque eo quod intrinsecus latet, hoc nobis beatus Job intimai cum Austri interiora commendat" (Sem aquilo que está latente de modo intrínseco, o bem-aventurado Jó nos faz saber esta realidade, ao recomendar as coisas interiores do Austro. Cf. o acima dito sobre o vento sul.

lua (isto é evidente no modo pelo qual a citação é sutilmente ligada às palavras precedentes de nosso texto). A meta da *coniunctio* é com efeito, segundo Senior, a aparição do plenilúnio, da luna plena[103]. Estamos aqui diante do rico simbolismo sol-lua, cujo sentido foi estudado por Jung[104].

Texto: Eu sou o cedro esguio, o cipreste sobre a montanha de Sião, eu sou a coroa que cingirá a fronte do meu amado no dia de suas núpcias e de sua alegria, pois meu nome é um perfume que se derrama.   538

Esta imagem da esposa como "coroa que cingirá a fronte do (seu) amado no dia de suas núpcias e de sua alegria" é rica de significado bíblico. No Cântico dos Cânticos, a mãe de Salomão está no lugar da esposa, tal como Maria significava ao mesmo tempo a mãe *e* a esposa de Cristo[105]. Em nosso texto também a esposa é ao mesmo tempo a *soror* e a *sponsa* do *filius philosophorum*, com o qual ela se reúne num incesto real. Segundo a interpretação eclesiástica, essa passagem do Cântico dos Cânticos vale como uma prefiguração da encarnação de Cristo, pois nela se pode ver uma alusão ao modo pelo qual Cristo é coroado por sua mãe Maria com o diadema, isto é, com sua existência carnal. Efrém o Sírio celebra Maria como mãe *e* irmã *e* esposa de Cristo[106], e, segundo Honório de Autun, o Cântico dos Cânticos celebra nesta passagem as bodas de Cristo com sua esposa, a *Ecclesia*,   539

---

103. *De Chemia.* Op. cit., p. 37-38.
104. *Myst. Coni.* vol. 1, passim.
105. HONÓRIO DE AUTUN. *Expositio in cant.*, in: MIGNE, J.P. *Patrologiae cursus completus. Series latina.* Paris: [s.e.], t. 172. col. 409. O diadema, nos *Acta Johannis*, é também uma designação do *Soter* (Salvador). Cf. REITZENSTEIN. *Das iranische Erlösungmysterium.* Op. cit., p. XI. Cf. tb. p. 9, onde, entre os mandeus, o espírito vivo e a "Mãe da Vida" vestem o *Chrostag* (chamado) e *Padwahtag* (resposta), e os enviam depois como redentores ao homem primordial extraviado. Cf. tb. adiante JUNG, C.G. *Mysterium Coniunctionis* [OC 14]. Vol. 1, p. 7s.
106. EFRÉM O SÍRIO. *Hymni de beata Maria.* X, verso 19, Op. cit., II, p. 564 [LAMY (org.)]: "Stat Maria mater tua, soror tua, sponsa tua, ancilla tua [...] O Magister matris. Deus matris. Domi nus matris, matre iunioret senior" (Lá se ergue Maria tua mãe, tua irmã, tua esposa, tua serva [...] Ó Senhor de tua mãe, Deus de tua mãe, Senhor de tua mãe, mais jovem e mais idoso do que tua mãe).

no útero de sua virgem mãe[107]. Um paralelo alquímico do nosso texto se encontra no quarto capítulo do *Tractatus Aureus Hermetis*, onde o "rei" anuncia que permite a seus irmãos que o coroem, *que o adornem com o diadema*, e (que) "no seio de sua mãe sua substância entre em repouso"[108]. Também nas *Allegoriae super Librum Turbae*, *Mercurius* diz:[109] "A mãe gerou-me e eu a gerei". Ou no *Aenigma* VI: "Estende sobre sua mãe... o escravo vermelho... mata a mãe... e casa os dois num vaso de vidro"[110].

No tocante ao motivo que faz de modo misterioso a esposa ser também a mãe do *filius philosophorum*, liga-se a afirmação da frase precedente, quando a esposa diz de si mesma que é um cedro esguio, o cipreste sobre a montanha de Sião, uma vez que a árvore, na alquimia, entre outras coisas tem o sentido de mãe; remeto aqui o leitor às considerações de Jung[111] a esse respeito, assim como ao sentido da

---

107. *Speculum de myst. Eccles.*, in: MIGNE, J.P. *Patrologiae cursus completus. Series latina.* Paris: [s.e.], 172, col. 1063: "Rex qui nuptias filio fecit, est Deus pater qui Jesu Christo, Filio suo, sponsam Ecclesiam coniunxit. Huis nuptialis thalamus erat sacrae Virginis uterus" (O Rei que preparou as núpcias de seu filho é Deus Pai que une a Santa Igreja a Jesus Cristo seu Filho. O seu leito nupcial era o ventre da Virgem sagrada). Cf. tb. col. 1065: "De his nuptiis texuit rex Salomon dulce epithalamium dum in laude Sponsi et Sponsae per Spiritum Sanctum concinuit Cantica Canticorum" (A respeito dessas núpcias, o Rei Salomão teceu o suave epitalâmio, cantando em louvor do Esposo e da Esposa, por inspiração do Espírito Santo, o Cântico dos Cânticos). Cf. tb. o mesmo tema no mito de Osíris, que se uniu à sua irmã gêmea, no próprio ventre de sua mãe.

108. Cf. a mesma citação no Rosarium philosophorum, *Artis Auriferae*. Basileia: [s.e.], 1610, II, p. 247-248.

109. RUSKA. *Turba*. Op. cit., p. 329: "Mater me genuit et per me gignitur ipsa" (Minha mãe me engendrou e ela mesma é engendrada por mim). Cf. tb. SENIOR. *De Chemia*. Estrasburgo: [s.e.], 1566, p. 108: A pedra é ao mesmo tempo o ouro e a mãe do ouro, pois ela o produz; dela provém o dragão que devora a própria cauda... e a chuva rega a terra de modo que as flores nascem".

110. Assim também aparecem em muitos sistemas gnósticos a *Sophia* como irmã, como mãe e noiva de Cristo. IRENEU, I, 30, 12; I, 11 e I, 3, 4. HIPÓLITO. *Elenchos*. VI. [s.l.]: [s.e.], [s.d.], 34. Cf. adiante BOUSSET, W. *Hauptprobleme der Gnosis – Forschungen zur Religion und Literatur des Alten und Neuen Testaments.* Op. cit., p. 265-266, 267-268, 272-273 e 315.

111. "Der philosophische Baum". In: *Wurzeln des Bewusstseins*, op. cit., p. 429 e partia p. 446s. Cf. tb. acerca da Sapientia como árvore C.G. JUNG. *Antwort auf Hiub*, op. cit., p. 45s.

coroa e do incesto[112]. Psicologicamente, esta parte revela a ênfase cada vez mais nítida dos aspectos propícios e de auxílio do *numen* feminino da *anima*. Enquanto no começo a *sapientia* se manifestava principalmente como guia superiora, ela vai se tornando agora sempre mais a amante. *Eros* e *Gnosis* estão unidos a ela.

Na frase seguinte: "pois meu nome é um perfume que se derrama", a esposa se descreve novamente como "unguento", o qual na alquimia é um dos muitos sinônimos da água divina, particularmente no sentido da *anima*, a alma da materia[113]. Com isso, reaparece o tema do *oleum laetitiae* (óleo da alegria) da terceira parábola.

Texto: Eu sou a funda de Davi, cuja pedra arrancou o grande olho de Golias, e finalmente também sua cabeça.

O lado perigoso da figura da *anima* não desapareceu totalmente, mas ela não atormenta mais o homem que a serve; ela é de agora em diante uma funda em sua mão, com a qual ele pode vencer seus inimigos. Dominada pela consciência humana, a emoção destruidora anterior se torna um instrumento de vitória sobre a inconsciência cega e a unilateralidade. Golias aqui, como o dragão, é um símbolo da *materia prima* na situação de pecaminosidade e de *nigredo*[114] e – se bem que a pedra represente primeiramente a meta, ela é ao mesmo tempo, de modo misterioso, o modo de se chegar a essa meta[115]. O "grande

---

112. Cf. *Mysterium Coniunctionis* [OC,14], 2, capítulo Rex, passim.
113. Cf. SENIOR. *De Chema*. Estrasburgo: [s.e.], 1566, p. 49, 55, 57 e partic. 69: "Vult per oleum Animam, quae non ingreditur per ignem sed aqua extrahit eam" (Por óleo ele entende a alma, que não entra pelo fogo, mas que é extraída pela água). Cf. ainda p. 75 e 82: "Et hoc genitum est pinguedo, quam vocant animam et ovum" (E o que nasce é a gordura, que eles chamam alma e ovo). Cf. item. Collectanea ex Rhasi, *Pretiosa margarita novella*. Op. cit., p. 169.
114. Cf. MENNENS, J. de. Aurei Velleris etc., *Theatrum Chemicum*, V, [s.l.]: [s.e.], 1622, p. 351s.: "quae Goliath debellavit, *id est peccatum*..." (que venceu Golias, *isto é, o pecado*...).
115. Cf. tb. HONÓRIO DE AUTUN. *Speculum de myst. eccles.*, in: MIGNE, J.P. *Patrologiae cursus completus. Series latina*. Paris: [s.e.], t. 172, col. 1041: "Funda <David> quippe erat circumdata Christi humanitas passionibus circumrotata, Lapis qui frontem Goliae penetravit erat divinitas quae maxillam Leviathan perforavit" (A funda <de Davi> agitada era a humanidade de Cristo, envolvida pelo turbilhão das paixões, e a pedra que penetrou na fronte de Golias era a divindade que trespassou o maxilar de Leviatã).

olho de Golias", que é citado no singular, lembra Poliphemo-Golias cegado aqui como o Ciclope. Jung já expôs o significado do olho (considera-se aqui, em primeiro lugar, seu aspecto nefasto), como trevas femininas devoradoras[116].

544   Texto: Eu sou o cetro da casa de Israel e a chave de Jessé, que abre e ninguém pode fechar, que fecha e ninguém pode abrir.

545   O tema do cetro de Israel e da chave de Jessé "que abre e ninguém pode fechar" ressalta o *significado instrumental* da pedra. O cetro significa o *regimen* alquímico, e a chave é também em outros textos (por exemplo, em Roger Bacon), uma imagem da substância do arcano da pedra. Assim, o *Rosarium* diz[117] : "Esta pedra é com efeito uma chave... pois ela é dotada do mais poderoso dos espíritos"; com ela, as portas de metal são abertas[118]. A pedra atua como uma chave, porquanto a experiência do si-mesmo dá também um "método" à consciência para tornar consciente o mistério do inconsciente, isto é, seus símbolos. Por isso o *Rosarium* diz ainda: "Os filósofos falam do sal e o chamam de sabão dos sábios e chavezinha que fecha, depois abre e fecha de novo e ninguém pode abrir; sem esta chavezinha, dizem eles, ninguém neste mundo pode chegar a esta ciência, isto é, se ele não souber calcinar o sal depois de seu preparo"[119]. O significado do sal já foi exposto por Jung[120]. Sua qualidade de *princípio do eros*, de compreensão, de vivacidade de espírito, explica sua assimilação à figura feminina de nosso texto.

546   Texto: Eu sou aquela vinha predileta, o senhor da casa a ela enviou os operários da primeira hora, da segunda, da terceira, da sexta e da nona etc. Eu sou aquela terra da santa promessa, onde correm rios de leite e mel, produzindo dulcíssimos frutos em seu devido tempo.

---

116. Cf. JUNG, C.G. *Mysterium Coniunctionis* [OC, 14/1], p. 32.
117. Citação de ROSINO. *Artis Auriferae*. Basileia: [s.e.], 1610, II, p. 162: "Hic enim lapis est clavis... nam... est fortissimi spiritus". (Esta pedra é certamente uma chave..., pois ela é do mais forte dos Espíritos.)
118. Ibid., p. 181.
119. Ibid., p. 146.
120. *Myst. Com.*, I, cap. Salz (Sal).

A figura feminina é aqui comparada à "vinha" da parábola de   547
Mateus 20,1-16[121] e à "terra da promessa", o que sublinha novamente
sua identidade com a "terra espiritual" do capítulo precedente.
Ela é pura e, simplesmente, a realidade da alma.

Texto: [...] por isso todos os filósofos me recomendaram e semearam   548
em meus campos seu ouro, sua prata e seu grão incombustível.
Se este grão, caindo em mim, não morre, permanecerá só, mas, se morre, produz um tríplice fruto: o primeiro produzirá bom fruto numa boa terra, e a das pérolas; o segundo, igualmente bom, produzirá numa terra melhor, a das folhas de prata; o terceiro produzirá mil vezes mais porque <foi semeado> na melhor das terras, a de ouro.

Nós já havíamos encontrado este tema na declaração de Hermes   549
da parábola precedente, segundo a qual é preciso semear o ouro na
terra branca (folhada)[122]. Em Senior, o *granum* (grão) ora significa a
tintura, ora o ouro e ora a "alma"[123], e o *Rosarium*, que comenta esta
passagem da *Aurora*, esclarece que o "grão" é o *granum corporis*
(grão do corpo) e a terra é a *materia prima* que absorve o "vapor gorduroso" ou o *mercurius* dos filósofos[124]. Assim também no sétimo
enigma das *Allegoriae super Librum Turbae*, "o grão isolado do germe fértil" deve ser unido em bodas místicas com o "vapor primordial
da terra"[125]; o vapor gorduroso ou *mercurius* são sinônimos da "terra

---

121. Cf. a interpretação de MENNENS, J. de. Aurei velleris etc., *Theatrum Chemicum.* V, Basileia: [s.e.], 1622, p. 376), que vê na soma da primeira, terceira, sexta, nona e décima primeira horas, uma alusão ao número 30 (*numerus tricenarius*).
122. Cf. item., Clangor Buccinae, *Artis Auriferae.* Basileia: [s.e.], 1610, I, p. 336.
123. SENIOR. *De Chemia.* Estrasburgo: [s.e.], 1566, p. 42: "Solvunt enin hanc tincturam cum humiditate, quae est ex ipso in principio et in fine cum igne sicut vides *granum Hospho seu Offoto* in gramine suo cum aqua et igne augmentari et generatur in eo tinctura [...] vertite aurum in folia [...]" (Eles dissolvem, com efeito, esta tintura a princípio com umidade que provém dela mesma, e, ao fim, com o fogo, do modo pelo qual vês o grão Hospho ou Offoto aumentado em sua semente pelo fogo e pela água, e a tintura é engendrada nele [...] Tomai o ouro em folhas [...]); p. 115: "Tinctura quam etiam vocabit Hermes aurum cum dixit seminare aurum in terram albam Foliatam significavit hanc tincturam [...] et nominaverunt eam crocum et *Effer*" (A tintura que Hermes chamou ouro, quando diz que semear o ouro na terra alva coberta de folhas significa esta tintura [...] E eles chamaram-na açafrão e *Effer*). (cf. item p. 35) e p. 80: "*Tinctura vera* Calid, i.e. fixa incombustibilis, cum granum eius prius fuerat combustibile" (A verdadeira tintura, Calid, isto é, aquela que é fixa e incombustível, embora seu grão fosse antes combus-

da promessa", indicando por que se trata de uma terra etérea, "sublimada"[126]. Segundo nosso texto, esta última é constituída de três substâncias: pérolas, prata e ouro. Encontramos esta mesma gradação em Senior, do qual procede esta repartição[127]. Esta terra mística é, pois, uma espécie de trindade inferior[128]. Para a interpretação psicológica desta trindade inferior remeto o leitor às considerações de Jung em seu *Symbolik des Geistes* (Simbolismo do espírito)[129].

550 O essencial parece ser o fato de que, neste contexto, a "trindade inferior" é descrita como *terra*, isto é, como uma realidade psíquica ligada à natureza da matéria. A matéria recebe aqui uma significação

---

124. *Artis Auriferae*. Basielia: [s.e.], 1610, II, p. 146.

125. RUSKA. *Turba*. Op. cit., p. 329. Cf. adiante as palavras do *fillius reg*ius ou *Lapis* na *Metaphora Belini* (Rosarium phil., *Artis Auriferae*. Basileia: [s.e.], 1610, II, p. 249): "ego sum frumentum seminatum in terra puram, quod nascens crescit et multiplicatur et adfert fruetum seminanti: quia omne quod generatur genere suo (generatur) et quodlibet individuum multiplicat formam suae speciei et non alterius..." (Eu sou o grão de trigo semeado na terra pura, que nascendo, cresce, se multiplica e dá fruto ao semeador, porque tudo o que é engendrado o é de sua própria espécie e toda coisa individual multiplica a forma de sua própria espécie e não de outro modo...).

126. Pode-se evocar aqui a antiga ideia órfica da "terra celeste" (= lua) da qual provinham as almas (PLUTARCO. *De facie in orbe lunae*. [s.l.]: [s.e.], [s.d.], 21. MACRÓBIO. *Somn. Scip.* I, [s.l.]: [s.e.], [s.d.], 19, 88. Cf. RAHNER, H. Myst. Lun., *Zeitschrift für katholische Theologie*. [s.l.]: [s.e.], 1940, p. 124 e 68). A "terra etérea" ou "terra de luz" dos maniqueus é uma imagem similar (cf. FLUEGEL. *Mani*, p. 86, apud BOUSSET, W. *Hauptprobleme der Gnosis* – Forschungen zur Religion und Literatur des Alten und Neuen Testaments. Op. cit., p. 135). Ela corresponde à *Sophia* de Deus ou *Sapientia* de Deus.

127. *De Chemia*. Estrasburgo: [s.e.], 1566, p. 51. Maria, a Judia, chama também as folhas de ouro "areia", "terra lavada" (Olimpiodoro. BERTHELOT. *Collection des Anciens Alchimistes Grecs*. Paris: [s.e.], 1887/1888, II. IV, vol. I, p. 71). A "terra estrelada" de Senior é idêntica à γη αστεριτης dos gregos (Ibid., II, III, vol. I, p. 60 e III, XXV, vol. I, p. 186, Zósimo).

128. Cf. esta interpretação em MENNENS, J. de. Aurei Velleris etc., *Theatrum Chemicum*., V. [s.l.]: [s.e.], 1622, p. 334.

129. Op. cit., p. 59s. e 406s. Cf. tb. JUNG. *Von den Wurzeln des Bewusstseins*. Op. cit., p. 197: "Na imagem do *Mercurius* e do *Lapis* a *carne* se glorifica à sua maneira: ela não se transformava em espírito, mas fixava ao contrário o espírito em pedra e dava a esta última *mais ou menos todos os atributos das três pessoas divinas*" (grifo meu).

própria e é elevada ao mesmo tempo a um nível divino – em total inversão no tocante à imagem escolástica do mundo medieval, onde a matéria tem somente uma realidade potencial enquanto não recebe forma. O texto anuncia, pois, uma *glorificação do feminino, do corpo e da matéria*. Pode-se adivinhar a imensa reviravolta que deve ter-se produzido no homem da Idade Média, sob o efeito da irrupção de elementos inconscientes, antes que ele se tornasse capaz de formular uma tal asserção. É igualmente claro que essas afirmações só poderiam exprimir-se indiretamente, na linguagem de um delírio onírico, pois são declarações compensatórias do inconsciente e não pontos de vista do homem consciente dessa época.

Texto: A partir dos frutos deste grão é que se faz o alimento da vida que vem do céu. Quem o comer viverá e não terá mais fome. Deste alimento os pobres se alimentarão e serão saciados, e aqueles que buscam Deus o louvarão e seus corações viverão eternamente.

551

Nesta tríplice terra é semeado o grão incombustível que, morrendo, produzirá milhares de frutos, e do qual deve nascer o "pão da vida". Alquimicamente, trata-se da fase da *multiplicatio* (multiplicação) realizada sobre os metais vulgares pela "projeção" da tintura ou do ouro. Esta ideia de uma multiplicação recebe do autor a conotação de uma *amplificatio* cristã, pois o "pão da vida" é a história, isto é, o corpo de Cristo enquanto *multitudo fidelium* (multidão dos fiéis). Na medida em que esta *multiplicatio* se produz aqui *num* só homem, ela significa preponderantemente, seguindo a concepção hindu, uma dissolução do indivíduo no *atmã* universal. No si-mesmo, o um é também o múltiplo, e o múltiplo está inteiramente reunido no um. Este ponto de vista extraordinário parece fazer alusão a um estado-limite supremo, no qual o eu individual se extingue e é substituído por uma experiência na qual estão incluídos todos os homens. Poderíamos ser tentados a representar tal estado como uma iluminação precedendo a morte.

552

Na alquimia, a *multiplicatio* se produz a partir do número 10: 10, 100,1.000 etc. Seria interessante ler acerca deste tema as considerações de Jung em *Psicologia da transferência*[130]. Segundo Rabano

553

---

130. Cap. 10, p. 232s.

Mauro, o número dez significa a perfeição ou a recompensa eterna[131]. Na doutrina de Joaquim de Fiori, a *ecclesia spiritualis* pertence à sétima idade, a das ordens monásticas, quando o sacerdócio e o império estarão finalmente unidos como o sol e a lua[132]. Este traço deve ser notado porquanto nós encontramos aqui, na sétima parábola (correspondendo à sétima idade), alusões evidentes à ideia de uma *ecclesia spiritualis*. Voltarei a este tema, que será retomado no fim da parábola, com a sentença de Calid sobre as três preciosas palavras semeadas, e que parece, pois, ser a verdadeira imagem da meta do *opus*.

554 Texto: Eu dou e não peço de volta, pago e não empobreço, protejo e não tenho medo – o que direi mais ao meu amado? Eu sou a mediadora dos elementos... o que é quente, eu refresco; o que é seco, eu umedeço; o que é duro, eu amoleço e vice-versa. Eu sou o fim e meu amado é o princípio. Eu sou a obra inteira e toda a ciência se oculta em mim.

555 Em Senior, a *anima* é a força que atua, "reunindo os opostos na unidade"[133]. Ela realiza todos os milagres *e sua inversão*. Ela é o *opus* em sua totalidade, toda a ciência e, na medida em que ela e seu esposo são apenas *um*, ela é o começo e o fim, o alfa (α) e o ômega (ω), qualificativos que lhe conferem de novo a dignidade divina. Seria interessante comparar esta enumeração com a lista dos atributos reunidos por Alberto Magno (?) na *Bíblia Mariana*[134], em honra de Maria: Maria é o empíreo, a luz que expulsa as trevas da ignorância, a terra fértil fecunda que gerou o Cristo, erva verde; ela é a fonte de vida, a *hospitatrix* (hospitaleira) das almas errantes, a esposa, a mãe das graças e "nossa irmã", "a escada de ascensão até o céu", a porta do Reino e a *aurora illuminationis* (!), a aurora que aterroriza os demônios. Ela é o celeiro da santidade que Cristo abriu, o tabernáculo da união en-

---

131. RABANO MAURO. *Allegor. in Sacr. Script.*, in: MIGNE, J.P. *Patrologiae cursus completus. Series latina*. Paris: [s.e.], t. 112, col. 907: Denarius est Christus in Apocalipsi (VI. 6) "Quod qui [...] in fidem et operationem tenent ad Christum pertinent". (O denário é o Cristo no Apocalipse 6,6, pois aqueles que se mantêm na fé e no trabalho pertencem a Cristo.) O denário é a retribuição eterna.

132. Cf. HAHN. *Gesch. d. Ketzer*. Op. cit., vol. III, p. 289-291.

133. "Convenerunt repugnantia in hoc unico [...]" (<Ela> reúne os opostos num só). *De Chemia*. Estrasburgo: [s.e.], 1566, p. 34.

134. *Opera*. Op. cit., vol. 37, p. 367s. [BORGNET (org.)].

tre Deus e nós, a rainha do mundo, e a porta, o ano e o tempo da graça. Ela é a nuvem do eclipse, a névoa refrescante, a arca da aliança, o rochedo do qual jorrou a água da graça ou o óleo, a estrela da iluminação, a lâmpada esplendorosa, a "melhor terra", a irmã de nossa pobreza, o sol, a montanha da bênção, a câmara nupcial das delícias de Deus, a janela do escoamento ou da inspiração, o altar, o tosão do orvalho divino ou da águia prodigiosa. Ela nos reveste com o manto da divindade; é a rainha de Sabá e o trono de Salomão e da Trindade, o lugar de unificação da divindade e da natureza humana. Estes símbolos circunscrevem um *numem* feminino que se aproxima da *sponsa* de nosso texto, se bem que, neste último, o lado obscuro, mortífero e perigoso esteja incluído mais fortemente.

Texto: "Eu sou a lei no sacerdote, a palavra no profeta e o conselho no sábio. Eu posso matar e tornar vivo; não há ninguém que possa livrar-se de minhas mãos. Eu ofereço minha boca a meu amado e ele beija meus lábios – Ele e eu somos um só – quem nos separará do amor? Ninguém, é impossível! Pois nosso amor é forte como a morte". 556

Estas palavras não deixam a menor dúvida acerca da identidade da esposa com a divindade; na Bíblia, elas são palavras de Deus. Elas são a divindade ou o correspondente feminino de Deus na matéria. Elas são Deus, que no entanto abraça o homem como uma amante, para colocá-lo ao mesmo tempo em sua natureza antitética e em sua totalidade que abarca todas as coisas. Esta experiência – como diz o texto – ultrapassa até mesmo a morte. 557

Esta *unio mystica*, comparada à de outros textos medievais, é algo de novo e totalmente diverso, na medida em que antes a alma humana se unia enquanto ser feminino ao Cristo ou a Deus. O ser humano, isto é, sua *anima* no sentido religioso, era a esposa. Aqui, pelo contrário, Deus é a esposa e o ser humano, isto é, o si-mesmo, é o esposo. Esta estranha inversão deve ser compreendida em primeiro lugar como uma compensação: a imagem masculina e espiritual de Deus transformou-se em seu contrário, numa figura que reúne em si a "autorreflexão" de Deus, isto é, a *sophia* com a matéria e a natureza. É o aspecto de Deus que tende para a consciência que se revela nesta figura, como se a *psique* humana e a matéria fossem destinadas a ser o lugar em que Deus pudesse tornar-se consciente de si mesmo. O filho amado desta figura é o estado final transfigurado de um homem que passou pela morte. Contrariamente à *sapientia*, *ele* repeliu 558 a obscuridade para longe de si. Isto explica a impressão de irrealidade inquietante desta última parte do texto. O homem "irreal" e esclarecido dirige-se então à *sapientia*.

559 Texto: "Ó minha amada, e, ainda mais, predileta, tua voz ressoou em meus ouvidos [...] Como é bela tua face, teus seios são mais formosos do que o vinho, minha irmã, minha noiva, teus olhos são piscinas de Hesebon, teus cabelos se assemelham ao ouro, tuas faces ao marfim, teu ventre é uma taça de licores inesgotáveis [...] e todo o teu corpo é para todos fascinante e desejável".

560 Nesta parte do texto o esposo responde à sua amada e a louva em termos quase todos tirados do Cântico dos Cânticos. O texto mostra uma alteração psicológica essencial: pela primeira vez, com efeito, alguém fala diretamente com a *anima*. Até então, ou era a *sapientia anima* que falava, ou era o autor que se dirigia aos homens e louvava e anunciava a "glória" da *sophia*. Ele era "tomado" no sentido literal da palavra e ficava incapaz de orientar sua emoção para o interior e de confrontar-se ativamente com ela. Agora, porém, voltou-se com amor para a Esposa, o que corresponde psicologicamente a uma aceitação do inconsciente no nível do sentimento, a uma afirmação frente à existência da *anima*. Produz-se ao mesmo tempo um relativo afastamento em relação aos "outros seres humanos". Mesmo sendo convidados a participar da felicidade do par, é possível ver que as intenções didáticas anteriores desapareceram. A imagem arquetípica de um par divino e de seu hierosgamos ocupa agora toda a cena. O deus e a deusa celebram as núpcias místicas, e o leitor se vê diante da irrupção de um sentimento da vida pagão, cuja expressão lida com a heresia. Ao mesmo tempo o texto comunica um sentimento de libertação interior. É como se uma prisão de imagens religiosas convencionais e de estreiteza humana houvessem afinal rebentado e o autor deixasse atrás de si, como uma concha vazia, seu mundo espiritual anterior.

561 O esposo louva a esposa, usando numerosas imagens simbólicas que ressaltam amplamente sua totalidade. As palavras do Cântico dos Cânticos 7,3: "Teu umbigo é como uma taça redonda (cântaro de mistura), onde nunca falta a bebida" significa, segundo Honório de Autun[135], a *temperantia* (cf. a citação alquímica no nosso texto!), *que fica no centro do corpo e a taça representa os sete dons do Espírito*

---

135. Migne, P.L., t. 172, col. 457 e 465.

Santo. A temperantia é, com efeito, "circumspectione rotunda et sapientia fecunda" (circunspecção redonda e sabedoria fecunda). O umbigo (*umbilicus*) representaria segundo Rabano Mauro as ordens contemplativas da Igreja[136]. Assim, pois, temos aqui, por um lado, uma alusão eclesiástica a Maria como *vas devotionis* e à Igreja como vaso da *doctrina veritatis* e finalmente uma alusão ao corpo humano, "vaso do espírito"[137] e, por outro lado, ao simbolismo alquímico do *vas* (vaso) e seu significado complexo[138]. O vaso deve ser redondo segundo a concepção da alquimia, à imagem do cosmos e das esferas celestes[139] e também da cabeça humana, como sede da *anima rationalis*[140]. Já no *Corpus Hermeticum* o cosmos é denominado *vas* ou esfera (σφαιρα) e é também o *nous* que se move tal qual uma cabeça; *tudo o que é ligado a essa cabeça é imortal*[141], e os harranianos árabes edificavam templos semiesféricos a esta "razão universal" ou "alma"[142]. A "cra-

---

136. Ou como luxúria. RABANO MAURO. *Alleg. in Sacr. Script.*, in: MIGNE, J.P. *Patrologiae cursus completus. Series latina*. Paris: [s.e.], 112, col. 1085.

137. LACTÂNCIO. *Div. Inst.* [s.l.]: [s.e.], [s.d.], 2, 12, 41.

138. Cf. JUNG. *Psychologie und Alchemie*. Op. cit., p. 249 e passim.

139. Cf. SENIOR, p. 122. Cf. tb. πολοειδη οργανα (o aparelho esférico), dos gregos. BERTHELOT. *Collection des Anciens Alchimistes Grecs*. Paris: [s.e.], 1887/1888, IV, VII, vol. I, p. 275 e 277. Cf. tb. a citação de Zósimo em Olimpiodoro (BERTHELOT. *Collection des anciens alchimistes grecs*. Paris: [s.e.], 1887/1888, II, IV, vol. I, p. 98-99): "E ele designa a casa das almas dos filósofos, dizendo: a casa era esférica ou em forma de ovo, olhando para o ocidente, e ela possuía a forma de uma casca em espiral".

140. Cf. JUNG. Paracelsica: *Zwei Vorlesungen über den Arzt und Philosophen Theophrastus*. Zurique: Rascher, 1942, p. 93; *Von den Wurzeln des Bewusstseins*. Op. cit., p. 180 e 270s. Adiante RUSKA. Turba philosophorum – *Ein Beitrag zur Geschichte der Alchemie. (Quellen und Studien zur Geschichte der Naturwissenschaften und der Medizin, 1).* Berlim: [s.e.], 1931, p. 254 e nota 3. Segundo o *Fihrist*, os alquimistas são "aqueles que são celebrados pela produção da cabeça e do elixir perfeito". A água é chamada *caput mundi*, cabeça do mundo (Consilium Coniugii, *Ars Chemica*. Op. cit., p. 66). Cf. adiante BERTHELOT. La chimie au moeyen âge. 3 vols. Paris: [s.e.], 1893, p. 140-141 e LIPPMANN, E. von. *Alchemie*. Op. cit., I, p. 97-98.

141. SCOTT. *Hermetica*. 4 vols. Oxford: [s.e.], 1924-1936, I, p. 194.

142. Cf. CHWOLSOHN, D. *Die Ssabier und der Ssabismus*. [s.l.]: [s.e.], 1856, Bd. II, p. 367, 376, 382. Cf. tb. a *barba* (pirâmide) redonda, em SENIOR. *De Chemia*. Estrasburgo: [s.e.], 1566, p. 122-123.

tera", porém, possui um aspecto "hílico"; no *Corpus Hermeticum*[143], a matéria (e também o tempo, em Plutarco) é designado como o recipiente do devir e do passar, e no neoplatonismo o cosmos é considerado como uma caverna[144]. Segundo Platão e, mais tarde, em algumas seitas órficas, pensava-se que o criador do mundo havia misturado tudo numa grande "cratera"[145]. Por isso Zósimo, em sua visão[146], percebeu a transformação dos elementos realizar-se num altar em forma de taça que abarca o cosmos em sua totalidade[147]. A descrição da esposa como *crater tornatilis* (vaso do vir a ser) se esclarece em tais contextos[148].

562   Texto: "Vinde, filhas de Jerusalém [...] Dizei-me: O que faremos de nossa irmãzinha, cujos seios ainda não cresceram? Sobre ela porei a minha força, tomarei seus frutos e seus seios serão como cachos de uva"

563   Esta parte do texto, que segue o Cântico dos Cânticos 8,8-9 e 7,8, significa que a *soror mystica* é ainda demasiado jovem para as bodas, e ela só poderá amadurecer se o homem pedi-la em casamento. A Patrística interpreta-a como a "Igreja ainda muito nova", que amadurece através do Cristo[149], ou como Maria, que não possui os *ubera concupiscentiae* (seios da concupiscência). Alquimicamente, isto exprime que ainda falta algo à esposa, a saber, a "força" do masculino. Assim prossegue o Cântico: "Se tratar-se de um muro, construamos fora baluartes de prata [...]" etc. Falta, pois, uma última fixação

---

143. SCOTT. Op. cit., p. 422 e III 396. Cf. item PLUTARCO. *De Ei*. [s.l.]: [s.e.], [s.d.], 392.

144. PORFÍRIO. *De antro nymph.* [s.l.]: [s.e.], [s.d.], 5 e 21.

145. *Timeu*. [s.l.]: [s.e.], [s.d.], 41 D e LUCIANO. *Bis accusatus*. [s.l.]: [s.e.], [s.d.], 34, 834, JOÃO DIÁCONO. *Ad Hesiod. Theog.* [s.l.]: [s.e.], [s.d.], 617 e 950, SÉRVIO. *Aeneis.* [s.l.]: [s.e.], [s.d.], 6, 667, Proclo *in Tim.*, 316a. MACRÓBIO, *Somn. Scip.* I, 12, 8. Cf. SCOTT, W. II, p. 224 e LEISEGANG. *Die Gnosis*. Leipzig: [s.e.], 1924, p. 336 e 126.

146. Cf. JUNG, C.G. *Von den Wurzeln des Bewusstseins*. Op. cit., p. 270s. e passim.

147. Cf. o significado da cratera em Zósimo, também SCOTT, W. *Hermetica*. 4 vols. Oxford: [s.e.], 1924-1936, I, p. 148.

148. Sobre o significado da cratera cf. JUNG, C.G. *Psychologie und Alchemie*. Op. cit., p.405s.

149. HONÓRIO DE AUTUN. *Expos. in Cant. Cant.*, in: MIGNE, J.P. *Patrologiae cursus completus. Series latina*. Paris: [s.e.], t. 172, col. 480.

para o "corpo" ou "corpo espírito". Poder-se-ia sublinhar que por isso só uma realização consciente da alma dá a esta sua forma específica e sua verdadeira qualidade. Somente quando Deus – pois a *sponsa é* Deus – se torna consciente num ente humano, este alcançará seu ser real. Eis por que a divindade, comparada com o homem, aparece logicamente como uma "mulher" – isto é, como uma adolescente imatura. A imagem parece ressaltar a fragilidade de Deus – num movimento que compensa a imagem dogmática de uma divindade paternal afastada do homem, nas nuvens do mundo metafísico.

Mencionemos aqui o paralelo impressionante desta imagem na representação persa de que, no momento da morte de um homem, sua alma vem ao seu encontro sob a forma de uma bela jovem de cerca de quinze anos, a qual é também um velho sábio[150] – assim, este motivo também evoca imagens que parecem ligadas à experiência da morte.

Texto: Vem, amada, minha amada, atravessemos teu campo, permaneçamos no lugarejo; levantemo-nos de manhã bem cedo para ir à vinha; a noite passou e o dia se aproxima. Vejamos se tua vinha já floriu, se tuas flores geraram frutos. Lá oferecerás teus seios à minha boca, e eu mesmo guardei para ti todos os meus frutos, novos e antigos...

O esposo convida sua amada a descer e atravessar os campos e a convidar os homens para uma festa de alegria, "pois a noite já passou e o dia se aproxima"[151]. Depois da "noite lunar" e da "aurora" em que a mulher reinava, o dia do *sol* irrompe, no qual a pedra se completa. O fato de "atravessar o campo" indica um alargamento e uma liberação da estreiteza dos comportamentos humanos, uma união extática com a natureza. Mas isso poderia também significar o abandono do corpo doente no momento da morte: esta se levanta como uma nova manhã à luz da qual as coisas aparecem transformadas, é um estado de consciência totalmente novo. Nesta nova luz, os amantes fruem sua felicidade.

---

150. Cf. REITZENSTEIN, R. *Das iranische Erlösungmysterium*. Op. cit., p. 31.
151. Cf. AMBRÓSIO. *Exam*. IV, 8. 32 (cit. RAHNER, H. Myst. Lunae, op. cit., p. 331, 333, em partic., p. 432). segundo o qual essas palavras são dirigidas aos homens pela Igreja (*Luna*), "que ilumina as trevas do nosso mundo temporal", e o "Dia" significa a aparição do Cristo-Sol.

567   Texto: "Fruamos, pois, e apressemo-nos a consumir nossos bens, como na juventude fazíamos. Bebamos o vinho precioso e inebriemo-nos de aromas. Nenhuma flor será esquecida ao passarmos por ela, e nos coroaremos: primeiro, com lírios, depois, com as rosas antes que feneçam. Nosso prazer atravessará todos os prados. Que ninguém dentre nós se esquive a este prazer".

568   Não há aqui nenhum paralelismo eclesiástico, e mais: *as palavras citadas são com efeito aquelas que o Livro da Sabedoria põe na boca dos "luxuriantes", dos filhos do mundo perdidos na volúpia carnal* (cf. Sb 2,5s.). *Elas são postas aqui pelo autor na boca do esposo*. Ou então é mister pensar numa falha de memória por parte do autor, ou mesmo que ele tenha aludido conscientemente a um mistério não cristão. O texto descreve de qualquer modo a irrupção de um sentimento da natureza que ressuscita o paganismo antigo, um "hino ao falus", "cantado a Dioniso-Hades" para falar como Heráclito[152]. A libertação da prisão do corpo parece ser ao mesmo tempo uma libertação das estreitezas dos julgamentos espirituais. O homem natural é salvo e celebra uma união espiritual com a natureza.

569   O par convida todos os homens a colher flores (lírios e rosas = *albedo* e *rubedo*) e a adornar-se com elas. Já na sexta parábola havíamos encontrado a terra portadora de flores e de frutos e onde se trata também da "água germinadora" (*aqua germinans*) da qual nasceram flores, frutos e o vinho para os homens[153]. Esta água germinadora é de algum modo a *quinta essentia* da qual a *Expositio Epistulae Alexandri Regis* diz[154] que ela é "o espirito que vivifica todas as coisas e

---

152. HERÁCLITO, org. H. DIELS, *Fragmente der Vorsokratiker*, 6. ed., org. W. KRANZ, Berlim 1952, vol. I, p. 154-155: "Pois se não fosse em honra de *Dioniso* que eles fizessem as procissões e cantassem o hino ao membro da vergonha (falo), seria uma pura obscenidade. Mas o *Hades* e *Dioniso* são um e o mesmo, a quem eles clamam [...]".

153. As flores correspondem às estrelas, com as quais estão em relação por intermédio do ar: "Ac veluti caelum terrae maritatur paranymphum habens Mercurium sive spiritum praefatum aëreum" ("e assim como o céu é casado com a terra, tendo como paraninfo Mercúrio ou o espírito aéreo, do qual já falamos"). (MENNENS, J. Aurei Velleris etc. *Theatrum Chemicum*. V, [s.l.]: [s.e.], 1622, p. 421-422). Cf. tb. as ervas utilizadas no processo alquímico de Dorn: JUNG. *Mysterium Coniunctionis* [OC, 14/2], último capítulo.

154. *Artis Auriferae*. Basileia: [s.e.], 1610,1, p. 247: "Quinta essentia spiritus est, qui omnia vivificat et altérât et orane germen germinat et omne lumen accendit et omnes fructus floret". (A quinta essência é espírito, que vivifica tudo o que faz todo grão germinar e crescer e a luz brilha e todos os frutos são produzidos).

transforma e traz à luz todo germe, fazendo-o brotar, e todos os frutos[155]. Segundo a *Turba*[156], as flores são a *força que procede da água divina*, e para Senior as flores de ouro são uma imagem das "tinturas"[157]. Já para o Pseudo-Demócrito, a "casa do mistério" deve ser cercada de "lagos e jardins"[158]. Na alquimia grega, as "flores" ou "florações" são uma imagem dos espíritos (πνευματα) ou almas[159], ao passo que a pedra (*lapis*) e um "sol terrestre" ou a "floração do mineral"[160], ou ainda uma "floração bem formada que brota de quatro ramos"[161]. Também no hierosgamos do texto de Komarios as flores desempenham um papel[162]: "As águas (abençoadas) vão acordar os corpos adormecidos e os espíritos (πνευματα) enfraquecidos e aprisionados [...] e logo eles se levantam e se revestem de muitas cores belas,

---

155. A *aqua germinans* (a água germinadora) é a *aqua* divina, que contém o espírito de Deus. JUNG, C.G. *Psychologie und Religion*. Op. cit., p. 99 e 183. Cf. o significado alquímico da chuva de primavera, que faz tudo florescer; também CARMINA HELIODORI. Op. cit., p. 90. verso 98, *Carmen* II, [GOLDSCHMIDT (org.)]: "... υειν, ολη τε γαια καρπους εκφυειν... εαρ μεθ'ο θερμον τε και υγρον πελον εισερχεται, εν ω περ η γη βλαστανει ανθων γενη παντοια" ("... chove e os frutos são produzidos por toda a terra... a primavera penetra na terra quente e úmida, e a terra faz germinar toda espécie de flores").

156. Op. cit., p. 145.

157. *De Chemia*. Op. cit., p. 11, 57 e 108: "Et ascendunt nubes et pluunt pluviae super terram et ex ipso prodeunt flores et tincturae [...] et ibi fiunt flores" etc. (E sobem as nuvens e chovem as chuvas sobre a terra e daí nascem flores e tinturas [...] e aí se fazem flores).

158. BERTHELOT. *Collection des Anciens Alchimistes Grecs*. Paris: [s.e.], 1887/1888, II, IV, vol. I, p. 100.

159. Cf. Sinésio (BERTHELOT. *Collection des Anciens Alchimistes Grecs*. Paris: [s.e.], 1887/1888, II, III, vol. I, p. 66). "Pela palavra flor (ανθος), Demócrito designa a sublimação das almas, isto é, dos pneumata".

160. Livro de Sophe, BERTHELOT. *Collection des Anciens Alchimistes Grecs*. Paris: [s.e.], 1887/1888, III. XLII. 1, vol. I, p. 213 e Zósimo chama a sublimação (αρσις) a "ascensão das flores", ibid., II, II, vol. I, p. 144, vol. III, XV, vol. I, p. 156. Demócrito enumera entre as flores mais importantes: a "flor marinha", e a "rosa itálica" (ibid., II. I, vol. I, p. 42), e Sinésio, o açafrão da Cilícia, a flor *anagillis*, que significa a "ascensão das almas" (ibid., II, III, vol. I, p. 66).

161. CARMINA HELIODORI. Op. cit., p. 30 e 31.

162. BERTHELOT. *Collection des Anciens Alchimistes Grecs*. Paris: [s.e.], 1887/1888, IV, XX, vol. I, p. 293-295.

como *flores de primavera...*" "Olhai com efeito a realização da arte: a união de esposa e esposo... *Olhai as plantas* (βοταναι) e suas variações – eu vos digo toda a verdade! Vede e compreendei como as nuvens se erguem do mar e levam com elas as águas abençoadas, e estas regam a terra, e sementes e florações eclodem... Esforçai-vos, regando a terra e alimentando vossas sementes, a fim de que possais colher frutos maduros"[163]. Esta semeadura e plantação de flores no texto de Komarios aludem à "ressurreição vegetal" de Osíris, isto é, ao texto ritual funerário dos egípcios, no qual sementes e bulbos de flores eram depositados na múmia (= Osíris) e regados. Seu brotar indicava a ressurreição. Assim também na obra hermética não alquímica de *Ísis a Hórus*, chamada *Korê Kosmou*[164], o demiurgo, proferindo palavras mágicas, engendra o mundo a partir do *pneuma*, do fogo e outros ingredientes, e, quando ele agita a mistura, sobe à superfície uma substância leve, transparente, só visível a Deus, que ele chama *psychôsis* – tecido da alma, animação etc. *Trata-se da "eflorescência"* (το επανθουν), *e as almas dela são formadas.*

570   As flores desempenham também um papel importante no simbolismo eclesiástico. Assim, Efrém o Sírio relata como Cristo se uniu com sua esposa, a Igreja, no mês pascal de *Nisã*[165]; ele "perturbou" a terra e de seus abraços nascem as flores[166]. Ambrósio esclarece as palavras da Bíblia que a *Aurora* também menciona: "O inverno passou, as flores aparecem e o tempo da colheita aí está", como que represen-

---

163. Adiante ibid., p. 297-298, lê-se: "O fogo foi submetido à água e a terra ao ar. O ar também foi submetido ao fogo e a terra à água. O fogo e a água foram submetidos à terra e esta ao ar. Assim todos se tornaram um só. *Das ervas e dos vapores, o um foi formado*".

164. SCOTT, W. *Hermetica*. Op. cit. I, p. 464s.

165. *Nisã* (março-abril) é também na alquimia (nos textos sírios) o mês do Opus. No Egito, era Pharmouthi. Cf. LIPPMANN, E.v. *Alchemie*, op. cit. I, p. 48 e 58.

166. De Resurrectione Christi, XX, *Hymni et Sermones*, vol. II, p. 756-758: Nisan, mensis victoriae eduxit sponsam Régis suis effusionibus turbavit terram eamque sparsis suis floribus implevit... factae nuptiae purae in deserto... (Nisã, o mês da vitória, fez sair a esposa do Rei, perturbou a terra com suas efusões e a encheu com suas flores esparsas... as núpcias puras tiveram lugar no deserto...). *E Hymnus* XXI, ibid., p. 770: Nisan etiam terram induit vestimentocoloribus omnis generis texto, induitur tellus túnica pallioque florum. (Nisã reveste a terra com a veste tecida de cores de toda a natureza, a terra põe uma túnica e uma veste de flores.)

tando uma alusão à Igreja em sua glorificação final[167]. Para os Padres da Igreja, as flores são uma imagem da vida humana[168], ou "flores do espírito" orvalhadas pelo Espírito Santo e iluminadas pelo *logos* como sol[169]. Elas aparecem nas obras dos mártires, assim como nos *typi*, os símbolos de Cristo[170]. Segundo Orígenes[171], as flores simbolizam a germinação da "semente da inteligência espiritual", e o "signi-

---

167. *Hexameron*, 4, 5, 22, apud RAHNER, H. Myst. Lunae, op. cit., 1939, p. 434.

168. ÉFREM O SÍRIO. Sermo de Admonitione, *Werke*. Vol. II, p. 318. Encontramos a mesma concepção em Simão o Mago. Cf. LEISEGANG. *Die Gnosis*. Op. cit., p. 69.

169. *Hymni de resurrectione*, n. 19, vol. II, p. 752: "Quis vidit flores e libris veluti e montibus erumpentes. Castae Puellae iis impleverunt spatiosos mentis sinus. Ecce vox ut sol super turbas flores sparsit..." (Quem viu as flores jorrarem dos livros como das colinas? As jovens castas com elas encheram os vastos espaços do espírito. Assim, uma voz como o sol espalhou flores sobre as multidões...). Cf. tb. p. 754: "Flores pulchros et rationales sparserunt pueri coram rege. Pullus illis coronatus est [...] Unusquisque colligat cunctos flores et hos misceat floribus qui creverunt in terra sua [...] Offerant Domino nostro in coronam florum: pontifex suas homilias, presbiteri sua encomia, diaconi suas lectiones... Invitemus... martyres, apostolos et prophetas ipsi similes sunt eorum flores... ditissimae sunt eorum rosae, suave olent eorum lilia; ex horto deliciarum colligunt pulcherrimos flores, eosque adducunt ad coronam festi nostri pulcherrimi. Gloria tibi a beatis. Coronae regum pauperes sunt in conspectu divitiarum tuae coronae. Inserta est in ea puritas; triumphat in ea fides; splendet in ea humilitas; fulget in ea multicolor sanctitas; nitet in eacharitas magna, omnium florum regi na. Ecce corona tua perfecta est. Benedictus qui dedit nobis ut plecteremus eam" (Crianças espalharam belas flores racionais diante do rei. O menino foi coroado com elas... Que cada um reúna todas as flores e as misture com as flores que nasceram de sua terra... Que eles ofereçam a nosso Senhor uma coroa de flores: o pontífice, seus sermões; os padres, suas preces; os diáconos, suas leituras... Convidemos... mártires, apóstolos e profetas, suas flores são semelhantes a ele... suas rosas são abundantes, seus lírios têm um perfume suave; do jardim das delícias, eles reúnem as flores mais belas e as levam para coroar nossa festa mais bela. Glória a ti pelos bem-aventurados. As coroas dos reis são pobres se comparadas com as riquezas de tua coroa. A pureza está inserida nela; a fé triunfa nela; a humildade nela resplandece; a santidade multicor brilha nela; a grande caridade, rainha de todas as flores, nela cintila. Vê, tua coroa é perfeita. Abençoado aquele que nos permitiu tecê-la). Cf. tb. HONÓRIO DE AUTUN. *Exposit. in Cant. Cant.*, in: MIGNE, J.P. *Patrologiae cursus completus. Series latina*. Paris: [s.e.], t. 172, col. 392: "flores sunt homines fide florentes (flos vitis = fides Christi) etc." (As flores representam os homens que florescem na fé [a flor da vinha = a fé no Cristo] etc.).

170. EFRÉM O SÍRIO. *Hymni et Sermones*. Mechliniae: [s.e.], 1902, vol. II, p. 756 e vol. I, p. 148-156 e 112.

171. ORÍGENES. *In Cant. Cant.*, Lib. III.

ficado vivo que o espírito" infunde na Escritura. As flores representam assim uma vida suprapessoal anímica, ou então uma vitalidade que floresce mediante a conjunção dos opostos. Em geral, as flores são um símbolo do sentimento, e é impressionante como no texto da *Aurora* irrompe de modo crescente um sentimento extático, varrendo todos os aspectos doutrinais e racionais. O texto mais próximo desta tonalidade da *Aurora* é talvez um fragmento curioso que Lacínio atribui a Alberto Magno[172], se bem que eu não tenha conseguido localizá-lo nos tratados conservados de Alberto Magno (e do pseudo-Alberto). Ele diz: "Colhe diversas flores cheias do perfume de todos os bens. Nelas a doçura se exala e brilha a beleza, o brilho da glória do mundo. Esta é a flor das flores, a rosa das rosas e o lírio do vale. Alegra-te também por tua juventude, ó jovem, e aprende a colher as flores, pois eu te introduzi no jardim do Paraíso[173]. Trança com elas uma coroa para tua cabeça e frui das festas deste mundo, amando Deus e socorrendo teu próximo oprimido. Quero agora revelar-te a ciência e o segredo e dar-te o entendimento das coisas obscuras da arte, e o que foi oculto por muito tempo eu o trarei à luz". Um comentário explica essa passagem como a "unificação dos espíritos".

571   O tema das flores lembra o papel particular que certas flores e plantas desempenham em Paracelso e Dorneus: o cheiro, a planta mercurial etc., acerca das quais remeto o leitor às considerações de Jung[174]. As flores são de algum modo ingredientes do "céu inferior", equivalentes às estrelas, isto é, componentes da totalidade psíquica, do si-mesmo. Assim como a "alma vive da relação humana"[175], essas flores que nascem durante a *coniunctio* se referem a um desenvolvimento do estado da relação psíquica. Este estado consiste em ser cumulado pela *sapientia Dei*, que liberta de sua culpabilidade a alegria

---

172. Collectanea Lacinii ex MAGNO, A. *Pretiosa margarita novella*. Op. cit., p. 180.
173. Cf. MAGNO, A. In: *Quaest. super Evangelium*. CLXIV, op. cit., vol. 37, p. 245 [BORGNET (org.)]: "(Quam) plenitudinem florum herbarum et fructuum significantem perfectionem morum virtutum et operationum diversarum" (A plenitude das flores, das ervas e dos frutos significando a perfeição dos costumes, das virtudes e das diversas ações) (referidas a Maria).
174. *Puracelsica*, op. cit., p. 86s. e *Myst. Coni.*, col. II, cap. A conjunção, passim.
175. Cf. JUNG. *Die Psychologie der Übertragung*. [s.l.]: [s.e.], 1946, p. 117.

dos filhos dos homens perdidos no mundo, e até mesmo dela participa[176]; são as palavras dos pecadores – lembremos – que são postas, na *Aurora*, nos lábios de esposo e esposa. É impossível saber se o autor tomou ou não consciência disso. Como a *coniunctio* foi provavelmente descrita num estado transconsciente que precedeu a morte, todas as interpretações equívocas deste texto são aqui fora de propósito – *ubi spiritus ibi libertas* (onde está o espírito, está a liberdade).

Texto: Por toda a parte deixemos sinais de nossa alegria, pois ela é nosso quinhão e destino: que vivamos na unidade do nosso amor, no júbilo da dança, dizendo: Vede como é bom para dois habitar num só! Faremos então três tendas: uma para ti, a segunda para mim, a terceira para nossos filhos, pois um tríplice liame dificilmente se rompe. 572

As palavras do Salmo: "vede como é bom para dois habitar num só!" estão aqui relacionadas à *coniunctio* alquímica, mas da dualidade nasce a sequência do texto, uma trindade que se exprime na imagem das três tendas e do "tríplice liame que dificilmente se rompe"[177]. Na passagem original da Bíblia também (Ecl 4,10-12) é difícil distinguir como esta observação sobre o tríplice liame nasce do elogio do par, dos "dois" habitando num só. É preciso imaginar, porém, de qualquer modo, uma outra força unificante que se acrescenta enquanto terceira, enquanto *vinculum* (liame)[178]. O número três, o ter- 573

---

176. Entretanto, não ousei ler pecum/petum dos velhos manuscritos como *peccatum* em lugar do pratum bíblico do impresso posterior (os prados no Cântico dos Cânticos significavam os mistérios celestes, e as ervas, as sentenças evangélicas, cf. HONÓRIO DE AUTUN. *Quaest. et Respons. in Prov. et Eccles.*, in: MIGNE, J.P. *Patrologiae cursus completus. Series latina*. Paris: [s.e.], t. 172, col. 327). Poderia tratar-se também de um ato falho, psicologicamente importante, da parte de um dos primeiros copistas e adaptado inconscientemente ao sentido do conjunto da passagem.
177. Para a interpretação do *funiculus triplex* (o tríplice liame) da Trindade, cf. HONÓRIO DE AUTUN. *In Ecclesiasten*. Cap. 4, in: MIGNE, J.P. *Patrologiae cursus completus. Series latina*. Paris: [s.e.], 172. col. 339.
178. Cf. por exemplo RICARDO DE SÃO VÍTOR. *Explic. in Cant. Cant.*, in: MIGNE, J.P. *Patrologiae cursus completus. Series latina*. Paris: [s.e.], 196, col. 478/479: "Quod autem non solum duplicata voce sed etiam triplicata hortatur, ut veniat, inmensitatem desiderii et amoris, quem habet ad eam, insinuat et ut trina repetitio immensitatis et firmitatis est attestatio, funiculus enim triplex difficile rompitur" (Pois ele o exorta a vir, não apenas com uma voz dupla, mas também com uma voz tríplice, declarando a imensidão do desejo e do amor que ele tem por ela, pois uma tríplice repetição é o atestado da imensidão e da firmeza, pois uma corda tríplice dificilmente se rompe).

narius, era considerado, na especulação medieval, um *signum coniunctionis*[179], e um símbolo de harmonia. Na alquimia encontramos muitas vezes a imagem do par que é reunido através de um terceiro, por exemplo, do *senex Mercurius*. O *senex Mercurius* substitui aqui claramente o Espírito Santo[180].

O tema da corda (liame) é uma imagem arquetípica bem difundida. Nós encontramos tanto nas iniciações xamânicas como nos textos tibetanos o tema segundo o qual o iniciado passa para o além através de uma corda. No Tibet dava-se uma certa corda ao soberano morto, a fim de que ele pudesse voltar lá, de onde o primeiro soberano havia descido outrora numa corda semelhante[181]. A corda representa, pois, uma continuidade de experiência ou de sentido pela qual a consciência é ligada à sua base, o inconsciente coletivo. De outro lado, cordas, nós etc [...] significam também "liames mágicos"[182], principalmente com demônios ou deuses, isto é, a dependência ou estado de cativeiro em relação a um arquétipo. O sentido de numerosas iniciações xamânicas era o de restabelecer a comunicação com o além, isto é, com o paraíso perdido[183]. A corda constitui neste caso uma variante do tema da árvore do mundo ou do eixo do mundo. Num conto dos índios da América do Norte, um homem segue a sua

---

179. HELINANDI FRIGIDI MONTIS MONACHI. *De cognitione sui*, in: MIGNE, J.P. *Patrologiae cursus completus. Series latina*. Paris: [s.e.], t. CCXII, col. 728: "Binarius, qui sine medio est, sine vinculo est et ipse divisionem significat. Ternarius autem, qui medium habet concordiae et coniunctionis est signum. Est enim primus imparium numerorum et primus totus est impar, unde quasi totus concordia est [...] vatem Mantuanum, cum dixit: 'Numero Deus impure gaudet', quod idem est acsi diceret: Deus pacem diligit ac dilectionem, quia ipse paxet dilectioest". (O binário, que não tem meio e que é sem liame, significa divisão. Mas o ternário que tem um meio é um signo da concórdia e da conjunção. Ele é, com efeito, o primeiro dos números ímpares e o primeiro totalmente ímpar, de onde, por assim dizer, tudo é concórdia [...] E quando o vate de Mântua [Virgílio] diz: "Deus se rejubila no número ímpar", é como se ele dissesse: "Deus ama a paz e a dileção, porque Ele mesmo é paz e dileção.)

180. Cf. Lambsprinck, onde o par é substituído por um grupo de Pai-Filho.

181. Cf. ELIADE, M. *Le Chamanisme et les techniques archaïques de l'extase*. Paris: [s.e.], 1951, p. 380s.

182. ELIADE, M. Op. cit., p. 376.

183. P. 420, outros exemplos, p. 426, 428, 281 e 118.

esposa morta por meio de uma corda mágica. Aqui, a corda também tem o sentido de uma união de destinos, que persiste além da morte.

É impressionante ver quanto esta sétima parábola multiplica os temas mitológicos ligados à imagem de uma vida *post mortem* ou a experiências vividas na dança ou no transe. Os elementos psíquicos vindos à luz tocam de algum modo o limite extremo do que pode ser experimentado conscientemente.

Aqui o texto evoca as três tendas da Transfiguração de Cristo no Monte Tabor (Mt 17), o que sublinha mais uma vez o aspecto da morte e o paralelismo entre o *lapis*, resultado final do *opus* e o Cristo ressuscitado; mas é preciso pensar também no Apocalipse 21,2-3, onde a "Nova Jerusalém" é igualmente descrita como *tabernaculum* – a tenda de Deus *entre os homens* – "E Ele veio morar com eles". Esta associação é subentendida em nosso texto, pois a terceira tenda é prometida aos *filii*, os "filhos" do par já referido. Os *filii* são os próprios alquimistas. *Estes últimos têm parte de um modo misterioso na coniunctio e na ressurreição do par e se encontram inesperadamente no lugar do mediador, isto é, do Espírito Santo ou do Mercurius senex!*[184] Petrus Bonus, que escreveu algum tempo depois do autor da *Aurora*, descreveu assim o mistério da ressurreição[185]: "E na conjun-

575

---

184. Paralelamente, poder-se-ia mencionar o fato de que, na interpretação cabalística, Moisés, enquanto simbolizando o povo de Israel, se torna um com a "rainha superior", a *Sephira Binah*, e deste modo se une a Deus. É o "mistério dos beijos". ROSENROTH, K. von. Op. cit., II, p. 149.

185. *Pretiosa margarita novella*. Op. cit., p. 121s.: "[...] et in [...] coniunctione resurrectionis fit corpus totum spirituale ut ipsa anima, et fiunt sic unum sicut aqua mixta aquae cum in eis nulla sit diversitas, immo unitas et identitas omnium trium scil. spiritus, animae et corporis absque separatione in aeternum. Sicut vere patet de identitate et unitate sanctissimae Trinitatis in Deo scil. Patris et Filii et Spiritus Sancti, quae sunt in ipso Deo unum et idem cum distinctione personarum absque diversitate in substantia. Ex quibus verbis coniicere possumus directe quod philosophi antiqui huius artis fuerunt vates vere per hanc divinam artem, scil. de resurrectione animae et eius glorificatione, de apparitione Dei in humana carne scil. Christi et identitate ipsius cum Deo mediante influxu et emanatione Spiritus sancti, quamvis indistincte valde haec narraverunt et confuse... Nam in hoc lapide vere aenigmatur trinitas in unitate et converso cum distinctione et absque diversitate, ut patet subtiliter intuenti et scienti" ("[...] e na [...] conjunção da ressurreição, o corpo se torna totalmente espiritual, assim como a alma, e eles se tornam um, como a água misturada à água, pois neles não há nenhuma adversidade

ção da ressurreição, o corpo torna-se totalmente espiritual, assim como a alma, e eles se tornam um só como a água misturada à água e não se separam jamais, pois não há neles qualquer diversidade, mas sim unidade e identidade dos três, a saber: do espírito, da alma e do corpo, sem separação na eternidade. Assim se manifestam realmente a identidade e a unidade da Santíssima Trindade em Deus, a saber, do Pai, do Filho e do Espírito Santo, que são um e o mesmo no próprio Deus, com a distinção das pessoas, mas sem diversidade na substância. Podemos concluir diretamente dessas palavras que os filósofos antigos dessa arte foram realmente adivinhos nessa arte divina, isto é, quanto à ressurreição da alma e sua glorificação, quanto à aparição de Deus na carne humana, isto é, do Cristo, e quanto à identidade deste último com Deus, pela influência mediadora e a emanação do Espírito Santo, por mais que seja indistinta e confusa a maneira pela qual eles narraram essas coisas... *Pois nesta pedra (lapis) a trindade está realmente na unidade* e ao mesmo tempo com a distinção das pessoas, mas sem diversidade, como é evidente para aquele que sabe e concebe sutilmente".

576   Na *Aurora*, o mediador que une o par, em lugar do Espírito Santo, é o *spiritus Mercurii, que, como o primeiro*, revela-se nos múltiplos seres individuais. Mas isto significa uma manifestação de Deus no indivíduo, pois os *filii* do texto se tornaram "deuses e filhos do Altíssimo" pelo *opus*, reunindo assim numa totalidade a oposição existente em Deus. O homem torna-se o salvador de Deus, aquele que une em si os dois aspectos de homem e de mulher.

577   Na parte do texto que fala das três tendas que deveriam ser erguidas, o autor não toca somente na transfiguração do Monte Tabor,

---

e sim unidade e identidade dos três, a saber, do espírito, da alma e do corpo, sem separação, pela eternidade. Desse modo são realmente manifestadas a identidade e a unidade da Santíssima Trindade em Deus, a saber, do Pai, do Filho e do Espírito Santo, que são um e o mesmo no próprio Deus, com a distinção das pessoas, mas sem diversidade na substância. Dessas palavras podemos concluir que os filósofos antigos dessa arte foram realmente vates desta arte divina, a saber, da ressurreição da alma e de sua glorificação, da aparição de Deus na carne humana, isto é, do Cristo, e da identidade deste último com Deus, pelo influxo e emanação do Espírito Santo, por qualquer que seja o modo indistinto e confuso pelo qual eles narraram essas coisas. Pois nesta pedra, a trindade está realmente na unidade e ao mesmo tempo com a distinção das pessoas, mas sem diversidade, como isso é evidente para aquele que sabe e concebe sutilmente").

mas deixa particularmente claro que ele se identifica com o esposo. Na *Aurora* o esposo convida a esposa para edificar com ele as três tendas; na Bíblia, é Pedro que "sem saber o que dizia" sugere a mesma coisa. Pedro é o homem comum que viu a transfiguração como um visionário, depois de ter mergulhado num "sono profundo"[186]. De modo semelhante, o autor se encontra *in raptu mentis*. Não só ele contempla o *mysterium coniunctionis*, como se torna um só com o esposo, e sua atenção não se detém nas figuras sagradas de Moisés e de Elias, e sim nos *filii*, com os filhos dos homens que, saídos espiritualmente da *coniunctio*, realizarão mais tarde o mesmo *opus*.

A citação da Bíblia indica além disso que o autor invoca aqui algo de inapreensível, que o Cristo proibiu seus discípulos de relatar o que se pode ver como uma alusão de que se trata de uma vivência que antecipa uma situação *post mortem*.

578

Texto: "Quem tiver ouvidos para ouvir, que ouça o que o espírito da doutrina diz aos filhos da ciência sobre o casamento do amado e da amada. Pois ele havia semeado sua semente, para que amadurecesse um tríplice fruto, acerca do qual o autor das três palavras diz tratar-se de três palavras preciosas, nas quais se oculta toda ciência que deve ser transmitida aos homens piedosos, isto é, aos pobres, desde o primeiro homem até o último".

579

Estas últimas palavras do texto reenviam ao tema muitas vezes ressaltado do grão e da maturação do tríplice fruto. Parece-me haver nesse ponto uma alusão ao *unus mundus*, cujo significado Jung expôs em seu comentário ao texto de Dorneus[187]. Nesse mundo potencial homogêneo, todos os homens "piedosos" são ligados fora do tempo, pois o *unus mundus* não se situa no *continuum* espaço-tempo.

580

A imagem do grão leva ao contexto de ideias antigas e gnósticas. Assim, no sistema de Basílides, *a tríplice filiação de Deus* é comparada a tal grão[188]: "Ele (Deus) não criou o cosmos como este se tornou mais tarde, e que existe sempre em sua extensão e repartição, mas criou um *grão* do cosmos. *Mas o grão universal contém tudo em si*, tal como um grão de mostarda que contém tudo no menor espaço: as

581

---

186. Lc 9,33.
187. Cf. JUNG. *Mysterium Coniunctionis* [OC, 14/2], p. 312s.
188. Cf. tb. JUNG, C.G. *Aion* [OC, 9/2]. Op. cit., p. 102s.

raízes, o tronco, os ramos, as inúmeras folhas, as sementes nos grãos que são produzidas pela planta assim como a abundância de outras sementes e de outras plantas sempre novas. Assim, o Deus não sendo (*nichtseiende*) criou um cosmos não sendo, deixando cair e depositando uma só semente que nela contém a totalidade das sementes do cosmos. Quero porém tornar mais claro o que elas significam: assim como o ovo de um pássaro muito colorido e multicor, uma espécie de pavão ou outro, de cores mais variadas e múltiplas, contém numerosas espécies de naturezas coloridas, de formas e associações múltiplas, se bem que ele seja apenas um, *a semente não sendo, depositada pelo Deus não sendo, encerra a totalidade das sementes do cosmos, ao mesmo tempo de forma e de essência múltiplas*"[189]. Nesta criação sem forma repousa a modo de uma semente a terceira filiação, que corresponde ao *filius macrocosmi* alquímico[190].

Encontramos este mesmo aspecto cosmogônico do grão no Tratado XIV do *Corpus Hermeticum*, onde Hermes explica a Asclépio a criação do mundo[191]: "[...] e como ele fez isto, ou melhor, como nasceu o que se tornou[...] tu podes (contemplar) através de uma parábola magnífica e impressionante: olha o camponês que lança a semente na terra, trigo aqui, cevada ali e, além, outras sementes. Vê como ele planta a vinha, a macieira e outras árvores; o mesmo homem planta tudo isso. *Assim, Deus semeia igualmente a imortalidade no céu, a transformação no domínio terrestre, mas a vida e o movimento em todas as coisas*"[192]. A este contexto pertence a prece de um papiro mágico[193] ao *Agathos Daimon*: "Vem a mim, *oh bom colono* (γεωργε)

---

189. Apud LEISEGANG, H. *Die Gnosis*. Op. cit., p. 215-216.
190. Cf. JUNG. *Aion* [OC, 9/2]. Op. cit., p. 103s.
191. SCOTT, W. *Hermetica*. Op. cit., vol. 1, p. 260.
192. Segundo outros tratados, o cosmos é o receptáculo das ideias de Deus, αγγειον γενεσεως (o vaso do devir) que recebe o esperma (semente) do devir. ASCLÉPIO. Ibid., p. 288. Cf. Hermes a Ammon, ibid., p. 438 e o ensinamento de Hermes Trismegisto, em STOBAEUS, 1, 11,2. cit., ibid., p. 422-424. Ou então o cosmos é chamado o "segundo Deus" ou demiurgo, o "semeador de vida", que, jogando as sementes, outorga a renovação do ser (SCOTT. Op. cit., vol. I, p. 179s.).
193. Papiro de Berlim 5025, cit. a partir de PREISENDANZ, K. *Papyri Graecae magicae*. Vol. I. Teubner, 1941, p. 5.

Agathos Daimon, Knouphi [...] vem a mim, Orion[194], santo, que descansas no norte e agitas as águas do Nilo[195] e as unes ao mar e *as transformas pelos processos da vida, como o esperma do homem na conjunção do amor*[196]*... que fundas o cosmos sobre uma base sólida*"[197]. A representação do *opus* alquímico como semeadura e germinação de um grão é importante e remete a fontes mais antigas. Assim, Zósimo cita um texto hermético que declara[198]: "Vai falar com o colono *Achaab* e aprenderás com ele que quem semeia trigo colhe trigo... O texto diz com efeito: as cores só se decompõem em algo corporal e incorporal". Isto significa que as ideias divinas (o incorporal) atuam criativamente, penetrando num corpo. Encontramos uma variante desta passagem no tratado *Ísis a Hórus*, onde se diz[199]: "Interroga o camponês Acharantos e aprende qual é a semeadura e qual é a colheita, e saberás que quem semeia trigo colhe trigo [...] Quando ouvires essas coisas, meu filho, à guisa de preâmbulo, *considera toda a criação e a geração de toda coisa* e sabe que o homem engendra o homem, o leão engendra o leão, o cão engendra o cão. Com efeito, tal como eu já disse antes, que o trigo engendra o trigo e que o homem semeia o homem, *assim também o ouro serve para a colheita do ouro e geralmente o semelhante colhe o semelhante. Agora, eis o mistério revelado*".

Tais passagens se referem provavelmente ao ritual egípcio do embalsamamento. O Professor Helmut Jacobsohn observou que atrás do nome Acharantos talvez se oculte o deus egípcio *Aker*, que desempe-

---

194. Orion era considerado no Egito como o *Ba* de Osíris.

195. A água do Nilo é a "água espermática" da Alquimia.

196. Lacuna ilegível.

197. É bom mencionar aqui a antiga concepção Janus-Aion, que é a do Deus como *sator mundi* (semeador do mundo) (MARCIAL, X, 28) e o comentário de Fílon ao Gn 9,20 (*De plantatione*. Vol. IV, p. 152s. [COHN (org.)]): "O maior dos plantadores e o mais perfeito nesta arte é o condutor do todo, e a planta é este mundo..." Esta ideia lembra Platão (*República*, 597 D), que chama Deus de plantador, φατουργον.

198. BERTHELOT. *Collection des Anciens Alchimistes Grecs*. Paris: [s.e.], 1887/1888, II. IV, 32, vol. I, p. 89s.

199. I, XIII, 6, vol. I, p. 30. Cf. tb. o mesmo texto como dito de um "antiquíssimo autor" (αρχαιοτατας), em PELÁGIO. Ibid., IV, I, 9, vol. I, p. 258.

nhava um papel importante no culto dos mortos. Ele era representado como leão ou como um cão de duas cabeças. Em seus braços, o deus Sol se renova, e, com ele, o morto. Assim também a semeadura do trigo na terra é um tema alquímico que remete aos mistérios de Osíris. Ele traduz um processo de ressurreição ou de regeneração *post mortem* no qual o um dá nascimento ao múltiplo e que exprime uma identidade secreta de "semelhantes". A semente evoca a unidade potencial do cosmos; mas, ao mesmo tempo, esse símbolo do grão de trigo tem um significado intrapsíquico, enquanto germe da realização consciente do si-mesmo. Assim, por exemplo, os *marcosianos* celebravam um hierosgamos a propósito do qual Ireneu relata as palavras de Marcos às mulheres com as quais se unia[200]: "*Que a graça cumule teu ser interior* e torne pleno em ti *o conhecimento*, semeando o grão de mostarda na boa terra". E[201]: "Adorna-te como uma esposa... Recebe em teu quarto de esposa a *semente da luz* [...] Vê a graça que desceu sobre ti etc."[202]

A linguagem simbólica dos Padres da Igreja conservou grande número dessas imagens em seu antigo significado; entre elas figura o "trigo", especialmente segundo Jo 12,24, o "grão de trigo" que, morrendo, dá "muito fruto", imagem do Filho de Deus, isto é, do Cristo. Assim, Efrém o Sírio, em seus hinos para a festa da Epifania[203], chama

---

200. IRENEU. *Haer.* [s.l.]: [s.e.], [s.d.], 1,13,2 (traduzido por mim). Cf. tb. BOUSSET, W. *Hauptprobleme der Gnosis* – Forschungen zur Religion und Literatur des Alten und Neuen Testaments. Op. cit., p. 315.

201. Ibid., 1, 13, 3 (BOUSSET, p. 316).

202. Os *valentinianos*, ao que parece, tinham uma festa análoga. Cf. IRENEU I. [s.l.]: [s.e.], [s.d.], 13, 4. TERTULIANO. *Adversus Valem.* [s.l.]: [s.e.], [s.d.], cap. I. Cf. BOUSSET, W. *Hauptprobleme der Gnosis* – Forschungen zur Religion und Literatur des Alten und Neuen Testaments. Op. cit., p. 317. No tratado 9 do *Corpus Hermelicum* encontramos também a ideia semelhante de que Deus "semeia" no *nous* (espírito) humano a virtude, a razão e a *gnosis*, e no tratado 13 é descrito o renascimento interior do homem, que procede da sabedoria inteligível e *da semente do bem*, que provém de Deus (SCOTT, W. *Hermetica*. Op. cit., p. 479 e 238).

203. *Hymni et Sermones*. Vol. I. Mechliniae: [s.e.], 1902, p. 21-22 [LAMY, T. (org.)]. "Ad annum decimum sextum laudet granum frumenti spiritualem agricolam, qui corpus suum agro sterili ut semen commisit. Corpus illud granum fuit, quod omnia praerumpens mox ortum est et panem novum praebuit" (No ano décimo sexto o grão de trigo satisfaça o agricultor, que confiou seu corpo como semente ao campo estéril. Aquele corpo foi o grão que, rompendo tudo, logo surgiu e produziu um novo pão). Cf. tb. Jo 15,1: "Eu sou a verdadeira vinha e meu Pai é o agricultor".

o Cristo de "agricultor espiritual", que "confiou a modo de um grão de trigo seu próprio corpo ao campo estéril. Esse corpo era o grão que, pouco depois, penetrando em todas as coisas, germinou e deu novo pão"[204]. "*Como o grão de trigo cai na terra*, assim o Cristo caiu no mundo inferior e se elevou como um feixe de trigo e como o novo pão – abençoado seja seu sacrifício"[205] – "Cristo foi enterrado nas profundezas por seus assassinos como o grão de trigo o é pelo camponês, a fim de ressuscitar muitos com ele"[206]. A semente é, neste caso, a multidão de crentes – uma imagem que encontramos também nos maniqueus e mandeus: os homens justos são "pérolas do invisível" que foram semeadas pelo "filho da vida" na terra revolvida pela charrua (o corpo do mundo). Elas são a "semente da vida" que, provinda do reino da vida, da luz e do espírito, foi semeada na "terra do fogo e da água"[207]. Cristo também, o "novo pão", é comparado a uma multiplicidade de "grãos" que representam os crentes. Assim, Honório de Autun diz em seu *Elucidarium*[208]: "E como o pão é feito por muitos grãos, assim o corpo de Cristo é composto de numerosos

---

204. Ibid., II, p. 526. Cf. tb. p. 554 e 546. Maria também é "o campo que não conheceu o sulco do agricultor" e no entanto "deu fruto". – "O Senhor, com seu orvalho e chuva vivificantes, regou a Maria, a terra sedenta".

205. Ibid., II, p. 744. Cf. tb. p. 360.

206. Ibid., vol. I, p. 166. Em outras parábolas de Efrém a *Sapientia Dei* é descrita como "as sementes da Verdade" (ibid., I, p. 574) que o Cristo lançou na vinha de sua Igreja (ibid., I, p. 388).

207. Cf. REITZENSTEIN. *Das iranische Erlösungmysterium*, p. X e Herm. USENER. *Die Perle*. Theolog. Abhandlungen, 1892, p. 201 e 219 [WEIZSÄCKER (org.)].

208. MIGNE, J.P. *Patrologiae cursus completus. Series latina*. Paris: [s.e.], t. 172: "Et sicut panis ex multis granis conficitur, ita Christi corpus ex multis electis colligitur [...] Vinum etiam ex multis acinis eligatur et in torculari exprimitur ita corpus Christi ex multis iustis compaginatur quod in praelo crucis torquetur; quod vinum in sanguinem Christi vertitur ut anima nostra; quae in sanguine est, per hoc vivificetur" (E como o pão é feito de muitos grãos, assim o corpo de Cristo é composto de muitos eleitos [...] O vinho é escolhido de muitos bagos e é exprimido no lagar; do mesmo modo, o corpo de Cristo é a reunião de muitos justos que são torturados na batalha da cruz; o vinho se transforma no sangue de Cristo, para que a nossa alma, a qual é feita do sangue, seja vivificada). Cf. tb. col. 457 e 463.

eleitos..." O *Corpus Christi* aqui é a Igreja[209], ou, mais exatamente, a *ecclesia spiritualis*[210]

585   A imagem arquetípica que subjaz a estes símbolos é a do si-mesmo enquanto unidade múltipla, *conglomerate soul*. Esta imagem que voltava sempre de novo em nosso texto torna-se agora cada vez mais precisa. Arrebatado no além de um acontecimento arquetípico interior, o autor faz a experiência mística de sua unidade com todos os seres do mesmo espírito que ele, fora do tempo e do espaço.

586   A alusão final aos *tria verba pretiosa* de Calid prova que a *ecclesia spiritualis* é para ele uma comunidade de todos aqueles que foram iluminados pelo Espírito Santo e tomaram parte na transformação alquímica e na união dos opostos, assim como nos *filii artis* (filhos da arte), com os quais "Deus morou numa tenda"[211].

587   A alusão à transfiguração de Cristo, e a indicação segundo a qual a comunidade dos piedosos e dos pobres vive escondida, mostra psicologicamente que a solução apresentada no fim equivale essencialmente a uma realização *interior, espiritual*. Todos os elementos terrestres caíram e se extinguiram na imagem da *unio mystica* que ocupa todo o horizonte. Sob vários aspectos, este fim lembra a cena final do *Fausto*, onde o homem, novamente criança, é arrebatado no além e contempla os mistérios da *sophia*. O aspecto luciferiano do espírito *Mercurius* não desempenha mais nenhum papel, tal como no caso de Mefistófeles. Ele se desvanece nas profundezas opacas das quais emergiu – a "umidade corruptora", o mundo e a terra obscura foram completamente destilados. É este o motivo pelo qual a obra termina,

---

209. Cf. ANASTÁSIO SINAÍTA. *Hexamer*, apud RAHNER, H. *Myst. Lunae*, op. cit., p. 76.

210. Para Joaquim de Fiori, o ouro era um símbolo das ordens monásticas espirituais e perfeitas, em oposição ao chumbo, que representava o clero corrompido. *Concordia*. IV, 25. "Etenim ordo ille qui pro claritate sapientiae dici poterat aurum modo obscuratum est et rursum velut in nigrum plumbum" (Pois esta ordem, que devido à claridade de sua sabedoria podia ser chamada de ouro, está agora obscurecida e é de novo semelhante ao chumbo negro). Apud HAHN, C. *Ketzergeschichte des Mittelalters*. Op. cit., vol. III, p. 101.

211. Cf. a teoria de Joaquim de Fiori sobre as "três idades do mundo", que é a mais próxima deste contexto (*Concordia*. II, Tract. I. cit. a partir de HAHN, III, p. 108-111).

confessando um símbolo trinitário da totalidade – as três preciosas palavras de Calid.

Podemos afinal dar esta imagem deste último capítulo da *Aurora*: 588 duas figuras transcendentes, arquetípicas, celebram o hierosgamos e o autor de algum modo está incluído em sua *unio mystica*. No capítulo da casa do tesouro da *sapientia* já se podia pressentir cada vez mais que esta união era a imagem de Deus. Deus se apresenta nesta unidade dual de amado e amada. Ao contrário de outros escritos místicos, tais como a conversação de Hugo de São Vítor com sua alma, onde esta última, personificada como mulher, transforma-se em Cristo"[212], o eu do autor não existe mais enquanto forma separada; como homem, ele é apenas um dos *pauperes* ou um dos *filii* do par divino – uma parte anônima da humanidade – ao passo que em outras passagens do texto ele parece sentir-se idêntico ao esposo. Tal estado corresponde a uma *extinção parcial da consciência individual e à sua dissolução no inconsciente coletivo*. Poder-se-ia tratar de um estado psíquico anormal, mas o acúmulo de temas que, em outros contextos, são imagens ligadas à morte, sugerem mais um estado extático (ou delirante) vivido na proximidade da morte. O processo de individuação que se reflete no simbolismo alquímico é, num certo sentido, uma preparação para a morte. Esta constitui com efeito o termo natural de um processo, cuja meta é o desenvolvimento mais completo possível de todas as potencialidades inerentes à personalidade.

---

212. Cf. HANNAH, B. *Hugh de St. Victors Conversation with his Anima*. "Harvest" Impressão particular do Analyt. Psych. Club. Londres: [s.e.], 1954, p. 23s.

IV
Será Tomás de Aquino o autor de "Aurora Consurgens"?

Antes de discutir a questão concernente à autoria da *Aurora*, parece-me oportuno focalizar certas conclusões que se depreendem do comentário precedente:

Apesar da *Aurora* consistir de um mosaico de citações tiradas, por um lado, da Sagrada Escritura e de textos patrísticos e, por outro, de alguns textos "clássicos", isto é, alquímicos da Idade Média, ela parece uma obra escrita de um só jato. Desde os primeiros capítulos, em que celebra a *sapientia Dei* e os segredos místicos desconhecidos pelos ignorantes, até as parábolas finais, descrevendo o processo de transformação, sente-se a emoção apaixonada e rara do autor[1]. Na última parábola, cuja maior arte representa uma paráfrase do Cântico dos Cânticos, essa obra se eleva até o êxtase. É difícil duvidar que todo o tratado foi composto num estado psíquico incomum. Além disso, as pequenas inexatidões nas citações levam a pensar que elas foram feitas de memória, o que pressupõe uma redação rápida. Pode-se, pois, concluir que o tratado nasceu em circunstâncias fora do comum. O estado espiritual anormal parece consistir essencialmente no fato de que os materiais afluíram na mente do autor num fluxo constante e guiaram sua mão de um modo que se pode observar ape-

---

1. A melhor comparação do texto da *Aurora* seria com certas citações de Hipólito tiradas de obras gnósticas, onde encontramos esta mesma associação em cadeia de imagens arquetípicas, cuja significação só pode ser determinada por uma interpretação psicológica.

nas em momentos de excitação ou de emoção, quando os elementos inconscientes dominam a consciência. A perda do controle consciente explica a forma e a linguagem incomuns às quais o autor precisou submeter-se. A *Aurora* ocupa um lugar único, não só na literatura mística da época, mas também nos tratados propriamente alquímicos de todos os tempos. Deve-se, pois, concluir que ela não foi escrita por um alquimista que tivesse vivido exclusivamente no mundo das representações "químicas". A evidência é fornecida pelo fato que só são citadas uma dúzia de obras alquímicas "clássicas", e isto unicamente em suas formulações teóricas mais gerais, ao passo que não há traços de conhecimentos materiais detalhados, de receitas químicas ou de prescrições técnicas: até mesmo a palavra *alchemia* não aparece. Se se tratasse de um simples alquimista, tais menções teriam sido quase obrigatórias. Deve-se supor que o autor possuía por um lado um conhecimento relativamente bom da literatura alquímica e por outro lado uma convivência íntima e cotidiana com a Sagrada Escritura e com a liturgia. Tais elementos autorizam a concluir que se trata de um membro do *clero*. O louvor dos *parvuli* e *pauperes* poderia aludir à pertinência à ordem dos dominicanos ou dos franciscanos. Cronologicamente, o escrito parece pertencer ao século XIII.

591   Nas versões parisiense, vienense e veneziana, tal como no *Rosarium*, a *Aurora* é citada sem que figure o nome do autor (no codex de Zurique falta o começo), ao passo que nos manuscritos de Bologna e de Leyden e também na edição de Rhenanus, a obra é atribuída a Santo Tomás de Aquino[2].

592   À primeira vista esta atribuição parece sem consistência[3], pois o estilo e o conteúdo da *Aurora* contrastam extremamente com os es-

---

2. Bologna: "Aurora [...] vel Liber trinitatis compositus a S. Thoma de Aquino". – Leyden: "Tractatus, qui dicitur Thomae Aquinatis De Alchemia modus extrahendi quintam essentiam. Liber Alchemiae qui a non nullis dicitur Aurora consurgens latine cum figuris". A impressão de RHENANUS. *Beati Thomae de Aquino Aurora sive Aurea hora*.

3. Na lista de QUETIF, J. & ECHARD, J. *Scriptores Ordinis Praedicatorum*. Vol. II. Paris: [s.e.], 1721, n. 345 (818) a *Aurora* é citada como apócrifa, da mesma forma que as "opera chemica falso illi tributa" do *Theatrum Chemicum*. Trata-se dos tratados "Secreta Alchimiae [...] De lapide philosophico", *Theatrum Chemicum*. Vol. III. [s.l.]: [s.e.], 1659, p. 267 e "Secreta Alchimiae magnalia", Ibid., vol. III. p. 278 e vol., p. 901.

critos conhecidos de Santo Tomás de Aquino. É preciso, no entanto, lembrar que a *Aurora* provavelmente nasceu – como indicamos acima – de uma perturbação ocasionada pelo encontro do inconsciente e assim, tanto pela forma como pelo conteúdo, ela pode fornecer um complemento ou compensação para uma disposição consciente totalmente diversa e ao modo pelo qual esta última se exprime. Assim, por exemplo, este tratado (*Aurora*) poderia compensar uma atitude demasiadamente intelectual, prisioneira de limites lógicos e ofere-

---

"Tractatus sextus de esse et essentia mineralium". Este último é sem dúvida de falsa atribuição, pois foi escrito por um dominicano, Tomás de Bolonha, que dedicou o escrito a Roberto de Nápoles, nascido em 1275 (!). Cf. GRABMANN, M. *Die echten Schriften des Thomas von Aquin.*, *Bein: zur Gesh. der Philos. des Mittelalters*. Vol. 22. [s.l.]: [s.e.], 1920, p. 104 [BAEUMKER, C. (org.)], edição recente 1949, p. 417. Gustav Meyrink, pelo contrário, tentou provar a autenticidade do tratado *De lapide philosophico* e assinalou que um manuscrito com o Incipit: Sicut lilium inter spinas é igualmente autêntico. MEYRINK, G. *Thomas von Aquino Abhandlung über den Stein der Weisen*. Munique/Viena: [s.e.], 1925, p. 23. O Ms. "Sicut lilium" foi impresso no *Theatr. Chem*. Op. cit. Vol. 4, p. 959. – Também SCHMIEDER, K.C. *Geschichte der Alchemie*. Halle: [s.e.], 1832, p. 139, acredita na autenticidade dessas obras alquímicas de Santo Tomás. WAITE, A.E. *Lives of Alch. Philosophers*. Londres: [s.e.], 1888, p. 61-63, considera o "Thesaurus Alchemiae" autêntico, o mesmo não julgando de todos os outros escritos mencionados. RUSKA, J. *Turba*. Op. cit., p. 339, menciona adiante um *Commentum Beati Thomae de Aquino super codicem verilatis qui et Turba phylosophorum dicitur* e um segundo comentário: *In Turbam breviorem*. O primeiro deles começa de modo semelhante ao *Aurora* com uma citação de Salomão. Infelizmente não pude conseguir nenhum exemplar deste escrito. Talvez um desses tratados é idêntico ao "Compendium" de Santo Tomás citado no Clangor Buccinae, *Artis Aurif*. 1610, II, p. 329. Cf. tb. LIPPMANN, E.O. von. *Gesch. der Alchemie*. Op. cit. Vol. II. 1931, p. 28. *Nenhum desses tratados, cuja autenticidade não pode ser discutida aqui, tem ligações positivas ou negativas com a Aurora. A Aurora é uma obra absolutamente específica quanto ao seu estilo e conteúdo*. – Só no tratado dedicado a Frei Reinaldo, *Teatrum Chemicum*. [s.l.]: [s.e.], 1659, III, p. 278, encontramos citações semelhantes às da *Aurora* sobre a necessidade da paciência e da prudência, mas no primeiro caso elas são atribuídas ou como que tiradas de Avicena ou de Geber, contrariamente ao caso de *Aurora*, onde essas palavras são atribuídas a Morienus e Calid. Além disso, Tomás fala no primeiro caso de "seu Mestre Alberto", contrariando seu costume de nunca mencionar Alberto Magno. E no mesmo lugar (p. 279) encontra-se, fora de todo contexto, a frase segundo a qual é preciso levantar-se cedo nos primeiros dias para ver se a vinha floresce – passagem do Cântico dos Cânticos que se encontra na *Aurora* como parte orgânica do texto. Eu não sei se esta frase faz alusão à *Aurora*, mas acho isso bem provável.

cendo pouca escapatória para o sentimento, a emoção e os paradoxos místicos. A *Aurora* representaria, nesse caso, a descarga de energias bloqueadas pela estreiteza da consciência[4].

593 Valeria a pena talvez observar mais de perto a vida de Santo Tomás de um ponto de vista psicológico[5]. Ele nasceu em Rocca Secca, perto de Nápoles, filho do Conde *Landolfo de Aquino*[6] e de *Teodora*, condessa de Teano[7], no ano de 1225 (é pouco provável que tenha sido em 1223 ou então em 1226 ou 1227). Ele foi o caçula de quatro irmãos e de quatro ou cinco irmãs[8], e neto de *Francisca* da Suábia[9], irmã de Barba-Roxa.

594 Desde sua primeira infância, com cerca de cinco anos de idade, ele entrou no claustro sob a tutela de seu tio *Sinibaldo*, abade de Monte Cassino[10] (1227-1236). Desde o começo, o comportamento tranquilo e taciturno do menino chamou a atenção[11]. Devido a perturbações po-

---

4. O pensamento escolástico em geral e a *Summa* em particular, com sua divisão rígida em questões e respostas, segundo as leis da lógica medieval, são exemplos perfeitos de uma tal estrutura da consciência.
5. Cf. WALZ, A. *San Tommaso d'Aquino*. Roma: [s.e.], 1944 e a literatura aí mencionada (em particular, os escritos de Martin Grabmann) e BOURKE, V.J. *Thomistic Bibliography*. [s.l.]: [s.e.], 1920-1940. St. Louis Mo., 1945 e WYSER, P. *Thomas v. Aquin. Bibliograph. Einführung* etc. Berna: [s.e.], 1950 [BOCHENSKI (org.)]. No tocante às fontes, cf. *Fontes Vitae St. Th. A.* fasc. I-III, 1911-1934 [PRUEMNER, D. (org.)].
6. De origem lombarda.
7. De nobreza napolitana ou de Teate (*Chieti*), de origem normanda.
8. Cf. tb. SERTILLANGES, A.D. *Der Heilige Thomas von Aquin*. Hellerau: [s.e.], 1928, p. 23 e CHENU, M.D. *Introduction à l'élude de S. Thomas d'Aquin*. Paris :[s.e.], 1950 passim, partic, p. 11s. Infelizmente não consegui na Suíça o ensaio mais recente de PETITOT, L.H. *La vie intégrale de Saint Thomas d'Aquin*. 11. ed. Paris : Desclée, 1930; portanto, utilizei, no que se segue, apenas sua obra: *Saint Thomas d'Aquin, la vocation, l'oeuvre, la vie spirituelle*. Paris: [s.e.], 1923. O livro GRABMANN, M. *Das Seelenleben des Heiligen Thomas von Aquin*. Munique: Theatiner-Verlag, 1924, foi-me menos útil, uma vez que contém menos fatos e representa mais um panegírico. Cf. entretanto a literatura que aí é mencionada.
9. PETITOT. *St. Thomas*. Op. cit., p. 17. Seu avô, o Conde de Sommacle, era um dos generais de Barba-Roxa.
10. WALZ. Op. cit., p. 25; SERTILLANGES. Op. cit. p. 25; CHENU. Op. cit., p. 11; Op. cit., p. 16; GUILHERME DE TOCCO. *Fontes*. Op. cit., II, p. 69.
11. WALZ. Op. cit., p. 20.

líticas ele teve que deixar Monte Cassino em 1235-1237 (com cerca de doze anos)[12] e foi para Nápoles em meados de 1239, a fim de prosseguir seus estudos. O ensino de matérias científicas era lá particularmente desenvolvido[13]. Em 1231 Michael Scotus já começara suas traduções de Aristóteles[14]. O principal mestre de Tomás foi então *Petrus de Ibernia* (Petrus Hispanus), que o induziu provavelmente a entrar na ordem dos dominicanos[15]. Recebeu o hábito em 1240/1241 ou talvez em 1243/1244[16]. Sua mãe, no entanto, não queria perdê-lo para os planos políticos de sua família[17], pretendendo mantê-lo na carreira secular; por sua instigação e com a cumplicidade de Frederico II, seus irmãos[18] o raptaram e o mantiveram prisioneiro no Castelo de Acquapendente[19], nos domínios de seu pai. A família introduziu belas hetairas nessa prisão, no intuito de atraí-lo de novo para o mundo, mas ele as expulsou com um tição em brasas tirado da lareira[20]; na noite seguinte, ele teve uma visão em que dois anjos lhe impuseram um cinto de castidade e ele despertou então com um grito de dor[21]. A partir des-

---

12. PETITOT. *La vie intégrale de Saint Thomas d'Aquin*. 11. ed. Paris: Desclée, 1930, p. 19.
13. WALZ. Op. cit., p. 26. Graças à proteção de Frederico II.
14. Cf. HASKINS, MICHAEL SCOTUS & FREDERICK II. *Ísis*. IV, 1922, p. 250-275 e WALZ. p. 26. Cf. GRABMANN, M. Methoden und Hilfsmittel des Aristotelesstudiums im Mittelalter, *Sitzgsber. der bayr. Akad. d. Wiss. Jahr.*, 1939, cad. 5, p. 64s.
15. O Monte Cassino pertence aos Beneditinos; poder-se-ia esperar que Tomás de Aquino entrasse nessa ordem.
16. Cf. WALZ, p. 36, isto é, seu noviciado durou de seis meses a um ano. Cf. tb. PETITOT. *La vie intégrale de Saint Thomas d'Aquin*. 11. ed. Paris: Desclée, 1930, p. 24.
17. Segundo certas versões (cf. PETITOT. Op. cit.), ele teria desejado ser beneditino para tornar-se talvez mais tarde abade do Monte Cassino.
18. Os superiores teriam enviado Santo Tomás a Roma, à espera do que disso resultaria, a fim de levá-lo de lá a Paris. O ataque aconteceu em Acquapendente (WALZ. p. 34s.). Cf. THOMAS CANTIMPRANTANUS. *Bonun univ. de apibus*. I. [s.l.]: [s.e.], [s.d.], 20.
19. PETITOT. *La vie intégrale de Saint Thomas d'Aquin*. 11. ed. Paris : Desclée, 1930, p. 27.
20. PETITOT. *St. Thomas*. Op. cit., p. 31; GUILHERME DE TOCCO. Op. cit., p. 75.
21. WALZ. p. 42, 44, 45; PETITOT. Op. cit., p. 32; PETRUS CALO. *Fontes Vitae S. Thomae Aquinatis*, fasc. I. Tolosa: [s.e.], 1911, p. 23/24 [PRUEMNER (org.)]. Cf. tb. PELSTER, F. *Kritische Studien zum Leben und zu den Schriften Alberts des Grossen*. Freiburg im Breisgau: [s.e.], 1920, p. 63s., em particular p. 71.

sa época ele detestava mulheres[22]. No ínterim, seu superior fora enviado ao capítulo geral de Bologna. A 25 de julho de 1243 um novo papa, Inocêncio IV, fora eleito e, em julho de 1245, este depôs Frederico II. Na mesma época a família de Tomás cedeu, e este foi libertado[23], voltando para Nápoles. Sua mãe, que parece ter sido muito dura, jamais perdou a rebelião do filho[24].

595   Pouco depois (por volta de 1245) Tomás vai a Paris, depois a Colônia (1248) junto de Alberto Magno[25]. O encontro com este foi altamente significativo e parece mesmo ter sido uma experiência decisiva para o jovem Tomás. Conta-se que nos primeiros tempos de sua permanência em Colônia era tão silencioso e voltado para a interioridade que seus companheiros de escola o apelidaram de "boi mudo" (*bos mutus*). Só Alberto reconheceu seus dons e profetizou que esse *bos mutus* ainda encheria a terra com os mugidos de sua doutrina[26].

---

22. GUILHERME DE TOCCO. Op. cit., p. 75; "mulierum aspectum Semper abhorruit" (sempre teve repugnância diante da mulher). Isto provavelmente porque Tomás pensava que a mulher era uma "falha da natureza" e que na realidade esta queria produzir seres masculinos: "femina est mas occasionatus, quasi praeter intentionem naturae proveniens" (a mulher é o macho falho que nasceu contra a intenção da natureza). Cf. *Summa theologica*. 9 vols. Paris: [s.e.], 1868, I. 99, 2, ob. 2, e ad 1; *S. Theol.* I, 92. 1, ob. 1 et ad 1; *2 Sent.* 20, 21, ob. 1; *3 Sent.* 11, 1, 1 c. Agradeço esta indicação ao Dr. Paulus Zacharias.

23. Cf. WALZ, p. 45-47. Segundo outras versões, ele fugiu. PETITOT. Op. cit., p. 34. GUILHERME DE TOCCO. *Fontes*. Op. cit., p. 77.

24. PETITOT. *St. Thomas*. Op. cit., p. 28.

25. WALZ. Op. cit., p. 52-53. No tocante à datação, cf. tb. p. 55-56. Provavelmente ele estava em Colônia em 1245; de 1245-1248 em Paris e depois novamente em Colônia, ou (segundo Pelster), em 1245 estudou sob a direção de Alberto e depois de novo, de 1248-1252. Cf. SERTILLANGES. Op. cit., p. 23; CHENU. Op. cit., p. 12. Cf. adiante, *Fontes vitae S. Thomae Aquinatis*. Tolosa: [s.e.], 1911, 1934-1935 [PRUEMNER (org.)].

26. GUILELMO DE TOCCO. *Vita di S. Tommaso Aquinate*. Fontes. Op. cit., p. 77-78 [PRUEMNER (org.)]: "coepit miro modo taciturnus esse in silentio [...] coeperunt Fratres eum vocare bovem mutum" (começou estranhamente a viver taciturno, em silêncio [...] os frades começaram a apelidá-lo de boi mudo). Cf. PELSTER, F. *Kritische Studien zum Leben and zu den Schriften Alberts des Grossen*. Freiburg im Breisgau: [s.e.], 1920, p. 14. Henrique de Herford dá a seguinte versão: "tempus erit in quo mugitum bovis istius totus mundus admirabitur" (Um tempo virá em que o mundo inteiro se maravilhará com o mugido desse boi). Cf. PETRUS CALO. *Fontes*. Op. cit., p. 26-27.

Alberto o iniciou nos problemas espirituais candentes daquela época e transmitiu-lhe o conhecimento detalhado das obras de Aristóteles, da literatura científica dos peripatéticos árabes e das obras da Avicena, além da filosofia alquímica dos árabes.

Foi de fato nos anos de 1245-1250, época de seu primeiro encontro com Tomás, que Alberto dedicou-se intensamente à alquimia e aos problemas ocultos[27]. Podemos imaginar a impressão que a personalidade e o mundo de representações deste sábio de temperamento rico e de pensamento livre exerceu sobre Tomás. Alberto parece ter pertencido psicologicamente ao tipo extrovertido e seu interesse se voltava para os objetos exteriores e a ciência experimental[28]. Assim, por exemplo, ele não hesitava em fazer viagens cansativas para conhecer os alquimistas e seus laboratórios[29]. Teologicamente, ele fundava seu interesse pela natureza sobre a ideia de que Deus opera nos fenômenos naturais e que, se é possível sondar indiretamente a vontade de Deus, é legítimo explorar a natureza que é seu instrumento. Em suas obras, ele chama repetidamente a atenção de que ele mesmo examinou este ponto ou aquele, ou então afirma que os verificou experimentalmente[30]. Nos *Mineralia* (III, I, 1 e IV, I, 6) *ele reconhece o fato de ter assistido pessoalmente em Paris, em Colônia e em outros*

596

---

27. Quase todas as obras importantes de Alberto são citadas por Vicente de Beauvais e nasceram entre 1240 e 1245, exceptuando "De mineralibus", que é também relativamente precoce. Cf. THORNDIKE. Vol. II, p. 524-526. P. Mandonnet, o qual situa o período de vida de Alberto numa data mais tardia (seu nascimento tendo ocorrido em 1206 e não em 1193), acha que estas obras devem ter sido compostas naqueles anos. Cf. SERTILLANGES. Op. cit., p. 38. Alberto queria divulgar Aristóteles: "omnes has partes facere latinis intelligibiles" (tornar inteligíveis todas essas partes aos leitores latinos), como ele disse.

28. Como THORNDIKE. Op. cit., II. p. 530-531, sublinha, é em seus trabalhos sobre ciências naturais que Alberto é de extrema originalidade.

29. Cf. suas palavras in "De causis et proprietatibus elementorum", I, II, 9 (Apud THORNDIKE, II, p. 538). "Non autem sufficit scire in universali sed quaerimus scire unum quodque secundum quod in propria natura se habet, hoc enim optimum et perfectum est genus sciendi" (Não é suficiente conhecer de um modo geral, mas procuramos conhecer cada coisa segundo sua própria natureza, pois é a melhor e mais perfeita forma de saber).

30. Cf. THORNDIKE. Op. cit., II. p. 538-541.

lugares a experiências alquímicas[31]. Ele fez também experiências ocultas e mágicas[32], e sabemos disso não apenas por causa do *Liber aggregationis* (cuja autenticidade é discutível), mas também pelo *De Vegetabilibus et plantis* VI,II,I[33], onde relata, por exemplo, que provou experimentalmente, considerando verdade que um sapo tem o poder de quebrar uma esmeralda, se não morrer ao vê-la![34] Ele esclareceu que uma grande parte dessas coisas ocultas não poderia ser provada pelos "princípios físicos"[35], e em *De mineralibus* (II,I,1), apoiando-se na autoridade de Avicena, ele sublinha que *a alquimia pertence na realidade à magia*[36], uma vez que repousa *sobre forças ocultas da alma humana*[37], a qual recebe por seu lado das *virtudes coelestes* o impulso para tais operações[38]. As estrelas são por excelência

---

31. *Min*. IV, I, 6: "Hi autem qui in cupro multum operantur in nostris partibus Parisiis videlicet ac Coloniae et in alliis locis in quibus fui et vidi et experiri..." (Mas aqueles que trabalham muito com cobre em nossas regiões de Paris, Colônia e em outros lugares em que eu estive e vi e conheci por experiência...).

32. In *De sumno et vigilia*. II, I, 1 (BORGNET. Vol. V, p. 24), ele esclarece, citando Avicena e Algazel, que o poder do homem de fascinar e de exercer influências mágicas (o que chamaríamos hoje de hipnose e sugestão) vem da alma. E também em: De mim., lib. II, cap. 1, Op. cit. Colônia: [s.e.], 1569, p. 23: "et hoc modo dicunt animan unius hominis vel alterius animalis egredi in alterum et fascinare ipsum et impedire operationes ipsius" (E deste modo, dizem, a alma de um homem ou de um animal sai de um e entra num outro, fascina-o e interfere em suas operações). Esta opinião concorda de modo espantoso com a do *Liber Aggregationis* e reforça a hipótese da autenticidade deste último.

33. Apud THORNDIKE. *History* etc. II. Nova York: [s.e.], 1929, p. 547.

34. Ele acreditava nos efeitos mágicos de pedras, plantas etc., em encantamentos de amor, na fabricação de selos, cf. THORNDIKE. Op. cit., II, p. 557.

35. *Min*. III, 3, 5, THORNDIKE. Ibid.

36. Cf. tb. II, 1,9, BORGNET. Op. cit., vol. V, p. 24.

37. Cf. THORNDIKE. Vol. II, p. 558-562.

38. *De causis Elem*. I, II, 7; BORGNET. Vol. IX, p. 615. *De Min*. II, 1. I; THORNDIKE, II, p. 557s. Cf. adiante MAGNO, A. *De mineralibus et rebus metallicis*. Colônia: [s.e.], 1569, lib. 1, cap. 2: "Et hoc quidem operatur ars cum labore et erroribus multis, natura autem sine difficultate et labore; cuius causa est, quia virtutibus coelestibus ceitis et efficacibus moventur virtutes in materia lapidum et metallorum existentes, quando materia operatur: et illae virtutes sunt intelligentiarum operationes, quae non errant nisi per accidens et inaequalitate scil. Materiae" (E esta arte produz seu efeito

os instrumentos de Deus, mediante as quais ele governa o mundo sublunar[39]. Com Avicena, ele considera possível que os metais sejam purificados por uma via natural, reduzindo-os à sua *materia prima*, enxofre ou mercúrio. Depois entretanto só é possível transformá-los no metal desejado por meio da *magia* – levando em conta as forças dos elementos e dos céus[40]. A análise química é, em outros termos, física, ao passo que a síntese só pode ser alcançada psicologicamente. A maioria dos alquimistas, prossegue Alberto, procede, pois, de um modo errôneo, realizando apenas tinturas superficiais dos metais. Encontramos esta mesma atitude em relação à alquimia na introdução à obra (talvez autêntica) *De Alchemia*, onde ele relata que durante muito tempo percorreu a terra como *exul* (exilado? ou: em terra

com muita pena e múltiplos erros, enquanto que a natureza opera sem dificuldade nem labor; a causa reside em que as forças que existem na matéria das pedras e dos metais são animadas por forças celestes seguras e eficazes, quando a matéria opera. E essas forças são as operações das inteligências que não erram senão por acidente ou por inadequação da matéria). Parcialmente citado também em RUSKA. *Tabula smaragdina:* ein Beitrag zur Geschichte der hermetischen Literatur. Heidelberg: [s.e.], 1926, p. 187. – Cf. tb. p. 188: "No terceiro Livro que trata dos metais em geral, Alberto penetra de novo no círculo de ideias dos alquimistas: "de Transmutatione autem horum corporum et mutatione unius in aliud non est physici determinare, sed artis quae vocatur Alchemia" (A respeito da transmutação desses corpos e da transformação de um no outro, isso não compete ao físico de determiná-lo, mas à arte que se chama Alquimia)". E ibid.: "Segundo a doutrina de Hermes e de seus discípulos, as forças de todas as coisas terrestres dependem em primeiro lugar dos astros e das constelações. Elas são transmitidas ao mundo inferior através do círculo 'alaur'". Ruska sublinha com razão a grande influência dos astrólogos e alquimistas árabes e em particular de Avicena. Muitas citações de Alberto mostram que ele se interessou em detalhe pelas receitas alquímicas (exemplos, ibid.).

39. THORNDIKE. *History* etc. Vol. II. Nova York: [s.e.], 1929, p. 571 e MAGNO, A. *De reb. metall.* Colônia: [s.e.], 1569, lib. III, cap. 2, p. 102: "Omnes autem virtutes infundi in inferioribus omnibus per circulum imaginum caelestium" (Mas todos esses poderes são infundidos nas coisas inferiores pelo círculo de imagens celestes). É esta a razão "quoniam lapides pretiosi prae aliis habent mirabiles virtutes quia videlicet in substantia magis simulantur superioribus propter quod a quibusdam eorum stellae elementales esse dicuntur" (As pedras preciosas têm virtudes maravilhosas que excedem às de outras pedras, isto porque elas são mais semelhantes às coisas superiores... é por isso que alguns chamam as pedras preciosas de astros elementares). Segundo *De min.* 1, 4 (p. 30), as virtudes celestes são infundidas segundo os méritos da matéria.
40. *De mineralibus et rebus metallicis.* III. Colônia: [s.e.], 1569, 1,4.

estrangeira?) e assistiu a numerosas experiências, todas infrutíferas. Por fim descobriu por graça do Espírito Santo o que domina a natureza. Conforme a tradição, ele não esclarece sua descoberta, limitando-se a fazer uma menção simbólica.

597   Alberto era uma personalidade impressionante, cheia de vida, e de uma grande disponibilidade interior. Era provavelmente um intuitivo, preferindo, à clareza sistemática das ideias[41], o sentido do novo, rico de possibilidades futuras[42]. Foi sua intuição que o fez reconhecer tão depressa o gênio do jovem Tomás[43].

598   A biografia de Tomás de Aquino, pelo contrário, leva-nos a supor que ele pertencia ao tipo introvertido. Já vimos que, desde menino, era silencioso e voltado para si mesmo[44]. É difícil, portanto, saber algo do que se passava nele. Seus biógrafos louvam sua tranquilidade séria, seu humor inalterável, sua humildade e obediência na comuni-

---

41. Cf. THORNDIKE. Op. cit., II, p. 530-531. Cf. o julgamento algo severo de SERTILLANGES. Op. cit., p. 39, que reprova sua superficialidade. CHENU. Op. cit., p. 97, fala de sua "facúndia quase desordenada!"

42. Jung descreve este tipo do seguinte modo: "O intuitivo não se encontra jamais lá onde se encontram os valores da realidade, reconhecidos universalmente, mas sempre lá onde possibilidades estão presentes. Ele tem um faro fino daquilo que está em germe e das promessas do futuro [...] Ele aprende os novos objetos e os novos caminhos com uma grande intensidade [...] A moralidade do intuitivo não é nem intelectual, nem sentimental, mas ele tem sua própria moral, a saber, a fidelidade às suas próprias concepções [...]". O sentimento inconsciente inferior se exprime, segundo Jung (p. 506), em laços constrangedores em relação a pessoas ou objetos, em doenças imaginárias e numa queda neurótica em ideias fixas hipocondríacas, fobias e sensações corporais absurdas. Isso poderia esclarecer um pouco a melancolia de Alberto em sua velhice o luto quase exagerado pela morte de Santo Tomás.

43. MANDONNET. Albert le Grand, *Diction. de Théólogie Cath*. Paris: [s.e.], 1909, col., 671, diz de Alberto: "ele desempenhou um verdadeiro papel de revelador intelectual..." E WALZ. *Angelicum*. Op. cit., p. 311, diz: "sicut *divinans* (!) quodam ingenium splendide increscens fratris Thomae commendavit, ita postea *propheta fuit* de magistri Thomae doctrinae victoria perenni" (E como ele recomendava outrora, como que por *divinação*, o esplêndido gênio nascente de Frei Tomás, assim ele foi depois o *profeta* da vitória eterna do ensinamento de Mestre Tomás). [Grifos meus].

44. GUILHERME DE TOCCO. Op. cit., p. 662: "Erat autem praedictus puer non verbis garrulus sed meditari intra se incipiens taciturnus" (Pois o dito menino não era pródigo em palavras, mas taciturno, começando a meditar no interior de si mesmo).

dade monástica[45] e seu saber precoce. Aos treze anos ele sabia de cor grande parte dos Salmos, dos evangelhos e das epístolas de Paulo e já havia traduzido as *Moralia*, de Gregório Magno etc.[46] A oposição às tentativas de sua família para retê-lo no século parece denotar uma certa inquietação e sensitividade[47], talvez uma certa fraqueza em face da esfera da sexualidade que ele considerava diabólica e cheia de ameaças. Desde o incidente já citado, ele se tornou ainda mais reticente no tocante às mulheres[48]. Sua insegurança de aparecer publicamente revela também uma disposição introvertida. Quando, por exemplo, ele teve de encarar o discurso inaugural[49] de sua futura cátedra em Paris[50], foi tomado por um grande medo. Apareceu-lhe então em sonhos um irmão mais velho de sua ordem, que lhe disse: "Vê, foste escolhido; toma o encargo do magistério, pois Deus está contigo". Este é o texto (Tomás não sabia sobre que texto deveria falar) que deverás escolher como tema de tua alocução: "Rigans montes de superioribus tuis, de fructu operum tuorum satiabitur terra" (Sl 104,13: Regas as montanhas de tua alta morada: do fruto de tuas obras a terra será saciada)[51]. Tomás obedeceu ao sonho e pregou sobre essa passagem do Salmo, citado igualmente na *Aurora*. A figura do sonho[52] induzia o sonhador, psicologicamente falando, a um abandono maior à

---

45. Ibid.: "erat animo emissus quod modestiam, verecundiam, oboediendi facilitatem habebat" (Tinha um ânimo sensível mas modesto, contido e a obediência lhe era fácil).

46. PETITOT. *St. Thomas*. Op. cit., p. 18.

47. Cf. PETITOT. Op. cit., p. 39: "Nous verrons que le Saint était extrèmement, étonnament sensible, ses confrères et disciples plus durs en étaient surpris, miro modo passibilis. Cette délicatesse toute italienne et presque féminine... etc."

48. GUILHERME DE TOCCO. Op. cit., p. 75: "aspectum mulierum semper abhorruit" (sempre lhe repugnou ver mulher).

49. Prolusio.

50. Mais ou menos 1256. Cf. SERTILLANGES. Op. cit., p. 24.

51. GUILHERME DE TOCCO. *Fontes*. Op. cit., p. 85: "Ecce exauditus es, suscipe onus Magisterii, quia Deus tecum est. Pro tuo autem principio nihil aliud proponas nisi hoc: Rigans montes" etc. (Foste ouvido; toma sobre ti o cargo de Mestre, pois Deus está contigo. Eis o assunto que deverás tomar como tema da pregação: [Deus] rega as montanhas etc.).

52. Uma personificação do arquétipo do "velho sábio".

inspiração do inconsciente. Manifestamente, seu consciente propendia a perder-se em reflexões e especulações intelectuais.

599 No caso da tipologia psicológica acima conjeturada ser justa, a amizade que ligou Alberto e Tomás seria particularmente compreensível, uma vez que representavam um para o outro modos de comportamento complementares[53]. Do ponto de vista das funções psicológicas[54], não formavam um contraste absoluto, mas ambos se inclinavam preponderantemente para o lado pensamento-intuição, Alberto pertencendo, no entanto, ao tipo irracional (intuição) e Tomás ao tipo racional (pensamento), o que produz a cada passo uma estimulação e uma complementaridade recíprocas. O fato de que Alberto tenha pressentido por telepatia a morte do amigo indica uma *participation mystique* que nasce muitas vezes de uma projeção e de uma relação intensa e real.

600 Alberto é descrito como um homem pequeno, delicado, vivaz e extremamente simpático[55], ao passo que Tomás era grande, lento, um pouco pesado e de forte ossatura; seu rosto era longo, a fronte baixa e a cabeça grande, redonda e calva[56]. Parece ter sofrido do estômago[57] e esse mal era talvez de origem nervosa. No caso de que fosse mesmo um sintoma psicógeno, isso indicaria uma dificuldade de "digerir". A má digestão psíquica do introvertido reforça a sua disposição para uma certa unilateralidade.

601 Conta-se que certa vez, jantando na corte de Luís IX, Tomás de repente abismou-se de tal modo em seus pensamentos "que se esque-

---

53. Orientação dos tipos: extrovertido-introvertido.
54. Função dos tipos: pensamento, sentimento, sensação, intuição.
55. PETITOT. *La vie intégrale de Saint Thomas d'Aquin*. 11. ed. Paris: Desclée, 1930, p. 51.
56. GUILHERME DE TOCCO. *Acta Boll.* Op. cit., p. 111: "Corpore erat vasto, procera ossium magnitudine [...] facie oblonga, fronte depressiori, capite magno et rotundo et non nihil calvo" (Era grande de corpo, tamanho avantajado dos ossos [...] de face afinada, testa abatida, cabeça grande, redonda e um tanto calva). PETITOT. Op. cit., p. 39 e 73-74.
57. Cf. o que se relata acerca de sua morte: como de repente ele não pôde mais comer e da debilidade disso decorrente, morreu. GUILHERME DE TOCCO. *Vita.* [s.l.]: [s.e.], [s.d.], cap. 48, cf. o que se segue mais abaixo.

ceu de si mesmo, perdeu o uso dos sentidos, ficou imóvel, arrebatado ela intensidade da contemplação interna", e finalmente bateu com o punho na mesa, exclamando que acabara de encontrar um argumento lógico contra os maniqueus[58]. Referia-se provavelmente à heresia dos neomaniqueus, cuja influência era então dominante[59].

Este relato revela que sua introversão intensa não era devida a uma falta de temperamento ou à calma interior, mas que violentas lutas espirituais se desenrolavam por detrás da placidez exterior de Tomás, fortemente tocado pelos problemas religiosos de sua época agitada.

Outros sinais dessas confrontações apaixonadas e dúvidas podem ser encontradas nas visões oníricas que ele nos legou, nas quais a Mãe de Deus, o Cristo ou Paulo lhe apareceram. É interessante notar que a primeira questão colocada por ele a essas aparições foi a de saber se o que ele escrevera era correto[60]. Num homem que não fosse atormentado por dúvidas acerca de sua obra (e sem dúvida, mais ainda, sobre os dados da fé), esperar-se-ia um gesto de adoração e de veneração em lugar de uma pergunta ansiosa. Manifestamente, era menos a realidade metafísica dessas pessoas que era passível de dúvida para ele do que a forma pela qual ele tentara definir intelectualmente sua essência.

Em sua obra manifesta-se uma certa duplicidade de suas possibilidades criadoras. De um lado, escreveu suas obras fundamentais no estilo seco lógico, escolástico de sua época (sempre *loquitur formaliter!*)[61]. Por outro lado, ele compôs hinos religiosos e sermões de

---

58. GUILHERME DE TOCCO. *Acta Boll.* Op. cit., p. 710: "ipse suam contemplationem pro more secutus ita sensuum usum reliquit, ut sui ipsius oblitus et attonito similis haereret ductusque contemplationis vehementia excussa pugno mensa in eam notissimam vocem erumpere compulsus est esse scilicet contra Manichaeos iam conclusum" (Como era seu costume, seguindo a sua contemplação, perdeu de tal maneira o uso dos sentidos, de modo que, esquecendo-se de si mesmo e aderindo a uma força interna de arrebatamento e levado pela veemência da contemplação, bateu o punho contra a mesa e foi obrigado a elevar a voz, sem dúvida, contra os maniqueus, concluindo sua contemplação imediatamente). Cf. *Fontes*, p. 116 [PRÜMNER (org.)].
59. Cf. sobre isto HAHN, C. *Geschichte der Ketzer im Mittelalter*. Vol. I. Stuttgart: [s.e.], 1850, p. 55s.
60. GUILHERME DE TOCCO. *Ada Boll.* Op. cit., p. 664. *Fontes*, p. 106-107.
61. Cajetano é quem diz isto dele, cit. segundo CHENU, M.D. *Introduction*. Op. cit., p. 93.

grande beleza poética⁶². Guilherme de Tocco afirma que ele redigiu muita coisa numa espécie de êxtase (*in raptu mentis*)⁶³. No entanto, nenhum de seus poemas conhecidos se aproxima, na minha opinião, a não ser longinquamente, da intensidade do sentimento da *Aurora*. Tomás, segundo me parece, deve ter sido um homem dilacerado por uma grande tensão entre o sentimento e o intelecto. Ele pertencia provavelmente, como vimos, ao tipo de pensamento introvertido. Seu pensamento não se refere, de fato, aos objetos, mas se funda sobre ideias. O aspecto sistemático, de princípios da concepção aristotélica da natureza, o interessava mais do que as questões de detalhe⁶⁴. Poder-se-ia, pois, imaginar que ele sofreu um choque ao penetrar no turbilhão de Alberto, o intuitivo extrovertido que se interessava pelo ângulo prático e experimental da mineralogia, da zoologia, da botânica e especialmente dos problemas da alquimia e da parapsicologia⁶⁵.

605   Sob a influência de Alberto Magno, Tomás de Aquino aceitou desde essa época o princípio de uma possibilidade dos fenômenos

---

62. Petitot menciona sua pregação diante do Consistório para a instituição da festa do Santo Sacramento: "Il est tout lyrique en exclamations et d'une seule venue sans distinctions, divisions" (Ele é todo poético em exclamações e de um só impulso sem distinções, sem divisões). *St. Thomas d'Aquin*. [s.l]: [s.e.], 1923, p. 143.

63. *Vita di S. Thomaso*. Op. cit, p. 665. Ele fala mesmo de um êxtase mental *continuum mentis raptum*. Cf. WALZ. *Angelicum*. Op. cit., nota 44, p. 316.

64. Cf. também a observação de GILSON, E. Pourquoi St. Thomas etc., *Achives* etc. Vol. I, p. 125, onde o processo do nascimento do pensamento de Tomás é caracterizado pela não transparência: "Santo Tomás não nos deixou nem um 'Discurso do método', nem as 'Confissões' e nada nos permite adivinhar por conseguinte de que evolução se constituíram os princípios de sua filosofia [...] esta Minerva saiu armada do cérebro de Júpiter..."

65. É por isso que seu contemporâneo Engelberto de Estrasburgo denominou-o *expertus in magicis*. Cf. PEDRO DA PRÚSSIA. [s.l.]: [s.e.], 1621, p. 126, apud THORNDIKE, L. *History* etc. Vol. II. Nova York: [s.e.], 1929, p. 549s. A magia, segundo Alberto, repousa sobre influências demoníacas (THORNDIKE. *Hist*. II. Nova York: [s.e.], 1929, p. 551), os demônios sendo ajudados pelas estrelas. Existe uma magia "justa" ou positiva. Seus Mestres (*magistri*) são pessoas que filosofam sobre as estrelas e a natureza (cf. In Evang. Math. II,1, onde ele chama *magistri* os sábios do Oriente, e In Daniel 1,20: "Magi dicuntur [...] quasi magistri qui de universis philosophantur" [Eles são chamados magos [...] pois são os mestres que filosofam sobre todas as coisas]).

ocultos. Assim, ele diz na *Summa*[66], que os fenômenos naturais possuem certas forças ocultas, cuja causa natural não pode ser estabelecida pelo homem. Ele acreditava nas forças ocultas das pedras[67], e em particular no fato *"que a alquimia é uma arte verdadeira, mas difícil, por causa dos efeitos ocultos dos astros (virtutis coelestis)"*[68]. Já no Comentário do livro de sentenças de Pedro Lombardo, uma de suas obras anteriores, ele sublinha que acredita no princípio de uma transformação alquímica dos metais, mas que a maioria dos alquimistas apenas produz um simulacro de ouro, ao passo que o ouro verdadeiro nasce por efeito do sol em certos lugares da terra *ubi viget virtus numeralis!* (onde predomina a força numeral)[69]. As forças mágicas e

---

66. II, II, 96 art. 2: "Res aurem naturales habet quasdam virtutes occultas quarum ratio ab homine assignari non potest" (As coisas naturais têm certas virtudes ou forças ocultas que o homem não consegue determinar). Cf. THORNDIKE. Op. cit., II, p. 603 e 607.

67. Segundo sua opinião, isto pode provir de atuações tanto astrológicas como demoníacas. Cf. THORNDIKE, L. *Hist.* Op. cit., II, p. 603.

68. *Meteor.* III, 9. "Unde etiam ipsi Alchemistae per *veram artem alchimiae* sed tamen difficilem, propter occultas operationes virtutis coelestis..." (Onde também os alquimistas, pela verdadeira arte da alquimia, que é também difícil, por causa das atuações ocultas das estrelas <*virtutis coelestis*>...) Cf. THORNDIKE. Op. cit., II, p. 107s. Cf. ibid., as provas para a fé de Santo Tomás na astrologia: Existe, segundo Santo Tomás, uma *impressio formae a superioribus*, isto é, através das estrelas, as quais atuam "como o ímã que atrai o ferro". *Cod. Vat. Urb.* 1491, fol. 76-77. (Sobre a hipnose e a fascinação, Tomás tem pontos de vista semelhantes aos de Alberto. Cf. *Contra Gent.*, III, 103 e *Summa theologica.* 9 vols. Paris: [s.e.], 1868, I., 117, 3.) Segundo Tomás, as estrelas seriam movidas pelos anjos (THORNDIKE, II, p. 608-609). Deus se serviria deles para guiar o mundo inferior. Cf. também BOLL, F. *Sternglaube* etc. p. 39 e 112. Os humores dos homens também seriam influenciados pelas estrelas (*De Veritate*, XII, 10 e *Summa theol.* II, II, 95, 6, ad 1).

69. In quattuor libros sentent. Petri Lombardi: "Alchimistae faciunt aliquid simile auro quantum ad accidentia exteriores: sed tamen non faciunt verum aurum quia *forma* substantialis auri non est percalorem ignis quo utuntur alchimistae sed per calorem solis in loco determinato ubi viget virtus numeralis, et ideo tale aurum non habet operationem consequentem speciem et similiter in aliis quae per eorum operationem fiunt" (Os alquimistas fazem algo semelhante ao ouro, quanto aos acidentes externos. No entanto, não fazem um verdadeiro ouro, porque a forma substancial do outro não é pelo calor do fogo que usam os alquimistas, mas pelo calor do sol, em um lugar determinado, onde vige a virtude numeral e por isso este ouro não tem como operação consequente a espécie, e de maneira semelhante em outras coisas que se fazem pela operação deles).

astrológicas parecem ser, pois, para ele o essencial da alquimia[70] (O que ele compreende pela "força numeral" não é suficientemente claro para mim)[71]. Estas convicções, no entanto, parecem ter-se reforçado com a idade[72]. As asserções tiradas das obras consideradas como autênticas devem ser tomadas a sério. O que deploramos nelas, porém, é a ausência do fator emocional: como e até que ponto Tomás foi influenciado em sua *sensibilidade*? A anedota do *bos mutus* parece-me indicar que as impressões nele penetravam mais profundamente do que se supunha, mas que ele as guardava em seu íntimo. Seu pensamento ulterior, tão fortemente fechado num sistema lógico e formal, poderia talvez representar uma reação de defesa diante dessas impressões, pois a tentativa de dominar o mundo objetivo e ameaçador por uma realização intelectual é característica do pensamento introvertido, e os objetos "ocultos" deviam atuar de um modo particularmente numinoso sobre um espírito escolástico. Assim também a insegurança que Tomás sentia diante de seus sonhos e visões, atormentando-se no sentido de saber se havia formulado corretamente seus pensamentos revela a dependência típica do introvertido em relação ao "fator subjetivo"[73]. Por outro lado, esse fato denota que o pensamento formulado era extraordinariamente importante para ele, talvez porque de certo modo ele servia de proteção contra as pulsões e interpretações possíveis de natureza diferente[74]. Devido à sua

---

70. Encontramos concepções semelhantes no: De Lapide Philosophorum, cuja autenticidade é duvidosa. Cf. MEYRINK, G. Op. cit., p. 3 e em BACON, R. *De speculis comburentibus*. Op. cit, p. 394 [LITTLE (org.)]. Talvez em todos esses casos Witelo parece ter sido uma fonte comum.

71. Os números naturais desempenham, como hoje sabemos, um papel essencial em todos aqueles métodos que atingem os fenômenos de *Sincronicidade*. Cf. JUNG, C.G. & PAULI, W. *Naturerklärung und Psyche*. Zurique: [s.e.], 1952, em partic., p. 43. Teria Santo Tomás pensado em tal correlação?

72. O tratado "De occultis operationibus naturae ad quendam militem" é relativamente tardio, e a *Summa* (tardia) é mais favorável à Alquimia do que o precedente Comentário das sentenças. THORNDIKE. Op. cit., II, p. 602s.

73. Neste contexto completamente diferente é-me impossível retomar em detalhes a doutrina dos *Tipos psicológicos* de Jung e portanto remeto o leitor a esse livro importante de C.G. Jung.

74. O irmão Reginaldo, amigo de Santo Tomás, era um conhecido poeta, de histórias de amor e contador de histórias picantes. A letra de Santo Tomás parece ter sido muito *pâteuse* (PETITOT. p. 31 e 42), É concebível que ele tenha sido um temperamento sibarita mantido sob controle.

natureza introvertida deve ter-lhe sido uma pesada carga o fato de ter-se dedicado, por seu sucesso como mestre de conferências, a obrigações e atividades exteriores cada vez mais numerosas, às quais não podia subtrair-se por causa do voto de obediência. Depois de ter exercido as funções de bacharel, depois de Mestre em Paris (cerca de 1254 a 1260)[75], ele foi nomeado "pregador geral" em Nápoles pelo capítulo geral. Mas antes comparecera em numerosos congressos e capítulos, onde tivera a ocasião de reencontrar Alberto Magno[76]. No outono de 1265 ele residiu em Roma e, em 1267, compareceu ao Capítulo Geral de Bolonha. Ocupava então um cargo (talvez de leitor) que o fazia frequentar diariamente a corte papal[77]. Esta época representa também para ele uma fase particularmente intensa no que se refere à sua atividade de escritor[78]. Em 1266, ele começara a *Summa Theologica*[79] e o comentário *De anima*[80]. De 1268-1272, morou pela segunda vez em Paris. Manteve então contato com numerosas personalidades da Igreja de seu tempo: Vicente de Beauvais, São Boaventura, Witelo, Guilherme de Moerbecke etc. Foi no decorrer de seu segundo período parisiense que ocorreu a célebre polêmica dos averroístas que ocasionou, em 10 de dezembro de 1270, a condenação de certas teses de Santo Tomás. Talvez o incidente do jantar na corte de Luís IX ocorresse nesta época[81], pois Tomás se tornava cada vez mais o defensor oficial da fé católica contra as heresias daquela época.

A ordem dos dominicanos e a dos franciscanos, que são designadas com o nome comum de ordens mendicantes, apareceram devido a uma crise profunda no seio da Igreja[82]. Esta foi causada exteriormente pela pressão do Islã e dos Tártaros[83], e interiormente pela queda

---

75. Cf. WALZ. Op. cit., p. 98.
76. Por exemplo, em Anagni 1256 (WALZ. Op. cit., p. 93/94), em Valencienes 1259 (WALZ. Op. cit., p. 97-98) etc.
77. WALZ. Op. cit., p. 101-103.
78. No tocante à ordem etc. das obras, cf. WALZ, passim.
79. WALZ, p. 114.
80. WALZ, p. 117s.
81. WALZ, p. 146.
82. Cf. partic. CHENU. Op. cit., p. 34.
83. Cf. CHENU. Op. cit., p. 11 e 35s.

da aristocracia e o despertar das cidades. As ordens mendicantes consideravam ser sua missão a reforma da Igreja, desejando reconduzir a ela as massas populares que se extraviavam nas seitas e no paganismo. Os franciscanos se encarregaram da evangelização popular, enquanto os dominicanos elegiam o domínio essencial da luta contra as heresias no plano científico. Eles se consideravam como os *Domini canes* (os cães de guarda de Deus). Como nenhuma confrontação séria é possível sem a assimilação parcial do adversário, pode-se compreender por que uma parte dos franciscanos se voltou para um movimento popular herético, o dos "terciários", que se misturou mais tarde de modo quase indistinto com os *beguinos* e *begardos*, com os *fratres* pauperes ou "irmãos do Livre Espírito" e com outras seitas[84]. Os dominicanos também, e em particular Tomás e seu mestre Alberto, entraram em conflito com representantes da Igreja, cujo espírito era limitado (como por exemplo Guilherme de Saint-Amour), que os acusavam de haver incluído demasiado aristotelismo[85] árabe em suas concepções teológicas, e de se mostrarem muito liberais em relação à ala esquerda das ordens mendicantes. Tomás compôs sozinho três obras em defesa das ordens mendicantes e empreendeu com Alberto Magno várias viagens a Roma a fim de defender sua ordem[86]. Conservou-se de Alberto um documento essencial sobre os *beguinos* e *begardos*, evidentemente para defender contra a Inquisição esse movimento cujo centro ficava em Colônia[87]. Tomás e ele demonstraram um espantoso conhecimento de numerosas seitas filosóficas "modernas", como

---

84. Cf. TOCCO. *Acta Boll.* Op. cit., p. 666 sobre os *Pauvres de Lyon*, e KROENLEIN, J.H. *Amalrich von Bena und David von Dinant, Theol. Studien und Kritiken.* Hamburgo: [s.e.], 1847, p. 479-481.

85. Cf. MANDONNET, P. *Siger de Brabant et l'averroïsme latin au XII Ième siècle.* Louvain : [s.e.], 1910.

86. Cf. THORNDIKE, L. *History of Magic and Experimental Science.* Op. cit. Vol. II, p. 525.

87. Cf. PREGER, W. *Geschichte der Mystik im Mittelalter.* Vol. 1. München: [s.e.], [s.d.], p. 466 e HAUPT, H. Zwei Tractate gegen Beghinen und Begharden, *Zeitschr. f. Kirchengeschichte.* XII, [s.l.]: [s.e.], [s.d.], fasc. 1, p. 85. HANH, C. *Geschichte der Ketzer.* Op. cit. Vol. II, p. 472 e DOELLINGER, J. von. *Beitr. zur Sektengesch. des Mittelalters.* Vol. II. Munique: [s.e.], 1890, p. 403 e 702.

por exemplo as de Amalrico de Bena, de David de Dinat[88] entre outras. Tomás menciona-as como *quidam moderni philosophi* (certos filósofos modernos)[89]. Além disso, é importante notar que ele protestou quando Guilherme de Saint-Amour quis qualificar a doutrina do abade Joaquim de Fiori de doutrina do Anticristo[90]. Ele conhecia o *Liber Introductorius*, resumo da teoria de Joaquim, e disse acerca desta obra que muitas coisas não eram exatas, mas que era falso qualificá-la de doutrina do Anticristo[91]. Assim, não só Tomás conhecia essa corrente

---

88. *Summa theologica*. 9 vols. Paris: [s.e.], 1868, I, quaest, 3. art. 8. Cf. KROENLEIN, J.H. *Amalrich von Bena und David von Dinant. Theol. Studien und Kritiken.* Hamburgo: [s.e.], 1847, fasc. 2, p. 282. David de Dinant parece ter sido influenciado por João Scotus Erígena e sua doutrina panteísta (ibid., p. 284 e 303). Cf. adiante THERY, G. *Autour du décret de 1210*: Bibliothèque Thomiste VI e VII, 2 vols. Kain (Bélgica): [s.e.], 1925.

89. Sec. sent. lib. dist. 17 quaest. 1 art. 1 solutio. Sobre Amalrico de Bena, cf. KROENLEIN. Op. cit., p. 282 e 284. David de Dinant era muito conhecido de Alberto por intermédio de Balduíno, cf. sua *Summa*. I, tract 4, quaest. 20, membr. 2, e II, 12, 72, 4, 2. Cf. KROENLEIN. Op. cit., p. 302-303, 311-314. Cf. TOMÁS DE AQUINO. *Summa theologica*. 9 vols. Paris: [s.e.], 1868, I, quaest. 3 art. 8.

90. Cf. PETITOT. *La vie intégrale de Saint Thomas d'Aquin*. 11. ed. Paris: Desclée, 1930, p. 71.

91. TOMÁS DE AQUINO. *Opera*. ed. Ven., 1754, XIX, Opusc. XVI (Contra impugnantes), eu cito a passagem a partir de HAHN, C. *Geschichte der Ketzer im Mittelalter*. Vol. III. Stuttgart: [s.e.], 1850, p. 159: "Unde cum quidam iam Christi Evangelium mutari conentur, in quoddam Evangelium, quod dicunt aeternum, manifeste dicunt instare tempora Antichristi. Hoc autem Evangelium de quo loquuntur" (a saber, de Guilherme de Saint-Amour e seus seguidores) "estquodam introduetorium in libros Joachim compositum, quod est ab Ecclesia reprobatum, vel etiam ipsa doctrina Joachim, per quam ut dicunt Evangelium mutatur, unde cum doctrina praedicta, quam legem Antichristi dicunt, sit Parisiis exposita, signum est tempus Antichristi instare. *Sed doctrinam Joachim vel Ulitis Introductora quamvis alia reprobando contineat, esse doctrinam, quam praedicavit Antichristus, falsum est*" (É porque quando alguns se esforçam em mudar o Evangelho do Cristo num outro Evangelho, que eles chamam eterno, é claro que eles afirmam a proximidade dos tempos do Anticristo. Este Evangelho do qual falam é uma espécie de introdução aos livros de Joaquim, o qual é condenado pela Igreja, ou mesmo à própria doutrina de Joaquim, pela qual, segundo o que dizem, o Evangelho é trocado... É por isso que a dita doutrina que eles chamam a lei do Anticristo é anunciada em Paris, e é o sinal que o tempo do Anticristo está próximo. *Entretanto, é falso declarar que a doutrina de Joaquim ou sua introdução à doutrina, ainda que ela contenha pontos condenáveis, seja pregada pelo Anticristo*).

espiritual, como também a abordou de modo equitativo, numa atitude mais nuançada, e não a recusou simplesmente[92].

607 Em 1272, Tomás deixou Paris e viajou para Nápoles (provavelmente passando por Florença), onde um *Studium generale* devia ser organizado. Tornou-se aí primeiro docente. Guilherme de Tocco relata que ele não só tinha essa função no mundo universitário, como também pronunciava em Nápoles sermões estáticos, de olhos fechados, diante de uma multidão que se comprimia para ouvi-lo[93]. Arrebatamentos como aquele mencionado na história do "argumento decisivo contra os maniqueus" eram cada vez mais frequentes nessa época[94]. Ele sofreu um dia um *ratus mentis* em presença de um cardeal romano, e o fenômeno se repetiu durante a celebração da missa. Durante estas acontecia, muitas vezes, que Tomás derramasse lágrimas abundantes pelos sofrimentos de Cristo. Algumas testemunhas falam até mesmo de levitações[95]. O relato que se segue de Guilherme de Tocco alude aos conflitos interiores de Tomás com a sombra[96]:

608 Certa vez, um magistrado napolitano foi visitar o santo e ambos iam e vinham num terraço aberto à beira do mar. O magistrado viu um etíope vestido de negro aproximar-se do santo. Mas este último cerrou os punhos contra o etíope, gritando: "Ousarias procurar-me ainda?" E então o diabo negro, que era o demônio do meio-dia, fugiu (Poder-se-ia lembrar aqui os etíopes da *Aurora*, símbolos da *nigredo*).

609 Relatos desta espécie, que são em parte históricos, em parte lendários, fornecem o clima de uma personalidade impressionante e de rica envergadura, cujas profundezas mal são pressentidas pelo homem comum, e ainda menos compreendidas. A unilateralidade grandiosa de seu consciente é suficiente por si só para atestar a existência de um mundo interior bem diferente ao qual está entregue o equilí-

---

92. Chenu chama Joaquim de Fiori um "eco sonoro das aspirações de seu tempo", p. 39s.
93. WALZ. Op. cit., p. 160.
94. Cf. WALZ. Op. cit., p. 171.
95. PETITOT. *St. Thomas*. Op. cit., p. 133. PETRUS CALO. *Fontes*. Op. cit., p. 36-38. GUILHERME DE TOCCO. *Fontes*. Op. cit., p. 107, 108.
96. PETITOT. Op. cit., p. 146-147. PETRUS CALO. *Fontes*. Op. cit., p. 38.

brio do conjunto da personalidade. Relatos extraordinários, tais como os êxtases e os milagres, manifestam esse fundo invisível, traçando dele uma imagem cheia de alusões. Tais relatos pertencem pois ao modo de manifestação de uma personalidade eminente e completam sua imagem, apresentando sua face inconsciente que na maioria das vezes só se comunica indiretamente em palavras. A predominância da razão tem, nesse caso, por contrapartida, a pressão da *psique* natural que, ao contrário da irradiação universal da consciência, penetra nas profundidades do passado e do futuro espirituais e anima os conteúdos arquetípicos opostos. Como todo inconsciente ativado leva à realização da consciência, não podem faltar os sinais que manifestam o conflito. De qualquer modo, a consciência não pode furtar-se por muito tempo à aspiração interior, mas será incitada a dominar com seus meios racionais, neste caso por uma formulação teológica e escolástica, os opostos que exercem sua pressão. Esta tentativa pode fracassar, pois a presença dos opostos e sua função de equilíbrio são igualmente indispensáveis. Em todo o caso, em Santo Tomás, a oposição das duas metades da alma não se equilibrou, mas se reforçou, se isto é possível. Petitot fala mesmo da aptidão de Santo Tomás ao "desdobramento"[97]. Por exemplo, ele podia, mediante uma concentração espiritual, tornar-se insensível à dor e, nesses estados de ausência prolongados, podia ainda falar com os que o cercavam, e até mesmo ditar "como num estado de hipnose". Uma testemunha inglesa afirma que teria escrito sob o ditado de Tomás, *enquanto o santo dormia*[98]. No meio de sua vida esta tensão o levou à crise emocional relatada por seu amigo Reginaldo de Piperno. Não é impossível pensar que sua morte precoce tenha sido causada direta ou indiretamente pela excessiva carga psíquica"[99]. Como Tomás pro-

---

97. PETITOT. Op. cit., p. 130; GUILHERME DE TOCCO. *Fontes.* Op. cit., p. 107, 108, 121.
98. GUILHERME DE TOCCO. *Fontes.* Op. cit., p. 89.
99. Aqui há um ponto de discórdia entre WALZ, A. *De St. Thomae Aq. e vita discessu.* Xenia Thom. Roma: [s.e.], 1925, t. III, p. 41-55, e PETITOT, H. La mort de S. Thomas d'Aquin. *Vie Spirituelle*, X. [s.l.]: [s.e.], 1924, p. 313-336. Cf. tb. a comunicação do *Bulletin Thomiste*. Ano II, n. 6. nov. 1925, p. [17]. Walz e outros não veem nenhum nexo de causalidade entre a visão de 6 de dezembro de 1273 e a morte do san-

vavelmente pertencia ao tipo de homem no qual o pensamento altamente diferenciado e a concentração intelectual recalcam o homem natural e seu direito ao sentimento, este último entrou cada vez mais em oposição a seu comportamento espiritual e edificou uma contraposição formal. Desde então a convicção da consciência foi constantemente sabotada e atacada. Nasceu assim um "sentimento de insuficiência" – cujos traços evidentes aparecem em Tomás. Em tais casos, a contraposição é sempre personificada pela *anima* e daí se explica em parte o seu *horror mulierum*. Tais são provavelmente os fatos psíquicos – coexistindo talvez com uma doença física impossível de se determinar com exatidão[100] – que provocaram esses estados de "ausência" e mais tarde a depressão de que falaremos mais adiante. Progressivamente ele teve premonições de sua morte. Já algum tempo antes, sua irmã *Marotta,* já falecida, apareceu-lhe numa visão, dizendo que ela logo o reveria no além[101]. Quando Tomás recebeu um convite, em 1263, para o Capítulo Geral de Lyon que se realizaria em 1274, o pressentimento de sua morte próxima se reforçou, embora ele não tivesse nem cinquenta anos. Numa visão apareceu-lhe o pai já falecido. *Romano de Roma,* e confiou-lhe que recebera o "conhecimento das coisas divinas" depois de passar pelo purgatório[102]. Tomás perguntou-lhe então se os conhecimentos científicos adquiridos pelo homem nesta vida permaneciam no além. Romano não respondeu diretamente (*in forma*) à sua pergunta, mas referiu-se à "visão de Deus". Tomás perguntou-lhe novamente: "Como é possível ver Deus sem intermediário ou aparência mediadora?"[103] E Romano

---

to, enquanto Petitot afirma que a visão marcou o início de um estado físico e espiritual de criação, que está em relação de causalidade com a morte. De um ponto de vista psicológico e também à luz das visões menores, acima citadas (de *Marotta* e P. Romano de Roma), uma *conexão psicológica* me parece plausível. Infelizmente não consegui obter nenhum exemplar do trabalho de Walz na *Xenia Thomistica* 1925.

100. Segundo GUILHERME DE TOCCO. *Vita.* Op. cit., p. 48, ele perdeu todo o apetite e não podia comer mais nada e morreu da fraqueza resultante. Depois de sua morte correu o rumor, segundo o qual ele teria sido envenenado. Cf. PETITOT. *St. Thomas.* Op. cit., p. 155.

101. WALZ. Op. cit., p. 122/123. GUILHERME DE TOCCO. *Fontes.* Op. cit., p. 118.

102. WALZ. Op. cit., p. 176. GUILHERME DE TOCCO. *Fontes.* Op. cit., p. 118-119.

103. Sem elemento intermediário ou semelhança mediadora.

respondeu-lhe com as palavras do Salmo 48,9: "Assim como ouvimos, assim vemos na cidade do Senhor Todo-poderoso..."[104]. Este sonho deu a Tomás um pouco de alegria e consolo. Mas então – no meio da *summa* – sua obra-mestra, formulada segundo uma lógica rigorosamente intelectual, quando tratava da penitência, ele foi abatido pela sua conhecida experiência interior que deu termo à sua atividade de escritor e, quatro semanas mais tarde, à sua vida. O relato se encontra nas *Acta Bollandiana* e remete ao testemunho de Bartolomeu de Cápua[105], que o recebeu diretamente de Reginaldo de Piperno, o melhor amigo e confidente de Santo Tomás[106]". E esta mesma

---

104. *Fontes*. Op. cit., p. 119, do Senhor das virtudes.

105. Sobre este ponto, cf. MANDONNET, P. *Des écrits authenticities de St. Thomas d'Aquin*. II. Freibur im Breisgau: [s.e.], 1910, p. 32.

106. *Acta Bolland*. Ibid., p. 712s. "Item dixit idem testis quod, cum dictus Frater Thomas, celebraret Missam in dicta capella S. Nicolai Neapoli, fuit *mira mutatione commotus* et post ipsam Missam non scripsit neque dictavit aliquid, immo suspendit Organa scriptionis *in tertia parte Summae in tractatu De Poenitentia*. Et dum idem Fr. Raynaldus videret, quod ipse Fr. Thomas cessaverat scribere, dixit ei: Pater, quomodo dimisistis opus tam grande, quod ad laudem Dei et illuminationem mundi coepistis? Cui respondit dictus Fr. Thomas: Non possum. Idem vero Fr. Raynaldus *timens ne propter multum Studium in aliquant incurrisset amentiam* instabat semper quod idem (p. 713) Fr. Thomas continuaret scripta et similiter ipse Fr. Thomas respondit: Raynalde non possum, quia omnia quae scripsi videntur mihi paleae. Tunc Fr. Raynaldus stupefactus [...] (effecit) quod dictus Fr. Thomas iret ad Comitissam S. Severini sororem suam, quam caritative diligebat; quo properavit magna cum difficultate et cum illuc accederet ipsi Commitissae sibi ocurreret vix locutus est. Tunc commitissa dixit dicto Fr. Raynaldo cum magno timore: Quid est hoc, *quod Fr. Thomas lotus est stupefactus et vix mihi locutus est?* Respondens idem Fr. Raynaldus ait: *A festo B. Nicolai circa fuit in isto statu et ex tunc nihil scripsit*. Et idem Fr. Raynaldus coepit instare apud dictum Fr. Thomam ut dicere illi, qua de causa scribere recusaverat et qua re ita stupefactus erat. Et post multas interrogationes omni importunitate factas per ipsum Fr. Raynaldus, respondit Fr. Thomas eidem Fr. Raynaldo: *Ego adiuro te per Deum vivum omnipotentem et perfidem quam tenetis Ordini nostro et per caritatem quo modo stringeris, quod ea, quae dixero nulli reveles in vita mea*. Et subiunxit illi: Omnia quae scripsi videntur mihi paleae respectu eorum quae vidi et revelata sunt mihi. Praedicta vero Committissa remanente multum desolata, recessit Fr. Thomas et rediit Neapolim et deinde assumpsit iter eundi ad Concilium iuxta vocationem sibi factam penitus nihil scribens. Et in itinere invasit eum infirmitas in castro Magentiae de Campagna, de qua post modum decessit. Postea vero elapsis aliquibus annis dictus Fr. Raynaldus infirmitate gravatus, de qua mortuus fuit,

testemunha (Bartolomeu de Cápua) diz: enquanto o citado Irmão Tomás celebrava a missa na Capela de São Nicolau, de Nápoles, ele sofreu *uma transformação estranha*, e após essa missa não escreveu nem ditou mais coisa alguma, e deixou os utensílios de escrita na terceira parte da *Summa*, no tratado: *De Poenitentia*. E quando este mesmo irmão Reginaldo viu que irmão Tomás cessara de escrever, perguntou-lhe: 'Pai, como é que abandonas esta obra tão grande que empreendeste em louvor de Deus e para a iluminação do mundo?' E irmão Tomás respondeu-lhe: 'Eu não posso'. E irmão Reginaldo começou a temer que irmão Tomás *tivesse sucumbido à loucura(!)* devi-

confessus est in extremis suis Fr. Joanni de Judice de Ordine Praedicatorum oriundo Anagnia, viro utique antiquo etc." (Disse a mesma testemunha que, enquanto o dito Frei Tomás celebrava missa na dita capela de São Nicolau, de Nápoles, sofreu uma extraordinária transformação, e depois da missa não escreveu nem ditou mais nada, tendo suspenso seus trabalhos e escritos na terceira parte da *Summa*, no tratado sobre a penitência. E quando o mesmo Frei Reinaldo viu que Frei Tomás tinha cessado de escrever, lhe disse: Pai, por que suspendeste uma obra tão importante que começastes para o louvor de Deus e iluminação do mundo? Ao que respondeu o mesmo Frei Tomás: Não posso. Frei Reinaldo, *temendo que em razão de tanto esforço e estudo pudesse ele contrair alguma demência*, insistia sempre para que o mesmo (p. 713) Frei Tomás continuasse os escritos. Frei Tomás respondeu por sua vez: Reinaldo, não posso, porque tudo o que escrevi me parece como palha. Estupefato, Frei Reinaldo (fez com que) o dito Frei Tomás fosse até a condessa de São Severino, sua irmã, a quem amava em sua caridade; ele foi logo procurá-la com grande dificuldade e, ao chegar lá, a própria condessa saiu ao seu encontro e ele quase não falou: então a condessa disse a Frei Reinaldo com grande temor: *Que aconteceu para que Frei Tomás esteja completamente fora de si e quase não consiga falar comigo?* Respondendo o mesmo Frei Reinaldo disse: *Desde a festa de São Nicolau ele se encontra nesse estado e desde então nada escreveu*. Frei Reinaldo começou a insistir com Frei Tomás que lhe dissesse por que razão se recusava a escrever e por que estava assim fora de si. E depois de muitas perguntas importunas, feitas por Frei Reinaldo, respondeu Frei Tomás a Frei Reinaldo: Juro-te pelo Deus vivo e onipotente e pela fé que tens em nossa Ordem e pela caridade, que hás de calar-te sobre aquilo que eu te disser e a ninguém o reveles enquanto eu viver. E acrescentou: tudo o que eu escrevi me parece palha, comparado com aquilo que vi e me foi revelado. A condessa já referida ficou muito desolada e Frei Tomás retirou-se e voltou a Nápoles e em seguida começou a viagem para o Concílio, mantendo o propósito que fizera de nada escrever. E durante a viagem foi acometido de uma enfermidade no acampamento de Magência de Campagna, enfermidade pela qual veio a falecer mais tarde. Depois de alguns anos, o dito Frei Reinaldo, tendo contraído uma enfermidade, veio a morrer, confessou *in extremis* a Frei João di Júdice da Ordem dos Pregadores, oriundo de Anagni, um ancião etc.). Conforme outra tradição, a visão se deu não em Nápoles e ocorreu um pouco mais tarde.

do à intensidade com que se dedicara ao estudo e continuava a insistir cada vez mais para que irmão Tomás continuasse a escrever, e irmão Tomás respondia sempre do mesmo modo: Reginaldo, eu não posso *porque tudo o que escrevi me parece palha*"[107].

Como este estado de estupor ou de silêncio transtornado persistisse muito tempo apesar de todos os esforços de Reginaldo, este o conduziu "com grande dificuldade" até sua irmã, a Condessa Teodora de Marsico, que vivia no Castelo de São Severino[108]; ele não trocou uma só palavra com ela. A condessa ficou profundamente espantada com esse procedimento[109]. Mais tarde, como Irmão Reginaldo insistisse teimosamente em saber a razão pela qual (Irmão Tomás) se recusava a escrever e o que o havia deixado tão estupefato, este pediu-lhe que guardasse o que ia ouvir sob o selo do mais absoluto sigilo, com grandes juramentos: "Tudo o que eu escrevi me parece palha diante daquilo que eu vi e me foi revelado". Depois de sua volta a Nápoles, no decorrer de janeiro de 1274, foi-lhe ordenado por vontade de Gregório X que fizesse uma viagem para participar do Concílio de Lyon; nenhum remédio servia para aquela doença misteriosa da qual ele deveria morrer[110]. Montado numa mula, o espírito ausente, ele ba-

610

---

107. Prot. de Nápoles, p. 79; cf. GUILHERME DE TOCCO. Cap. 47. Cf. WALZ. Op. cit., p. 178. Ele disse um pouco mais tarde: "Eu espero que o fim de minha atividade literária coincida com o fim desta vida". Cf. SERTILLANGES. Op. cit., p. 27 e PETITOT, L.H. La mort de St. Thomas d'Aquin, *Vie spirituelle*. X. [s.l.]: [s.e.],1924, p. 318s.
108. WALZ. Op. cit.,p. 179. Reginaldo diz à condessa (GUILHERME DE TOCCO. Cap. 48): "Frequenter in spiritu rapitur, cum aliqua contemplatur, sed ex tot tempore sicut nunc nunquam vidi ipsum sic a sensibus alienatum" (Muitas vezes ele fica absorto em espírito, quando está em contemplação, mas nunca o vi tão alheio aos seus sentidos como agora). Cf. *Bulletin Thomiste*. Op. cit., 1925, p. [18].
109. Ela perguntou "cum magno timore" a Reinaldo por que Tomás estava tão "stupefactus". PETITOT. Op. Cit., p. 320.
110. WALZ. Op. cit., p. 181. Cf. ainda, GUILHERME DE TOCCO. *Acta Boll*. Op. cit., p. 800: "Item dixit dictus testis, quod, quando quidem Fr. Thomas incepit gravari infirmitate in eodem castro Magentiae petiit cum multa devotione quod portaretur ad monasterium S. Mariae de Fossanuova, sieque factum est. Et cum dictus Fr. Thomas intrasset monasterium infirmus et debilis, adhaesit per manum posti et dixit: haec est requies mea in seculum seculi etc. Et stetit in eodem monasterio pluribus diebus infirmus cum patientia et humilitate multa et voluit sumere Corpus Salvatoris nostri. Et cum Corpus ipsum fuit illi portatum genuflexit et cum verbis mirae et longae adoratio-

teu a cabeça num ramo do caminho e ficou desmaiado por um grande espaço de tempo. Em Maenza[111], onde se hospedara em casa de sua sobrinha *Francisca* de Aquino, pediu que o levassem ao claustro cisterciense de Santa Maria della Fossa-nuova, o que fizeram[112]. Quando ele entrou fraco e doente nesse claustro, apoiou-se à porta com a mão e disse: "Este é meu lugar de repouso para sempre..."[113] Ele passou seu último mês de vida neste claustro. Guilherme de Tocco relata:

"E ele permaneceu nesse claustro, doente durante vários dias, numa grande paciência e humildade, e desejou fazer uma confissão geral para depois comungar. Antes disso[114], no meio de muitas preces, ele disse: 'Eu te recebo como preço da redenção de minha alma,

nis et glorificationis salutavit et adoravit ipsum et ante sumptionem Corporis dixit: Sumo te pretium redemptionis animae meae, sumo te viaticum peregrinationis meae, pro cuius amore studui, vigilavi et laboravi et praedicavi et docui, *nihil unquam contra te dixi,* sed si quid dixi; ignorans *nec sum pertinax in sensu meo,* sed si quid male dixi, totum relinquo correctioni Ecclesiae Romanae. Et subsequenter mortuus est et sepultus prope altare magnum ecclesiae ipsius monasterii in loco palustri prope quoddam viridarium ipsius monasterii, ubi est fluvius, ex quo perducitur aqua per rotam, per quam totus locus ille humectatur, sicut ipse testis frequenter et diligenter inspexit" (A mesma testemunha disse que, quando, pois, Frei Tomás começou a ficar pior em sua enfermidade, no mesmo acampamento de Magência, pediu com muita devoção que fosse transportado para o mosteiro de S. Maria de Fossanuova, como foi feito. E entrando Frei Tomás enfermo e fraco no mosteiro, segurou a mão do superior e lhe disse: este é o meu descanso eterno etc. E permaneceu naquele mosteiro vários dias enfermo com paciência e muita humildade e desejou receber o Corpo de nosso Salvador. E quando o Corpo do Salvador lhe foi trazido, ajoelhou-se e com palavras admiráveis e longa adoração e glorificação saudou-o e adorou-o, e, antes de comungar o Corpo de Cristo, disse: Eu te recebo, preço da redenção de minha alma, recebo-te como viático de minha peregrinação, por cujo amor esforcei-me, vigiei e trabalhei e preguei e ensinei, e *jamais disse nada contra ti;* se porém algo disse, ignorando, *não sou pertinaz no que disse,* mas se disse algo de mal, deixo tudo à correção da Igreja de Roma. Em seguida morreu e foi sepultado perto do altar-mor da mesma igreja do mosteiro, num lugar pantanoso, perto de um jardim do próprio mosteiro, onde corre um riacho, do qual escorre água pelo caminho, pelo qual todo aquele lugar fica úmido, como verificou muitas vezes e diligentemente essa testemunha).

111. Ou *Faenza* (Petitot).
112. Ele perdera todo apetite, mas ainda celebrava a missa, derramando muitas lágrimas (PETITOT, p. 323). Ele comia só arenques, por insistência de Reinaldo, pois era sua refeição predileta.
113. Cf. WALZ. Op. cit., p. 186 (GUILHERME DE TOCCO. Cap. 57).
114. Foi no dia 4 ou 5 de março. Cf. WALZ. Op. cit., p. 184.

eu te recebo como viático de minha peregrinação. Tu, por cujo amor eu velei e me fatiguei, preguei e ensinei; *nunca eu disse algo contra ti*, mas, se o fiz, foi por ignorância *e não persevero nessa opinião*, mas, se eu disse qualquer coisa de incorreto, deixo esse engano à correção da Igreja romana'. E então morreu a 7 de março e foi enterrado perto do altar-mor da igreja desse claustro, no jardim do qual corre um rio onde se tira água com uma roda para regar todo o lugar, como a testemunha citada (Bartolomeu de Cápua) observou frequentemente e com atenção"[115].

Como não existe nenhum relato que nos ateste acerca da última visão evidentemente estupenda, não podemos esclarecer a razão pela qual ele interrompeu sua obra e morreu pouco depois (aos 48 ou 49 anos)[116]. Mas sua reação diante da própria obra, a *Summa*, que lhe parecia palha, parece-me indicar que sua última visão (isto é, uma experiência imediata com o inconsciente) o tocou num nível do seu ser que tornou para ele inadequado o pensamento escolástico[117]. Assim, também, sua declaração quando recebeu o viático, dizendo ao Cristo *que jamais dissera algo conscientemente contra ele*, é bastante estranha. Psicologicamente isto implica a *possibilidade interna* de que ele tenha dito algo não ortodoxo sobre o Cristo.

Os biógrafos relatam que ele teria interpretado o Cântico dos Cânticos para os monges de *Santa Maria della Fossa-nuova* em seu leito de morte[118], o que fornece talvez uma indicação sobre os processos interiores de seus últimos dias. Especialmente este poema da Sagrada Escritura talvez representasse o que mais se aproximava, ou fosse a expressão mais adequada do que ele percebera na visão. O Cântico

---

115. Compare-se com: *Rigans montes* etc. (Rega as montanhas etc.).
116. Cf. SERTILLANGES. Op. cit., p. 27. Mais tarde, na presença de Reginaldo de Piperno, destacou-se a cabeça e o polegar do cadáver, foram cozidos no vinho, à moda teutônica e entregues à Condessa de São Severino. Cf. *Bulletin Thomiste*. Année I, n. 1, p. [20].
117. SERTILLANGES. Op. cit., 27, fala de um "profundo desânimo".
118. GRABMANN, M. *Die echten Schriften des Hl. Thomas von Aquin, Beitr. zur Gesch. der Philosophie des Mittelalters*. Vol. 22. Münster i. W.: [s.e.], 1920, p. 189s. e 1949, p. 254s. [BAEUMKER, C. (org.)].

dos Cânticos sempre fascinou os místicos no interior da Igreja (Honório de Autun, Gregório Magno, Teresa, João da Cruz, os Vitorinos[119], para nomear alguns dentre eles), e não foi por acaso que a alquimia medieval no Ocidente, *começando pela Aurora*, apropriou-se mais tarde, numa certa medida, da simbologia do Cântico dos Cânticos: o arquétipo do hierosgamos (as bodas místicas) encontrou através deste escrito do Velho Testamento o melhor acesso ao universo conceitual do cristianismo e permitiu igualmente aos alquimistas que ligassem o mundo das ideias cristãs e suas imagens da conjunção alquímica. Mas é impossível não estranhar ao mesmo tempo que as testemunhas se calem sobre o conteúdo deste comentário do Cântico dos Cânticos[120]. Petitot observa: "Ele consentiu em fazer um último esforço de pensamento e em expor aos religiosos mais místicos escritos do Antigo Testamento. Não teríamos toda a razão de adiantar que os últimos momentos do homem, do Santo que morre em pleno conhecimento, são sempre sugestivos? Santo Tomás, em seu leito de morte, tendo deixado a *Summa* inacabada, põe-se a comentar o Cântico dos Cânticos... Não se acentuou suficientemente que Santo Tomás de Aquino morreu por haver contemplado a Deus numa visão extática"[121]. Estou de acordo com Petitot de que esta última interpretação do Cântico dos Cânticos provavelmente está relacionada com a visão de 6 de setembro de 1273, e também com a morte do Santo.

O fato de que Santo Tomás tenha se preocupado com o Cântico dos Cânticos em seu leito de morte está numa relação tanto mais verossímil com sua experiência porquanto, de um lado, esta visão é um pródromo sintomático da morte, por outro lado, a simbologia da *coniunctio* reflete processos arquetípicos suprapessoais, além do espaço e do tempo, tais como podem ser vividos particularmente na vizinhança da morte. Na cabala, por exemplo, a morte é descrita como a experiência de um matrimônio místico. Assim, nas exéquias do Rabi

---

119. HONÓRIO DE AUTUN, P.L., t. 172; HUGO DE SÃO VÍTOR, P.L., t. 176; GREGÓRIO MAGNO, P.L., t. 79.
120. PETITOT. *La mort* etc. [s.l.]: [s.e.],1924, p. 325, admira-se com justa razão do silêncio das testemunhas.
121. *St. Thomas*. Op. cit., p. 154.

Simão Ben yochai, discípulos ouviram uma voz que dizia: "Levantai-vos e reuni-vos para as núpcias do Rabi Simão: venha a paz, que eles repousem em seus leitos"[122]. Santo Agostinho interpretou a crucifixão de Cristo como "casamento"[123]: "O Cristo adiantou-se tal como um esposo fora de sua câmara, no presságio das núpcias, saiu para o campo do mundo e se precipitou pelo caminho, triunfante como um gigante até que chegou ao campo da cruz e lá, subindo na mesma, realizou as bodas [...] E, ao ouvir os suspiros da criatura, abandonou-se por amor ao suplício em lugar de sua esposa e uniu-se à mulher numa aliança eterna". A crucifixão é uma ferida mortal de amor, que o Cristo recebeu pela Igreja, a fim de que por sua morte ela se tornasse sua esposa[124]. Tais interpretações eram sem dúvida conhecidas por Santo Tomás; no entanto, subjazem a elas uma vivência originária que pode ser retomada em qualquer tempo e, segundo me parece, esta experiência o incitou a preocupar-se com o Cântico dos Cânticos na proximidade da morte. Encontra-se também no folclore o tema das núpcias da morte em muitas variações. Isto significa que a *psique* inconsciente representa muitas vezes a morte como uma união de opostos, isto é, como uma realização interior[125]. Parece-me, pois, possível que nesta experiência, precedendo a morte, Tomás tenha se encontrado em face da *anima* que recalcara sempre, sob a figura da *sapientia Dei* e da esposa. Um relato de Sisto de Sena[126] diz que ele morreu em êxtase, murmurando estas palavras: "Venite, dilecti filii,

---

122. *Der Sohar.* Wien: [s.e.], 1932, p. 390 [MUELLER, E. (org.)]. Cf. tb. p. 113.

123. Appendix Serm.120 (8). Ed. parisiense, t. V, col. 2662: "Procedit Christus quasi sponsus de thalamo suo, praesagio nuptiarum exiit ad campum saeculi, cucurrit sicut gigas exultando per viam usque venit ad crueis torum et ibi firmavit ascendendo coniugium [...] commercio pietatis se pro coniuge dedit [...] et copulavit sibi perpetuo iure matronam" (Caminhou Cristo como o esposo de seu leito nupcial, com o presságio de suas núpcias saiu ao campo do mundo, correu como um gigante, exultando pelo caminho até chegar ao leito nupcial da cruz e aí subindo confirmou as bodas [...] e entregou-se ao cônjuge num comércio de piedade [...] e uniu a si intimamente a dama em perpétuo direito). Agradeço ao Prof. Jung esta indicação.

124. HONÓRIO DE AUTUN. *Exposit. in Cant. Cant.* In: MIGNE, J.P. *Patrologiae cursus completus. Series latina.* Paris: [s.e.], t. 172, col. 419.

125. Cf. Na antiga religião persa, a alma do homem piedoso na hora de sua morte lhe aparecia como uma bela moça.

126. Biblioteca sancta Venitiis, 1566, p. 478. Cf. GRABMANN, M. *Die echten Schriften des Hl. Thomas von Aquin.* Münster i. W.: [s.e.], 1920, p. 189, 1949, p. 254.

egredimini in hortum..." (Vinde, filhos amados, entrai no jardim)[127]. Ele morreu na alvorada[128].

615 Santo Alberto que, como é sabido, sobreviveu ao discípulo, deve ter sentido por telepatia o momento da morte de Tomás[129]. Quando ele recebeu mais tarde a confirmação da notícia, chorou com grande emoção e depois, cada vez que seu nome era citado, soluçava tão violentamente que as pessoas à sua volta acreditavam que Alberto fora atingido pela *senilis hebetudo* (estupidez senil)[130].

616 Estes dados biográficos fazem-me parecer possível que o tratado em questão (*Aurora*) poderia ser de fato um documento da autoria de Santo Tomás, pois ele desvela de algum modo o "outro lado" do grande Doutor Angélico, uma vez que representa uma irrupção do inconsciente[131]. Nesse caso, não é de se esperar que esteja em harmo-

---

127. Segundo ANTOINE TOURON. *La vie de S. Thomas d'Aquin*. Paris: [s.e.], 1737, p. 686 (apud GRABMANN. Op. cit.), o que ele disse então foi anotado pelos monges. O que circulou até então como Comentário do Cântico, sob o nome de Santo Tomás, não é autêntico (cf. GRABMANN. Op. cit., p. 178s.). Infelizmente, não consegui consultar os únicos manuscritos inéditos assinalados por M.Grabmann (p. 191), da Biblioteca de Salins (França). Incipit: "Donum sapiens poscens [...] Explicit postilla super Cantica ed. a S. Thoma de Aquina quadruplici sensu exposita Scripta per manum fratris J. Berlueti provinciae Turoniae 1393. Cf. VREDE, W. *Die beiden dem Hl. Thomas von Aquin zugeschriebenen Commentare zum Hohenlied*. Berlim: [s.e.], 1913.

128. Cf. GUILHERME DE TOCCO. *Acta S. Marth*. [s.l.]: [s.e.], [s.d.], 7, 1, 678, p. 66 "[...] ut [...] hora matutinali diluculum aenigmatice visionis finem acciperet et plenae lucis sanctus diem gloriae inchoaret" ([...] para que aceitasse de manhãzinha o fim da visão e o santo começasse a plena luz do dia da glória).

129. Cf. PELSTER, F. Op. cit., p. 18, em partic., p. 39.

130. Cf. WALZ, A. De Alberti M. et S. Thomae Personali Relatione, *Angelicum*. Roma: [s.e.], ano II, fasc. 3, nov. até dez. 1925, p. 299s. Cf. ainda PTOLOMEU DE LUCCA. *Hist. Eccles.* XXII. 9 ; e THORNDIKE, L. Op. cit., II, p. 523. Alberto deve ter morrido por volta dos oitenta anos.

131. Martin Grabmann provou em sua pesquisa fundamental sobre as obras do Santo que as listas das obras de Tomás de Aquino, consideradas como decisivas por P. Mandonnet, não são completas e não citam, além disso, todos os escritos, alguns dos quais são indubitavelmente autênticos (GRABMANN, M. *Thomas von Aquino*. Munique: [s.e.], 1912, p. 14; o mesmo, *Die echten Schriften des Hl. Thomas von Aquin, Beitr. zur Gesch. der Philosophie des Mittelalters*. 1920, vol. 22 e 2. ed., Munique: [s.e.], 1931 e Münster i. W.:[s.e.], 1949). Ali certas obras, especialmente as que comportam um conteúdo científico natural, não são citadas. ("Die echten Schriften etc.". 1949, p. 13-14. Assim, por exemplo, "De natura materiae" e "De dimensionibus interminatis", que são tratados indubitavelmente autênticos.)

nia de estilo com as outras obras[132]. De qualquer maneira é preciso sublinhar um elemento importante de crítica textual: a quarta parábola: "Da fé filosófica..." levou-me, segundo as indicações interiores, psicológicas, fornecidas pelo texto, à conclusão que o autor tenta neste único capítulo reconstruir seu ponto de vista consciente, o que ele conseguiu, em parte, graças ao conceito do Espírito Santo. E lá a exposição das *operationes* do Espírito Santo concorda plenamente, tanto pelo estilo como pelo conteúdo, com suas discussões sobre o Espírito Santo na *Expositio in Symbolum Apostolorum*"[133], onde Santo Tomás retoma a fórmula final do Apocalipse 2,7: "Qui habet aures audiendi etc.", fórmula que volta constantemente na *Aurora*. Assim, quando o autor formula ideias relativamente conscientes, ele escreve no estilo de Santo Tomás; mas quando exprime suas experiências interiores, absorvido no inconsciente, ele o faz numa linguagem emocional, compensatória, que não concorda com o estilo habitual do autor da *Summa*. Sabemos que ele morreu falando *in raptu mentis*. A *Aurora* poderia ser, segundo me parece, uma *elaboração mais tardia de suas últimas palavras*. Pode ser ainda que ela tenha sido escrita *in raptu mentis* numa fase análoga anterior de sua vida. No caso em que se tratasse, como acredito, de seu último "seminário", dificilmente Tomás poderia tê-lo redigido pessoalmente, pois

---

132. Grabmann ressalta que não possuímos qualquer critério estilístico evidente para distinguir as obras autênticas das obras apócrifas, e que às vezes se encontram algumas contradições de fundo na obra do santo (ibid., p. 6-7 e 18, nova ed., 1949, p. 8s.). Pelster sublinha igualmente que não temos nenhum cânone das obras de Santo Tomás de Aquino (Zur Forschung nach den echten Schriften des Hl. Thomas von Aquin, *Philol. Jahrbuch*. XXXVI. [s.l.]: [s.e.], 1923s., p. 365s.). Dependemos, pois, finalmente de critérios documentários e psicológicos, ao pretendermos atribuir ou contestar uma obra de Tomás. Há também cópias e notas de Santo Tomás (Por exemplo, o primeiro livro do *Comentário sobre o De Anima* é um curso que foi conservado através das notas de Reginaldo de Piperno. SERTILLANGES, C. Op. cit., p. 26).

133. *Sanctorum Patrum Opusculo selecta*. Vol. VI, 2. ed., Oeniponto, 1887, em partic., p. 227s. [HURTER (org.)]. Sobre a autenticidade deste tratado, cf. GRABMANN, M. *Die Werke des Heil. Th. v. A.* etc. [s.l.]: [s.e.], 1949, p. 318. Segundo Bartolomeu de Cápua, esta obra pertence às *Reportata*, e reproduziria, portanto, o estilo oral de proferir uma conferência do próprio St. Tomás. Uma vez que abaixo eu irei mostrar que a *Aurora* poderia também ser um *opus reportatum*, a concordância seria ainda mais esclarecedora.

ele se encontrava então fisicamente muito debilitado para isso. Já em 1737, Antoine Touron[134] afirmava que a interpretação do Cântico dos Cânticos, feita por ele em seu leito de morte, só poderia ter sido conservada através da transcrição de um ouvinte[135]. Pessoalmente, suponho que a *Aurora* reproduz este último seminário e, *por esta mesma razão*, suas últimas e preciosas palavras. Se elas não foram oficialmente conservadas[136], e foram classificadas como "apócrifas", é porque revelam a "outra" personalidade do Santo, sua alma inconsciente[137], que já o acabrunhava antes em suas ausências e que agora se manifestava para unir-se a ele nas "núpcias místicas", celebradas na hora da sua morte. Não ouso, entretanto, apresentar esta conclusão como algo certo. Os elementos que a ela me impeliram me parecem, porém, significativos, para que os proponha ao julgamento do leitor.

---

134. *La vie de St. Thomas d'Aquin*. Paris: [s.e.], 1737, p. 686.

135. SERTILLANGES. Op. cit., p. 27, também se refere ao fato que Santo Tomás ditou já em seu leito de morte.

136. O leitor pode julgar com ceticismo o fato de os manuscritos da *Aurora*, encontrados até agora, serem raros e relativamente *tardios*. No entanto, é preciso não esquecer que se trata de um documento composto em condições extremamente incomuns, cujo conteúdo era demasiado oposto quer ao espírito do seu tempo, quer às autoridades seculares ou eclesiásticas. Pode-se lamentar, por isso, que as pessoas movidas por um interesse científico não tenham a permissão de examinar os manuscritos conservados pela Biblioteca Vaticana.

137. Por um lado, há relatos dignos de fé, segundo os quais Santo Tomás escreveu um comentário ao Cântico dos Cânticos (GRABMANN. *Die echten Schriften*. [s.l.]: [s.e.], 1949, p. 255-256); por outro lado, parece provado que os dois comentários conservados, os quais têm por Incipit respectivamente: "Salomon inspiratus" e "Sonet vox tua", não procedem de Santo Tomás. Grabmann diz (p. 256): "O comentário autêntico do Aquinata é-nos desconhecido e não há probabilidade de podermos situá-lo". A bula da canonização de Santo Tomás de Aquino não menciona o episódio (do ditado), se bem que reproduza todos os outros detalhes da morte (cf. "Divus Thomas", *Jahrg*. I, 1923, Freib. in Schweiz: [s.e.], p. 210s.). Isso fornece um poderoso argumento, o do silêncio. Também PETITOT, L.H. La mort de St. Thomas d'Aquin. *Vie spirituelle*, X. [s.l.]: [s.e.],1924, sublinha com razão o fato singular de que, por um lado, o comentário ao Cântico dos Cânticos é transmitido como um fato certo, mas que, por outro lado, as preciosas últimas palavras do Santo não foram conservadas (p. 325). Ele (Petitot) explica simplesmente (p. 331) que Santo Tomás, em seu leito de morte, só falou *breviter* (segundo Tocco) e a um pequeno número de pessoas. Se, como suponho, as últimas palavras do Santo foram pronunciadas num estado de delírio e entremeadas de sentenças alquímicas, como mostra a *Aurora*, não cabe espanto algum quanto a este silêncio.

Complemento ao aparato crítico

Índice onomástico e
Índice analítico

por Dra. M.-L. von Franz
e
Dra. Melanie Staerk

COMPLEMENTOS DO APARATO CRÍTICO

As seguintes variações e omissões não foram citadas:

1. Os *títulos de capítulo* que foram totalmente omitidos em D.

2. Todas as omissões dos códices na frase conclusiva estereótipa das parábolas: "Qui habet aures audiendi etc." Às vezes falta ou *doctrinae* ou *disciplinae* ou ambas; no ms de Viena (V) sempre consta: "quid dicat spiritus filiis doctrinae".

3. Uma fonte é sempre mencionada em D como "*Liber quintae essentiae*", nos outros ms ilegível como σχto ou σe e sexto? secreto? *secretorum*? No V como lφ^e copiado ao lado como *sexagesimae*. Essas variações só podem ser esclarecidas com a descoberta da fonte.

4. Morienus é sempre chamado em D e em V *Morigenes*, em BLRh: Morienes, em DMP: Morienus.

5. Por vezes não são citados erros de mesmo significado, como *absturimus* em vez de *abstulimus* (p. 90, 1. 4, cód. L) ou *igno* P (p. 90, 1. 8), quando isolados, bem como variantes, como *aministratio* em vez de *administratio* P (p. 92,1. 3).

6. No aparato crítico foram omitidas as grandes lacunas de B. B mal pode ser considerado como um ms útil.

Estas omissões são as seguintes:

p. 42, 1. 6: me / 1. 12: a iumentis ∞ Et / p. 44, 1. 5: exigua / 1. 10: operationes pulchrae et / 1. 11: neque deformes / p. 46, 1. 1: quia scientia ∞ peribit / 1. 1: ait enim / 1. 8: Hoc idem vult / 1. 8-9: cum dicit / p. 50, 1. 3-7: vobis enim ∞ conversabitur / 1. 8: et non abscondam. Et namque / 1. 9: a sapientum / 1. 11: neque cum invidia ∞ habebo / p. 52, 1. 1: homo, et illius / p. 54, 1. 3: mittendus est ∞ manducandum / 1. 10: ait / p. 56, 1. 1: De nomine / 1. 4: aureum / 1. 12: summa / 1. 14: D illa ∞ est: ut dicit nϑ / p. 58, 1. 9: sapientiam hanc / p. 60, 1. 5: ingeniose et constanter: etc. / 1. 12: mei / 1. 13: a facie iniquitatis meae / p. 62, 1. 5: mecum / 1. 9: quod est valde, non / 1. 9-10: super omnia ∞ quae est / 1. 10: tota pulchra ∞ laeserit / 1. 12: sapore convalesco / 1. 14: cuius ∞ exinanitur / p. 64, 1. 1-3: sapiens qui ∞ aeternum / 1. 5-6: non apponet illi / 1. 7: nivis / Omnibus ∞ erit / 1. 9: quia ∞ comedit / p. 66, 1. 4-7: condemnabitur ∞ Talis / 1. 7: filius / 1. 8-9: speciosum ∞ mirantur / 1. 11: autem / p. 68, 1.13: meus a tactu dilecti mei / p. 70, 1. 1-2: mei, postquam / 1. 3: omnes, et / 1. 4: et sol ∞ apparuerit / p. 70, 1. 5: sicut ∞ est / 1. 6: olim / 1. 7: ab oriente ∞ pretiosa / 1. 9: quia / 1. 10: Hodie / 1. 12: amplius / p. 70, 1. 13 - p. 72, 1. 2: inventa ∞ integratus / p. 72, 1. 3: ullus dolor: luctus, cetera om. / 1. 6: philosophi innuunt, cetera om. / 1. 13: meos / p. 74, 1. 6: meis / p. 74, 1. 2-4; extento ∞ Syon / 1. 8: est ∞ Jerusalem / 1. 10: nostrorum / p. 76, 1. 10 - p. 78, 1. 1: qui scriptus ∞ intellectus / p. 78, 1. 5: innuunt / 1. 11: et super ∞ Israel / p. 80, 1. 1: in veritate / 1. 5: talis ∞ sunt / 1. 11: sunt ∞ iudicia / p. 80 p. 82, 1. 1: attribuitur ipse ∞ id / 1. 2-4: qui ∞ restauravit / 1. 5: vegetando / 1. 7: sicut ∞ Nam / 1. 8: cum / 1. 9: descendit / 1. 11-12: quoniam ∞ terram / p. 90, 1. 8-9: Igne ∞ idem / p. 96, 1. 2-5: Et ∞ testatur / p. 98, 1. 4: ilium ∞ mecum / 1. 6: domum hanc / p. 100, 1. 2: et iuvenescentem / 1. 4: si autem / p. 102, 1. 1: ierit / 1. 2: est / 1. 5: et / 1. 7: de / 1. 8: ecce ∞ generationes / 1. 12: et iterum ∞ eius. Et / p. 106, 1. 6-7: quod ∞ nominavit / 1. 7: autem / 1. 13: anima / p. 108, 1. 5: sic / 1. 5: Et / p. 110, 1. 10: et fovet / 1. 12: autem / p. 112, 1. 5: vestrae / 1. 7: utrum ∞ deficiens / 1. 8: O quam ∞ laborem / 1. 11: scribitur: dicitur / p. 114, 1. 1: et dictis / 1. 2: et proveniunt / 1. 2: Domino / 1. 8: quam / 1. 14: terra / 1. 15: cum / p. 118, 1. 2: fatuorum / 1. 8-9: per ∞ mundum / 1. 11: testante / 1. 12-13: non ∞ saeculi / p. 122, 1. 5-6: Ubi ∞ victoria, ibi ∞ gratia / 1. 8-9: vivificab. ∞ advenit / p. 124, 1. 1: Ut / 1. 6: aeternum est / 1. 9: Adam / p. 126, 1. 11: vocavi ∞ nemo / p. 128, 1. 3: pulcherrimam veste / 1. 5: tunc / 1. 7-8: toto ∞ desid. ∞ / 1. 9-10: quid ∞ mihi, omnes / p. 130, 1. 1: et laetitiae / 1. 4: me / 1. 9-10: quia audit ∞ tuus / 1. 13: et agnit. ∞ spei / p. 132, 1. 1: et flores ∞ tatis / 1. 4-5: respiciens ∞ mei / 1. 7: aromatizans / 1. 7: et myrrha electa / 1. 8-9: progrediens ∞ latet / 1. 11: et laetitiae quia / p. 134, 1. 1: Et abstulit / 1. 6: et (faciens) / 1. 15: namque / p. 134, 1. 16 - p. 136, 1. 1: et laud. ∞ saeculum / 1. 4-5: quod siccum ∞ illud / 1. 6: tota / 1. 7: lex ∞ propheta et / 1. 7: Ego / 1. 8: Ego ∞ eruere / 1. 10: et nemo /1. 12-14: quae dulcis ∞ Esebon / p. 138, 1.1: venter ∞ poculis / 1. 7: et erunt ∞ vineae / 1. 7: mi / 1. 10: tua / 1. 11: servavi / 1. 11-12: et utamur ∞ celeriter / p. 138, 1.

12 - p. 140, 1. 2: et nos impleamus ∞ amore / p. 140, 1. 4: quia / 1. 9: danda /

7. *Além disso, são omissões isoladas e sem importância dos manuscritos restantes:*

p. 42, 1 11: in viis V, corr. Vg / p. 44, 1. 1: "et" Deus L / p. 44, 1. 2: eam L / 1. 6: et sine causa non est L / 1. 7: illius V / 1. 12: vitae L / p. 46, 1. 2: eius V / 1. 4: milia L / 1. 9-10: et augmenti P / 1. 12: em D / p. 52, 1. 1: infinitus omnibus L / p. 54, 1. 4: sunt L / 1. 5: hic enim ∞ scientia V / 1. 5: esset L / 1. 9: cum dormiente loquitur V / 1. 11: ultra L / p. 56, 1. 6: em P / 1. 7: em P / 1. 11: et ultimo D / p. 58, 1. 2: et V / 1. 3: Intelligite M / 1. 3: parabolam et L / p. 60, 1. 6: nigra L / p. 60, 1. 3: me L / 1. 11: mihi V / p. 62, 1. 1-2: et ipse ∞ laetificat patrem hunc D / 1. 4: meam L / p. 68, 1. 13: drachma L / p. 70, 1. 3: erit D / p. 74, 1. 3: me L / 1. 6: meis B / p. 76, 1. 3: suis L / 1. 8: est L / p. 78, 1. 1: et P / 1. 9: et eiecerit M / p. 80, 1. 2: et (Spir.) P / 1. 3: est M / p. 82, 1. 5: et (fl.) M / p. 84, 1. 1: est (in) P / 1. 2: in aqua P / 1. 4-5: quia ignis ∞ vitae P / p. 86, 1. 13: unius P / p. 88, 1. 1: alterius. Et ∞ frigidum L / 1. 13: Et L / 1. 15: et (in) D / 1. 15: nam D / p. 90.1. 3: scribitur P / p. 92, 1. 4: et Rh / 1. 7: hanc L / 1. 9-10: infima ∞ visceribus, transpos. V / 1. 10-11: de quo ∞ vinctos V / p. 94, 1. 4: et in ipso L / 1. 8: Et D / 1. 11: et D / p. 96, 1. 3: dictum est Rh /1. 4: em L / 1. 10: quam L / p. 98, 1. 1: hac M / p. 102, 1. 1: ipsi L / 1. 10: cum isto ∞ Si M / p. 104, 1. 8: dicitur L / 1. 9: est L / 1. 12: sua P / p. 110, 1. 3: pro bono Rh / 1. 3: sed bonitas ∞ pro parvo P / 1. 6: Et D / 1. 10: et L / 1. 14: ne L / p. 112, 1. 7: an deficiens L / p. 114, 1. 12: est M / 1. 13: etiam D / 1. 15: sit L / p. 116, 1. 2: sacro eloquio L /1. 4: auri V / p. 118, 1. 4: prohiberet ∞ vult V / 1. 6: terrae L / p. 120, 1. 3: producens L / 1. 10: anni M / 1. 14: em D / p. 122, 1.5: ubi est ∞ victoria L / 1. 11: homo L / p. 126, 1.4: decoloravit ∞ operuerunt L / 1. 5: est D / 1. 9: me D / 1. 11: quaesivit L / p. 128, 1. 4: mihi L / 1. 9: et P / 1. 10: meã L / 1. 11: te L / 1. 12: meam P / 1. 12: et P / p. 130, 1. 11: meus L / 1. 11: locutus V / p. 132, 1. 8: valde L / p. 134, 1. 8: et granum ipsorum L / 1. 15: pane L / p. 136, 1. 2: non (paveo) M / 1. 2: meo L / 1. 3: sum M / 1. 4: est L / 1. 5: et illud ∞ viceversa M / 1, 13-14: O quam ∞ Esebon M / p. 138, 1. 1: non M / 1. 2: nive, nitidiores L / 1. 3: est L / 1. 3: atque desiderabile D / 1. 7: eius P / l. 9: et D / p. 140, 1. 3: quam D / 1. 10: homine L /

8. *Variantes importantes para a avaliação dos manuscritos, as quais, porém, não interessaram no que se refere ao texto:*

p. 42, 1. 5: illa: prima D / 1. 8-9: confundantur D / 1. 9: concupiscite D / 1. 10: sapientiam B / Domini DL / "et" om. MPVF, corr. V$_2$ / 1. 11: dixit P / homines: omnes L / p. 44, 1. 2: etiam eam: ex causa M / Salomonem M / 1. 3: composuit B / posuit et omnem pulchritudinem L cetera om. / 1. 4: illi: huic L, illo M / comperavit M / 1. 5: existimabitur M / 1. 7: negacione L / 1. 8: "huius" om. BL / modi M / 1. 9: dextra DV / 1. 10: "vero" om. BL / 1. 10-11: pulchra et laudabilis P / 1. 10: difformes L / 1. 11-12: moderata L /1. 13: iis D / illam B / p. 46, 1. 1: quia: quare M /1. 3: quod: quia L / viveret homo: unus L / 1. 4: mille L / 1. 7: cui quantum et quando vult L / "et" om. BD / 1. 8: "libro" om. BL / cum: tantum M / 1. 9: terminus: unius VD / 1. 10: cessit in finitum M / 1. 11: invenit PB / 1. 12 : viis vicis M / ipsam M / gressos L, egressus B / p. 48, 1. 1: dicit: docet DL, ait B / autem: enim L, autem L$_2$, om. B / 1. 2: quando: quoniam D / fuerunt D, fuerit M / 1. 3: anima L / sequitur: servat D / 1. 5: Sapientia M / 1. 6: providentiam D / 1. 6: namque: numquam L, enim inquam quod M / est: et L / 1. 7: naturale et subtile M / proficiens P / vigilaverit MD / 1. 8: securi: secum D, cum L / ilium M, ilia D / 1. 9: nec: et BL / iis D / p. 50, 1. 3: regnetur M / omnes: eius D / qui: quae M / 1. 4: librorum natura est infinita M / estis infiniti VP, imbuti B / scientiam D, sapientia M / 1. 5: prophetiis DL / 1. 5-6: parabolorum MP / 1. 6: interibit D / exquirat MP / discutit DL / abscondite M / 1. 7: parabolorum MP, enigmatum L / coversatur MP / 1. 9: res: vos P / a: ad MPV / 1. 10: est: et P, est et D. om. L / triplicis M / occulta LV, obcullata M / pone in luce P / "eius" om. DL / 1. 11: iterum MPV / habeo ML / 1. 13: est MP / "Et" om. MPV / in mirabiles D. in minerales M / 1. 14: mihi: me D / fixione P, ex fine fixione M / p. 52, 1. 1: quam MP / cum homo invenerit DL / 1. 2: dicit: debet D / laetari velim et D / 1. 4: didicit B / qui: quoniam L / 1. 5: illud D /1. 6: post: praeter L / homo "certissime" habet, add. L / 1. 7: negantibus: refutantibus BL / 1. 10: sanctorum secretorum D / 1. 12: ignorant MPL / 1. 12: volunt D / 1. 13: discet imperitus M / "qui est" om. LD / p. 54, 1. 1: enim: omnium D / "sapientiae et" scientiae add. B / 1. 2: causa: eam V / eis: illis L / 1. 3: neque: nam M / 1. 4: margaritas P / 1. 5: scientiae: sapientiae L / p. 54, 1. 6: archanum D / huius: illius L / 1. 7: intrabit D / huius: illius L / 1. 8: carpere D, capere BL / 1. 9: insipientibus: nisi sapientibus L / qui enim: quia qui B / insipiente: eo B / 1. 10: haberent L, habet V / 1. 11: "ultra" om. L / locutus M / 1. 12: neque: et B / globulo M / noverci M / moralium B / 1. 13: medias modicis L / augustas P / deflent P. defloret L / p. 56, 1. 1: De titulo huius libri cap. Quart. Aurora consurgens L / 1. 2: volumine M / baptisatus L / haec M / 1. 5: diem ac noctem D / 1. 5-6: rubee et citrine MP / 1. 7: album: rubeum L / in: ut V / 1. 9: laborantes LV / inficientem MPV / 1. 10: ut philosophus ait D, propheta B, in Psalmo PMV / 1. 11: ultimo "modo" add. L / 1. 12: nostra: vero MP. om. B / 1. 13: eam MP, cum mea V / 1. 14: offenditur P / 1. 15: eructas P / p. 58, 1. 1: fatuorum B, "et stultorum" add. L / 1. 3: librum MPV / clamat V / 1. 4-5: interpretations D / 1. 5: enim: vero MP / 1. 6: usi: visi MP / 1. 7: super L / globolo luminari M / 1. 8: autem: igitur D, om. L / autem "hanc" add. B / intellegit L / 1. 9: intelligemus M / 1. 11: nec non: et BV / videmus M / 1. 12: manum D / "et" virtus add. P / p. 60, 1. 3: regnans: regnanter D / 1. 4: "me" om. BL / 1. 5: et: ac L / 1. 7: qua P / 1. 8: magnam: nigram L / 1. 10: putruerant D / 1. 11: inferiorum L / et quia umbra (L. umbrae) mortis et tempestas dimiserunt me DL / 1. 12: procedent MP / "Ideo" om. DL / 1. 13: "et" om. DL. / p. 62, 1. 1: Ergo: ego DL / 1. 3: "meam" om. MP / inferni MP, de Inferno L /1. 5: offenderit V / acquisiverit DL, om. B / 1. 6: turbavit L / 1. 7: vestimentum quoque L / amiserit DL, arserit M / poculum B / 1. 8: "vitiaverit et" foedaverit add. L / 1. 9: super L / 1. 11: "et" add. L / "mihi" om. V / 1. 14: cum dormitione P. condormitatione M / p. 64, 1. 1: ipsi P / in patre M / in filium: filius BL / 1. 2: in excelsum P, excelsis D / 1. 5: custodiverint L / 1. 5-6: opponet D / 1. 6: illi: ei L / ambulaverint L / 1. 9: comedet D / p. 66, 1. 1: illius: illis M / habent M / 1. 3: crediderunt ∞ bene fuerunt baptizati D / fuerint M / 1. 3-4: "salvus erit ∞ sunt haec" om. M / 1. 11: habent L, audient L / dicit D / p. 68, 1. 4: videntur P / 1. 6: Particula M / 1. 8: "et" femina add. L / 1. 9: fuit / maris: avari M / 1. 10: sagipte M / 1. 11: horreum meum L / 1. 13: "et postea venter meus a tactu dilecti mei intumuerit" om. LVB / p. 70, 1. 1: pessulio M / p. 70, 1. 6: "olim" om. B, aliquando V / 1. 7: tria: tanta D / 1. 8: illo D / 1. 9: aspexit L / 1. 10: regnatio D, regeneraturus L / feminam intulit M / 1. 11: mors enim: orex eius M / 1. 12: nec: et B / eam: vos (eos?) L / p. 72, 1. 3: Quia non ∞ clamor P / 1. 6: anima M / 1. 7: quia corruptio: corruptio autem DL, om. B / 1. 10: parabola: particula M / 1. 11: et vecte: perfecte M / 1. 14: quocumque P / movit B / p. 74, 1. 2-3: congregabant PV / 1. 3: terrae M / effundant: efficiant M / "me" om. L / 1. 5: Ideoque DL /1. 8: ut: ne D / habitet V / 1. 10: "et praeterit ∞ mittendus est qui: om. LD / iugum: Migrum L / 1. 11: nostrae: meae D / sedabamus P / septem L / p. 76, 1. 1: quia elevati L / 1. 2: ambularunt D / 1. 3: "suis" om. L / composita M, incomposito D, in composito L, recomposito V / decalundabit M, et calvabit V, om. L / 1.4: "ergo" om. MLVP / "ergo ∞ Sion" om. M / 1. 7: cooperimus BD, non cooperimus L / defundimus M / 1. 9: recepit L / 1. 10: impleatur L / quo scriptum P / 1. 11: salvabitur "et salvus vocabitur" add. DL / 1. 12: sordum L / p. 78, 1. 1: turn D / 1. 3: "in aeternum" om. DL / 1. 4: septem L / annis L / 1. 5: philosophus insinuat L / 1. 7: Parabola: Particula M / 1. 8: trinario V / 1. 9: eieceritque L / "et eiecerit" om. M / 1. 12: cognoscunt L / p. 80, 1. 2: Spiritum sanctum: in spiritum M / 1. 4: aequalitatis L / 1. 9: est procedens: procedit B / 1. 11: iudicia "eius" add. D / p. 82, 1. 2: ex: ab L / 1. 3: "et" peccato add. M / 1. 3-4: deperditum D / 1. 5: flumen L / 1. 6: quando: quoniam D / alluit M / 1. 10: imminenti V / ad haec M / 1. 11: haec est aqua M / 1. 12: spirat M / 1. 13: cum: quando D / 1. 14: portavit L / p. 84, 1. 3: in qua "sibi" consistit add. MPV / autem: vult V / 1. 6: prius: mihi M / "qui prius" om. L / "erat" om. DL / 1. 8: fructum V / 1. 9: praeteribit onus D / 1. 10: "et" om. MP / ipse: is B, om. L. / p. 86, 1. 1: suis M / munere MP, numeris D / 1. 2: operandi L, operandam M / terra L / 1. 3: prophetam M / calcavit P, conculcavit L / 1.4: operationem meam P / 1. 10: adusionem M / 1. 11: quo DL /1. 12: terram L / 1. 13: "et" in aestu add. M / Et: unde D, om. L / p. 88, 1. 1: Res est in qua D, rex in qua M / adusio M / 1. 2: quae: quo V / et dignior: est indignior et V / virtus V / 1. 3: id est: et M / 1. 5: sancti: seu D, sanctus B / 1. 6: liquefaciat M / 1. 7: quia: quod D / 1. 9: haec M / mollificat "id" add. D / et: ac L / 1. 9-10: spiritus L / 1. 11: quo canitur: coquando M / horrendas L, arridas M / purgat P / tenebrosas M / 1. 12: attende P / sensibus "infunde" add. L / "nocte" om. L / "in" om. LM / 1. 14: om-

Mysterium Coniunctionis — Epílogo... 491

nem M / rubeus L / p. 90, 1. 1: propter hoc: propterea D / Et: Unde L
/1. 2: in Turba Rh L / 1. 4: dealbuntur L / Et: unde D / 1. 6: quinto:
eruto D / quando: quoniam D / 1. 7: sic D / 1. 8: erogenia P / ob hoc:
quoniam B / igno P / 1. 10: "et" eduxisti add. V / et: in D / 1. 11: sub-
tilia B / 1.12: liquescit P / "et" om. M / 1. 12 – p. 92, 1. 1: "aqua liquescit ∞ glorificatam" om. BL / p. 92, 1. 2: quod: tunc L / postremae
operationis operationem D / 1. 2-3: praecedit: percipit MP /1. 3: pu-
rificabit L / quae a: quo L / 1. 3-4: "vel mundificatio" om. B / rectificatio "nuncupatur" add. L / 1. 4-5: "a quibusdam ∞ nuncupatur" om.
BD / 1. 5-6: muneris D / 1. 9: quando: quoniam D / 1. 10: propheta
"elicit" add. L / ducit L / 1. 11: victos M / 1. 13: fecit DL / noverit Rh /
p. 94, 1. 3: Nisi: ubi D / ascendit BD / 1. 4: opus: corpus L / 1. 5:
quando: quoniam D / qua PD / 1. 6: esse: omnes D /1. 7: "Unde" et
propheta add. D / 1. 8: nimime minimum L / levia L / nisi: cum D / 1.
9: nisi: cum D / 1. 9-10: detendi D / 1. 10: innoncorporea B / 1. 11:
adimplicatur M / quia: quare M / p. 96,1. 1: potest facere: facit D /1.
2: ananiam P naminam M / 1. 3: lava te L / Jordano LD / "et" om. MP
/ 1. 4: prophetae L / testatur P / 1. 5: Qui: Quia L, qui L_2 / 1. 6: quo:
quia P / 1. 7: adimpletur L / destilla D / 1. 9: Particula M / 1. 11: introiverit L / 1. 12: inebriabunt L / 1. 13: atriis: domo L / p. 98, 1. 1:
eam M / 1. 2: Nam: ut B / 1. 3: audiverit M / 1. 4: intrabo L / satiebor
L / 1. 6-7: hominum D / 1. 7: quae decet: quam docet B, quam decet
VP, om. D / 1. 10: ut: et D / 1. 11: ac: et D / sitiant B / p. 100, 1. 1: in-
veniat 1 / 1. 3: procul dolore M / pauci: praerumper D / 1. 4: reservant M / qui: quia: V / ut (parvuli): ita p. B / sapiunt: sentiunt D, et sapiunt M / 1. 5: Seniorem M / ipsius M / 1. 7: lunae: lucem D / 1. 8:
"enim" om. MP / habet D / 1. 9: ligaverit et solverit D / fiat L / p. 102,
1. 2: inenarrabiles P / 1. 4: potentiales D / 1. 5: quo RhDL / 1. 7:
Alex. "dicit" add. M / isto: ipso P / 1. 12: quo DL / prophetae V / eris
"etc." add. L / p. 104, 1. 2: deles Rh / volutates MP / 1. 3: qua noiam
M, quam veram B, vocavi V / 1. 6: "Unde" om. RhL / 1. 7: dicit: ait L
/ Quidam: quid D / p. 106, 1. 1: Et: item L / superiorem P / inferiorem P / 1. 2: penetrativum M / 1. 3: sufficissem D, suffecisset P / 1. 4:
quo D / 1. 8: "et" om. MVB / 1. 10-11: loquitur L / 1. 11: "Et" fides
add. L / 1. 14: terram et aquam M / "scilicet" om. MDV, videlicet L /
scilicet aer: puta aer RhL / p. 108, 1. 1: confunditur M / 1. 2-3: credit
D / 1. 4: beatificat P / 1. 5: consequere M / 1. 6: eo D / 1. 9: Aldep-

honsus BDRh, Adelphonsus L / verus D, vero M / 1. 10: desinit MPV / Gregorius: allegorico P, allegorice MV / 1.11: "Et Job" om. MPBD LRh / "Et" omnia add. MPB / 1. 12: "isto" om. MP / 1. 13: et: etiam D / p. 110, 1. L benignus: benignitas M / 1. 2: reddat L / 1. 3: parvum: maximum L / 1. 5: scripturae L /1. 5-6: habemus D / 1. 7: necessaria: noia M / 1. 10: quod: quia L / temperantia vero bñ est temperantia M / et (in): id est (in) D / conservet P / 1. 11: anima: nam M / 1. 12: cum: quando D / 1. 14: temperantur M / excedit L / 1. 15: cave L / 1. 16: convertatur L / cave P / p. 112, 1. 1: supra: per L / 1. 2: temperantur D / posite M / 1. 3: tredecima Rh / seu DRh / qua L / "dicitur"Apostolus add. L / 1. 6: spirituale D / 1. 7: proficiens L / 1. 8: intelligent M / 1. 9: ii D / 1. 10: propter D / 1. 11: quo P / 1. 12: "factus" om. BM / "oboediens" om. P / p. 114, 1. 1: oboediatis V / 1. 2: perveniunt V / 1.5: regnum P / 1. 9: reserare L / elementa "etc." add. Rh / 1. 10: Particula M / 1. 14: vero: ubi L notatur L / 1. 15: aliorum "omnium" add. B / et mater: terre materia M / 1. 16-17: "Initio ∞ id est" om. MB / 1. 17: a terra: cetera P / p. 116, 1. 1: separando L / 1. 2: sancto D / 1. 4: commiscere D / promanente L / 1. 5: aurum: anima B / 1. 7-8: ascendet D / p. 118, 1. 1: quae est D / 1. 2: Et: ut M / 1. 3: ire in aliquo loco ne D, ne "hoc" add. B / "vel" scriptotenus add. B / ponantur D, proponerent L / lucidae D / gloriam M / 1. 6: terrae: reñe (?) P / advenit P / 1. 6: id est: et D / 1. 8: destillaverunt D / 1. 9: ut enarrat gloria D / solum L / 1. 13: stabant M / 1. 14: rigantis P / 1. 15: de fructu: defectu P / p. 120, 1. 1: virtutes "terrae" add. M / ibi: coeli L / 1. 2: germina D / coelorum D / et fructum educens D / 1. 3: et: in P / 1. 4: inquit B / 1. 5: artum P / 1. 8: egrediemur D / 1. 9: serviant L / 1. 10: eius: ipsius B / septem L / 1. 11: Turba L / 1. 12: sustinet L / 1. 13: quia L / 1. 14: rubeo L / p. 122, 1. 1: et: est L. corr. L_2 / 1. 2: sicca L / 1. 4: fiat L / 1. 6: ibi: ubi P / dilectum M / 1. 10: sumpserat V / 1. 10-11: conceptum D / 1. 12: transivit D, infundavit M, transiverunt L / p. 124, 1. 2: moritur: mortuum D / 1. 3: fuit L / 1. 5: dicet D / 1. 6: possidete B / 1. 10: habuerit M / 1. 11: turn D / 1. 12: habemus D / p. 126, 1. 1: Particula M / 1. 2: ad dilectam Rh, ad dilectum L / 1. 7: fimo P / 1. 9-10: in manum suam D / 1. 10: in: cum M / 1.11: nemo: non L / p. 128, 1. 1: Surgam: Qιϑ L / ergo "ego" add. L / 1. 3: pulcherrima L / 1. 4: eo M / coelum L / 1. 5: quiescam L / 1. 6: varietate: veritate L / ergo: quaeso D / 1. 7: toto: te L / 1. 8: et M / 1. 12: in regionem V / purpurata M / p. 130, 1. 3: signo: sum P / 1. 5: faciat M / 1. 7: sponsa: speciosa V / 1. 8: tuo: meo L / vel: et D / 1. 9: quiesces D / 1. 10-11: habitate Jerusalem M / 1. 12: Ego: et L / floris M / p. 132, 1. 2: abierunt MB / 1. 3: "nocturnos vel" nocturnales add. L / 1. 4: perspiciens L / 1. 5: vulneratum D / 1. 6: odorem M / 1. 7: Ego: et L, ergo M / 1. 8: electa: coruscans D / 1. 9: "Et" ego add. L / 1. 11: sponsationis V / 1. 12: Ego: Et D / p. 134, 1. 2: quae DL / 1. 3: inmissit P / "secunda" om. RhL / "et" tertia "et" sexta add. D / 1. 8: seminat P / eorum D / 1. 9: illud: id V / 1. 10: aufert D, afferat L / 1. 11: quidem: quod L / terra bona L / 1. 12: quia: quare D / filiorum D / in decem millium D / 1. 13-14: granis et fructibus D / p. 136, 1. 2: reficio L / 1. 5: illud: id D / 1. 7: sermo: primus V / 1. 8: occidam quod vivere D / 1. 9: ipsius: impius P / ipsa P / 1. 10: separabat M / quia: quare P / 1. 11: dilectio nostra: dilecto meo L / nostra: mea M / sonat L / 1. 14: piscm ei neschebon P / aureae P / p. 138, 1. 1: poculo V / 1. 2: tuas M / 1. 3: dilectabile M / 1.4: Israel B / "et" dicite add. M / 1. 4-5: faciam consorori D / 1. 7: electa D / 1. 10: parrutuerunt D / ori meo: mods me P / ubera: verba M / 1. 11: poña P, ponam M / ergo: et B / 1. 12: "et" vino add. D / 1.13: praeteriat Rh, "praetereat nos flos temporis" cetera om. V / quin: quoniam L / 1. 15 - p. 140, 1. 1: relinquimus L / hac D / 1. 1-2: coitu et amore D, amoris M / 1. 3: duobus: fratres L / 1. 4: secundum: unum L / 1. 6: dicat: loquitur L / ad filios L / dispon-satione M, dispositione D / desp. ubi dil. ad dil. semen suum V / 1. 7: marcescat M, maturescit B / eam D /

Índice onomástico[*]

Abelardo 101[125]
Abu Aflah 58[14]
Abu'l Hasan 'Ali ibn Abdulla 22
Abu'l Qasim al Iraqi 17, 58[15-24], 66[36], 115[176], 366[109]
Acta Philippi, Thomae etc. cf. Bíblia, Apócrifos N.T.
Adamson, R. 26[82]
Adamus 524[71]
Addam et processum sub forma missae cf. Cibinensis
Agathodaimon 167[8], 448
Agobardo de Lyon 515[45]
Agostinho, S. 69[44], 94[111], 97[118], 143, 172[17], 231[4], 234, 243[33], 306, 442[6], 466[45], 484, 484[70], 501[15], 530[85], 614
Agrippa von Nettesheim 101[125], 424[90]
Al-Gazzali cf. Algazel
Alain de l'Isle cf. Alano
Alano de Insulis 38[1], 52[4], 146, 158[12]
Albareda, A.M. 12[54], 40[4]
Alberto Magno (Ps.-) (cf. tb. Scriptum Alberti) 11[28], 54[8], 65[35], 101[126], 121[3], 169[13], 194[70], 224[122], 240[27], 243, 243[36], 248[44], 257[64], 267, 267[7,8], 401[11], 206[90, 94], 373[120], 475[60], 486[73], 524[76], 530[88], 532[93], 555, 570
Alberto Magno 5, 7, 8, 11, 11[28], 14, 20, 24[70], 26, 27, 27[91], 31, 33, 38[1], 41[6],
42[7], [p. 52-53[21], 54-55[4], 76[21], 94-95[39], 94[42], 96[48], 98-99[55], 112[52]], 54, 53[81,10], 62[34], 65[35], 69[44], 70[47, 48], 73, 73[55], 75[62], 88, 92, 93, 94, 101, 101[125, 126], 121, 121[3], 169[13], 185[53], 194[70], 206[90], 306, 306[14], 311, 424[85], 428, 428[103, 106], 570, 570[172, 173], 592[3], 595-615
Alcides cf. Alphidius
Alcuíno 102[132], 401[12]
Alexandre (Rei) 60, 487[75]
Alexandre de Afrodísia 330[63]
Alexandre de Licópolis 484[70]
Alfarabi 143[10], 181[40], 225[123]
Alfredo de Sareshel 7
Algazel 596[32]
Allegoriae super librumTurbae 131[21], 539, 549
Allendy, R. 347, 424[90]
Alphidius 5[1], 16[46], 19, 20, 20[58], 22, 29, [p. 46-47, 46-47[8], 50-51, 62-63[3], 68-69[10], 94-95, 98-99, 98-99[56], 106-107, 106[27a], 108-109[30, 33], 116-117[62], 118-119, 118-119[72]], 59, 60, 64, 366[109], 374, 375, 380, 381, 394, 394[1, 2, 4], 395, 397, 413[39], 425, 434, 435, 437[1]
Alphonsus 6, 23, [p. 112-113]
Amalrico de bena 309, 484[68], 606, 606[84, 88, 89]

---

[*] 1) Os números indicam o parágrafo do texto. 2) O número das notas de rodapé vem indicado como expoente. 3) Os números entre colchetes se referem às páginas do texto bilíngue da primeira parte. [p. 42-141]

Ambix 27[91]
Ambrósio, s. 181[40],194, 194[68], 415, 518[67], 566 [151], 570
Anastásio Sinaíta 142, 257[69], 276[34], 356[106], 584[209]
Anaxágoras (Ps.-)112[171]
Anselmo de Laon 420, 425[92]
Apolo 144
Aptowitzer, V. 369[114]
Apuleio 108, 108[165],109, 518[62]
Aquarium Sapientum 36, 123[5],164[28], 240[28], 383[134], 389[142], 482[66], 493[6]
Arca Arani v. Grasseus
Archelai (Acta) 518[60]
Arios Didymos 530[65, 68]
Arislei v. Visio
Aristóteles (Ps.-) 6, 8, 9, 26, 29, [p. 52-53[21], 56-57[5], 96-97[48], 98-99[60], 106-107, 106-107[27],108-109[34], 110-111[36], 116[67], 120-121, 120-121[6], 128-129[36, 38]], 125, 143[10], 280[42], 426[102], 445, 453[26], 487[74, 75], 504[20]
Aristóteles 6, 7, 31, [p. 50-51], 68, 69, 70[40],186[58],193, 330[65], 452, 594, 596[27]
Arnaldo de Vila Nova 30, 276[32]
Ars Chemica v. De Arte Chemica
Artefios 22[63], 278, 278[36]
Artis Auriferae etc. I e II 1610: 5, 5[1,4], 11[28], 12[32],16[46],17[47],18[53], 24[72], 32[3], 34[13], [p. 48-49[8], 58-59[3, 7], 88-89[23], 90-91[26, 28], 94-95[41], 96-97[46, 48], 98-99[55], 106-107[24], 108-109[34], 110-111[36, 38], 120-121[3, 6], 122-123[9],128-129[38], 144-145[73]], 52[1], 131[21], 144[12], 156[5], 162[24], 180[35], 185[52],192[64], 222[119], 231[6], 234[7], 269[14, 15], 276[28, 31, 32], 305[7], 328[57], 366[109], 381[130, 131], 389[141], 419[61], 425[94, 96], 432[107], 448[17],468[52],487[74, 75], 501[15], 513[43], 518[51, 53], 524[75], 530[86], 539[108], 545[117, 119], 549[122, 124, 125], 569[154], 592[3]
Ascensio Jesaiae v. Bíblia, Apócrifos A.T.

Asclépio lat. 20, 106[152, 155], 142[5], 330[68], 407[23], 414, 442[6], 452, 487[76], 582, 582[192]
Assiduus v. Alphidius
Atanásio 530[87]
Atas de Ciríaco v. Acta (Apócrifos do N.T.)
Aureum saeculum redivivum v. Madathanus
Aurora consurgens II 24, [p. 90-91[28], 106-107[24], 110-111[36, 38]], 52[1], 180[35], 276, 419
Averróis 22, 69[44],134[4]
Avicebron v. Gabirol, Salomo ibn
Avicena 5[1], 11, 12, 12[36], 14, 25[76], 38[1], [p. 48-49[8], 57-58[9], 74-75[11], 92-93, 92-93[31], 96-97[53], 114[57]], 69[44], 71, 71[53], 73, 73[56, 57], 74, 74[61], 76, 79, 87[90], 89, 90, 91, 92[101, 106, 107], 93, 97[122], 101, 103, 115[176],175[31], 235, 356, 592[3], 595, 596, 596[32, 38]

Bacon, Roger 8, 14, 25, 25[76], 26, 31, [p. 58-59[3], 98[60],108-109, 108-109[34]], 75[62], 101[126], 102[131], 134, 311, 419, 419[73], 545, 605[70]
Baeumker Cl. 8[16], 97[116], 392[3], 613[118]
Balduíno, arcebispo de Cantuária 234[12], 606[89]
Bardenhewer 504[20]
Bardesanes 107, 407[22]
Bartolomeu de Cápua 609, 611, 616[133]
Basílides 305[8], 369[114], 518, 581
Basílio 415
Basingstoke, J. de 25[70]
Baur, d.v.W.
Baur, L. 102[131, 133]
Belinus 549[125]
Bernardo de Claraval, S. 97, 97[116], 143
Bernardo de Cluny 181[43], 515[47]
Bernardus Magnus 381
Berthelot, M. 6[1], 11[28], 20, 20[58], 21[59], 24[71], 32, [p. 76-77[21], 82-83[24], 116-117[63]], 58[16], 62[29], 66[36], 84[82], 103[139, 140, 142], 123[5], 131[21], 134[2],

136[5], 144[13,15,17], 167[6,7,8], 180[35], 181[36], 202[83], 221[116], 225[124], 231[1,5], 234[7], 240[25,28], 261[78-82,84,88], 283[48,49], 305[8,11], 318[48], 325[55], 328[58], 330[54-63], 375[123], 379[127], 381[129], 401[9], 407[19-21], 413[34,37,39], 419, 419[73], 420[78], 425[97], 428[101], 440[3], 448[16], 452[20,22,23,25], 453[26], 460[36], 468[51], 474[57], 501[15], 510[35,40,41], 526[77,79], 549[127], 561[139,140], 569[158-160,162], 582[198,199]

Bíblia
- Antigo Testamento
-- Ascensio Jesaiae cf. Apócrifos A.T.
-- Baruc [p. 70-71[23]], 218, 261, 389, 407[16]
-- Cântico dos Cânticos [p. 62-63[4], 66-67[9], 90-91[21], 74-75[6], 130-131[2], 132-133[11], 134-135[21-23,26,27], 136-137[30-33,36,37,39,40], 140-141[53,56-61], 142-143[62,64,65,68]], 57[12], 143, 157, 182, 187[59], 490ss., 563ss., 614
-- 1Crônicas [p. 68-69[10]]
-- Daniel 185[56], 209[99], 389
-- Deuteronômio [p. 72-73[3], 132-133[15], 138-139[45], 140-141[52]], 235, 389
-- Eclesiastes [p. 78-79[12], 144-145[72]], 101[126], 280, 573
-- Êxodo [p. 102-103[13], 120-121[4], 138-139 [45]]
-- Ezequiel [p. 78-79[5], 96-97[52]], 389
-- Gênesis [p. 74-75[15], 78-79[13], 88-89[22], 120-121[4]], 257, 280, 328, 330
-- Isaías [p. 52-53[7], 72-73[1], 76-77[1], 78-79[7], 80-81[15-17,20], 82-83[22,2], 84-85[8], 86-87[13], 96-97[52], 100-101[63], 104-105[14], 122-123[11], 126-127[27], 134-135[19,24], 138-139[42]], 264, 289, 378, 389, 410, 443[6], 521
-- Jeremias [p. 140-141[51]], 54[9], 212[102]
-- Jó [p. 62-63[4], 100-101[62], 112-113[51], 120-121[4]], 428
-- Joel [p. 72-73[4], 130-131[1]], 235[13], 493
-- Jonas [p. 72-73[2], 130-131[3]]

-- Lamentações [p. 130-131[8], 142-143[63]]
-- Levítico [p. 102-103[12]]
-- Malaquias [p. 62-63[6], 74-75[9]], 24
-- Números [p. 102-103[13]]
-- Oseias [p. 46-47[7]]
-- Provérbios [p. 46-47[3], 48-49[12], 50-51[19,20], 52-53[24,25], 56-57[1], 62-63[1,2], 66-67[7], 68-69[11,15,16], 72-73[4], 82-83[23], 100-101[1], 108-109[48,49], 122-123[13], 128-129[37]], 52, 178, 398, 424, 442
-- 2Reis [p. 100-101[64]]
-- Sabedoria [p. 46-47[1], 48-49[10], 52-53[27,28], 54-55[1,3], 56-57[5], 84-85[7], 92-93[36], 98-99, 98-99[58], 126-127[25], 144-145[69]], 52, 58, 58[25], 98, 306, 381[132], 568
-- Salmos [p. 46-47[46], 56-57[2], 60-61[1,3,4], 64-65[1,2], 66-67[3,4], 68-69[12-14], 70-71[20,22], 72-73[2], 74-75[8,14,16], 76-77[5], 78-79[6,8,9], 80-81[14,18], 82-83[23], 86-87[13,15], 90-91[25,29], 93, 94-95[43,44], 96-97[50,51], 98-99[59], 100-101[34], 102-103[5,8,10], 104-105[17,18], 106-107[23,26,28,29], 112-113[45,46], 118-119[2], 122-123[11,12,14], 124-125[15-17,19,22], 126-127[26-28], 130-131[4,6,7,10], 132-133[14,16-18], 134-135[25], 138-139[48], 140-141[49,70], 144-145[70]], 148, 198[75], 218, 231 234[10], 246[41], 320, 363, 401, 446 461, 466, 518, 598
-- 1Samuel [p. 138-139[41]]
-- Zacarias [p. 46-47[2], 104-105[15]], 58[19]
- Novo Testamento
-- Apocalipse [p. 64-65[78], 66-67[6], 68-69[10], 70-71[17,18-20], 72-73[24], 76-77[20,2], 80-81[19], 82-83[1], 102-103[7], 104-105[14,18], 106-107[21,22], 110-111, 110-111[37], 130-131[9], 139[43], 140-141[50], 144-145[71]], 134-157, 158, 160, 162, 173, 178, 185[56], 204, 208[97], 267, 286, 289, 405, 407, 409, 419, 419[58], 486, 575, 616

-- Colossenses 185[36]
-- 1Coríntios [p. 102-103[9], 104-105[17, 19], 112-113[47], 126-127[29, 31, 32], 128-129[33]], 407, 415, 518[64]
-- 2Coríntios [p. 112-113[5], 117[63], 132-133[12]]
-- Efésios [p. 116-117[64]], 187[54]
-- Filipenses [p. 118-119[69]]
-- Gálatas [p. 74-75[10], 116-117[66, 67]], 246[38], 308[25]
-- Hebreus [p. 68-69[10], 74-75[11, 12], 116-117[68], 124-125[23]], 62, 193, 246[39, 40], 470
-- João [p. 60-61[2], 78-79[10], 88-89[17], 100-101[2], 104-105[14], 110-111[40], 112-113[44, 48], 118-119[1], 138-139[46, 48], 140-141[54]], 101[127], 148, 280, 305[4], 325, 325[52], 401, 584
-- Lucas [p. 62-63[5], 64-65[9], 76-77[19], 78-79[4], 96[52], 106-107[25], 130-131[5]], 251, 577[186]
-- Marcos [p. 70-71[19], 104-105[16], 124-125[18], 132-133[3]], 415, 466[46]
-- Mateus [p. 46-47[2], 56-57[6], 58-59[4], 62-63[5], 72-73[5], 74-75[7, 13, 18], 78-79[10], 82-83[12], 102-103[6, 11], 104-105[20], 108-109[32], 110-111[39], 112[51], 128-129[36], 136-137[35], 138-139[44], 144-145[71]], 58[13], 129[17], 134, 185[56], 238, 280[41], 398, 401[9], 547, 575
-- Romanos [p. 74-75[17], 84-85[8], 98-99[56], 112-113, 112-113[43], 114-115[54, 55], 116-117[30], 138-139[42], 140-141[55], 142-143[66]], 54[10], 101[126], 181[39], 248[43], 381, 479, 479[65]
-- Tiago [p. 84-85[3], 114-115[58]], 54[10], 101[126]
- Apócrifos e Pseudepígrafos do A.T.
-- Ascensão de Isaías 518[63]
-- Henoc 284, 460, 518[63], 535[97]
-- Jesus Sirac (Eclesiástico) [p. 46-47[1], 54-55[2], 58-59[6], 66-67[5], 82-83[21], 86-87[16], 92-93[32], 120-121[4], 134-135[20, 28], 136-137[29, 34, 38]], 52, 54[10], 136, 325, 510, 524

-- Odes de Salomão 264
-- Testamento de Salomão 284, 284[52]
- Apócrifos e Pseudepígrafos do N.T.
-- Acta Cyriaci 272
-- Acta Philippi 518[63]
-- ActaThomae 106[155], 107[158], 486[72], 518[63]
Bíblia Mariana cf. Ps.-Alberto
Bilqis 58[15]
Blochet, E. 424[89], 437[1]
Boaventura, S. 62[34], 127[16]
Boehme, J. 36, 347, 369, 370, 370[116], 424
Böhmer, F. 172[16]
Boll, Fr. 158[11], 162[24], 284[55], 424[85], 605[68]
Bonus, P. 15, 38[1], [p. 48-49[11], 52-53[26], 58-59[7], 62-63[3], 68-69[10], 78-79[11], 82-83[24], 90-91[27], 94-95[42], 108-109[33], 116-117[65, 67], 120-121[3], 124-125[17], 132-133[14], 142-143[68]], 60, 73[57], 103, 125[12], 152[2], 221[114], 224[122], 280[43], 305, 305[12], 407[23], 425[99], 440[4], 504, 575
Bourke, V.J. 593[5]
Bousset, W. 103[142], 106[155], 107[157-160], 187[59], 217[107], 251[50-52, 61], 257[67], 261[75-77], 267[6], 274[25, 26], 284[51-53, 55], 407[16, 22], 475[59], 484[69-71], 486[72], 487[76], 510[31, 39], 518[52, 60, 63], 521[69], 535[96, 98-100], 539[110], 549[126], 583[200-202]
Brandt, W. 107[162]
Brewer 25[74], 102[131], 311[38]
Bruno de Asti 257[71]
Budge, E.A.W. 332[73]

Calid 6, 9, 12, 12[14], 13, 14, 14[39, 40], 16[46], 17[31], 29, 38[1], [p. 88-89[23], 90-91, 90-91[26], 92-93, 114-115, 144-145[73]], 328, 330[68], 335, 352, 353, 511, 549[123], 553, 586, 587, 592[3]
Campout, H. du 38
Carini 20[58]
Carmina Heliodori cf. Heliodori
Celso 103[142]

Charles 25[76]
Chenu, M.D. 593[8], 594[10], 595[25], 597[41], 604[61], 606[82, 83, 92]
Christianos 231, 401[9], 413[39], 452[25]
Chwolsohn, D. 561[142]
Cibinensis, N.M. 175[26]
Cirânidas 369[114]
Cirilo de Alexandria 407[17]
Cirilo de Jerusalém 242, 257[64], 510
Cirilo, Bispo [p. 50-51[12], 58-59[8]]
Clangor Buccinae 16[46], 34[13], [p. 96-97[46]], 389, 549[122], 592[5]
Clavis maioris sapientiae 22[62], 41[6]
Clavis Philosophorum 20[58]
Clemente de Alexandria 162[24], 181[44], 484, 484[71]
Coislin, Duc de 38
Colonna, F. 109
Compendium S. Thomae (Ps.-) 592[3]
Compositum de Compositis 33
Consilium Coniugii 6[1], 10, 15, 20[58], [p. 48-49[8], 50-51[14], 56-57[9], 58-59[7], 76-77[21], 88-89[20, 23], 90-91[27], 94-95[42], 96-97[46], 98-99[54, 55], 108-109[30, 33], 118-119[72], 122-123[9], 128-129[34]], 95[115], 269[15], 394[4], 561[140]
Corbett 38[2]
Corpus Hermeticum 106[152, 155], 142[5], 172, 181, 251[52], 284[55], 330[68], 355[106], 389, 407[23, 24], 414, 420[79], 442[6], 447[12], 452, 452[21], 487[76], 561, 582, 583[202]
Crates 181[136]
Crisipo 330[65]
Crisólogo 231[4]

d'Achery 310[32]
Dähnert, U. 101[126], 169[13], 548
Damião, P. 269[15], 355[105]
Dante 202
Darmstaedter, E. 14
Datin [p. 94-95[41]]
David de Dinant 309, 516[47], 606, 606[84, 88, 89]
De adhaerendo Deo cf. Alberto (Ps.-)

De Alchemia 4
De Arte Chemica (1566) 10[23], 16[46], 20[58], [p. 48-49[8], 50-51[14], 56-57[9], 58-59[7], 76-77[21], 88-89[20, 23], 90-91[27], 94-95[42], 96-97[46], 98-99[54, 55], 108-108[30, 33], 118-119[72], 122-123[9], 128-129[34]], 95[115], 269[15], 394[4], 518[51], 561[140]
De Arte Chimica [p. 58-59[7],122-123[9]]
De lapide philosophico 20[58]
De mirabilibus mundi 27, 28, 28[92], 88
De Perfecto Magisterio 8[1], 15[45], 29, 453[26]
De re recta ad Hasen cf. Avicena (Ps.-)
De secretis mulierum 27
Declaratio Lapidis Physici cf. Avicena
Degenhardus, M. 34, 34[14]
Delatte, L. 369[114]
Delisle, L. 38[2]
Demócrito (alquim.) [p. 96-97[46]], 123[5], 167[6], 425[97], 569, 569[159, 160]
Didaché 293[69]
Dídimo cf. Areios Didymos
Diels, H. 452[21], 568[152]
Dieterich. Alb. 222[118], 518[66]
Dietrich, Mestre 348[98]
Diógenes Laércio 330[65], 452[21]
Dionísio Areopagita 97[121]
Doelger, F.J. 243[31], 355[106]
Döllinger, I. v. 606[87]
Dorn, G. 80, 95[114], 104, 113[173], 115[175], 325[56], 366, 369[114], 415, 415[49], 419[64], 437, 458[33], 460[37], 465, 505, 532, 569[153], 571, 580

Écio 487[76]
Eckhart, Mestre 52[2], 57[11], 69[44], 97[122], 186[58], 187, 187[61], 193, 415[54], 493[11]
Efrém o Sírio 62, 66[36], 70[48], 142[1], 146, 146[20], 206, 206[92], 208[98], 214[104], 218[109], 226[125], 240[26], 243, 243[34, 35], 257, 257[63, 70, 71], 272[19], 276[34], 278[40], 287[58-62], 330[68], 355, 355[105, 106], 375[123], 389[136, 138], 401[8], 405, 405[14],

407[22], 415, 415[48] 419[70], 425, 425[98], 458[31], 475[58], 486, 486[72], 515, 515[46], 518[62], 421, 527, 527[82, 83], 539, 539[106], 570, 570[168-170], 584, 584[204-206]
Eisler, R. 107[157]
Eliade, M. 574[181-183]
Engelberto de Estrasburgo 604
Epicuro 487[76]
Epifânio 175[30]
Erígena cf. Scotus Erígena
Ésquilo 221[117]
Eusébio 464[42]
Euthice cf. Rosino
Evangelium Aeternum (Introduct. in) 309
Evangelium Mariae (copta) 484[69]
Evans-Wentz, W.Y. 509[28]
Exercitationes in Turbam 276, 518[49]
Experimenta Alberti 27
Expositio Epistulae Alexandri Regis 569

Ferckel, C. 6[2]
Ferguson, J. 20, 20[56], 23[68]
Ficinus, M. 54[7]
Fierz, L. 109[106]
Fihrist 22, 518[64], 561[140]
Filipe de Trípoli (Salerno) 8
Fílon de Alexandria 106[155], 221[117], 222[120], 257[66], 284[51], 420, 442[6], 447[12], 452[21], 582[197]
Filóstrato 487[76]
Fiori cf. Joaquim
Flamel, N. [p. 96-97[46]]
Flodius 15[44]
Flos florum 276[32]
Flügel 549[126]
Foerster, R. 8[16]
Forest, A. 87[90], 102[130]
Franz, M.-L. v. 175[30], 365[108], 321

Gabirol, S. ibn 143[10]
Galeno 330[65]
Garlandia, J. de 41[6]

Geber 5, 14, 31, 41[6], [p. 50-51[15], 82-83[24], 114-115[56, 57]]
Gellius, A. 25, 25[77], 26, 31, [p. 58[3]]
Genza 503[18]
Georges, C.E. 25[78]
Gerardo de Cremona 6[1]
Gilberto de Hoy 234[12]
Gilson, E. 69[42], 73[53, 56-58], 74[61], 75, 75[62], 77[67], 87[84, 85, 87, 90], 97[117], [122],102[131], 143[10], 479[63], 604[64]
Glauber 368[111]
Goldschmidt, G. 43, 168[9], 181[37], 192[64], 305[9], 334[74], 425[97], 526[78]
Grabmann, M. 8[16], 52[6], 73[56], 75[62], 461[40], 592[3], 593[5, 8], 594[14], 613[118], 614[126, 127], 616[131-133, 137]
Grässe, J.G. [p. 50-51[12], 58-59[8]]
Grasseus, J. 34, 84[82], 187
Grato 42[7]
Gregório de Nissa 415
Gregório Magno 29, [p. 112-113,112-113[50]], 58, 58[20, 23], 143, 143[7], 146[22], 172, 172[15, 17], 181[40], 200[81], 211[101], 251, 267[9], 272[21], 287[60], 291, 355[105], 477, 477[62], 493[11], 537[102], 598, 613, 613[119]
Gressmann, H. 238[18,21]
Grimm, J. 192[66]
Guilherme de Auvergne 25[76], 73, 87[87], 101, 101[125], 102[12], 103[138], 234[12], 268
Guilherme de Conches 101[125]
Guilherme de St. Amour 606, 606[92]
Guilherme de Thierry 234[12]
Guilherme Parisiense 101[125]
Gundalissinus 78[72], 102[133], 143[10], 152[3]

Hahn, C. 25[79], 58[12, 22], 137[9], 164[30], 214[105], 276[27], 294[71], 308[20, 22, 24], 309[27, 31], 310[32, 35], 311[37], 316[44], 422[82], 424[86], 432[108-110], 457[28], 468[54, 55], 477[63], 479[64], 484[68], 505[24], 513[44], 553[132], 584[210], 586[211], 601[59], 606[87, 91]
Haly 366[109]
Haneberg, P. 73[55, 57], 75[62], 92[101]

Hannah, B. 588[212]
Harmoniae imperscrutabilis...
Decades duae 4, 44
Haskins, C.H. 7[10, 11], 594[14]
Haupt, H. 308[22], 606[87]
Heisterbach, C. de 309[26]
Helinando (de Froidemont) 593[179]
Heliodori Carmina 168, 173, 181, 192[64], 234[8], 305, 305[9-11], 330[62], 334, 375[123], 413, 419[65], 425[97], 452[23], 499, 499[13], 526, 569[155, 161]
Hennecke, E. 264[2]
Henrique de Herford 595[26]
Heráclito 73[60], 352, 568, 568[152]
Hermannus de Mynda 27[88]
Hermes Trismegisto 10, [p. 50-51, 50-51[14, 15], 86-87[12], 94-95, 96-97, 110-111, 120-121, 120-121[3, 6]], 127[16], 144, 167[8], 221, 280[42], 305[8], 374, 376, 426[102], 427, 440, 440[3], 449, 460[39], 549, 582, 582[192], 596[38]
Hermógenes 442[6]
Herrad von Landsberg 437[1]
Hertz, M. 25[77]
Hidayat Husain Shams etc. 22
Hilário, S. 231
Hildegarda von Bingen 437[1]
Hipócrates, 330[65]
Hipólito 221[117], 251[54], 261[76, 77, 83], 331[70], 355[106], 369[114], 425[97], 490[2], 493[11], 510[29], 518[61,63], 524[71], 530[87], 535[96], 531[110], 590[1]
Hoghelande, T. de 20[58], [p. 58[7], 106[27a], 108[30]], 202[83]
Hohenheim, T. de cf. Paracelso
Holmyard, E.J. 12[32], 17[48], 58[15, 24], 115[176], 167[5], 366[109]
Honório de Autun [p. 70[22a]], 52[2], 58[17], 62[33], 70[48], 107[163], 142, 143[7], 146[24], 172[15], 181[43], 187[59], 195[73], 217[106], 220[113], 238[17], 246[42], 272[22], 284[55], 287[58, 60], 316, 316[44], 318, 328[57], 389[137], 401, 407[17], 415, 437[1], 491[5], 493[11], 518[50], 524[71], 527[83], 530, 530[87], 532[90], 537[101], 539, 539[105],

543[115], 561, 563[149], 570[169], 571[176], 573[177], 584, 613, 613[119], 614[124]
Horten, M. 225[123]
Hugo de S. Vítor 52[4, 7], 181[43], 214, 355[106], 484[68], 588, 588[112], 613, 613[119]
Hurwitz, S. 145[19], 251[54], 410, 410[30]

Ibn Roschd cf. Averróis
Ibn Sina cf. Avicena
Introductorium in Evangelium Aeternum cf. Evangelium
Ireneu, S. 94[111], 107[157], 251, 251[60], 261[175], 482[66], 539[110], 583, 583[200, 203]
Isaac de Antioquia 515
Isaías cf. Ascensão
Isidoro de Sevilha 206[93]
Isis (Journal) 22[60, 61], 58[15, 24], 115[176], 366[109], 594[14]
Isis a Horus 106[152], 144[16], 447[12], 452, 452[21], 487[76], 569, 582

Jacobsohn, H. 424[87], 583
Jâmblico 251[54], 452[21], 487[76]
Jebb 25[73]
Jerônimo, S. 60[26], 493[11]
João Crisóstomo, S. 94[111]
João da Cruz, S. 613
João Damasceno 410[29], 515[43]
João de Basingstoke cf. Basingstoke
João de Londres 25[76]
João Diácono 401[12], 561[145]
Joaquim de Fiori 58[18-22], 157, 157[9], 164, 164[30], 214, 276, 276[27], 294[71], 308, 308[21], 309, 312[40], 314, 316[44], 422, 422[82, 83], 424[86], 432, 457[28], 468, 477, 479, 484[68], 513, 553, 584[210], 586[211], 606, 606[92]
Johannes Hispalensis 8
Johannes Lydus 251[54]
Jourdain 8[16]
Jundt, A. 415[54]
Jung, C.G. 1, [p. 48-49[8], 64-65[10]], 50, 52[1], 58, 62[32], 66, 66[37], 67[40], 70[45], 71, 71[49-52], 73[60], 79, 79[73-75], 82[81], 84[82], 88[92], 91, 91[100], 93[108], 95, 97[122],

123, 101[125], 103[127], 104, 104[143, 144, 148-151], 106, 106[153], 108[164], 113[173], 115[175], 123[5], 125, 125[13], 129[18], 131[20, 22, 23], 137[7], 143[11], 145[18], 146[25], 152[4], 159[14], 160, 160[15-22], 162[24], 167, 167[1], 170[14], 173, 173[20-22], 175[26, 27, 29-30], 176[32-34], 181[44], 182, 182[45-47], 183[51], 185[54], 187, 187[60], 192, 192[65, 66], 193, 194, 194[69, 72], 195[74], 198, 198[77], 200[79], 202[84], 203, 203[86], 204[87], 206[95], 210[100], 212[102], 220[111], 221[114], 231[5], 234, 234[9], 239[22], 240[24, 28], 242, 242[29], 243, 243[37], 249, 249[45], 251[54], 254[62], 257[72], 261, 261[75, 89], 267, 270, 270[16], 278, 278[35, 37], 280[44, 45], 283[46], 288, 288[63], 291, 291[65], 292, 292[66], 293, 293[67, 69], 294[70], 305[8, 12], 306[13], 307[19], 308[20], 311, 311[36, 39], 312, 312[40, 41], 320, 320[50], 325[52, 53, 56], 335, 335[76,77], 336[78,79], 337[80], 338, 338[81, 82], 340, 340[83-88], 342, 345[92], 348, 348[100], 349[101], 355, 355[104], 359[107], 365[108], 366[110], 368[111], 369, 369[114, 115], 370[116, 117], 373, 373[119], 377, 377[124], 379, 379[128], 389[145], 396, 396[5-7], 397, 404[13], 409[27, 28], 410, 413, 413[34], 415[49, 57], 419[62, 64, 72], 421, 421[81], 424, 425[95,100], 437, 437[2], 444[8], 446, 446[10, 11], 448[17, 18], 452[20], 458, 458[32, 33], 460[37], 463, 463[41], 465[4], 470, 474, 475[58], 482, 482[67], 493, 493[8, 9, 12], 505[21], 507, 507[26, 28], 510[34], 518, 518[48, 65], 521[70], 524[72-74], 526[80], 532, 532[91, 94], 537, 537[104, 105], 540, 540[111, 112], 543, 543[116], 545, 545[120], 549, 549[129], 561[138, 140, 146, 148], 569[153, 155], 571, 571[174, 175], 580, 580[187], 581[188, 190], 597[42], 605[71, 73]
Junker, H. 419[70]
Justino 221[117]

Kabbala denudata cf. Knorr von Rosenroth
Kalid cf. Calid
Kallisthenus 41[6]

Kautzsch, E. 134[2], 332[71], 460[35]
Kern, O. 66[36], 251[54]
Khalid cf. Calid
Khunrath, H. 84[82], 131[23], 368[111], 369[114]
Kibre, P. 39[3]
Kitab al'ilm al muktasab 167[5]
Kitab al-Habib 325[55], 528[58]
Kleomedes 452[21]
Knorr von Rosenroth 58[23], 137[7], 267[10,11], 272[18], 348[97], 368[113], 389[140], 415[47], 419[71], 447[13], 532[96], 575[184]
Komarios 136, 240, 240[28], 283, 330, 426, 452[20], 460[36], 474[57], 510, 510[34], 569
Kore Kosmou 106[152], 144[16], 158, 284, 569
Krebs, E. 348[98]
Krönlein, J.H. 310[35], 606[84, 88, 89]

Lacinius cf. tb. Bonus, P. 15[44], 570
Lacombe, G. 7[12]
Lactâncio 561[137]
Lambsprinck 192[64], 468[52], 573[180]
Lavaud, B. 415[54]
Leisegang, H. 106[155], 107, 107[156,158], 111[167,168], 221[117], 251[48,49], 257[67], 261[74,76,77], 267[6], 272[23], 284[55], 330[66,68], 331[70], 414[44,45], 419[70], 420[76], 442[6], 474[57], 526[78], 535[96], 561[145], 570[168], 581[189]
Lerbecke, H. 27[88]
Liber aggregationum 27, 28, 28[92], [p. 48-49], 85, 88[92], 94, 596, 596[32]
Liber Alternationum [p. 82-83[24]]
Liber Alze 137[6], 200[79]
Liber de Causis 504[20]
Liber de Septuaginta 24[71], [p. 82-83[24]]
Liber de Spiritu et Anima 312[40]
Liber divinitatis [p. 82-83[24]]
Liber Introductorius 606
Liber Methaurorum 20[58]
Liber Platonis Quartorum [p. 80-81[14]]

Liber Quintae Essentiae 6, 24, [p. 90-91, 92-93, 94-95, 106-107], 427
Liber Sexagesimae 24
Liber Sextarius (?) 24, 34[13]
Liber Sextus (?) 24
Liber Sextus naturalium cf. tb. Avicena 12, 92
Liber Trinitatis 4
Liber trium verborum cf. Calid
Lilium (Lilius) [p. 62-63[3]], 152[2], 368[111], 592[3]
Lippmann, E. v. 6[1,2], 7[9], 11[27], 12[29, 31, 32], 17[48, 50], 23[68, 69], 23[68, 69], 58[14, 16], 103[139], 131[21], 144[14], 163[28]; 164[28,29]
Little, A.G. 25, 25[76], 484
Livro (cf. tb. Kitab)
Livro de Crates cf. Crates
Livro do alúmene dos sais 10 [p. 50[14], 141[50]], 60[27], 62[29], 67[39], 112[169], 181[36], 218[110], 261[88], 389, 407[23], 413, 428[102]
Livro sobre a terra e a pedra [p. 76-77[21]]
Livros de Jeú 107
Locustor 115[175]
Logion de Jesus 181
Lohmeyer, E. 535[97]
Löwenthal, A. 143[10]
Luciano 561[145]
Lucílio 25[78]
Lucrécio 487[76]
Lullo, R. 30, 42[7], 311
Lumem luminum cf. tb. Rasis 6, 6[1], 15, [p. 58-59[7]]
Lutero 47

Macróbio 330[65], 549[126], 561[145]
Madathanus 182
Maimônides 73
Majer, M. 32[7], [p. 50-51[13]], 368[111]
Mandonnet, P. 596[27], 597[43], 606[85], 609[105], 616[131]
Mangetus, J.J., *Bibliotheca Chemica curiosa* 6[1], 10[23, 24], 12, 14[38, 41], 16[46], 20[58], 22[60, 62], 26, 32[3], 34[12, 14], 35[16],

[p. 34-35[8], 50-51[15, 16], 64-65[10], 88-89[23], 96-97[48], 98-99[60], 106[27a], 108-109[30], 114-115[56, 57], 116-117[67], 128-129[38]], 60[27], 204[87]
Mani 251[51], 518[64]
Mansi 310[32]
Mapeus, W. 25[79]
Marchos (alquim.) 413, 468[49]
Marcial 582[197]
Marcos (gnóstico) 251, 583
Maria a Judia (Maria Prophetissa) 9, [p. 120-121[6]], 58, 167, 167[8], 261, 318, 381[129], 448, 452[20], 549[127]
Máximo de Turim 206[93], 452[21]
Medjmael-Bahrein 437[1]
Meier, M. 234[12]
Menandro 407[24]
Mennens, J. de 34, 220[112], 300[2], 306, 306[18], 348, 348[97], 420[80], 468[48], 501[14], 543[114], 547[121], 549[128], 569[153]
Merculino 501[15]
Mersad el-ibad 437[1]
Metódio de Filipos 142[2], 157[8]
Meyrink, G. 592[3], 605[70]
Michael Scotus 7, 594, 594[14]
Milo 413[36]
Moerbecke, W. 77[12], 605
Mohammed ibn Umail cf. Senior
Moisés (alquim.) 440
Molberg, L.C. 41, 41[5,6]
Moret, A. 419[70], 424[88]
Morienus 6, 12[34], 14, 15, 15[44], 16, 16[46], 17, 17[51], 18, 29, [p. 48-49[8], 58-59, 94-95, 94-95[41], 98-99, 112-113, 114-115, 120-121[3]], 137, 372, 380, 381, 440, 448[17], 592[3]
Musaeum Hermeticum 36[17], 52[1], 123[5], 137[6], 182, 200[79], 240[28], 283[46], 373[121], 383[134], 389[142], 482[66], 493[6]
Mylius 84[82], 368[111]

Nemésio 330[65]
Nettesheim cf. Agrippa von
Neumann, E. 108[165]
Nicolau de Flue 415[54]

Ninck, M. 518[62]
Norden, E. 468[53]
Notcero o Gago [p. 86-87[11], 92-93[34], 98-99[57]], 142, 320, 363
Novum Lumen Chemicum 52[1]
Numênio 442[6]
Nymwegen, R. v. 27[88]

Olimpiodoro [p. 116-117[63]], 84[82], 144, 167[6], 180[35], 231[5], 283[48], 318[48], 325[55], 381[129], 407[20], 440[3], 452[23], 549[127], 561[139]
Opusculum authoris ignoti 144[12], 375[123], 468[52]
Oráculos de Apolo 66[36]
Orígenes 57[12], 60[26], 71[52], 107[158], 240[28], 286[57], 355[106], 415, 457, 477, 490, 493, 493[11], 530[86], 532[92], 570, 570[171]
Os oito túmulos 407
Ostanes 62[29], 103, 131[21], 261
Ostanes a Petesis 510[38]

Paneth, F. 101[126]
Paracelso, T.v.H. 80, 101[125], 276, 444[8], 571
Paradisus animae 306
Partington, J.R. 27[91]
Pauli, W. 73[60], 79[73], 88[92], 91[100]
Pedro da Prússia 604[65]
Pedro Lombardo 605, 605[69]
Pelágio 181[36], 582[199]
Pelster, P. 6[3], 7[14, 15], 26[84], 27[88], 54[8], 65[35], 169[13], 594[21], 595[25, 26], 615[129], 616[132]
Pergamenus, N. [p. 58-59[8]]
Petásio 231[5]
Petesis 103
Petitot, L.H. 593[8, 9], 594[10, 12, 16, 17, 19-21, 23, 24], 598[46, 47], 600[55, 56], 604[62], 605[74], 606[90], 607[95, 96], 609
Petrus Bonus cf. Bonus
Petrus Calo 594[21], 595[26], 607[95, 96]
Petrus Hispanus 73[57], 594
Picinellus 413[35]
Pio XII 158, 257[64], 410[29]

Pistis Sophia 107, 251[61], 267[6], 284[55], 420, 518[63]
Pitágoras (Ps.-) 251, 251[56]
Platão 221[117], 330[65], 452[21], 561, 582[197]
Plotino 330[65]
Plutarco 487[76], 549[126], 561, 561[143]
Porfírio 181[40], 561[144]
Practica (Alberti) 28[42]
Preger, W. 52[3,4], 310[34, 35], 316[47], 484[68], 505[23], 606[87]
Preisendanz, K. 582[193]
Pretiosa Margarita novella. Cf. Bonus, P.
Proclo 221[117], 251[54], 561[145]
Prümner, D. 593[5], 594[21], 595[26], 601
Ptolomeu de Lucca 615[130]

Quaestio curiosa de natura solis et lunae 41[6]
Querfeld, A.H. 7[11]
Quétif, J.-E. J. 592[3]
Quispel, G. 66[38]

Rabano Mauro 202[83], 373[121], 389[139], 553, 553[131], 561, 561[136]
Rahner, H. 142[2], 143[7], 146[22], 157[8], 172, 175[30], 194[68], 206[93], 211[101], 231, 231[2-4], 242[30], 243[33], 257[69], 272[22], 276[34], 286[57], 355[106], 407[17], 415[49,54,55], 466[45], 477[62], 487[76], 501[15], 524, 530[87], 549[126], 566[151], 570[167], 584[209]
Rases cf. Rasis
Rasis 6, [p. 58-59[7], 66-67[11], 82-83[24], 96-97, 98-99, 140[51]], 231, 278[39], 305[7], 375[123], 376, 377, 384, 425[96], 541[113]
Raynaldus cf. Reginaldo
Razi cf. Rasis
Reginaldo de Piperno 609, 609[106], 610, 610[108], 612[116], 616[132]
Reitzenstein, R. 17[48], 172[19], 181[39], 221[117], 222[120], 251[52], 257[68], 264[2, 3], 267[6], 272[20], 283[50], 284[55], 330[61], 332, 407[124], 419[66], 424[84], 426[102],

437[1], 484[68a, 69], 503, 503[16-18], 510[34, 35], 518[52, 62, 64], 539[105], 564[150], 584[207]
Reuter, H. 308[21]
Rhenanus, J. 4, 591, 591[2]
Rhine, J.B. 90[99]
Ricardo de São Vítor 168, 181[43], 355[106], 373[121], 530[87], 573[178], 613
Richard de St. Laurent 54[8]
Ripley, G. 35, 37, 200[12], 210, 389[146], 419, 470[56], 477[61]
Robeno de Chester 18[52]
Roberto de Grosseteste 102[131]
Roquetaillade cf. Rupescissa
Rosarium Philosophorum 5, 10, 32, 32[7], 37, 45, [p. 46-47[8], 48-49[9, 10], 50-51[13, 15, 16], 64-65[10], 96-97[48], 98-99[55], 108-109[30], 114-115[56, 57], 116-117[67], 120[6], 128-129[38]], 156[5], 157, 162[24], 366[109], 368[111], 381[130, 131], 425[94], 432[107], 448[17], 501[15], 518[51, 53], 524[75], 539[108], 545, 549[125], 591
Rose, V. 8[16]
Rosencreutz, C. 175, 592
Rosinus [p. 48-49[8]], 185, 185[52], 192[64], 222, 234[7], 257[65], 269, 305, 305[7], 425[96], 448[17], 530[86], 545[117]
Rufino 60[26], 493[11]
Rulandus 526, 526[80]
Rupescissa, J. de 311
Ruska, J. 5[4], 6[16], 7, 7[8], 8[16], 10[25], 11[27], 12[29, 30], 13, 14[38, 40], 17, 18, 18[52], 19[55], 20[58], 22[60, 61], 31[2], 32, 58[15], 101[126], 112[169, 170, 171], 113, 115[175], 123[5], 163[27], 167, 167[2, 3, 5], 168[10], 181[36], 185[56], 192[63], 251[55, 56], 325[55], 413[40, 41], 425[96], 518[54-59], 539[109], 549[125], 561[140], 592[3], 596[38]

Salomão de Basra 332[76]
Salvatore, F. 461[40]
Sanchuniathon 464[42]
Sareshel, A. de cf. Alfredo
Sarton, G. 7[11, 14], 22[60], 101[126]
Scala Philosophorum [p. 96-97[48]]
Schmidt, C. 484[69]

Schmieder, K.C. 592[3]
Scholem, G. 58[14]
Scott, W. 106[152, 155], 142[5], 144[16], 172[19], 181[41], 185[56], 251[52, 57], 284[51, 54, 55], 330[65, 68, 69], 355[106], 389[144], 407[23, 24], 414[42, 43], 420[79], 425[97], 442[6], 447[12], 452[21, 24], 487[76], 518[61], 561[140, 143, 147], 569[164], 582[191, 192], 583[202]
Scotus Erígena, J. 52[35], 121, 134, 316, 484[68], 505, 506, 506[25], 606[88]
Scotus cf. Erígena
Scotus cf. Michael
Scriptum Alberti super arborem Aristotelis 175
Secreta Alberti 28[92]
Secreta Alchimiae 12, 14, 592[3]
Secreta Alchimiae magnalia 592[3]
Secreta Secretorum cf. Aristóteles (Ps.-)
Sellin, E. 106[153]
Semita recta 28[92]
Senior 9, 10, 12, 20, 21, 22, 27, 28, 29, 35, 35[16], [p. 48-49, 48-49[9], 50-51, 50-51[15], 52-53, 52-53[21, 22], 55-56, 55-56[8, 9], 72-73, 72-73[25], 84-85[6], 86-87[12], 88-89, 88-89[18-21], 90-91, 90-91[27], 92-93, 92-93[37], 94-95[38], 100-101[1], 102-103[12], 104-105[18], 106-107[24], 118-119, 118-119[71], 120-121, 120-121[6, 7], 122-123[8, 9], 124-125[17], 128-129, 128-129[34], 132-133[14], 138-139[42, 47]], 58[12], 61, 66[36], 68, 85, 86, 86[83], 87, 95, 95[115], 96, 112, 123, 130, 131, 142, 163[27], 172, 172[15], 185, 189, 206[91], 219, 220, 230, 237, 237[26], 251, 251[56-60], 257[65], 261, 261[85], 269[15], 270[17], 278[39], 280[42], 305, 305[3, 5, 6], 320, 328[58], 330[63], 334[75], 294, 366[109], 369, 379[127], 389[142], 394, 408 408[25], 413, 413[34], 419, 425, 425[91, 96], 434, 435, 447, 448, 449, 452[25], 455[27], 457[29], 458[31], 460, 468[49, 50], 474[57], 483, 487[75], 501, 501[15], 518, 518[49, 53], 537, 539[109], 541[113], 549, 549[123, 127], 555, 555[133], 561[139, 142], 569, 569[157]

Sertillanges, A.D. 69[41], 593[8, 10], 595[25], 596[27], 598[50], 609[107], 612[116, 117], 616[132, 135]
Sérvio 468, 561[145]
Shems ed-Din 437[1]
Siewerth, G. 75[65]
Silberer, H. 200[80]
Símaco 484[69]
Simão ben Yochai 614
Simão Mago 107, 111, 330, 331[70], 414, 442[7], 570[168]
Sinésio (alquim.) 379[127], 425[97], 569[159, 160]
Singer, D.W. 12[34], 14[40], 17[51], 19[55], 22[61,64]
Sirr-al-asrar cf. Aristóteles (Ps.-)
Sisto de Sena 614, 614[126]
Sophe, Livro de 103[142], 569[160]
Sophianus 7[12]
Speculator 25, 31, [p. 58-59]
Speculum (Journal) 19, 39[3]
Speculum Alchimiae 26
Speculum naturale cf. Vicente de Beauvais
Speculum Sapientiae [p. 50-51[12], 58-59[8]]
Speculum secretorum Alberti 28[92]
Speculum cf. Thorndike
Splendor Solis 34
Stanahetti, G. 87[90]
Stapleton, E. 22, 22[62, 65, 67], [p. 72-73[25]], 86[83], 95[112], 419[63], 460[38]
Steele, J. 8[19]
Steinbüchel, T. 97[118]
Steinschneider, M. 61[6], 8[16], 15[44], 20[58], [p. 82-83[24]]
Stephanos (alquim.) 425[97]
Steuer, R. 373[118], 535[100]
Stobaeus 330[69], 407[23], 447[12], 452[21], 487[76], 582[192]
Suleiman (Livro de) 58[14]
Summa Perfectionis 14, [p. 114-115[57]]

Tabula Smaragdina 6[1], 8[16], 12[29], 31[2], 32[5], [p. 90-91[45], 92-93[49], 106-107[35]],

101[126], 163[27], 280, 328[58], 334, 440, 457[29], 596[38]
Teodoreto de Ciro 143[7], 211, 407[17]
Teodoro bar Konai 284[52], 419[68]
Teresa de Ávila, S. 613
Tertuliano 330[65], 442[6], 583[202]
Theatrum Chemicum
- 1602: 172[26,27], 369[114]
- 1604: [p. 96-97[46]]
- 1613: 237[15]
- 1622: 22[60], 26[85], 34[10], [p. 58-59[3], 80-81[14]], 60[28], 103[134], 125[12], 220[112], 221[114], 251[56], 300[2], 306[18], 348[97], 420[80], 468[48], 501[14], 543[114], 547[121], 549[128], 569[153]
- 1659: 6[1,5], 10[24], 11[26], 12[37], 33[8], [p. 48-49[8], 54-55[4], 56-57[9], 74-75[11], 92-93[31], 96-97[48, 53], 98-99[6, 11], 108[33], 108-109[34], 112[52], 114-115[56, 57], 128-129[36], 142-143[67], 84[82], 103[136], 127[16], 278[36], 280[42], 453[26], 592[3]
- 1660-1661: 22[60], 34[11]
Théry, G. 52[2], 57[11], 69[44], 97[122], 186[58], 187[61], 606[88]
Thonensis, J. 38[1]
Thorndike, L. 6[1-3], 8[16-18], 19, 19[54], 25, 26[81, 83, 84], 27, 27[87, 89], 28[92], 31, 32[6], 39, 39[3], 40[4], 87[90], 88, 88[91], 101, 101[125,126], 311[39], 596[27, 28-30, 33-35, 37-39], 597[41], 604[65], 605[66-68, 72], 606[86], 615[130]
Tito de Bostra 484[70]
Tocco, G. de 594[10, 20, 22, 23], 595[26], 598[44, 45, 48, 51], 600[56, 57], 601[58], 603[60], 604, 606[84], 607, 607[95], 609[97, 98, 100, 102, 104, 107], 610, 610[108, 110, 113], 614[128], 616[137]
Tomás de Aquino 3, 7, 7[13], 12, 26, [p. 76[21], 110[40], 114-115[56, 57], 142-143[67]], 52[6], 62, 62[34], 69, 69[42, 44], 70[46, 47], 75, 75[62], 76[6], 77, 77[67-71], 87, 87[84, 87, 88, 90], 91, 94[111], 97, 97[116-121], 101, 102[130], 121, 121[4], 127[15], 134[4], 172[17], 186[58], 234, 261, 261[90], 314, 368[111], 407, 428[105], 442, 446[9], 452[25], 457, 460[34], 461, 464[43], 479[65], 589-616

Tomás de Bolonha 592³
Tomás de Chantimpré 6, 594¹⁸
Touron, A. 614¹²⁷, 616
Tractatus Aureus de lap. phil. 373¹²²
Tractatus Aureus Hermetis 221¹¹⁵, 518, 539
Tractatus sextus de esse et essentia min. 592³
Trevisanus, B. 204⁸⁷
Trismosin, S. 34
Turba Philosophorum 7, 7⁸, 20⁵⁸, 22, 29, 32⁶, 34¹², [p. 66-67⁸, 68-69¹⁰, 86-87¹⁴, 90-91²⁶, 94-95, 94-96⁴⁰, 98-99, 98-99⁵⁹, ⁶¹, 108-109, 108-109³¹, 110-111, 110-111⁴¹, ⁴², 114-115⁵⁹, ⁶⁰, 116-117⁶⁰, 124-125, 124-125²⁴, 128-129³³], 58¹⁵, 60²⁷, 62²⁹, 112, 113, 115, 115¹⁷⁵, 123⁵, 127¹⁴, 167, 168, 173²⁵, 180³⁵, 181³⁶, 185, 185⁵⁶, 192, 234⁷, 251, 251⁵⁵,⁵⁶, 261, 264¹, 283, 320, 320⁵¹, 325⁵⁵, 328, 330⁶³, ⁶⁴, 372, 379¹²⁷, 381, 381¹³¹, 407²³, 413, 413⁴⁰, ⁴¹, 425, 448, 471, 472, 474⁵⁷, 475⁵⁸, 511, 511⁴³, 518, 518⁵⁴, ⁵⁹, 539¹⁰⁹, 541¹²⁵, 561¹⁴⁰, 569, 592³

Ueberweg-Baumgartner 8¹⁶
Usener, H. 584²⁰⁷

Vacant-Mangenot 94¹¹¹
Valentinelli, J. 31¹, 40
Valentino (gnóstico) 330
Vandier, J. 235¹⁴
Vicente de Beauvais 6, 11, 14, 24⁷¹, 596²⁷, 605

Viemon [p. 44-45⁹]
Vilanova cf. Arnaldo
Virgílio Maro 109, 468
Visio Arislei 41⁶, 176³²
Vitorinos, cf. Hugo, Ricardo etc.
Vrede, W. 614¹²⁷

Waite, A.E. 592³
Walch, J. 524⁷⁴
Waldkirch, C. 5
Walz, A. 593⁶, 594¹⁰, ¹¹, ¹³, ¹⁴, ¹⁶, ¹⁸, ²¹, ²³, 595²⁵, 597⁴³, 604⁶³, 605⁷⁵⁻⁸¹, 607⁹³, ⁹⁴, 609⁹⁹, ¹⁰¹, ¹⁰², ¹⁰⁷, 610¹⁰⁸, ¹¹⁰, ¹¹³, 611¹¹⁴, 615¹³⁰
White, V. 62³⁴, 77⁶⁹,⁷⁰, 121⁴
Witelo 97¹¹⁶, 605, 605⁷⁰
Wittekindt, W. 490¹
Wolbero, Abade 187⁵⁹
Wunderlich, E. 519⁶⁸
Wüstenfeld, F. 6¹, 8¹⁶
Wyser, P. 593⁵

Zacharias, P. 594²²
Zigebano, E. 515⁴⁵
Zohar 182, 182⁵⁰, 410, 410³¹, ³², 415⁴⁷, 614¹²²
Zolento, P. de 41⁶
Zósimo de Panópolis cf. tb. Rosinus 21, 62, 66³⁶, 84⁸², 103¹⁴⁰, ¹⁴², 123⁵, 167, 167⁶,⁸, 168, 225¹²⁴, 234⁷, 261, 261⁸⁸, 269, 269⁸, 325⁵⁵, 330, 407, 413, 413³⁴,³⁷, 420, 425⁹⁷, 448, 452, 453²⁶, 468³¹, 501, 510, 518, 526, 549¹²⁷, 561, 561¹³⁹, ¹⁴⁷, 569¹⁶⁰, 582

Índice analítico

Abaissement du niveau mental 74
Abismo [p. 130-131], 261
Accidens 172, 187
Achaab 582
Achamoth 107, 158
Acharantos 582
Adakas cf. Adão
Adamas 101[128], 413-414
Adão 334, 425, 484, 527
- primeiro e segundo [p. 126-127, 128-129]
- segundo 466, 427, 484, 485-489, 505
Adormecidos (os que dormem) [p. 58-59], 510
- no Hades 136
Afetos 89, 183
Aflição cf. afflictio animae
Afflictio animae 137, 148
Afrodite 572[23]
Agathos Daimon 582
Agnosia cf. tb. inconsciência 181
Água [p. 78-79, 108-109, 120-121, 126-127], 131[23], 172, 176, 231, 240, 261[74,77], 274, 278, 283, 319-320, 349, 370, 391, 415, 446, 457-458, 460[36], 475, 510-511, 524-525, 541, 549, 569-570
- da rocha [p. 102-103, 104-105]
- como espírito [p. 92-93], 358
- que germina [p. 124-125]
- como Sapientia 320, 339
- alma na [p. 88-89, 94-95]
- da sabedoria [p. 86-87]
- forte (aqua fortis) 320
- germinal 460, 475, 569
Águia 114-115, 162, 351, 434, 457, 468
Aker (deus egípcio) 583
Alá 185[56]
Albedo [p. 60-61, 70-71, 72-73, 92-93, 124-125, 140-141], 140, 143-144, 200-204, 208, 220, 226, 240, 280-282, 328-330, 373, 389, 463-468, 491, 524, 530, 569
Alberto Magno 595-596
Alegoria 157
Alento [p. 98-99], 327
Aletheia 107, 251, 484[69]
Alface [p. 60-61]
Aliança [p. 68-69]
Alimento [p. 82-83, 134-135, 136-137], 65-68
- eterno 10 [p. 50-51]
Alma (do mundo) cf. tb. anima [p. 50-51, 66-67, 76-77, 84-85, 96-97, 98-99, 105-106, 110-111[155], 120-121[6]], 69, 89-90, 187, 223, 251, 256, 257-258, 261, 276, 283, 305, 316, 319-320, 484, 510-511, 518, 558, 569, 573, 588
- no sangue [p. 86-87]
- definições 330
- influência sobre a matéria 74[57], 92-93
- que tinge 367

- como forma 7, 69-70
- múltipla 420
- criadora 87
- da pedra 413
- na matéria 2, 54, 104¹⁴², 104, 108, 270, 324, 382, 493, 540
- vegetativa 320
- como vinculum 383
- como vapor 330
Almas de metal 181, 296
Alqueire [p. 82-83]
Alquimia 27, 54¹⁰, 55, 90, 104, 106, 108, 111, 125-129, 160, 223, 311, 314, 338, 355, 507, 510, 596, 605, 613
- simbolização da 1, 336, 349, 588
- essência da 28
- - como rapto dos anjos 134²
Alquimista 1, 484
Altar 561
Amalricianos 310³³
Amante, ilegítimo 292
Amarelo cf. citrinitas
Amargura 187
Amaritudo cf. amargura
Amigos de Deus renanos 309
Amizade [p. 112-113]
Amnael 134²
Amor [p. 64-65, 70-71, 112-113, 134-135], 61-62, 185, 185⁵⁸, 188, 194-195, 234-235, 368-369, 537-538, 556
- a Deus 97-98
Amor e Psique 108, 109
Anazopyresis cf. reanimação pelo fogo
Ancião (42), [p. 104-105, 118-119], 185, 192
- dos dias 209
Anel [p. 134-135]
Anima (Escolástica) cf. tb. alma 7, 67s., 86-87, 89-91, 265, 484, 504

- anima mundi cf. alma do mundo
Anima (no sentido junguiano) 2, 53, 55, 58, 60, 70, 108-111, 145, 150-157, 173, 181, 186, 200-201, 206, 227, 235, 256, 258, 261, 267, 278, 281, 292-293, 341-343, 349, 368, 398-401, 428, 436, 497, 504, 512, 518, 535, 541-543, 560, 609, 614
- encarnação da 109
Anima Christi 52
Anima tingens (alquimia) 518, 553
Animação [p. 86-87]
Animação pelo fogo 328s., 510
Animais [p. 116-117], 468
Anjos 134², 185, 594
- caídos 284
Anthropos [p. 126-127] 108¹⁶⁴, 278, 396-397, 466, 470, 480s., 484, 489
- como planta 66³⁶
Anticristo 161-162, 468, 606
Antinomia de Deus 193, 198, 201
Apokatastasis 254, 437
Âql cf. conhecimento
Aqua doctrinae cf. tb. água 293
Ar [p. 86-87, 88-89²⁰, 112-113], 320⁵¹, 330-331, 360
- como alma 330
Arca da Aliança 555
Arcano 164
Arché [p. 118-119], 107¹⁵⁵, 257, 440s.
Archetypus mundus cf. mundus
Areia 549¹²⁷
Arquétipo da trindade cf. três
Arquétipos 52, 70, 79, 81, 91, 98, 173, 261⁹¹, 111, 122, 192, 404, 458, 465, 613
Árvore [p. 48-49, 68-69¹⁰, 136-137], 138-139⁶⁵,⁶⁸, 66, 66³⁶,³⁷, 200, 257, 539-540

- da vida [p. 48-49], 62-63
- do mundo 574
Asas [p. 132-133], 162, 501, 501[15], 505
Assumptio Mariae 507
Astrologia 158, 605
Atmã 552
- dissolução do 437
Aurea hora 143
Aurora [p. 60-61, 124-125, 136-137, 142-143], 143-144, 157, 555, 566
Auster [p. 62-63], 58, 107, 142-143, 152, 276
Autorreflexão (ennoia) 111
- de Deus 111, 558
Auxiliares 424

Babilônia [p. 80-81, 82-83], 264, 272
Bálsamo cf. tb. óleo [p. 78-79, 136-137, 142-143], 538, 541
Banho 389
- de sangue 233-237, 241-242, 285
Bárbaros 231
Barba-Roxa 593
Barbelo 107, 158, 484[69]
Bardesanes 107
Batismo [p. 70-71, 78-79, 100-101], 226, 355
- prefigurações do 389
- de fogo [p. 88-89]
Begardos 309, 606
Beguinos 309, 606
Beijo [p. 140-141]
Belém [p. 74-75], 235, 241
Bem, o 97
Bênção [p. 56-57]
Benedictio fontis 276
Berissa 524
Beya 176[32]
Bezerro 595
Bíblia 1

Bondade [p. 114-115]
Borra suja (fex) 251
Branco cf. albedo
Burro 25, [p. 58-59]
Byssus (linho) [p. 68-69]

Cabala 272, 389, 410, 415[47], 419, 424[88], 532, 568
Cabeça 561
Cabelos 533
Cadáver 181, 283, 287
Cadeias (vincula carceris) [p. 76-77]
Caduceu cf. vara
Calculus (seixo) 428, 428[104]
Cálice cf. krater
Calvo [p. 80-81]
Cambar [p. 96-97]
Campo da consciência 76, 113
- de cereais 293
Camponês 582
Candeeiros (lâmpadas) 238, 555
Candelabro [p. 76-77], 262-267
Canonização 616[137]
Cântico dos cânticos 613-614
Carbo (carvão) 428
Carbúnculo 368, 428
Carbunculus cf. carbúnculo e carbo
Cárcere cf. tb. prisão [p. 76-77], 181, 532
Casa 21 [p. 118-119,], 185, 394, 398-401, 414-415, 453
- da Sabedoria [p. 100-101, 106-107]
- dos tesouros [p. 100-101, 118-119], 394, 401-402, 415-416, 417, 436
Castidade [p. 108-109]
Cátedra cf. trono
Cauda de pavão cf. cauda pavonis
Cauda pavonis 369, 463
Causae primordiales 52
Causalidade 91, 92
Caverna 361
Cedro [p. 136-137], 540

Ceia pascal [p. 78-79]
Ceia cf. Eucaristia
Cem [p. 74-75], 553
Centelhas cf. tb. parcelas anímicas luminosas 278
Cerca 414
Cetro 544
Céu [p. 118-119, 122-123], 440, 444, 457-460
- de estrelas 80, 221
- e terra 221
Chaldaei [p. 80-81[14]]
Chave(s) 22[62] [p. 138-139], 182, 394, 545
- do Reino dos Céus [p. 104-105]
- quatro [p. 118-119]
Cheiro 571
Cheiros cf. odores
Chumbo 231
Chuva [p. 86-87, 92-93, 120-121], 206, 359, 455-456
Cibus aeternus cf. alimento (eterno)
Cicenaos (seita) 284[52]
Cidade de Deus cf. Jerusalém celeste
Ciência [p. 54-55, 56-57, 140-141, 144-145], 77, 93, 107[155]
- de Deus [p. 46-47]
Cinabre (cambar) [p. 96-97]
Cinzas [p. 120-121], 446, 448-449
Cipreste [p. 136-137], 540
Circulatio [p. 94-95, 128-129], 185, 375, 452, 487-489
Citações bíblicas 45
Citrinitas [p. 60-61], 140
Clavis cf. chave
Coagulação 397
Coágulo cf. coagulum
Coagulum 9, [p. 120-121]
Cobra 261[74, 88], 284[55], 397
Coisa vermelha 231

Colírio 131
Collyrium cf. colírio
Compensação 2, 54, 160, 249, 558, 592
Complexo 108[164], 391
- do eu 79, 113
Componentes coletivos da personalidade 294-296
Comunhão cf. tb. Eucaristia 325, 487, 491
Concentração 609
Concepção simbólica 104
Conceptio immaculata cf. tb. ouvido 507
Concupiscência 85, 89, 94-97, 272, 413, 484, 563-566
Concupiscentia cf. concupiscência
Conflito 234, 609
Conglomerate soul 585
Conhecimento cf. tb. intellectus spiritualis [p. 134-135], 113, 129, 172, 281, 366, 383
- de Deus 97
- de si-mesmo 143[11]
- espírito do [p. 82-83], 293
Coniunctio [p. 92-93, 104-105, 104-105[8], 105-116, 130s., 132-133[14], 140-141, 142-143], 160-162, 181, 185, 189-192, 206, 218, 407-410, 419, 421, 485, 491s., 503-504, 510, 511, 515, 530-539, 549, 561, 570-575, 577, 613-614, 616
Consciência 79, 332, 543, 590, 609
- reconstrução da 465
- reforço da 307, 335
Conscientização (tomada de consciência) 391, 396, 363, 583
- da anima 399
- de Deus 52, 558

Consciência do eu 74, 79-80, 246-249, 465,510
- ofuscada 293
Constelação 291
Contaminação 176, 227, 491
Contemplação 157, 164, 169[13]
Conteúdos coletivos 204
Contínuo tempo-espaço 79
Contos 108, 185[57], 192[66]
Corda tríplice [p. 144-145], 574-575
Cordeiro [p. 106-107], 407-408
- de Deus 407, 419
Cores 379[127], 463, 518, 583
Coroa [p. 64-65, 64-65[7], 134-135], 62[23], 220, 410[29], 420, 517-518, 518[64], 521, 532, 539-540
Corpo [p. 64-65, 84-85, 120-121], 104, 104[149], 112, 168, 181, 206, 280, 287, 305, 414-415, 444-448, 466, 470, 499, 504-505, 512, 518, 532, 550, 561-566
- de Cristo 507, 515
- do mineral 181, 186
- sublimado 318
- ressuscitado cf. corpus glorificationis
Corpus Christi 552, 584
Corpus glorificationis [p. 76-77], 280, 305, 428, 466, 499s., 505-512
Corpus mysticum 393[69]
Correntes cf. água
Cosmo 437, 452, 561, 582
Crater (taça) [p. 140-141], 561
Credo [p. 84-85, 100-101[65]], 298-301, 616
Criação [p. 118-119], 52, 251, 305, 305[8], 320, 407, 455, 465, 468, 570, 582
Criações, duas 115[175]
Criança [p. 86-87], 159, 325-329

Crisma 278
Cristo [p. 114-115], 52, 62, 71, 148-152, 160-162, 192, 196, 211-218, 244-248, 264, 278-281, 291, 302, 318, 325, 389, 398-399, 410, 401-415, 425-428, 425[99], 428, 448, 465-466, 470, 485, 489, 497, 505-510, 518, 527, 539, 563, 584-587, 588, 612-614
- interior 530
Cronos 261, 261[74]
Crucificação 495, 614
Cruz 614
- como árvore 66[36]
Culpa 289
Culto de Adônis 238

Daena (nome pr.) 484, 504, 563
Daimon 108
Daimonion 426[102]
Davi [p. 78-79, 132-133], 542
Década cf. dez
Declarado sollemnis 2
Dédoublement 609
Deificação da matéria 330
- do homem 200-206, 310, 325
Demônio do meio-dia [p. 76-77], 107, 278
Demônios 231
Depressão 138, 349, 609
Destilação [p. 100-101], 391, 455, 460
Deus como noiva 557-558, 565
Deus Pai como símbolo 312
Dez [p. 72-73, 82-83], 238-239, 251-252, 424, 553
Diabo 172, 200, 208, 215, 278
Diadema cf. coroa
Diamante cf. Adamas
Dido 109
Dilúvio [p. 66-67]
- das águas [p. 72-73], 172, 220, 229, 240

Dîn cf. fé
Dioniso 568
Discriminação (discretio) 530
Discriminação 227, 379, 391
Dissociação 176, 273, 293, 444
Dissolução [p. 92-94]
Divindade na matéria 288, 493, 508, 557
Doença do estômago 600
Doente [p. 60-61]
Dogma 55, 507
Dois 251-252
Dominicanos 422, 524, 561, 590, 606
Doze [p. 64-65], 153, 157, 162-163, 251s., 419-420, 424
Dracma [p. 74-75]
- perdida 251
Dragão 168, 173, 543, 375[123]

Ecclesia 58, 61[30], 142, 146, 157, 157[8], 194, 257, 287, 293[69], 308, 521, 524, 531[87], 539, 561, 563, 570, 614
- spiritualis 294[71], 308, 310, 477, 553, 585
Éden 261
Egito 365, 490
Ekpyrosis 180[35]
Elementos, quatro 5 [94-95, 110-111, 116-117, 128-129], 113-114, 305, 335, 374, 407, 447, 452-453, 488-459, 505
Elixir 47[15]
- da vida [p. 48-49]
Embalsamamento 510
Embrião [p. 88-89], 276, 328-329
Emoção (comoção) cf. tb. afetos 89, 368, 543, 570, 590
Empyraeum 407
Enantiodromia 173, 377, 553

Encarnação [p. 68-69, 86-87], 201, 291, 328, 385, 401, 428, 508, 515, 540
Encarnação de Cristo 316
Eneias 109
Energia 72-73, 96
Ennoia 107, 107[157], 111
Envenenar [p. 66-67]
Enxofre 292, 320, 366[109], 596
Epilepsia 389
Episemon cf. seis
Eros 108, 368-371, 540, 545
Erva 555
Escada 555
Escoamento do espírito 94, 194
Escravo vermelho 539
Esfera(s) 561
- de planetas 73
Esmeralda cf. tb. pedra preciosa 596
Espada [p. 136-137], 529
Esperança [p. 88-89, 124-125]
Espírito cf. tb. nous [p. 84-85, 116-117], 94-95, 290
- libertação do 95, 95[114]
- do conhecimento cf. conhecimento
- como fogo 351
- Santo [p. 84-85, 92-93, 96-97[47]], 58, 72, 107, 158, 164, 276, 310-311, 318, 339, 373, 376, 381, 424, 428, 497, 535, 573-575, 586, 596-597, 616
-- movimentos do 308, 606
-- como fogo 351-355
-- feminino 327-329
- Mercúrio 426
- da Sabedoria [p. 56-57]
- na matéria 312
- negro 168
Espíritos (pneumata) [p. 70-71], 284, 569, 571

- purificação dos [p. 50-51]
Espiritualização 383
Esposa do sol [p. 64-65[7]]
Esposo da alma 292
Esquizofrênico 50
Esse in actu (e in potentia) 69, 87, 88-89, 94
Estado de ausência 607, 616
Estátua 510
Esterco cf. sterquilinium
Estéril, mulher 286-287
Estilo 616
Estrela da manhã [p. 130-131]
Estrelas [p. 64-65, 70-71], 93, 142, 153, 158, 209, 220, 284-285, 291, 420, 571, 596, 605
- na terra 220
Etíopes [p. 64-65], 175-176, 204[89], 272, 276, 349-350, 608
Eu 196, 227, 322, 588
Eucaristia [p. 86-87, 102-103], 405, 485, 486, 611
Eufrates [p. 80-81[14]]
Eva 257, 261, 283, 527
Exinanitio 194
Experiência, religiosa 312
Êxtase 73[57], 89-90, 143[10], 590, 604, 607, 614-616
Extraneae res 200
Exultet de Páscoa 148-149

Fantasias 175, 175[31], 183
- pagãs 231, 244, 272
Faraó 424
Fascinação 97
Fausto (de Goethe) 587
Fé [p. 70-71, 82-83, 110-111], 113, 215
Felicidade (glória) eterna 530
Fenestra cf. janela
Feridas do amor 614

Ferrolho [p. 76-77], 264-265, 269[15]
Ferrugem 389
Feto cf. embrião
Figuras simbólicas 41
Filhas de Sião [p. 80-81], 283, 286-287, 290, 294, 349
Filho [p. 66-67, 74-75, 80-81], 197-201, 246, 306
- como símbolo 312
- do sol e da lua [p. 104-105]
Filhos de Deus 575
Filiação tríplice 305[8], 581
Filius macrocosmi 288, 446
Filius philosophorum 54, 161, 208-215, 247-249, 252, 280, 301, 366, 385, 425, 440, 466, 480, 489, 518
Fim do mundo 444
- dos tempos 154
Física 73, 79, 87
Fixatio 283, 395, 397, 401, 438, 453, 477, 563
Flecha [p. 72-73]
Flor [p. 142-143], 525, 539[109], 567-570
- do campo [p. 134-135]
Florescências 240, 569
Fogo [p. 50-51, 94-95, 116-117, 120-121], 68, 71, 78[72], 180, 180[35], 185, 278, 327-328, 347, 351
Fonte 413-414, 477
- da vida [p. 104-105] 409, 413, 414-415, 477, 555
Força [p. 110-111]
- de penetração [p. 76-77], 278-279
- do fogo [p. 92-93, 94-95]
- de Deus 414
- do amor 58
- numeral 605

Forma (tom.-aristotél.) 69, 79[72], 92, 261[90]
Francisca de Aquino 610
Franciscanos 309, 311, 590, 606
Fratres spirituales 309
Frederico II 594
Frio 200-202
Fuga de ideias 50
Fumaça [82-83], 320, 334
Funções, quatro 336s., 345, 396, 453
- inferiores 336, 343
Funda de Davi 543
Funeral egípcio 419, 510, 583

Gabricus 176[32]
Genealogia de Jesus 424
Geração 240
Germe 328, 583
Gigantes 231
Glorificação
Gnose 61, 66, 66[38], 106-108, 111, 112, 172, 195, 330, 484[69], 535, 540, 581, 583
Golias [p. 136-137], 543
Gordura cf. pinguedo
Gradus 410, 419, 532
Grão [p. 138-139], 276, 548-549, 580-581, 584
- de mostarda 581
- de trigo [p. 138-139], 549-552, 584-585
Gravidez 238, 240

Harpa [p. 80-81]
Helena 107, 111
Herege 389
Heresias 308, 530, 561, 601, 606
Hermes 475
Hermon [p. 136-137[38]]
Herodes [p. 74-75]
Hesebon [p. 140-141]

Hetairas 594
Heuresis 106[152]
Hidrofobia 391
Hierósgamos (hierogamia) 238, 409, 411, 436, 440, 486-487, 510-511, 521, 539, 560, 583, 588, 613
Hipomaníaco 50
Hipóstase 52, 107[155], 308, 340
Hiranyagharba 419
Homem cf. tb. anthropos [p. 83-84], 278, 353, 503, 588
- salvador de Deus 576
- mineral 305
- o h. interior 477-478, 485
- completo 274
- vermelho [p. 134-135]
- primitivo cf. Adão
- Deus 198
Homem-mulher 221
Hora de ouro (aurea hora) [p. 48-49]
Horizonte da eternidade 504
Horrores cf. trevas
Hóstia 552
Humildade 102-103
Humor cristalino 79[72]
Hydrargyros anatolike 144
Hyle cf. matéria

Idade do mundo 308
Ideias 52, 77, 192, 582
Identidade do eu e do si-mesmo (self) 293
Identificação 119
Ignorantes [p. 56-57, 62-63], 133
Igreja cf. Ecclesia
Iluminação [p. 92-93], 75, 142[1], 142[5], 157, 367, 510, 519
Imagem de Deus 71, 82, 113, 196, 209, 223, 235, 401, 407, 410, 436, 521, 555, 588

Imagem, arquetípica 346
Imaginação 88⁹⁰, 92-93, 169-170
- ativa 104
- de Deus 106¹⁵²
Imortalidade [p. 126-127,
142-143], 248-249, 280, 379,
404-405, 411, 478-479, 487,
503-504, 511-512, 435, 561, 582
Império [p. 62-63, 62-63⁶], 553
Imperturbabilidade 78-79, 394
Imputrescibilidade
(incorruptibilidade) 519, 535
Incesto 46¹⁴, 539-540
Inconsciência 172-173, 480
Inconsciente 50-51, 75-76, 79-80,
91, 104, 108, 145, 170, 178, 204,
249s., 270, 353, 359, 377, 461,
497, 509, 521, 550, 560, 609, 613
- clarificação do 366
- experiência do 2
- espírito do 325
- coletivo 53, 55, 79, 93, 176, 185,
338, 349, 368, 588
- projeção do 1, 2
- como princípio criador 410
- sentido do 312
Indestrutibilidade cf.
imputrescibilidade
Individuação 1, 60, 160, 281, 377,
448, 588
Individuum 291, 296, 310, 470,
509
Infância [p. 104-105]
Infanticídio [p. 74-75], 235, 242
Inferno [p. 64-65, 74-75], 172,
181, 267-268, 284-285, 378
Inflação 111, 134-138, 150, 173,
176³⁴, 200, 204, 436, 521
Inimigo [p. 68-69]
Inocêncio IV 594
Insipientes cf. ignorantes
Inspiração 123, 378-381

Instinto cf. tb. sensus naturae 77⁷¹,
79-80, 101¹²⁵, 355, 470
Integração 111, 127, 176³⁴
- do si-mesmo (self) 396
Intellectus spiritualis cf. tb.
conhecimento [p. 116-117], 102¹³¹,
103¹³⁴, 134¹³⁸, 121³, 276, 432
Intelligentia cf. nous
Introvertido 598, 605-606
Intuição espiritual 337
Intuitivo 597
Inveja, invejoso cf. invidia
Inverno [p. 60-61]
Invidia [p. 54-55], 126
Irmã [p. 140-141], 99, 539, 555, 563
Irmãos do livre espírito 310
Irrupção do inconsciente 53, 82,
115, 169, 293, 335, 349, 616
Ísis (deusa) 134², 158
Israel [p. 82-83, 138-139]

Jaldabaoth 289
Janela [p. 136-137], 532, 555
Jardim 410, 569
Jerusalém [p. 56-57, 64-65⁶,
80-81, 134-135, 140-141,
144-145⁷¹]
- celeste [p. 126-127], 162-163,
164³⁰, 407, 409, 477
Jessé [p. 138-139]
Jó 349
Joaquimismo 308-309, 606
Jogo de cores 16, 368-369
Jordão [p. 100-101], 388-389
Juiz (Deus) 288
Juiz 209-210, 227
Juno 109
Justiça [p. 130-131]
- toga da 520

Ka (egípcio) 424
Katoche 284

Kenosis 194
Kether (séfira k., coroa) 532
Komma joanneum 305, 325

Lac virginis cf. leite virginal
Ladrão(ões) 181, 292, 320
Lagar [p. 72-73], 236-237
Lágrimas de Deus 137⁷
Lapis (pedra) [p. 110-111], 54, 60, 115¹⁷⁶, 131, 146, 152, 161-162, 366¹⁰⁹, 395-397, 407-408, 413-415, 420, 425, 425⁹⁹, 428, 435, 436, 446, 461, 510, 518, 519, 545, 549¹²⁹, 569, 575
- rejeitada [p. 46-47]
- pedra branca 21
Lavagem cf. lavar
Lavar [p. 86-87, 94-95, 100-101], 276-277, 291, 294, 320, 322, 526
Lavrador v. camponês
Leão 582-583
Lei [p. 68-69]
Leite [p. 66-67, 138-139, 142-143], 276, 280, 326, 425
- virginal [p. 106-107], 261⁸⁸, 425
Leito [p. 66-67, 130-131, 136-137], 185, 529
Lendas 609
Lepra 389
Leprositas cf. lepra
Letras 420
Leviatã 272²²
Levitação [p. 96-97], 607
Líbano 389
Libertação interior 560, 568
Libido 173
Limbo 510
Limiar da consciência 122
Limitação [p. 50-51]
Linguagem simbólica da alquimia 49, 112, 123
- da Bíblia 121

Líquido azul 505
Lírio [p. 134-135, 142-143], 523, 567, 570
Lixivium (lixívia) 182
Logia (ditos) de Jesus 71⁵²
Logos 52, 192, 251, 330, 359, 470, 484⁶⁹, 515, 530
Loucura 231, 609
Lua [p. 124-125], 142, 157⁸, 157-158, 194, 210, 218, 243, 269, 466, 537, 553
- ciclo lunar [p. 58-59], 153
- nova 493
Luís IX 601
Lumen naturae 67, 75, 77, 101-102, 103¹³⁷, 115, 152, 158, 270
- scientiae 415
Luminosidade 79-80, 115¹⁷⁵, 145, 268, 465
Lunaria 518, 525
Lutum sapientiae 185
Luxúria 413
Luz [p. 48-49, 74-75, 84-85, 94-95], 63-68, 73, 89, 103¹³⁷, 115¹⁷⁵, 168, 270, 366, 372, 394, 407-408, 413, 415, 419, 465, 518⁵², 518⁶⁴
- da ciência [p. 54-55]

Maçã 527⁸³
Mácula [p. 66-67, 136-137]
Mãe 107-108, 158, 223, 257, 284⁵², 453, 464⁴², 486⁷², 539-540
Magia 89, 92, 134², 596, 605
Magneto 104
Magos [p. 74-75]
Mal, o 215, 348
Malkuth 410, 447
Maná [p. 110-111, 138-139], 278, 428
Mana 519

Mandeus 107, 419, 519
Manhã [p. 60-61]
Maniqueísmo 332
Maniqueus 503, 505, 518, 584, 601
Mar cf. tb. oceano celeste 168, 172, 231, 240, 261, 272, 332-333
- avalanche do [p. 72-73]
- Vermelho [p. 124-125], 289, 474, 490
Marcos (gnóstico) 251
Marcosianos 420, 521⁶⁹, 535, 583
Maria B.V. [p. 84-85⁴], 53-54, 146, 158, 187, 194, 243-244, 257, 261, 267, 283, 287, 340-341, 410, 413, 486, 493, 507, 515, 524-532, 539, 561
Mariae assumptio (assunção de Maria) 2
Marido 291
Marotta 605
Mártires 286
Martírio 289
Mater alchemia 5, 52¹
Materia 73, 87⁹⁰, 92, 97, 106, 106¹⁵², 107¹⁵⁵, 108, 112-114, 173, 178, 289, 442⁶, 446, 550, 558-560
- projeção na 1
Materia prima 210, 223, 493, 543
Matrimônio cf. tb. coniunctio 573
- químico 292
Maya 223
Medicina [p. 56-57], 104¹⁴⁸, 131, 146, 276
Medida [p. 84-85], 306-307
Medidas de sementes 293
Meditação 103
Meio 215
Meio-dia cf. tb. sul e auster 107, 167, 278, 609
Mel [p. 76-77, 122-123, 138-139], 276

Mendicantes cf. ordens mendicantes
Mercúrio 167⁸, 173, 261⁸⁸, 269, 306¹², 413, 426, 447, 475, 534, 549, 573-574, 587, 596
- como elixir da vida 10
Meretriz [p. 66-67], 97¹²³, 107, 109
Metal [p. 86-87], 169-220, 284, 291, 320, 596
Método 545
Microcosmo 414
- lapis como 425, 437
Milagre de Pentecostes 381
Mille nomina 118, 153
Mineral [p. 84-85⁶], 167, 231, 264-265, 305, 413
Mirra [p. 136-137], 535
Mistérios 77, 407-408, 519, 583
- culto de 419, 518
- de Mitras 419
Mística 50, 613
Mitos 93, 108⁶⁴
- da criação 115
Mitra 407, 518
Moisés 71
Moly 524
Mônada 308⁸
Montanhas [p. 86-87, 122-123], 284, 460, 540, 555
Monte Cassino 594
Morte [p. 72-73, 120-121, 126-127, 132-133, 138-139], 172, 181, 228, 240, 247, 257-261, 443-444, 489, 509, 510, 557, 566, 571, 575, 588, 609, 614-615, 616
Mouro cf. etíope
Mulher [p. 92-93], 257-258, 262, 353, 501
- apocalíptica 157, 160, 173, 409
- das estrelas cf. mulher
Multiplicatio 530-531, 552-553
Mundo, desprezo do [p. 82-83], 300

Mundus archetypus 52
- potentialis 115[175], 465
Mundus unus cf. unus mundus
Muros 563
Mysterium cf. coniunctio

Naamã [p. 98-99], 389
Naassenos 274
Namrus 107
Nascer do sol [p. 62-63], 144, 145, 146[23,24]
Nascimento 366
- novo 235-236, 243
- virginal [p. 114-115], 332[73]
Natrão (natro, sal) [p. 94-95], 373
Natureza 157-158, 158[12], 316
- oculta 103, 103[140], 112[169]
Negro cf. nigredo
Neve [p. 68-69, 142-143], 202, 208
Nevoeiro 142, 181, 555
Nigredo 2 [p. 60-61, 92-93, 130-131], 140, 143, 168-173, 180-181, 183, 196, 228, 238, 240-241, 366-368, 468, 492-493, 530, 543
Noite [p. 60-61], 148-149, 164[30], 468, 566-567
Noiva [p. 64-65, 134-135], 154, 220, 491, 510, 512, 516, 518, 530, 532, 539, 555, 556-560, 566, 569, 583, 614
Noivo [p. 64-65, 72-73, 132-133], 154, 160, 196, 238, 491s., 497, 510, 513-516,
Nome, novo, secreto [p. 110-111, 136-137]
Norte 144, 202
Nous 72, 72[53], 73-74, 79, 107[155], 221[117], 251, 407, 561
Nove 250
Noventa e nove 250

Numen 540, 555
Número [p. 76-77, 80-81, 84-85], 286, 306-307
Núpcias de morte 238, 614, 616
Nutrição cf. nutritio
Nutritio 276, 323
Nuvem [p. 64-65, 94-95], 167-168, 167[8], 173, 181, 220, 240, 510, 555

Obediente [p. 116-117]
Oceano celeste 261
Oceano cf. mar
Oculi piscium cf. olhos de peixes
Ocultismo 596, 605
Oculto, torná-lo visível [p. 96-97]
Odores [p. 94-95], 142
- maus [p. 60-61]
Ofitas 107
Oito 291, 346
Óleo [78-79], 278, 541, 541[113], 543
Oleum cf. óleo
Olho(s) [p. 136-137], 531-534, 543
- de peixe (oculi piscium) 80
Operações alquímicas [p. 46-47, 128-129]
Operador [p. 60-61]
Opiniões coletivas 60, 148
Opostos [p. 92-93, 98-99, 114-115,140-141], 144[12], 161, 169, 214, 221, 249, 261, 353, 361, 370, 377, 387, 399, 436
- para além dos 489
- união dos 348, 409, 436-448, 509, 555, 570, 576, 614
Opus [p. 60-61, 72-73, 112-113, 140-141], 138-148, 163-164, 200, 229, 249, 276, 314, 425, 426-431, 468, 494, 504, 518, 524, 553-555, 582
- extensão do [p. 48-49]

- como criação do mundo 437-438
Ordens mendicantes 309-310, 311, 314, 422, 606
Ordens monásticas 157, 214, 422
Oriente cf. tb. nascer do sol [p. 62-63]
Órion 582
Osíris 144[16], 238, 510, 583
Ouro [p. 48-49, 70-71[23], 120-121], 218, 272, 413, 447, 510, 524, 530, 539[109], 549, 604
Ouroboros (uróboro) 261[74], 261[88], 381, 457, 468, 539[109]
Ouvido [p. 132-133]
- concepção pelo 515
Ovelha [p. 74-75]
- perdida 251
Ovo 261, 305[11], 407, 464[42]

Paciência 12, [p. 114-115]
Pagãos 176
Pai [p. 68-69], 306
Pai-filho 196, 201
Pai-mãe 195
Paixão [p. 112-113]
Palácio cf. tb. casa 415[47]
Palavras, três 553, 587
Pão [p. 58-59, 138-139], 584
- da vida 552
Par irmão-irmã [p. 50[14]]
Parábola [p. 54-55, 62-63], 251
Paráclito cf. Espírito Santo
Paradoxo 61, 349, 373
Paraíso [p. 66-67], 505
Parapsicologia 90
Parcelas anímicas luminosas 278
Participation mystique 599
Parvuli cf. tb. ordens mendicantes 422-423
Páscoa 246
Pássaro de Hermes [p. 120-121[6]]
Pássaros [p. 122-123], 457-458

Patriarcal 55
Patrística 52
Pauperes 588, 606
Pauvres de Lyon 309-311
Pavão 581
Pecado [p. 64-65, 126-127], 479, 543, 571
Pecado original 387
Pederneira 70
Pedra(s) cf. tb. lapis [p. 56-57, 115[65], 136-137], 60-61, 144[12], 185, 220, 276, 325, 413-414, 425, 449[129]
- de tropeço [p. 122-123]
- tripla e una 305
- pederneira [p. 45-46]
- terrestre e espiritual 306
- como criança 335
- muitos nomes da [p. 62-63[3]]
- como alma [p. 122-123]
- branca [p. 120-121]
- sepulcral 510
- sobre os olhos [p. 56-57], 165[30]
- preciosas [p. 48-49, 106-107,110-111, 132-133], 225[123], 409, 425, 428
Pedro, apóstolo 415, 577
Peitos [p. 140-141], 565
Pensamento 74, 101
- circular 101-102
- preconsciente 76, 341
- tipo de pensamento 604, 605
- primitivo 341
Peratas 257, 261
Perfectio 97-98
Perfume (aroma) cf. tb. pneuma e odor(es) [p. 66-67, 136-137]
Pérolas 22[62] [p. 106-107], 80, 220, 224, 226-227, 291
- aos porcos [p. 58-59]
Persona 519

Personalidade, componentes da 293-294
Peso [p. 84-85], 306
Petra cf. rochedo
Pharmakon cf. tb. medicina 261, 426, 510
Physis 446, 450
pinguedo 269, 278
Planetas [p. 64-65, 124-125], 80, 107, 164, 204, 220, 284-285, 291, 424, 460-461, 468, 530
Plantas 66[36], 569
Plêiades 291
Pluralidade 215
- redução da 293-294, 305[11]
Pneuma (luminoso) 58, 106[117], 107, 167-168, 221[117], 330, 383, 510, 511, 535
- feminino 107-108
Pneumata cf. espíritos
Pneumático 274
Poder criador da alma 91
Poder criador de Deus 86, 87[90], 104[152], 107[155]
Poder das chaves [104-105]
Podridão cf. putrefactio
Polêmica dos averroístas 605
Polifemo 543
Pomba [p. 66-67, 70-71, 132-133], 84[82], 173[23], 182, 187, 187[59], 215
- olhos de 537
Ponto de vista da consciência, superior 294
Ponto dourado 103
Portas [p. 76-77], 401
Posteriora Dei 348
Prata 144, 424, 530, 549
Preguiça [p. 68-69]
Pressa 14
Primavera 468
Primitivo 71, 79, 91-92

Prisão [p. 78-79, 82-83, 96-97], 262-264, 272-273, 280-281, 283
Privatio boni 97, 97[122]
Problema dos opostos 609
Processo de cristalização 397, 436
- de individuação 249, 251, 444
- químico 320
- da natureza 347
Profecia 73, 77, 87, 91, 92[106]
Profetas [p. 54-55]
Projeção 1, 50, 106, 108, 111, 113, 152, 160, 176[34], 251, 289, 399, 505, 552
Protótipos cf. tipos
Prudentia [p. 54-55]
Prunikos 107
Psicóide 79
Psicose 50
Psique 281, 558, 614
- personificada 108-109
Pureza [p. 126-127], 226
Purgatório 609
Purificação cf. tb. lavar [p. 78-79, 96-97, 108-109], 181, 300, 376-377, 392, 570
Púrpura [p. 68-69], 518, 530
Putrefactio [p. 56-57, 116-117]

Qualidade do tempo do arquétipo 93
Quarenta 272
Quarto, o 361-362, 440s.
Quase consciente 73
Quaternário cf. quatro
Quaternidade 335-336, 347-348, 420, 453, 490
- do self (si-mesmo) 394-395
- matrimonial 250[56]
Quatorze [p. 106-107, 118-119], 424, 425
Quatro 251, 424
- chaves 394s.

- funções 113, 393s.
Queda dos anjos 251
Queimar 180³⁵
Quintessência 487-488

Rainha [p. 62-63, 62-63⁵, 64-65, 134-135], 58, 153, 157, 512-513, 521, 555
- de Sabá 58, 84⁸², 107, 143, 153-157, 555
- do vento sul cf. auster
Raio 347
Raiz de Davi 527
Raízes [p. 64-65]
Ratio 609
Rationes cf. tb. ideias 75⁶², 82
- aeternae 52, 52⁶
Realidade do psíquico 440
Realização do si-mesmo 396, 402
Reanimação (revivificação) pelo fogo
Recepção 62
Redondo 561
Redução 293
Refeição [p. 102-103, 128-129], 405, 485-486, 530
Regimen 545
Rei(s) [p. 70-71, 128-129³⁶], 192, 206, 276²⁹, 292, 328, 368, 457, 485, 491, 505, 513, 518, 518-519, 539
- e rainha [p. 114-115], 158
- dois 452
Reino [p. 64-65, 128-129], 178
Reino dos Céus [p. 56-57⁶], 238-239
Rejuvenescimento 477
- do si-mesmo 396
Relação 571
Relatividade 452
- de consciente e inconsciente 79
- de tempo e espaço 404

Religio 196
Remédio [p. 56-57]
Renascença 109
Renascimento 149, 157⁸, 246, 276, 510, 518
Renovação [p. 116-117], 192, 261, 389
Ressurreição [p. 60⁴, 72-73, 76-77, 124-125, 132-133, 138-139], 136, 143⁷, 148, 279-280, 330, 466, 489, 504-510, 512-515, 570, 575, 583
Reunião 273, 278, 291, 293
Reverdescer 570
Rex cf. rei
Rex gloriae 160, 204, 485, 491, 505
Rio 274
Rochedo (rocha) [p. 100-101, 118-119], 413-414, 415-416, 438, 475
Roda 452
Romano de Roma 609
Rosa [p. 140-141], 524, 569, 570
Roupa cf. veste
Rubedo [p. 60-61, 92-93, 124-125, 132-133, 142-143], 140, 143-144, 148, 200-203, 280, 368, 465-466, 491, 518, 518⁵⁸,⁵⁹, 524, 530, 569
Rubi [p. 93-94], 368-369
Ruhâ d'Qudsâ 107

Sabá cf. rainha de
Sabedoria 532
- de Deus (Sapientia Dei) 2 [p. 46s., 62-63, 84-85, 100-101, 147-148], 61, 65-66, 65³⁵, 69, 70, 75-76, 82-83, 97, 102, 104, 105, 106¹⁵⁵, 107-108, 122, 141-144, 143¹¹, 151-154, 163, 173, 178, 189-200, 206, 212-214, 222, 228-229, 258-259, 283, 293, 302, 306, 316, 316⁴⁴, 320, 335,

339-340, 342, 348, 394, 398-399,
413, 424, 436, 442-443, 484,
484⁶⁸, 485, 494-495, 510, 512,
521, 540, 560-561, 571
Saber absoluto 73-74, 115¹⁷⁵, 193
Sábio, o [p. 54-55, 58-59, 62-63]
Sacerdotium 553
Sacramento [p. 54-55], 125
Sacrifício da missa 325
Sal 328, 373, 545
Salmon (monte) [p. 70-71], 208
Salomão [p. 136-137³⁰,³⁹], 54⁸,
84⁸², 182, 530
Salvação [p. 74-75], 281, 493
- de Deus 223, 288
Salvador [p. 78-79], 191, 249, 280,
281
Sangue [p. 72-73, 86-87, 88-89,
102-103], 144, 325, 325⁵⁵, 330, 415
- de bode [p. 102-103], 101¹²⁸,
413, 415
Santidade [p. 106-107, 134-135]
Sapato [p. 134-135]
Sapo 596
Satanás cf. diabo
Saturno [p. 50-51], 84
Saúde [p. 48-49, 106-107,
114-115]
Scientia cf. ciência
Séfira cf. gradus
Segredo [p. 56-57, 122-123,
144-145]
Seis 251, 530
Selene cf. lua
Selo do céu [p. 58-59]
Selo luminoso 518
Semear 10, [p. 120-121, 138-139],
548, 582
Semente luminosa 583
Semente(s) [p. 144-145], 293, 569,
582-584
- totalidade das 581

Sensus naturae 101
Sentido (significado) 73, 91, 366,
570, 573
- apreensão do 294-295, 312
- compreensão do 383
Sentimento(s) 368, 570, 609
- de culpa 176
Separação [p. 100-101], 209-210,
390
Separar cf. separatio
Separatio [p. 94-95, 96-97]
Sephirot cf. gradus
Sepulcro [p. 132-133], 181, 240²⁸,
497, 509, 510, 518
Sequência de Pentecostes 355, 363
Ser alado 333
Séries progressivas 347
Servidor 203
Sessenta [p. 136-137], 530
Sete [p. 64-65, 70-71, 80-87], 164,
294, 219, 224, 284⁵², 291-292,
296, 347-348, 382-383, 401, 424
- dons do Espírito Santo [p. 78-79,
96-97, 100-101], 276
Setenta [p. 124-125], 296
- preceitos [p. 82-83]
Shakti 223
Shitil 332
Sião [p. 80-81, 82-83²³, 134-135],
282, 286-287, 540
Significado de salvação 129
Signos do zodíaco 162-163, 162²⁴,
251, 251⁵²
Simão o Mago 107, 111
Símbolos 62-63, 91,93, 104,
121-122, 312, 436
- de Cristo 570
- central 293
Si-mesmo (self) 55, 82, 113, 145,
152, 160-162, 227, 246, 283,
291-292, 325, 366, 383-384,
396-397, 404, 409, 419, 426¹⁰²,

436, 438, 453, 466, 480, 515,
521, 545, 552, 558, 585
Simetria [p. 114-115], 278,
355-357, 429
Sincronicidade 73⁶⁰, 91, 92
Sinibaldo 594
Síntese 104
Sisto de Sena 614
Soberania feminina 234, 238, 264
Sol [p. 60-61, 88-89, 124-125,
130-131], 115¹⁷⁵, 141, 157, 210,
216, 243-244, 269, 278, 518, 539,
553, 555
- que dá vida 330
- da justiça [p. 74-75]
- invisível 366
Sol e lua [p. 70-71, 104-105,
136-137], 407-409, 419, 438,
465-466, 486
Solificatio 518-519
Solve et coagula 396, 419
Sombra 2 [p. 64-65], 160, 173,
176, 176³⁴, 215, 244, 272, 292,
320, 349, 436, 609
- do metal 181
- de Deus 348
Sombras da morte [p. 64-65]
Sonho 51, 182, 218, 461, 598,
603, 609
Sophia 107-108, 158, 223, 341,
510, 539¹¹⁰, 560
- decaída 107-108, 173, 178, 251,
284, 291, 505
Sopro do Espírito cf. tb. Pneuma
[p. 86-87, 92-93, 96-97]
- vermelho 518
Soror mystica cf. irmã
Species cf. rationes
Spiraculum aeternitatis 532
Sponsa cf. noiva
Sponsus cf. noivo

Sterquilinium [p. 48-49, 56-57],
62, 62³⁰,³³
Stoa 330
Stoicheia 421
Sublimação [p. 86-87,122-123],
58, 167, 381-382, 455, 505, 569
Submundo cf. inferno
Substância da transformação cf. tb.
substância do arcano 167-168
Substância do arcano 104, 257,
545
Subtle body [p. 64-65, 78-79],
280, 447
Sujeira [p. 78-79], 320
Sul cf. tb. auster [p. 46-47], 58
Sulphur cf. enxofre
Superfluitates 300, 326
Symbolum cf. credo

Tabernáculo 555, 575
Tabor 577
Taça cf. crater
Tao 73⁶⁰
Tártaros 606
Tau 144, 206, 510, 555
Tecido 181
Telepatia 615
Temor de Deus (timor Dei) 202
Temperança [p. 114-115], 278,
355-358, 429
Temperantia cf. temperança
Templo 415
Tempo [p. 124-125]
Tendas, três [p. 144-145], 572s.,
577
Teoria do conhecimento 73, 77,
102
Terciários 309, 606
Ternário cf. três
Terra [p. 114-115, 118-121,
126-127, 113, 144], 166, 176,
220-221, 337, 343, 349-351, 358,

439-440, 447, 448-457, 468-472,
488, 518, 548-549, 555, 569, 570,
584
- três espécies de [p. 138-139]
- sedenta (t. sitiens) 206, 287
- glorificada 9
- como logos [p. 124-125]
- negra [p. 64-65]
- maldita 287, 510
Terra da Promissão [p. 120-121, 114-115], 447, 547-548
- das pérolas [p. 138-139]
- de prata 10, 548-549
- de ouro (terra auri) [p. 138-139], 548-549
- foliata cf. terra de prata
Tesouro [p. 54-55, 66-67], 62[31]
- no campo [p. 56-57, 56-57[6]], 129
- nas profundezas 334
Tetras cf. quaternidade
Thalamos 410
Theoria 104
Tinctura 86, 569
Tipheret 410
Tipos 599
Tiro 107, 111
Tomás de Aquino 593s.
Totalidade 160, 196, 202-204, 293, 335, 396, 401, 453
- múltipla 424
- preconsciente 293
Trabalho [p. 48-49]
Tradução latina de tratados árabes 6
Transe 90, 402
Transfiguração [p. 78-79, 96-97, 126-127, 144-145[71]], 470, 505-506, 521, 575, 585
- do feminino 550
Transformação do metal 605
Três [p. 82-83, 144-145], 251, 293, 363s.
Três-quatro 293, 338, 375, 420

Trevas [p. 124-125, 130-131, 142-143[66]], 146[20], 147[24], 168, 169[13], 171, 495, 510, 530, 555
- do espírito [p. 92-93], 363
Tríade 302-304
- espiritual 361
Trigo [p. 72-73, 76-77], 582, 583
Trindade [p. 84-85], 55, 302s., 306s., 335, 337[80], 438, 549-552, 555, 575, 585
- no homem 325
- inferior 549
Trinitário 486
Trinta 294, 547[121]
Triunidade cf. trindade
Trono [p. 54-55, 66-67, 82-83],177, 185
Turbilhão 452
Typi 52, 120

Um, o um 193, 293, 552, 583
Umbigo 561
Umidade [p. 76-77, 100-101], 261, 261[88], 276, 278
Unção 278
Unguentum cf. bálsamo
União (vir a ser uno) 251, 291, 306[11], 318, 509-510, 555, 568, 585
Unidade, múltipla 585, 437
Unio corporalis 505
- mentalis 415
- mystica 409, 521, 532, 558, 588
Unus mundus 294, 437
Uvas cf. tb. vinha 527

Valdenses 25
Valentinianos 107
Valor religioso da alquimia 134
- da pedra 131
Vapor [p. 60-61, 98-99], 142, 330, 380-381, 381[132], 549
- gorduroso 549

Vara (cajado, bastão) 475
- de Moisés 413, 415, 475
Vas cf. vaso
Vaso [p. 114-115⁵⁹],185, 561
Vela 276
Veneno 261
Veni creator spiritus [p. 96-97], 363
Veni sancte spiritus 355
Vento [p. 62-63], 332
- sul cf. tb. auster [p. 46-47, 62-63]
Ventre [p. 140-141], 561
- materno 334
Vênus 108-109
Verdade 101-102, 107, 112-113, 113¹⁷³
- na matéria 105, 315
Vermelho cf. tb. rubedo 474, 518-519
Veste(s) (celestial) [p. 64-65, 132-133, 142-143], 181-182, 181⁴⁰,⁴³, 183, 512, 518-519, 518⁶⁴, 519
- de nuvem 334
Viagem ao Hades 510
Vida 257, 261
- duração da 296
- eterna [p. 66-67]
- como alma 328
Videira [p. 134-135, 142-143], 524, 525-528
Videira cf. uva e vinha
Vilis (barato, vil) 62, 63

Vinagre [p. 106-107, 114-115], 261, 425, 511
Vinculum 573
Vindima 526
Vinha [p. 82-83, 138-139, 142-143], 293, 546
Vinhateiro, Hermes como 526
Vinho [p. 72-73, 140-141], 280, 293, 419, 460, 470, 525-528
Vinte e quatro (anciãos) [p. 118-119], 417s., 422
Virgem [p. 132-133, 136-137]
- prudentes e tolas [p. 72-73], 238-239, 537
- constelação de 158
- luminosa 251
Virgindade 425
Virtudes 425
Virtus [p. 110-111]
Visão 218, 410, 436, 438, 561, 604
- de Deus [p. 102-103], 143, 169¹³, 173, 206, 438
Vitalidade 570
Vitória [p. 110-111]
Viúva 144, 287
Volátil cf. asas

Xamãs 574

Yesod 410

Conecte-se conosco:

f facebook.com/editoravozes

⊙ @editoravozes

𝕏 @editora_vozes

▶ youtube.com/editoravozes

☏ +55 24 2233-9033

www.vozes.com.br

Conheça nossas lojas:

www.livrariavozes.com.br

Belo Horizonte – Brasília – Campinas – Cuiabá – Curitiba
Fortaleza – Juiz de Fora – Petrópolis – Recife – São Paulo

   Vozes de Bolso

EDITORA VOZES LTDA.
Rua Frei Luís, 100 – Centro – Cep 25689-900 – Petrópolis, RJ
Tel.: (24) 2233-9000 – E-mail: vendas@vozes.com.br